销 售 的 艺 术

销售心理学

李鑫声　编著

中国出版集团

中译出版社

图书在版编目（CIP）数据

销售的艺术 . 销售心理学 / 李鑫声编著 . –– 北京：
中译出版社 , 2019.12（2022.5 重印）
ISBN 978-7-5001-6086-1

Ⅰ . ①销… Ⅱ . ①李… Ⅲ . ①销售–方法②销售–商
业心理学 Ⅳ . ① F713.3

中国版本图书馆 CIP 数据核字 (2019) 第 257090 号

销售的艺术

销售心理学

出版发行：中译出版社
地　　址：北京市西城区新街口外大街 28 号普天德胜大厦主楼 4 层
邮　　编：100088
电　　话：（010）68359827，68359303（发行部）；（010）68002876（编辑部）
电子邮箱：book@ctph.com.cn
网　　址：http://www.ctph.com.cn
总 策 划：张高里
责任编辑：林　勇
封面设计：青蓝工作室
印　　刷：金世嘉元（唐山）印务有限公司
经　　销：新华书店
规　　格：880 毫米 ×1230 毫米　1/32
印　　张：30
字　　数：550 千字
版　　次：2019 年 12 月第 1 版
印　　次：2022 年 5 月第 3 次

ISBN 978-7-5001-6086-1　　　定价：149.00 元（全 5 册）

中译出版社

前　言

我心是一切，一切是我心。世间万象，一切皆由心起！做好销售最最核心的智慧是心理素质好、情商高，销售工作的关键就是在掌握客户心理的基础上展开攻势，逐一化解销售难题，赢得大单！

"成功的销售人员一定是一个伟大的心理学家。"这是销售行业的一句名言。从这个角度来看，破解销售中的各种难题，完全可以采用心理学战术，读懂客户心声。从某种意义上说，销售就是销售人员通过沟通，将商品或服务出售给那些有需求的客户的过程。也就是说，销售的过程就是人与人之间打交道的过程。很多销售员都知道这个道理，但销售的结果却大相径庭。成功的销售员少之又少，更多的销售人员每天徘徊在路上，踏破铁鞋到处寻，沮丧、疲乏，所获甚少。可见，销售并不是大家常说的那么回事儿。无论是在一线打拼，还是管理公司团队，很多销售员还在循规蹈矩地使用那几个"经典"的销售步骤，一本正经地按照机械的流程去跟客户谈论着、商议着，常常面临着被拒绝的危险。

其实，销售比拼到了最后，就剩下了最简单的一句话：销售一定要懂得心理学。你不要觉得研究客户心理是在浪费你的时间，其实研究他们购买的流程、动机和原因，比那些费尽口舌却不讨好的推销方法要有效得多。

我们正是从心理学角度解读销售活动，涉及销售和心理两个学科的内容，以销售活动为主线，系统而科学地讲述了心理学在销售活动中的应用。对销售人员在销售过程中的不同阶段，消费者的不同心理，以及销售人员应该怎样去面对客户等方面都做了详细介绍，相信会对销售人员的工作起到很强的指导作用。销售就是一场心理战！销售就是心与心的较量！本书融合多年销售实战经验，透过案例分析解读销售心理的种种玄机，并提供行动建议，帮助销售新手成为销售老手，帮助销售老手成为销售高手。

目　录

·第一章·

心理学效应：销售成交背后的点金手

从某种意义上说，销售就是销售人员通过沟通，将商品或服务出售给那些有需求的客户的过程。也就是说，销售的过程就是一个人与人之间打交道的过程。无数次失败的教训，再加上无数次的深深思索，销售到了最后，其实就是心理学的较量。

把焦点对准客户，拉近彼此的距离

你是不是曾经因为在某次行业聚会上把饮品洒了一身，弄脏了精心准备的衣服而懊恼良久？你有没有曾经在客户办公室不小心摔倒，然后在两秒内迅速起身，装作若无其事的样子？你会不会因为穿着一件新买的名牌衬衫，然后认为客户在见到你时会眼前一亮？

我们总认为别人会对我们倍加注意，但实际上并非如此。我们对自我的感觉占据了我们内心世界的重要位置，不自觉地放大别人对我们的关注程度，而且通过自我关注，我们会高估自己的突出程度。这就是心理学中的焦点效应。

焦点效应代表了心理学中公认的一个事实——人都是以自我为中心的。这不仅是心理学中的一个理论，在日常生活中也是非常常见的。无论是在人际交往中还是工作生活中，我们都可以运用焦点效应来为自己服务，例如焦点效应常常成为销售员的公关手段。

推销产品是一项具有挑战意义的工作。在推销产品的过程中，很多销售员总是显得目的性太强，开门见山地将一大堆推销话语砸向客户，让其避之不及，"我们的产品质量……""我们的产品有很多特点……""我们最近在搞优惠………""您对……有兴趣吗？"

谁都不愿意关注别人的事，特别是对陌生的客户来说，他们更不愿意浪费自己的时间去听销售员讲与其无关的事情，因为他们关注的是自己和自己的事情。

西格蒙德·弗洛伊德曾说："每个人都有想要成为伟人的欲望，这是推动人们不断努力做事的原动力之一。"可以说渴求别人的重视，是人类的一种本能和欲望。客户在购买商品的过程中，同样也体现出这种心理，希望自己成为外界关注的焦点。所以，销售员在面对客户时，如果能表现出自己对客户的关注，那将有利于拉近彼此的距离，打破对方的心理防线，从而进一步了解客户的需求。

一次，王博到一位黄姓客户那里推销陶瓷材料。王博一进门，就看到黄经理在打电话，于是在黄经理的示意下王博在椅子上坐下，等待通话结束。这时，王博发现黄经理的桌子上摆着一张照片，黄经理身着博士服。黄经理的背后是一个很大的书柜，侧面是一幅书法作品，"穷且益坚，不坠青云之志"。下面的落款正是黄经理的名字。

五分钟后，黄经理放下电话，王博站起来递上名片。因为是初次见面，黄经理显得十分警惕。王博面带笑容地说："黄经理，您是哪所大学的博士啊？像您这样既是这么大的公司的董事长，又是学识渊博的博士，真是很少见，很不容易啊！真是佩服您。"

听到王博的夸奖，黄经理笑着说："我是××的博士，这也没什么，主要是我平时……你主要是做什么的？"

这时黄经理的警惕性已经少了一大半，王博简单地做了自我介绍，然后双方针对产品进行交流。王博在陶瓷材料行业工作多年，非常熟悉市场情况，无论是陶瓷产品特性还是同行竞品，他都十分了解。

商谈一段时间后，王博感觉到黄经理的购买意愿较强烈，因为黄经理表示非常有必要把这个工作操作起来。不过，当王博报出105100元的价格时，黄经理一下子紧张了起来，谈话出现了僵局，双方陷入了沉默中。

不过，这对王博这个销售老将来说并不是什么大事，在销售过程中这种事经常发生，他已经司空见惯了，如果什么时候直接成交反倒令人稀奇。他没有在报价上继续纠缠，而是转过头去看了一眼那幅书法作品，然后故作惊讶地说："黄经理，您这幅书法真棒，写得很有神韵，这是您自己写的吗?"

黄经理笑了两声，说："是我写的，我以前学过书法……"经过十几分钟的"闲聊"后，双方再次回到主题上，经过短暂协调和让步后，这笔交易顺利完成。

销售员初次接触客户的时候，一定要多多谈论与客户有关的事情。首先，销售员要学会观察，从细微处发现与客户有关的有价值的东西，如客户案头的书、摆件、衣着配饰等，这些小细节可能在关键时刻发挥着出人意料的作用。其次，销售员的话语要详略得当，不要看到什么说什么，否则客户会认为你对他有某种企图，进而产生戒备心理。再次，话题重点要突出，产品交易方面的问题，如报价、合同等要及时与客户沟通。最后，话题贵精不贵多。如果双方的谈判出现了僵局，那么销售员可以将话题引导到客户身上，缓解紧张尴尬的局面。

巧借留面子效应，让客户欣然接受

查尔迪尼等人曾做过一个研究——"导致顺从的互让过程：门面技术"。他们先是要求一群大学生担任一个少年管教所的义务辅导员，任期两年。结果不出所料，对这件费神费力的工作，几乎所有人都婉拒了。接着他们提出一个小要求，希望这群大学生能够带领少年们去动物园玩一次，竟然有50%的人接受了这个要求。与之相对应的是，当试验者们直接向大学生提出这一要求时，仅仅有16.7%的人表示同意。

据调查，那些拒绝了第一个大要求的人认为，拒绝第一个要求损害了自己富有同情心、乐于助人的形象，为恢复自己的利他形象，便欣然接受了第二个小要求。可带领少年们去动物园也是一件很费神的工作，为什么在提出此要求之前设置一个更为困难的要求后，会有高达50%的人欣然接受呢？这就涉及了一种心理学效应：留面子效应。

人们都有给对方保留面子的心理倾向。当自己对某人提出一个很大的、会被拒绝的要求，接着向他提出一个小要求时，他接受这个小要求的可能性比直接向他提出这个小要求而被接受的可能性大得多。

当我们想让别人办某事之前，可以提出一个他不大可能做到的事情，等他拒绝且怀有一定歉意后，我们再提出自己真正要让对方办的事情。由于前面的拒绝，对方往往为留些面子会尽力接受最后这项要求。留面子效应是销售员必须掌握的法宝之一。

留面子效应在销售行业特别常见，销售员往往先开出一个客户不能接受的"天价"，然后当客户砍价的时候再逐渐降低价格，结果就是令人满意的"双赢"，客户买到自己满意的东西，销售员完成自己的任务，得到了"佣金"。所以，销售员一定要会运用留面子效应，让客户高高兴兴地"上当"。

某酒厂新推出一款白酒，可是产品上市后反应平淡，订货寥寥无几，大批成品积压，资金周转紧张。面对困境，负责人一筹莫展，苦思良久后，他终于想到一个办法。

首先，他趁着白酒销售旺季在当地举办一场全国性白酒展览会，邀请全国一百多家经销商参展，负责所有经销商的路费、住宿等费用。于是经销商纷至沓来。

客户到了以后，厂家立即安排他们参加展览会，然后把他们集中到厂里召开一个内部交流会。会上酒厂一方提出要求，希望大家协助酒厂在当地开一家酒品专卖店，并把开店的费用逐项列了出来，要几十万元。这下所有的客户都沉默着，因为几十万元可不是一个小数目。

见时机成熟，酒厂方面马上按计划提出第二个条件：如果大家觉得开专卖店有困难，那就下一步再说，但现在还是先请大家带点儿货回去试销一下，如果销量好，大家对我们的品牌有信心了，我们再谈专卖店的事情。这时候，现场中早已安排好的人马上站起来，表态支持酒厂的决定，要求订货。这就把现场的气氛带动起来了，众人纷纷响应。没用多长时间，价值上千万元的白酒就全部销售出去了。

这里的白酒厂运用的就是留面子效应，先是提出开专卖店的要求，运用因经销商拒绝而产生的歉意，再提出订货的要求，如此一来，经销商们自然不好意思拒绝，而且相比于几十万元的投资，订一点货显得易于接受。如果白酒厂直接要求经销商订货，可能会遇到很大的麻烦。

销售过程中，销售员要会运用留面子效应，让客户心甘情愿地掏钱。

让顾客感觉非买不可的攀比效应

"虚荣是我最爱的原罪。"这句话可以说是对当下人们攀比心理最精辟的描述。攀比效应是人们对一项产品、服务或身份的竞相追逐，并且在一部分群体中逐渐形成一种趋势，大到家世背景、工作收入，小到手机汽车、消费娱乐，大家都希望拥有或体验，否则就会感到低人一等。

生活中的每个人都会忍不住和别人比较，赢了窃窃自喜，输了暗暗自卑。很多攀比可能连自己都没有发觉，比如同事之间互相打听薪资，同学之间询问分数，亲戚朋友之间的各种自夸，这些行为便是人们潜意识里的攀比心态的具体体现。

攀比效应几乎是消费领域最常见的营销现象。从一款名牌手袋到一辆内置宽屏导航功能的汽车，消费者往往并不是从使用需求角度出发进行消费，这类消费者购买一个名牌手袋，往往只是因为"同事前几天买的这款手袋是最新款的，我也应该拥有一个"而已。当我们把手中的 iPhone 手机从 1 一直更新到 X 时，难道是因为最初的手机真的不能满足使用需求了吗？

攀比效应是销售员手中的一把"利器"。如果销售员掌握好客户的攀比心理，利用这种心理进行推销，那么业绩会好得多。很多客户的购物目的就是满足自己的虚荣心，如果销售人员能在恰当时刻说几句贴心的话，生意自然会变得越来越好做。

一天，一对年轻人来到珠宝店挑选首饰，在挑选的过程中他们看上了一对铂金戒指。女孩儿拿着戒指左右打量，爱不释手。但是这枚戒指价格昂贵，女孩儿一时间有些犹豫不决。

这时，销售员郭淼走过来说："首饰选得很漂亮啊，是给这位美女的生日礼物吗？"

女孩儿说："是为我们结婚准备的。"

郭淼马上接口："那可要恭喜您二位了！祝你们白头偕老！"稍做停顿后他继续说："铂金代表着纯洁的爱情，是身份和地位的象征，代表着爱情的恒久不变。现在很多像你们一样的新人都喜欢佩戴铂金戒指。"

两人已然心动，但在昂贵的价格面前还是无法决定。

见到两人还有点犹豫不决，郭淼说："是不是觉得价格贵啊？结婚是一辈子只有一次的事情，怎么能让自己委屈将就呢？现在的年轻人结婚都喜欢佩戴铂金首饰，第一是颜色比较好搭配，第二是显得更加高贵、有气质。您的朋友们有近几年结婚的吗？您可以问一下，他们基本上都会选择铂金首饰。作为过来人，我建议你们一定要买铂金的结婚对戒，在婚礼上互换戒指作为永恒的承诺！"

听郭淼说现在的新人都选择铂金首饰作为婚礼上的配饰，这对年轻人再也忍不住了，女孩儿还没说话，男孩儿就开始点头称是，表示不仅要买一对铂金戒指，还要买一条铂金项链，一定不要让爱人留下遗憾。

虚荣，其实是一份并不理性的情感。好攀比的客户通常追求名牌和流行，而且喜欢比价。但是对销售员而言，这就是一个绝佳的机会。要抓住这类客户，我们就要在销售活动中着重强调品牌知名度和流行程度，让客户有一种非买不可的冲动，哪怕他们真的不需要。

"限时限量"，营造稀缺效应

由于人们害怕失去或得不到，就会对稀有的东西产生本能的占有欲。这就是心理学中的稀缺效应。

鲁迅先生曾在《藤野先生》一文中说过这样一段经典的话："大概是物以稀为贵罢。北京的白菜运往浙江，便用红头绳系住菜根，倒挂在水果店头，尊为胶菜；福建野生着的芦荟，一到北京就请进温室，且美其名曰'龙舌兰'。"

在销售活动中，这种心理尤为明显：越是稀少的东西，人们越是想买到它，哪怕自己并不需要。利用人们的稀缺心理，销售员在销售中可以用"名额有限""仅有一次""最后机会"等方式来营造一种稀缺氛围，吸引客户前来购买和消费。

在具体的销售过程中，销售员可以根据市场信息或者与自己推销的商品有关的行情，营造出一种畅销、紧缺的氛围，让客户觉得现在就是购买的最好时机，现在不买以后一定会后悔。

一般来说，制造稀缺效应可以采取两种方式：一是限量，利用产品的限量款等特征打动客户；二是限时，利用限时优惠或限时抢购吸引客户。

某烟草店主要经营高档烟草，生意一般，不过，最近这家店因为店主搞了一次很特别的商业活动而声名大噪。

原来，店主在店里新增了一个打火机柜台，摆出了各式各样的高档打火机，更特别的是出售市面上很难买到的各种各样的老式火柴。高档打火机中有一个是店主请珠宝加工商用水晶精心制作的，打火机上刻有该店的店名，该店名是用金粉镶嵌的，而这个水晶打火机也标到了10000元的天价。另外，店主搜集了以前各地火柴厂生产的目前已经停产的火柴，陈列在柜台里，每盒火柴的价格也非常高，其中最贵的开封火柴竟然标价500元一盒。

此柜台摆出来不久，便吸引了非常多的烟民，大家竞相提价抢购水晶打火机和这些非常稀少的火柴，议购价居然一涨再涨，水晶打火机涨到了50000元，火柴也涨到了2000元，简直是当时的一大怪谈。

更令人不解的是，店主坚决不售，说只是陈设品。大家就不服气了，为什么标价的商品却是陈设品，不出售标价摆出来干吗？局面闹僵了反而使更多的人关注这件事情，有些人将这件事告到了烟草局，但烟草局认为该行为是纯粹的商业行为，没有违反烟草专卖的制度规定，因而烟草局无权干涉。官方介入此事，使得该烟草店街巷尽知，烟草店的生意也日益兴隆。

案例中的店主迎合了人们追求稀缺品，喜欢获取独一无二的商品，寻求新奇刺激、与众不同的消费心理，使本来门庭冷落、毫不显眼的商店变得车水马龙、风头占尽、名声远扬。人为地"制造新闻"，使烟草店成为消费者的关注热点，借题发挥，引起公众的注意，店主的行为可谓是"醉翁之意不在酒，在乎山水之间也"。

"得寸进尺"的登门槛效应

如果销售员在门槛边上向客户推销产品，多半会遭到拒绝，而一旦进入客户家里，推销的成功率将大大提升。这就是销售中的登门槛效应。

登门槛效应又称得寸进尺效应，是一个人一旦接受他人的一个微不足道的要求后，为了避免认知上的不协调，或想给他人以前后一致的印象，就有可能接受更大的要求。这种现象犹如登门槛时要一级一级地登，这样能更容易、更顺利地登上高处。

有人曾做过这样的试验：试验者让助手到两个居民区劝人在房前竖一块写有"小心驾驶"的大标语牌。在第一个居民区，助手向人们直接提出这个要求，结果遭到很多居民的拒绝，接受者仅为被要求者的17%。在第二个居民区，助手先请求各居民在一份赞成安全行驶的请愿书上签字，这个小要求当然得到了所有人的同意。几周后，助手再向他们提出竖牌的要求，结果接受者竟占被要求者的55%。

研究者认为，人们拒绝难以做到的或违反意愿的请求是很自然的，但如果他们对某种小请求找不到拒绝的理由，就会增加同意这种要求的倾向，当他们卷入这项活动的一小部分后，便会产生自己是关心社会福利者的感觉、概念或态度。这时如果他拒绝后来的要求，就会出现认知上的不协调，于是恢复协调的内部压力就会支持他继续干下去。

销售员可以使用这种技巧说服客户购买商品，具体来说就是先提出一个人们都能够或者乐意接受的小要求，然后一步步前进，最终达成自己的目的。其实对销售员来说，最困难的并非是销售商品，而是如何开始这第一步。当销售员走入客户家中时，这场销售活动就已经成功了一半，即使最初对方的态度十分强硬，也会在销售员的"得寸进尺"之下沦陷。

登门槛效应在销售中的应用主要体现在对销售时机的把握和提出期望销售目标上。下面就客户消费的几个阶段和特性，结合登门槛效应简要分析。

1. 关注阶段

许多客户在观察商品的过程中，一旦发现自己感兴趣的商品，就会关注商品的基本信息，如质量、产地、包装、功效、价格等。因此，当客户的这种潜意识和购买意向得到引导后，他们就会以自己的主观感情去判断这件商品，也会附加上客观条件，评判该商品的使用效果和价值。

2. 了解阶段

此阶段是客户对商品进一步产生兴趣的稳定期，并且是客户采取进一步行动的直接反应，如开始翻看商品、询问相关信息等。

3. 需求阶段

当客户产生联想或动手查看商品之后，他们就有购买意向，此时，客户在心理上已经默认了销售员的推销意识和行为，但是他们还会产生一些疑虑，如商品功效是否如想象的那么合适？还有没有更好的商品？这些疑虑没有解决之前，他们不会立即购买。因此，处理此阶段的疑虑是销售员推销工作的重点。

4. 评判阶段

解决了疑虑后，综合评估的优劣是本次销售活动的最后一个障碍，客户会最后确认商品的质量和功效等。最终能否引导客户购买，就看销售员这临门一脚的效果了。

5. 犹豫阶段

当客户在买与不买之间犹豫不决时，销售员应该给予他更多信息，通过诸多利好信息和事件，或者其他成交技巧，加强客户的购买意愿，促成最终的成交。

6. 满足阶段

整个销售活动结束后，就进入客户正式感受商品使用效果的阶段，这时，售后服务和使用效果直接影响客户的再次购买和口碑传播，所以销售员应及时跟踪，保证售后服务质量。

登门槛效应告诉我们，捕捉销售时机比销售过程本身更重要，善于利用客户的即时兴趣，引导并激发客户的购买欲望，从而促成成交，是一件十分值得学习和探讨的课题。

百事可乐的横空出世并未引起可口可乐的重视，尽管百事可乐宣称要成为"全世界顾客最喜欢的可乐"，但可口可乐依然认为百事可乐不过是小打小闹，不可能对如日中天的自己构成任何威胁。

初创的上海百事为了迅速打开市场，抢占制高点，果断采用直销模式。当时的饮料市场卖方占有绝对主导权，销售人员坐在办公室里，商家要饮料必须到厂里来提货。但是百事可乐与众不同，它招聘了大量销售员，打造了一支庞大的百事可乐销售队伍。面对有些不接受上门推销的上海人，百事可乐的销售员说，我不进去，只在你家门口站一站。

在那个时候，成百上千的销售员每天在上海的弄堂中穿梭往来，渐渐成为市民眼中一道熟悉的风景。看着汗流满面的销售员站在自家门口略做休息，许多上海人无比感动，觉得他们很敬业，又有礼貌。于是，本来不想买百事可乐的市民，抱着试试看的想法买了一罐喝，感觉味道还不错，索性再买几罐让家人尝尝。

初步打开销路后，上海百事又花费巨资买进了 20 辆"依维柯"车，提供送货上门服务。从这一天起，客户的地位便截然不同了，皇帝般的感觉油然而生。从那时起，百事可乐牢牢占据了上海市场近一半的销售量。随后，上海百事继续运用登门槛效应，相继占据广州、珠海、深圳等沿海城市一半的销售量，并很快将产品打入世界的其他国家。

要想让客户打开口袋，就先接近客户，一只脚迈进他的门槛，我们的销售活动才算是开了一个好头。在销售中需要注意的是：欲速则不达。过分紧逼客户只能将其吓跑，一级一级地登台阶才能爬上顶峰。

"闪亮登场"，初次接触的首因效应

如果我们想将一辆二手车销售出去，卖一个好价钱，应该怎样做呢？首先，我们要把车送到修车厂，将车表面的擦痕磨光，重新喷漆。其次，将车厢装饰一新，换上新轮胎，调整好发动机，总之，使车重新焕发光彩。当客户看车的时候，带上客户兜风，让客户感受汽车的性能。

为什么要这样做呢？道理很简单，一辆外表鲜亮、性能优良的汽车一定能卖个好价钱。其实不只是商品需要装饰，销售员本身也要装饰，一名仪表不凡、风度翩翩的销售员会更容易获得成功。

这是因为人与人之间第一次交往时给对方留下的印象，在他的脑海中形成并占据着主导地位，这就是人们常说的第一印象效应，也就是心理学上的首因效应。首因效应在人们的交往中起着非常微妙的作用。初次相见时，我们一定要留给对方一个良好的第一印象。

销售过程中，第一印象的好坏在很大程度上决定客户是否接受了销售员。如果销售员的出场足够惊艳，在第一时间给客户留下良好的印象，则其销售也会一帆风顺。好的第一印象会使销售工作事半功倍，因此，第一次亮相时，销售员一定要在三方面下功夫，让自己"闪亮登场"。

1. 穿着打扮

俗话说"人靠衣装马靠鞍"，着装打扮在给别人留下的第一印象中往往起着关键的作用。就像商品包装一样，在客户眼中，仪表不凡和风度翩翩会使销售员身价倍增；相反，穿着不得体则会使其形象大打折扣。

一项研究表明，穿着商务制服和领带的销售员所创造的业绩，要比身着便装、不拘小节的销售员高出大约 60%。穿着得体会使销售员自信满满，这种积极的状态也会感染客户，进而客户会对销售员产生信任感。如何穿戴才得体呢？

（1）学习稳健型人物的穿着，这种风格代表了可靠，会让人产生安全感。

（2）穿着不要太年轻，这容易招致对方的怀疑和轻视。一般情况下，要尽量让自己显得老成些。

（3）最好不要穿流行的服装，流行服饰适合私下穿，正式场合就显得太过随意。如果一定要赶流行，最好选朴实无华的。

（4）服装的版型、质料、色泽与自己保持和谐。不合身的衣服会使自己像小丑一样，看起来很可笑。

（5）衣着要体现出专业感。正如律师要提公文包而医生要穿白大褂一样，销售员的衣着也应与自己所要传达的信息相一致。如果销售的是美发护发用品，那销售员就应该有一头时髦漂亮的头发；如果销售理财产品，那衣着就要保守庄重。

2. 个人卫生

除了衣着外，个人卫生也是不可忽视的。邋里邋遢会让人产生本能的排斥和反感。

经常洗澡——洗澡会使我们看起来神清气爽。

护理头发——经常洗头，保持头发光滑整齐。不要让满头的头屑或乱糟糟的发型影响外观，当然，也没必要过于追求时髦。

经常修面——男士要每天修面，保持颜面干净。

指甲卫生——指甲应保持清洁，勤修剪。

3. 言谈举止

我们是不断活动的人，不是摆着不动的吉祥物，因此，第一印象不仅包括静态方面的外表形象，还包括动态方面的言行举止。言行举止可以体现出教养程度、做人态度、职业素质，会给别人留下深刻印象，成为客户的判断标准之一。

第一次见面时，销售员要表现出怎样的言行举止，才能给别人留下比较好的印象呢？

（1）和客户见面前，销售员要放松心情。

（2）从容地给客户递送名片。

（3）学会等待。

（4）自信地打招呼。

（5）在奉承和勇敢之间找到一种平衡。如果客户不相信销售员，交易就很难成功。接近潜在客户时，销售员不应该有任何疑虑和特别的奉承之词，也不要缩手缩脚、畏首畏尾，而应该在奉承和勇敢之间找到一个合适的分寸，不卑不亢。

周鹏是一位刚进公司的销售新人，他的工作是销售各种防盗门窗。上班第一天，经理就交给他一个比较困难的任务，主要是让他感受这份工作，对他能否成功没抱多大的希望。经理让他到一位难缠的客户家里推销防盗门，在此之前已经有五位经验丰富的销售员都在那里吃了闭门羹。

周鹏准备一番后，拜访客户。因为周鹏刚刚入行，没有经验，所以当他站在客户的家门口时，略显紧张，但他还是鼓起勇气摁了门铃。一位中年妇女打开门，听他做完自我介绍后，请他进了屋。

周鹏在那儿待了一个多小时，喝掉了十几杯茶，虽然他表现得有些紧张，但出人意料的是那位女士当场签下合同，买下了价值一万元的防盗门。

在这之前，她已经拒绝五位销售员，而且他们的经验都比周鹏丰富。但是为什么她偏偏选择和周鹏签单呢？原因很简单，女士说："这个小伙子敦厚的表现让我放心。"

在一个多小时的时间里，周鹏凭着他的谦恭、礼貌、真诚赢得了客户的信任，最终谈成了这笔生意。他没有口若悬河、夸夸其谈，没有和客户谈折扣，没有花言巧语蛊惑客户，也没有低三下四、唯唯诺诺或者趾高气扬、目中无人，仅仅靠自己正直的人格，赢取了客户的喜欢和信任。

给客户留下了良好的第一印象是周鹏成功的关键。假如销售员能被客户喜欢，就已经成功了一半。研究发现，双方初次会面的45秒内就能形成第一印象，而且第一印象能在对方的头脑中占据主导地位，很难改变。

"随波逐流"，排队抢购的从众效应

某报纸上刊登了这样一则笑话：一日某人闲逛街头，忽见一长队绵延如龙，赶紧站到最后排队，唯恐错过购买好东西的机会。等到队伍拐过墙角，发现大家原来是排队上厕所，不禁哑然失笑，赶紧退出队伍。这就是盲目从众闹的笑话。

从众是指在群体的引导或压力下，个人的行为朝着与群体大多数人一致的方向变化的现象。通俗地讲，从众就是"随大溜"。虽然每个人都标榜自己有个性，但更多的时候，我们总是选择放弃自己的个性而"随大溜"。因为我们不可能对任何事情都了解得一清二楚，对于那些自己不太了解、没有把握的事情，我们一般都会采取"随大溜"的做法。

其实，凑热闹和随波逐流是群体动物的天性，也是人类的天性。在百货公司或超级市场中，如果哪个柜台前出现绵延不绝的队伍和抢购热潮，其他人也可能加入抢购者的行列。后面加入的人并非真的需要这种商品，这种商品也未必物美价廉，最主要的原因是人们的从众心理，看到其他人都在购买，就会盲目地认为这种商品一定不错，自己千万不能错过，一定要抢到一份。

销售员可以对客户说"很多年轻人都买了这个东西"或"今年这款特别流行，都快卖断货了"。事实上，是否真的有很多"年轻人"买了这个东西，是不可验证的，也是不重要的。对客户来说，销售员只要激起客户的从众心理，就能让其产生购买欲望。

日本的福冈市有一家中型企业，它仅凭 2000 余名员工和 1 亿日元的资本，竟创造出年销售额高达 70 亿日元且以 20%的速度递增的辉煌成就。这家公司就是由多川博开创的日本尼西奇公司。

它的产品既不是什么高档奢侈品，也不是什么高科技商品，而是专为婴儿屁股服务的尿布。它的创始人兼总经理，就是专门从婴儿屁股寻找钱路的多川博，被人们赞誉为"尿布大王"。

创业之初，多川博创办的是一家生产销售雨衣、游泳帽、防雨斗篷、卫生带、尿布等日用橡胶制品的综合性企业。但是公司业绩平平，没有特色，销量也很不稳定，甚至一度面临倒闭的困境。

不久后，多川博偶然发现日本每年约有 250 万婴儿出生，如果每个婴儿用两条尿布，一年就需要 500 万条。于是，他决定放弃尿布以外的产品，实行尿布专业化生产。

很快，尿布生产出来了，而且采用了新科技、新材料，质量上乘，同时，公司花了大量的精力去宣传产品的优点，希望引起市场轰动，但无人问津，生意十分冷清，甚至难以为继。多川博万分焦急，经过冥思苦想，他终于想出了一个好办法。

多川博让自己的员工假扮成顾客，排成长队来购买自己的尿布，一时间，公司店面门庭若市，热闹非凡，长长的队伍引得路人纷纷驻足观看："这里在卖什么？""什么产品这么畅销，吸引这么多人？"如此一来，尿布旺销的消息就被营造出来了，很多"从众型"的买主纷纷选择购买。

当然，多川博公司的产品质量确实不错，因此人们逐步认可了这种尿布，买尿布的人越来越多。最后，多川博公司生产的尿布越来越畅销，在世界各地都畅销大卖。

"大家都买了，我也买"，从众效应作用下的客户很容易产生这样的心理。所以在销售过程中，销售员不妨利用客户的这种从众心理来减轻客户对风险的担心，从而促成交易。这种方法更容易增强新客户的信心。

销售员在利用客户的从众心理时，需要注意以下几点。

1. 以产品质量为前提

产品质量是销售的关键，只有真正优质的产品才能在激烈的市场竞争中夺得一席之地。同时，产品质量也是利用客户从众心理的前提。如例所示，多川博能够充分利用客户的从众心理打开销路的前提是尿布的质量好，也正因如此，客户购买后才能真正认可这种产品并继续购买，而不是昙花一现。从众心理只是吸引客户的一个手段，销售最终还是要以质量赢得客户。

2. 树购买榜样来激发

虽然每个人都存在从众心理，但能否利用好从众心理取决于销售员的实力，其中最主要的一点是，示例中的老客户要能影响到客户，使其产生共鸣。或者是与客户比较熟悉、身份地位比较接近的人，或者是比较权威、有代表性的人，这样才能将客户的从众心理激发起来。例如，销售员可以说："国内许多知名品牌的电器设备公司都是从我们公司购买配件的，比如××集团……"客户听了销售员的这番话后就会想："连××集团这样具有知名度的企业都在他这里采购，那我也就放心了。"

3. 用真实案例来保障

要想引导客户的从众心理，销售员一定要列举真实的案例，既不要用谎言编造曾经购买的客户，也不要夸大那些老客户的购买数量。如果编造的虚假案例被揭穿，会严重影响客户对公司的印象，损害公司声誉，这就是自砸招牌。

"人贵言重"，减少疑虑的权威效应

"人微言轻，人贵言重。"这一句话是对权威效应的最好阐释。假如一个人拥有很高的地位、水平和威信，往往会被众人依赖、敬重和追捧。这样的权威人物的一言一行无不引导着大众。

试想一下，如果人生病了，而且是疑难杂症，病人去医院最希望挂什么号？毫无疑问，肯定会想方设法挂专家号，希望最有资历、经验最丰富的医生为自己看病，这就是权威的力量。

权威效应之所以普遍存在，主要有以下两大原因。

在现实生活中，权威效应的应用十分广泛。很多企业高薪聘请明星等知名人物做形象代言人，或者突出权威机构对自己产品的认证；企业、商场或者酒店请商界或学界某些名人雅士题字等。如果掌握了客户的这一心理，销售员在销售过程中就可以巧妙地应用权威的引导力来促进产品的销售。

销售员张明理前往客户家里拜访。在为客户讲解产品时，他非常仔细地把产品的功能、特征、优点都一一列举出来。客户偶尔也会提出问题，他都是有条理地做出回答。不仅如此，他还把客户的意见认真地记录在小本子上。

然而，张明理感觉到，客户对产品的质量仍然存在很大的疑虑。为了彻底消除客户的担忧，张明理为客户提供了一份市场调查报告，帮助客户准确了解产品的市场销售状况。

张明理对此非常自信，毕竟这个产品在市场上的销售情况的确很好，而且已经打出了知名度，这一点是非常有说服力的。此外，张明理还拿出产品的认证证书以及权威专家的推荐语。经过这一番"攻势"，张明理终于拿下了这名客户，客户放心地购买了产品。

人们喜欢购买名牌产品，因为其获得了广泛的社会认同，人们可从购买中获取巨大的安全感。权威在一定程度上就代表了社会的认同，也代表了绝大多数人的意见。

销售员要想彻底说服客户，有时候仅靠自己的力量是远远不够的，可向权威借力，充实自己的话语分量，让客户不再犹豫。

禁果效应：你越不想卖，客户越想买

禁果效应也叫罗密欧与朱丽叶效应，是指一个人的某种欲望被禁止的程度越强，所产生的抗拒心理和好奇心理就越强。

禁果效应和两种心理有关：一是逆反心理，二是好奇心理。这两种心理是人类的天性，人们都对不了解和神秘的事物充满好奇，并乐意挣脱束缚，追求自由，越禁止就越要做。

心理学家普拉图做过一个著名实验，他在出版的《趣味心理学》前言结尾处注明"请不要阅读第八章第五节的故事"。事后统计发现，大多数读者采取了与普拉图的告诫相反的行为，先不看前面的章节，反而直接去看第八章第五节的内容。

在销售过程中，销售员经常明面展示产品的功用、特征，使人直观感受到产品的优点，这样的方式效果显而易见，但在同质化的方式面前，人们对于主动呈现的内容已经表现出厌倦情绪。那么，如果换成禁止去看的内容或者给客户以无法得到的暗示，能否吸引客户的注意力呢？

美国得州有一座巨大的女神像，因为年久失修，政府决定将其推倒扔掉。女神像被推倒后，占据了很大的空间，但这些废弃材料既不能就地焚烧，也不能深埋地下，只能装运到很远的垃圾场，保守估计，费用达 2.5 万美元。

这无疑是一份巨大的苦差，没有人愿意为 2.5 万美元去做这件费力的事情。就当政府为这件事发愁时，斯塔克自告奋勇地把这件苦差事揽到头上。因为他知道，这些废料可是一批"宝物"。

他自愿降价承包了这个差事，只收政府 2 万美元，但要求政府不能过问他是如何处置这批废料的。

斯塔克雇人将废料分类整理并拆卸，其中废铜皮制成了纪念币，废铅废铝制成纪念尺，水泥制成小石碑，神像帽子做成小碎块，标明这是女神像桂冠的一部分，甚至就连神像的嘴唇和朽木、泥土都用红绸垫上，包在透明的盒子里。

为了吸引大家的目光，他雇了一大批人，将广场上的这些废物围起来，禁止路人观看，引得人们纷纷猜测里面是什么。

有一天晚上，看守废弃物的一个人松懈了，不小心被某人偷溜进去偷制成品。小偷被抓住后，这件事立即传开，媒体纷纷报道，再加上大家的渲染，很快就传遍了全美。

在这种情势下，斯塔克推出了他的计划，立即推出女神像纪念品，并在纪念品盒子上写道："美丽的女神永远去了，我只留下了她这一块纪念物。我永远爱她。"

这些纪念品很快就被抢购一空，他从中净赚 12.5 万美元。

禁果效应中的逆反心理反映的是客户自我保护、自我防范的意识。每个人做事情都会有自己最初的想法和欲望，都想通过自己的分析和判断做出抉择，不希望受到他人的影响和干预。当销售员与客户沟通时，可以正确运用禁果效应，弥补正面宣传的效果缺陷，激发对方的兴趣。也就是说，越想让客户买产品，他反而越不想买；越不让他买，他反而偏偏要买。

在一家汽车 4S 店，销售顾问问经理："如果您是销售顾问，想要把这辆车卖给我，您会运用什么方法和技巧呢？"

销售顾问以为销售经理会向他介绍车辆的性能和技术参数，再让他试试车，或者教给他一些语言技巧。可没想到，销售经理说：

"这辆车你给多少钱我都不会卖的。"

销售顾问询问其原因，销售经理说道："这辆车是我们 4S 店的十周年店庆特订车辆，所以不会卖。"

看到经理那充满笑意的眼神，销售顾问瞬间懂得他这句话的寓意所在。

事实上，禁果效应是一把双刃剑，对于销售员着重介绍的产品，客户往往不是很感兴趣，而对于不着重介绍的产品则充满兴趣，这是由于销售员和客户之间没有建立信任感，也是由于禁果效应的影响。客户总认为你越不想卖的产品就越是好产品，因此越想得到。既然客户有这种心理，销售员不妨利用客户的这种心理完成销售，扩大销量。

"只买贵的"，高价热卖的凡勃伦效应

"一定得选最好的黄金地段，雇法国设计师，建就得建最高档次的公寓。电梯直接入户，户型最小也得四百平方米……你得研究业主的购物心理，愿意掏两千美金买房的业主根本不在乎再多掏两千，什么叫成功人士，你知道吗？成功人士就是买什么东西都买最贵的，不买最好的。所以，我们做房地产的口号就是：不求最好，但求最贵！"

——电影《大腕》

我们去买东西的时候，在贵和便宜之间会选择哪一个？很多人会说，"我当然选择便宜的了"；但也有人说，"我会买贵的那个"。例如，鞋店里有两双皮鞋，看上去款式都差不多，有一双标价200元，而另一双标价1000元，你会选择买哪一双呢？一定会有很多人说："我会买贵的那双，因为贵的质量可能会好一些，一分价钱一分货，贵有贵的理由。"

手表的功能都是为了看时间，几元、几十元的电子表和上万元的机械表都能看时间，而且电子表比机械表还要更准确一些，但为什么很多人愿意花上万元去买机械表呢？很多女生买包、皮鞋、化妆品，做头发、美容，总是倾向于买自己经济能力范围内价格更高的产品。为什么明明知道这些产品的利润有几倍，甚至几十倍，大家都还会去购买呢？

经济学家凡勃伦替我们解答了这个问题，他在研究了很多富裕阶层的消费习惯后，于1889年写了一本叫作《有闲阶级论》的书。

书中提道：有钱人为了炫耀自己的财富优越感，往往会去购买价格昂贵的商品，因为人们有一种"炫耀性消费心理"。这就是经济学中的"凡勃伦效应"。近几年，随着经济的发展和人们收入水平的增长，类似的"凡勃伦"现象反复出现在大家的生活中：价格越贵人们越疯狂购买，价格便宜反倒卖不出去。

有一天，一位禅师为了启发他的门徒，给他一块石头，叫他去菜市场试着卖掉它，并对他说："不要卖掉它，只是试着卖掉它。注意观察，多问一些人，然后只要告诉我在菜市场它能卖多少钱。"

门徒带着石头来到了菜市场，许多人看着石头想：它可做很好的小摆件，我们的孩子可以玩，或者我们可以把它当作称菜用的秤砣。于是他们出了价，但只不过几个小硬币。

于是他回来对禅师说："它最多只能卖几个硬币。"

禅师说："现在你去黄金市场，问问那儿的人。但是不要卖掉它，只问问价。"

从黄金市场回来后门徒非常高兴，他说："这些人太棒了。他们乐意出到1000元。"

禅师说："现在你去珠宝市场，低于50万元不要卖掉。"

于是门徒来到了珠宝市场，他简直不敢相信，他们竟然乐意出5万元，但他听从禅师的指示并没有卖。一群人继续出价，他们出到10万元，但是门徒说："这个价我不打算卖掉它。"接着20万、30万……最后，他真的以50万元的价格把这块石头卖掉了。

门徒回来后，禅师说："现在你明白了，这件事情是要看你是不是有试金石、理解力。如果你不要高价，你就永远不会卖出高价。"

在这个故事里，禅师告诉了门徒关于实现人生价值的道理，但是从门徒出售石头的过程中我们也可以看到一个经济规律：凡勃伦效应。

　　尽管这只是一个寓言故事，但其中的道理发人深省。销售员可以在营销中将产品包装，再赋予它一个符号或价值，设定一个出乎人们意料的高价，让产品具有超出使用价值之外的东西，这样也许会收到意想不到的热卖效果。

· 第二章 ·

满足客户的心理需求

　　做销售的过程当中，并不是说你找到了客户的联系方式然后疲劳式轰炸客户就能开单的。销售是一个处理人际关系的过程，而这个过程的开始就是从赞美客户开始的。找准客户的心理需求再赞美事半功倍。

让懒人懒到底

随着社会的发展和进步，"懒"成为一种趋势，从网购到外卖，越来越多的基于"懒"的商业模式出现。现代人一般工作比较忙、生活节奏比较快，对生活琐事无暇顾及，职场拼搏使他们长期处于一种紧张状态，于是就能懒则懒。

随着"懒人群体"的不断扩大，"懒人经济"也在逐渐兴起，越来越多的商家也开始瞄上"懒人群体"，想从懒人们的"懒"上挖出"金子"来。那么，销售员应该如何利用"懒"来吸引客户，助力自己的销售呢？

2011年，张皓曾与一位拉美地区的客户合作过，虽然订单不是很大，但张皓后期还是通过邮件、Facebook等方式跟进客户，只不过他的邮件常常石沉大海，无人回应。

本来张皓以为这个客户就这样失去了，没想到还能"再续前缘"。有一天，他收到一条北京的手机号码发来的短信，对方说：我是来自拉美某国的××，请加我的微信。张皓加上微信后，发现原来是以前拉美的那个客户。

客户说，他是专程来北京学汉语的，可能会待一段时间。寒暄过后，客户给张皓发了一份PDF格式的文件，上面是需要采购的产品。幸运的是，客户需要的这几件产品张皓这里基本上都有，于是就给他提供了报价。价格方面双方没有异议，但仅凭图片客户十分不放心，他担心产品不是自己想要的，希望张皓能给他寄一份样品，让他确定一下。

　　客户的要求着实让张皓为难了，因为客户需要的产品种类很多，而且都是金属件，万一寄过去样品后再被拒绝，那损失也是挺大的。可不让客户看样品，又无法取得客户的信任。

　　后来，张皓想出一个办法，那就是邀请客户来企业参观，这样既能让客户当面查看产品，又能让客户了解企业的实力，加深他的印象，以此来增加自己的砝码。

　　张皓所在的企业在河北省，离北京非常近，坐动车大约需要一小时。但无论张皓如何劝说，客户就是不愿意来，坚持要张皓寄样品。无奈之下，张皓只好自己开车去北京将客户接了过来。

　　见面以后，张皓就带客户参观仓库、办公室等地，给客户提供产品的样品、资料等。结果，双方没用多长时间就达成了交易，而这位客户也成了张皓的常客，为他带来很多订单。

　　试想一下，假如张皓听从客户的话寄了样品，或者因为客户太"懒"而放弃这笔订单，那之后的交易可能就无法达成。而他之所以能成功，就是满足客户的"懒"，让客户享受了周到的服务。

　　把客户养懒，其实就是要求销售员更好地为客户服务，尽可能为客户着想，把一切方便让给客户。只有做到"想客户之所想，急客户之所急"，销售员才能赢得客户的认可、信赖和合作。在日常工作中，无论是上门推销还是店铺销售，销售员都要增强服务的实用性能，满足"懒人们懒到底"的要求。

激发购买动机，满足客户心理

人们做某件事情或采取某种行动的最根本动机在于，使内心获得某种满足感。如果我们正在进行的事情或正在采取的行动，无法给自身带来一定的满足、愉悦感，那就会使自己陷入厌烦、无聊的困境，甚至会觉得自己身披锁链，行动受到束缚。面对自己从内心感到讨厌的事情，我们应该如何劝服自己去积极认真地完成呢？没有内心满足的基础，仅仅依靠外力的压力或约束，采取敷衍、应付的态度去做事，这样怎么会有效果呢？

同样，要想让客户心甘情愿地购买产品或服务，就要保证客户获得自身所需的满足感，避免让客户产生不情不愿的感觉。

郑明约了一位客户下午见面，但中午时天色突然大变，狂风大作并下起了瓢泼大雨，路上积水严重。郑明距约好的地点很远，即使驱车前往也难免会遇到什么问题，于是他就有些退缩，想给客户打个电话另外约个时间。

但没想到的是，主管竟然坚决反对郑明的提议，硬逼着他冒雨前往客户那里。结果先是郑明的车在路上因进水趴窝，然后又是等了很久才打上出租车。等他到达客户的办公室时，全身都湿透了，衣服不停地淌水，很多路过的人都忍不住发笑。

当全身湿透的郑明将保存得非常完好的资料递给客户时，客户非常震撼，感受到了郑明对他的尊重和重视，内心获得极大的满足，当场就与郑明签订了一年的合同。就这样，郑明靠着自己的一身雨水让客户获得了满足，从而赢得订单。

当销售员全心全意地为客户提供服务时，客户就会获得极大的满足。这种现象不仅在服务行业非常明显，在以产品为核心的行业里同样如此。

总之，销售工作从来不是销售员的独角戏，销售员不仅要让自己保持强烈的职业精神和进取心，还要善于引导客户，让其产生强烈的购买动机；否则不管产品有多好，客户也是不会接受的。销售员要善于运用心理上的影响力，以此调动和改变自己以及客户的行为，使他们在交往中获得满足感，促进销售工作的顺利进行。

满足客户占便宜心理

古人云，"将欲取之，必先予之"。先付出一部分投入，才能收回十倍百倍的回报。天下没有免费的午餐，任何想不劳而获或"空手套白狼的人"，都等不到天上掉馅饼的那天。试想，就算我们钓鱼都要先选择合适的鱼饵，更何况"钓"人呢？我们不是姜太公，靠一个没有鱼饵的直钩无法钓到"大鱼"。

大家都明白"占小便宜吃大亏"的道理，但是一旦发现机会，有些人还是要冲上前去，尤其是那些合理合法、合乎道德逻辑的便宜更是必须占的。销售员可利用客户的这种心理，给予客户一定的优惠，达到交易。

虽说销售员都不喜欢客户讨价还价，但这并不会因为不喜欢就可以避免。如果销售员是性子比较直的人，不喜欢和客户说那么多，坚持"一口价"的原则，那可能会因此丢失很多客户。其实客户并不是真正想要降多少价，而是想让自己有占便宜的感觉。总之，销售员要做的就是不要让客户占便宜，而是让他感觉占了便宜。

在日本，坪内寿夫是和"松下电器"的松下幸之助、"丰田汽车"的丰田英二齐名的企业巨头，被誉为"企业之神"，他曾经被称为日本的"电影皇帝"。

二战结束后，日本经济凋敝，百废待兴，人们连温饱问题都无法解决。而此时的坪内寿夫刚刚从苏联西伯利亚地区的日军战俘营被释放出来，从一个相扑身材饿成了标准的日本人身材，很想发一笔大财。可是日本当时经济凋敝，根本没有更好的事情可干，他只得跟着父母经营一家很小的电影院。当时人们都在为吃饭穿衣担忧，哪有心思去看电影呢？所以电影院上座率很低，连他们一家人的生计都很难维持。

怎样让观众来看电影，这是坪内寿夫天天都在反复思考的问题。终于，他想出了一个好办法：一场电影放两部片子。

一般的电影院都是一场电影放一部片子，坪内寿夫的电影院却放两部影片，观众都觉得占了便宜，就连本来不想看电影的人都来看了。没过多久，坪内寿夫的电影院就赚到一笔很可观的收入。

坪内寿夫为什么能成功呢？关键就是他让人们觉得自己在坪内寿夫那里占了便宜。既然有占便宜的好事，大家怎么会不趋之若鹜呢？来电影院的观众当然会越来越多，生意自然也越来越好。

营造让客户轻松自然的销售环境

当我们在自己家里、在亲朋好友面前时，会感觉到自由随意，而身处其他场合中，则会备感拘束，时刻保持谨慎状态。在外界环境的影响下，我们会产生不同的精神状态，进而采取不同的行动。因此，我们可以通过改变环境影响他人的心理，从而促使他们产生某种倾向，采取某种对己有利的行为。

销售员需要为客户创造一种能让他感到温馨、舒适、宾至如归的环境。客户对服务满意，感到轻松自在，最后卸下防备，表露出自己的真实想法和需求，销售员才可以据此选择合适的产品或服务来满足客户，最终达成交易。

对客户来说，他们花钱购买的绝不仅仅是产品本身，附带的还有更优质的服务，服务行业就更不用说了。没有人会吝啬在优质服务上的花费，只要他感觉物超所值。好的服务和好的产品能够为客户提供更多的舒适和好处，内心世界的满足会使其心甘情愿地掏腰包。

那销售员应该如何营造出宾至如归的环境呢？可以从两个方面考虑：一是双方交易的场所；二是销售员与客户交谈商讨的氛围，如销售员是否积极热情、说话是否得体、举止是否得当等。

例如，销售员要改造环境，为客户创造更加舒适的环境和氛围，这会让销售活动事半功倍。例如，餐厅、商场、咖啡馆等服务性场所可以根据客户群体的分类设置更为贴心的设施，播放受欢迎的音乐，服务人员干净、卫生、礼貌、热情，让客户有一种宾至如归的感觉。而当销售员拜访客户或邀请客户面谈时，可以根据客户的喜好提前选择合适的会谈场所，自身要礼貌、和善，避免紧张、生硬的氛围破坏双方的沟通。

当简·卡尔森受聘担任领导人的时候，北欧航空公司的市场正节节下滑，每年亏损2000万美元，员工因收入减少而士气低落，服务质量每况愈下。为了扭转公司颓势，卡尔森提出一条服务理念："做世界上为商务常旅客服务得最好的航空公司。"

卡尔森调整航空公司的层次结构：让直接为旅客服务的人员位于公司的最高层，其他人员负责为他们提供服务和支持。卡尔森这种出格、大胆的措施和风格，以及具有戏剧性的顾客导向的变革思想引起了广泛的注意。卡尔森还推出新样式的航班，邀请商务常旅客乘坐，并组织主题为"爱在空中"的迪斯科音乐演出。

另外，卡尔森始终关心旅客和员工。他首先提出了服务的"真实瞬间"的概念，航空公司需要通过每天与旅客之间50000次"真实瞬间"的接触才会成功。随着改革的推进，卡尔森善于听取意见的作风受到员工的普遍赞扬，高层管理人员也被他的领导才能所吸引。

北欧航空某高管说："他有非凡的领导才能，他是一位'传教士'式的人物。他非常热衷于传播他的思想，他不厌其烦地与人交谈。我想没有他的这种努力，我们公司很难从技术—生产导向转变到营销服务导向。"

卡尔森曾说："按我的经验，人生有两大激励：一是担忧，一是热爱。你可以用'让人担忧'的办法激励人，但这样做不利于发挥人的潜能。忧心忡忡的人很难突破他们的能力限制，因为他们不敢再经受风险。"因此，卡尔森赞成用"让人热爱"的办法激励人。

这种大胆、出格的全新理念实施一年后，北欧航空公司不仅开始扭亏为盈，还获得多项服务大奖，并至今保持着国际航空业强者的地位。

服务与环境对销售起着非常重要的作用，仅仅为客户提供质量优秀、价格合适的产品是远远不够的，如果没有提供相对应价值的环境与服务，那么销售也是很难开展的。

因此，在销售过程中，销售员不能仅仅注重产品本身的销售，忽略服务和环境的改善。优秀的质量与合适的价格等是产品的硬性指标，而销售活动的成败还取决于服务、环境、感受等软性指标，如公司前台的创意布置、人员的合理安排、会客厅或会议室的装修与布置、服务人员的衣着与言谈举止、现场环境与氛围的布置、店铺环境与氛围设计、产品的陈列布置及广告宣传等。

总之，环境和氛围的营造是销售过程中的一个十分重要的环节，销售员不能将自己的目光局限于产品本身，一个好的环境和氛围可以引导整个销售向着有利的方向发展，为销售的成功提供帮助。

建立客户与产品的情感连接

随着小米的成功，《参与感》一度被奉为互联网思维的代表。书中提出的"三三法则"也让无数人倍加推崇，对其加以模仿。于是，很多人在进行销售活动时总会想着"应该开放参与节点""要少投广告，做口碑营销"……但是，这样盲目模仿的参与感真的有效果吗？恐怕很难说效果到底如何。

那么参与感到底是什么意思呢？参与感指的是：在产品或服务的生产及传递过程中，需要客户提供心理、时间、情感、行为等方面的活动或资源，才能顺利获得产品或享受服务的感受。

因此，参与感的关键在于它可以将客户从单纯的消费者变成协同生产者。通过参与感的获得，客户可以提升自己的感知控制，比如我们在购买水果或蔬菜时总是喜欢自己挑选，这样可以给予客户相应的控制感，在一定程度上增加他们的满意度。其实，为客户打造参与感就是给客户提供选择的机会，以此提升他们的控制感。

另外，随着市场竞争的加剧，各个品牌产品之间的差异逐渐缩小，此时，如何提升产品在客户心中的心理价值就显得尤为重要。当我们通过打造参与感建立客户与产品之间的情感连接时，就会达到提升心理价值的目的。

那我们在打造参与感时应该注意哪些方面呢？

1. 尊重客户的意愿

客户参与的是他本身就想做的事情，这是打造参与感最重要的一点。参与感之所以能提升客户的满意度，是因为客户在参与创造某件产品、获得某项服务的过程中，提升了自身的感知控制。例如，旅游过程的强制购物，这虽然也是提升客户的参与感，却是强迫客户参与自己不想参与的事情，自然会遭到抵制。但是游客在自由活动时间的购物则会加强参与感。

2. 制定有效的规则

很多人在设计参与感时总是犯一个错误，那就是崇信绝对自由的理念，将一切都交由客户做主。例如，某男生请心仪的女生吃饭，自己却连个提议都没有，一切都让女生自己决定，这样的选择权会有人喜欢吗？会显得有诚意吗？其实设计参与感的运行规则不仅不会约束客户，反而会给他们带来更方便的选择权。

3. 提供独特性体验

每个人都希望自己是独一无二的，也希望自己的购买行为能获得独特的体验。例如，越来越多的蛋糕店、陶瓷店等采用"自己动手制作"的经营模式，这就迎合了客户追求独一无二的体验。自己动手做的东西会更好吗？当然不会，但就是那个奇丑无比的陶瓷成了你的最爱，因为这是你亲手做的。但如果销售员让客户做出的参与行为非常大众化，无法为他带来独特的体验，那他肯定没有尝试的想法和冲动。

挪威卑尔根市的宜家要搬迁至距原址 300 米外的新址，如果只是正常的搬迁，不仅会花费很多资金和精力，还会影响市场销售，那怎样才能改变这种情况呢？经过多方调查和考虑后的宜家决定，邀请卑尔根市的市民们帮忙搬家！

宜家在报纸、广告牌、网站、社交媒体等上面发布了一则召集令，邀请网友们认领他们感兴趣的搬家角色。例如，你想主持开业演讲吗？你想在开业典礼上协助市长吗？谁愿意在宜家入口处种下第一棵树？谁负责宜家的顾客广播站？在宜家搬家时，谁想帮忙看管旧游戏室里的那几千个塑料海洋球？

不久，人们开始志愿认领任务，甚至还有人主动提出完成那些没有被列出的任务，可以说"有任务要上，没有任务，创造任务也要上"。例如，小朋友们想跳支舞蹈，老人们想拉手风琴，跳伞运动员想表演跳伞……卑尔根市市民纷纷在宜家网页留言，表示想为宜家搬家出份力，甚至挪威最火爆的 Hip Hop（嘻哈音乐）艺术家 Lars Vaular 志愿来到现场表演。

这份志愿搬家的名单越来越长，最后竟成了卑尔根市的一个大狂欢。这场完全由志愿者们张罗的开业典礼在宜家搬家的大日子里大放异彩。每一个被完成的任务都得到了媒体的报道；20%的卑尔根市市民参与了开业典礼；宜家当天打破了以往所有的销售纪录！

正是因为宜家和当地市民的精诚合作，才造就了这场宜家史上最成功的开业典礼！

将一个搬家活动变成一个全民狂欢的庆典，宜家究竟是如何做到的呢？其实它就是满足了人们渴望参与的愿望。当大家都为这个"节日"贡献了一份力量时，就会在感情上将自己与宜家连在了一起，这样一来，销售业绩又怎么会上不去呢？

激发客户的好奇心是吸引客户的关键

很多人都有过各种收礼物的经历，当别人送给我们礼物时，我们最兴奋的不是礼物本身，而是打开包装盒的那个过程，这是因为我们好奇包装盒里到底是什么。销售活动也是如此，谁能引起客户的好奇心，谁的销售就已经成功了一半。

好奇心是人类的天性，谁也无法抑制自己的好奇心。如果产品或服务能让客户感到好奇，那么销售员就有了一个良好的开始；反之，如果客户一点好奇心都没有，那销售员将寸步难行。只有激起客户的好奇心，销售员才有机会建立客户关系，发现客户需求，提供解决方案，进而获得客户的青睐。

销售员完全没有必要在一开始就迫不及待地将一切都公之于众，让客户毫无期待和想象，这样的销售怎么能吸引人呢？与其这样，销售员不如一开场就给客户创造一个悬念，激起他的好奇心，让他情不自禁地跟随销售员的脚步和思路，最后顺理成章地达成交易。

那么，销售员应该如何激起客户的好奇心呢？

1. 提出刺激性问题

人们总是对未知的事物比较感兴趣，而刺激性问题则会使客户自然而然地想知道答案。销售员可以在拜访客户时设法激起客户的好奇心，还可以在销售的过程中利用刺激性问题引导客户，使其做出有利于销售的决定。

2. 利用群体趋同效应

人类是群居动物，群体趋同效应在人类社会十分明显，如果其他人都有着某种共同的趋势，很少有人会拒绝接受。例如，销售员可以对客户说："王总，最近很多像贵公司一样的设计公司都面临着一个问题。"这个"问题"就可以引起王总的好奇心，促使其产生参与进来的愿望。

3. 留一半信息给客户

很多销售员总是将时间花费在如何满足客户的好奇心上，却忽略了为客户创造好奇心。当他们忙于为客户提供各种信息，不厌其烦地向其陈述产品或服务的信息时，客户只能感到无穷的厌烦。客户得到的信息越多，对销售员或产品的兴趣就会越低。试想一下，如果客户已经掌握了想要了解的所有信息，那他们还有什么兴趣与销售员沟通呢？因此，销售员要学会说话只说一半，留一半培养客户的好奇心。

4. 满足猎奇心理

新奇的产品总能引起人们的兴趣，希望自己能尝试一番，哪怕明知道结果，也控制不住自己的冲动，所以才有那么多舔栏杆、含灯泡的"勇士"。因此，人们总是对新产品和新消息"贪得无厌"，哪怕别人告诉他结果，他也要去自己尝试一下。

2017年底，一款面包横空出世，刷爆各大网络平台，还登上微博热搜，这就是"脏脏包"。很多人可能发现，微信朋友圈中出现了不少朋友发自己和孩子吃"脏脏包"的小视频和照片，个个吃得嘴上脏、手上脏。面对这种大家都在吃的"脏脏包"，你好奇吗？

"脏脏包"其实就是一种巧克力味的面包，最初是北京三里屯一家网红餐厅推出的产品。名如其包，"脏脏包"在牛角包顶部的层层酥皮上浇上厚厚的巧克力层，再涂满巧克力粉，看上去脏兮兮的，吃完后手上、脸上都沾满可可粉，也脏兮兮的。它因为"脏"而火起来，很快风靡各地，不仅追赶潮流的年轻人喜爱，还受到不少明星的追捧。

为了能吃到"脏脏包"，很多人转遍大街小巷的蛋糕店，即使找到了它，还要面临排起来的长队，甚至有人干起了倒卖"脏脏包"的生意。令很多吃过"脏脏包"的人不解的是，这种虽然味道还可以，但也没有特别好吃的"脏脏包"为什么会这么火爆？

虽然很多人表示，吃"脏脏包"有了回到童年的感觉，但这并不足以使其风靡全国。更大的原因是，这种追求吃"脏"的与众不同能引起人们的好奇心，满足人们（尤其是年轻人或儿童）对有趣、另类的追求。而越多人好奇、越多人尝试，又会引发人们的群体趋同效应，进一步加强人们的好奇心。所以，"脏脏包"成为网红面包，也是十分正常的。

从上述案例中我们可以看到，成功吸引客户的关键就在于激发他们的好奇心，怀有好奇心的客户会十分积极地参与到产品的销售活动中，反之则不然。

因此，根据具体销售产品和方式的不同，销售员可以采用不同的激发客户好奇心的策略。只要能让客户感到好奇，销售员就可以发展更多的新客户，发现更多的需求，传递更多的价值，大大提高自己的销售业绩。

提高客户的获得感

追求便宜是客户的一个正常的消费心理，销售员应该学会理解并帮客户达成这种心理。在接待客户时销售员经常会发现，很多客户的"能不能便宜点儿"只是一个习惯用语，他并不一定需要追求真正的便宜，更多的时候只是随口一说，并且想借用砍价来满足自己购物的成就感。

一个优秀的销售员除了需要满足客户的产品需求外，还要满足客户内在的心理需求。虽说物美价廉的产品是每个客户的最爱，但是客户除了有花最少钱买最好东西的需求外，还有渴望被尊重、被赞美的需求，这却不是每个销售员都能领悟的。

大卫和妻子在一家钟表店内看见了一个他们十分喜欢的小钟，但高达 10000 美元的标价让他们踌躇不前。于是，妻子说："我们可以试一试，看店主能不能卖便宜点儿，毕竟我们挺喜欢这个小钟的。"

妻子对店员说："我看到你们这里有只小钟要卖，但是标价让我难以接受。"她停下来看了一下售货员的反应，又接着说："我只能给你 7000 美元。"

店员听了这个价后，连眼睛也没眨就爽快地说："好！卖给你啦！"

得到钟表的夫妻俩会欣喜若狂吗？不，事实正好相反。

"我真是太傻了，恐怕这钟本来就值不了几个钱……或者里面肯定缺少了零件，要不为什么那么轻呢？再要么就是质量低劣……不会它根本就是个假货吧?”妻子越想越懊恼。

尽管夫妻俩把钟摆在了家中的客厅,而且看上去效果很好,很多客人都夸赞,但是大卫和妻子总觉得他们上当受骗了。

为什么会出现这种结果呢?原因很简单,大卫夫妻的不安源于店员的爽快,这让他们认为那钟表根本不值 7000 美元。也就是说,他们在购买那只钟的同时,没有从购买行为获得一种占便宜的感觉,相反,感觉买贵了。

打消客户的消费疑虑

购买风险是消费心理学的一个名词，指消费需求的实现并不等于需求的完全满足而存在的风险。例如，消费者买了一台电视机，但他使用后发现这台电视机在质量和功能上不尽如人意，因此造成一定程度的不满足。为了规避这类风险，消费者在购买其他商品时，就会表现得小心翼翼，尽量拖延成交，以便"货比三家"，这对销售员来说，不仅加大了时间和精力成本，还容易造成客户流失。

对销售员来说，风险就是成交路上的拦路虎。如何打败这只拦路虎，进而满足客户的安全感，这是销售员需要多加思考的问题。

大多数客户与销售员交流时，总是抱着怀疑的态度，无论是产品促销，还是介绍宣传，销售员有时难以取信于客户。甚至很多时候，销售员越想向客户证明自己，越事与愿违，最后直接将客户"赶走"。

那客户为什么不相信销售员呢？恐怕与以下几点密切相关。

1. 隐瞒产品缺陷

部分销售员为了获得更高的利益，往往以次充好、以劣为优，利用买卖双方的信息落差来欺骗客户。以家具行业为例，很多销售员在向客户介绍材质时使用的是俗称，而没有标准规范的俗称往往成为商家欺骗客户的手段，如"大红酸枝"一般指交趾黄檀，一些销售员却将其他树种的黄檀也称为"大红酸枝"。由于是俗称，即使客户购买之后对材质提出异议，也很难以此作为解决纠纷的依据，最后只能自认倒霉。

2. 夸大产品性能

有些行业存在着夸大产品的行为。例如，我们在电视广告或街头推广中经常看到的各种保健品，大到癌症、小到感冒，各种"神药"似乎无所不能，可事实上保健食品是不以治疗疾病为目的的食品。如此宣传，客户如何相信销售员呢？

3. 拒绝售后服务

很多销售员只注重短期利益，总是抱着做一锤子买卖的想法去做生意，交易达成前百般保证，资金到手后则撒手不管。不管是产品的售后服务还是客户跟踪都做得不到位，这大大影响了客户的购买体验，让他对销售员和产品都失去了信心。

那么，销售员应该如何打消客户的疑虑，建立相互之间的信任呢？最重要的一点是向客户做出零风险承诺，给他吃一颗定心丸，满足其安全感。

零风险承诺是销售活动中非常重要的一项技术，它可以在大部分情况下提高销售员的成交率，加速成交过程。零风险承诺既是一项技术也是一种策略，如果销售员学会变通并把零风险承诺运用得游刃有余，就可以使自己成为值得客户信赖的人。

当然，要想做到有效承诺，首先要学会转换角度，站在客户的立场上思考问题，找出他真正关心的利益点，并将其作为自己的承诺点，从而吸引客户。从竞争上来看，承诺要高于同业水平，提出同业不愿做、没想到、做不到的承诺，这样才可能吸引客户。

零风险承诺不仅是一种吸引客户的手段，更是一个塑造自身和企业良好形象的过程。如果只是为了达到短期销售目的，随意向客户做出一些无法兑现的承诺，就会让自己进退维谷、声誉受损。

某杂志社推出一套创业培训书籍和视频资料，主要是教大家如何创业、开公司、做营销计划、如何管理等。这套书籍和视频资料售价400美元一套，并且承诺，"如果你三个月不成功，我们全额退款，你100%没有任何风险"。结果是虽然销量很高，但退货率也高达46%。于是杂志负责人便去请教一位营销大师。

大师说："这个很简单，你应该提供双倍的零风险承诺，如果三个月不成功，我退你800美元。"

听到还要加钱，报社负责人急忙喊道："你疯了，怎么可能？"

大师不慌不忙地解释："虽然我会多退一倍钱给你，但我有一个小小的要求，当你退款时，请附上你的名片和公司营业执照复印件。"

杂志社承诺的是保证客户创业成功，但是如果客户没有成功，那至少公司应该开起来了，所以退款时要求附一张名片和公司的营业执照，这个要求不过分吧？

经过这样一个小小的改动，退款率竟然下降到4%，为什么呢？因为很多人只是想创业，但是什么都没有做，没有行动怎么会成功呢？所以大部分没有行动的人就无法退款了。

零风险承诺从来不必是100%退货，否则很可能被客户或竞争对手利用，给自己造成严重损失。其实，零风险承诺是需要设计的，一般来讲，只要我们比竞争对手的承诺好就足够了。我们要保证，自己的零风险承诺既可以满足客户的要求，又不会给自身带来过高的风险，这样才能实现销售业绩的提升。

·第三章·

分析客户性格，针对性销售

　　不同的客户，其性格、心理、气质、想法也会相异，如果只会"三板斧"就想拿下所有客户，那无异于痴人说梦。因此，销售员要善于从客户的言行举止中发现他的性格特征，然后针对不同的客户选择有针对性的销售方式，这样才能让自己的销售工作事半功倍，否则只会使生意泡汤。

犹豫不决型客户

情绪不稳定，忽冷忽热；做事缺乏主见，但喜欢逆反思维，总是盯着事物坏的一面而不去想好的。这种性格的人就是犹豫不决型。

销售员在和各种各样的客户打交道时，经常会发现有些客户总是犹豫不决，眼看马上就要签单，但几天后客户还是杳无音信。尽管当时客户非常肯定所推销的产品，但客户还是没有购买产品。

于是，很多销售员抱怨："客户认可我们的产品，也具有强烈的购买欲望，但是谈了很久他仍然是一副犹豫不决的样子。我真不知道如何劝服那些犹豫不决的客户了。"

其实，遇到犹豫不决的客户销售员应该感到欣慰，因为犹豫不决往往意味着客户基本认同产品，只是自己的完美主义倾向使其难以下定决心。既然客户已经在这件产品上犹豫了很久，也浪费了很多时间，他怎么会甘心一无所获呢？

只要销售员能抓住机会，明确客户犹豫的真正原因，就能相应地消除对方的疑虑，给对方提出合理建议，帮助他尽快拿定主意。

尽管张莹百般努力，但是客户依然举棋不定、犹豫不决。直接放弃客户未免太过可惜，可如果继续跟单又怕浪费时间，客户的犹豫让张莹也陷入了进退维谷的境地。

于是张莹对客户说："其实您完全可以放心，这款保险产品和我去年买的一模一样，我总不能连自己都骗吧？"

客户惊讶地问："是吗？你们自己也买保险啊？"

张莹："当然，正是因为我是卖保险的，对保险比较了解，知道它的好处，所以才更要对自己负责，选择一款合适的保险产品。"

客户若有所思地点点头说："其实我之前也仔细了解了这款产品，只是……"客户再次陷入了沉默。

张莹接着说："您有什么地方不清楚的，可以提出来，我再给您解答一遍。您如果满意就买一份，不满意了回头再说，您看怎样？"

客户再次犹豫了一下说："听说这个险种如果买五份，到期后给我五万元，如果人身故了，但保险还没到期，这个钱怎么处理呢？"

客户："如果买了一年期的险种，结果我没出意外，那岂不是白交钱了？"

张莹解释道："您要知道，保险和买彩票可不一样，虽然出意外和中奖的概率都很低，但买彩票是为了得到那个很低的概率，买保险正好相反，就是要规避那个很低的概率。低概率并不等于不会发生，一旦发生意外，将会产生我们难以承受的后果。所以虽然我们看似白花钱了，但健康、安全有了，这不正是我们想要的吗？"

客户："你说的也对，不过我现在感觉身体还行，买保险会不会有点儿杞人忧天？"

张莹："俗话说得好：'天有不测风云，人有旦夕祸福。'去年我的一个客户，本来打算给自己孩子上保险的，后来也是出于和您相似的想法放弃了，最后孩子在家玩耍时出了意外，在医院里住了两个月，花了将近十万元。您想一下，如果他们当时及时给孩子买保险了，那就可以报销一大半了啊！"

等客户消化了一下后，张莹继续说："这样，姐，您看我们已经沟通多次了，咱们也算是有感情了。您不妨先买一份看看，感觉不错就帮我们做个义务宣传。另外，您以后也不用天天为这个事情操心，可以安心做您的工作了。您看怎么样？"

客户："那好吧，就按你说的办。"

虽然犹豫不决型客户常常有很多疑虑、担忧，难以下定决心，但销售员不能轻易放弃，而要抓住任何一个机会，向客户提供自己的建议，建立双方的信任关系，必要的时候可以强势一点儿。当然，给建议并不是要销售员无中生有、信口开河，而是根据具体情况帮助客户做出最有益的决定。

分析型客户

分析型客户比较注重细节，他们极为理智，相信自己的判断。对他们来说，选购一件商品需要经过深思熟虑后再做决定，一般不会因为自己的好恶就决定买或不买。他们的决定是建立在对翔实资料的分析和论证的基础上的，因此，他们在选购商品时总会慢条斯理，表现得十分谨慎和理智。

这种类型的客户往往比较朴实，着装也很简单，有时会显得有些书生气。虽然他们话语不多，但总能击中要害。他们就像专家一样，在购买产品时精心策划。同时，他们的观察力也十分敏锐，善于捕捉产品或者服务中的任何细节，同时会把产品的所有信息收集起来进行分析。

对他们来说，选择某种产品一定要多联系几家供应商，货比三家，选择其中性价比最高的一家。他们常常会提出一些十分重要、尖锐的问题，如果销售员能给出合理答复那就还好，如果销售员试图逃避一些问题，就会大大增强他们的疑虑。因此，对他们提出的问题，销售员最好给予明确的答复，不逃避、不回避。

分析型客户比较理智，有原则，有规律，他们从不会因关系的好坏和个人的喜恶来选择供应商，而是经过分析对比后，做出最理智的选择。

如果销售员使用强行公关、送礼、拍马屁等方式来试图拿下订单，最后只能适得其反，影响自身的形象。与其如此，还不如坦诚沟通、直率交流，既不夸大其词，也不溜须拍马，直接将产品的优势劣势直观地展现在他们的面前，让他们明白自己能从产品中得到什么，付出多大的成本，这样一来，只要产品有足够的竞争力，那交易成功的概率就会大。

薛珊是某化工原料公司的销售员，公司的主营产品是化工原料，质量很好，价格便宜，在市场上很有影响力。有一次，某农药厂需要一批化工原料，薛珊就去拜访了这家公司的负责人。

一见面，薛珊就展开了自己的"游说"，充分展现自己的话术，但是她根本没有考虑该客户的特点，结果沟通多次单子也没有签下来，尤其是当薛珊提到很多同类企业都在自己公司采购后，客户竟然有些疏远薛珊了。

由于久久没有进展，薛珊的同事刘斌接手了这笔业务。他先是分析客户的心理类型，然后在拜访前准备好产品的各项资料，在与该客户沟通时，他并没有过多地客套或寒暄，而是将谈话重点放在了技术方面的讨论上，向客户解释产品的各项技术特点。没过多久，客户就跟刘斌签了这笔订单。

为什么推销同一厂家的产品，薛珊与刘斌却得到不一样的结果呢？因为案例中的客户属于分析型，这种人格外讲求事情的准确性，分析能力和观察能力都很强。对他们来说资料与数据才是最重要的，话术或寒暄只会让他们厌烦。销售员在向他们推销时，应该尽可能多地提供一些资料和数据，满足他们的分析愿望。

从众心理在这类客户这里没有用武之地，因为他们不喜欢攀比，也不会简单地因为别人购买而产生购买冲动，即使他们身边的人已经买了同样的产品，他们也会深思熟虑，基于自己的分析才能决定是否购买。

标新立异型客户

每个客户都是单独的个体，他们都有自己独特的性格、心理和爱好。因此，销售员应该针对不同客户的特点使用不一样的技巧，做到随机应变，对症下药，为每位客户提供最合适的服务方式。

如果客户衣着时尚，言谈活跃，思想新颖，不拘一格，并且喜欢抒发个人感想，对奇闻逸事及新鲜话题十分感兴趣，那么他们可能是标新立异型客户。这种类型的客户一般个性比较自由，想法较多，但他们常常不拘小节，没有极好的时间观念，而且还有可能向销售员提出一些奇怪的要求。

对他们来说，购买一件商品最重要的既不是价格也不是品质，而是其新颖、独特的程度，换句话说，只有那些能满足其猎奇心理并使其显得与众不同的商品才能征服他们。与标新立异型客户会谈时，销售员可以摆脱商业化的形式，选择一个非正式的场合会面，比如咖啡厅、茶吧等。沟通时，销售员不能像平时一样仅仅强调产品本身，更应该充分发挥自己的口才，甚至表现得口若悬河，天文地理、琴棋书画、诗词歌赋、医卜星象样样都是谈资。

如果销售员的讲述能触及对方的"新鲜点"，让其觉得销售员知识渊博，那就可以引起他们对销售员潜在的崇拜，此时只要适时地加入产品的介绍，就有很大的机会获得成功。

这天，程蕊的店里来了一位打扮时尚、个性的年轻女士。她边走边看，终于在一件设计前卫、造型夸张的衣服面前停下脚步。程蕊见状马上走过来问："您好，喜欢您可以试穿一下，我看您的身材比较苗条，这件衣服更能展现您的美丽。"

于是这位女士便去试了一下，衣服的颜色、样式与她的相貌、打扮都很搭配，她对这款衣服非常满意，微笑着向程蕊询问价格。

程蕊说："这件衣服原价 1119 元，现在正值商场庆典期间，全场所有产品九折优惠。我看这件衣服特别适合您，您穿上去简直太漂亮了。"

顾客："好吧，这件衣服我要了，给我包起来吧。"

又完成一笔销售，程蕊十分高兴，她一边开票一边对这位女士说："您真是太有眼光了，这件衣服现在是我们店里的爆款，好多人都喜欢这个款式的衣服，我们已经卖出好多件了。"

话音刚落，这位女士立刻沉下了脸，生气地说："算了，这件衣服我不要了，不好意思。"然后在程蕊一脸吃惊的表情中离开了。

为什么这位女士在开票时突然反悔了呢？难道是发现产品有质量问题？还是身上的钱没带够？其实，让她改变主意的原因只是程蕊最后的那句话"我们已经卖出好多件了"。作为一位标新立异型客户，"撞衫"是一件令人难受的遭遇，她怎么会接受一件很多人买了的衣服呢？

炫耀型客户

炫耀型客户虚荣心强，喜欢自我吹嘘。他们自命清高，对周围的人和事总是抱着一种居高临下的态度，用对他人的轻视来显示自己的见识和品位。在销售中，当销售员向这类客户介绍产品时，经常会出现的一种情况是，客户不以为然地说："这算什么啊，我见过的××比这个好多了……"

其实，他们的炫耀是在追求一种自我心理的满足。在消费方面的表现就是，不管买什么东西都要讲究最好、最贵、最能体现身份。哪怕这件产品对他们没有任何实际用处，只要能满足自己炫耀的心理，他们也会毫不犹豫地购买。

既然这类客户这么喜欢吹嘘，销售员不妨设法满足他们的需求。在销售过程时，销售员可以先不提产品，而是夸耀他们，让他们有一种飘飘然的感觉。当他们自我吹嘘时，销售员要充当一名"忠实的听众"，少说多听，及时称赞，还要表现出一副崇拜羡慕的神情。销售员要给他们创造充分表现的机会，使他们的虚荣心得到满足。这样一来，客户会变得非常自信，并对销售员产生极大的好感，愿意同其接触，这时销售员再切入主题推销产品，那将无往不胜。

苏玲是某品牌服装店的经验丰富的销售人员。这一天，店里来了一位与苏玲年纪相仿的女士。

从对方的衣着打扮上可以看出这位女士是一位高档消费者，于是苏玲直接将她引到高档服饰区，并给她介绍了几件新款衣服。两人一边挑选衣服一边聊天，从谈话中，苏玲得知这位女士是某大型公司的财会人员，丈夫更是公司的高管，两人每月的收入都很高，购买时尚服装对她而言可以说毫无经济压力。

从客户的言谈举止中苏玲还看出，这是一位喜欢炫耀的顾客，因为她总是时不时地提到自己的各种奢侈品，并让苏玲对她新买的包进行评价，苏玲自然是一番称赞，夸得顾客眼睛都快飞了。在挑选衣服时，苏玲还很真诚地夸赞她有眼光、有品位。

被苏玲多次夸赞的顾客非常开心，一连试了好几件衣服。这时苏玲又向她介绍了一件连衣裙，顾客试过以后感觉很好，苏玲也适时地向她投去羡慕的眼光，并说："您穿上这件衣服真是漂亮极了，既高贵又时尚，更显得身材苗条。"

苏玲的夸赞让这位顾客的虚荣心得到了极大的满足，虽然这件连衣裙的价格高达 5000 多元，但她还是很爽快地掏钱购买了。

接待炫耀型客户时，销售员要暂时忘记自己，将客户摆上"神坛"。切记不能和客户在沟通中发生冲突，销售员赢了嘴上功夫，却可能输了订单；故意示弱，反而会收到"惊喜"。所以销售员一定要让客户觉得我们是在真心夸赞他，这样一来他的自尊心才能得到最大限度的满足，销售业绩也才能得到最大限度的提升。

销售员要尽快让他们的虚荣心得到满足，使他们变得冲动，购买欲高涨，等他们夸下海口、骑虎难下的时候，销售员一定要把握机会，快速逼定、签约、交易，保证一击必中。当然，销售员也要婉转清晰地告知客户一些必需的法律责任和义务，免得成为他们日后反悔的借口。毕竟他们的虚荣心总有消退的时候，而理智下的他们常常会为自己的冲动购物感到后悔。

专断型客户

在销售过程中，销售员经常会碰到专断型客户。他们有着自己的想法和主意，销售员的各种话术和技巧很难影响他们，而且销售过程中他们往往很少说话，销售员根本无法获知他们的内心想法。有时销售员还要面对这种客户的许多不合理要求，而一旦销售员不能使其满意，他们就会果断地选择离开。

专断型客户习惯于以自我为中心，希望周围的人都受命于他的意志。正因如此，销售员在销售工作中要把这种客户放在主导者的位置，给他创造充分的选择机会和空间。如果销售员不知进退，采用热情的介绍和积极的推销来应对他们，就会引起他们的不满和排斥。

需要注意的是，专断型客户最厌烦的推销方式就是强制性推销，销售员越热情，他们就越抗拒；销售员越积极，交易就越难达成。因此，在遇到专断型客户时，销售员最好的选择是服从。

得知领导将自己分到蒋成那里做产品的分销，郭微就在心里暗暗叫苦。在平时的合作中，提要求最多、问问题最多、惹事情最多的就是蒋成，公司里的销售员都不敢"碰"他，也不知道领导为什么派了自己去。无奈的郭微只好听天由命，她抱定"打不还手，骂不还口"的想法，只盼着自己的运气能好些。

第二天，郭微早早地来到蒋成的公司拜访他，不过他正好临时有事，于是约定转天再去。这天早上 9 点，郭微一迈进办公室就遭到了蒋成的指责："不是跟你说早点儿过来吗？你看看现在都几点

了?"（客户公司 8：30 上班）

尴尬的郭微低着头没敢说话，心想："这个客户真难缠啊。"

接着蒋成向郭微讲了他们公司的一些规章制度，并让她先熟悉一下公司的环境，俨然把她当成了自己的下属。郭微只能忍气吞声。

几天后，蒋成安排郭微与公司的业务人员一起去二级市场跑业务，郭微发现这里存在很多问题，她迅速给蒋成提出了解决方案，蒋成听了她的建议后却说："你应该把这些问题和建议写成书面报告，还要详细说明具体的解决方案，这样流于形式怎么能解决问题呢？"

听到这话，郭微愣住了，心想："这个人态度怎么这么差？我又不是你们公司的员工，好心主动帮你提问题，你还挑三拣四，真让人气愤！"不过这些话只能在心里想想，她还不敢说出来。

抱怨完之后，郭微开始寻求解决方法。在收集了大量资料，拜访了许多下级经销商后，她根据产品和公司的特点，为蒋成拟订了一整套方案。最后，这套方案得到客户的肯定和执行，产品的销量得到了很大的提升，而郭微所在的公司自然也就成了这家公司的独家供应商。

面对态度强势的客户，郭微的忍让和服从满足了客户的支配习惯，这使她得到了客户的接受和肯定。从这个案例中我们可以总结出：首先，一定要有时间观念，约好什么时间谈就一定要准时赴约，一秒也不能迟到；其次，保证思路清晰明了，切忌拖泥带水、闪烁其词或词不达意。

随和型客户

随和型客户大概是最受销售员欢迎的性格类型了，他们性格温和，比较友善，愿意听销售员"唠叨"。当销售员与他们谈话时，他们既不会轻易反对销售员的说法，也不会冷漠以对，而且交流顺畅，交易爽快。既然随和型客户这么好，那为什么还是存在很多的失败案例呢？

其实，随和型客户虽然好相处，但也缺乏主见，自由主义心态还很严重，容易随波逐流。如果销售员轻松应对就会使他们迟迟无法下定决心，变得跟犹豫不决型客户似的；如果销售员企图施压迫使客户尽快决定的话，一不小心就会激起他们的逆反心理。

那么，销售员应该如何应对随和型客户呢？

郑谦是某进口设备在中国的代理商的一名销售人员，在某次行业聚会上，他无意间听说一家公司需要几套设备，他当即给这家公司的负责人打了电话。

郑谦："喂，您好，是李总吗？我是××公司的郑谦，是某进口设备在国内的代理商。听说贵公司正在寻求几套××设备，我们公司正好有您需要的这种产品。如果您时间方便的话，我想拜访一下您，您看可以吗？"

李总："哦，行，我们公司确实需要采购几套设备。这样吧，明天上午10点你到我办公室详谈。"

第二天见面后，郑谦和李总进行了一番详谈，李总对设备非常满意，表达出强烈的购买意向。后来郑谦和李总经常联系，双方还就设备安装的问题交谈了数次，公司内部的技术人员也登门拜访了几次，可以说是万事俱备，只欠交货了。

一共有三家比较有实力的公司进入了最后的环节，于是李总决定开一个碰头会来决定最终的结果。在这次会议中，经过几轮的会谈和比较，郑谦明显占据优势。但是会谈的最后，李总在谈到质量问题时向三家公司提出："你们以什么来保证自己的产品是最好的呢？"

正当郑谦在犹豫着提出什么保证时，第一家公司的谈判代表迅速回答："我们的产品可以先免费试用三个月。试用满意再付款，如果不满意可以直接将设备退还给我们，全部费用将由我们公司自己承担。"

话音刚落，第二家公司的谈判代表与郑谦当即哑口无言，心想："冒着这么大的风险免费使用，这怎么能行呢？万一产品不合适，那将造成多大的损失啊！"就这样，不敢做出承诺的郑谦只能眼睁睁地看着煮熟的鸭子飞了。

对随和型客户来说，事到临头再反悔是一件常事。郑谦之所以没能拿下这份订单，就是因为他无力做出应有的保证，哪怕产品再好，价格再优惠，如果不能让客户放心，他们依然会选择拒绝。没有保证的交易对随和型客户来说，意味任何意外都有可能发生，因此郑谦的推销以失败告终。

因此，面对随和型客户，销售员要用丰富的专业知识和诚恳的意见、建议来为其服务，在销售过程中多加鼓励，以期消除他们的顾虑，最后顺利达成交易。

挑剔型客户

挑剔型客户思维严密，观察力强，能够在产品或服务的细节方面发现问题，常常对销售人员采取苛刻、强硬的态度，让人避之不及。面对挑剔型客户，销售员常常陷入与其争辩中，最后落了个鸡飞蛋打的局面，客户没有得到他们想要的产品，销售员也失去了订单。其实，销售员不必对挑剔型客户抱有太大的不满和敌意，"嫌货才是买货人"，客户的挑剔和不满其实是一种变相的肯定。

当客户正在发表长篇大论的批评时，销售员不妨认真倾听，给客户一种尊敬他们的感觉。相反，如果销售员置之不理或强硬反驳，客户的情绪可能会更加激动，本来很有希望的订单可能会白白丢失。同时，倾听客户的抱怨和讲述，能让销售员了解他们内心的想法和观点，为销售员发现并解决问题提供基础。

具体来说，销售员首先应该接受客户的情绪，让客户的不满有发泄的渠道和空间。其次，认真对待客户所提出来的问题，总结其中的要点，反复求证不明白的内容，要让客户觉得销售员在倾听他的问题。再次，要学会换位思考，让客户觉得销售员能站在他的立场上为他的利益思考。同时，避免出现责备、批评客户的行为，以免激起其逆反心理。最后，解决问题，不管销售员前面做了多少准备，如果问题无法解决，那一切都是空的，只有最后将问题解决了，才能让挑剔型客户失去拒绝的理由。

一天下午，某星级酒店经理赵宇接到总台的电话，说有客人投诉。沟通后得知，一位女士说她昨天买了五个橙子，今天早上出门时还在，现在回来却发现少了一个。

一个橙子事小，但酒店的声誉事大，赵宇赶紧联系客房部的王经理，让他查明事情真相。没多久，王经理打来电话说，服务员没有问题。

得到结果的赵宇来到了客人房间向她解释，不过客人的情绪非常激动，一口咬定是服务员拿走了一个橙子，根本不愿意听赵宇的解释。客人还说："我在别的酒店就遇到过寄存在前台的东西被酒店员工偷吃的现象，你们这里肯定也是。"

听到这话，赵宇有点生气，在没有任何证据的情况下，客人竟然这样指责酒店。此时，怒气冲冲的客人让赵宇出去，心情不悦的赵宇就出来了。

一个多小时后，赵宇的情绪平复下来，于是他给客人送过去一个果盘，明确告诉客人，服务员确实没有拿走橙子，他可以代表酒店送她一些。

赵宇的良好态度让客人失去了指责的借口，就这样，一场可能会给酒店造成负面影响的冲突就化解了。

面对挑剔型客户，最重要的一点便是心态。不管客户用什么样的无理挑剔和不良之词来批评，销售员都要保持一颗轻松的心，该解释的解释，该满足的满足，千万不要为了逞一时之能与客户争吵，那样就太不明智了。

沉默寡言型客户

销售员努力推销，客户却说"随便看看"；销售员滔滔不绝，客户却一直沉默。如果遇到这种情况，千万要小心，因为销售员遇上的是沉默寡言型客户。

客户不开口，销售员永远没有机会知道客户在想什么，也不知道他想要什么，更不知道自己该做什么，这样怎么能取得成功呢？

陈欣在一家服装店做导购员。一天，一位外表忠厚老实的中年男人走进店里，陈欣赶紧迎上去打招呼："您好，欢迎光临××，请问您需要什么服装？"但是中年男人连眼皮都没抬一下，只是径自边走边看。

顾客的反应让陈欣略显尴尬，她只好跟在顾客后面，看他想选购什么。可是顾客转了几圈，还是什么都不说，这就让陈欣心急了。

于是，陈欣指着上衣专柜问："先生，您是要买上衣吗？"

顾客依然没说话，只是轻轻地摇了摇头。

陈欣又指指裤子："那您是要买裤子？"

顾客依然摇了摇头。

这可让陈欣犯了愁，无奈之下，陈欣只好冒险行事。陈欣指着店里的服装，向顾客讲起了服装品牌的设计理念，并且把每一款的设计构思、材质选取，甚至有哪些明星已经选购这种款式，都仔细地讲给客户听。

在陈欣的介绍过程中，顾客一直静静地听着，时而点头微笑，时而低头沉思，可依然一语未发。陈欣一边心里打鼓，一边继续介绍，如颜色的搭配、款式的选择、职业的影响等。这位顾客听完后貌似恍然大悟一般，说："原来搭配衣服还有这么多的学问呀！我要出国参加一次重要的会议，既然你懂这么多，那你帮我搭配一套合适的衣服吧！"

听到客户的要求，陈欣高兴不已。为了避免出现不必要的失误或纰漏，陈欣仔细地询问了客户几个问题，了解客户的需求和忌讳后，为客户搭配了一身十分合适的西装。

沉默寡言型客户的表现也不是完全相同的，闭口不言也有很多原因。有的人是城府较深的商场老手，还有的人是天生不爱说话。不过，不论遇到哪种类型，他们一般都会对销售员的语言攻势免疫。对他们来说，产品本身的好坏比销售话术重要多了，所以销售员要用平淡的语气把产品的优势和特点交代出来，切忌夸大其词或嬉皮笑脸，否则很容易引起客户的反感。

1. 试探客户的真实想法

如何让沉默寡言的客户开口是最困难的一点，只有客户开口销售员才能发现问题，只有发现问题才能解决问题。面对这类客户，销售员一定要学会使用提问的战术，不断用问题试探客户的反应，如果问题切中核心，客户自然会有所反应的。例如，销售员前去拜访客户，要将产品资料、合作计划等准备齐全，然后用切中要害的话题打动他，才可能知道客户的真实想法。

2. 留给客户足够的时间

在与客户的沟通中，销售员尽量将关键信息展示给客户。介绍好内容后，销售员应该暂时保持沉默，让客户有思考的时间，千万不要穷追猛打，逼着客户做出反应。

3. 热情接待，真诚以对

沉默寡言不代表不好相处，很多人只是外冷内热而已。只要销售员真诚相对，热情接待，点燃他们心中的火焰，自然会让沉默的他们活跃起来。

墨守成规型客户

"我天天中午都吃同一家店的盖浇饭，保持了十年；尽管电子阅读已经十分方便，但是我天天都会在离家非常远的一个报摊买报纸杂志；我每次都去同一个理发店理同样的发型，直到十年后那家理发店关门……我喜欢一成不变的、固定的生活节奏，有些单调和枯燥，但我乐在其中。"

我们经常会在工作或生活中遇到这种性格的人，他们思维保守、性格沉稳，对新鲜事物十分抗拒。相对于追求新潮、热爱时尚的客户，墨守成规型客户总是循规蹈矩，喜欢用一些不存在的条条框框约束自己的行为。虽然他们往往表现得很细心、沉稳，善于倾听、分析，眼光也比较独到，但他们总是很难迈出改变的第一步。

对墨守成规型客户来说，在同一家商店购物，买同一个牌子的东西，过毫无改变的生活才是最好的。一旦他们受到先入为主观念的影响，销售员很难说服他们。那墨守成规型客户真的就无法改变了吗？当然不是。

墨守成规型客户最看重的是产品的性能和品质。只有满足他们对产品的使用要求，销售员才有希望获得订单。要想用产品的性能和质量打动客户，销售员必须保持耐心，不能急于求成，否则很容易刺激到客户，让他变得更加顽固。销售员可以将产品的实用效果作为突破口，通过让客户在实际的试用和对比中发现产品的优秀性能，这样自然会逐渐改变客户的想法和观念，使他接受所推销的产品。

这天上午，一位客户来到某银行网点办理定期存款业务，柜员周慧发现客户一直以来都习惯做定期，因此向客户推荐年化收益率5.1%的保险理财。

周慧说："这种保险利率比较高，而且额度非常有限，限时抢购。刚好现在还有额度，可以为您办理。"

客户想都没想就拒绝了周慧的建议，表示自己从来不理财，担心理财有风险。

客户经理吴江在后面听到了周慧和客户的谈话，因此上前服务，正好发现该客户是自己以前的老客户，便向客户解释："该款理财产品是财险，目前国内的存款利率较低，如果资金足够的话可以凑多点做大额存单，这样利率比较高。如果您存够50万元……"

吴江的话还没说完，客户就表示没有那么多资金，只有10万元。

听到客户的话，吴江随后建议他买三年期××财险："这种投资方式一方面能长期锁定一个较高的收益，另外一方面如果你用钱可以办理我行的消费贷业务，因为贷款利率比较低。"

客户听了吴江的建议后也动心了，终于下定决心购买了这款财险。

从这个案例中我们清楚地看到，虽然墨守成规型客户思想比较守旧，很难接受新产品，但只要销售员能够耐心、细心地为他们详细讲解产品的好处，并且让客户觉得安全放心，那么打动这类客户也并非不可能。

第四章

定价心理学：让利润隐藏在角落里

　　制定属于自己的特色定价，将实惠落到实处，让顾客看得清清楚楚、明明白白，但同时，也让我们的利润隐藏在角落里，争取更大的销售额，让利润最大化。

　　很多商家都希望所有的价格都是为每位顾客量身定做，以保证对能承受高价位的消费者收取最高的价格，而对只能承受低价位的消费者实行最适合的售价。

合理的定价不应该随意变动

建立在合理成本、利润基础上的价格，是不存在讨价还价的问题的。

在激烈的市场竞争中，价格往往成为焦点。因此，很多商家也便多在价格上做文章，或是降价销售，或是低价大甩卖；批发商和经销商也会经常对制造商提出降价的要求。

建立在合理成本、利润基础上的价格，是不存在讨价还价的问题的。只有在降低成本、保持合理利润的前提下，才可以答应降价的要求。

面对这些问题，人际关系大师卡耐基是如何处理的呢？他有何秘诀？对于价格，卡耐基有两条基本的信念：一是物价越低，才越能刺激消费，从而反作用于生产，进一步降低价格。这是卡耐基终身遵循的。二是价格是一个综合指数，包括成本，也包括服务、利润等等，合理的定价是不应该随意变动的。

基于上述信念，卡耐基在生产中尽可能降低成本，以低廉的价格出售；另一方面，在市场上不随意减价。这就是说，卡耐基降价功夫是在工厂里就做足了的，这是降价的秘诀。那么，卡耐基不降价的秘诀又是什么呢？

第一，纠正错误行情。卡耐基在技术力量薄弱的情况下，很快就制造出了新产品，面对这种新产品的销售，卡耐基要求其定价要比市场上销售的货品高一些。他认为，有些商人在新产品一开始时就减价的做法并不可取。他以大家都是商人的立场剖析产品的价格成分，指出其合理性，请求推销商帮助，以图共存共荣。在卡耐基的劝说下，推销商们当然是深明其理的，况且这里也有自己销售利润的问题。这样，大家就接受了卡耐基的价格。

第二，击败杀价高手。卡耐基在创业初期，推销商品时，价格问题常常成为争论的中心，卡耐基经常碰到"杀价高手"。有一位杀价高手很厉害，你越说利润薄、生意难做，他就越是拼命杀价。就在卡耐基将要认输的时候，他面前浮现出了工厂里挥汗劳作的员工的形象。于是把工厂的情形和对方说了："大家都是这样挥汗劳作的，好不容易才生产出这样的货品，价格也合理。如果再杀价，那生意就没法做了。"就这样，对方同意了。于是，这笔交易也就做成了。

卡耐基的条件是不立刻否定大杀价。有时候，价格可能合理，但与购买能力脱节，就不应该一概而论地否定大杀价了。一次，一位经销商要求用低于现价 1/3 的价格进货。后来得知对方是以世界标准和购买能力来要求降价的，卡耐基没有立即否决他的要求，而是希望对方先以原价销售，给自己一定的时间改良产品，然后以对方要求的价格交易。如此，对方接受了这种暂时的价格，卡耐基命令加紧了电器改良进程。最后卡耐基说："不要把降价要求当作荒唐的无稽之谈，不妨检讨一下看看。如果对方拿世界标准的价格来杀价，不可以认为这是无理取闹，而必须从所有的角度来研究其可行性。"

制定均衡价格

世界上没有什么东西能比水更有用了，可一吨水才几元钱，成千上万吨的水才换得来一颗钻石，而钻石除了能让人炫耀其财富外，几乎没有什么用途。但为什么水的用途大而价格低，而钻石的用途小却价值大呢？

这就是著名的价值悖论。价值悖论，指某些物品虽然实用价值大，但是廉价，而另一些物品虽然实用价值不大，但很昂贵。

著名经济学家马歇尔则用供求均衡来解释这一"谜团"。他认为，因为水的供应量极其充足，人们对水所愿意支付的价格仅能保持在一个较低的水平；可是，钻石的供应量却非常少，而需要的人又多，所以，要得到钻石的人，就必须付出超出众人的价格。

对于销售人员来讲，了解价值悖论，要让我们明白，在定价时要考虑到价格与价值必须相符，也就是制定出均衡价格。

均衡价格是指商品需求量与供给量相等时的价格。

均衡价格是在市场上供求双方竞争过程中自发形成的。需要强调的是，均衡价格的形成完全是在市场上供求双方的竞争过程中自发形成的，有外力干预的价格不是均衡价格。

在市场上，需求和供给对市场价格变化做出的反应是相反的。由于均衡是暂时的、相对的，而不均衡是经常的，所以供不应求或供过于求经常发生。

当供过于求时，市场价格下降，从而导致供给量减少而需求量增加。当供不应求时，市场价格会上升，从而导致供给量增加而需求量减少。供给与需求相互作用最终会使商品的需求量和供给量在某一价格水平上正好相等。这时既没有过剩（供过于求），也没有短缺（供过于求），市场正好均衡。这个价格就是供求双方都可以接受的均衡价格，市场也只有在这个价格水平上才能达到均衡。

当一个市场价格高于均衡价格时，物品的供给量将超过需求量，这样就会出现物品的过剩。在现行价格时卖者不能卖出他们想卖的所有物品，这种情况被称为超额供给。例如，当水果市场上存在超额供给时，市场上就会出现很多卖不出去的水果，于是水果商降低价格，而且要一直下降到市场达到均衡时为止。同样，如果水果的市场价格低于均衡价格，此时，物品需求量将超过供给量，就会存在物品短缺——需求者不能按现行价格买到他们想买的一切，这种情况被称为超额需求。例如，当水果市场出现超额需求时，买者不得不排长队等候购买水果，这时水果商提高价格，随着价格上升，市场又一次向均衡变动。

使需求量和供给量相等，从而使该商品市场达到一种均衡状态。销售时，一定要顾客明白你所销售的产品是物超所值的，才会提高你的业绩。

在美丽的德国莱茵河畔，有一家装饰得非常雅致的小酒店。这家酒店所使用的餐巾纸上印着这样一则引人注目的广告："在我们缴纳过酒类零售许可税、娱乐税、增值税、所得税、基本财产税、营业资本税、营业收益税、工资总额税、教堂税、养犬税和资本收益税后，支付过医疗储蓄金、管理费、残疾人保险金、职员保险金、失业保险金、人身保险金、火灾保险金、防盗保险金、事故保险金和赔偿保险金，并在扣除电费、煤气费、暖气费、垃圾费、打扫烟囱费、电话费、报刊费、广播费、电视费，外加音乐演出和作品复制费等等之后，本月我们仅剩下这点广告费。因此，我们愿意请您经常光顾以扶持本店。"顾客看到这则广告，大动恻隐之心，进店就餐者频频而来。

因此，许多买者与卖者的活动自发地把市场价格推向均衡价格。一旦达到其均衡价格，所有买者和卖者都得到满足，也就不存在价格上升或下降的压力。不同市场达到均衡的快慢是不同的，这取决于价格调整的快慢。实际上任何一种物品价格的调整都会使该物品的供给与需求达到平衡。

需求导向定价法

一般来说，消费者在购买商品时，对商品的质量、性能、用途及价格会有自己一定的认识和基本的价值判断，会自己估算以一定价格购买某商品是否值得。因此，我们在定价时，当商品价格与消费者对其价值的理解和认识水平相同时，就会被消费者所接受；反之，则消费者难以接受或不接受。

以价值为基础的定价方法因此应运而生。营销者以消费者对商品的理解和认识程度为依据制定商品价格，就是以价值为基础的定价，也称为需求导向定价法。这种方法的思路是：企业定价的关键不在于卖方的生产成本，而在于买方对商品价格的理解水平。

美国吉列刮胡刀片公司创立之初只是一家默默无闻的小公司。而现在，吉列公司已经发展成为一家全球闻名的大公司。吉列刮胡刀片畅销全球，只要有人的地方，几乎就有吉列刮胡刀片。1860 年以前，只有少数贵族才有时间与金钱来修整他们的脸，他们可以请一个理发师来替他们刮胡子。欧洲商业复兴之后，很多人开始注意修饰自己的仪容，但他们不愿使用剃刀，因为当时的剃刀笨重而且危险，而他们又不愿花太多的钱请一个理发师来替他们整修脸部。19 世纪后半期，许多发明家都争先恐后地推出自己发明和制造的"自己来"刮胡刀片，然而，这些新刮胡刀片价格太高，很难卖出去。一把最便宜的安全刮胡刀需要 5 元，相当于当时一个工人五天的工资。而到理发师那里刮一次胡子只不过用 10 分钱而已。

吉列刮胡刀片是一种舒适安全的刮胡刀片，但仅仅用"舒适安全"来形容的话，吉列刮胡刀并没有任何比其他品牌更高明的地方，何况其成本比其他品牌都要高。但吉列公司并不是"卖"它的刮胡刀，而是"送"它的刮胡刀。吉列公司把价格定在55分钱，这还不到它制造成本的1/5。但吉列公司将整个刀座设计成一种特殊的形式，只有它的刮胡刀片才能适合这种特殊的刀座。每只刀片的制造成本只需1分钱，而它却卖5分钱。不过消费者考虑的是：上一次理发店刮胡子是10分钱，而一个5分钱的刀片大概可以用6次。也就是说，用自己的刮胡刀片刮一次胡子的费用还不到1分钱，只相当于1/10的理发师费用，算起来依然是划算的。

吉列公司不以制造成本加利润来定刮胡刀座的价格，而是以顾客心理来定刮胡刀座的价格。结果，顾客付给吉列公司的钱可能要比他们买其他公司制造的刮胡刀更多。吉列通过这样"此消彼长"的方式使消费者购买到其心目中的产品，自然大获全胜。应当注意的是，这种"此消彼长"策略是根据顾客的需要和价值及实际利益来销售产品，而不是根据生产者自己的决定与利益。简而言之，吉列的"此消彼长"代表了对顾客原有价值观的改变，而非厂商成本价格的改变。

这一策略一般用于互补产品（需要配套使用的产品），企业可利用价格对互补产品消费需求的调节功能来全面扩展销量。有意地廉价出售互补产品中处于不好销售的一种，再提高与其配套的另一种互补产品的价格，以此取得各种产品销量的全面增长。

以折扣定价扩大销售

1962 年开始创建的沃尔玛连锁企业如今在世界各地拥有数量众多的分店，这家从北美的小山村里走出来的零售巨头如今仍然是每一位零售商学习的最佳模范。以"天天平价"吸引着世界顾客的沃尔玛，其定价方式是许多店主都想要探索与解密的。

沃尔玛的商品售价通常比其他连锁企业要低 20%。在沃尔玛商店里，采取的是仓储式的商品陈列方式。简易的货架，几乎没怎么装修的地板和四壁，但价廉物美的商店仍旧吸引了众多的顾客，因此，当沃尔玛以这种方式一亮相，即取得了极大的成功。

这是老板山姆"折价销售"理念的成功，这一经营理念与一般的减价让利有着本质的不同。

虽然两者看起来都是以廉价销售为特征，但折价销售作为一种特定的销售方式，更着眼于一种长期稳定的战略目标，同时更需要经营管理多个环节的协调配合；而一般的减价让利却是一种只着眼于眼前利益的短期行为。

沃尔玛却将减价作为一种营销战略来考虑。商品进到商店后，沃尔玛的工作人员将根据对同业的调查估计出该行业的市场平均价格，然后在平均价格和进货价格之间找出一个中间价，作为该商品在沃尔玛的正式售价。通常的做法是，沃尔玛按比进价高 30% 的比率来定价，以体现"薄利多销"的原则。

这是沃尔玛雷打不动的原则。即使自己的进价比对手低廉得多，沃尔玛也始终坚持"把利让给顾客"的做法。

这种立足长远的经营战略，使沃尔玛赢得了时间上的胜利。人们坚信，沃尔玛就是价廉物美的代名词。随着时间的流逝，人们越来越深刻地体会到沃尔玛"厚道销售"的经营之魂。

沃尔玛的折扣定价已经成为行业中的标杆，成为许多商家争相学习的行业模范。折扣定价能够利用各种折扣和让价吸引更多的消费者，促使他们积极推销或购买我们的商品，从而达到扩大销售、提高市场占有率的目的。

随着市场竞争的激烈，折扣定价越来越成为大多数商家长期使用的定价模式。小店在经营过程中，可以借鉴采用以下几种主要的折扣定价形式：

1. 现金折扣

小店为了加速资金周转，防止呆账出现，给予现金付款、提前付款或持卡消费的买主一定比例的优待。采用这种策略，虽然销售方本身付出了一定的代价，但它可以吸引顾客用现金支付或电子的形式付款，减少企业风险，促进资金迅速回收，又可扩大经营，形成良性循环。

2. 数量折扣

数量折扣是购买者的购买达到一定数量或金额时，店方给予一定折扣。一般来说，顾客购买数量或金额越大，折扣越大。数量折扣鼓励顾客大量购买，使店铺的销售成本减少，资金周转加快。

3. 季节性折扣

销售季节性产品的企业，对购买淡季商品的买主，给予折扣优待，鼓励用户错开销售高峰期采购，同时也有利于减轻储存压力，或是低价解决积压的过季产品。平衡淡旺季的销售压力，季节性折扣是一种有效的折扣促销方式。

不过，对于销售人员而言，在对产品做出折让和折扣调整时必须非常小心，否则，我们的利润会远远低于预期，并有可能损害店铺的品牌形象。

· 第五章 ·

广告心理学

　　广告要取得好的效果，离不开对广告受众心理的理解和把握。任何广告，只有满足受众的心理需求，才能被社会认可。那么，在这里有必要对广告受众的心理特征进行分析，进而合理定位广告创意。总的来说，广告受众的心理主要有感知、需要和情感几个特征。

广告是营销的先锋

很多人会对这则广告留有深刻的印象：

一个年轻的女孩着一袭黑裙心事重重地走在街上，广告画面上给出了女孩略显孤独和寂寞的背影。女孩在经过路边的首饰店橱窗时，忍不住停下来观望。

橱窗里摆放有一顶漂亮的白色礼帽。女孩看到自己的身影映在橱窗玻璃上，踮踮脚，礼帽刚好戴在橱窗上的身影上。于是女孩开始情不自禁地站在橱窗前利用映在橱窗玻璃的身影认真地比画起来。另外，橱窗里展示的还有一条美丽的项链，女孩"试完"礼帽后就开始旁若无人地"试戴"这条项链。

首饰店里的人员看到女孩试戴的样子，发出会心的微笑。这种微笑充满欣赏和善意。女孩也用微笑回应她们，并从口袋拿出一块巧克力，掰下一块放在嘴里，闭上眼睛尽情地享受，幸福美好的感觉似乎扑面而来。广告宣传语"德芙巧克力，此刻尽享丝滑"的声音悠然飘来。

这是德芙巧克力的一则电视广告。广告的画面完全给人一种美的感受。这位女孩作为广告主角，不仅年轻漂亮，而且气质优雅。橱窗里的礼帽洁白无瑕，项链光彩夺目。女孩试戴这些商品，使整个广告画面富有美感，令人赏心悦目。

年轻的女孩是这则广告诉求的对象。诉求主题是：橱窗里的礼帽、项链也许价格太贵，我们也许承受不起，但我同样拥有梦想的权利，想象拥有它们的感觉；也许虽然我们暂时还不能拥有梦想的东西，但内心并不缺失快乐的满足，一块巧克力就能满足内心小小的渴求。

　　广告中的女孩是我们身边很多人的化身，所以广告一经播出，立即引起巨大反响。这则广告在很多观众心中引起强烈共鸣，激发了观众对快乐和幸福生活的向往，让观众先爱上广告，再爱上德芙，使得德芙巧克力销量陡增。这则广告是当年最受欢迎的广告之一。

　　营销界流传这样一句话："想推销商品而不做广告，犹如在黑暗中向情人递送秋波。"幽默的语言道出了激烈的市场竞争中广告的重要性。如果说营销是一个作战部队，那么广告就是先锋部队，一个营销战略的应用，关键在于广告的推广力度有多大，广告在整个营销中有不可替代的作用。

　　但是，随着广告的日益泛滥，要想引起消费者的注意，首先要让你的广告让消费者感觉耳目一新，甚至引起心理上的共鸣。在如今这个已经被广告包围的世界中，广告需要以不一样的风格引起关注。许多知名品牌都是依据这种策略获得了成功。

　　著名运动品牌阿迪达斯为运动经典系列发布广告。公司认为找一个拥有广泛知名度的代言人，固然可以让品牌变得更为大众所知，但是这样也会使品牌变得大众化，丧失了个性。因此公司决定寻找对大众来说相对比较陌生，但是却更具个性的广告模特。

　　运动经典系列产品的色彩并不丰富，样式也非常简单。阿迪达斯找到一些有同样气质的人来表现，而且抓住了他们的神态和个人风格。虽然他们只是一些普通人，这则广告并没有邀请大牌明星参与，广告风格样式和画面都不奢华，但是这个系列的广告因其不拘传统的创意吸引了不少注意，广告宣传获得了成功。

　　要想制做出让顾客喜爱的广告，离不开对广告受众心理的理解和把握。尤其在营销以消费者为中心，传播以受众为导向的今天，企业如果对广告受众的心理和影响广告受众心理的各种因素一无所知，将无法使其产品发挥应有的市场效应。

所以，在策划一个广告时，首先要根据受众心理来给广告主题定位。广告主题定位的实质内容是研究广告应该向受众"说什么"。企业作为广告的发布者，应该分析其产品最能满足消费者需求的是哪方面，进一步分析这种产品还有其他的什么属性，消费者最关心的是什么，能够牵动受众心灵，找到广告心理诉求点，确定出能够产生最佳宣传效果的广告主题。

广告的目的是为了促进销售。也就是说，广告是为企业的经济效益服务的。不能促进经济效益提升的广告，一定不是好广告。与之相对应的是，一条好的广告不仅能让顾客记住产品，也能与顾客心灵契合，产生某种共鸣，从而引发其购买欲。让顾客先爱上广告，再爱上企业的产品和服务，从而使企业获得品牌和经济效益双丰收。

寻找适合自己的特色传播方式

美国加利福尼亚州兰丽化妆品公司在塑造"兰丽"这一系列化妆品品牌时，利用合乎心理规律的累积印象广告，针对一个个目标市场打开了自己的销路。

他们第一次为兰丽绵羊霜做广告，广告标题中有 7 个字："只要青春不要痘。"这句话一下子抓住了少女们的心理。画面上的女子以扇遮面，只露两个眼睛，似羞似俏。其实是因为有"遮不住的烦恼"。

不久，他们策划了新的兰丽绵羊油广告，他们告诉孕妇们："从怀孕的第三个月开始，早晚使用绵羊油，按摩腹部及乳房，能预防妊娠皱纹的产生及乳房下垂。"

人们又一次了解了兰丽系列化妆品。

一个月后，第三则广告出笼，画面上的家庭主妇送丈夫上班、孩子上学。她告诉所有的主妇："冬天风寒，防止肌肤粗糙干裂，外出及睡眠前使用绵羊油，尤其是嘴脸、手脚、足踝等特别容易干裂的部位，可使肌肤免受寒风的伤害。"

人们又一次从兰丽化妆品体验到了母亲与妻子般的关爱。

过了一阵，第四则广告与读者见面。一位老祖母年龄的妇女告诉人们："我现在唯一的遗憾，是脸上的皱纹多了些。假如能回到 25 岁前，我一定注意护理皮肤，常用绵羊油。"

女性从 25 岁起，皮肤开始走下坡路，如果这时注意滋润营养肌肤，就能起到防止肌肤衰老，保持肌肤光泽与弹性的效果。

兰丽警告人们，这是前车之鉴。

母亲节的时候，兰丽的广告又劝人买兰丽送给母亲。

企业通过对自身与市场的有机结合分析，可以采取更适合于自己的特色传播方式。在竞争激烈的时代，差异化是有效的生存之道。如何提升品牌在受众心目中的地位，采用什么样的方式进行品牌推广？下面的几种方式应该是值得我们参考的：

1. 新闻性广告

新闻是人们关注度与接受度最高的媒体信息之一。避开产品宣传，与媒体搞好关系，希望媒体（电视台、广播、报社、网站、专业性杂志社等）不间断性地采编或采用有益于自己公司的各方面的报道信息，进行品牌传播。

2. 公益性广告

进行公益性广告的投资也是一种有价值的传播方式，让企业在消费者心目中形成一种"为民、为公"的形象，以此来打动消费者的心。

3. 赞助广告

对体育、文化等各方面的官方、社区举办的活动进行赞助，推广企业品牌，提升企业形象。比如西门子的"自动化之光"中国系列巡展活动、百事可乐中国足球联赛等。

4. 网络广告

随着互联网产业的逐步成熟，眼球经济向现实转化，企业对电子商务的认可越来越高，也有很多企业现在或不久将采取电子商务模式对企业运作进行充实，摸索与积累未来的商业运作经验。

5. 手机短信广告

中国移动通信业已经建立起了一个很庞大的平台，在推出短信业务后，每年的短信收发量以几个数量级地增长，广告界可以和移动运营商合作推出广告业务应该是一个不错的选择。

6. 口碑传播

如果你要去买某产品，对于亲朋的推荐甚至听到身边陌生人对某品牌产品赞不绝口时，你就容易购买。

借助名人效应

在中国和世界的顶级企业中，有不少品牌是以创始人的名字命名的。特别是在西方，个性的张扬和对家族的看重，使得以姓氏命名公司成为传统。说起福特就知道是汽车，说起松下必然是电器，说起李宁必然是体育用品。

以名人命名商标尽管依赖于对商标名的解读能力，但它提供的信息是相当有魅力的。如"太白"酒自然会使人联想到唐代的浪漫主义诗人李白。他一生桀骜不驯，纵酒狂歌，以酒为名创作了大量脍炙人口的诗篇。在人们眼里，李白首先是酒仙，然后才是诗仙。因此以"李白"命名白酒，暗示了酒的效能信息与文化内涵。除此之外，还有"黄振龙"（凉茶）、"张小泉"（剪刀）、"李宁"（运动系列）等，都是使用同样的取名策略。

在中国以名人人名命名的企业中，"李宁"可以说是鹤立鸡群，光彩夺目。如今的"李宁牌"已成为中国体育用品的第一品牌，也是中国屈指可数的以名人人名命名的驰名品牌之一。李宁以"魅力、亲和、时尚"的新个性，加上"一切皆有可能"的核心口号，赢得了消费者的注意，2002 年它的销售额突破了 10 亿元大关。

李宁的成功除了品牌命名之外，其商标设计也是一个很重要的因素。李宁牌商标的整体设计由汉语拼音"Li"和"Ning"的第一个大写字母"L"和"N"的变形构成，主色调为红色，造型生动、细腻、美观，富于动感和现代意味，充分体现了体育品牌所蕴含的活力和进取精神。其中，飞扬的红旗象征青春，燃烧的火炬象征热情，律动的旋律象征活力。

北京李宁体育用品有限公司由体操王子李宁先生始创于 1990 年。20 余年来，李宁公司由最初单一的运动服装发展到拥有运动服装、运动鞋、运动器材等多个产品系列的专业化体育用品公司。目前，"李宁"产品有 3 大类，5000 余种产品，结构日趋完善，销售额稳步增长，2000 年，"李宁"的销售额达 7.56 亿元。现在，"李宁"在中国体育用品行业中已位居举足轻重的领先地位。今天，"李宁"正在品牌国际化的道路上快速而稳步地前进着。"不做中国的耐克，要做世界的李宁"，这就是李宁人不懈追求的目标。

名人和品牌最好是一一对应的关系，只有这样，才能在消费者心目中构建名人和品牌的清晰联系。如果你卖的是健身、营养或跟运动、健康相关的产品，最好选择具有强烈运动个性的代言人。如果你的产品是能量补充饮料、蛋白质饮料，找长跑或马拉松选手代言，甚至以身材健美的名人代言，也许加分效果会更明显。

在确定以名人为品牌时，你需要考虑以下几个问题：

以名人做品牌能给企业带来什么好处？

你所用的这位名人和公司产品有何关联？

你是否一定要用名人做品牌，其他方式是否也能行？

赋予品牌独特的内涵

由于消费者对不同的品牌有不一样的认知，他们在购买时就会做出不同的选择，如果公司不主动去给品牌塑造内涵并让公众接受，那在竞争中就容易处于被动。

米其林轮胎人"必比登"诞生于 1898 年，可是米其林这个品牌的诞生却要比它早 60 多年。

1832 年，在那个还没有汽车的年代，马车是人们唯一的代步工具。米其林兄弟的祖父在法国科列蒙—费昂开办了一家小型的农业机械厂，起初只生产一些供小孩子玩耍的橡皮球玩具，之后便开始制造橡皮软管、橡皮带和马车制动块，并出口到英国去，这就是米其林公司的雏形。

1889 年 5 月 28 日，爱德华·米其林继承了祖父的事业，并在其兄弟安德鲁·米其林的帮助下正式创立了米其林公司。爱德华成为第一任管理者，现代的米其林公司就是由此发展而来的。

当爱德华接手工厂的时候，工厂还在生产工艺简单的制动块。1889 年，一个偶然的事件引起了米其林兄弟对自行车的注意，他们设想如果自行车轮胎能够方便地更换，那它必将有更广阔的发展前景。米其林轮胎的故事便从此开始了。

1891 年，米其林兄弟终于研制出可在 15 分钟内拆换的自行车轮胎，并颇有远见地为他们第一件成功的发明申请了专利。这种可方便更换的轮胎在随后的各种自行车比赛中得到了最好的验证，也很快被大众认可。短短一年，他们的产品已有 10000 名使用者。

1894 年，米其林将刚刚发明的轮胎装在了公共马车上，代替了传统的铁制车轮，使乘车人感受到前所未有的舒适与安静。

1895 年，在神奇的交通工具——汽车诞生一段时间以来，很少有人对它有足够的信心，原因之一就是硬质的"轮胎"无法充分保护车轮的力学结构，经常导致断裂，研制和推广新式汽车充气轮胎迫在眉睫。

当时，所有汽车厂家都不敢在比赛中装备米其林的充气轮胎，为了宣传和证实产品的优点，米其林兄弟设计制造了自己的汽车——标致公司的车身，4 马力的戴姆勒发动机，最主要的是安装了可更换的米其林充气轮胎。

在"巴黎—波尔多—巴黎"的汽车赛事中，两兄弟亲自上阵，出色地跑完了全程，并在巴黎轰动一时，很多好奇的人甚至把轮胎切开，寻找其中的奥秘。比赛验证了充气轮胎在汽车上的适用性，同时也把第一条汽车轮胎的诞生写进了历史。

1906 年，米其林发明了可拆换的汽车钢圈；1908 年，米其林开发的复轮开始在载重货车和公共汽车上使用；1900—1912 年，米其林的轮胎在所有大型国际汽车赛事中都取得了成功。

20 世纪 30 年代，对于米其林来说是不断创新和进步的 10 年。在尝试了自行车、汽车和飞机之后，米其林又对火车产生了兴趣，并于 1929 年制造出第一条铁路轮胎，为铁路运输带来了安静、舒适、灵敏的加速和平稳的制动。

1930 年，米其林为其嵌入式管状轮胎申请了专利，这就是现代无内胎轮胎的祖先；1932 年，胎压更低的超舒适型轮胎面世，寿命达到 3 万公里。

1934 年，米其林推出了具有特殊花纹的超舒适制动型轮胎，以尽量避免汽车在湿滑路面上出现滑水情形。

1937 年，米其林发明了宽截面的派勒轮胎，有效改善了汽车在高速运行情况下的道路操控性，它展示了当今低截面轮胎的最初形状。

1938 年，米其林将橡胶和钢丝完美地结合，成功设计了钢丝轮胎，改良了轮胎的抗热和热载荷能力，并朝着子午线轮胎的发展迈出了重要的一步。

经过多年不懈的努力，在 1946 年，改变世界轮胎工业、举世闻名的子午线轮胎终于在米其林的工厂中"出生"了。这种轮胎以其独特的优势成为之后 30 年米其林在轮胎业中独领风骚的决定性优势，也令其他同行很难望其项背。

米其林集团已发展出 3500 种产品来满足出行的需求，包括自行车、机车、轿跑车、卡车、飞机，F1 方程式赛车、航天飞机和捷运电车。米其林轮胎有 13 万名员工，在 18 个国家中的 80 间工厂制造各种轮胎，提供营销服务超过 170 个国家。

品牌的核心价值是品牌资产的主体部分，同时也是品牌保持持久竞争力的保证，但品牌核心应该通过品牌的内涵去铸造。因此要针对行业产品的不同特点，再结合适当的市场定位，才能赋予品牌独特的内涵。要维护品牌的核心价值，就需要从以下几方面入手去塑造内涵。

1. 确定合适的内涵

这是塑造品牌内涵的第一步，企业首先要做的就是收集竞争市场信息，包括竞争对手品牌的内涵及被接受程度，市场上品牌分布状况，产品特点、档次等；再根据自己公司或产品特点确定合适的内涵。

2. 制定内涵的传播方式

一旦内涵被确定，企业就需要制订合适的方案去传播，包括时间、地点、途径、是否请明星代言、广告的制定等，不同的传播途径会覆盖不同的消费群体，不一样的手段也会给人不一样的感觉，企业需要根据自身品牌和产品特点及公司实际情况做出合理安排，切不可一味依靠广告。

在品牌传播过程中，很多公司时常忘记的也是需要遵守的一个原则是"避免品牌内涵与产品、服务或公司形象等不符合、不统一"。我们看到，很多品牌投入了很多资金大做广告，却在产品的设计或研发上显得落后，甚至公司内部有违法现象，这都极大地影响了品牌在公众心目中的形象。

3. 不断地维护和创新内涵

社会总是向前发展，客户需求也是会随着时代的变化而变化的，特别是竞争者会在你不小心时利用你的弱点，抢走你的客户。只有不断关注并满足客户需求，才能不断发展。

· 第六章 ·

谈判心理学

在谈判中，了解对手是十分重要的，因为这关系到谈判的成败。但是不同的对手有不同的心理特点，我们必须清楚地了解他们的心理特征，据此采取不同的对策，避免触犯对手心中的禁忌，才有助于谈判的成功。

"无声语言"传递的信息更真实可信

在谈判中，我们不仅要听其言，还要观其行。广东有这样一句谚语：当一个人笑的时候腹部不动就要提防他了。伯明翰大学的艾文·格兰特博士说："要留心椭圆形笑容。"这是因为这种笑不是发自内心的笑，即皮笑肉不笑。因此在谈判过程中，察言观色是很重要的，它能使我们获得更多信息。这里的"察、观"就是指在谈判过程中对对方的观察，具体一点说，是对对方的姿态、动作的观察。

对人的了解，除了可以通过有声的语言获得信息外，还可以通过姿势、动作这种无声的语言来获得信息，有时后者可以传递前者所不能传递或无法传递的信息。哑剧虽没有有声语言，但观众可以通过演员的姿态、动作等知道他在想什么、干什么。有声语言与姿态、动作等无声语言都可以传递信息，但这两种传递信息的方式在对信息的发送者与接收者如何控制与利用信息这一方面是有区别的。通过有声的语言来传递信息这种方式，对信息发出者来说是可以控制的。而通过无声语言（姿态和动作）来传递信息这种方式，信息的发出者有时是难以控制的。这是因为语言本身是人们有目的、有意识地发出的，而姿态和动作，虽然人们也可以有意识地去控制它，但它们更多时候是在人们无意识之中，或是下意识之中进行的。

人们的某些习惯动作是他们内心意思的外在表现。比如，你刚才与老板在办公室就某个问题进行了探讨，并且交换了看法。假如现在有人问你，你刚才说了些什么？你一定能够很快地、八九不离十地把内容讲出来。如果那人再进一步问你在讲话时或者在讲某几句话时你又做过什么动作，你很可能就描述不出来。这就是因为你说过的话是经过你的大脑有意识地思考的，所以你会有记忆；而你所做的动作除了某些特别的动作，如接了一个电话，你会有印象外，其他一般性的动作，你通常是记不起来的。这是因为你不是有意识地去做这些动作，它们是在无意识或下意识中完成的。

因此，动作和姿态语言传递的信息往往要比有声语言所传递的信息更真实、更可信。据一位曾在第二次世界大战期间服役于德国情报局的人讲，当时他在内部抓到许多美国的情报人员，其依据是这些人在吃东西时往往用右手拿叉子，而没有被严格训练成欧洲人吃东西时用叉子的方式。此外，他们在坐着的时候，两腿交叉的姿势是美国式的而不是欧洲式的。有经验的警察能在一伙小偷中很快地辨认出他们的首领，其依据是他们的眼神与手势有着细微的差别。一般的小偷对小偷首领都会显现出某种敬重之色，而小偷首领在眼神、手势等方面则会显露出某种权威。因此，在谈判过程中对谈判对手姿势和动作的观察、分析，是我们获得谈判信息、了解对手的一个极为重要的方法和手段。

有时，我们要判断对手通过有声的语言传递的信息是否可信，可信度有多大，可以通过对对方动作、姿态和表情，尤其是讲话时的动作姿态和表情的观察来证实。对信息的接收者而言，有时对姿态、动作这种无声语言所传递出的信息比有声的语言传递出的信息更为敏感。举个例子，在法庭上，一个法官对他面前的律师或原告人、被告人眨一眨眼睛或皱一皱眉头，都会使对方神经高度紧张。他们的大脑会立刻高速运转，对法官用动作和姿态传递的信息做出分析、判断和解释。而实际上这位法官大人眨一眨眼睛、皱一皱眉头很可能是因为风将一粒沙子吹进眼睛或者是他在审案时有这么一个眨眼睛或者皱眉头的习惯，而并不代表什么意思，也没想向对方传递什么信息。

由此，我们可以看出，通过察言观色，我们可以更好地了解对手的心理状态，为后面的销售谈判打好基础。

不同的谈判场所运用不同的眼神

眼神能反映一个人的心理活动，特别是在商务交往和谈判中，眼神的巧妙运用会让谈判取得意想不到的良好效果。

2005 年夏，海天集团的经理郭刚带着几位得力助手去广西与商业伙伴谈判。当谈判进行到一半时，突然陷入僵局。会议室中的气氛变得紧张起来，对方代表团虽仍有人表现得漫不经心，但谁都在用眼神较劲。

对方代表团希望郭刚对谈判条件做一些让步，然而这与郭刚的预期相去甚远。于是有将近五分钟的时间，没有人开口说话，会议室里一片死寂。突然，郭刚抬起头，把眼神从对方所有人的脸上扫过，最后落在主要对手的脸上，紧紧地盯着对方的眼睛。

对方一开始露出深沉的微笑，但是，1 秒、2 秒……随着时间的流逝，对方终于沉不住气了，说道："老郭，看你的眼神如此坚定，我想今天我再说什么也是徒劳，这样吧，我答应你们的条件，咱们先签一份合同，然后我请大家吃饭。老郭，你这个朋友我交定了！"

在谈判中，如果你想处于主动地位，那么就需要像郭刚一样善用眼神的力量。在谈判中，运用眼神的技巧主要有：

如果你希望给对方留下较深的印象，就要凝视他的目光久一些，以表自信。

如果你想在和对方的争辩中获胜，那你千万不要把目光移开，以示坚定。

如果你不知道别人为什么看你时，你就要稍微留意一下他的面部表情和目光，以便于应对。

如果你和别人四目相对，觉得不自在，你就要把目光移开，减少不快。

如果你和对方谈话时，他漫不经心且出现闭眼姿势，你就要知趣地暂停；你若还想做有效的沟通，那就要主动地随机应变。

如果你想和别人建立良好的默契，应该用60%～70%的时间注视对方，注视的部位是两眼和嘴之间的三角区域，这样信息的传递，会被正确而有效地理解。

如果你想在交往中，特别是和陌生人的交往中获取成功，那就要以期待的目光，注视对方的讲话，不卑不亢，只带浅浅的微笑，不时以目光接触，这是常用的温和而有效的方式。

在不同的场所运用不同的眼神，这样你才可能在商场上立于不败之地。

在谈判中除了要巧妙地运用眼神外，还需要仔细观察对方的眼睛，因为眼睛是心灵的窗户，一个人的眼睛会告诉你他（她）的心里在想什么。

爱默生曾对眼睛有过这样的描述："人的眼睛和舌头所说的话一样多，不需要词典，却能够从眼睛的语言中了解整个世界，这是它的好处。"眼睛被誉为"心灵的窗户"，这表明它具有反映人的深层心理的功能，其动作、神情、状态是情感最明确的表现。

眼睛的动作及其传达出的信息主要有：

（1）与人交谈时，视线接触对方脸部的时间在正常情况下应占全部谈话时间的30%～60%，如超过这一平均值，可认为对谈话者本人比对谈话内容更感兴趣，比如一对情侣在讲话时总是互相凝视对方的脸部；若低于此平均值，则表示对谈话内容和谈话者本人都不怎么感兴趣。

（2）倾听对方说话时，几乎不看对方，那是企图掩饰什么的表现。据说，海关的检查人员在检查已填好的报关表格时，他通常会再问一句："还有没有什么东西要呈报？"这时多数检查人员的眼睛不是看着报关表格或其他什么东西，而是盯着你的眼睛，如果你不敢坦然正视检查人员的眼睛，那就表明你在某些方面不够老实。

（3）眼睛闪烁不定是一种反常的举动，通常被视为用来掩饰的手段或性格上的不诚实。一个做事虚伪或者当场撒谎的人，其眼睛常常闪烁不定。

（4）在 1 秒之内连续眨眼几次，这是神情活跃，对某件事感兴趣的表现；有时也可理解为由于个性怯懦或羞涩，不敢正眼直视而做出不停眨眼的动作。在正常情况下，一般人每分钟眨眼 5~8 次，每次眨眼不超过 1 秒。时间超过 1 秒的眨眼表示厌烦，不感兴趣，或显示自己比对方优越，有藐视对方和不屑一顾的意思。

（5）瞪大眼睛看着对方是表示对对方有很大兴趣。

（6）当人处于兴奋状态时，往往是双目生辉、炯炯有神，此时瞳孔就会放大；而消极、戒备或愤怒时，则愁眉紧锁、目光无神、神情呆滞，此时瞳孔就会缩小。实验表明，瞳孔所传达的信息是无法用意志来控制的。所以，现代的企业家、政治家以及职业赌徒为了不使对方觉察到自己瞳孔的变化，往往喜欢戴上有色眼镜。

当然眼神传递的信息远不止这些，有许多只能意会而难以言传，这就需要我们在实践中用心观察、积累经验、努力把握。

"只能回答是"的问话技巧非常有用

我们先看一个有趣的实验：

假设有两人在一间屋子里。你站在或坐在房间的里端，而他在房间的外端。你希望他从房间的外端走到房间的里端。

不妨来做这个游戏。在游戏中，你问他问题。每次你问他一个问题，如果他答"是"，他就向房间的里端迈进一步。如果每次你问问题，而他回答"不是"，他就后退一步。

如果你想让他从房间的外端走到房间的里端，你最好的策略是不断地问他一系列他只能回答"是"的问题。你必须避免提可能导致他回答"不是"的问题。

通过使用"只能回答是"的问题，你就可以轻而易举地做到这一点。这是些封闭性问题，人们对它们的回答 99.9% 是肯定的。你让某人越多地对你说"是"，这个人就越可能习惯性地顺从你的要求。

比如：回想一位你经常同意其意见的朋友。你往往已经习惯于做肯定的表示。因此当这个人想劝说你做某事时，即使他还没有完全讲完他的请求，你往往已经决定这么去做。

你肯定也认识你通常不同意其意见的人。此人的特点是经常听到你说"不"。当这个人开始要求你做某事时，你就会同多数人一样，在他还没有讲完他的请求之时，你就肯定已经在琢磨用什么理由来说"不"，以便拒绝这个人的请求。

这些相近的倾向说明，让你想说服的人形成对你说"是"的习惯是多么重要。反过来也是如此。如果一个人已经习惯性地对你说"不"，不同意你的看法，你想成功地说服他的可能性几乎为零。

提出"只能回答是"的问题有个好办法，就是问你知道那个人会做肯定回答的事情。如果你愿意的话，你可以在问话里加上以下词语，如：

"是这样吧？"

"对吧？"

"你会同意吧？"

一位推销员问一位可能的买主："你想买这件设备的关键是其费用，是吧？"价格无疑99%是关键的。因此，这样的问题肯定全带来"是"的回答。或许就这样开始了让可能的买主对推销员养成做肯定回答的习惯。

换句话说，这位推销员可以问一位可能的顾客："设备的价格问题对你来说很重要吧？"这也是一个封闭型"只能回答是"的问题。对这样一个问题，几乎人人都会回答"是"。

当一位雇员想提醒同伴开始干一个项目时，这位雇员可能提出这样"只能回答是"的问题，"我们需要尽快完成这个项目，是吧？"这里，一个明确的声明"我们需要尽快完成这个项目"跟着一个"只能回答是"的问题"是吧？"它要求得到一个"是"的回答。

这种"只能回答是"的问话技巧已被反复证明是非常有用的。

可行性提议往往就是最终协议

提议是商讨问题时提出的主张。卡耐基提出：巧用提议，可起到抛砖引玉的作用。接近双方目标的可行性提议，很有可能成为谈判最终达成的协议。因此，有利于己方的可行性提议在整个谈判中是相当重要的。

提议的方式不拘一格，专业谈判家习惯用试探性提议及条件式提议。

试探性提议往往能诱发出对方的反应，通过彼此的语言及表情，可以确定对方的意图及对此提议所持的态度。

一位谈判者在双方争论毫无结果的情况下向对方提议："如果我们考虑调整我们的做法，你们是否会撤销对我们的起诉?"对方回答道："不，我们还没有撤销起诉的计划。但是，如果你们的做法调整到一定程度时，我们会考虑。"

谈判双方不在原则上退让。一方是以调整做法，要求对方撤销对他们的起诉；另一方要求对方只有调整到一定程度，才会考虑，这里的一定程度，恰是其谈判目标的暗示。不过，这一提议给谈判者双方同时提供了一次争取的机会。

谈判过程中，条件式提议会让谈判者更容易赢得主动。但是，第一个提议最好不要用条件式提议，应先用试探性提议，来个投石问路，看看对方真正坚持的程度。探清对方的想法之后，再拿出有利于己方的条件或提议，击中对方要害。

在一次供求性商务谈判中，厂方在谈判接近尾声时提议："如果你们准备每件成衣增加 20 元成本费的话，我们可以考虑在款式上有所改进。"

其实改进服装款式本是服装厂分内的事，这时，如他们将其作为条件提出来，给对方一种"厂方已做出让步"的错觉。而这种错觉往往奏效。

如果你的提议在谈判中被对方认同时，提议就成了协议。而你坐下来与对方谈判的目的就是要达成一致协议。

让步要有步骤有原则

谈判是一种互动行为，有进就有退。所以让步在谈判中是一种常见现象。让步不是出卖自己的利益而是为了获得更大利益放弃小利益，可见让步应该是必要的。但是，让步也要讲究原则与尺度。如何把握好它呢？

（1）不要过早让步。让步太早，会助长对方的气焰。待对方等得将要失去信心时，你再考虑让步。在这个时候做出哪怕一点点的让步，都会刺激对方对谈判的期望值。

（2）你率先在次要议题上做出让步，促使对方在主要议题上做出让步。

（3）在没有损失或损失很小的情况下，可考虑让步。但每次让步，都要有所收获，且收获要远远大于让步。

（4）让步时要头脑清醒。知道哪些可让，哪些绝对不能让，不要因让步而乱了阵脚。每次让步都有可能损失一大笔钱，掌握让步艺术，减少你的损失。

（5）每次以小幅度让步，获利较多。如果让步的幅度一下子很大，并不见得会使对方完全满意。相反，他见你一下子做出那么大的让步，也许会提出更多的要求。若你是卖者，做出的让步幅度太大，也许会引起买者对你的产品价格的怀疑；若你在做出一连串小的让步后，再问对方："现在，你打算怎么办？"买者也许会因你数次让步，在协议书上签字。

（6）承诺性让步最划算。如果你代表公司与经销商谈判时，上司要求你不能在价格上做出任何让步，而且还要你尽可能做到使客户满意时，你不妨试一试以下几种方法：

①虚心听取对方的意见和要求，对客户表现出你的真诚及友好，让客户接受你，并让客户意识到你是可靠的。

②向客户介绍你所服务的公司及你所推销的产品质量和服务品质，请公司负责人出面向客户做出承诺。

③你可以把公司信得过的老客户作为你的活广告，让新客户咨询老客户，为什么他们选择了你推销的产品。

（7）打算做出让步之前，首先考虑你的让步在对方眼里有无价值。别人并不看重的东西，没必要送给他。若谈判刚开始你就做出许多微小的让步的话，对方也许会不仅不领情，反而加强对你的攻势，因为他知道你做出这些小的让步有企图，而且他们并不看重这些让步。当对方要你做出真正的让步时，你先前所做的让步也许早已被人遗忘了。此时，你再做出让步，可就吃大亏了。如果你先前并没有做出任何让步，当对方要求你做出让步时，即使这种让步是一小步，只要你做出了，对方也许会领情，因为此时他们还需要你继续让步。

己方的任何一项让步都要获得一定的价值，不论这项让步对于你多么微小，只要对方需要，你就可以利用它达到你的理想目标。

谈判是一场心理战

谈判在表现形式上往往只是语言交锋的过程，但实质上谈判是一场心理战。在谈判中如何察言观色，把握对方的心理，潜移默化地影响其感情因素，充分利用利益引导，都将关系到谈判的成败。如何打赢谈判这场仗，需要谈判者懂得谈判这门艺术里蕴藏的心理战术。

香港某电视剧中有个经典的谈判场景：

快运公司的员工中有一对兄弟，弟弟是哑巴。有一天，弟弟在工作中被重物压成了瘫痪。哥哥找公司索赔，公司不但不答应，还骗他签了一份协议书谎称他弟弟是非工作期间受伤的。

哥哥非常气愤，失去理智之下，在公司布置了炸药，并冲进公司劫持了十多名人质。情况非常危急。这时警局派出了顶尖谈判专家。派来的这位谈判专家由于早年的一次意外，不能正常行走，常年坐在轮椅上。但这个轮椅却为他与劫匪的谈判带来了积极因素。

劫匪：臭警察！不答应我的条件，我就开始杀人质！

谈判专家：别紧张！我是坐轮椅的人，我不会伤害你的。

劫匪看了他一眼，一直紧绷的神经似乎放松下来，情绪有所缓和。

谈判专家：我能理解你的心情。当我不能站起来的时候，我觉得全世界都抛弃了我。每天要在别人的帮助下生活，使我觉得尊严尽失。当时我也感到十分绝望，一度想到自杀。但我挺过来了，现在我觉得生活很美好。你还年轻，为什么不给自己留条后路呢？你想过你弟弟没有？他可只有你一个哥哥啊！

谈判专家的话使劫匪的心理防线有所松动。谈判专家趁热打铁，将刚刚录制的他弟弟的画面播放给他看。随即又派出快运公司的代表来给他谈条件。劫匪的内心世界开始挣扎，过了一会儿，终于答应放下武器，交出人质。

心理策略在竞争中时常用到。利益是谈判的基础。商业谈判虽然没有电视剧中这么紧张和扣人心弦，但谈判双方的心理模式是一样的，都是为了争取最大化利益。劫匪是为了获得赔偿，而谈判专家则是为了人质的安全。商业谈判的双方是为了使己方的利益获得最大限度的增加。

利益最大化，并非狭义地指金钱最大化。通常情况下，有六种可以用来交换的资源：爱、金钱、服务、商品、地位和信息。每一种资源的价值取决于对方对其的需求紧迫性和获得的难易程度。所以谈判人员要了解对方的真正需求，在这个基础上因势利导，才能掌握最大的主动权，控制住谈判的局面。

谈判是一种日常工作，对于谈判人员来说，谈判是开展合作成败的关键。谈判人员要面对无数次大大小小的谈判，每一次即是一次新的挑战。成功的谈判是机智和情感天衣无缝的结合，所以，谈判人员要善于使用心理策略，巧妙地将心理战进行到底，使谈判获得最大成功。

在谈判中发动心理战，谈判人员要做到以下三点：

首先，要全面及时地搜集对方信息。这是发起攻心战的前提。具体而言，须搜集的信息包括对方的主体资格、谈判权限和个人情况等。掌握对方的信息越多，越能使心理战术有的放矢，越能够掌控谈判局面。

其次，要使对方心理产生公平感。这是公平理论在谈判过程中的应用。公平感是支配人们行为的重要心理现象，在谈判中，想方设法使对方心理上产生公平感有助于缓和谈判气氛，让对方感到自己被重视，从而操纵对方的认知，达成谈判。

最后，要学会以退为进。老子说过："将欲夺之，必固与之。"古有"以退为进""欲擒故纵"的说法。退一小步，使对手消除心理戒备，让其放松警惕，然后转而"进"一大步，让对手猝不及防。"退"是表面的，"进"才是本质的。

建立心理优势掌握谈判主动

在实际的工作中，企业的销售人员最容易获得的不是心理优势，而是心理劣势。他们承受着市场、竞争对手以及买方谈判力量的三重压力，在面对公司的大客户时，常常会有如履薄冰、谨小慎微的心态。这种心态导致的结果是：只要客户稍施压力，他们就会屈服而做出让步的态势，使客户更加大胆地运用他们的"心理优势"来索取更大的利益。

一家外贸公司为开发市场，与一家韩国企业洽谈招商业务。这家韩国企业是一个大客户，外贸公司派出一位业务员与对方交涉了足足两个月。不过，韩国企业一直拖着不签协议。

外贸公司的一名业务经理这时主动请缨，并提出保证三天完成任务。业务经理通过调查，发现韩国企业其实也需要外贸公司的服务，只是想通过拖延获得更大的利益。鉴于此，业务经理一到北京，立即联系上这家韩国公司，但他并没有马上要求与对方见面。

直到第三天，业务经理才约见韩方经理。见面后，业务经理直接切入正题，将公司的条件重新说了一遍，并将所有需要的文件、协议等都准备就位。韩方经理仍想继续采取拖延战术，不过，经过两天的等待，韩方经理也摸不透业务经理到底有何打算。

在提出是否签协议时，眼见韩方经理仍在推托。业务经理对韩方经理说："谢谢您的款待，您的工作也很忙。既然这次合作还有问题，那我们下次再找机会。"他的话让对方很吃惊："我们并没有拒绝这次合作。"

业务经理平静地对韩方经理说："我是专程为此次合作而来，与贵公司已经交流了两个月，却迟迟得不到结果，我认为贵公司缺乏足够的诚意。既然我们可能无法合作，我只有去找别的合作者，再次感谢您的款待。"

业务经理的话，一下将韩方经理逼得没有退路。已经完全丧失心理优势的韩方，表示愿意签署协议，合作最终取得成功。

业务经理在联系对方后，并不立刻会面，这向对方传达的信息是对方在自己眼里并不是非常重要，从而软化对方的心理优势，使自己处于有利地位。

如何在销售谈判中占据心理优势？这需要谈判人员准确把握客户需求的紧迫程度，以及自己所提供的产品或服务的可替代性。一般而言，如果对方需求越紧迫，销售的一方就越容易获得心理优势；公司提供的产品或服务越稀缺，公司在面对客户时就越有心理优势。

我们都有这样的销售经验：如果你是卖方，有一客户的用户指明订购你的产品，这个客户就不得不与你达成交易，否则他的用户就会抱怨甚至投诉。在与这种客户谈判中，无论他们如何掩饰其焦急的心情、如何镇定自若，但在他们心里依然会认定你更有优势。

同样的道理，如果谈判对手的长期供应商不能及时供货，或者产品质量出现了问题，而你却是最佳的替代对象，他们在谈判时也会认为你更有优势。上述这两种情况说明一个道理：真正决定谈判中心理优势的不是谈判技巧本身，而是需求本身。如果你的产品具有不可替代性，或者对方需求迫切，你就很容易获得心理优势。

尽管我们在前面强调决定心理优势的根源在于客户的需求本身，但这并不妨碍一些谈判技巧对心理优势的建立产生微妙的影响。比如在谈判刚开始的时候双方通常会讲一些无关大局的话。经验丰富的谈判者知道，这是在为自己建立心理优势，为引导对方的心智创造条件。

在谈判中，谈判技巧有很多，最常使用并且效果最佳的方法就是利用竞争优势来压制对方。采用这种方法的谈判对手会在事前对谈判对手进行充分的调查，谈判时突然拿出数十张数据资料来证明自己在市场竞争中处于优势，或证明谈判对手在市场竞争中处于劣势。缺乏经验的谈判者面对这种情况，会立刻手足无措，顷刻间失去所有的优势。

在这种场景中，心理素质决定着谈判的优势。首先我们要明确一点，只要对手愿意和你一起坐在谈判桌上，就意味着你手中有对手希望获得的资源，就意味着与你合作要优于与你的竞争对手合作。否则他们没必要浪费时间和精力与你讨价还价。所以，千万不要被对方所营造的虚幻的"心理优势"所击倒，要站稳阵脚。

分析归类，有的放矢

每一次谈判，大到耗资数亿美元搅动行业格局的企业并购，小到订购一种纽扣的几毫厘差价，对谈判双方都是一种挑战。这是进攻与防守的过程，是尖矛与固盾的艺术。

不过，在谈判的过程中，往往会发现一种方法在某个对手身上适用，放到另一个对手身上却没什么效果。面对形形色色的谈判对手，自己往往会束手无策。

因此，谈判人员要对谈判对手的类型进行归类和分析，根据不同的类型采取不同的措施，使谈判方法有的放矢，提升谈判效率。

美国谈判家荷伯曾代表一家大公司去购买一座煤矿。矿主是个强硬的谈判者，开价3000万美元，荷伯还价1500万美元。

"你在开玩笑吧？"矿主大声道。"不，我们不是开玩笑。但是请把你的实际售价告诉我们，我们好进行考虑。"矿主仍坚持3000万美元不变。在随后的几个月里，双方形成僵局，价格也在2500万美元与3000万美元之间对峙。

为什么卖主不接受2500万美元这个显然是公平的还价呢？荷伯决定弄清楚，于是他决定请矿主吃饭。在荷伯的一再追问下，矿主终于解答了荷伯的疑问："我兄弟的煤矿卖了2800万美元，还有一些附加利益。"荷伯明白了，矿主如此顽固原来是不想输给自己的兄弟。

有了这个信息，荷伯就跟公司的有关人员商议。他们首先搞清矿主的兄弟确切得到多少，然后又制订了应对计划。不久，谈判达成协议，最后的价格没有超过公司的预算。同时，付款方式与附加条件也使矿主觉得自己赚得远比自己的兄弟多。

商界谈判中，谈判对手主要有三种类型：强硬型、团体型、搭档型。

强硬型对手通常很固执、自信、傲慢，总是咄咄逼人，不肯示弱。多数时候常常对对手提出的要求一口回绝，不留余地。即使他们表明将认真考虑对手提出的条件，但事实上，一转身就会把这种许诺忘得一干二净。如果对手步步紧逼，要求结果，他们立即会矢口否认。

团体型对手是以团体作战的方式出现的。如果谈判的一方是一个多人团体，而另一方只是单枪匹马，这时在谈判桌上就出现了众寡悬殊的情况。相对来说，团体型对手很容易占据心理优势，因为他们可以轮流作战。另一方就会在对手的轮番攻击之下，疲于应付，最终筋疲力尽，降低判断能力，影响谈判目标的实现。

搭档型对手常用的策略是：当谈判开始时，只派一些低层人员作为主谈手。等到谈判快要达成协议时，真正的主谈手突然插进来，表示以前的己方人员无权做出这样的决定，不仅会使之前达成的协议和共识失效，将谈判重新拉回到原点，还会因为对方底牌的暴露，而提出更为苛刻的谈判条件。

任何类型的谈判对手都会有缺点和弱项，谈判人员只要能够做到以己之长攻对手之短，就能获得谈判的最终胜利。

面对"强硬型"谈判对手，要了解对方如此强硬的理由，只有摸清这些，才能进行有力的反击。例如对手是依据领导指示而如此强硬，那么完全可以直接去找他的上层；如果这只是对方谈判的一种手段，大可不必惊慌错乱，沉着应战，不要表现出乱了阵脚的样子。

面对"团队型"谈判对手，如果谈判人员是单枪作战，就应该懂得一个道理：如果你离开谈判桌，对手一定会惊慌失措，因为他们需要有对手。如果对方仰仗人多势众，发起强烈攻击，而己方在应辩上难以自顾，最好的办法就是拖延时间，为做各种准备赢得时间，以便使自己应对各种情况时更为从容。

面对"搭档型"谈判对手，谈判人员要加强谈判对手资格的审查工作，必须了解对手是否有签字的权利。搭档型谈判策略极具有杀伤力，因为谈判进行到一定程度的时候，陷于被动的一方可能已经完全暴露了谈判底线，除了答应对方的条件，别无良策。为了避免这一情况的发生，如果对手表示签字权在上司手里，谈判人员就应该立即拒绝谈判。

以退为进有时会有奇效

一位商人带着三幅名画到美国出售，恰好被一位美国画商看中，这位美国人自以为很聪明，他认定：既然这三幅画都是珍品，必有收藏价值，假如买下这三幅画，经过一段时期的收藏肯定会涨价，那时自己一定会发一笔大财。于是下定决心无论如何也要买下这些名家名作。

主意打定，美国画商就问商人："先生，你的画不错，请问多少钱一幅？"

"你是只买一幅呢，还是三幅都买？"商人不答反问。

"三幅都买怎么讲？只买一幅又怎么讲？"美国人打算先和商人敲定一幅画的价格，然后，再和盘托出，把其他两幅一同买下，肯定能便宜点，多买少算嘛。

商人并没有直接回答他的问题，只是脸上露出为难的表情。美国人沉不住气了，说："你开个价，三幅一共要多少钱？"

这位商人是一位地地道道的商人，他知道自己画的价值，而且他还了解到，美国人有个习惯，喜欢收藏古董名画，他要是看上，是不会轻易放弃的，肯定出高价买下。并且他从这个美国人的眼神中看出，他已经看上了自己的画，于是他的心中就有底儿了。

于是漫不经心地回答说："先生，如果你真想买的话，我就便宜点全卖给你了，每幅3万美元，怎么样？"

这个画商也不是商场上的平庸之辈，他一美元也不想多出，便和商人还起价来，一时间谈判陷入了僵局。

忽然，商人怒气冲冲地拿起一幅画就往外走，二话不说就把画烧了。美国画商看着一幅画被烧非常心痛。他问商人剩下的两幅画卖多少钱。

想不到商人这回要价口气更是强硬，声明少于9万美元不卖。少了一幅画，还要9万美元，美国商人觉得太委屈，便要求降低价钱。

但商人不理会这一套，又怒气冲冲地拿起一幅画烧掉了。

这一回画商大惊失色，只好乞求商人不要把最后一幅画烧掉，因为自己实在太爱这幅画了。接着，他又问这最后一幅画多少钱。

想不到商人张口竟要12万美元。商人接着说："如今，只剩下一幅了，这可以说是绝世之宝，它的价值已大大超过了三幅画都在的时候。因此，现在我告诉你，如果你真想要买这幅画，最低得出价12万美元。"

画商一脸苦相，没办法，最后只好成交。

就像这个案例中那位卖画的商人，他凭借对美国人习惯的了解和对这个美国人表情的观察，知道对方已经有了购买欲望。商人做出这个判断，一方面依靠的是其掌握的情况、收集到的信息；另一方面依靠的是其善于察言观色的能力。

得出这个结论后，商人知道自己在这场谈判中已经占据了主导地位，在谈判陷入僵局后，他机智地连烧两幅画，并且抬高了原来的价格，最终迫使美国人高价成交，这就是一种典型的以退为进的策略，于是他取得了谈判的胜利。

可见，在谈判过程中，"以退为进"往往能起到事半功倍的效果，因此，推销员如果遇到类似的情况，不妨向那位商人学习，采用"以退为进"的策略让谈判对手"束手就擒"。

充分了解你的客户

几年前，华北某省移动局有一个电信计费的项目，A公司志在必得，系统集成商、代理商组织了一个有十几个人的项目小组，住在当地的宾馆里，天天跟客户在一起，还帮客户做标书、做测试，关系处得非常好，大家都认为拿下这个订单是十拿九稳的，但在投标时却输给另一家系统集成商。

不打不相识，最后双方决定坐下来谈一谈，看看有没有合作的可能性。后来得知，中标方的代表是位长相很普通的李小姐。事后，A公司的代表问她："你们是靠什么赢了那么大的订单呢？要知道，我们的代理商很努力呀！"李小姐反问道："你猜我在签这个合同前见了几次客户？"A公司的代表就说："我们的代理商在那边待了好几个月，你少说也去了20多次吧。"李小姐说："我只去了3次。"只去了3次就拿下2000万元的订单？肯定有特别好的关系吧，但李小姐在做这个项目之前，一个客户都不认识。

那到底是怎么回事呢？

她第一次来山东，就分别拜访局里的每一个部门，拜访到局长的时候，发现局长不在，办公室的人告诉她局长去北京出差了。她就又问局长出差住在哪个宾馆，马上就给那个宾馆打了个电话，嘱咐该宾馆订一束鲜花和一个果篮，写上她的名字，送到局长房间，然后又打电话给她的老总，说这个局长非常重要，在北京出差，请老总一定要想办法接待一下。

她马上预订了机票，中断其他工作，下了飞机就去这个宾馆找局长。等她到宾馆的时候，发现她的老总已经在跟局长喝咖啡了。

在聊天中得知局长有两天的休息时间，老总就请局长到公司参观，局长对公司的印象非常好。参观完之后大家一起吃晚饭，吃完晚饭她请局长看话剧《茶馆》。

为什么请局长看《茶馆》呢？因为她在济南的时候问过办公室的工作人员，得知局长很喜欢看话剧。局长离开北京时，她把局长送到飞机场，对局长说："我们谈得非常愉快，一周之后我们能不能到您那儿做技术交流？"局长很痛快地答应了这个要求。一周之后，她的公司老总带队到山东做技术交流。

老总后来对她说，局长很给"面子"，亲自将相关部门的有关人员都请来，一起参加了技术交流，在交流的过程中，大家都感到了局长的倾向性，所以这个订单很顺利地拿了下来。

A公司的代表听后说："你可真幸运，刚好局长到北京开会。"

李小姐掏出了一个小本子，说："不是什么幸运，我的每个重要客户的行程都记在上面。"打开一看，上面密密麻麻地记了很多名字、时间和航班，等等。

在此案例中，中标方的销售代表只与客户接触了3次就成功谈下了2000万元的订单，而竞争对手A公司花费了很大的人力、物力也未能如愿，原因就在于中标方的销售代表掌握了客户的关键决策人物——移动局局长的个人资料，并且根据这些资料采取了一系列主攻客户的谈判策略。

每个谈判人都具有感性思维，完全理性的人并不存在。从客户的感性角度出发，打动对方的感情，获得客户的好感，你就已经成功了一半。特别是在与大客户谈判的时候，之前对大客户的家庭状况、家乡、爱好、社会关系、个人发展等方面的资料有一个详细的了解，对于我们在谈判中展开一系列公关活动获得客户信任有很大的作用，有助于促成谈判的成功。

·第七章·

销售人员的自我修养

　　市场营销是一门科学，更是一门艺术。如果要评价一个销售人员的能力，最基本的方法就是看其销售业绩如何，看其与客户相处的融洽程度如何。这两点看似简单，但真正想做得很优秀是很难的。许许多多成功营销人员的亲身实践告诉我们，销售工作是一项地地道道的技术活儿，如果掌握了销售方面的技巧，你的工作必然会达到事半功倍的效果。

认识销售工作的价值

想一想，小到一支几毛钱的铅笔，大到价值数百亿的交易，是不是都离不开商业销售？我们每个人，是不是没有谁能够离开销售活动？那么，在商业社会中，谁才是最重要的人？

答案是，销售工作者。

工作占据了几乎所有人生命中最长的阶段。人生就是在不停地自我展示和自我实现。工作不仅是人生的必经阶段，更是一个人展示自己能力的舞台和实现自身价值的平台。在这个舞台上人们的知识、才能和素质都会一一得到展示。在展示的过程中，不仅可以表现自我，更能使个人使命感得到满足。

很多人都觉得销售工作很平凡。其实不然，这个世界没人能离得开销售。正是数以千万计的销售大军，支撑着现代社会的商业体系。他们为每个消费者带去方便和温暖。对销售界的从业人员来说，不管是高层的销售经理，还是底层的业务代表，其所从事的销售工作都是有价值的。

销售应该被看作一种服务性的职业，销售员在给客户带来方便的同时，也可以从中获得客户的认可和尊重。对于销售工作来讲，各种各样的挫折和打击，是在所难免的。你要从另一个角度看待这个问题，只有在征服困难的过程中，一个人才能获得最大的满足。

成功只属于有准备的人。销售员要明白自己不仅是在为老板工作，还是在为自己的未来工作。唯有努力工作，方有可能赢得尊重，并进而实现自己的价值。即使自己的工作很平凡，也要学会在平凡的工作中寻找不平凡的地方。工作中无小事，并不是所有人都能把每一件简单的事做好。能做到的人绝对不简单。

既然选择了销售这种职业，就应该全身心投入进去，用努力换取应有的回报。而不应该因为对当下的工作不满意，而每天消极地应付，浑浑噩噩。走脚下的路的同时，也要把目光放长远。

有两位大学生毕业后同时进入一家公司，又同时成为该公司的销售代表。

第一位虽然也知道这种低端的工作并不让人满意，但是他仍然每天兢兢业业地工作，把每一个项目都做到最好。更重要的是，他做了长远规划。他把当下的销售工作当作未来事业的起点，不断地在实践中认真学习和提高自己的能力。他善于思考，经常花费时间和精力去解决市场中的问题。他每天都能积极乐观地面对自己遇到的一切难题，并对自己的前途充满希望。

另一位则只是把销售当作当下谋生的手段，表现不出对工作的热情。每天按部就班地照公司的规定办事，还时不时偷个懒。虽然表面上他也能把应该完成的业绩完成，但也仅限于此。从不多考虑一步。他还非常看重薪水，在这家公司没做多久，就跳槽去了另一家薪水稍高的公司。

十年过去了，两人的发展截然不同。前者因为业绩突出，能力超强，不断获得领导赏识，一路升职，已经成为那家公司的销售总裁；后者则不断跳槽，每次都是追求更高一点的薪水，但一直都是销售员而已。

"不想当将军的士兵不是好士兵。"工作中每个人都拥有成为优秀员工的潜能，都拥有被委以重任的机会。但只有你努力工作，一心向上，机会才能轮到你头上。

　　一个人一定要明白自己工作的目的和价值，要知道工作不仅仅是为了获得升级和赚到更多的钱。销售员要为自己的工作感到骄傲和自豪，因为好多伟大的人都是从这一行起家的。我们熟知的世界上最伟大的推销员，如原一平、博恩·崔西、克里蒙特·斯通，他们都是从最底端做起。他们对自己的工作充满激情，为自己的工作感到骄傲，从而在自己能够胜任的岗位上，最大限度地发挥自己的能力，实现自己的价值，不断实现自我提升。只要你能够积极进取，就会从平凡的工作中脱颖而出。梦不是靠想出来的，是靠做出来的。因此做销售要树立正确的价值观，找到自己前进的方向，并为之努力奋斗。只有坚持不懈的人，才会最终成为那少数的成功者之一。

　　要培养积极的心态，因为积极心态是生命的灿烂阳光，能给人以温暖和力量。与之相对，消极的心态是生命的阴云，让人感到寒冷和无助。大量翻阅成功人士的故事和经历，我们就会发现他们有个共同的特点，就是不管环境如何，都能保持积极的心态，决不敷衍了事。

克服面对客户的恐惧

几乎所有的艺术表演者都怯过场，在出场前都有相同的心理恐惧：一切会正常无误吗？我会不会漏词，忘表情？我能让观众喜欢吗？

营销大师贝特格从事推销的头一年时收入相当微薄，因此他只得兼职担任史瓦莫尔大学棒球队的教练。有一天，他突然收到一封邀请函，邀请他演讲有关"生活、人格、运动员精神"的题目，可是当时他连面对一个人说话时都无法表达清楚，更别说面对一百位听众说话了。

由此贝特格认识到，只有先克服和陌生人说话时的胆怯与恐惧才能有成就，第二天，他向一个社团组织求教，最后得到很大进步。

这次演讲对贝特格而言是一项空前的成就，它使贝特格克服了懦弱的性格。

推销员的感觉基本上与他们完全一样。不少推销员很难坦然、轻松地面对客户，很多推销员会在最后签合同的紧要关头突然紧张害怕起来，不少生意就这么被毁了。

还有一些推销员，在与客户协商过程中，目标明确，手段灵活，直至签约前都一帆风顺，结果在关键时刻失去了获得工作成果和引导客户签约的勇气。

为什么会这样呢？这其实是在害怕自己犯错，害怕被客户发觉错误，害怕丢掉渴望已久的订单。

如何避免这种状况发生呢？无疑只有完全靠内心的自我调节。

推销员其实是个助人的好角色，你无须害怕。

保持进行到底的恒心

一个人做事没有耐心和恒心是很难成功的。因为任何一件事的成功都不是偶然的，它需要你耐心地等待。同样，一个人做事不坚持，他就很难看到成功，因为他在成功到来之前就放弃了。

一个人的毅力决定了我们在面对困难、失败、挫折、打击时，是倒下去还是屹立不倒。一个人如果想把任何事进行到底，单单靠着"一时的冲劲"是不行的，还需要毅力。

世界潜能大师博恩·崔西曾说过："现在世界上大部分的人都处在不耐心的状态下，有许多人做行销，做推销有一个非常奇怪的习惯。东边一只兔子，去追。西边有一只兔子，也去追。南边有一只兔子，也去追。北边有一只兔子，还去追。追来追去，一只兔子也追不到。所以，成功永远只有耐心不耐心的问题，要成功就要坚持去追一只兔子。"

有位国际著名的推销大师，即将告别他的推销生涯，应行业协会和社会各界的邀请，他将在该城中最大的体育馆，做告别职业生涯的演说。

那天，会场座无虚席，人们在热切地等待着那位当代最伟大的推销员做精彩的演讲。当大幕徐徐拉开，6个彪形大汉抬着一个巨大的铁球走到舞台中央。

一位老者在人们热烈的掌声中，走了出来，站在铁球的一边。他就是那位今天将要演讲的推销大师。人们惊奇地望着他，不知道他要做出什么举动。

这时两位工作人员，抬着一个大铁锤，放在老者的面前。老人请两个年轻力壮的人用这个大铁锤，去敲打那个铁球，直到把它滚动起来。

一个年轻人抢着铁锤，全力向铁球砸去，一声震耳的响声过后，那铁球动也没动。他用大铁锤接二连三地搞了一段时间后，很快就气喘吁吁了。

另一个人也不甘示弱，接过大铁锤把铁球敲得叮当响，可是铁球仍旧一动不动。

台下逐渐没了呐喊声，观众好像认定那是没用的，铁锤是敲不动铁球的。他们在等着老人的解释。

会场恢复了平静，老人从上衣口袋里掏出一个小锤，然后认真地，面对着那个巨大的铁球。他用小锤对着铁球"咚"敲了一下，然后停顿一下，再一次用小锤"咚"地敲一下，停顿一下，然后"咚"地敲一下，就这样持续地用小锤敲打着。

十分钟过去了，二十分钟过去了，会场早已开始骚动，有的人干脆叫骂起来，人们用各种声音和动作发泄着他们的不满。老人好像什么也没发生，仍然一小锤一小锤地工作着。人们开始愤然离去，会场上出现了大块大块的空缺。

大概在老人进行到四十分钟的时候，坐在前面的一个妇女突然尖叫一声："球动了!"霎时间会场立即鸦雀无声，人们聚精会神地看着那个铁球。那球以很小的幅度真的动了起来。老人仍旧一小锤一小锤地敲着，人们好像都听到了那小锤敲打铁球的声响。铁球在老人一锤一锤的敲打中越动越快，最后滚动起来了，场上终于爆发出一阵阵热烈的掌声。在掌声中，老人转过身来，说："当成功来临时，你挡都挡不住。"

每个人生命的每一天都要接受很多的考验。如果销售人员能够坚韧不拔，勇往直前，迎接挑战，一定会成功。

拥有支配时间的能力

一天，时间管理专家为一群商学院的学生讲课。"我们来个小测验。"专家拿出一个一加仑的广口瓶放在桌上。随后，他取出一堆拳头大小的石块，把它们一块块地放进瓶子里，直到石块高出瓶口再也放不下了，他问："瓶子满了吗？"所有的学生应道："满了。"他反问："真的？"说着他从桌下取出一桶沙子，倒了一些进去，并敲击玻璃壁使沙子填满石块间的间隙。

"现在瓶子满了吗？"这一次学生有些明白了。"可能还没有。"一位学生应道。"很好！"他伸手从桌下又拿出一桶沙子，把沙子慢慢倒进玻璃瓶。沙子填满了石块的所有间隙。他又一次问学生："瓶子满了吗？""没满！"学生们大声说。然后专家拿过一壶水倒进玻璃瓶直到水面与瓶口齐平。他望着学生："这个例子说明了什么？"一个学生举手发言："它告诉我们：无论你的时间多么紧凑，如果你真的再加把劲，还可以干更多的事！"

"不，那还不是它的寓意所在。"专家说，"这个例子告诉我们，如果你不先把大石块放进瓶子里，你就再也无法把它们放进去了。那么，什么是你生命中的'大石块'呢？你的信仰、学识、梦想？或是和我一样，传道授业解惑？切切记住，得先去处理这些'大石块'，否则你就将错过终生。"

上帝是公平的，上帝给每个人的时间一样多，每个人一天的时间都是24小时。没有谁比谁多一分钟，亦没有谁比谁少一分钟。虽然人们的时间一样多，但各自的成就却有差别。为什么呢？因为他们对时间的管理策略不同。

除了把大部分时间和主要精力运用于重要事情上以外，还要学会利用琐碎时间。

工作与工作之间总会出现时间的空当，人们都会在每件事情与事情之间浪费琐碎的片段时间，例如等车、等电梯，这些片刻的空闲时间，如果我们不善加利用，它们就会白白溜走；倘若能够善加利用，积累起来的时间所产生的效果也是非常可观的。

推销员在等公共汽车时总有近 10 分钟的空当时间，若是毫无目标地与人闲聊或四下张望，就是缺乏效率的时间运用。如果每天利用这 10 分钟等车的时间想一想自己将要拜访的客户，想一想自己的开场白，对自己的下一步工作做一下安排，那么，你的推销工作一定能顺利展开。不要小看这不起眼的几分钟，说不定正是在这几分钟的策划下，你的推销取得了成功。

妥善地规划行程也是有效利用时间的方法。

在时间的运用上，最忌讳的是缺乏事前计划，想到哪里就做到哪里，这是最浪费时间的。推销员拜访客户时，从甲客户到丙客户的行程安排中，遗漏了两者中间还有一个乙客户的存在，等到拜访完丙客户时，才又想到必须绕回去拜访乙客户，这就是事先未做好妥善的行程规划所致，如此一来，做事的效率自然事倍功半。另外，某些私人事务也可以在拜访客户的行程中顺道完成，来减少往返时间的浪费。例如，交水电费、交电话费、寄信、买车票等等，因此一份完整的行程安排表是不可或缺的。

要做时间的主人还要有积极的时间概念。

凡事必须定出完成的时间，才会迫使自己积极地掌握时间。就比如住得近的人容易晚到一样，其原因是住得近，容易忽略时间。

例如，一些推销员为了方便上班，在离公司一步之遥的地方租房子，因为很快就可以到达公司，但也容易养成磨磨蹭蹭的坏习惯，结果往往是快迟到的时候，才惊觉时间已经来不及了。事实上，不是时间不够用，而是因为消极的心态让你疏忽了时间的重要性。因此，要改变自己的想法，就必须用正确而积极的态度面对时间管理，要求自己凡事都得限时完成，如此才能提高工作效率。

推销员是可以自由支配自己时间的人，如果没有时间概念，不能有效地管理好自己的时间，那么要想推销成功就无从谈起。

增强令你获得成功的信心

每当海菲在推销商品的过程中遇到挫折时，他会想：我是世界上独一无二的，我是上帝创造的杰作和奇迹，即使当我屡被拒绝，而且将这神灵的羊皮卷赐予我，我真是自然界伟大的奇迹，我将永远不再自怜自贱，而且从今天起，我要加倍重视自己的价值。

因为他坚信"羊皮卷"中的真言乃是神的谕旨，于是他毫无顾忌地大声诵读起来：

"我相信，我是自然界最伟大的奇迹。

"我不是随意来到这个世间的。我生来应为高山，而非草芥。从今天起，我要倾尽全力成为群峰之巅，发挥出最大的潜能。

"我要汲取前人的经验，了解自己以及手中的货物，这样才能更大程度地增加销量。我要斟酌词句，反复推敲推销时用的语言，因为这关系到事业的成败。我知道，许多成功的推销员，其实只有一套说辞，却能使他们无往不利。我还要不断改进自己的仪表和风度，因为这是最能吸引别人的关键。

"从今天起，我永远不再自怜自贱。"

自信是每一个成功人士最为重要的特质之一。信心是我们获得财富、争取自由的出发点。有句谚语说得好："必须具有信心，才能真正拥有。"

真正的自信不是孤芳自赏，也不是夜郎自大，更不是得意忘形、自以为是和盲目乐观；真正的自信就是看到自己的强项并加以肯定、展示或表达。它是内在实力和实际能力的一种体现，能够清楚地预见并把握事情的正确性和发展趋势，引导自己做得最好或更好。

世界酒店大王希尔顿，用 200 美元创业起家，有人问他成功的秘诀，他说："信心。"拿破仑·希尔说："有方向感的自信心，令我们每一个意念都充满力量。当你有强大的自信心去推动你的致富巨轮时，你就可以平步青云。"美国前总统里根在接受《SUCCESS》杂志采访时说："创业者若抱有无比的信心，就可以缔造一个美好的未来。"

只有先相信自己别人才会相信你，多诺阿索说："你需要推销的首先就是你的自信，你越是自信，就越能表现出自信的品质。"一个人一旦在自己心中把自己的形象提升之后，其走路的姿势、言谈、举止，无不显示出自信、轻松和愉快。

如果没有坚定的自信去勇于面对责难和嘲讽，去不断地尝试突破旧观念和挑战权威，那么爱迪生不可能发明电灯，莫尔斯不可能发明电报，贝尔不可能发明电话。居里夫人说："我们的生活都不容易，但是，那有什么关系？我们必须有恒心，尤其要有自信心，我们的天赋是用来做某件事情的，无论代价多么大，这种事情必须做到。"

汤姆·邓普西生下来的时候只有半只左脚和一只畸形的右手，父母从不让他因为自己的残疾而感到不安。结果，他能做到任何健全男孩所能做的事：如果童子军团行军 10 公里，汤姆也同样可以走完 10 公里。

后来他学踢橄榄球，他发现，自己能把球踢得比在一起玩的男孩子都远。他请人为他专门设计了一只鞋子，参加了踢球测验，并且得到了冲锋队的一份合约。

但是教练却尽量婉转地告诉他，说他"不具备做职业橄榄球员的条件"，劝他去试试其他的事业。最后他申请加入新奥尔良圣徒球队，并且请求教练给他一次机会。教练虽然心存怀疑，但是看到这个男子这么自信，对他有了好感，因此就留下了他。

两个星期之后，教练对他的好感加深了，因为他在一次友谊赛中踢出了55码并且为本队得了分。这使他获得了专为圣徒队踢球的工作，而且在那一季中为他的球队得了99分。

他一生中最伟大的时刻到来了。那天，球场上坐了6.6万名球迷。球是在28码线上，比赛只剩下几秒。这时球队把球推进到45码线上。"邓普西，进场踢球！"教练大声说。

当汤姆进场时，他知道他的队距离得分线有54码远。球传接得很好，汤姆一脚全力踢在球身上，球笔直地向前下去。但是踢得够远吗？6.6万名球迷屏住气观看，球在球门横杆之上几英寸的地方越过，接着终端得分线上的裁判举起了双手，表示得了3分，汤姆的球队以19比17获胜。球迷狂呼高叫为踢得最远的一球而兴奋，因为这是只有半只左脚和一只畸形的手的球员踢出来的！

"真令人难以相信！"有人感叹道，但汤姆只是微笑。他想起他的父母，他们一直告诉他的是他能做什么，而不是他不能做什么。他之所以创造这么了不起的纪录，正如他自己说的："他们从来没有告诉我，我有什么不能做的。"这就是自信。

抛弃令你负重前行的烦恼

我们许多人一生都背负着两个包袱：一个包袱装的是"昨天的烦恼"，一个包袱装的是"明天的忧虑"。人只要活着就永远有昨天和明天。所以，人只要活着就永远背着这两个包袱。

其实，你完全可以选择另外一种生活，你完全可以去掉这两个包袱，把它们扔进大海里，扔进垃圾堆里。没有人要求你要背负着这两个包袱。

忧能伤人，尔士·梅耶医生说："烦恼会影响血液循环，以及整个神经系统。很少有人因为工作过度而累死，可是真有人是烦死的。"

素珊第一次去见她的心理医生，一开口就说："医生，我想你是帮不了我的，我实在是个很糟糕的人，老是把工作搞得一塌糊涂，肯定会给辞掉。就在昨天，老板跟我说我要调职了，他说是升职。要是我的工作表现真的好，干吗要把我调职呢？"

可是，慢慢地，在那些泄气话背后，素珊说出了她的真实情况。原来她在两年前拿了个 MBA 学位，有一份薪水优厚的工作。这哪能算是一事无成呢？

针对素珊的情况，心理医生要她以后把想到的话记下来，尤其在晚上失眠时想到的话。在他们第二次见面时，素珊列下了这样的话："我其实并不怎么出色。我之所以能够冒出头来全是侥幸。""明天定会大祸临头，我从没主持过会议。""今天早上老板满脸怒容，我做错了什么呢？"

她承认说："单在一天里，我列下了 26 个消极思想，难怪我经常觉得疲倦，意志消沉。"

素珊听到自己把忧虑和烦恼的事念出来，才发觉到自己为了一些假想的灾祸浪费了太多的精力。

现实生活中，有很多自寻烦恼和忧虑的人，对他们来说，忧烦似乎成了一种习惯。有的人对名利过于苛求，得不到便烦躁不安；有的人性情多疑，老是无端地觉得别人在背后说他的坏话；有的人嫉妒心重，看到别人超过自己，心里就难过；有的人把别人的问题揽到自己身上自怨自艾，这无异于引火烧身。

忧虑情绪的真正病源，应当从忧烦者的内心去寻找。大凡终日忧烦的人，实际上并不是遭到了多大的不幸，而是对生活存在片面的认识。聪明的人即使处在忧烦的环境中，也往往能够自己寻找快乐。因此，当受到忧烦情绪袭扰的时候，就应当自问为什么会忧烦，从主观方面寻找原因，学会从心理上去适应你周围的环境。

所以，要在忧烦毁了你以前，先改掉忧烦的习惯。

不要去烦恼那些你无法改变的事情。你的精神气力可以用在更积极、更有建设性的事情上面。如果你不喜欢自己目前的生活，别坐在那儿烦恼，而是要设法去改善它。多做点事，少烦恼一点，因为烦恼就像摇椅一样，无论怎么摇，最后还是留在原地。

保持乐观精神很重要。人生是一种选择，人生是选择的结果，不一样的选择会有不一样的结果。你选择心情愉快，你得到的也是愉快。你选择心情不愉快，你得到的也是不愉快。我们都愿意快乐，不愿意不快乐。既然这样，我们为什么不选择愉快的心情呢？毕竟，我们无法控制每一件事情，但我们可以选择我们的心情。

每个人的观念及价值观不同，所以看待同一件事情所得到的反应也不同。你觉得是件快乐的事情，在别人看来却有点伤感。每个人都有每个人不同的快乐标准，每个人也都有每个人不一样的忧愁。

吃葡萄时，悲观者从大粒的开始吃，心里充满了失望，因为他所吃的每一粒都比上一粒小；而乐观者则从小粒的开始吃，心里充满了快乐，因为他所吃的每一粒都比上一粒大。

悲观者的眼光与乐观者的眼光截然不同，悲观者看到的都令他失望，而乐观者看到的都令他快乐。在销售过程中，销售员一定不要悲观，遇到问题时要学会用乐观的心态去面对。

制订工作规划并坚决执行

身为一个推销员，必须了解，你的日程表上的所有事项并非同样重要，不应对它们"一视同仁"，这是很重要的。如果推销员列出日程表，但开始进行表上的工作时，却未按照事情的轻重缓急来处理，就会导致推销员的效率偏低。

在确定了应该做哪几件事之后，推销员必须按它们的轻重缓急开始行动。许多推销员是根据事情的紧迫感，而不是事情的优先程度来安排先后顺序的。因此，这些人的做法是被动的而不是主动的。成功的推销员会这样做：

首先，每天开始都有一张先后顺序表。

伯利恒钢铁公司总裁查理斯·舒瓦普承认曾会见效率专家艾维·利。会见时，艾维·利说自己的公司能帮助舒瓦普把他的钢铁公司管理得更好。舒瓦普承认他自己懂得如何管理但事实上公司不尽如人意。可是他说需要的不是更多的知识，而是更多的行动。他说："应该做什么，我们自己是清楚的。如果你能告诉我们如何更好地执行计划，我听你的，在合理范围之内价钱由你定。"

艾维·利说可以在 10 分钟内给舒瓦普一样东西，这东西能把他公司的业绩提高至少 50%。然后他递给舒瓦普一张空白纸，说："在这张纸上写下你明天要做的 6 件最重要的事。"过了一会儿又说："现在用数字标明每件事情对于你和你的公司的重要性次序。"这花了大约 5 分钟。

艾维·利接着说："现在把这张纸放进口袋。明天早上第一件事是把字条拿出来实施第一项。不要看其他的，只看第一项。着手办第一件事，直至完成为止。然后用同样的方法对待第二项、第三项……直到你下班为止。如果你只做完第一件事，那不要紧。保证最重要的事情先做即可。"

艾维·利又说："每一天都要这样做。你对这种方法的价值深信不疑之后，叫你公司的人也这样干。这个试验你爱做多久就做多久，然后给我寄支票来，你认为值多少就给我多少。"

整个会见历时不到半个钟头。几个星期之后，舒瓦普给艾维·利寄去一张 2.5 万元的支票，还有一封信。信上说从钱的观点看，那也是他一生中最有价值的一课。

后来有人说，5 年之后，这个当年不为人知的小钢铁厂一跃而成为世界上最大的独立钢铁厂，艾维·利提出的方法功不可没。这个方法还为查理斯·舒瓦普赚得一亿美元。

人们有不按重要性顺序办事的倾向。多数人宁可做令人愉快的或是方便的事。但是没有其他办法比按重要性办事更能有效利用时间了。试用这个方法一个月，你会见到令人惊讶的效果。

其次，把事情按重要程度写下来，定个进度表把一天的时间安排好，这对于一个推销员的成功是很关键的。这样你可以每时每刻集中精力处理要做的事。同样，把一周、一个月、一年的时间安排好，同等重要。

每个月的开始，你都应该坐下来看该月的日历和本月的主要任务表。然后把这些任务填入日历中，再定出一个进度表。这样做之后，你会发现你不会错过任何一个最后期限或忘记一项任务。

亨瑞·杰克出生于美国旧金山城一个移民家庭。亨瑞因家庭条件所限，连中学都没有念完就开始自谋生路。18 岁时亨瑞成为一名公交司机，后因伤病离职。29 岁时进入人寿保险推销行业，初期业绩很不理想，后来一帆风顺，成为成功的推销员。

当亨瑞远离了失业带来的痛苦，满怀信心地投入人寿险推销工作时，为了鼓励自己，他常对自己说："亨瑞，你有常人的智慧，你有一双能走路的腿，你每天走出去把保险的好处告诉四到五个人是绝不成问题的，如果你能坚持下去，就一定能够成功。"

由新生活带来的巨大的积极性，使亨瑞决心每天都记日记，把每一天所做的访问详细地记录下来，以保证每天至少访问四个以上客户。通过每天记录，他发现自己每天实际上可以尝试更多的拜访；并且还发现，坚持不懈地每天访问四位客户真不是一件简单的事。亨瑞感觉到以前实在是太懒惰了，否则不至于如此落魄。

采取新的工作方法之后的第一周，亨瑞卖出了 1.5 万美元的保单，这个数字比其他 10 个新推销员卖出的总和还要多。1.5 万美元的保险在别人眼里也许算不了什么，但却证明他的决定是正确的，也证明了他有能力做得更好。

为了尽量少浪费时间，拜访更多的客户，亨瑞决定不再花时间去写日记。但命运又一次捉弄了他，从他停止记日记之后，他的业绩又开始往下掉，几个月之后，他发现又回到以前那种叫天天不应、呼地地不灵的地步。亨瑞只好向公司的资深推销员求教。他向这位资深推销员讲述了自己的苦恼，对方并没有多说，只是向亨瑞推荐了一首诗。

亨瑞将自己锁在办公室里，反复诵读这首诗，进行了几个小时的反省，不停地反问自己到底是哪里出了问题。终于他明白了一个道理，业绩回落，这并不是因为他偷懒，而是因为自己拜访客户无规律的结果。此后他又重新记工作日记了。

通过坚持写工作日记，亨瑞发现他每次出门的效率在不断地提升。在短短的几个月之中，他从每出门 29 次才能做成一笔生意上升到每出门 25 次就成交一笔，又到每 20 次一笔，直至每出门 10 次，甚至 3 次就有一笔生意成交。

通过仔细地研究工作日记，亨瑞发现有 70% 的生意实际上是在跟客户碰面的第二次时就成交了，其中 23% 是在第一次碰面时做成的，而只有 7% 是至少拜访了三次以上才做成的。再详细一分析，亨瑞发现，他竟在 7% 的生意上花掉了他 15% 的时间，他不禁问自己："我为什么要事倍而功半地做这 7% 的生意呢？为什么不把所有的时间集中在第一次或第二次就能成交的生意上呢？"这一顿悟使他每天出门拜访的价值开始成倍地增长。

对工作进行了调整、分析之后，亨瑞感到要使工作效率得到更大的提高，就必须把生活和工作安排得井然有序。他说："我必须花时间做好工作计划。如果每次出门之前把 40 张或 50 张客户的名片丢在一起，就认为自己已做好出发前的准备工作的话，那只能算是自欺欺人，应该在每次出发之前，找出旧的工作记录，仔细地研究一下以前拜访客户时说过哪些话，做过哪些事，再写下当天拜访中要说的内容、提的建议，整理出当天的行动计划。安排好从星期一到星期五的约会时间是推销员必须做的工作。"

他发现要使一周的工作计划做得很充分，至少需要四到五个小时的时间。

这种做法使他的心态和工作效率有了很大的改观。对此，亨瑞说："任何事情都可能由别人代劳，唯有两件事情非要自己去做不可。这两件事一是思考，一是按照计划执行。"

在接下来的一周里，亨瑞严格地按工作计划去工作，每次出门的时候，再也不会因为毫无准备而团团转了。他回忆那段时间时说："从此我可以从容地带着热诚和自信去拜访每一位客户了。因为有了星期六上午的计划，我每天都渴望能见到这些客户，渴望和他们一道研究他们的情况，告诉他们我精心想出来的那些对他们有帮助的建议。在一个星期结束之后，我再也不会觉得精疲力竭，或者沮丧而没有成就感。相反，我感到前所未有的兴奋，并且迫不及待地希望下一个星期早些到来，我有信心在下一个星期得到更大的收获。"

一年之后，亨瑞骄傲地在同事面前展示了他的工作日记。一年之内他不间断地记录了 12 个月的工作情况，其中的每一笔记录都相当清楚，每天的每一个数字都准确无误。

几年之后，亨瑞把"自我规划日"从星期六上午移到星期五上午，使自己有更多的时间享受真正的周末。

保持积极心态

一个星期六的早晨，住在美国犹他州的一个牧师正在为第二天的布道词煞费苦心。他的妻子出去购物了，外面下着小雨，儿子强尼无所事事，烦躁不安；牧师随手抓起一本旧杂志，翻了翻，看见一张色彩鲜丽的世界地图。于是他把这一页撕下来，然后把它撕成小片，丢在客厅的地板上说："强尼，你把它拼起来，我就给你一块巧克力。"

牧师心想，他至少会忙上半天，自己也能安静地思考明天的布道词。谁知不到十分钟，儿子敲响了他书房的门，他已经拼好了。牧师十分惊讶，强尼居然这么快就拼好了。每一片纸头都拼在了它应有的位置上，整张地图又恢复了原状。

"儿子，你怎么这么快就拼好啦？"牧师问。

"噢，"强尼说，"很简单呀！这张地图的背面有一个人的图画。我先把一张纸放在下面，把人的图画放在上面拼起来，再放一张纸在拼好的图上面，然后翻过来就好了。我想，假使人拼得对，地图一定拼得不错。"

牧师非常高兴，给了儿子一块巧克力，说："你不但拼好了地图，而且教给了我明天布道的题目——假使一个人是对的，他的世界也是对的。"

这个故事的意义非常深刻，如果你不满意自己的现状，想力求改变它，那么首先应该改变的是你自己，即"如果你是对的，你的世界也是对的"。

心态具有无比神奇的力量。它既可以使一个人在浑噩中奋起拼搏，也可使一个人在安逸消闲中腐化堕落。你的未来将走哪一条路，取决于你的心态，取决于你是在快乐或是颓丧的心态支配下的人生选择。每个人都为不同的心态所驱使，哈佛哲学告诉我们：你要认识你自己，你要相信自己不是在地面踱步的鸭子，而是要变成一只展翅高飞，翱翔万里的雄鹰！

拿破仑·希尔曾讲过这样一个故事，相信它会对每个推销人员都有所启发：

塞尔玛陪伴丈夫驻扎在一个沙漠的陆军基地里。丈夫奉命到沙漠里去演习，她一个人留在陆军的小铁皮房子里，天气热得受不了——在仙人掌的阴影下也有125华氏度。她没有人可以聊天——身边只有墨西哥人和印第安人，而他们不会说英语。她非常难过，于是就写信给父母，说要丢开一切回家去。她父亲的回信只有两行，这两行信的内容却永远留在她心中，完全改变了她的生活：两个人从牢中的铁窗望出去，一个看到了泥土，一个却看到了星星。

看了回信的塞尔玛非常惭愧：父亲能从不同的角度看问题，我为什么不能呢？她很感谢自己的父亲，决定要在沙漠中找到"星星"。于是，塞尔玛开始有意识地和当地人交朋友，她主动地接近当地人，同当地人聊天，并对他们的纺织、陶器表示出兴趣，他们就把最喜欢但舍不得卖给观光客人的纺织品和陶器送给了她。这一切使塞尔玛高兴极了，并开始研究那些引人入胜的仙人掌和各种沙漠植物。她观看沙漠日落，还寻找海螺壳，这些海螺壳是几万年前这沙漠还是海洋时留下来的。原来难以忍受的环境变成了令人兴奋、流连忘返的奇景。

沙漠没有改变，印第安人也没有改变，改变的只是塞尔玛的心态。一念之差，使她把原先认为恶劣的环境变为一生中最有意义的冒险乐园。她为发现新世界而兴奋不已，终于看到了"星星"。

生活中，好多推销人员一遇到困难总是想："我不行，还是算了吧。"不言而喻，他们失败了。成功者遇到困难，仍然保持积极的心态，用"我要！我能！""一定有办法"等积极的意念鼓励自己，于是便能想尽方法，不断前进，直到成功。

拿破仑·希尔说，一个人能否成功，关键在于他的心态。成功人士与失败人士的差别在于成功人士有积极的心态；而失败人士则习惯于用消极的心态去面对人生。

我们从来没有见过持消极心态的人能够取得持续的成功。即使碰运气能取得暂时的成功，那成功也是昙花一现，转瞬即逝。

积极的心态实际上就是一种信念——相信自己，相信自己成功的能力。只有自己相信才能让别人相信，才能让人看到一个乐观、自信的推销人员，他们才愿意买你的产品，因为是你的心态影响了他们的购买。

想要成功就要下定决心

很多推销员害怕顾客的拒绝，在磋商过程中始终在等待一个最好的机会以便提出成交请求，但遗憾的是，很多推销员无法清晰地辨认出真正的成交信号，于是在自己主观的彷徨与选择中失去最好的机会。

在销售场合中，推销员不仅要做到业务精通、口齿伶俐，还必须做到善于察言观色。推销员在出示产品之外还必须做更多的努力，在这个时候有些推销员会感到力不从心，尤其是看到客户并不急于购买时，推销员就容易丧失信心。但是如果推销员能够关注客户购买心理的阶段性变化，如注意力的转移、言语的变化，甚至口气的变化，然后针对这些变化采取针锋相对的措施，往往能够迅速达成交易。当然这需要推销员有察言观色的能力。

决心是取胜的法宝，克服优柔寡断的最佳方法就是下定决心。

马丹诺做推销员的时候只有 17 岁，他所有的亲戚朋友都非常反对他做推销员，所以马丹诺只有从拜访陌生人开始自己的工作。可是他又害怕在敲别人家门或跟陌生人谈论产品的时候会被拒绝，因此业绩一直无法突破。有一天，马丹诺的经理跑来找他，对他说："你今天跟我去拜访。"

马丹诺跟他下楼走到马路上，经理看到对面有一个小女孩，就告诉马丹诺："假如我走过这条马路后还没有办法向她推销产品，我走回马路时就让车撞死。"马丹诺听后吓了一大跳，认为他怎么可以说出这种话。

于是马丹诺看他走过马路，开始向这位小女孩推销产品，15分钟之后，他终于把产品卖出去了。

于是，马丹诺如法炮制，开始向陌生人推销。可是，当他向陌生人开口的时候，头脑里马上想到万一被拒绝怎么办？于是心里又打起退堂鼓了。

后来马丹诺回到公司里面，找了一位同事并带他下楼，对他说："你看着，假如我无法向对面那个陌生人推销产品的话，我就走回马路让车撞死。"

当马丹诺说完这句话的时候，他的脑海里一片空白，根本不知道该如何推销。马丹诺不得不硬着头皮走过去，开始与陌生人交谈，他根本不知道自己要说什么，但是又不能走回头路，因为他刚刚做过承诺、发过誓。于是马丹诺使出浑身解数向这位陌生人推销产品。20分钟之后，不可思议的事情发生了：陌生人终于买了马丹诺的产品。

后来马丹诺发现，原来是自己的决心帮助自己推销成功的。

在马丹诺20岁那年，他学习了一门课程，在课堂上老师告诉他："下一次还有一门非常棒的课程，这门课程可以帮助我们激发所有的潜能，让自己能够成为顶尖人物。"

马丹诺说："这门课程很好，可我没有钱，等我存够了钱再上。"这时候老师问他："你到底是想成功，还是一定要成功？"

马丹诺说："我一定要成功。"他又问马丹诺："假如你一定要成功的话，请问你会怎样处理这事情？"

于是马丹诺说，自己立刻借钱来上课。

当然，上完课之后，马丹诺有了很大的进步。

于是，老师又告诉他们："下次还有一门课程，仍然相当棒，会教授领导与推销方面的知识。"

　　马丹诺听了之后非常兴奋，可是他还是没有钱，想等到明年再上。

　　当时老师又问他："你到底是想成功，还是一定要成功?"他又回答："我当然一定要成功啊!"

　　"你一定要成功，那你要等到什么时候才来上课? 你的收入不够，所以你没有钱，你更应该来上课才是，你说是不是呢?"于是马丹诺又借钱来上课。就这样反反复复，他一共借了十几万元来上课。

　　当上完这些课程之后，马丹诺的人生发生了一个非常大的改变，他认为自己这一辈子是在那几次课程中塑造出来的。

　　决心是制胜的法宝，克服优柔寡断，下定决心，那么一切困难都变成暂时性的了。销售过程中也是如此，销售人员要想成功，下定决心很重要。

空杯心态才能有求必得

一个人有一点能力，取得一些成绩和进步，产生一种满意和喜悦感，这是无可厚非的。但如果这种"满意"发展为"满足"，"喜悦"变为"狂妄"，那就成问题了。这样，已经取得的成绩和进步，将不再是通向新胜利的阶梯和起点，而成为继续前进的包袱和绊脚石，那就会酿成悲剧。

在这个世界上，谁都在为自己的成功拼搏，都想站在成功的巅峰上风光一下。但是成功的路只有一条，那就是学习。在这条路上，人们都行色匆匆，有许多人就是在稍一回首，品味成就的时候被别人超越了。因此，有位成功人士的话很值得借鉴："成功的路上没有止境，但永远存在险境；没有满足，却永远存在不足；在成功路上立足的最基本的要点就是学习，学习，再学习。"

真正有本事、胸怀大志的人是不容易骄傲的。倒是那些胸无大志、一知半解的人，很容易骄傲。要想在成功的道路上走得稳健，必须戒骄戒躁，永不自满。销售员要以一种空杯为零的态度虚心学习，养成进取上进的良好习惯，这样才能有求必得。

克服恐惧，不怕被拒绝

销售人员是遭遇拒绝最频繁的人群，许多初入此行的人，容易因挫折而灰心丧气。这个时候销售人员最应该做的事情是反省自身，提高销售技巧。最重要的是，不要被拒绝摧垮。

小王是一名普通的推销员，他入职不久，只和熟人做过几单小生意。有一次，出于业务需要，他约了一家大公司的老板谈生意。这次机会很难得，经过多次预约，这位老板才答应和他见面。如果生意谈成，他至少能拿到几十万元的订单。

自己从来没有接触过这种级别的人物，一想到此小王就非常紧张，生怕会出什么乱子。进到对方的办公室之后，他更是一下子被那装饰豪华气派的办公室震慑住了。以至于见到这位老板之后，结结巴巴几乎说不出话来。经过很大努力，他终于结结巴巴地说出来几句话："王老板，我早就……想见您……现在我来了，却紧张得说不出话来。"王老板修养很好，一直微笑地看着他。

奇怪的是，他开口承认自己心中的恐惧之后，恐惧却一下子不复存在了。下面的谈话就顺利得多了。有过这次偶然的经历，他得出了一条很管用的小窍门：每次遇到紧张的情况，就自己主动承认，然后紧张就自动消除了。

《羊皮卷》上说："我不是注定为了失败才来到这个世界上的，我的血脉里也没有失败的血脉在流动。我不是任人鞭打的羔羊，我是猛虎，不与羊群为伍。我不想听失败者的哭泣，抱怨者的牢骚，这是羊群中的性情，我不能被它传染。失败者的屠宰场不是我人生的归宿。

"从今往后，我每天的奋斗就如同对参天大树的一次砍击，前几刀可能留不下痕迹，每一击似乎微不足道，然而，积累起来，巨树终将倒下。这正如我今天的努力。"

李贵是一名保险推销员。一开始做销售的时候，他很敏感。不单是害怕拒绝，哪怕客户的一句冰冷的话语或一个冷漠的眼神都会让他感觉如芒刺在背。有一次，他甚至和一个心急气躁的客户吵了起来。

由于长期沉浸在这种压抑状态中无法自拔，李贵的工作效率很低。虽然工作时间比别人长，也比别人努力，可是销售成绩却一直赶不上别人。

他偶然遇到了一位销售界的前辈高手，向对方倾诉自己的苦衷。对方听到他的事情，语重心长地跟他讲了一席话，让他茅塞顿开、获益匪浅："你的敏感其实是没有意义的。你想啊，如果一个客户拒绝了你，你以后就不会再见到这个人。在乎一个不存在的人的拒绝，岂不是很好笑？当然，一次拒绝并不代表就没有机会。如果你最终得到了这个客户，那么之前的拒绝就属于成功的过程，该值得骄傲才是。你以前之所以销售成绩不好，就是因为对失败和拒绝一直耿耿于怀。如果能够一笑而过，就既能让自己心情愉快，遗忘那些不开心的事，同时也容易获得客户的好感。何乐而不为呢？"

俗话说，万事开头难，做销售也不例外。对新手来讲，要顺利开展销售，有两个主要障碍需要克服。这两个障碍都是精神层面的，即"害怕失败"和"害怕拒绝"。

第一个案例告诉我们，承认害怕有助于消除害怕。初入行的销售人员都可以借鉴这个窍门。尤其不要害怕与大人物见面，而要把它当成是一种机会。当你遇见一个让你害怕的大人物时，要直言不讳地承认你的恐惧，不要害怕出丑而故意遮掩。

害怕拒绝，是另外一种恐惧心理。顶尖销售人员当然已经达到不怕拒绝的境界。如果有人对他们说"不"，他们也不会因此感到受伤或气馁。他们不会因为遭到拒绝而沮丧地退回办公室或车里。因为他们有着强烈的自尊心和自我意识。但是很多销售员尤其是新手，常常会害怕潜在客户说"不"，害怕目标客户可能会对自己无礼、反感或批评。

按照定律，80%的销售拜访都会以被拒绝告终，原因可能是多方面的。但这并不一定就意味着销售人员自身或者他所销售的产品或服务有什么不好。人们说"不"只不过因为他们不需要，不想要，不能用，买不起或者别的原因。你必须认识到拒绝绝不是针对个人的，拒绝与你个人没有任何关联。克服了这两道障碍，不再害怕失败，不再害怕拒绝，你就成功了一半。

把学习当成一种信仰

有人认为销售只是一项技术活，完全靠嘴皮子说话，只要跟客户关系搞好，个人的学习和修养无关紧要。其实，最优秀的销售员，是最善于学习、最勤于学习的。学习不仅是一种态度，而且是一种信仰。

原一平有一段时间，一到星期六下午，就会自动失踪。

原一平的太太久惠是有知识有文化的日本妇女，因原一平书读得太少，经常听不懂久惠话中的意思。另外，因业务扩大，认识了更多更高层次的人，许多人的谈话内容，原一平也是一知半解。

所以，原一平选了星期六下午为进修的时间，并且决定不让久惠知道。

每周原一平都事先安排好主题。

原本久惠对原一平的行踪一清二楚，可是自从原一平开始进修后，每到星期六下午，就失踪了。久惠很好奇地问原一平："星期六下午你到底去了哪里？"

原一平没有告诉妻子久惠。

过了一段时间，原一平的知识长进了不少，与人谈话的内容也逐渐丰富了。

久惠说："你最近的学问长进不少。"

"真的吗？"

"真的啊！从前我跟你谈问题，你常因不懂而躲避，如今你反而理解得比我还深入，真奇怪。"

"这有什么奇怪呢?"

"你是否有什么事瞒着我呢?"

"没有啊。"

"还说没有,我猜想一定跟星期六下午的'失踪'有关。"

原一平觉得事情已到这地步,只好全盘托出。

"我感到自己的知识不够,所以利用星期六下午的时间,到图书馆去进修。"

"原来如此。"

经过不断努力,原一平终于成为推销大师。

真正的幸运之神永远在勤奋的人旁边,只有不断地学习、不断地进步,才能变得越来越好。

无论什么时候,学习都是非常重要的事情。要时时储备知识,而且要掌握有用的知识,对知识要做好更新工作。

有许多推销员,特别是新手,都会苦于没有足够的推销信息。信息从哪里来呢?

让我们看看这位推销员是怎样说的吧。

"你得多参加公共活动,多看书报杂志,多动脑子,这样才能获取大量信息。说白了就是要不断学习,不断丰富充实自己。"

有人问:"你哪有时间读书报杂志并琢磨它呢?"

他们回答:"要学会利用时间。"

也许有人会说挤不出时间,那么他永远也不会成功。

爱默生说:"知识与勇气能够造就伟大的事业。"推销员要想成功,就要持续不断地学习,让自己的知识随时储备,不断更新。

现在的社会,要想永远立于不败之地,就必须使自己拥有核心的竞争力。要想拥有超强的核心竞争力,就必须拥有超强的学习力。

销售人员需要不断学习的知识主要包括以下几种：

1. 市场营销知识

作为一名优秀的推销员，其任务就是对企业的市场营销活动进行组织和实施。因此，必须具有一定的市场营销知识，这样才能在理论基础上、实践活动及探索和把握市场销售的发展趋势上占优势。

2. 心理学知识

现代企业的营销活动是以人为中心的，它必须对人的各种行为，如客户的生活习惯、消费习惯、购买方式等进行研究和分析，以便更好地为客户提供最大的方便与满足；同时实现企业利益的增加，为企业的生存和发展赢得一定的空间。

3. 企业管理知识

一方面是为满足客户的要求；另一方面是为了使推销活动体现企业的方针政策、达到企业的整体目标。

4. 市场知识

市场是企业和推销员活动的基本舞台，了解市场运行的基本原理和市场营销活动的方法，是企业和推销获得成功的重要条件。

勤奋是一切的前提

推销员选择了勤奋，就相当于选择成功。勤能补拙。大发明家爱迪生曾说，天才是百分之一的灵感加百分之九十九的汗水。意思是说，后天的努力才是成功的重点所在。有些人知识储备不足，学习能力不如别人，专业水平也不够，却想出人头地，这时只有勤奋能助他成功。

作为一个优秀推销员，要勤于接触客户。

俗话说见面三分情，人与人之间如果有几分熟悉，说起话来就亲切许多。中国人比较注重情感的交流，所以客户的培养必须从勤于接触开始，找机会和客户建立友谊，从内心深处真诚地关心客户，自然就可以获得相对应的认同，面对推销员的要求，客户也就不好意思拒绝了。特别是在谈话之中，若能善用肢体的接触更可以影响对方的思想。不过在面对女性客户时，使用这种方式要注意把握尺度。

作为一个杰出推销员，他们会勤练推销技巧。

没有人天生就具备超乎常人的推销能力，任何推销技巧都必须学习。

在学习之后必须不断地练习以提升自己的胆量，长久累积，推销能力就会有一个质的飞跃。需要注意的是，推销员千万不要好高骛远，许多不切实际的人往往是说得多做得少，光说不练绝对是无法达到目标的。

总之，推销这一行和其他行业一样，都需要勤奋。勤能补拙，勤奋造就天才。

不断地反省己身就是不停地向成功靠近

很多中国销售员喜欢抱怨客户，抱怨老板，但就是不会反省，认识不到自己身上的缺点和毛病，结果是屡犯错误难以获得提升或成长。而只有善于反省，才不会重复犯错误，才能一步一个脚印地前进。

日本近代有两位一流的剑客：一位是宫本武藏，另一位是柳生又寿郎。宫本是柳生的师父。

当年，柳生拜师学艺时，问宫本："师父，根据我的资质，要练多久才能成为一流的剑客呢？"

宫本答道："最少也要10年！"

柳生说："哇！10年太久了，假如我加倍努力地苦练，多久可以成为一流的剑客呢？"

宫本答道："那就要20年了。"

柳生一脸狐疑，又问："如果我晚上不睡觉，夜以继日地苦练，多久可以成为一流的剑客呢？"

宫本答道："你晚上不睡觉练剑，必死无疑，不可能成为一流的剑客。"

柳生颇不以为然地说："师父，这太矛盾了，为什么我越努力练剑，成为一流剑客的时间反而越长呢？"

宫本答道："要当一流剑客的先决条件，就是必须永远保留一只眼睛注视自己，不断地反省。现在你两只眼睛都看着一流剑客的招牌，哪里还有眼睛注视自己呢？"

柳生听了，当场开悟，终成一代名剑客。

从这个故事得到的启示是，要当一流的剑客，光是苦练剑术不管用，必须永远留一只眼睛注视自己，不断地反省；要当一流的推销家，光是学习推销技巧也不管用，也必须永远留一只眼睛注视自己。

反省就是反过身来省察自己，检讨自己的言行，看自己犯了哪些错误，看有没有需要改进的地方。

一般地说，自省心强的人都非常了解自己的优劣，因为他时时都在仔细检视自己。这种检视也叫作"自我观照"，其实质也就是跳出自己的身体之外，从外面重新观看审察自己的所作所为是否合理。这样做就可以真切地了解自己了。

能够时时审视自己的人，一般都很少犯错，因为他们会时时考虑：我到底有多少力量？我能干多少事？我该干什么？我的缺点在哪里？为什么失败了或成功了？这样做就能轻而易举地找出自己的优点和缺点，为以后的行动打下基础。

主动培养自省意识也是一种能力，要培养自省意识，首先得抛弃那种"只知责人，不知责己"的习惯。

我们在研究潜在客户的时候总是先把朋友列出来，是朋友和潜在客户有必然的关联吗？不是这样的。对于一个从事推销工作的人来说，什么是朋友呢？你以前的同事、同学、在聚会或者俱乐部认识的人都是你的朋友，换句话说，凡是你认识的人，不管他们是否认识你，这些人都是你的朋友。同样，对于客户也是一样，他在自己得到某种实惠产品或便捷服务时也会有向朋友提起的可能，使他的朋友成为你的潜在客户。

世界一流推销大师金克拉在推销时，总是会随身携带两张纸：

一张纸满满当当地写着许多人的名字和别的东西；另一张则是白纸。他拿这两张纸有什么用呢？原来那张有字的纸是客户的推荐词或推荐信，当他的销售遭到客户的拒绝时，他会说："××先生/女士，您认识杰克先生吧？您认识杰克先生的字迹吧？他是我的客户，他用了我们的产品很满意，他希望他的朋友也能感受到这份满意。您不会认为这些人购买我们的产品是件错误的事情，是吧？"

"您不会介意也把您的名字加入他们的行列中去吧？"

有了这个推荐词，金克拉一般会取得戏剧性的效果。

那么，另一张白纸是做什么用的呢？

当成功地销售出一套产品之后，金克拉会拿出一张白纸，说："××先生/女士，您觉得在您的朋友当中，还有哪几位可能需要我的产品？""请您介绍几个您的朋友让我认识，以便使他们与您一样也享受到优质服务。"然后把纸递过去。

85%的情况下，客户会为金克拉再推荐2~3个新客户。

金克拉就是这样运用客户推荐系统建立自己的储备客户群的。

这就是充分运用250定律，发挥人情优势的效果，通过客户与客户之间的人情连缀起自己的客户群体，这样的推销方式可以称之为连环式人情营销。

连环式人情营销是获得新客户的关键。当然，对于新手来说，由别人介绍来的生意不会很多，这就意味着你要花许多时间向不是由人介绍来的潜在客户进行推销。但到了一定的时间，给你介绍生意的人会逐渐多起来。

在连环式人情营销中，一定要记得主动提出推荐要求。如果你的客户很满意，那就是你请他帮你推荐买主的好时机。你应当问他，是否认识其他对该产品感兴趣的人，问他你是否可以利用这些关系。

当然这种问话也需要掌握一些技巧。

　　比如你问："你有没有朋友想买汽车或电脑?"对方最可能的回答是"没有"或"目前没有"。原因是你问得太笼统，让他一时想不起来所有认识的人，更别说那些人对你的产品是不是有需要。在问话前不妨引导他去想一下，这样才能得到有价值的答复。

一定要了解的二八定律

有位十分勤快的销售人员，他几乎每个月都会把他负责的所有客户像梳子一样梳两遍，而且时间分布得相当均匀，大概算下来整个销售团队里就数他出差最多。可奇怪的是，他的业绩并不好，这位销售人员也很纳闷，自己问自己："不是说付出会有回报吗？为什么到我这儿就不适用了呢？"

销售主管看到他日渐消沉，于是找到他，并帮他分析问题出在哪里。当销售主管问清楚销售人员的销售举动后，对他说："你这样的工作热情非常好，它可以帮助你充分地了解你负责所有客户的大体情况，但是你的业绩不理想，是因为没有遵守'二八定律'。"

"二八定律"是意大利著名的经济学家维佛列多·巴瑞多提出的学说，当时，在意大利，80%的财富为20%的人所拥有，并且这种经济趋势在全世界存在着普遍性——这就是著名的"80∶20原理"。后来人们发现，在社会中有许多事物的发展都符合这一法则。比如，社会学家说，20%的人身上集中了人类80%的智慧，他们一生卓越；管理学家说，一个企业或一个组织往往是20%的人完成80%的工作任务，创造80%的财富。

销售也是如此。销售中的"二八定律"通常是指80%的订单来自20%的客户。例如，一个成熟的销售人员如果统计自己全年签订单的客户数目有10个，签订的订单有100万元，那么按照二八定律，其中的80万元应该只来源于两个客户，而其余8个客户总共不过贡献20万元的销售额。这在销售界是经过验证的，所以又叫"二八铁律"。

在现实的工作中，还有这样一种情况：有些刚从事销售工作的新手确实不知道这个"二八定律"，而有些销售人员则是因为存在"畏难心理"而陷入误区的。比如那些重要的大客户往往由于事务繁忙平常不愿意见销售人员，即使见面也只有很短的时间，而那些不太重要的客户本来就相对比较空闲，有人倒是很愿意和销售人员说话，并且聊得很投机。渐渐地，对自己态度友好、有时间的客户那里销售人员就经常去；而对自己态度冷淡、没有时间和自己聊的大客户那里销售人员就不喜欢去，甚至怕去，导致销售人员把大把的时间都花在不出产订单的地方了。

所以，通过了解并掌握这个"二八定律"，销售员可以做到事半功倍。首先在较短的时间内准确判断出究竟哪些客户是高产客户，值得分配80%的精力去频频拜访，而哪些客户只需要保持一定频率的联系即可。然后是克服自身的心理障碍，敢于在难接触但是重要的客户那里投入时间和精力，最终将订单拿下。

我们将"二八定律"更进一步引向推销领域，同样具有指导意义，具体表现在以下几点：

对于刚从事销售工作的你来说，一定要拿出80%的时间和精力去向内行学习、请教，或用80%的时间和精力去参加培训。这样，在你真正从事推销工作的时候，你就可以用20%的时间和精力来取得80%的业绩。如果你一开始只用20%的时间和精力去学习新东西，那么，你花了80%的时间和精力，也只能取得20%的业绩。

对推销员来说，第一印象十分重要。第一印象80%来自仪表。所以，花20%的时间修饰一番再出门是必要的。在客户面前，你一定要花80%的努力去微笑。微笑是友好的信号，它胜过你用80%的言辞所建立起的形象。如果在客户面前，你只有 20% 的时间是微笑的，那么，会有 80% 的客户不愿看见你。

如果你要与一位重要客户商谈，最好能够了解他 80% 的个人"资讯"，对其个性、爱好、家庭、阅历掌握得越多越好，这样当你向他面对面推销的时候，就只要花 20% 的努力就可以达到 80% 的成功希望。如果你对客户一点儿都不了解，尽管你付出了 80% 的努力，也只有 20% 的成功希望。

"勤奋"应该作为你的灵魂。在你的推销生涯中，80% 的时间是工作，20% 的时间是休息。

80% 的客户都会说你推销的产品价格高、质量差。杀价是客户的本能。但你大可不必花 80% 的口舌去讨价还价，你只需要用 20% 的力量去证明你的东西为什么价格高就足够了。另外，一定要拿出 80% 的时间证明它能够给客户带来多大的好处，这才是重要的。

跨越缺陷，前方就是坦途

阿弗烈德·艾德勒小时候，有天早上醒来，突然发现他弟弟死在床上，就在他身旁。这一惊吓使他下了一个决心：做个医生，和死神搏斗。

艾德勒行医之初，发现一连串现象，从而使他对人的心灵有重大发现。他解剖尸体时，注意到以前并没特别受人注意的种种情况。他发现一具死尸的心脏大得异乎寻常，同时发现一个心瓣被堵住，血液不能充足流到肺里去。那心脏是为了应付这种缺陷而变大的吗？

一具死尸里有病的一个肾已经割掉，他发现剩下的那个肾也比寻常的大得多。他又发现一叶肺因为有病而萎缩，另一叶肺就可能变得更有力量。这些健全器官岂不正是想弥补不健全器官所失去的功能吗？骨头断了，会长出厚骨痂，为的是使骨头比以前更结实吗？这些现象一再出现，仿佛人体自有其规律：为了自保，本能地以强补弱。

艾德勒进一步研究下去，开始到各美术学校去观察学生的视力。结果发现学生十分之七以上视力都很差，只不过程度不同罢了。视力既然不好，这些学生为什么还偏要读必须用眼的专业呢？他发现这些学生从小就感觉到目力欠佳，因此特别努力，要使自己比别人看得更清楚，更敏锐。他们训练自己的观察能力，培养用眼睛看的乐趣，结果对视觉世界的兴趣比普通人大。

艾德勒又去研究大画家的生平，发现其中许多人的眼睛都有缺陷。眼睛不好而偏要做画家的人何以这样多呢？难道也是受他在解剖尸体时发现的那条补偿缺陷规律驱使吗？

他又去研究盲人，证实盲人的听觉、触觉和嗅觉都特别灵敏。贝多芬是令人惊奇的例子，他的听觉从小就有机能性的缺陷，28岁时已经聋得很厉害。4年之后，他如果不用耳筒，连整个乐队的声音都听不清楚。就在那年，他写出美妙的《第二交响曲》。耳朵全聋之后又写出更优美的《英雄交响曲》《月光奏鸣曲》《第五交响曲》以及不朽的《第九交响曲》。

他渐渐发现，这好像是一种定律，仿佛人往往因为早期的弱点而获得他们奋力以求的成就。人仿佛必须有个栏才会跳过去，栏越高，跳得也越高。后来，艾德勒将自己的发现总结出了著名的"跨栏定律"。

不可否认，每个人都存在着一定的缺憾，没有一个人堪称全能。然而，我们不必为缺陷自卑或自弃，只要我们敢于正视，承认缺陷的存在，努力加以克服，就一定能得到意外的收获。"跨栏定律"给我们的启示也在于此。相信上帝在关上一扇门的同时也会打开一扇窗户，多一点坚韧，你会找到成功销售的突破点。

管理好客户档案能给你更多的成交机会

推销员对客户信息记录的最终目的是建立自己的客户档案，这样即使时间紧迫，只要抽出一点时间浏览一下客户档案，就能立刻对客户的信息了如指掌。

在这方面，乔·吉拉德是个典范。

乔·吉拉德说："你要记下有关客户和潜在客户的所有资料——他们的姓名、地址、联系电话，他们的孩子、嗜好、学历、职务、成就、旅行过的地方、年龄、文化背景及其他任何与他们有关的事情，这些都是有用的推销情报。

"所有这些资料都可以帮助你接近客户，使你能够有效地跟客户讨论问题。谈论他们感兴趣的话题，有了这些材料，你就会知道他们喜欢什么，不喜欢什么，你可以让他们高谈阔论，兴高采烈，手舞足蹈……只要你有办法使客户心情舒畅，他们就不会让你大失所望。"

当然，客户档案的建立不仅要随手记录下来，还必须及时进行档案整理。

刚开始工作时，吉拉德把搜集到的客户资料写在纸上，塞进抽屉里。后来，有几次因为缺乏整理而忘记追踪某一位准客户，他开始意识到自己动手整理客户档案的重要性。他去文具店买了日记本和一个小小的卡片档案夹，把原来写在纸片上的资料全部做成记录，建立起了他的客户档案。

即使对于已经成交的客户，这些档案记录也能发挥作用。通过对这些客户购买记录的详细分析，可以把握住客户的深层购买趋势，从而便于进行更持久的销售。其实，这种档案管理与分析的方法不仅是推销员的特例，也是诸多商家采取的一种策略。

号称"经营之神"的王永庆最初开了一家米店，他把到店买米的客户家米缸的大小、家庭人口和人均消费数量记录在心。估摸着客户家里的米缸快没米时，不等客户购买，王永庆就亲自将米送上门，因此深得客户的好评和信任。这种经营方法和精神使王永庆的事业蒸蒸日上。

王永庆之所以能够做到这些，是因为他通过对客户购买记录的分析，在心里已经为各个客户做了一个详细的销售计划，这一计划一旦开展起来，那么销售的就不只是产品了，而是一种服务。

在这一方面，华登书店做得非常好。他们充分利用客户购买记录来进行多种合作性推销，取得了显著效果。最简单的方法是按照客户兴趣，寄发最新的相关书籍的书目。

华登书店把书目按类别寄给曾经购买相关书籍的客户，旨在鼓励客户大量购买。除了鼓励购买之外，这也是一项目标明确、精心设计的合作性推销活动——引导客户利用本身提供给书店的资讯，满足其个人需要，找到自己感兴趣的书。活动成功的关键在于邀请个别客户积极参与，告诉书店自己感兴趣和最近开始感兴趣的图书类别。

华登书店还向会员收取小额的年费，并提供更多的服务，大部分客户也都认为花这点钱成为会员是十分有利的。客户为什么愿意加入呢？基本上，交费加入"爱书人俱乐部"，就表示同意书店帮助自己买更多的书，但客户并不会将之视为敌对性的推销，而是合作性的推销。

通过对客户购买记录的分析，华登书店适时开发了新的营销模式，把推销变为为客户提供更全面的服务，从而加大了客户的购买力度，增加了销售量。

而对于推销员来说，如果要以明确的方式与个别客户合作，最重要的是要取得客户的回馈以及有关客户个人需求的一切资料。一般来说，拥有越多客户的购买记录，也就越容易创造和客户合作的机会，进而为客户提供满意的服务。

不同的努力导致不同的结果

因果定律其含义为：今天的结果是昨天造成的，今天又为明天种下了因。这个法则是如此深奥且具影响力，以致世人往往称之为人类命运的"铁律"。它几乎可以解释所有发生在你身上的事情。

正如同"物有本末，事有终始""种瓜得瓜，种豆得豆"的道理一样，该定律告诉我们：人这一世的生命发展，可以由不同的努力（不同的因），而得到不同的发展（不同的果）。所谓"事在人为""人定胜天"，也是因果定律的另一种说法。

如果你在任何一个领域种下同样的因，你终究会得到和别人同样的果。这并不是奇迹，不是要靠好运，也不是由"天时地利"所决定的。

如果你觉得生活沉闷，就应该检查一下自己付出了多少。从有人说："我天天早睡早起，经常做运动，不断充实自己，培养人际关系，并且尽心尽力地工作，然而生活中却没有一件好事。"生活是一个因果循环系统。如果生活中一点好事都没有，那就是你的错了。只要你了解你的现状是自己一手造成的，你就不再会觉得自己是受害者。

在你的销售职业生涯中，因果定律告诉你：如果你要成为某一行业中最成功、收入最高的人，你就要去发现其他高收入、高成就的人所做的事情，并且学着去做。如果你能够做得和他们一样好，你最后也会得到同样的结果。

爱默生曾说过，因与果，手段与目的，种子与果实是不可分割的。因为果早就酝酿在因中，目的存在于手段之前，果实则包含在种子中。

爱默生在他的随笔《论报酬》中写道，每一个人会因他的付出而获得报酬。这项法则叫作报酬法则，也可以被称作耕耘收获法则。这表示不管你耕耘的种类与多寡，你永远会因付出与努力而获得报酬。

博恩·崔西认为：报酬法则的含义是，以长期来看，你的报酬绝对不会越过你的付出。你今天的收入就是过去努力的报酬。假如你要增加报酬，就要增加你的价值贡献量。

你的心态、快乐与满足感，是耕耘心态的结果。假如你将许多思想、远景、成功的意念、快乐和乐观放进心里，就会在日常活动中得到积极肯定的经验。

你生活中的主要责任就是要把因果法则（及其必然结果）紧密地应用在自己及行动上面，不管别人是否在看，你都要坚信这个法则必定有效。你的工作就是播种你期待欢乐生活的种子。如果你这么做，必定会获得并享受你的收获。

阿穆尔饲料厂的厂长麦克道尔之所以能够由一个速记员一步一步往上升，就是因为他能做别人并未希望他做到的工作。他最初是在一个懒惰的书记之下做事，那书记总是把事情推给下面的职员去做。他觉得麦克道尔是一个可以任意指派的人，有一次，阿穆尔先生叫他编一本前往欧洲时需要的密码电报书，那个书记的懒惰使麦克道尔有了做事的机会。

麦克道尔做这个工作时，并不是随意简单地编几张纸片，而是把它们编成了一本小小的书，并且用打字机清楚地打出来，然后再用胶装订得好好的。做好之后，那个书记便把电报本交给阿穆尔先生。

"这大概不是你做的吧?"阿穆尔先生问。

"不……是……"那书记战栗地回答道。

"是谁做的呢?"

"我的速记员麦克道尔做的。"

"你叫他到我这里来。"

麦克道尔来到办公室,阿穆尔说:"小伙子,你怎么会想到把我的电码做成这个样子的呢?"

"我想这样你用起来会方便些。"

"你什么时候做的呢?"

"我是晚上在家里做的。"

"啊,我很喜欢它。"

过了几天之后,麦克道尔便坐在前面办公室的一张写字台前;再过一些时候,他便顶替了以前那个书记。

你要比你所能做的还要多做一点,把这种额外的工作作为一种刺激,尽力做你所能做的。这样做你更有一种满足的感觉,即使你还没有得到回报。

在销售中,多分热忱,多分付出,你才会有额外的收获。

做事的态度是成功的关键

一切取决于销售人员的态度，而不是客户。这一定理是由美国"保险怪才"斯通提出的，意思是对于同样一件事，用不同的态度去对待，就会有不同的结果。

"态度决定一切"是在美国西点军校广为流传的一句名言。这句名言告诉我们没有什么事情是做不好的，关键要看做事的态度。要想成为一名优秀的销售人员，就要切记：一切归结为态度，你付出了多少，你采取什么样的态度，就会得到什么样的结果。

著名的推销商比尔·波特在刚刚从事推销业时，屡受挫折，但他硬是一家一家走下去，终于找到了第一个买家，成了一名走街串巷的英雄。如今的他，成了怀特金斯公司的招牌。比尔·波特说："决定你在生活中要做的事情，要看到积极的一面，没有实现它之前要永远地勤奋下去。"

1932年，比尔出生时因难产导致大脑患上了神经系统瘫痪，这影响了比尔说话、行走和对肢体的控制。专家们说他永远不能工作。

比尔受到妈妈的鼓励，开始从事推销员的工作。他从来没有将自己看作是"残疾人"。开始时，好几家公司都拒绝了他，但比尔坚持下来，发誓一定要找到工作，最后怀特金斯公司很不情愿地接受了他。

1959年，比尔第一次上门推销，反复犹豫了四次，才最终鼓足勇气按响了门铃。开门的人对比尔推销的产品并不感兴趣。接着第二家，第三家。比尔的生活习惯让他始终把注意力放在寻求更强大的生存技巧上，所以即使顾客对产品不感兴趣，他也不感觉灰心丧气，而是一遍一遍地去敲开其他人的家门，直到找到对产品感兴趣的顾客。

38 年来，他每天几乎重复着同样的路线，去从事推销工作。不论刮风还是下雨，他都背着沉重的样品包，四处奔波。比尔几乎敲遍了这个地区的所有家门。当他做成一笔交易时，顾客会帮助他填写好订单，因为比尔的手几乎拿不住笔。

每天出门 14 小时后，比尔会筋疲力尽地回到家中，此时关节疼痛，而且偏头痛还时常折磨着他。每隔几个星期，他就打印出订货顾客的清单，因为他只有一个手指能用，这项简单的工作要用去他10 小时的时间。深夜，他通常将闹钟定在 4 点 45 分，以便早点起床开始明天的工作。

一年年过去了，比尔负责的地区的家门越来越多地被他打开，他的销售额渐渐地增加了。24 年过去了，他上百万次地敲开了一扇又一扇的门，最终他成了怀特金斯公司在西部地区销售额最高的推销员，成为推销技巧最好的推销员。

怀特金斯公司对比尔的勇气和杰出的业绩进行了表彰，他第一个得到了公司主席颁发的杰出贡献奖。在颁奖仪式上，怀特金斯公司的总经理告诉他的雇员们："比尔告诉我们：一个有目标的人，只要全身心地投入追求目标的努力中，坚持不懈地勤奋工作，那么工作中就没有事情是不可能做到的。"

世上无难事，只怕有心人，古语早就教导我们，做任何事情都必须下定决心，不怕苦不怕累，只要认真地去做了，人生就会无憾，也相对会得到一个好的结果。

成败往往在一念之间。一个人能否成功，就要看他对待事业的态度。成功者与失败者之间的区别就是，成功者始终用最积极的行动、最乐观的精神和最丰富的经验支配和控制自己的人生；而失败者则刚好相反，他们的人生是受过去的种种失败与疑虑所引导和支配的。

销售人员要懂得"将心比心，以情换情"，要认识到真诚的态度胜过一切。要想获得客户的认同与信任，就要与他们真诚交流，耐心听取他们的意见、需求和顾虑。只有在理解了客户的需求之后，销售人员才能担当好客户的顾问，才能把产品成功销售给客户。

我们应该明白，那些很多轻易放弃的人，也许也有很强的成功欲望，有很强的工作能力，但是由于他们没有足够的恒心，遇到一点小小的挫折就轻言放弃，导致成功并没有青睐他们。

确定时间只要一只手表就够了

只有一只手表，可以知道是几点，拥有两只或两只以上的手表，却无法确定是几点；两只手表并不能告诉一个人更准确的时间，反而会让看表的人失去对准确时间的信心，这就是著名的"手表定律"。

"手表定律"给我们一种非常直观的启发：对一个企业，不能同时采用两种不同的管理模式，不能同时设置两个不同的目标，否则将使这个企业无所适从；一个人不能由两个以上的人来指挥，否则将使这个人无所适从；一个人不能同时选择两种不同的价值观，否则，他的行为将陷于混乱。

确定一个准确的时间并不需要两只表，一只手表就已足够。你要做的就是选择其中可信赖的一只，尽力校准它，并以此作为自己的标准，听从它的指引行事。记住尼采的话："兄弟，如果你是幸运的，你只要有一种道德而不要贪多，这样，你过桥更容易些。"

如果每个人都"选择你所爱，爱你所选择"，那么无论成败都可以心安理得。而在生活中，我们时常会面临"两只表"的困境，因为人无时无处不在选择之中，但是，一旦承担起选择的责任，我们就会体味到选择的困境——选择的两难。困扰很多人的是：他们被"两只表"弄得无所适从，不知自己该相信哪一个，还有人在环境、他人的干扰下，违心选择了自己并不喜欢的道路，为此而郁郁终生。

一位哲学家曾说："人不可能同时踏入两条河流。"因此，我们必须随时做出选择，必须学会舍弃，坚定自己的目标。

选择是一个连续的过程，没有所谓"正确的选择"，只有"选择正确的方向"。一开始，个人的选择空间通常非常狭小，往往不能完全自主地做出决定，但总有一定的选择余地，如何把握有限的选择权，使其朝向一个正确的方向十分重要。

手表定律应用性广泛，首先表现在我们对目标的选择上：每个人都不能同时选择两种不同的目标，否则人的行为将陷于混乱。

有人问罗斯福总统夫人："尊敬的夫人，您能给那些渴求成功特别是那些年轻、刚刚走出校门的人一些建议吗？"

总统夫人谦虚地摇摇头，但她又接着说："不过，先生，你的提问倒令我想起我年轻时的一件事：那时，我在本宁顿学院念书，想边学习边找一份工作做，最好能在电讯业找份工作，这样我还可以修几个学分。我父亲便帮我联系，约好了去见他的一位朋友，当时任美国无线电公司董事长的萨尔洛夫将军。

"等我单独见到了萨尔洛夫将军时，他便直截了当地问我想找什么样的工作，具体哪一个工种？我想：他手下的公司任何工种都让我喜欢，无所谓选不选了。便对他说，随便哪份工作都行！

"这时将军停下手中忙碌的工作，眼光注视着我，严肃地说，年轻人，世上没有一类工作叫'随便'，成功的道路是目标铺成的！

"将军的话让我面红耳赤。这句发人深省的话语伴随我的一生，让我以后非常努力地对待每一份新的工作。"

如果我们非常想得到某件东西，我们就必须把它作为自己坚定的目标。

当你问起 NBA 职业篮球高手"飞人"迈克尔·乔丹，是什么因素使得他不同于其他职业篮球运动员的表现，而能多次赢得个人或球队的胜利？是天分吗？是球技吗？抑或是策略？他会告诉你说："NBA 里有不少有天分的球员，我也可算是其中之一，可是使得我跟其他球员截然不同的原因是，你绝不可能在 NBA 里再找到我这么拼命的人。我只要第一，不要第二。"

你或许会感到不解，到底迈克尔·乔丹拼命不懈的动力来源于何处？那是发生于他念高中一年级时一次在篮球上的挫败，激起他决心不断地向更高的目标挑战。就在这个目标的推动下，飞人乔丹一步步成为全州、全美国大学，乃至于 NBA 职业篮球历史上最伟大的球员之一。

那天，乔丹被学校篮球队退训。回到家，他哭了一个下午。在那个重大打击下，他原可能就此决定不再打篮球了，可是没有，他反而把这个教训转变为强烈的愿望：为自己制定一个更高的标准、更高的目标。他的决定出自内心且很坚决，由此改变了自己的命运，也让篮球比赛的发展为之改观。他不仅要重新成为球队的一员，并且还要成为最棒的。

在升高二之前的暑假，他找到校队教练克里夫顿·贺林寻求帮助，每天在教练的指导下进行密集训练。终于，他被选入校队参加比赛。10 年之后，他更证明了 NBA 芝加哥公牛队教练道格·柯林斯的见解：准备得越充足，幸运就越会跟着来。经常有很多人不愿意给自己制定目标，因为害怕失败所导致的失望。当然，也会有人给自己设定多个目标，可后来却让自己变得无所适从。因为他们始终不懂得，"设定一个唯一、明确的目标乃是成功的基石"。

在很多时候，我们无法兼顾多方面的情况，所以一定要抓住生命中的主要问题，给自己一个坚定明确的方向：追求生命真正的价值，哪怕舍弃一些眼前的利益。什么都想要，结果是什么也得不到。把一件事情放到不同的坐标系里去衡量，就如同用不同的手表来确定时间，最后只能是把自己搞糊涂，无法知道准确的时间。

找对方法就一定能推销成功

犹太人阿曼德·哈默 1898 年生于纽约，在 20 世纪 20 年代与苏联进行了大量的易货贸易，后来他又涉足艺术品收藏、拍卖、酿酒、养牛与石油等行业，在每一个领域都取得了非凡的成功。无论从哪个方面说，他都是一个带有传奇色彩的人物。

1956 年，哈默收购濒临倒闭的西方石油公司，逐步使其成为世界最大的石油公司之一。

1987 年他完成了《哈默自传》，这是他一生成功经验的浓缩，在这本书里，就有哈默定律。哈默定律说的是：天下没什么坏买卖，只有蹩脚的买卖人。

我们先看一则哈默的故事：

1931 年，美国著名企业家哈默从苏联回到美国。这时，美国正在进行总统换届选举。哈默通过深入分析，认定罗斯福会获胜。哈默知道，罗斯福喜欢喝酒，他一旦竞选成功，1920 年公布的禁酒令就会被废除。到那时，威士忌和啤酒的生产量将会十分惊人，市场上将需要大量的酒桶用以装酒。这里面蕴藏着巨大商机。用来制作酒桶的木材非一般木材，而是经过特殊处理的白橡木。哈默在苏联生活多年，他知道苏联盛产白橡木。于是，他立即决定返回苏联去订购白橡木板。

哈默将这些木材运到美国，并在纽约码头附近设立了一间临时的酒桶加工厂，作为应急的储备。同时，他在新泽西州建造了一个现代化的酒桶加工厂，取名哈默酒桶厂。哈默酒桶厂开业的时候，

"禁酒令"尚未解除，所有的人都觉得他是个疯子。然而，当哈默的酒桶生产线日趋成熟的时候，罗斯福下令解除了禁酒令。人们对威士忌的需求急剧上升，各酒厂的生产量随之直线上升，但却为怎么弄到大批酒桶而发愁。此时，哈默早已给酒厂准备好了大量酒桶。生产酒类的厂家有许多，而大规模生产酒桶的工厂却"只此一家"，哈默酒桶厂的赢利远远超过了酒厂。哈默的成功是与其超于常人的商业悟性分不开的。

天下没有蹩脚的生意，只有蹩脚的买卖人。从哈默身上我们看到成功的真谛：无论产品的好坏，无论销售场合的繁华和简陋，只要我们找对方法，就一定能够推销成功。

销售的艺术

把话说到客户心里去

李鑫声 编著

中国出版集团

中译出版社

图书在版编目（CIP）数据

销售的艺术 . 把话说到客户心里去 / 李鑫声编著
. -- 北京：中译出版社，2019.12（2022.5 重印）
ISBN 978-7-5001-6086-1

Ⅰ . ①销… Ⅱ . ①李… Ⅲ . ①销售—方法 Ⅳ .
① F713.3

中国版本图书馆 CIP 数据核字 (2019) 第 257095 号

销售的艺术

把话说到客户心里去

出版发行： 中译出版社
地　　址： 北京市西城区新街口外大街 28 号普天德胜大厦主楼 4 层
邮　　编： 100088
电　　话：（010）68359827，68359303（发行部）;（010）68002876（编辑部）
电子邮箱： book@ctph.com.cn
网　　址： http://www.ctph.com.cn
总 策 划： 张高里
责任编辑： 林　勇
封面设计： 青蓝工作室
印　　刷： 金世嘉元（唐山）印务有限公司
经　　销： 新华书店
规　　格： 880 毫米 ×1230 毫米　1/32
印　　张： 30
字　　数： 550 千字
版　　次： 2019 年 12 月第 1 版
印　　次： 2022 年 5 月第 3 次

ISBN 978-7-5001-6086-1　　　　定价：149.00 元（全 5 册）

中 译 出 版 社

前　言

销售的核心是什么？简单来说，销售就是通过说服客户来达成交易。如果销售人员缺乏相应的口才技巧，就无法和客户进行良好沟通，也就谈不上说服客户，进而也就无法成功地达成交易。正所谓"没有卖不出去的产品，只有不会说话的销售员"！

销售人员一旦具备了良好的沟通能力，把话说到客户心里去，就能够准确而顺利地约见到客户，争取到向对方推销的机会；就能够迅速地吸引客户的注意力、引起对方的兴趣，从而打开销售工作的局面；就能够一步步地激起客户的购买欲望，并最终说服对方从而成交。

可以说，口才的影响力会伴随着销售工作的整个过程。可以毫不夸张地说，销售的成功在很大程度上可以归结为销售人员对口才的整体运用与良好发挥。可以这么说，口才在销售过程中的重要作用是非同寻常的。

拥有好口才是每个销售员必须修炼的一门基础课，这同样也是成为优秀销售员所必备的前提条件。在竞争激烈的当代社会，良好的沟通能力是销售工作成功的核心技能。

本书结合大量销售的实际事例，为即将进入或正在从事销售工作的朋友逐一解析把话说到客户心里去的秘密，并提供了切实可行的操作方法，指导销售人员如何恰当、灵活地运用这些妙招，进而掌握高超的沟通之道，让你从一个销售菜鸟进化为销售高手。相信只要你阅读完本书，并把里面讲解的要点在实践中加以训练，你一定会成为一名优秀的销售员，最终也一定能够成就辉煌的销售事业，实现自己宏伟的销售目标。

目　录

· 第一章 ·

高效沟通，与客户"快熟"

　　每个人都有自己的个性特征，都有自己的说话习惯、行为习惯和思维习惯，销售人员可以对不同个性的人采用不同的对策以提高成功率。作为从事销售行业的我们与客户之间最宝贵的是真诚、信任和尊重。而我们和客户之间的桥梁是沟通。懂得倾听客户的话语，从客户的话语中可以得知对方是否真正地理解了我们所说的意思；懂得如何说，使客户的尊严得到了维护，并且拉近与客户之间的距离。

用故事营销产品

总有一些品牌，让我们为之倾倒，成为它们的忠实粉丝，心甘情愿、无怨无悔地充当它们的义务推广员。这些品牌都有一个共同的特点：它们都是会讲故事的品牌，而且是能讲出好故事的品牌。有故事的品牌不只是有形的产品，还有无形的内涵和魅力。当产品与故事完美地融合为一体时，一种特殊的气质便油然而生。事实上，每个成功的品牌都是会讲故事的品牌，每一名金牌销售员都是会讲故事的销售员。

故事就像暗夜里的一颗星，给销售员带来了与众不同的销售方式。学会用故事包装产品，销售员将会发现，销售中竟然蕴含着无穷的乐趣。其实，销售员并不只是一个连接客户终端的人员，更是一个集生产、策划、创意等诸多领域于一身的综合性人才。不过，我们生产、创造的不是产品本身，而是产品的卖点，是客户喜欢并愿意为之付出成本的解决方案。

1989 年，东、西德统一，德国政府公布要拆除分裂德国的冷战产物"柏林墙"，并对外公开招标承包拆墙的公司，出人意料的是，一家名不见经传的小公司竟在众多实力强劲的对手的竞争中杀出重围，其负责人叫康拉德·乔恩。

德国政府之所以让乔恩所负责的公司拆毁柏林墙，是因为它是众多竞争的承包公司中唯一愿意自掏腰包，免费帮助政府拆墙的。原来，早在德国政府公布要拆掉柏林墙之前，乔恩就暗下决心，一定要从中为自己大赚一把，但前提是必须拿到这个拆墙工程。

如愿以偿后，乔恩便开始着手实施自己的计划，他先是在德国一家发行量最大的报纸上做了一版广告：存在了 28 年的柏林墙，让全体德国人饱受分裂的耻辱，如果你是位恨透了它的爱国公民，那么现在机会来了，我们邀请你亲手砸毁它！让德国从此重新走向统一，走向永不再分裂的团结！

广告一出，众多德国爱国同胞纷纷来到这堵让他们厌恶已久的柏林墙前，打算动手砸毁它。但问题是，总不能徒手砸它吧，这墙可硬着呢，总得使用个工具吧？这时，轮到乔恩出场了，一把价值约为现在的 15 美元的锤子就在旁边销售，买了就可以砸墙。就是这短短 100 多千米的柏林墙，竟足足吸引了 300 多万德国人前来，仅卖铁锤这一项收入就让乔恩赚翻了天。

当然，锤子只是个开头，重头戏还在后面。原来，将柏林墙砸毁的乔恩又通过报纸传递出一个信息：柏林墙的碎砖片，每片都是一件历史文物。它记录了德国分裂的曾经，值得带回家中永久收藏，它会提醒我们时刻不能忘掉民族的团结，现在我们为你提供绝版的柏林砖，供你限量永久收藏。

乔恩再次获得成功，每块柏林砖的售价竟高达 20 美元，更离谱的是，全德国共有 500 万个家庭买了乔恩的柏林砖。一块普通的砖摇身一变成了名副其实的"金砖"。

其实，乔恩在这里卖的不是"砖"，而是故事。从根本上来说，最顶尖的销售方式更依赖故事，它们可以让客户产生更好的感觉，让客户心甘情愿地买单。

约翰是一名摄影爱好者，有一次他去参观一个摄影展览，被一幅猪在海洋里游泳的照片所吸引。阳光下，蔚蓝色的大海里有几头可爱的小猪正在游泳，看起来真是令人觉得既有趣又有意义。

然后，摄影师给约翰讲了照片背后的故事。据说，几年前有一些水手经过这座小岛，为了使这里成为一个可靠的秘密食物基地，他们就在这里留下了这些小猪繁衍。幸运的是，这些水手再也没回来过。

这些小猪不愁吃喝，因为沿途经过这里的游艇常常会在海里丢弃一些多余的食物，而小猪似乎是能预料到船艇到来。当看到游艇船只时，小家伙们就热切地跳入海浪中寻觅美食。就这样，它们成为岛上的一个景观。这座岛屿也因此被命名为"猪岛"。

听着照片背后的故事，想着照片所代表的特殊景观和含义，约翰毫不犹豫地买下了这幅照片。

好故事不在长，能令人印象深刻就足矣。这位摄影师只靠一个简单的故事便将一幅照片的魅力展现出来，这就是故事营销的魅力。这个案例告诉大家一个道理：讲好故事，才有直击人心的力量，才能干好销售这一行。

销售的秘诀在于销售员与客户的沟通，而最好的沟通便是情感层面的沟通。那些善于和客户打交道、销售业绩突出的人大多活泼开朗、思维敏捷，更重要的是，他们都善于讲故事，而他们所推销的产品也因他们那引人入胜的故事而深得人心。

不盲目许诺，留下回旋的余地

古语有云："处世须留余地，责善切戒尽言。"为人处世，切忌说话太满，做事极端，而要充分认识到事情的所有可能性，给自己留下闪转腾挪的余地，避免一下子就被逼到悬崖边上。

任何时候都不要把话说绝了，所谓"话到嘴边留三分"，只有说话留有余地的人才能有所掌控，进退自如。当然，也不排除社会上很多有自信、有实力的人把话说得很满，而且也能做到。可即使这样，最好也不要把话说满，因为凡事先做到总比先说到强，更何况世事难料，还没看到最后结果，总有许多未知的可能。

很多销售员为了吸引客户下单，会盲目许诺很多比较困难甚至根本无法实现的条件，最后被客户拆穿，陷入各种解释、争吵甚至法律纠纷之中，给自己和公司抹黑。

因此，销售员一定要给自己留下回旋的余地，在与客户沟通时说话不要太绝对，不要轻易承诺，不要太早下评断，更不要把对方"赶尽杀绝"，让对方没有台阶下。俗话说："人情留一线，日后好相见。"凡事都要留有余地，这既是为自己留条后路，也是对客户的一种负责。

某天上午，一男一女两位顾客来到某商场家电区选购空调。空调区的营业员林虹微笑着说："你们好，要买空调吗？请随便看看！"

"请问这里有没有格力空调？"

"有，在这边。请问您要装在多大的房间里？"

"大概 12 平方米。"

"这样的话，我建议您买这款空调，这款不仅性能上可以满足需要，而且价格也不会太贵。"

"天气比较热，下午能不能安装好？"

"没问题。如果现在付款，我们下午就可以给您送货，并且马上安装。"

双方达成交易后，林虹开单，并带顾客到收银台付款，然后到售后服务中心办理送货安装手续。这时，顾客再次强调："下午一定要安装好啊！"

看到顾客如此在意安装时间，林虹有些担心，于是说："请您稍等一下，我咨询一下安装部。"没想到，因为时值盛夏，安装人员的工作量特别大，而且无法长时间在户外作业，今天的工作已经排满了。

林虹只好对顾客说："不好意思，下午已经排满了，必须等到明天上午才能安装。"

"怎么能这样服务呢？付款前说好的交了钱就可以安装了。"顾客大发雷霆，感觉受到了欺骗。

"很抱歉，售前未跟您讲明，最近空调安装确实是高峰期，明天晚上之前一定给您装好，好吗？"

顾客很无奈，只得叹着气离开。

显而易见，正是因为林虹把话说得太满却又做不到，才引起了顾客的强烈不满。假如她之前及时确定安装时间，并与顾客有效沟通，顾客有可能还会接受，但她的失信让顾客失望而去。这不仅让她失去了这份订单，还给自己和商场带来了不良影响。

那么，销售员应该如何说话，才不会把自己逼上绝境呢？

1. 不说太绝对的话

人们的内心对过于绝对的事物有一种强烈的排斥感，越是绝对的东西就越容易引起他人的攻击，因为在他人看来，绝对其实暗含了一种挑衅和刺激。因此，销售员在与客户交往的过程中，千万不要把话说得太绝对，哪怕是自己绝对有把握的事情也不行，否则就将自己推到了一个被动的位置，使自己举步维艰，寸步难行。与其给别人一个挑刺的借口，不如把话说得委婉一点。

2. 不随意下保证

面对客户的请求，销售员要量力而行，不要向客户随意"保证"，毕竟自己不能预知未来，不可能有百分之百的把握。万一自己最后无法达成客户的要求，那损失的将是自己的声誉和形象。销售员应该用"尽量""试试"等词语来代替"没问题""保证"等。销售就是一场大战，无论何时，销售员都要给自己留有余地，使自己处于进可攻、退可守的优势地位。

3. 说话不要咄咄逼人

即使销售员有理有据，也不能咄咄逼人；哪怕客户的话漏洞百出，也不能让他下不来台。最好的办法是，给自己留下回旋的余地，时刻处于主动地位，这样虽然不能保证大获全胜，但也不会一败涂地。说话圆滑一点儿，既能达到自己的目的，又能规避风险。

4. 建立话语逻辑体系

要想让自己的话被别人信服，首先要建立一套完整的逻辑体系，做到有理有据，不违背常情理。每件事都有其存在的原因，每句话也有其出现的理由。如果自己说话只顾夸大事实，而违背了常理，那就很容易被别人抓住把柄，再想挽回就很难了。

倾听客户的声音是最好的沟通

我们用一年的时间学会说话，却要用一生来学会闭嘴。事实上这句话并不夸张。在现实社会中，人们最缺乏的不是表达自己，而是学会倾听和理解他人。倾听是一种尊重，更是一种内涵。在与人交往时，千万不要总是自己夸夸其谈，滔滔不绝，而要学会先请别人发言，倾听对方的意见。

很多人觉得倾听非常简单，其实学会倾听远比大多数人想象得困难，因为这需要谦虚谨慎和良好的个人修养。不管自己能力有多强、水平有多高，如果不清楚对方的想法，那双方的沟通就无法进行，更别说达成共识或建立友谊了。

许多刚入行的销售员常常比较胆小，同时在业绩的压力下又急功近利，于是他们不停地拜访客户。站在客户面前时，他们又害怕自己忘记该说的内容或错过产品的关键点，更害怕自己回答不出客户的问题，遭到客户的鄙视。在这种压力下，他们只好不停地说话，将自己在培训中学到的内容一股脑地丢出去，将客户砸得头晕眼花，结果却是无功而返。其实，销售中最好的沟通方法就是用心倾听。

客户分享得越多，他对这场销售的参与度就越高；客户分享的信息越隐私，他对销售员的信任度就越高，销售员与客户的关系自然也会亲近许多。一般而言，人们向他人分享信息的范畴、深度与彼此之间的关系成正比。也就是说，客户分享的信息越多、越隐私，销售员与他的关系就越紧密，反之亦然。因此，客户讲得越多，彼此就越加亲密；而他越感到亲密，也就讲得越多。

某大型商场的手表专柜前，销售员张琪正在向客户推销手表。她向客户介绍了许多品牌，但客户看起来都不太满意，眼光总是在各处扫来扫去，脸上明显带着不耐烦的神情，看起来似乎就要离开了。这时，张琪突然注意到客户手腕上佩戴的是一块国产梅花表。

张琪："先生，您现在佩戴的这块表很好看、很经典。不过看款式，应该是比较早一点儿的吧？"

客户点点头说："对，这是我妈妈送给我的。我戴了几十年了，很有感情。那时候，一款这样的手表算是很贵重的礼物了。"

张琪："那您今天想买一块什么样的表呢？"

客户："过几天是我妈妈的六十大寿，我想选一个特别的生日礼物送给她……"

通过客户的讲述，张琪心里马上得出几个结论：第一，客户购买商品是为了满足情感层面的缺失——感谢母亲这些年为自己的付出，希望能通过礼物向母亲表达自己的孝心。因此，一件能够满足客户的情感表达需要的商品才有可能受到客户的青睐。第二，客户并不追求时尚，而是看重商品本身的价值。第三，按照客户的需求，商品应该既能表现他对父母的孝心，还能满足老年人的使用和审美，价格也应定位在中高档。

听完客户的讲述后，张琪立即对客户的故事做出回应："您母亲六十大寿了，真是可喜可贺。我们有专门针对老年人开发的系列产品。上次也有位客户在此购买这款表作为祝寿大礼，深得老人的欢心。请您到这边来看一下。"

在整个销售过程中，客户讲得越多，销售成功的可能性越高。那么，销售员应该怎样倾听客户的讲述呢？

1. 真诚地倾听客户

既不是假装有兴趣，也不是在敷衍客户，而是发自内心地真诚地倾听客户。如果销售员面带微笑听客户说话时，心里却在想别的事情，然后被客户的一个问题难住了，那认真倾听就显得过于虚假了。

2. 总结并复述客户的话语

当只有一方滔滔不绝时，另一方很容易漏失信息，对销售员来说尤其如此。因此，销售员可以在对方说话时适当总结并重复对方话语中的重点，与客户一起用最有效的方式把更多的信息利用起来。

3. 停下你的笔录

销售员不是在采访，没必要记录客户的每句话。更重要的是，当销售员拿着笔不停地写写写的时候，客户会感觉到销售员在忙别的事情，不重视他，让他失去继续说下去的兴趣。

4. 有耐心不要厌烦

当客户滔滔不绝的时候，很多销售员难免会感觉到厌烦："这人真无聊，他什么时候才会停止说话?"当销售员这么想的时候，即使脸上带着微笑，还是有可能被客户察觉到隐藏的不满。

5. 不要随意打断客户的话

销售员不要随意打断客户的话，更不要尝试转换话题或纠正他。有时候客户说的话可能非常离谱，让人忍不住打断，但这样一来，客户就会认为销售员对他的话题不感兴趣或持反对意见，从而产生隔阂。

6. 听懂表达的情绪

实际上，沟通中只有 20% 是内容表达，另外 80% 则是情绪的表达。因此，销售员一定要学会"倾听"对方的情绪。

7. 排空先入为主的观念

如果销售员事先就觉得自己知道客户在说什么，那么就会有先入为主的观念，认为自己真的知道客户的需求，从而失去认真倾听的态度。当销售员听完客户的讲述后，还应征询他的意见，以印证所听到的信息的准确性，避免产生误会和冲突。

对客户表达适时恰当的赞美

世界上最美丽的语言就是对一个人的赞美，恰如其分的赞美不仅可以打破人与人之间的隔阂，拉近双方的距离，更能让对方打开内心世界的大门，真心地接纳我们。虽然很多人对充斥于社会各个角落的阿谀奉承和浮华的赞美有所不满，但如果我们的赞美是发自内心的，那还是会带给对方极大的满足。

既然一句赞美就可以收到如此巨大的效果，那我们又何必吝啬自己的赞美呢？将赞美这种既廉价又有效的沟通手段运用到销售中，满足客户寻求肯定和自尊的要求，是销售员必须掌握的技巧。

不过，赞美虽然说起来简单，做起来却很不容易，重则"易过"，轻则"不及"。而且不同的客户需要用不同的形式、不同的话语、从不同的角度来赞美，赞美能否奏效与这些手段密切相关。销售员应该把握赞美的尺度，根据客户的具体情况做到有的放矢。

1. 找到合适的赞美点

无缘无故的赞美不仅不会令人心生暖意，还可能让人警惕万分。因此，销售员不能凭空捏造出一个赞美客户的理由，而应该仔细观察、用心思考，找到一个可以赞美客户的点，这样的赞美才会更容易被客户接受。一个理由充分的赞美，哪怕是一个美丽的谎言，客户也会感受到善意，从而心甘情愿地接受。

2. 一定要赞美真正的优点

如果销售员赞美的是客户的优点，那他一定会十分开心；可如果赞美的是客户的错误或者缺点，不仅不会取悦客户，还会让客户认为销售员是在故意讽刺他。因此，销售员一定要保证赞美的正好是客户的优点，只有这样才能让客户感受到你是真心赞美他。销售员可以从多个方面寻找客户的优点：事业、外貌、言行、举止、衣着、家庭、爱好等。

3. 赞美一定要真诚

恰如其分的赞美令人欢喜，而阿谀奉承则会让人心生厌烦。客户对赞美是有很强的判断能力的，只有当销售员对客户的赞美是建立在事实的基础上时，客户才能问心无愧地接受。如果赞美过于虚假，客户会对销售员的意图产生怀疑，从而影响其对销售员的印象。

4. 适时的赞美效果才好

溢美之词虽好，却也不是什么时候都可以说的，而要把握好时机。在恰当的时间说出来的赞美可以更上一层楼，如果时机不当，再好的赞美也会变成讽刺，激怒对方。同时，销售员还可以在赞美词中适当增添一些幽默色彩，这样就可以让客户在笑声中接受你的称赞。

一位看起来对玉有所了解的顾客走进了店里，店员沈雪马上迎上去。

沈雪："您好，看来您非常喜欢玉，我们的老顾客很多都是玩玉的。"

顾客头也没抬地说："不太懂，我就随便看看。"

沈雪："是吗？看您的气质像是懂玉的，至少喜欢玉。"

顾客："懂谈不上，也就是个爱好。"

沈雪："是的，看来我没说错，现在越来越多的人喜欢玉了，毕竟玉在中国有几千年的历史了，书上说玉代表权力和地位。有一句话叫'君子无德不佩玉'，真是这样吗？我觉得玩玉容易上瘾，很多老顾客都不止买一件，连我们都受影响，买不起贵的就买件便宜的戴戴。听说还可以养人保平安呢，据说好玉佩贵人，平民配真玉，我们只求真，而你们都适合好玉。"

听完沈雪一大串的赞美之词，顾客的脸上显现出掩饰不住的笑意，还幽默地说："你是想让我多花钱吧！"

沈雪笑着摇摇头说："不是的，我也是听其他顾客讲的，主要看您的气质很好，像个贵人，您是喜欢水头好的，还是偏向有颜色的？"

最后，这位顾客在沈雪的推荐下选了一件价值不菲的翡翠。

在平淡的聊天和赞美中逐渐拉近自己与顾客的距离，最后才能完成订单。像玉石这种奢侈品的销售不必急于求成，而要肯下功夫，有耐心，不断赞美客户，让其享受到被人尊重和肯定的待遇，当时机成熟时再开始了解顾客的需求，这样的销售一定会成功。

喋喋不休的话语只会赶跑客户

销售员滔滔不绝，试图以此说服客户购买产品，却常常适得其反；长篇大论，希望能打动对方，却总是事与愿违。其实，那些经常按照职业习惯行事的销售员，一开口就一发不可收，迫切希望自己说得尽量详细，却经常因喋喋不休激怒客户。他们最应该学会的就是适当的时候说话。

很多人认为销售员应该能言善道，但根据通用电气公司副总经理所言："在最近的代理商会议中，大家投票选出导致销售员交易失败的原因，结果有 3/4 的人认为，最大的原因在于销售员的喋喋不休，这是一个值得注意的结果。"

在销售中，"度"的把握至关重要，过于疏远令人感到冷淡，过于热情则让人心生厌烦。也就是说，在销售过程中，如果销售员不冷不热，客户就会有不受重视的感觉，但过分殷勤的销售服务又容易吓跑客户。如何把握这个度，就是考验销售员的地方了。

在销售过程中我们可以发现一种特殊现象：对客户的需求而言，有时"无需求"本身也是一种需求。这种"无需求"并不是没有需求，而是客户需要满足一种自我选择的需求。因此，能否满足客户的"无需求"，并提供无干扰性的销售服务，是决定销售工作成败的重要方面。试想，如果销售员在不合适的时间对心情烦躁的客户喋喋不休，对方不把其轰出去就不错了，怎么还能购买所销售的产品呢？

这天上午，梁鹏来到某公司拜访客户："上午好，先生，我是××公司的销售代表，我们公司刚开发出一套非常有效的档案管理系统，这套系统对于提高公司的管理效率和质量，量化员工各方面的指标有很大好处。如果您有兴趣，我想向您详细介绍有关情况。"

但是，客户直接拒绝了梁鹏的推销："我很忙，没有时间。"

梁鹏不愿放弃："我知道您很忙，因为通过电话介绍无法完整表现出该系统的优点，今天我刚好经过贵公司，就把这些资料亲自送到贵公司，我只需要占用您十分钟的时间来向您做一个详细的介绍。我想这或许才是最节省您时间的方式。"

客户依然拒绝："对不起，我现在很忙，你先把资料放在这里吧，我会再和你联系的。"

梁鹏继续说："我给您做一个介绍，只要……"

这时，客户突然站起来，气愤地说："你说得还不够多吗？一会儿我有个部门会议要开，有个年度计划要做，抽空还要去见我的上司，他正有一肚子的指责准备送给我，而我手下的人呢？人心涣散，互相推脱责任。好了，你还站在这儿干吗？赶紧走!"

梁鹏被客户激动的言辞吓呆了，赶紧连说几句"对不起"，拿起自己的东西匆匆忙忙走了，甚至连道别的话都忘了和客户说。

当客户本来心情不佳、厌烦至极时，销售员却依然自顾自地介绍产品，这当然只能招来客户的反感。当他被客户轰出去时，不仅这次拜访泡汤了，以后的希望恐怕也被葬送了。

在多数情况下，客户需要的是实实在在的信息，而不是销售员无休止的废话。销售员的介绍越简洁有力，越能吸引客户，越能抓住客户的心理。滔滔不绝的语言轰炸，没完没了的寒暄和客套，只会让客户产生反感，就算客户本来有意与销售员合作，经过一番喋喋不休的"狂轰滥炸"后，他也一定会"悬崖勒马"的。

沉默是销售中的"金子"，它会在沟通中起到意想不到的效果。作为一名销售员，多说几句本无可厚非，毕竟销售员需要让客户了

解产品和服务，但总是跟在客户的身边没完没了地推荐，哪个客户
会乐意一直听下去呢？

　　总而言之，每个人都有独立思考和自由选择的权利，大家也十
分珍惜这种权利，而销售员要做到的就是满足客户的这种权利，别
让自己的热情吓跑客户。

亲和力是圈住客户的柔性磁场

人类既是一种感情动物，也是一种群居动物，这就意味着我们难免要与人相处，而人际交往则需要人们具备一种能力——亲和力。亲和力指的是人与人之间迅速建立起来的思想交流、情感沟通的方式。具备亲和力，我们就会更容易使别人产生好感，给他们留下温和可亲、诚实可信的印象。

亲和力是一种由内而外的能量，我们越喜欢自己，就越对自己有信心，同时也会对旁人满怀爱意。我们越对自己满意，便越会对周围的一切充满欣喜：天空那么蓝，空气那么甜，阳光那么温暖，大家都像天使一样，所有的神情、举止、言行都满含爱意……

热心真诚、乐于助人、关心他人、诚实可靠、谦逊谨慎、幽默睿智……这一切都可能成为销售员独具魅力的人格特质。而这些亲和力的特质不仅为销售员的人际交往提供助力，更为他们的销售事业插上飞翔的翅膀。

通常情况下，客户都愿意与自己喜欢或信赖的人交易，这样既能获得情感上的满足，也能感到放心。其实，现实中的许多商业行为都是建立在感情基础上的，尤其是在产品价格或质量相差不大时，亲和力更是成为决定因素。那些伟大的销售员都具备非凡的亲和力，他们能在最短的时间内，拉近与客户的距离，取得客户的信任。

推销大师乔·吉拉德每个月至少向13 000名客户寄去一张问候卡，同时，每次卡片内容总是变化的，这让客户产生一种被重视的感觉。有一点不变的是，每张卡片的正面都印有"我喜欢你"这四个字。乔·吉拉德坚信："每个人都喜欢自己被人看重，被人接受，被人喜欢，没有人希望自己是个讨厌鬼。"

某一天，一家房地产公司在某五星级酒店召开一个 300 多人参加的会议，董梦雨负责接待。刚开始双方谈得很顺利，董梦雨在价格上也给了很大优惠，双方签订了合同。

可是当客人要入住时，双方却爆发了矛盾。客户不肯付第二笔款，而且大发脾气，甚至出现了严重的语言冲突。董梦雨没有直接采取对抗措施升级冲突，而是先去了解客户生气的原因。原来，当天该城市下了一场大雪，客户担心会议"缩水"，所以出现了这一幕。

了解情况后，董梦雨告诉自己千万不能乱了阵脚，她组织工作人员一如既往地热情地为客人服务，从接待到餐饮，让每一位入住客人宾至如归，三天后，会议圆满结束，与会客人非常满意。

这时，当初大发脾气的客户主动结账，还向董梦雨道歉。

事后，董梦雨回忆说："这种情况很容易发生，只要服务不到位，就会有一些客户找各种理由不付款。但只要我们诚心对待客户，客户也会诚心回报我们的。所以我做销售 20 多年，从来没有出现过客人欠款的现象。"

利益是互惠的，交往也是互惠的，只有你善待客户，客户才会善待你。销售员只有以包容心和谅解的态度加强与客户的沟通，才能获得客户的信任和理解。因此，销售员要适当谅解和善待客户的缺点和不足，做到得饶人处且饶人，通过交谈和解释等方式向客户表达自己的好感，拉近双方距离，获得客户的信任。

取得客户的信任就打开了成交的大门

很多销售员在拜访陌生客户时，总觉得彼此之间存在着一堵无形的墙，即使自己"费尽心机"地没话找话，也只能得到客户的敷衍应付，双方始终无法深谈，更不要说消除客户的戒备了。

在日常的商业活动中，大多数人对陌生人的反应是：冷淡、怀疑、轻视、敌意。只有销售员赢得客户信任后，进行下一步的沟通，才能发现客户需求，并最终完成销售目标。据统计，70%的消费者决定购买是因为信任销售员，20%是相信售后保障，10%是认为商品合适。销售活动中建立信任比任何方面都重要，信任可以帮销售员将5%的成交率提高到6%、8%，甚至10%。

当陌生客户面对销售员的推销时，难免会产生一些防备心理，而销售员要做的就是设法消除客户的防备心理。

根据马斯洛需求层次理论，人们要求保障自身的安全需要，是仅次于生理需要的人类必须满足的基本需求。在销售活动中，陌生的销售员、陌生的产品，这一切都会给客户带来危机感。因为一般熟悉的事物和环境才会给人们的心理带来安全感，而陌生往往意味着风险和担忧，客户产生害怕上当受骗的心理也是难免的。此时，如何满足客户的安全感就成为亟待解决的问题。

其实，如果销售员能抓住客户寻求安全感的心理，努力在客户心中建立信任，通过各种方式消除客户的担忧，就能取得事半功倍的效果。但是如果销售员急于求成，招致客户的怀疑和反感，就会使之前的努力功亏一篑。

某银行和留学机构合作，联合举办了一场出国留学宣讲咨询会。

当天活动现场到访的客户比较多，产品经理上台介绍了关于出国留学金融产品的知识，并告知现场办理有优惠。

这时，客户经理宋倩注意到一位客户在业务柜台前来回走动，看起来对出国留学产品很有兴趣，于是她便主动上前递送折页并且询问："您好，这是我行关于出国留学的折页，您可以看一下，有不明白的地方我可以现场解答。"

听完宋倩的介绍后，客户迟疑了一下说："我有个朋友的孩子想去国外留学，我帮他过来看看。"

宋倩一边给客户递送相关资料一边说："您真是一个热心的人，为了朋友孩子出国留学的事情也费心帮忙咨询，做您的朋友一定很幸福！我们银行有专门针对出国留学的配套服务，可以帮助您朋友轻松办理，您朋友的孩子有没有定好要去哪个国家？针对不同的国家我们有不同的配套服务呢！"

就这样，客户与宋倩聊了起来。在与宋倩的交谈中，客户越来越开心，逐渐打开了自己的心扉，他说："其实是我自己准备把孩子送到加拿大留学，学校也选好了，正在做准备工作。"

看到客户已经放下防备，敞开心扉，宋倩更耐心地向客户介绍该行专门针对出国留学的产品。客户对产品非常感兴趣，当场办理了出国留学的相关基金。

当客户对销售员心存戒备时，销售员不要急匆匆地推销产品，这样会加重客户的防备心理。销售员应该先打破客户戒备的外壳，博取客户的信任。当客户对销售员敞开心扉的时候，交易自然水到渠成。那么，销售员应该如何取得客户的信任呢？

1. 塑造稳重的形象

销售员在与客户会谈时一定要注重自己的衣着打扮，树立良好的外在形象。个人形象是赢得客户信任感的最直接有效的手段，它能够带来意想不到的效果。

2. 表现专业的素质

除了外在形象外，内在的专业能力更是一个重要方面。销售员要丰富自己的专业知识，加强自身的业务能力，加深对产品的了解，这样才能更好地为客户解决问题。当销售员表现出自己的专业素质后，才有可能获取客户的信任，客户才可能从其手中购买产品。

3. 说明产品的问题

有些销售员担心过多介绍产品的细节会打消客户的购买热情，所以总是躲躲闪闪，希望客户没有注意到产品中的问题。其实，这种行为无异于饮鸩止渴。假如产品确实存在风险，销售员一定要跟客户说明这些风险，切实保证客户的利益，这样会使客户感觉销售员是在为他的利益考虑，自然会对销售员产生信赖感。

4. 帮助下级经销商

销售员要学会帮助下级经销商做市场规划，帮他们寻找市场、打开销路。这样虽然会花费大量的时间和精力，但能保证下级经销商和终端客户的利益，从长远来看，这也是在保证自身的利益。

5. 提供可靠的保证

强有力的保证书是客户的定心丸，它能帮销售员与客户轻松签单。销售员可以在力所能及的范围内为客户提供一份可靠的承诺书或者保证书，以此转移客户的风险，使他们不必担心日后可能面临的危机。

· 第二章 ·

实在人走得更远，做得更成功

诚实，即忠诚老实，就是忠于事物的本来面貌，不隐瞒自己的真实思想，不掩饰自己的真实感情，不说谎，不作假，不为不可告人的目的而欺瞒别人。诚实守信是为人之本，从业之要。首先，做人是否诚实守信，是一个人品德修养状况和人格高尚的表现。其次，做人是否诚实守信，是能否赢得别人尊重和友善的重要前提条件之一。

诚信是成交的唯一策略

诚信是诚实、守信的浓缩，是做人的基本准则，对销售来讲，诚信是销售人员要恪守的重要职业道德，在销售工作中发挥着非常重要的影响力。可以说，没有诚信，就没有长久的交易，从这个角度上讲，向顾客销售产品，就是在向顾客推销你的诚信。

据美国纽约销售联谊会统计：70%的人之所以从某一个固定处购买产品，是因为他们喜欢、信任和尊敬某个销售员。因此，要想使交易成功，诚信不但是最好的策略，而且是唯一的策略。

"赫克金法则"源于美国营销专家赫克金的一句名言："要当一名好的销售人员，首先要做一个好人。"这也强调了营销中要讲究诚信。

美国一项有关销售人员的调查表明，优秀销售人员的业绩是普通销售人员业绩的 300 倍的真正原因与长相无关，与年龄大小无关，也和性格内向外向无关，而与诚信有关。简单说，要想使顾客接受你，想让自己的销售业绩好，就要做一个诚实守信的人。

销售做得好的人必定是讲究诚信的人，在销售活动中，他们实事求是，言必信、行必果，以信用为先，以品行为本，从而获得顾客信赖，并放心地与他做交易。

日本山一证券公司的创始人小池出身贫寒，20 岁时他在一家机械公司谋到一份推销员的工作。曾经有一段时间，他推销机器非常顺利，不到半个月的时间就与 33 位顾客达成了协议。但是合同签订之后，他发现公司出售的机器比其他公司生产的同样性能的机器价格贵了很多。他想，与他订货的顾客如果知道了，一定会对他的信用产生怀疑。于是，深感不安的他立即带上订货单、合同书以及定金，整整用了三天的时间逐个拜访顾客，然后非常诚恳地向顾客说明他推销的机器比其他公司的贵，可以解除合约。

这种诚实的做法使所有的顾客都深受感动，结果33位顾客中没有一人毁约，相反，他们加深了对小池的信赖和敬佩。消息不胫而走，从那以后，人们都知道小池非常诚实，纷纷向他订购机器。

诚实不但使小池财源广进，还让他与顾客建立起牢固的互信关系，促进他的推销工作顺畅长久地进行下去。

在当今竞争日趋激烈的市场条件下，信誉已成为竞争制胜的极其重要的条件和手段。唯有讲究诚信，赢得顾客的信赖，才能让自己的销售之路走得稳、走得远。谁损害或葬送了自己的信誉，谁就要被顾客所抛弃，被市场所淘汰。

林肯曾经说过：一个人可能在所有的时间欺骗某些人，也可能在某些时间欺骗所有的人，但不可能在所有的时间欺骗所有的人。这个道理同样适用于销售行业，适用于销售人员。在一个信息传播日益迅速的市场环境下，销售人员不讲究诚信的行为是很容易被看破的，即便偶尔获得了成功，这种成功也是相当短暂的。要想赢得顾客的信赖，让自己的销售之路走得远，诚信才是永久的、唯一切实可行的办法。

美国销售专家齐格拉对不讲究诚信的销售人员将会遭遇到什么进行了深入分析：

一个能说会道却心术不正的人，能够说得许多顾客以高价购买劣质甚至无用的产品，但由此产生的却是三个方面的损失：顾客损失了钱，也多少丧失了对销售人员的信任感；销售人员不但损失了自重精神，还可能因这笔一时的收益而失去了成功的推销生涯；而对整个行业来说，损失的是声望和公众的信赖。

那么，在销售活动中，销售人员如何表现自己的诚信呢？可参考下面所列出的几方面：

1. 虚假宣传不可取

有些推销员把自己推销的产品夸赞得好得没边，歪曲了事实。显然，这种做法是不可取的，有百害而无一利。

2. 前后话语不能自相矛盾

这一点很重要，也许你讲话过快，以至于中心意思不够突出，或者你表达能力较差，无法有序表达自己的观点，致使你前后所说的话相互矛盾，让顾客糊涂，这样就会影响你的信誉。顾客不相信你的介绍，自然就不会买你的产品。

解决的办法是耐心等待，直到自己的声带与大脑完全合拍，这样再开口介绍则基本不会出现任何问题了。

3. 宽容客户的不适当的指责

对顾客的不适当批评和指责要解释，但态度不能生硬、过激。要摆事实，讲道理，说真话，但要避免使对方感到困窘。

4. 拒绝为别人做托

作为销售人员，会经常遇到别人要求你为他说谎，或为他们掩饰实情。但是请你记住，对此要坚决予以拒绝，因为这会毁掉你长期积累起来的信誉。一个诚信的销售员是不会要求别人替自己说谎的，而你同样应该如此。

"君子以信为大宝也。"没有诚信，就没有长久的生意，因此，要想使自己的销售之路走得长远、走得稳健，就不能丢弃诚信这块为人处世的法宝。

绝对的诚实是一种愚蠢

不可否认，讲究诚信是为人做事的一条重要准则，但是任何事情都不宜绝对化，什么事都有其两面性，讲究诚信也是如此，不能说讲究诚信，就要反对一切形式的谎言，这样事情就绝对化了。而绝对化的事情通常是既不符合科学发展观，又不为现实所接受的。所以既不可谎话连篇，亦不适宜绝对诚实，这里面有个机智灵活的问题。

看这样一个故事：

一个流浪者满脸沧桑地出现在一座修道院里，他告诉修道院院长自己是一个爱讲真话的人，可是他的诚实却招来了人们的反感，他成了到处不受欢迎的人，无处栖身，到处流浪。

修道院院长是个"热爱真理，并且尊重那些说实话的人"的人，于是，他不顾众人的反对，将流浪者留在修道院里安顿下来。

修道院里有几头不好用的牲口，修道院院长打算将它们卖掉，可是他怕修道院里的人欺骗他，把卖牲口的钱中饱私囊。这时，他想到了流浪者。于是，他就叫这个诚实的人把两头驴和一头骡子牵到集市上卖掉。

诚实人听话地将两头毛驴和一头骡子牵到集市。有一些买主围了上来。诚实的人告诉围观的人："尾巴断了的这头驴原来有尾巴，但是由于很懒，有一次，长工们想把它从泥里拽起来，一用劲，将它尾巴拽断了。那头秃驴性子倔，不想走的时候，无论怎么抽它都不走。那头骡子呢，牙口不大好，而且腿上有伤。"最后他还得意地问大家："如果干得了活，修道院还会把它们卖掉吗？"

结果买主们听了这些话，都摇头离开了。这些话在集市上很快传开了，因此一直到晚上，也没有人过来问询。于是，诚实人又把它们牵回了修道院。

听诚实人讲述完集市上发生的事，好修养的修道院院长也禁不住十分生气："朋友，那些把你赶走的人是对的，你这样的人没有人欢迎！我虽然喜欢实话，可是，我却不喜欢那些跟我的腰包作对的实话！所以，你还是赶紧走吧，爱上哪儿就上哪儿去吧！"

可见过于诚实、绝对诚实换来的往往是无端的伤害。当然这不是鼓励人们去说假话，这里面有原则要讲，要具体情况具体分析，不能搞一刀切。

销售大师乔·吉拉德说："诚实是销售的最佳策略，而且是唯一的策略，但绝对的诚实却是愚蠢的。"这句话看似矛盾，实际上并不矛盾，正如上面所说，这里面有原则要讲。那么，在销售中，该如何界定诚实与谎言的使用原则呢？

关系到顾客的切身利益的事必须诚实

什么是原则的事？举例来说，你销售的抽油烟机没有免洗功能，就不能跟顾客讲这款抽油烟机有免洗功能，因为这关系到顾客的切身利益。直接关系到顾客切身利益的就属于原则之事，也就不能说谎，而一定要说实话。

取悦客户的事适度说谎

原则之外的事，比如，为了取悦顾客，可以对顾客说些与事实不相符的谎言，比如：夸奖普通顾客阅历丰富、眼光独到；说顾客淘气的孩子真聪明、真可爱；说穿着一般的顾客打扮时尚、国际化。通常，如果奉承得体、适度，被夸奖的顾客会沾沾自喜，充满成就感，从而愿意与你交流、打交道。

善意的谎言不仅不会伤害到对方，还往往会赢得对方的欢心，促进彼此的关系向前发展。只要不盲目吹嘘，不偏离产品的基本使用价值，掌握好分寸，适度说谎，就可以帮助你提高业绩，让你的忠实顾客越来越多。

借助平和谦逊的语气表露真诚

人和人之间肯于交流、愿意交流，往往依靠的就是一份真诚。一个人如果没有真诚，谁愿意真心和他交往呢？因此，与人交往，一定要表现出自己的真诚，销售人员在和顾客交往时更应该注意这一点，要用真诚去打动对方，用真心卖出你的产品。而要想让顾客感受到你的真诚，一个不容忽视的方面就是你说话时的语气。从说话语气中流露出的真诚能够获得顾客的认同和好感，从而让对方愿意和你进一步接触。

可以从以下两个方面开始学习和修炼。

如果是面对面地和顾客交流，那么可以利用面部表情和眼神来辅助语气发挥作用。

首先，交流时要面带微笑，微笑有特殊的作用，可以在极短的时间内打通陌生人之间的情感通道，是人际交往的润滑剂。在销售活动中，很多时候，销售人员面对的是陌生的顾客，如果在与之交流时，销售人员表情僵硬，甚至冰冷漠视，缺乏亲切的微笑，那么无论你的语气有多真诚，语言有多动听，对方也会因为你僵硬、冷漠的表情而与你心存隔阂，感受不到你的真诚。所以在与顾客交流时，销售人员脸上一定要带着真诚、温和的微笑。

其次，要借助眼神的辅助作用。在与顾客交流时，销售人员要学会用眼神表达自己的诚意，这也是辅助语气表现自己真诚的一种方式。作为销售人员，你很可能会遇到这样的情况，你非常真诚地去和顾客交流，但对方的脸上还是流露出不信任的神情。此时，你该怎么办呢？一方面你要注意一下自己说话的语气；另一方面就是要注意自己的眼神。面对顾客时，要尽可能地让顾客看到你的眼睛，把真诚通过你的眼神传达给顾客。

如果不是与顾客面对面交流，而是通过电话与顾客交流，这种情况下，没有了表情和眼神的辅助作用，语气的表现就尤其重要了。那么在语气上应该注意什么呢？

1. 语气要保持柔和

在电话销售中，给顾客传达信息的唯一方式就是你的语言，此时语气的好坏对销售的成功起着决定性作用。因为对方看不到你的表情、眼神以及其他肢体语言，只能从你的语言尤其是语气中了解你、认识你。如果你的语气很生硬，对方很可能觉得你没有亲和力，不够真诚，从而不愿意与你打交道。

就顾客而言，他们常常会不自觉地抬高姿态，他们喜欢销售员以低姿态和他们交流，如果销售员的语气过于生硬，他们的这种心理就得不到满足，因此他们也可能会认为销售员并不是诚心想和他们做交易而拒绝进一步交谈。因此，销售员在通过电话与对方交流时，切忌语气生硬，而应保持柔和，这样的语气会显得真诚一些，顾客听了也会觉得舒服。

2. 语气避免过于夸张

一般来说，语气夸张的人通常会给人一种不可信任的感觉，在销售时更是如此。可能在平时说话时你习惯用夸张的方式来吸引别人的注意，但是在和顾客电话沟通的时候，一定切记不要使用这种方式。因为你的顾客并不了解你或者根本不认识你，如果交谈时你说话的语气太过夸张很可能给他们留下不好的印象，他们会因此怀疑你的诚意。

3. 语气要表露出赞赏

赞美的语言最能赢得人心，相信没有谁会拒绝一个真心夸赞他的人，而且你的夸赞会让顾客觉得你很用心地了解他们，可能会让他们有一种自我满足感，从而感受到你的真诚，并愿意跟你合作。

总之，无论是与顾客面对面交流，还是通过电话进行交流，都要努力使自己的语气平和、谦逊，表露出真诚，再以面部表情和眼神配合，最终使顾客感受到真诚，为销售成功打下良好的基础。

小客户更需要诚信

销售人员应该清楚，顾客对自己的信任和好感是合作的基础，尤其是对待小客户，销售人员更应该注意自己的态度。用坦诚去感动对方，成交的主动权也就转移到你这里来了。

岛村以五角钱一条将麻绳大量买进来后，又照原价卖给东京一带的小纸袋工厂。完全无利润反而赔本的生意做了一年之后，"岛村的绳索确实便宜"的名声传扬四方，订单源源而来。

于是，岛村又按部就班地采取了第二步行动，他拿着收据前去与订货客户说："到现在为止我是一分钱也没有赚你们的，但如若长此下去，我只有破产这一条路了。"他的坦诚感动了用户，用户心甘情愿地把订货价提高到了五角五分。

与此同时，他又对供货商说："你卖给我五角钱一条的麻绳，我是照原价卖出去的，照此下去，这种无利而赔本的生意，我是不能再做下去了。"厂商看到他给客户开的收据和发票，于是很痛快地答应以后每条绳索以四角五分的价格供应。这样，一条绳索就赚了一角钱，这样一来，他的利润就很可观了。

坦诚使他开始吃了亏，但最终却感动了顾客，也感动了供货商。这实际上是一种非常高明的技巧，只有那些胆识谋略过人者才敢这么做。

实际上，小客户更敏感于销售人员的态度，他们喜欢说实话的推销员，讨厌那些夸夸其谈，说话满嘴跑火车的家伙。事实上缺乏坦诚常常使推销员处于不利地位。例如，一位顾客在试穿一件上衣，问销售人员："它看上去怎么样？""不错，挺好的。"推销员说。然后，这位顾客再试一件西裤，而它的风格和原来试穿的上衣完全不同，但他仍用一种试探的口气问推销员："这件怎么样？它适合我吗？"而销售人员脑子都不过一下就迎合他说："不错，很漂亮。"

这位顾客立即意识到推销员在用一种不坦诚的态度对待他，因为自己明显地感觉到不合适。推销员根本就没有说实话，他唯一目的就是把东西卖出去。愚笨的销售员会马上被顾客识破，自然而然地，顾客也就不会轻易地信任他并在他那里购买东西。

坦诚、朴素和大方对销售员具有非常重要的影响力。要想让人相信你，把自己的需求告诉你，买你的东西，不是利用滔滔不绝的话语做诱导，除却产品因素外，更多的原因在于销售人员的个人魅力和品格。

一天，鲍罗尔去推销保险。见到保户后，发现客户家里并不是太富裕，经济负担还挺重。于是鲍罗尔深表同情地说了自己身边的一个故事。他说：

"看到你，我就想起我的一位姐姐，她也曾经困难过，她创办了一个互助会，是以邻居亲友为主组成的，她是会首，每个月会员交上来给我姐姐保存的互助费大约有一万美元。自从姐夫病重后，姐姐因互助会和家庭的事不堪重负，一些会员担心她一手创办的互助会会垮掉。但她再三解释：'无论如何不会让大家吃亏的。难道你们都不相信我的为人吗？我不曾非法拿过大家一分一毫。'

"虽然姐姐这样说，邻居亲友的疑虑还是无法消除。一位姐夫好朋友的太太，一大早就来说：'我们家最近买房子，贷款本息负担很重，能不能商量一下，把会费还给我们？'我姐姐当时真正感到世态的炎凉，说不出话来。那位朋友的太太仍不死心地缠着，她说，她是不得已才这样要求的。

"'太太，我丈夫和你丈夫是多年的知心朋友，你这样苦苦相逼，

叫我很心痛。'我姐姐说。'能不能提取呀？如果不行，你就把我缴过的会费还给我好吗？利息就算了。'

"当时场面尴尬起来，姐姐本想把丈夫有张人寿保单的事说出来，但是心想，那样说好像期盼他早点去世，于心不忍。

"当时，姐姐已盘算过，即使她的丈夫去世，以自己的收入加上保单赔偿，互助会是不会有问题的……"

鲍罗尔给他的顾客讲了这么一个痛苦的故事，自己当时眼睛也含着泪花。而那位顾客更是同情地说："你真是一个老实的人，把你自己姐姐痛苦的事情讲给我听。"说着那位顾客起身给鲍罗尔煮了一杯咖啡，并谈起自己的经历，她说："我自己现在也是很困难，儿子正在读中学，女儿也已经上大学，还有四个老人需要我们夫妇赡养。实际上，刚开始我和丈夫都十分讨厌保险推销员，因为，我们总觉得是一种不祥的征兆，所以一直就没有买保险的准备。"

鲍罗尔说："您说的我都能理解，就像我姐夫的人寿保险还是我介绍的，当时，我刚干保险推销，寻找客户比较困难，所以我决计从身边的人干起，没想到姐姐她们还真同意了，我想当时她们是为了鼓励我的工作才做出买保险的决定的。"

鲍罗尔的坦诚让客户感到一种由衷的信任，客户说："鲍罗尔先生，那是因为您值得她们信任，她们才购买保险的。"于是那位女士开始向鲍罗尔咨询相关保险的一些事情。而鲍罗尔更是坦诚地和对方讲述了哪几种保险更适合她们。这一次鲍罗尔一下子成交了六项保险，这可是一笔不小的数目。

鲍罗尔是一个真正坦诚的人，他用自己的方式——坦荡、真诚赢得了小客户的好感和信赖，所以，推销过程也就比较顺利。

·第三章·

与客户建立良好的情感关系

忠诚的客户才愿意更多地购买企业的产品和服务，随着忠诚客户年龄的增长、经济收入的提高，客户的购买力也将进一步增强。并且，通过忠诚客户的影响，带动他们的亲朋好友也来购买。所以，用心维护好客户关系，用心温暖你的客户吧。

先交朋友，后做生意

在生意场上近年流行一句口头禅：先做朋友，后做生意。在心理学上，这被称之为"友谊因素"，即顾客不会从你这里购买产品，除非他深信你是他的真朋友，你在真诚地为他着想。因此，与尽可能多的顾客建立良好的情感关系，是销售人员成功实现销售的必要选择。

顾客愿意从自己喜欢的人那里购买东西，这一点是其他因素达不到的。

推销大王坎多尔福曾说过："推销工作98%是情感工作，2%是对产品的了解。"让顾客喜欢上自己，与顾客建立良好的情感联系，是作为一名优秀的销售员的必由之路。

有一位推销员经常去拜访一位老太太，打算以养老为由说服老太太购买股票或者债券。为此，他有空就找老太太聊天，陪老太太散步。过了一段时间后老太太就离不开他了，还常常请他喝茶，或者和他谈些投资方面的事。

不幸的是，不久老太太就死了，这位推销员虽然没能在她身上做成生意，不过也是一场交情，所以他仍然坚持前往参加老太太的丧礼。

当他抵达会场时发现：作为竞争对手的另一家证券公司竟然送来两个花篮，他感到很奇怪："这究竟是怎么回事呢？"

一个月后，那位老太太的女儿到这位先生服务的公司拜访他。原来她就是另一家证券公司某分支机构的一位经理的夫人。

她告诉这位先生："我在整理母亲的遗物时，发现了好几张您的名片，上面写着一些十分暖心的话，我母亲都一直很小心地保存着。而且，我母亲去世前也谈起过你，说与你聊天是她最后生命时光里的一大快事，因此今天我特地前来向你致谢，感谢你曾在她在世时陪伴她度过这么快乐的一段时光。"

夫人深深地鞠了一个躬，眼角还噙着泪水，又说："为了答谢你的恩情，我瞒着丈夫向你购买了贵公司的债券……"然后拿出30万元现金，请求当场签约。

对于这种突如其来的好事，这位先生非常惊讶，一时之间，无言以对。

是什么原因促成了这项大单？是关系。

所以，在与顾客打交道的过程中，你应该做的很重要的事情就是拉一条情感联系的纽带，与顾客交上朋友。

作为一位职业销售人员，你的工作就是向顾客表明：你很关心他们，并愿意为他们的最大利益着想，进而把他们争取到你这一边来。

林风所住的社区内有几家小超市，他在每家都买过商品，一天他去一家离他家不是特别近的超市买毛巾，超市老板娘顺口问了句："怎么不是你爱人来买呀？"

林风也顺口回答说："她生病了，已经几天没上班了。"

当天晚上，有人按门铃，一开门，竟是那家超市的老板带着一篮水果来探病了。

这让林风很不好意思，于是这家超市成了他们夫妻俩以后买货的基地。

其实，销售人员在与顾客打交道的过程中，与他们建立情感关系，让他们成为自己朋友的方式有很多种。比如关心顾客的职业发展、生活，甚至是其家人，还可以帮助顾客解决问题，赠送小礼品等。

　　不管用什么方式，真诚地对待顾客是根本。我们用真心换得了顾客的真心，让他们成为我们的朋友，日积月累，我们的朋友遍布天下，我们的销售也就越来越顺利了。

销售是从说话开始的，也是从关心他人开始的

奥格·曼狄诺在《世界上最伟大的销售员》一书中说过这么一段话："我要爱所有的人。仇恨将从我的血管中流走。我没有时间去恨，只有时间去爱。现在，我迈出了成为一个优秀的人的第一步。有了爱，我将成为伟大的销售员，即使才疏学浅，也能以爱心获得成功；相反，如果没有爱，即使博学多识，也终将失败。"

在这里，奥格·曼狄诺要告诉我们的是，销售成功并不完全取决于技巧，有时，只要你拥有一颗爱人之心就可以了。毫无疑问，任何商业活动都是以追逐利益为目的，但人毕竟是讲感情的，而不是冷冰冰的机器，所以在销售过程中，每个销售人员都必须意识到这一点，从内心深处去尊重每一位顾客，而不是面对顾客时只是盘算着如何从他们的口袋里"掏"出钱来。

一名好的销售人员应该学会关心他人，也应该让别人快乐。如果销售员能让顾客或潜在顾客感觉到，你是真心敬重他们、喜欢他们、关爱他们，那么你的销售将会无往而不胜。

乔·吉拉德是世界上最伟大的销售员，他在 15 年里卖出 13 000 辆汽车，最多时 1 年竟卖了 1425 辆。他成功的重要因素之一，应该归功于他用关怀温暖了每一个顾客。

有一次，乔·吉拉德正在为一群顾客介绍漂亮的雪佛兰汽车，这时一位中年妇女走进他的展销室，站在人群后面静静地听讲。乔·吉拉德并没有忽略这位中年妇女，讲解告一段落后，他立刻走过来和这位女士打招呼："欢迎光临，夫人！希望刚才没有怠慢您。"

中年妇女说她只是想在这儿看看车打发一会儿时间，所以不必

为她浪费时间。乔·吉拉德并没有因此而转身离开，而是耐心地陪她看车。闲谈中，她告诉乔·吉拉德她想买一辆白色的福特车，但对面福特车行的销售人员让她过一小时后再去，所以她就先来这儿看看。她还说这是她送给自己的生日礼物："今天是我55岁生日。"

"生日快乐！夫人。"乔·吉拉德说道，他请这位夫人继续随便看看，自己抽空出去交代了一下，然后回来对她说："夫人，您喜欢白色车，既然您现在有时间，我给您介绍一下我们的双门轿车——也是白色的。"

他们正谈着，女秘书走了进来，将一束白色的玫瑰花递给乔·吉拉德。乔·吉拉德把花送给那位妇女："祝您长寿，尊敬的夫人。"

很显然那位夫人没想到自己会受到如此礼遇，感动得眼眶都湿了。"已经很久没有人给我送礼物了。"她说，"刚才那位福特销售人员一定看我开了部旧车，以为我买不起新车，我刚要看车他却说要去收一笔款，于是我就上这儿来等他。其实我只是想要一辆白色车而已，现在想想，不买福特也可以。"

最后她在乔·吉拉德这儿买走了一辆雪佛兰，并开了张全额支票，其实从头到尾，乔·吉拉德的言语中都没有劝她放弃福特而买雪佛兰的词句，只是因为她在这里感受到了重视和关心，于是放弃了原来的打算，转而选择了乔·吉拉德的产品。

销售是从说话开始的，也是从关心他人开始的，你只有多说关心顾客的话，才能让顾客对你产生亲近感。而这种关心不需要你花多少钱去给顾客买礼物，也不需要你采用什么特别的手段，只需要你练就良好的销售口才就能造就，你何乐而不为呢？被人关心是每个人的基本情感需求，没有人不愿意被人关心。因此，关心顾客不仅更容易让顾客对你产生亲近感，也更容易获得订单。

在销售过程中，销售人员需要站在顾客的立场上，想顾客所想，急顾客所急，真诚地关心顾客。但对顾客的关心大多都是需要用话语来体现的，只有话说到位，才能获得顾客的支持，更快地达到成交的目的。

布莱恩·崔西说：要想与顾客建立信任关系，成为一个受欢迎的人，就需要在说话的过程中表现出对顾客的真诚的关心，甚至对顾客家人的关心。你只有将对顾客的关心说到顾客心坎里，他们才会亲近你。

销售人员怎样才能利用关心顾客的话语来赢得订单呢？让我们来看看下面这个案例：

戴伟是一家保险公司的业务员，有一次，他迎来了两位60岁左右的顾客。

他们是一对夫妻，想买一种适合自己的保险，于是他们一边仔细地看宣传单上的优惠条件，一边互相研究和商量。戴伟看到这种情况，热情地迎上去，并且向他们认真地介绍了各种保险的条件、原则、优惠政策等。

但是，尽管戴伟将各种保险的优惠条件讲得非常诱人，两位老人还是拿不定主意购买哪种保险。他们只说想过几天再来看看，便离开了。当时外面正好下着雨，戴伟迅速拿了把雨伞递到两位老人面前。

两位老人刚开始不愿意接受，他们推辞道："我们还没有决定是否在你们这儿购买保险，恐怕到时候不好归还。"可是戴伟却说："借给您雨伞属于我的个人行为，与你们是否购买保险没有关系。再说您这么大岁数了，淋了雨很可能会感冒的，我们有义务帮助像你们这样需要帮助的人。"

最终，两位老人接受了戴伟的帮助，同时也决定从他这里购买保险，因为他们从戴伟真诚的话语里感受到了关心和爱。

可见，销售人员付出真诚，让顾客感受到你的关心，就能赢得顾客。所以，任何一位不愿意失去成交机会的销售人员都要拥有一颗爱人之心，努力营造良好的沟通氛围，这样才会在销售中战无不胜。

爱是这个世界所有人都无法拒绝的。销售人员在事业的拓展中，对待顾客要有爱心，也许顾客会拒绝你的产品，但不会拒绝你的爱心和关心。人们常说："爱心有多大，事业就可以做多大。"所以说，销售人员必须是充满爱心的人，你要爱你的产品、爱你的顾客，这样你才能得到顾客的回报。对顾客和周围事情冷漠、无动于衷的人，是做不好销售这行的。

人人都需要关心，真的是没有关心就没有关系，如果你还没有开始关心顾客，那么就从现在开始吧，它会让你和顾客之间的关系更加和谐，更加紧密。

找到交际切入点至关重要

在与他人打交道的过程中，找准切入点是至关重要的。切入点找得好，找得准，交流起来就顺畅；切入点找得不好，找得不准，沟通起来就不会圆满。对销售人员来说，如果不能在与顾客接洽之初找到合适的切入点，那么后面的推销工作往往会遭遇到很大麻烦。

中国台湾巨富陈永泰说过："聪明人都是通过别人的力量，去达到自己的目标。"销售人员和顾客交易关系的建立都是在交往过程中实现的。一个成功的销售人员需要在实践中不断磨炼自己，尽量在推销最开始就很好地找到和顾客接触的适当的切入点，将自己成功推销出去。

一般来说，每个人都希望被认可，得到满足感。销售人员可抓住人的这种心理，把满足顾客的心理需要作为与顾客交际的切入点。把自己展现在顾客眼前。比如，发现对方的兴趣爱好及特长，表达应有的重视，并建立共同的话题，就容易从陌生到熟悉，建立起信任关系。

傅强是艺术品公司的业务员，对书法颇有研究，早就想与一位喜欢书法的顾客交流一下经验，切磋毛笔书法艺术，一直没有良机。最近，他所在的公司正向这位顾客所在的公司推销一批瓷器，于是有机会和这位顾客深入接触一下，没想到这成了他打开推销局面的关键。

经巧妙安排，傅强和这位顾客在一个市办书画展上邂逅。心中有数的傅强默默跟在这个顾客身后，等对方来到一幅参展作品面前时，他自言自语地说道："这幅作品好，不管是布局，还是字的结构、笔法都显得活而不乱，留白也很恰当。"

这位顾客听到一个年轻人对书法评价得那么专业，再一看还是认识的人，于是自然接过了话题："就是书写的变化凝滞了一些，放得不够开啊。"

就这样，两个人你一言我一语，自然而然地进入对作品的品评中。人才惜人才，两人谈得十分投机。最后，傅强成功打开了和这位顾客的交际局面，在后期的产品推销中变得驾轻就熟，顺利实现了预期目标。

人人都希望得到赏识，这种心理如果能得到满足，就必定能引起其感激之情和报偿的诉求。销售人员如果能够与顾客建立起这种心理默契，自然会在推销工作中势如破竹，建立起广泛的合作关系。

不容忽视的一点是，销售人员在交际中要注意给顾客留下良好的第一印象。从某种意义上说，它直接影响着顾客是否愿意接受你的推荐。如果你不能得到顾客的喜爱，不能将自己成功推销给顾客，那么就很难要求顾客喜欢你推销的产品。为此，你要努力将自己推销给顾客，让顾客对自己有好的印象，不要让顾客厌烦自己。

有的销售人员之所以没能成功地把产品推销出去，一个重要原因是过分强调产品，而忽视了顾客的深层次需求。要知道，人与人的和谐交往也是一种深层次的需求。如果没有满足这种深层次的需求，就很难打开销售局面。

有些顾客走进店里，不愿意把自己的需求立刻告诉陌生的销售人员。但是有些销售人员出于工作需要，往往这样说："您好，您想看看什么产品？"这时候，顾客大多并不想被打扰，很可能会说："我只是随便看看。"

遇到这种情况，有的销售人员还是锲而不舍，把顾客目光所及的每件产品都介绍一二，结果引起了顾客的反感。实际上，不妨给顾客一定的私人空间："没关系，您可以慢慢看，需要什么帮忙的，随时叫我。"照顾到顾客的心理感受，在其有需要的时候再主动提供帮助，那么双方进一步交流就容易多了。

还有的销售人员在与顾客交谈时忘记了自己的职责所在，把重点转向与产品无关的话题，结果让对方产生厌烦心理。这也是一种失败的交际过程。须知，销售人员在和顾客交谈的时候，话题始终不能离开产品，并随时想着顾客心里在想什么，及时为顾客提供准确的答案，包括产品的品质、性能、款式、价格以及售后信息等各种情况，从而让对方心理受用。

总之，找准双方谈话的切入点不仅是销售的良好开端，还是销售人员打开推销局面的关键。把握顾客的心理需求，满足顾客的需要，找准顾客的疑虑，顺藤摸瓜，就能找到交际的最佳切入点，和顾客建立了良好的人际关系，最终实现业绩上的突破。

唤起顾客的感激情结，帮助顾客释放消费欲

多数顾客希望用最少的钱买到自己用得上的令自己满意的东西，否则他们是不愿意掏钱的。

对于这种情况，在不超越销售底线的情况下，销售人员可以酌情处理顾客的具体要求，比如价格上的问题，或者是售后服务方面的问题。但这也是在时机成熟的情况下，即销售人员知道顾客所提出的购买条件不同于销售开始的异议，是另有所指的。

如果顾客提出的条件超越了销售底线，那么不妨重申产品价值，让顾客知道购买此产品绝对是物有所值，或者从其他方面弥补顾客所提出的不能答应的购买条件，让顾客获得想要的满足。

辛月是一家文具店的销售员，每次遇到家长带孩子来买文具的时候，辛月都能把大人和小孩招待得心满意足。文具店最经常遇到的情况是大人和孩子的意见不合，孩子看上的东西，大人觉得不划算，小孩子就要哭闹。在这个时候，辛月总是能够妥善处理。

"妈妈，我要买这个。"一个跟妈妈一起来的小姑娘举着一块米奇老鼠的橡皮。

"你不是已经有橡皮了吗？"

"可是，米妮一个人太寂寞了，我要买一块米奇给她做伴。"小姑娘的理由让妈妈哭笑不得。

"好吧，好吧。"妈妈答应了小姑娘的请求。

小姑娘高兴坏了，在店里穿来穿去。

"你好，请给我十个算术本。"小姑娘的妈妈对辛月说。

辛月拿出本子，这时小姑娘又兴奋地冲到妈妈的身边："妈妈，

妈妈，快来看。"

"又怎么了？我们不能再买东西了，你什么都有。"

"快看！"可是小姑娘还是把妈妈拉到一个玩具型小火车铅笔刀面前。

"妈妈，我想要这个。"

"不行，放在书包里太重了。"

"那我放在家里好吗？"小姑娘又哭又闹就是要玩具型的小火车铅笔刀。

"那这样，你要米奇老鼠橡皮呢，就不能要这个，要这个就不能要米奇老鼠橡皮。"

"不行，我就是两个都要嘛。"小姑娘耍起脾气来，妈妈的脸色很难看。

"那就两个都不买了！"妈妈生气地说。

这时，小姑娘干脆躺在地上不起来。

"好了好了，小姑娘，不哭了好吗？阿姨把这个橡皮擦送给你，乖乖听妈妈的话好吗？"小姑娘被辛月抱起来，擦干眼泪。

"这，怎么好意思呢？"

"没事，小姑娘喜欢嘛，不过小女生可不兴在外面满地打滚，羞羞。"辛月刮刮小姑娘的鼻子，小姑娘说笑就笑了。

"就是，辛月阿姨给你橡皮，妈妈给你买小火车铅笔刀，下次不许这样了，知道吗？"小姑娘的妈妈也弯下腰来抱小姑娘。

"妈妈最好了。"小姑娘扑进妈妈的怀抱，"我下次再也不这样了。"

顾客的购买心理是比较复杂的，有时是买也行，不买也行，但往往会由于某种情结选择买。这个案例中，母亲的预算有限，销售员遇到这种情况，在不影响产品利润的前提下，赠送了对方一块橡皮，但这一举动让顾客觉得自己不买点东西对不住对方，于是就在犹豫中掏钱了。

任何一样产品被生产出来，自有它的用处和需求。只有想不到，没有用不到。顾客很容易为一样产品的优点所吸引，尽管也会有一些原因让顾客无法做出购买决定，但顾客的消费欲望始终是存在的，作为销售人员，要多方位采取措施，唤起顾客某种情结，比如可以利用小优惠来唤起顾客的感激情结，帮助顾客释放消费欲，然后水到渠成促成购买行为。

·第四章·

借用心理学效应激发顾客的购买欲

　　有位销售高手说："如果你在和准顾客见面那刻起，就没能掌握好，那么你的销售对象就占了上风，而届时你再想从他手中夺回主导权，那可就难了。"不错！一旦局面被准顾客所控制住，你就得仰攻苦战了。在销售说明阶段，你愈快掌握住对方，情势就愈对你有利，你一定要运用以上的技巧取得主导权，以不会屈居于劣势，望着对方高高在上而陷入苦战之中。

好奇心理：越是新奇的，越想体验

人们总对新奇的东西感到兴奋、有趣，都想"一睹为快"。更重要的是，人们不想被排除在外，这大概可以解释为什么人们对于新产品信息和即将发布的公告信息总是那么"贪得无厌"。所以，销售人员可以利用这一点来吸引顾客的好奇心。

从心理学来说：好奇心是个体遇到新奇事物或处在新的外界条件下所产生的注意、操作、提问的心理倾向。它作为一种优势心理过程，驱动个体主动接近当前刺激物，积极思考与探究。好奇心是认知与情感相互作用的产物。好奇心是人类的天性，是人类行为动机中最有力的一种。

利用顾客的好奇心，必须根据具体情况来设计具体的语言，激起顾客好奇心的方法应该合情合理，奇妙而不荒诞。业务员应该向顾客展示各种新闻、奇遇、奇才、奇货等合乎客观规律的新奇事物来唤起顾客的好奇心，以达到接近顾客的目的，而不应该凭空捏造违背客观事实的奇谈怪论来诱惑顾客，更不可装神弄鬼，进行迷信宣传。另外还要注意，无论利用什么语言，都应该与推销活动有关。如果顾客发现业务员的接近与推销活动完全无关，很可能立即转移注意力并失去兴趣。

人们对你卖的东西产生好奇，也就意味着你已拥有了一半的成交机会。销售人员如果能巧妙地利用人们的好奇心，往往很容易达到促销的目的。

美国杜鲁茨城一家贮藏水果的冷冻厂发生了一场火灾，经过人们努力扑救，虽然火势没再继续蔓延，但仍然损失惨重。冷冻厂的老板自然感到万分痛心，这时他看到有十几箱香蕉已被大火烤得变成了土黄色，表面还出现不少小黑点，但尝过之后发现，这些香蕉一点都没变质，相反，由于火烤的原因，这些香蕉还别具一番风味。为了尽量减轻损失，老板把这些香蕉交给一个叫鲍洛奇的销售员，让他降价处理。

当时，普通香蕉每磅的售价是 4 美分，老板让鲍洛奇以每磅 2 美分，降价一半出售。老板还交代，香蕉只要能够卖出去，不至于浪费掉就行了，即使价格再低一点也可以卖。不少顾客走到他的摊前，见到这些丑陋不堪的香蕉，只好摇着头转到别的摊位前去了。第一天，鲍洛奇只卖出了 8 磅。

第二天一大早，鲍洛奇又叫开了："各位先生，各位女士，大家早上好！我刚批过来一些进口的阿根廷香蕉，风味独特，只此一家，数量有限，快来买呀！"很快，鲍洛奇的摊前就围了一大群人。众人目不转睛地盯着这些黄中带黑的"阿根廷香蕉"，有些犹豫，不知道要不要买。

看到这么多人围到自己的摊位前，鲍洛奇兴奋极了，立刻鼓动三寸之舌："阿根廷香蕉，阿根廷香蕉！最新进口的，我们公司好不容易批到的。这种香蕉产在阿根廷靠海的地区，阳光充足，水分多，风味独特！"

在人们将信将疑之际，鲍洛奇不失时机地问一位穿着得体的小姐："小姐，请问您以前尝过这种'阿根廷香蕉'吗?"这位小姐在摊位前张望很久，鲍洛奇早已注意到她了。她的眼睛好奇地盯着这些香蕉很久了，那样子很像打算买，只是还没有最后拿定主意。鲍洛奇决定从她身上打开突破口。

"哦，我可没有，从来没有尝过。这些香蕉蛮有意思的，只是有点黑。"小姐说。

"这正是它们的独特之处，否则的话，它们也就不叫阿根廷香蕉了。您见过鹌鹑蛋吗？鹌鹑蛋也是带有黑点，但是鹌鹑蛋却特别好吃，不是吗？"鲍洛奇唾沫飞溅地说，"请您尝尝，您从来没有尝过风味如此独特的香蕉，我敢打赌！"接着马上剥了一只香蕉递到小姐的手里，小姐接过吃了一口。

"味道怎么样，是不是非常独特？"鲍洛奇不失时机地问。

"嗯，味道确实与众不同。我买8磅。"小姐说。

"这样美味的阿根廷香蕉只卖10美分一磅，已经是最便宜的啦。我们公司好不容易弄到这么一点货，大家不尝尝？错过机会您想买就买不到了。"鲍洛奇大声吆喝起来。

既然那位小姐已经带头买了，而且说味道独特，再加上鲍洛奇的鼓动，大家不再犹豫，纷纷掏出钱来，想尝尝"进口的阿根廷香蕉"到底是什么样的独特味道。于是你来5磅，他来3磅，十几箱被大火烤过的香蕉竟然以高出市价一倍的价钱很快卖得精光。

可见，经商中设置悬念吊起顾客的胃口，是一种行之有效的游说方法。在你满足了对方好奇心的同时，对方也就自觉地接受了你的意见。

吊顾客的胃口时，销售人员还必须根据具体的情况注意以下两方面：

一方面，销售人员无论以何种办法引起顾客的好奇心理，必须做到出奇制胜。由于每个顾客的文化水平、经历背景不同，爱好兴趣也不尽相同，某人看来新奇的事物，另一人看来并无新意。销售人员绝不可弄巧成拙，增加接近的难度。

另一方面，销售人员无论以何种方式吊起顾客胃口，都必须与推销活动有关。如果顾客发现销售人员所玩的把戏与推销活动完全无关，可能会立即转移注意力，并失去兴趣。

从众心理：越是热卖的，越是抢购

"从众心理"是指个体在社会群体的无形压力下，不知不觉或不由自主地与多数人保持一致的社会心理现象。社会心理学研究认为，群体对个体的影响主要是由于"感染"的结果。个体在受到群体精神感染式的暗示时，就会产生与他人行为相类似的模仿行为。与此同时，各个个体之间又会相互刺激、相互作用，形成循环反应，从而使个体行为与大多数人的行为趋向一致。

在销售过程中，销售人员经常会遇到这样一些顾客，他们在做出购买决策之前，往往左思右想、举棋不定。尤其是对产品不是很了解，或缺乏相关的购买经验以及面临较大购买风险时，尽管销售人员一再向对方保证产品的质量及它能够带来的利益，顾客仍然很难痛快地做出决断。

这样的顾客明显缺乏自主性和判断力，在复杂的消费活动中犹豫不定、无所适从。因此，如何尽快打消顾客顾虑、让顾客早点做出购买决定便成为销售人员首先要解决的难题，否则花费再多心血也将无济于事。在这种情形下，利用消费者"从众心理"，通过第三方引导顾客做出购买决断，往往成为行之有效的方法，从众便成为顾客最为便捷、安全的选择。

某工程公司的吴经理最近打算购置一台小型挖掘机。他从朋友那里了解到，国产的三一和奥泰两个品牌的机器都不错，并且已经找过三一的销售人员商谈了，经过详细的介绍和对比，吴经理对两个品牌都比较满意，始终拿不定主意。

奥泰公司的销售员小陆听说之后，立即登门拜访吴经理，相见之后，小陆问道："吴经理，我是奥泰公司的小陆，听说您最近承接了一处新工地，生意这么好，真是恭喜您了！"

吴经理："哪里！哪里，我正头疼着呢，接了这个工地之后，原先的机子不够用了，我想再购买一台挖掘机，就是不知道该买哪一种好。"

小陆听他这样说，庆幸自己来得正是时候，吴经理果然还没确定下来，于是他把一些产品资料拿给了吴经理，详细介绍了产品，并提出："后天公司会有一个展会，能提供免费试机，希望您来体验一下。"吴经理愉快地答应了小陆的邀请。

回到公司后，小陆立刻安排几位已经下单的顾客后天到展会现场直接提货。

展会当天，吴经理如约过来试机，"恰好"看到了那么多人在现场争相购买的火爆场面，小陆趁热打铁，鼓动他说："吴经理，您也亲眼看到了，我们公司的产品现在非常受欢迎，而且现在是展销会期间，如果购买，还会有不少优惠，如果错过这个时机，可能就要等到下一次了。"

吴经理听他这样一说，马上沉不住气了，立即决定买一台，当天便交了订金。

吴经理的需求非常明显，也有购买力，但是他缺乏决策的魄力，在两个品牌之间徘徊不定。在整个销售过程中，吴经理一共出现过两次"从众"的情况：第一次是听从朋友的推荐；还有一次，就是在展场看到很多人购买，马上也拍板购买。小陆就是利用顾客的从众心理，为自己在品牌竞争中增添了砝码，使成功的天平倾向自己，赢得了此单。

"从众"是一种比较普遍的社会心理和行为现象。大家都这么认为，我也就这么认为；大家都这么做，我也就跟着这么做。从众心理在消费过程中，也是十分常见的。因为好多人都喜欢凑热闹，当看到别人成群结队、争先恐后地抢购某商品的时候，也会毫不犹豫地加入抢购大军中去。

多川博是日本著名的企业家，闻名世界的"尿布大王"，之所以被人们这样称呼，是因为他成功地经营婴儿专用的尿布，带领公司创下了年销售额高达70亿日元，并以20%速度递增的辉煌成绩。

创业之初，多川博果断决定专业化生产尿布，然而令他想不到的是，尿布生产出来了，但在试卖之初，基本上无人问津，生意十分冷清，几乎到了无法继续经营的地步。

多川博万分焦急，经过苦思冥想，他终于想出了一个好办法。他让自己的员工假扮成顾客，排成长队来购买自己的尿布，一时间，公司店面门庭若市，几排长长的队伍引起了行人的好奇："这里在卖什么？""什么商品这么畅销，吸引这么多人？"

多川博又让销售人员趁机加大产品宣传力度，直接鼓动顾客："夫人，您看这家公司的产品那么受欢迎，想必质量一定不错，孩子的健康才是最重要的，您没兴趣去购买几条来试用一下吗？"

如此一来，也就营造了一种尿布旺销的热闹氛围，于是吸引了很多"从众型"的买主。随着产品不断销售，人们逐步认可了这种尿布，买尿布的人越来越多。后来，多川博公司生产的尿布还出口他国，在世界各地都畅销开来。

多川博就是利用顾客的从众心理打开了市场，成为世界闻名的"尿布大王"。当然，他成功的前提是尿布的质量好，在被顾客购买后得到了认可。因此销售最终还是要以质量赢得顾客的。

一般说来，群体成员的行为，通常具有跟从群体的倾向。表现在购物消费方面，就是随波逐流的"从众心理"，当有一些人说某商品好的时候，就会有很多人"跟风"前去购买，即使不怎么好，也会在心理上有所安慰，毕竟大家都在买，肯定差不了，即使上当也不是自己一个人。

消费者的"从众心理"给销售人员推销自己的商品带来了便利。销售人员可以吸引顾客的围观，制造热闹的行情，以引来更多顾客的参与，从而制造更多的销售机会。例如，销售人员经常会对顾客说，"很多人都买了这一款产品，反响很不错""小区很多像您这样年纪的大妈都在使用我们的产品"，这样的言辞就巧妙地运用了顾客的从众心理，使顾客心理上得到一种依靠和安全保障。

稀缺效应：越是稀少，越想得到

唐代诗人白居易《小岁日喜谈氏外孙女孩满月》诗中有"物以稀为贵，情因老更慈"。这是物以稀为贵最早的出处。意思是事物因稀少而觉得珍贵。鲁迅先生曾在《藤野先生》一文中说过这样一段经典的话："大概是物以稀为贵罢。北京的白菜运往浙江，便用红头绳系住菜根，倒挂在水果店头，尊为'胶菜'，福建野生的芦荟，一到北京就请进温室，且美其名曰'龙舌兰'。"这反映了一个亘古不变的道理，即物以稀为贵。

通常来说，当一样东西开始变得越来越稀少时，它就会变得更有价值。这就是我们平常所说的"物以稀为贵"的现象。甚至一些原本不完美的、一文不值的东西，也会因为稀少或者独一无二，而变成重金难求的珍品。例如，印刷模糊的邮票、打磨失败的美玉、两次冲压的硬币、有残缺的瓷器等。因为稀少，因为有瑕疵反而比那些没有瑕疵的物品更有价值，更受到人们的青睐。这说明，短缺因素对物品的价值会起到很大的影响作用。而利用这一原理，我们则能够达到给人施加压力，使之顺从的目的。在生活中，人们常常会使用"数量有限"的策略，当销售人员告诉顾客某种商品供应比较紧张，不能保证一直有货的时候，就会促使顾客及早地采取行动。

从心理学的角度看，短缺因素对商品的价值会产生很大的影响。人们总是害怕失去或得不到，对稀罕物品有着本能的占有欲，反映在消费购物方面，越是稀少的东西，人们就越想买到它。在现实生活中，销售人员可以使用"数量有限"的策略，当销售人员告诉顾客某种商品供应比较紧张，不能保证一直有货的情况下，就会促使顾客及早地采取购买行动。

二战期间，一个美国画商看中了一位印度老太太的3幅画，印度老太太说要250美元，画商嫌贵。印度老太太于是当着画商的面用火柴烧掉其中一幅。画商见这么好的画，又是他想要收藏的，甚感心痛，便问老太太剩下的两幅画卖多少钱。老太太还是说"250美元"。画商又拒绝。

老太太又烧掉了其中一幅画。

这时，画商急了，只好乞求道："大妈，千万别烧掉这最后的一幅了！这幅画要卖多少钱？"

"还是250美元。"

"难道一幅画与三幅画能卖一样的价钱吗？"

老太太见这位美国画商还想讨价还价，于是便说："要不要，现在涨价了，500美元，不然，我就烧掉它！"

这下画商真的急了，生怕老太太将第三幅画也烧掉，便一手按着画，一边说："500美元，我买了！"

后来有人问那印度老太太，为什么要当着画商的面烧掉两幅画？老太太说："物以稀为贵。美国人收藏名画，只要他爱上这幅画是不肯轻易就放弃的，所以我当面烧掉两幅画，留下一幅卖高价呀！"

印度老太太知道这个画商对他爱上的东西是不肯轻易放弃的，宁肯出高价也要收买珍藏，自己的3幅画都被这位画商看中了，但却不肯出价，于是果断烧掉了两幅，剩下了最后一幅画，利用稀缺会造成商品升值这个道理，勾起了画家的占有欲望，一幅画卖出了两幅画的价钱。其实当时其他画的价格都在100美元到150美元之间，而印度老太太的这幅画竟然卖了500美元，这笔交易可谓"置之死地而后生"，这位老太太也算是真正的销售高手了。

李威是某百货公司一名非常出色的销售人员，他在向顾客推销产品时，总是能够巧妙地运用稀缺原理来促使顾客尽快做出决定。李威先后推销过十几种商品，虽然面对的顾客有所不同，但是不管推销哪种商品，都能够取得不错的业绩。他总是和顾客这样说：

"先生，这种引擎的敞篷车在本地不超过十辆，而且厂里面已经不再生产了，错过了这次机会，以后想买，恐怕也买不到了。"

"这种厨具就剩最后两套了，而另一套您是不会选择的，因为它的颜色不适合您，所以这套厨具非您莫属。"

"您也许应该考虑一下多买一些，最近这种商品十分畅销，工厂里已经积压了一大堆订单，我不敢保证您下次再来的时候还有货"……

李威这样的说辞无疑是十分有效的，顾客在其影响下，为了使自己不因买不到而后悔，总是会果断地做出选择。先将自己喜欢的商品占为己有，这样才能够安心。这就是李威的成功之处。数量有限的信息确实会对顾客的购买决策产生有效的影响。因此，如果销售人员能够将这种策略合理地应用到商品的销售过程中，则会有效地促进销售。

当销售人员发现顾客对某种商品感兴趣的时候，如果能对其进行巧妙的引导，在说明商品质量可靠、价格实惠的同时，不妨再加上这样一个善意的提醒："这款商品刚刚卖出一套，这恐怕是我们这里最后一套了，如果错过，就需要等到一个星期以后再来了。"

顾客听到这样的话，往往会在害怕买不到的心理作用下，迅速地做出决定，先买回家再说，不能让别人抢先。因为拥有它的机会变少了，而其对顾客的重要性也就大大提高了。

期待心理：越是美好，越想拥有

销售人员在向顾客介绍产品时，可以通过一定的语言技巧，让顾客在了解事实的基础上，充分发挥自己的想象力，让顾客沉浸在拥有这种产品之后的美好感觉之中，从而对商品产生认同感。这是一种非常高明的产品介绍方式。你可以一边说明产品的各种功能与特点，一边用语言为顾客描绘出拥有这种产品后的情景。

人的想象力是惊人的，对于同一个事物，不同的人会有不同的看法。因此，这就要求销售人员能够用自己的专业语言为顾客的想象力铺平道路，并限制或发展顾客的想象空间，这就像制造一个固定的空间、固定的路径，去引导顾客朝着自己设定的方向想象，从而顺利实现销售的目的。

理想化的状态下，顾客对于销售人员所介绍的产品最好能够自己来亲身体验一下，因为这样做可以给他们的印象更深，使他们的理解也更透彻。但是很多时候，顾客不可能对每件产品都进行亲身体验，因此，这个时候往往就需要销售人员运用高超的口才，为顾客营造出一种美好的氛围和意境，通过全方位的感受来影响顾客尽快做出购买的决定。

怎样才能达到这个目的呢？销售人员在和顾客交谈时，声音、语速、节奏等无不透露出自己的内在情感，可以由此而影响到顾客。当销售人员准备发挥自己的语言魅力，以便带动顾客情绪，说服顾客接受自己的产品的时候，首先要经过仔细的酝酿，尽可能压低声音，放慢语速，同时在整个过程当中，必须保持充分的信心，让顾客感到你在这个方面是最有权威的，这样顾客就会相信你所讲的每一句话。

例如，你要是销售跑步机的话，你可以这样说：

"先生，您每天锻炼身体吗？请您想象一下这种情形：早上起床之后，您先穿上运动鞋和休闲装，然后打开窗户，深吸一口清新的空气。经过一夜酣睡，您的体力无疑非常充沛。这时候，明媚的阳光照在您的身上，让人感觉无比轻松与惬意。跑步机就停放在您宽敞的房间里，上面一尘不染，好像在提醒您运动的时间到了。您踏上跑步机，开始慢慢跑动起来，您的速度逐渐加快，您感觉自己身心愉悦，简直有种飞翔的感觉。时间不知不觉就过去了，当您有些轻微出汗时，它会提醒您时间到了，然后您开始洗浴、梳洗整齐，穿上刚刚熨烫过的衣服，信心百倍、神清气爽地走出家门，开始一天的工作……"

这种方法也可以用来介绍产品的功能，它适应范围极广，只要说辞稍微加以变动，都可以起到引人入胜的作用。比如，你现在卖的是空调：

"今年的夏天真是太热了，每天太阳简直像着了火一样烘烤着大地，傍晚下了班，您匆匆忙忙赶回家。当您打开房门，一股炽热立刻扑面而来，这时，整个房间像是一个巨大的蒸笼一样，又闷又热，让人一分钟也不想待下去。您身上的衣服早就汗湿了，就像是贴在身上一样，黏糊糊的，难受死了。你冲过澡，还没一会儿呢，又是一身汗水。风扇已经调到了最高速，但吹出来的也都是热风，只是让人更加痛苦。但是只要您购买了空调，那情形就截然不同了。您想象一下，当您赶回家中，打开空调，不过片刻工夫，整个房间立刻变得凉飕飕的，趁这个工夫，您可以先去冲个澡，换上一身居家的短裤 T 恤，往床上一躺，那该是一种什么样的享受啊……"

相信任何人听到这样的话都绝不会无动于衷，他们眼下似乎正置身于酷热的包围之中，恨不得立刻把空调买回去装上，马上体验一下销售人员所说的那种美妙享受。

如果你是销售打印机的，你可以目光温和地直视着你的顾客，缓缓地说：

"家里有这样一台多功能打印机，会给您的生活和工作带来无穷的乐趣和便利。当顾客打电话过来说需要发传真，您再也不必去找传真机，只需轻轻按下接收传真的按键就可以了；如果您需要把一些重要的图片放在电脑里，不用去找扫描仪，只需把图片放好，按一下扫描的按键，资料就会自动输入您的电脑；如果您需要的资料很多，也不必到外面去复印，自己就可以做。另外，您还可以利用它制作自己喜欢的各种照片，照片形象逼真，会让您爱不释手。"

不管是什么产品，只要销售人员能按照它们的功能，为顾客描绘出当顾客拥有这些产品之后立刻可以享受的便利，便自然可以激发起顾客的想象力，让他们开始思考到底要不要购买这件产品。

如果单纯从上面几个案例中还没法看出这种销售技巧的效果，那么我们可以通过下面这个实例来比较一下：

一般的轮胎销售人员可能这样平淡地介绍自己的产品："这种轮胎货真价实，持久耐用！"

而一个具有想象力的销售人员可能会说出这样一段充满戏剧效果的话："您正带着孩子们以每小时 80 千米的速度驱车快速行驶，突然感到车下出现一连串的剧烈颠簸，迫使您将车驶到路边。原来您的车撞上了路面的一条钳口般的长裂纹……震得您浑身骨头都快散了架，震得汽车上的螺栓嘎吱乱叫！您不必担心您的轮胎，只要握紧方向盘就会万事大吉，这轮胎可以应付任何道路状况！"

上述两种介绍产品的方式，效果孰好孰坏，不难分辨，相信顾客听了你生动形象的描述，大多都会动心的。这种绘声绘色的描述其实比干巴巴介绍要管用许多倍，因为这样可以让他们体会到拥有这个东西之后的幸福、快乐。做到了这一点，你也就成功了一半。

·第五章·

充分了解产品才能驾轻就熟地推销产品

　　作为销售员，了解自己所销售的产品是一项必备的素质。只有充分了解产品，我们才能清晰明了、准确无误地向客户介绍说明；也只有保证客户听懂我们的介绍，成交才有可能实现。

做自己产品的内行

推销人员要把产品顺利地销售出去，首先必须了解自己的产品，这是做好销售工作的基础，也是一名销售人员最起码的专业本领。因为任何销售，只有充分掌握产品知识，例如它的售价、容量、规格、功能、生产厂家、符合什么认证标准、使用时要注意什么等等，才能吸引和争取到顾客，否则你的介绍就是无的放矢。

李坤就职于北京一家机械设备贸易公司，开始进入公司时他负责督导工作与操作重型机械设备。一干就是 10 年。在这 10 年里，李坤积累了大量的产品知识。

虽然李坤不是销售人员，但凡是顾客有需要的时候，他就耐心地给顾客解答一些销售人员不能回答的问题。李坤宝贵的产品知识往往能让顾客得到明确的、满意的答案，顾客当然也对李坤另眼相待。

这些顾客再来的时候甚至直接要求李坤为其服务，而李坤只要有时间，也总是细心周到地为顾客介绍。渐渐地，李坤与顾客建立了极佳的关系。不久后，许多顾客开始绕过销售人员，直接向李坤下订单。

问起李坤的销售秘诀，李坤说："销售技巧我懂得并不多，我只是把我知道的知识详细、周到地讲给顾客听，并且给他们最完善的问题解决方式。顾客自然而然地就被我吸引过来了。"

后来，李坤索性调换了部门，直接去销售部做销售员，两年过后，李坤的个人业绩已经超越了该公司其他的销售员成了销售冠军。

顾客在购买产品之前都会想要了解有关产品的更多知识。如果销售人员无法满足顾客的这一基本需求的话，顾客就无法了解产品是否适合自己，也就不会做出购买产品的决定。例子中李坤的销售技巧虽然不如其他的销售人员丰富，但是却对产品十分了解，凡是顾客能问到的问题，他总是能给出满意的回答，所以才能吸引顾客前来购买。

那么，具体来说，销售人员需要掌握哪些方面的商品信息呢？

1. 商品的名称

掌握商品名称很简单。但需要注意，很多时候可能要推销数种商品，所以不能掉以轻心。商品的名称有全称、简称、正式名及俗名等，这些都要牢牢记住。

2. 商品的特性

熟悉商品的性能和掌握商品的特征，是向顾客介绍商品的重要前提。如果你所推销的商品比市场上其他同类商品具有优势，你就更要注意掌握好它们，并将其作为推销的利器。销售人员的责任就是如何将这些优越性以最吸引人的方式展示给顾客；反之，如果它比市场上其他同类商品差，也要认识到落后在什么地方，并事先做好应付顾客质疑的准备，打有准备的"仗"。

3. 商品的操作规范

多数商品的操作都有一定的规范要求，很多使用说明书根本无法涵盖商品使用的所有注意事项。对此，销售人员切不可偷懒，以为大致了解一下就行了，而是要熟练地掌握所推销的商品的使用方法，在给顾客介绍商品时，正确讲给顾客。

4. 商品的售后服务

售后服务是商品重要的竞争要素。有关售后服务，多数公司都有一定的规定，应该正确无误地向用户送达。因此，销售人员必须掌握商品售后服务的详细情况。

5. 市场上的同类商品

要想成功地推销，还要了解市场上同类商品的情况，充分发挥自己商品的竞争优势。可以查阅本公司所搜集的竞争者的有关资料，听取上司以及有经验同事的意见，同时还要尽量亲自接触竞争者的商品，并与本公司的同类商品进行比较，找出其长处和短处。

掌握充分的商品信息之后，销售人员还必须喜欢自己的商品。卖商品的过程就是说服顾客的过程，销售人员必须使顾客相信自己的商品能够给顾客带来利益。你对商品充满信心，你认为顾客购买商品是幸运的，不购买商品则是一种损失，这样才能真正打动顾客。

另外还有一个问题，那就是销售人员如何了解到上述关于商品的信息，如何才能成为了解所销产品的行家呢？通常，可通过下列所述方式。

1. 公司的培训学习

在公司组织的培训会上，销售人员对产品有任何不明白、不确定的地方，都可以提出问题直到完全理解为止。不要觉得问问题可耻，更不要满腹疑问却装出一副完全明白的样子，这样只会给自己未来的销售工作带来极大的麻烦。另外，也可以向同事请教，有时候恰恰因为这简简单单的一句话，就有可能在今后的销售中为自己赢得一个重要的订单。

2. 客户的使用体验

因为实际使用到产品的人是顾客，而且他们也会和其他公司的产品做比较，所以从某种意义上来说，销售人员最好的老师就是顾客。销售人员必须挤出时间来经常拜访顾客，而且切记在顾客面前要以谦虚的态度向他们学习产品知识。顾客有时会提出连销售人员都想象不到的绝妙点子，而这些点子不但会促成你与这位顾客本人的交易，也有助于你改进未来的产品或者与下一个顾客交易。

3. 平时的自我学习

在激烈的市场竞争下，很多产品的相关信息会发生变化，因此销售人员不能坐以待毙，一定要有自我提高的意识，平时要注意反复阅读产品说明，不断查阅参考数据，掌握产品信息的变化。如果有不了解的地方，也要随时请教领导或产品开发主管。这样不仅有助于提高自己对产品知识的掌握程度，而且会给领导留下好印象。

作为销售人员，如果你连自己要卖的产品都不熟悉，不但是对顾客失礼，而且会失去销售产品的资格。只有掌握了丰富的产品知识，才能深入地了解顾客的购买动机，才能解决产品推广、定价、产品卖点提炼等问题。

切中顾客的需求

任何一个顾客到商场去，都是带着某种目的去的，或是了解行情，或是去购买自己所需的商品。因为目的明确，所以，他想要听到的也一定是与此相关的介绍。这就是一种销售手段。也就是说，在向顾客介绍产品时，先要了解顾客的需求，然后根据顾客的需要推销自己的产品，这样才能帮顾客找到他们需要的产品，最终才有可能成功完成交易。

如果不问顾客的需要便开始介绍，很可能会让顾客反感。相信我们自己也有过类似的经历，当我们去超市或者商场购物时，如果一个销售员始终跟着我们，不问我们需要什么，便不停地介绍自己的产品，我们通常的表现是直接拒绝他，或者想方设法摆脱他。但是如果换成另一种情况，我们的感受就完全不同了。例如，我们想买一双鞋，服务员走过来问了我们的需求之后，便开始向我们介绍我们需要的产品，我们不仅不会拒绝，相反还会觉得这个服务员非常热情。

我们之所以接受后者，原因就在于后者介绍的产品是我们需要的，切中了我们的需求。因为没有人愿意浪费时间听销售员介绍自己根本不需要的产品。所以，作为一名销售员，我们应该理解顾客的这种心理，在介绍产品时，要切中顾客的需求，这样的销售才有可能获得成功。

销售人员会遇到这样的情况：推销的产品并不是顾客需要的。这时，应该怎么办呢？此时，不妨换个角度思考。推销的产品的某一个特点可能不是顾客需要的，那么另一个特点呢，或者其他的特点呢？总能找到一个对方需要的特点，把自己的产品推销出去。有时，我们可以直接询问顾客需要什么，再根据顾客的需要介绍自己的产品。有时顾客并不会告诉我们他们的需求，但是我们可以从对话中捕捉到相关信息。

我们来看看下面这两个情景：

一位卡车推销员对一位前来看样品的顾客说："听说你需要一辆卡车，我们公司有你需要的卡车。"

顾客问："载重量是多少？"

推销员回答："我们只有四吨的。"

顾客说："我需要一辆两吨的。"

推销员说："大一点儿有什么不好呢？万一有货多的时候呢？"

顾客说："但是我们也要从成本考虑啊。这样吧，如果以后有需要，再联系你。"

很显然，谈话进行到这里，销售员再想扭转局势就很难了。但是如果一开始，这位推销员改用另一种问法，结局就会完全不同。

推销员："你们平均每次运货多少吨？"

顾客说："平均在两吨左右。"

推销员可以问："会不会有时多，有时少呢？"

顾客说："有的。"

这时，推销员可以告诉他："如果需要买车的话，一方面从货物本身考虑；另一方面会从行驶的路面考虑。"

顾客说："你说得对，但是……"

推销员说："假如行驶的路面有坡度，冬天行驶时，汽车受到的压力也会比平常大，是吧？"

顾客："是的。"

推销员说："据说你冬天运货的次数要多一些？"

顾客说:"是这样的,冬天的生意要好一些。"

推销员说:"冬天在路面上行驶,货物又多,卡车不是常常处在超负荷状态吗?那么在买车时,你的考虑能否留点余地呢?从长远角度来看,你觉得怎样一辆车才是最值得买的?"

顾客:"当然要看车的使用年限了。"

推销员说:"那么您比较一下,一辆常常超负荷运行的车和一辆从来不超载的车,哪一辆车使用的时间更长?"

顾客说:"当然是后者了。"

推销员再说:"我们的四吨卡车不正好符合您的要求吗?"

从以上两个情景中,我们不难看出如果从顾客需求角度出发介绍自己的产品,推销成功的概率会大大增加。因此,销售员在推销的过程中要善于捕捉顾客的需求。例子中的顾客实际上需要的并不是载重量两吨的卡车,而是一辆更实惠的卡车。销售员在推销时发现了这一点,并通过一系列的提问证明了自己推销的卡车正是顾客需要的车。因此,顾客非常满意地购买了他推销的载重量四吨的卡车。

由此看来,一个成功的销售员首先应该了解顾客的需求,根据顾客需求介绍自己的产品,才能对顾客有所帮助,也才能成功售出自己的产品。

展示有多美妙，产品就有多诱人

形式的作用不可小觑，商品再好，如果不能得到有效的展示，其结果也多半不妙，因此一定要做好商品展示。

简单说，商品展示就是指把顾客吸引到商品面前，通过对实物的观看、操作，使顾客充分了解商品的外观、操作方法以及具有的功能。商品展示在推销过程中犹如一棵即将结果的树，不久就能带来甘甜的果实。

一般说来，顾客走进一家店，只会在店里逗留不到 30 分钟的时间，所以顾客习惯在进入店里的那一刻就开始搜寻自己想要的商品，因此对于销售端来说，商品的展示就显得尤为重要。因为就算你店里有顾客需要的商品，但是由于展示的问题，顾客并没有发现就选择了离开，你只能白白丧失商机。

所以，商品的展示要遵循的原则之一，就是要容易被顾客看到。容易看到的意思就是说，商品要能使人一目了然，顾客在快速的扫视中能看到所有商品。而商品的价格也要明确放在商品旁边，避免顾客出现虽然中意产品却没有能力购买的尴尬状况。

商品展示是顾客了解与体验商品利益的最好机会，也是销售人员诉求产品利益的最好时机。在商品展示时，如果顾客愿意投入时间观看你的展示，就表示他确实有潜在需求，这正是你能够证明自己提供的商品能充分满足他的需求的关键时刻，所以一定要把握好这种机会，有逻辑、有顺序、有重点、完整地说明及证明商品的特性及利益。通过这一展示不仅要说明商品的特性，满足顾客的利益，更重要的是要激起顾客的购买欲，借以达成卖出商品的目的。

商品展示前，要做好产品检查工作，以确定商品的品质与性能合乎标准。如果到顾客处展示，必须事先确认展示的各项条件，如电源、操作空间等是否合乎规定，同时还要准备好备用品，以免展示中出现意外，影响展示效果。还要看看展示用品是否准备齐全。

展示商品，既可以应顾客要求把商品搬到顾客处展示，也可以邀请顾客到你指定的地方进行展示，还可以邀请顾客参加商品展示会。

由于商品本身的特性不同，不同的商品在展示时，强调的重点也是不一样的，要么展示的方法不同，要么说明的方式各异。销售人员应尽可能地利用下列的方法，让自己的展示更加生动、活泼，关键是要打动顾客的心，激起他的购买欲望。

第一，重点展示。销售人员需要销售的商品肯定不止一款，其中有公司重点推广的商品，也有并不急于扩大市场的商品。因此在商品展示的时候就要有主有次。将公司重点进行市场推广的产品放在比较显眼的地方，其他的商品进行辅助陈列，做到重点突出，才能更好地吸引顾客。

第二，多样、系列。不同产品的特点不同，能带给顾客的体验也不同，对于多种多样的产品最好能根据其相近性进行排列组合，性能相近的产品摆放在一起，这样青睐一类产品的顾客就有多种选择的余地。成交的可能性也更大。

第三，重点和多样固然重要，重复也是商品展示中不可或缺的一方面，同款商品或者不同颜色的商品摆放在一起，能形成一种陈列的气氛。比如在一层层的隔板上叠放五件同款、同色又同号的文化衫，烘托出和其他卖家不同的店面气氛。

销售人员每天要接触的是各种各样的顾客，他们的性格不同，对商品的需求也不同。只有在商品展示上下足功夫，才能在最短的时间里得到顾客的青睐。另外，顾客中意某款产品之后就会有做出购买决定的过程，所以商品要很轻易就能拿到，这样顾客才能更轻易购买。因此商品的展示如果过高，这样顾客不能拿下商品亲自体验，就更谈不上买它了。

综上所述，展示商品是销售人员推销商品过程中不可缺少的关键因素，如果展示得好，展示得美妙，就可以增加商品的吸引力，从而打动顾客的第六感，让顾客跟着感觉购买产品。

除了各种展示技巧的运用，一些细节也是需要销售人员注意的。比如展示的商品不能有污渍，不能展示残次品。服装商品有线头或者缺扣等问题都要修整后再展示。店面内不能有除商品外其他的内容，比如海报、广告等最好贴到店面门口。从细节出发，争取布置最合适的商品陈列，为顾客制造最难忘的商品印象。

优秀的柜台展示，能吸引顾客的注意力，促进交易成功。而失败的展示则会降低顾客的购买欲望。销售人员应该永远以顾客为中心，从顾客的角度审视商品的展示情况，为顾客提供最佳的购物感官体验，吸引更多的顾客光顾。

提高客户的体验

做过销售的人都知道，销售行业有一个术语叫作"体验营销"，是指公司或企业采用让目标顾客观摩、聆听、尝试等方式，使顾客亲身体验企业提供的产品或服务，让顾客近距离地实际感知产品或者服务的品质或性能，从而促使顾客对产品有更好的认知，进而喜欢商品，达到销售的目的。

事实上，销售人员经常遇到这样的顾客：不管你怎么认真介绍产品，对方只是漫不经心地听着，一心想着能亲自体验一下就好了。如果销售人员不能洞察顾客的这种心思，甚至在顾客提出试用要求后加以拒绝，那很有可能就失去一位顾客了。

其实，让顾客亲身体验商品并不是一件坏事，这不仅能让他们在购买前体验到商品的性能，还可以拉近商家和顾客的距离。须知，让顾客放心购买商品，是销售的基本原则之一。

张燕在一家品牌鞋店做销售，她知道：即使是同一款鞋，每个鞋号都会有偏差；即使是同一款鞋，同一个鞋号，不同的人穿上也会有不同的感受。所以，她每次都主动说服顾客亲自试穿一下，即使顾客之前已经购买过同一款鞋子。

有一天，她接待了一位年轻女士，这位女士在店里逛了足足有20分钟，最后在一双春季女鞋面前停下了脚步。张燕赶紧上前："女士，真佩服您的眼光，这是我们今年的春季新款，卖得很好。我认为您的身材和气质，穿这双鞋子的效果一定很好。但是光看不知道效果，请这边走，这边有镜子，您可以试穿看一下。"

尽管张燕介绍了许多，但这位女士还是自顾自地看鞋，丝毫没有要试穿的意思。张燕接着说："女士，鞋子穿在每个人的脚上效果都是不一样的。我说得再好，如果您不穿在脚上还是看不出效果的。买不买都没关系，请这边跟我来，先试一下看看效果怎么样。"

最后，这位年轻女士跟着张燕走到镜子面前试鞋。试了一只，看着很喜欢，还主动要求张燕把另一只鞋也拿过来。顾客在镜子面前看了又看，张燕适时说："真好看，果真很配您的气质。"于是，年轻女士愉快地买下了这双鞋。

很多时候，进入鞋店的顾客并没有购买的打算，这时销售人员要热心地邀请顾客试穿一下新鞋，很有可能顾客穿上之后会很满意，于是就购买了。显然，销售人员可以用自己的热情感染顾客，从而提升销量。

和推销鞋子一样，销售任何一种商品，都要时刻关注顾客的细微反应，包括他们的表情、动作等。只有拿捏好对方的心思，再以专业自信的口吻建议顾客体验，并且用自己的肢体很坚决地引导顾客去试用，才会达成销售的目的。

有些顾客会在一开始的时候拒绝体验，这个时候销售人员一定不能放弃，应该自信地给对方提供体验的理由，并顺势再次做引导体验。整个过程要自然、流畅，让顾客有不好意思拒绝的感觉，但是千万不能强迫顾客。

毋庸置疑，体验的过程对销售很重要，因为体验是站在顾客的角度，以顾客为核心，注重顾客在体验过程中的感受。它不仅可以强化顾客对产品的认识，还能间接表明产品的质量，顺利实现推销的目标。而单纯的体验是不够的，销售人员需要在顾客的体验过程中关注其反应，还要主动询问其感受，让顾客感受到你全心全意的服务精神。

星巴克努力使自己的咖啡店成为一个舒适的社交聚会场所，成为顾客的另一个"起居室"。在这里，既可以会客，也可以独自放松身心。显然，在时尚且雅致、豪华而亲切的浓郁环境里，人们能放松心情，摆脱繁忙的工作，在稍事休息或约会中，得到精神和情感上的满足与报偿。可以说，注意为顾客提供体验式的服务，正是星巴克成功的秘诀。

由此可见，销售工作必须以顾客为中心，而对产品的亲身体验则是建立产品和顾客之间联系的桥梁。顾客不仅可以在体验的过程中和产品来一次亲密接触，还能享受到销售人员的细致服务，这自然会增加他们愉悦的体验，从而吸引其购买。

·第六章·

风趣幽默更易增进感情，化解尴尬

幽默营销，首先要对自己所推销的商品有信心，其次要有良好的心理素质。良好的心理素质从何而来？这就要不断加强心理修养，多参加社会活动，不断实践总结，才能遇变不惊，应付自如。在这基础上产生的幽默是营销成功的金钥匙，它具有很大的感染力，能让人们在会心一笑后，对你、对商品或服务产生好感，从而诱发购买动机或合作愿望，促进交易的达成。

幽默是拉近距离的润滑剂

美国心理学家赫布·特鲁说:"幽默可以润滑人际关系,消除紧张,减轻压力,使生活更有乐趣。"幽默作为调节气氛的润滑剂,历来就备受人们喜欢,可以说没人不喜欢和幽默风趣的人打交道。因此,一名幽默的销售人员更容易得到大家的认可。

一名风湿病患者来到某处著名的温泉,询问经理:"这里的泉水是否真的对人身体有益?洗过温泉浴我会觉得好些吗?"经理说:"我给您说一个事例吧。去年冬天来了位老人,身体非常僵硬,只能坐轮椅。他在这儿住了一个半月,没有付账就自己偷偷骑着自行车溜了。"经理一番幽默的言谈说得那名患者心动不已且非常开心。服务产生好感,从而诱发客户的购买动机,促成交易的迅速达成。因此,一个具有语言魅力的人对客户的吸引力是不可想象的。

一位销售人员想和一家公司的董事长见面,他请对方的秘书把自己的名片递进去。秘书恭敬地把名片交给董事长,一如预期,董事长不耐烦地把名片丢到了一边:"又来了!"秘书很无奈地把名片退给站在门外的销售人员。销售人员并没有退缩,他再次把名片递给了秘书。

"没关系,我下次再来拜访,所以还是请董事长留下名片。"

拗不过销售人员的执着,秘书硬着头皮再次走进办公室。董事长生气了,将名片一撕两半,丢给了秘书。秘书不知所措地愣在那里。董事长更是生气,从口袋里拿出 10 元钱,说:"10 元钱买他一张名片,这总够了吧!"

没想到,当秘书向销售人员递还名片与钞票时,销售人员很开心地高声说："请你跟董事长说，10元钱可以买我两张名片，我还欠他一张。"随即又掏出一张名片交给秘书。

这时，办公室里传来一阵大笑，董事长走了出来，说："这样的销售人员，不跟他谈生意，我还跟谁谈？"

这是销售人员每天都可能会碰到的情况。销售人员如果此时能幽默一下，就能轻松化解这种尴尬。

有这样一位销售人员，在他找到客户并刚要说明身份时，对方就打断说："别跟我提保险，保险都是骗人的。"

销售人员："对不起，我还不知道您受了保险的骗。"

客户："我倒没受骗，是别人受了骗。保险公司的人真骗到我的头上，我跟他没完。"

销售人员："看来，今天我必须实事求是地跟您讲保险了，否则真怕您跟我没完。"一句话，说得客户也笑了。

幽默是沟通中的润滑剂，可以化解尴尬，缓和气氛，消除客户的戒心。销售人员若能恰如其分地运用幽默，就能更容易接近客户，增进彼此的感情。

幽默带来快乐，也带来订单

幽默是一种最富感染力、最具有普遍传达意义的交际艺术。

一位言谈不凡、充满智慧的人，也一定是一位出色的幽默大师。因为幽默是人类智慧的产物，它不仅是一种人生态度，而且是一种人生品位，它像一首美妙动听的歌。没有幽默感的人，就像没有轮胎的车轮，路上的每一块或大或小的石头都会使车子遭到颠簸，甚至陷入困境。没有幽默感的人无感于生活的多姿多彩，对人与事物无动于衷、后知后觉，甚至枯燥到无以复加的程度。

幽默的谈吐可以打开轻松、愉悦的大门，带领客户走进来，安抚他们的情绪，协助客户解决问题，真正地消除客户的不良心情，你的订单便会纷至沓来。

销售人员哈尔口才甚好，而且反应敏捷，善于随机应变，所以他的销售业绩一直稳居他所在超市的首位。

在一次周末促销会上，哈尔的任务是推销那些"折不断的"塑料晾衣架。

"看哪，这些晾衣架是多么坚韧，不管多重的衣服，挂在上面它都不会断哦。"为了证明他所说的并非假话，哈尔拿起一个晾衣架，捏着晾衣架的两端使它弯曲起来。

突然，啪的一声，原本完好的塑料晾衣架顿时变成了两半。尽管如此，但哈尔并不慌张，他机灵地把坏掉的晾衣架高高地举了起来，对围观的人大声说："请仔细看看吧。女士们，先生们，这就是这种塑料晾衣架内部的样子，咱们拆开看看，瞧它的质地有多好啊！"

哈尔的话一说完，围观的人都哈哈笑了。当然，并没有人责问哈尔晾衣架断了的原因，而哈尔也继续推销自己的晾衣架。

杰夫是一家外卖公司的销售人员。一日，当他为客户送完餐，准备转身离开的时候，客户突然叫住了他。

客户："请您等一下，能告诉我这是怎么回事吗？"

杰夫："先生，您怎么了？"

客户："你们是怎么做菜的，为什么里面还会出现小虫子？"

杰夫："这小家伙，真够聪明的，瞧它知道什么是最好吃的。"

杰夫的幽默一下子征服了客户，客户笑道："既然如此，那我决定下次还点这道菜，不过我不希望再看到一只在里面游泳的虫子。"

人们大多喜欢和具有幽默感的人交往，因为他们能给人带来一种心灵上的愉悦和轻松。在人们言谈拘谨时，一句幽默的话往往能让气氛顿时变得活跃起来。

销售大师皮卡尔说："交易的成功，是口才的产物。"销售人员幽默的语言往往能在推销中起到化险为夷的作用。而案例中的销售人员，就是在紧急时刻恰到好处地运用了幽默，使自己避免了尴尬。

幽默的人走到哪里就会将笑声带到哪里。如果你是一个幽默的销售人员，那在整个交易过程中，将会给客户带来很多快乐，使客户备感轻松，从而加大促成订单的可能性。

幽默也是一种敲门砖

幽默的重要性不言而喻，幽默的首要目的就是让客户笑起来，在笑声中，他自然会对你的产品感兴趣。他开怀大笑时，人与人之间的陌生感就会随之消失，有了良好的氛围，便有了继续沟通的可能，成交的机会也会随之而来。

陈景弈是一个幽默风趣的人，他常常用自己的幽默把客户逗笑，很多成功的交易就是在轻松愉快的谈话中完成的。

有一天，陈景弈去拜访一位客户。"您好，我是 H 公司的销售人员陈景弈。"他边说边双手呈上了自己的名片。客户接过名片，很不屑地看了他一眼，对他说："昨天，也来过一个销售人员，同样的方式，同样的开场白，不过我没有等到他把话讲完，就打发他走了。同样，我对你们的产品也不感兴趣，我也不想浪费你的时间，你还是走吧！"

"真谢谢您为我着想，恰恰相反，我的时间实在是太充裕了，一点也不浪费，但我还是有个不情之请，希望您允许我占用您五分钟的时间让我向您介绍一下我们的产品，因为我觉得这件产品是非常适合您的，如果不向您介绍一下，我觉得这会是一件很遗憾的事情。我保证，如果您听完后还是不满意，我当场在地上打个滚，要不翻个跟斗也行。无论如何，请您给我一点点时间吧！"陈景弈一脸正经地说。

客户听了忍不住笑了起来，说："你真的要翻跟斗吗？"

"没错，就当着大家的面表演，就这样躺下去……"陈景弈一边回答，一边用手比画着。

"好，我非要你当众打滚儿不可。"客户乐了。

"行啊，我也害怕当众出丑啊，看来，我还必须得向您用心介绍不可了。"

说到这里，陈景弈和客户对视一眼，开怀大笑起来。

在平时，头脑中一定要多些"幽默细胞"，懂得如何恰当地使用幽默来调节气氛，有助于将与客户见面时的紧张局面转化为和谐局面。客户的戒备心理一旦打破，便会认为你是一个容易相处的人，并且觉得和你相处是一件非常愉快的事情。这样，你的这次销售肯定是胜利在望了。

然而有时，不是想幽默就能幽默，幽默是一种智慧的表现，它也要建立在知识丰富的基础之上。机会总是留给有准备的人，一个人只有具备广博的知识和开阔的视野，然后巧妙地加以应用，才能做到谈资丰富，妙趣横生。因此，培养幽默感必须有广泛的涉猎，在生活、学习、情感及工作中永远保持一份探索的精神，用敏锐的目光和创造性的思维为"幽默感"提炼最精彩的素材，充实自我，用于实践。

介绍产品的语言要幽默化

在销售活动中，通常会出现这样一种现象：当一个客户听你做产品介绍时，通常会在十分钟后便开始转移注意力，产品介绍时间越长，客户对产品失去兴趣的可能性就越大。因此，作为一个优秀的销售人员必须清楚这样一个事实：人们不可能一直有耐心坐下来与你交谈。如何紧紧抓住客户对产品的兴趣，是每个优秀的销售人员都必须考虑的事情，这就需要运用一些技巧，如保持幽默感。

幽默是一种特殊的情绪表现，它能降低人的心理戒备，缓和紧张的气氛，它是促进人与人之间积极交往的有力推动器。对于一个销售人员来说，幽默不是万能的，但没有幽默却是万万不能的，一两句俏皮的对话，可以缩短你与客户之间的"距离"，进而营造出一种良好的沟通氛围。

一天，李丽在帽子店里挑选帽子："这顶灰色兔皮帽子看起来还不错，就是不知道兔皮怕不怕被雨淋？"店主回答："当然不怕！您什么时候见过兔子在下雨天打伞？"

推销员小王在一次订货会上，向全国各地的经销商介绍："我们厂的雨披，不仅材质好，还经久耐用。"刚说完，他就拿起一件雨披往身上披。可谁知这件雨披上居然有破损。只见小王微微一笑，不慌不忙地说："大家请看，像这种有破损的，我们包退包换！"

当你遇到一个意想不到的提问，一件猝不及防的事情时，用幽默的方式去巧妙地回应，结果往往也会出人意料，这就是幽默的妙处。

幽默在人际交往中能营造出一种沟通的氛围，用幽默的方式能够使交谈气氛更加轻松，更加融洽，更加利于交流。

当你滔滔不绝或照本宣科地向你的客户介绍产品时，你是否想过这种方式太过普通，毫无新意可言？没有新意，自然勾不起客户的兴趣。客户对谈话内容失去了兴趣，也就意味着对你失去了兴趣，更意味着对产品失去了兴趣，自然而然，这就是一项失败的销售活动。

如果你的脑海里拥有幽默的细胞，并且能够在特定的环境下适时地将它们释放出来，到最后你会发现，原来"它们"很有用！

幽默千万不能给客户造成伤害

纪伯伦说过:"幽默感就是分寸感。"在你使用幽默口才的时候,一定要把握分寸,重点是懂得察言观色、投其所好,而不是嘲讽客户,毫无节制地耍闹,拿别人的缺点、弱点肆无忌惮地开玩笑,更不能因此伤人,有失礼貌。幽默唯有运用得恰到好处,才能真正发挥功效。

王姐是销售员小刘的老客户,两人认识很长时间了,而且私下的关系也不错,偶尔开个无伤大雅的小玩笑,也都是笑笑就过去了。

王姐结婚后,身材就开始发福,原来纤瘦的身材逐渐胖了起来。

有一天,小刘去王姐的公司谈下半年的合作,几个月不见,没想到王姐一下胖那么多,小刘心直口快地说:"哎呀王姐,你怎么搞的呀,现在胖成这个样子,脸胖得都看不见眼睛了,再发展下去真的不堪设想啦!"公司的其他人听了都大笑起来。

王姐的脸顿时沉了下去,没说一句话,转身离开了。回到办公室,王姐再也压不住心中的火气,破口大骂。后来,王姐便终止了和小刘公司的合作。

销售中,幽默是必要的,但是幽默过了度,就会给调节气氛的幽默蒙上一层黑色。幽默过度的人,容易引起他人反感。

程盈盈是一个销售人员,是个聪明伶俐的女孩。她脑子灵活,言辞犀利,还有丰富的幽默细胞,无论到哪儿都是颗"开心果"。但如此可爱的程盈盈,却得不到老板的青睐!

程盈盈工作非常努力。有一次,她加了一整夜的班,第二天工作起来显得有些无精打采。可领导却不分青红皂白地批评她一通,说她工作不够仔细、状态差等，任她怎么解释都不行。程盈盈委屈极了，向比较谈得来的老员工请教。对方反问她说："想想你平时有没有在言辞上有过失啊？"

这么一问，程盈盈想起来了，自己平时喜欢和客户开玩笑。有一次，她去见一个熟悉的老客户，看到客户穿着笔挺的新西装，程盈盈夸张地大叫："王老板，您今天穿新衣服了！不过款式应该是去年流行过的呢！"如今回想起来，当时客户的脸色似乎非常难看，而且最后生意也没谈成。

想到这个，一向快言快语的程盈盈再也高兴不起来了。原来这就是她虽然聪明能干，却无法受到重用的原因。

与人为善是幽默的一个原则。幽默的谈话是感情互相交流传递的过程，如果在与客户交流时，以幽默的借口出言不逊，那么除非是傻瓜才识不破。也许有些客户不如你口齿伶俐，表面上你占到上风，但客户会认为你不尊重他，从而不愿与你交往。

幽默要适度，千万不能给客户造成伤害，损害了双方的关系，那才得不偿失。

幽默的技巧

幽默不是油腔滑调，也非嘲笑或讽刺，它是一种智慧的表现，因此必须建立在丰富知识的基础上。一个人只有拥有审时度势的能力，广博的知识，才能做到谈资丰富，妙言成趣，从而做出恰当的比喻。因此，要培养幽默感必须广泛涉猎，积极充盈，不断从浩如烟海的书籍中收集幽默的浪花，从名人趣事的精华中撷取幽默的宝石。如果你拥有了大量的知识，在销售的过程中，幽默之言、智慧之语就可以信手拈来，如此还有什么样的危机不可以轻松化解呢？客户又如何不喜欢和你这样的人打交道呢？

首先，采用轻松自嘲的幽默方式。"自嘲"是一种巧妙的表达方式，在销售的过程中，如果你可以灵活地使用这一方式，不仅可以博得客户一笑，还可以拉近客户和你之间的距离，使原本尴尬的局面变得轻松、活跃起来。同时，这对别人和自己来说，也是一种"激励"或"鼓舞"的力量。如有位销售员年纪轻轻却秃顶了，客户见到后忍不住说了句"秃头"，这位销售员非但没有生气，还笑着说："正好，一会儿咱谈事情的时候也不用开灯了，省电费。"

其次，采用装傻充愣的幽默方式。作为一名销售人员，可能常常会碰到各种销售危机，如客户要求退货，销售人员约见客户时迟到，等等。当你碰到这种情形时，装傻充愣这种方式往往会产生出人意料的效果。

有一位销售员由于种种原因，多次延误了与客户商谈的时间。等到他再度打电话与客户另约时间时，客户已经失去了耐心，表示拒绝购买他们公司的产品。但是这名销售员仍然赶到了客户所在的公司，笑着说道："您好，听说您刚刚拒绝了一位销售员的产品，因此我马上赶过来了。"此语一出，顿时除去了客户脸上的阴霾之气，那位客户忍不住笑道："那好，我就来看看你们的产品吧。"

最后，采用逆转的幽默方式。由于一般人通常是顺向的思维方式，只有极少数人会采取逆向思维方式，因此，一旦你在销售过程中学会了这种幽默技巧，把结果转移到一个"意想不到"的焦点上，就会使人产生"有趣"以及"想笑"的感觉，从而轻松地化解各种突发情况。例如，一位被自动取款机吞卡的客户，在焦急地找到客户经理时，却被客户经理的一席话逗笑，而消除了紧张情绪。客户经理是这么说的："我说早上检查的时候怎么少了一台机器，原来是被你的卡吞了。"

幽默固然可以为你的销售活动化解大量的危机，或者达到锦上添花的效果，但也需要注意几点问题，以免弄巧成拙，不胜反败。

面对客户时，通过判断对方的年龄、身份、职业、性格以及会面场合等来恰当地选择合适的幽默语言。再则，幽默取材要尽量做到清新、高雅，避免使用攻击性和粗俗下流的言辞，而且要适度，注意观察对方反应，尽量保持双方的和谐。

·第七章·

投石问路，连环发问打开客户话匣子

在销售过程中调整好心态，掌握好方法，就能与每位陌生客户愉快地交流。而向客户发起有效的提问，则是打开客户话匣子的关键，提高成交率！实际上，向客户提问就好比投石问路，这其中的环节就在于如何把握提问的方式。不同的提问方式获得的效果也是大相径庭的。

好听的声音让沟通顺利进行

西方沟通学家把声音称为"沟通中最强有力的乐器"。面对客户，声音的作用在销售中尤为重要，尤其是只能通过声音传递信息的销售人员。销售人员大都知道这样一个公式：销售成功＝55%的声音＋45%的内容。声音的重要性源于什么呢？

在心理学上有一种晕轮效应，主要意思是对一个人的认知和判断往往从局部出发，然后通过扩散得出整体印象。在销售中可以这样讲，如果你的声音动听，他们会因此喜欢上你的产品。对一个陌生人来讲，这种效应尤为明显。

小丽是某保险公司的销售人员，因其声音甜美，客户都喜欢与其打交道，特别是一些男客户。每次小丽和其他销售人员一起去拜访客户时，即使没有购买意愿的客户，也都要与她交谈一会儿，很多客户最后也都购买了保险。因此，小丽的销售业绩在公司一直名列前茅。

销售人员向客户提问时，不仅要知道提问什么，还要知道如何提问。你的脑海中可能有很有价值的问题，或是最为切中客户要害的问题，但是，如果你含含混混地说出这些问题的话，它们的效力就会大打折扣；而如果你像击鼓一样震耳欲聋地提出这些问题，你也将无法得到客户的回应。

推销也是如此。销售人员在面对客户时，不但要有得体的穿着和正确的礼仪，还要有好听的声音。好听的声音能让客户感觉愉快，使客户对销售人员产生好感，愿意与销售人员进行更深的接触。

那么，对于销售人员来说，什么样的声音才更好听，更能打动客户呢？

1. 打造自己声音的魅力

对于一个销售人员来讲，声音代表了自己的形象，只有学会用声音给客户留下美好的第一印象，接下来的沟通才能顺利进行。

销售人员应该让悦耳的声音成为自己专业服务的标志。显示出自己的声音魅力，就可以吸引客户与自己交谈，让客户更愿意听自己在说什么，无形中增加了成交的概率。

2. 赋予自己声音积极的情绪

人的情绪是可以通过声音来传染的，因此，销售人员要有意识地培养自己的积极情绪。特别是在电话销售中，不管每次的通话成功与否，都要做到对于接下来的另外一通电话没有任何不良影响。

如果销售人员用这种积极的心态去跟客户沟通，就会让客户有温暖的感觉，客户即使有什么不开心的事，也会被你的积极情绪所感染，从而让自己也变得积极开心起来。这样一来，销售人员与客户之间的通话就会变得很愉快。要知道，像跟朋友谈天似的销售才是最好的销售方式。

3. 增强自己声音的感染力

在跟客户交流时，说话一定要充满热情，这是销售人员在工作中必须做到的。特别是在电话销售时，热情是可以传染的，虽然客户看不见电话销售人员的表情，但是客户却可以通过声音感受到销售人员的情绪。

销售人员在打电话时，如果一直紧绷着一张脸，不苟言笑，说的话也是冷冰冰的，没有多少热情可言，试想一下，客户还会有耐心和你继续聊下去吗？因此，很多时候，销售人员应该努力让自己高兴起来，让自己的面部表情变得丰富，只有心境快乐了，声音才会显得有热情，才能影响客户、感染客户，从而激起客户对产品的兴趣。

提问语言规范和变通

按风格来划分，语言可以分为生活化语言和规范化语言。生活化语言是指在风格上近似于日常生活的语言，具有随和、灵活、易于接受和易于沟通等特征。规范化语言是指遣词造句上比较讲究、正规，比较接近推销语言风格。它比生活化语言更准确，更简洁，更通用。在某些场合下，需要使用规模化的语言，如贸易谈判、合同签订、商店柜台零售、商品展销会等。

向客户询问同一个问题时，提问用语的不同，往往会给客户不同的感受，也会产生不同的销售效果。例如，"先生，请您往这边走，好吗?"如把"请"字省去了，把"好吗"变成"行吗"，在语气上就显得生硬，同时也会使客户听起来很刺耳，难以接受。另外，在销售提问中还要注意选择规范的用语，如："先生，请问你要饭吗?"在这里，"要饭"就是不规范用语，如果改成"用饭"就显得规范了；"先生，您叫什么"中的"叫什么"就是不规范用语，规范用语应该是"您贵姓"。这样会使人听起来更文雅，免去粗俗感。由于推销用语的不同，导致了不同的销售结果。

有一对老夫妇打算购买一套两居室的住房，他们在电视上看到两则售房广告。一则写着：出售住宅一套，有厨房、卫生间、两个卧室。除此之外，壁炉、车库、浴室一应俱全。交通十分方便。另一则写着：住在这所房子里，我们非常幸福。只是由于两个卧室不够用，我们才决定搬家。如果您喜欢在春天呼吸湿润新鲜的空气，如果您喜欢在冬天的傍晚，全家人守着温暖的壁炉喝咖啡时的气氛，那么请您购买我们的房子。我们也只想把房子卖给这样的人。

看过这两则广告后，这对老夫妇毫不犹豫地选择购买第二则广告上的房子。

这个例子告诉我们，只有优秀的推销语言才能起到激发购买欲望的作用。我国是个礼仪之邦，各行各业的服务活动都体现了一种礼仪规范，商务活动也不例外。商务活动的场合包括柜台服务、展销展示、商务洽谈等形式。

在不同的场合有不同的提问用语，如致歉提问用语、引荐提问用语、欢送提问用语等。

1. 致歉提问用语

可以肯定地说，几乎所有人都会在工作中多多少少有一些失误，不管这个失误是大是小，不管责任是否全在于你，只要这个失误给客户造成了不便，或者是影响了客户正常的工作或生活，这个时候就要向其赔礼道歉了。提出此类问题的目的在于安抚客户的敌对情绪或不合作态度。常用的致歉提问用语有：

很抱歉，我在上一个交通信号灯处走丢了。您能再给我指一遍去您家的路吗？

很抱歉，我没有把我们产品的特性和益处向您介绍清楚。我在介绍的时候忽略了哪些地方呢？

如果我的语言比较冒失的话，我在这里向您致歉。您能告诉我为什么您在过去没有与我们公司开展业务吗？

2. 引荐提问用语

引荐是会见理想客户和发展业务的一个关键环节，可以使销售人员准确定位与其有潜在合作关系的客户，也能让对方对自己的能力充分信任，使得对方更容易被发展为长期客户。

常用的引荐提问用语有：

您能够想起来多少个可能会对这一套系统感兴趣的人呢？

您还认识哪些可能会对提高公司生产有兴趣的人呢？

我相信像您这样的人士，一定有不少具有良好素质的朋友。您还认识哪些会对这种产品感兴趣的人呢？

您已经告诉了我××先生这条线索，我给他打电话的时候可否提及您的名字呢？

3. 欢送提问用语

欢送提问用语是指客户在临走时，销售人员以提问的形式来询问客户满意的程度以及下次具体会面的时间。目的就是表达自己对客户的重视，加深客户对自己的印象，以利于以后开展工作，更为建立稳定的长期合作关系打下基础。

常用的欢送提问用语有：

请问还有什么可以帮助您的吗？

您对我们的服务还满意吗？

我很荣幸这次能够见到您，什么时候我们可以再见一面呢？

禁用盘问式提问

怎样用问题打开你与客户之间顺畅沟通的局面？其实，亲切、自然的提问更容易被客户接受。比如"吃饭了吗""最近身体还不错吧"，类似的问题会拉近你与客户的距离，给予客户安全感。但是有许多销售人员急于求成，一开始便向客户盘问似的提出一连串咄咄逼人的问题，如："我们的产品是最适合您的，不是吗？""您准备什么时候签单呢？""我们的产品质优价廉，您还有什么不满意的呢？"这些问题会让客户无力招架，有时甚至会吓跑客户。

一位年轻的女士走进一家婚纱影楼。销售人员马上迎上去："女士，您好！这边请，是准备拍结婚照吗？"

客户："是的，不过今天我想先了解一下。"

销售人员："当然可以。您是朋友介绍过来的，还是碰巧路过的呢？"

客户："我去商场买衣服，看到你们的广告就进来了。"

销售人员："对，我们店正在举办店庆，其间有许多优惠项目。您的婚期是什么时候呢？"

客户："五月一日。"

销售人员："先要恭喜您了。"

客户（微笑）："谢谢！"

销售人员："您很有时间观念，结婚前一个月拍结婚照是最好的，因为从开始拍到取件刚好需要二十多天的时间。许多人就是因为没有算好时间弄得手忙脚乱。您先生真是好福气。我给您推荐的是目前性价比最高的优惠系列，可以说是物美价廉，我帮您介绍一下吧。"

销售人员："女士的运气真的很好，我们的这个优惠系列只剩下三套了。我帮您订一套吧，您觉得呢？"

客户："今天是我自己来的，我想征求一下老公的意见。"

销售人员："您真是细心，是应该征求一下先生的意见。不过，您那么尊重他，我想他也一定会尊重您的意见的。我看您也很喜欢这个系列，要不这样：我先开单给您保留优惠，明天您带您先生一起过来看。到时如果有什么意见，我再详细帮您介绍。"

这位销售人员很轻松就赢得了客户，最重要的原因就是他在谈话中问的问题很温和，态度亲切，给了客户极大的安全感。在几个问题之后销售人员得知了客户的婚期，可是他并没有马上介绍自己的产品，而是说了一系列温和的话，如恭喜她做新娘、夸她有福气、赞美她尊重先生的意见等，这些虽然都是温和的问题，却不是可有可无的。因为这些话客户听后会很舒服，也会拉近彼此间的距离。

销售人员热情一些，客户感觉受到了尊重，从而愿意和销售人员合作。于是，很多销售人员表现出了足够的热情与自信。可是有一些销售人员则常常在这方面表现得有些过火，如对客户不予购买的原因进行明显的盘问：

"我们公司能够提供最好的产品和客户服务，其他公司根本达不到我们先进的技术水准，也不具备如此完善的客户服务系统，可是你们竟然不愿意与我们这样的大公司合作，到底是为什么呢？"

又如迫不及待地打断对方说话，甚至想当然地替客户做出决定：

"请先听我说好吗？我认为你们公司应该尽早做出购买决定。否则的话，对你们公司来说就是一种损失……"

或者明显地对客户的决策权表示怀疑，如：

"所有用过我们公司产品的客户都对我们公司以及产品给予了高

度评价，对于我们公司和产品的相关信息您也了解很多了，可是您为什么仍旧迟迟不决定购买？如果您没有权力决定购买的话，那我们是否应该去找您的上司呢?"

过度的自信实际上就是自负，过于自负的销售人员会令客户感到咄咄逼人，这会使他们感到自己在整个销售活动中都处于下风，没有任何一位客户喜欢这种感觉。客户希望受到足够的尊敬和重视，销售人员适度的热情和自信会增强人们的购买信心，但是如果销售人员的表现超过了某种程度，那么客户会感到自己被控制、被强迫，之后他们就会逆反，如果此时销售人员仍然试图通过"高压"的方式处理客户的反对意见，那么客户最后就会彻底拒绝销售，成交的希望也就此彻底破灭了。

提问要饱含热情

热情能够使悲观的人变得乐观，使懒惰的人变得勤奋，如果没有诚挚的热情，就没有优秀的销售人员。像对待朋友一样以诚挚的热情对客户提问，会让你的销售所向披靡。因为热情是有感染力的，洋溢着热情的销售人员会让客户感觉很温暖。

有一对夫妇走进一家家用电器商场，打算看看电冰箱。销售人员以亲切的态度做了适当说明后，发现这对夫妇似乎有购买意向，于是她便抓住时机发动热情攻势："先生家里有几口人？"先生回答说有五口人。销售人员又转过身来问太太："太太是隔日买菜呢，还是每天都上市场？"

太太笑而未答，这位销售人员并未放弃，继续热情地为这位太太做了个"选择答案"——"听说有人一星期买一次，有人三天买一次，他们认为三天买一次，菜色不会有变化。太太您喜欢哪一种买法呢？"

太太终于回答说："我想三天买一次的方法比较好些。"

"家里常来客人吗？"

"有时候。"

"在冰箱里储存些食品，既可以保鲜，又可以应付突然来访的客人啊。"

这时先生蹲下来查看冰箱下方放啤酒的地方，估算着可以放多少瓶啤酒。销售人员马上说："先生，听说爱喝啤酒的人是这样的，一次买上一打，早上摆进一两瓶。这样的天气，每天晚上下班回家享受一瓶冰镇啤酒，嘿，男人们的福气可真不小！"

销售人员又问："太太，您看这个冰箱可以容纳三天的鱼肉蔬菜吗？"

"可以，可以，刚刚好。"

"您看这个小点的够不够？"

"不行吧。"

"太太，您打算把冰箱放在什么地方？是客厅还是厨房？"

"厨房太小了，好像放不下。"

"不一定要放在厨房，实际上放在客厅也挺好的。"销售人员为这对夫妇勾勒出了一幅动人美景，"夏天的啤酒、西瓜、汽水、软包装饮料冷冰冰的，解暑可口；就是冬天的冰淇淋，也别有一番风味，更不要说随时可以取出又青又嫩的蔬菜和新鲜的鱼肉了。尤其是，用电冰箱可以节约很多买菜的时间，还可以从容不迫地招待那些突然登门的客人，真是一举数得啊！"

紧接着，销售人员又问："先生住在哪儿？离这儿远吗？"

"不太远，就在附近。"

其实销售人员此处的问话并非真想了解这对夫妇家离商场的距离，而是把推销引向了一个新的目标阶段——我们要把货送到您家里去啦！销售人员接着问道："那么是今天送到府上好呢，还是明天一早给您送去好？如果今天送去，明天马上就可以放进很多新鲜蔬菜和鱼肉啦！"

太太说："还是明天好，我得先回去腾一个地方。"

这时虽然购买意向已定，但还没有收到钱，仍然不能懈怠。销售人员又忙拿出一沓奖券撕下一百多张递给太太说："太太，请记住，下月五号当众开奖。这么多奖券，您一定会中奖的。"然后销售人员记下了这对夫妇的地址，同时收到了先生递上来的货款。热情的销售人员为这对夫妇提供了良好的服务和愉快舒心的购物过程。

每位客户都希望有这样愉快的购物体验。热情具有很强的感染力，会使客户乐于在这样的销售人员那里购买。

面对那些性格比较随和、愿意听别人讲话的人，销售人员的热情和主动可以调动起他们的情绪。热情的推销对于那些确实很想购买该商品的客户更有作用。

从"心"着手提问，关注客户的情感需求

善解人意的销售人员总是能得到客户的垂青，销售人员只有关注客户的情感需求，才能做一朵客户的"解语花"。客户也是普通人，有自己的烦扰和忧愁，当我们向客户提问时，要注意观察客户的情绪状态，关注他们的情感需求。打从心底关心他们，客户一定会感受到你的善意，也就更容易打开心扉。

王伟是一家汽车公司销售部的副总。一次，公司进口一批新款高档汽车，他分析了一下，认为这款车很适合徐老板，只是他以前每次拜访这个客户，对方不是态度冷淡，就是敷衍了事。

这天，王伟再度尝试去拜访徐老板，当他走进对方的办公室，还未来得及问候，客户就很生气地一拍桌子说："你怎么又来了！我不是告诉过你我最近很忙，没有空吗？你怎么那么烦人！你快走吧，我没时间接待你。"面对这种情况，王伟并没有转身离去，他说："徐老板，您怎么搞的，我每次来，都发现您的情绪不好，到底为了什么事情烦心？我们坐下来谈谈。"

此语一出，客户脸色立刻和悦了很多，也许他也觉得自己对待王伟的态度不妥。然后，徐老板说："王先生，我最近事情比较多，真快烦死了，你知道我是从事 IT 行业的，好不容易培养了三个分公司经理，正准备派他们去郑州、石家庄、济南开拓业务呢，结果上个月都被竞争对手挖了墙脚。"王伟听了拍拍客户的臂膀，说："唉，徐老板啊，您以为只有您才有这么烦心的人事问题吗？我也跟您一样啊。您看看，我们最近不是有新的产品要上市嘛，前几个月我好不容易用各种方法招来十几个销售人员，每天起早贪黑地培训他们，

想把我们的市场打开。结果才一个多月的时间，十几个销售人员走得只剩下五个人了。"接下来的几分钟，他们似乎找到了共同话题，两个人聊得非常尽兴，后来还成了朋友，三个月后，徐老板买了一辆王伟推荐的高档进口汽车。

当王伟遇到情绪低落的徐老板时，只字未提汽车的事，只是同徐老板套近乎，诱导他说出所烦恼的事，然后安慰他。其实，情绪低落的人更渴望倾诉，王伟做到了，所以他的销售任务也顺利完成了。

以发问探寻客户的真正需要

提问是探知客户需求的说话之道。那么，如何通过提问探出客户的真正需求呢？在此，介绍 SPIN 销售法。

"SPIN"由情景性、探究性、暗示性、解决性问题的四个英语单词的首位字母合成。SPIN 销售法就是指通过运用"实情探询、问题诊断、启发引导和需求认同"这四大类提问技巧来挖掘、明确和引导客户的需求，从而逐步推进销售进程，为交易成功创造基础的销售方法。

销售人员："姐姐，您真厉害，刚三十出头就实现了'五子登科'，我真是太佩服您了！不过这个年纪，上有老下有小，您的压力也不小吧？"（情景性问题）

客户："你才值得羡慕呢，一个人多自由。我这儿孩子要教育，双方父母要赡养，累着呢！"

销售人员："除了您，还有没有人能和您一起给家人全方位的呵护与保障呢？"（探究性问题）

客户："我老公呗。不过他也很忙，根本没有时间好好陪陪我和孩子，也没时间陪父母。我们两个都是独生子女，照顾老人全靠我们了。"

销售人员："是啊，现在这种情况很多，80 后都面临着这个问题。您有没有想过，如果有一天，您无法再为家人提供这样的保障，又没有其他人可以替代您，该怎么办呢？您为孩子和老人设想过吗？"（暗示性问题）

客户："这个我还真没想过。总觉得还年轻，还可以应付。"

销售人员："如果有一个计划，能够帮您减轻负担，同时还可以为您和您的家人提供保障，我相信，您肯定愿意尝试吧？"（解决性问题）

案例中，销售人员的提问就像医生问诊的过程，分四个阶段，将客户所面临的问题、隐忧、"痛苦点"一一呈现出来，客户逐步认识了自己的需求，也引导着销售向前发展了一大步。这就是SPIN销售法的具体应用。

并不是所有销售情况都要遵照上述发问顺序，销售人员应注意随机应变，灵活调整。比如，销售人员在提暗示性问题以探索客户的潜在需求的同时，可辅以情景性问题来帮助获取更多的客户背景资料。另外，销售人员要注意把握销售进程，各个阶段的转换要及时，过渡要贴切自然。

SPIN销售法的核心就是发掘出客户所面临的问题、隐忧、"痛苦点"，使客户的真正需求逐渐明确并对其感受越来越强烈，引导销售走向成功。

问题接近法：善于提出一个问题

销售人员直接向客户提出有关问题，可以引起客户的注意和兴趣，引导客户去思考。首先提出一个问题，然后根据客户的实际反应再提出其他问题，步步紧逼，接近对方，这就是"问题接近法"。

美国一位口香糖销售人员在遭到客户拒绝时就提出一个问题："您听说过威斯汀豪斯公司吗？"客户说："当然，每个人都知道。"销售人员接着又问："他们有一条固定的规则，该公司采购人员必须给每一位来访的销售人员 1 小时以内的谈话时间。您知道吗？他们是怕错过好东西。您是有一套比他们更好的采购制度还是害怕看东西？"

某自动售货机制造公司指示其销售人员出门携带一块 60 厘米宽、90 厘米长的厚纸板，见到客户就打开铺在地面或柜台上，纸上写着：如果我能够告诉您怎样使这块地方每天收入 250 美元，您会感兴趣的是吗？

当然，接近问题必须精心构思，注意措辞。事实上，有许多销售人员养成了一些懒散的坏习惯，遇事不动脑筋，不管接近什么人，开口就是："生意好吗？"有位采购员研究销售人员第一次接近客户时所说的行话，做了这样一个记录，在一天来访的 14 名所谓的销售人员中，就有 12 位是这样开始谈话的："近来生意还好吧？"这是多么平淡、乏味呀！某家具厂的推销经理曾经抱怨说有 4/5 的销售人员都是以同一个问题开始推销面谈，即"生意怎样"。

在利用问题接近法时，销售人员还必须注意以下四点：

1. 接近问题应表述明确，避免使用含混不清或模棱两可的问句，以免客户听起来费解或产生误解。例如："您愿意节省一点成本吗？"这个问题就是不够明确，只是说明"节省成本"，究竟节省什么成本，节省多少，多长时间，都没有加以说明，很难引起客户的注意和兴趣。"您希望明年年内节省 7 万元材料成本吗？"这个问题就比较明白确切，容易达到接近客户的目的。一般说来，问题越明确，接近效果越好。

2. 接近问题应尽量具体，做到有的放矢，一语道破，切不可漫无边际，泛泛而谈。销售人员应该在接近准备的基础上设计接近问题，针对不同的客户提出不同的问题，只有为每一位客户订制不同的接近问题，才能切中要害。千篇一律的问题，不着边际的问题，不合时宜的问题，不切实际的问题，不痛不痒的问题，不知所云的问题，不成问题的问题，都难以引起客户的注意和兴趣。

3. 接近问题应突出重点，扣人心弦，切忌隔靴搔痒，拾人牙慧。在实际生活中，每一个人都有许许多多的问题，其中有主要问题也有次要问题，应把重点放在客户感兴趣的主要利益上。如果客户的主要动机在于节省钱，接近问题就应着眼于经济性；如果客户的主要动机在于求名而不是求利，则接近问题应强调相应的重点。因此，销售人员必须设计适当的接近问题，诱使客户谈论既定的问题，从中获取有价值的信息，把客户的注意力集中于他所希望解决的问题上面，缩短成交距离。

4. 接近问题应全面考虑，迂回出击，切忌直言不讳，应避免出语伤人。每个人都有一些难言之隐，旁人不可随意提及。出于多种原因，有些客户不愿意谈论某些问题，即使有人提起，也往往不做答复。例如，人们一般不与陌生人讨论自己的财务状况，除非销售人员事先已经熟悉有关情况。有时销售人员也可以利用有关资料进行逻辑推理，以假言判断的方式提出接近问题。无论采用的方式如何，都应避开有争议的问题和伤感情的问题，以免触及客户的痛处，转移客户的注意力。当然，这是一种处理伤感问题的高度艺术，十分微妙，只有恰到好处，才能有问必答。

·第八章·

在疑问中寻找机遇

在销售过程中，我们也许不是每一次都能得到客户的理解，但是每次遇到这样的情况都要提防自己卷入客户的情绪，不要让问题愈加严重。服务是用心去体会你面对的各类客户，聆听他们，理解他们，为他们解决问题，善待客户，就如同善待我们自己一样！

耐心解释客户的挑三拣四

"嫌货才是买货人"的意思是说，嫌弃货品的人才是真正对你的产品感兴趣、有意愿购买的人。如果销售人员遇到对产品挑三拣四、指指点点的客户，请不要生气，而是要高兴才对，因为真正的客户来了。

面对客户的刁难，要让自己静下心来，耐心地倾听。你只有让客户对你的服务满意，让客户感觉你在乎他说的每一句话，他才会满足你的口袋，心甘情愿地购买你的产品！你一定要明白，对客户耐心，最终受益的不只是客户，更是你自己！

"这草莓都快烂了，还要卖十块钱一斤啊？"客户仔细看着手里的几个草莓。

"老哥，我这草莓算不错的了，不然您去别家比较比较。"水果摊主老林胸有成竹地说。

客户："八块一斤吧，不然我就不买了。"

老林微笑回应道："老哥，我卖您八块一斤，对刚才这位买草莓的大姐如何交代呢？"

客户："可是，你的草莓也不见得好。"

"这草莓就是个头小点儿，可甜了。如果再大点的话就要卖十二块钱一斤了！不信，您尝尝。您觉得好吃再买……没关系，您尝一个吧！"老林笑着解释道。

不论客户的态度如何，老林始终面带亲切的微笑。虽然这位客户嫌这嫌那，可最后还是以十元一斤的价格买了两斤草莓。

有时候，客户之所以"嫌弃"你的产品，其实是在意它，说明他对你的产品产生了兴趣；或者是已经有了购买打算，却想在价格、交易条件等方面寻求优惠而提出异议，并不是真的嫌弃。相反，那些对你的产品只说"不错，不错"的客户往往是走马观花的看客，他们对你的产品没有兴趣或者不需要，自然也不会把精力浪费在品评你的产品上。

陈先生的冰箱坏了，亟须买一台。在商店里，销售人员指着他要的冰箱，告诉他价格为 1500 元。

陈先生："可这冰箱外表有点小瑕疵！你看这儿。"

销售人员："我看不出什么。"

"什么？"陈先生说，"这一点小瑕疵似乎是个小割痕，有瑕疵的货物通常不都要打点折扣吗？"

陈先生又问："这一型号的冰箱一共有几种颜色？"

销售人员："30 种。"

"可以看看样品本吗？"陈先生问。

销售人员回答说："当然可以。"说着马上拿来了样品本。

陈先生边看边问："你们店里现货中有几种颜色？"

销售人员："共有 22 种。请问你要哪一种？"

陈先生指着商店陈设产品里没有的一种颜色说："这种颜色与我的厨房颜色相配，其他颜色同我厨房的颜色都不协调。颜色不好，价格还那么高，要不调整一下价格，否则我将重新考虑购买地点了，我想别的商店可能有我需要的颜色。"

陈先生又打开冰箱门，看了一会儿说："这冰箱附有制冰器？"

销售人员："是的，这个制冰器 24 小时都可以为你制造冰块，而且 1 小时只需要 2 分钱的电费。"（他以为陈先生会满意这个制冰器）

陈先生："这太不好了，我孩子有慢性喉头炎。医生说绝对不能吃冰，绝对不可以。你可以帮我把这个制冰器拆掉吗？"

销售人员：“制冰器是无法拆下来的，它同冰箱的门安装在一起。”

陈先生：“我知道……但是这个制冰器对我根本没用，却要我付钱，这太不合理了，价格再便宜点？”

即使陈先生如此讨价还价，售货员始终耐心解说，最终做成了这一单生意。

一位销售人员，如果没有足够的耐心，就不能用心听完客户的倾诉，没有足够的包容心，就不能与客户进行心灵沟通。每个人都希望自己的倾诉得到别人的肯定，尤其当一些客户与你沟通时，就算是故意刁难，你也一定要不急不躁，耐心地倾听客户的谈话。要记住：你对客户耐心地倾听，不仅是对客户的尊重，更是自己素质和修养的体现。

仔细找到客户的关键问题

销售在很多人看来是非常简单的事情，认为只是卖东西，其实不然，销售也是有很多技巧的。其实最重要的一点，还是尽可能多地了解客户的需求，弄清楚客户的具体异议，并让客户把关键问题尽量详细地说明原因，你才能有针对性地进行决策。

艾洛克是一名优秀的保险销售人员，他也遇到过很多困难，那他又是怎样扭转乾坤的呢？

有一次，他向一位地毯公司的老板销售寿险。可是，那位老板一听"保险"两个字，就态度强硬地对艾洛克说："不管你怎么花言巧语，我都不会买的。"

艾洛克虚心请教道："那您能否告诉我，是什么原因让您如此肯定的吗？"

"唉，最近经济不景气，我们公司也跟着遭了殃，遇到了财政危机，而保险每年要'抢走'我们8000美元左右，我可不想做傻事。除非公司财政一切恢复正常，否则我不会在保险上多花一分钱。"

地毯公司老板的这番话使谈话陷入了僵局，在别人看来，这场交易已然"山重水复疑无路"了，但是艾洛克并没有打退堂鼓，也没有规劝老板，只是追问道："除了财政危机，还有其他特殊原因吗？也就是说，我想知道，是什么让您如此坚决？"

老板犹豫了一下，然后坦诚道："你看得很准，我确实还有别的顾虑。"

"是什么顾虑让您如此谨慎呢？"

"是这样的，我有两个儿子，他们都大学毕业了，现在都在我自己的公司里努力工作。我不能那么自私，把公司赚来的所有利润都花在保险上，我总要为两个儿子着想一下吧？"

原来这才是真正的原因和顾虑，艾洛克知道了这个关键点，认为一切问题就都好解决了。

艾洛克笑着对老板说："让我亲自为您设计一个方案吧，我保证您的财产不会流失一丝一毫。而且我的方案会全面地顾及您的儿子们，让他们因您而享有更好的保障。这不正是您最关心的事吗？"

最后，艾洛克成功地推销出去了自己的保险。

再看另一个案例：

销售人员："李经理您好，我是××网络服务公司的。"

李经理："你好。"

销售人员："我以前跟您联系过，贵人多忘事，您肯定不记得了。今天刚好到您公司附近办事，所以就过来拜访您。"

李经理："哦。"

销售人员："我记得您好像说过咱们公司还没有自己的网站，对吗？"

李经理："嗯。"

销售人员："恕我直言，您一定希望咱们公司拥有自己的网站吧？"

李经理："是啊。现在是网络时代，大部分公司都开办了自己的网站。通过网络既可以提高企业形象，也可以进行产品宣传，还可以进行网上交易，真可谓一举多得啊。我很早就想办个网站了，但是这方面我又不懂。哎，对了，你就是网络公司的对吧，能帮我介绍一下吗？"

不用说，销售人员轻松搞定了李经理。

　　销售人员在与客户沟通时，一定要把握住客户的关键问题，让客户多说，详细地说，具体地说。如果销售人员在与客户的交谈中只顾自己夸夸其谈，就会使客户没机会向销售人员传递相关信息，而不知道客户真正的需求，最终就会失去成交的机会。

真正打消客户的疑虑

世界上最伟大的销售人员乔·吉拉德曾经说过："客户的拒绝并不可怕，可怕的是客户不对你和你的产品发表任何意见，只是把你一个人晾在一边。所以我一向欢迎潜在客户对我的频频刁难。只要他们开口说话，我就会想办法找到成交的机会。"

销售人员要知道，在销售过程中，客户有疑虑并能提出来，是销售迈向成功的第一步。如果客户什么疑虑都没有，就相当于他不接受你的产品，那才是真正的拒绝。如果客户什么都没问就接受了你的产品，那也只是给了你一个面子，而且你和他很可能只有这一次交易，也就是所谓的"一锤子买卖"。因此，销售人员在与客户沟通时，要像邀请嘉宾一样邀请客户说出自己的疑虑。

我们来看看保健品销售人员小丁的销售故事：

我是××保健品的直销员。我现在有一位合作得非常好的客户，我们在网上认识已经一年多了，至今也没有见过面。在刚认识的几个月里，我们只是聊事业、聊工作、聊健康、聊家庭……我从来不聊直销。她也不知道我在从事直销。

或许是我的真诚打动了对方，一次偶然的机会，她把对自己身体健康的担忧透露给了我。我抱着帮朋友调理身体、真诚希望朋友健康的心态，把我销售的产品推荐给她。我告诉她，我推荐的只是保健品，对调理身体有一定的作用，但是不能代替药品。如果病情严重，就必须去医院看医生。

或许是因为我的真诚和实在，她欣然接受了我推荐的保健品，并按照我的建议，一次配了三个月的产品。

　　刚刚使用产品一个月，她的身体没有什么好转。她越急就越想快点看见效果，越想快点看见效果就越急。她按捺不住等待，急得像热锅上的蚂蚁，不是用QQ向我提问题，就是打电话提问题。

　　我很开心她能向我提出疑问，说明她还是愿意相信我的。每一次的问题，我都细心认真地给她分析解释。

　　三个月下来，她的身体发生了明显的变化，她彻底相信了我，而且开始推荐她身边的人使用我的产品。

　　面对客户的疑虑，销售人员要让客户说出心中的疑虑，这样销售人员才能有针对性地解答客户的问题，打消客户的疑虑。

　　邀请客户说出自己的疑虑，一般有以下几种方法：

　　1. 在客户购买产品的时候当场询问，这样既能节约成本，信息也能及时反馈回来。

　　2. 问卷调查。发放调查问卷是收集客户疑虑的好方式，它便于大规模地展开调查活动，还可以对客户的疑虑进行深入的分析，而且便于调查一些难以启齿的问题。

　　3. 电话调查。利用电话调查可以节约时间，节约人力。

　　4. 上门调查。虽然上门调查浪费时间和人力，但是它有一个不可取代的优点，就是销售人员可以亲眼看见客户对产品的使用情况，能更加直观地了解客户的疑虑。

　　面对客户的疑虑，销售人员应该如何应对呢？

　　1. 做好准备工作

　　销售人员要提前对客户的需求状况、购买能力以及市场上同类产品进行调查和分析，在与客户沟通前就制订出适合客户需要的销售计划，事先推测客户可能会在哪些方面提出异议。销售人员与客户交流时，就可以尽可能避免在一些琐碎的小事上浪费时间和精力。从而大大提高销售的效率，尽早实现交易。

2. 切忌直接否定客户

不论销售人员的准备有多充分，也不论客户提出哪些方面的疑虑，销售人员都不能直接否定客户提出的观点，因为一旦直接否定客户，只能令其反感，也就会导致接下来的销售活动失去回转的余地。

销售人员适度认同客户可以避免双方产生摩擦，从而缩短销售人员与客户之间的心理距离。而且当客户的表述得到认同之后，他们往往会在接下来的销售活动中表现得更为积极，至少他们能够更加主动地表达自己对销售人员以及产品的各种疑虑，而客户所表达的这些信息对销售人员的工作具有十分重要的引导作用。如果客户在刚刚提出某种疑虑的时候就受到了销售人员的否定，那么他们很可能会对接下来的销售活动产生排斥心理，不愿意继续表达自己的看法，而这对于整个销售活动的开展是极为不利的。

3. 注意观察客户的表情举止

即使客户最初不愿意说出他们的疑虑，可是他们很可能会通过其他方式表露自己的心迹，如一些假装不经意的询问、偶尔显露出的表示感兴趣的神态动作等。销售人员一方面可以借助有技巧的提问引导客户说出自己的疑虑，也可以通过察言观色了解客户的真实想法。一旦发现客户比较关心的问题，要迅速做出回应，给客户以心理上的安慰和补偿。如果销售人员的安慰或补偿行为充分引起了客户的兴趣，那么就表明已经找到了客户最担心的问题。

4. 迅速反应，针对性地解决问题

当销售人员通过一系列努力了解到客户的疑虑时，就要迅速做出反应，巧妙地围绕着客户疑虑进行交流，尽可能充分地了解客户关心的信息内容，不要再顾左右而言他。

通过相应的信息追踪，销售人员可以进一步确定自己挖掘出的理由是否正是客户不能下定决心购买的真正原因。如果仍然不能确定，那么就需要销售人员继续努力；如果已经确定，那么就要集中精力应对客户的担心，解决这一难题，最终实现成交。

如果在销售过程中，你的客户欲言又止，那么请你像邀请嘉宾一样，邀请你的客户大声说出他的疑虑吧。

敢于面对拒绝，战胜拒绝

相信很多销售人员在去拜访客户时，都有过这样的经历：当你滔滔不绝、口干舌燥地向客户介绍产品时，客户往往会回以各种各样的借口。其实，有的时候客户的推托并不是绝对不想购买，作为销售人员，若你在这个时候放弃，那之前的所有努力就等于白费了，你的反驳也一定会让客户难堪，最终导致销售失败。因此，要想实现成交，销售人员必须解开客户的"心中结"。

美国金牌推销员乔·库尔曼说："只要你能让客户不断地说话，就等于他在帮你找出关键点。"

被客户拒绝时，不要急赤白脸，而是有条不紊地刨根问底，仔细聆听，把拒绝当成一根牵引线，有效找到客户潜藏的需求和顾虑，从而对症下药，有针对性地帮客户解决难题。

总之，作为销售人员要明白，客户拒绝你，其实是一件非常正常的事情，不要为此耿耿于怀，也不要黯然神伤。作为一名优秀的销售人员，当你遭到客户的拒绝时，你必须做到临危不乱，不动声色，用几句妙语化尴尬为开怀，这样才能有机会达成交易。

作为销售人员，一定要内修心态、外练技能，做到敢于面对拒绝、战胜拒绝，并让自己与拒绝为友。对于拒绝，每个销售人员都应当视为一次提升自己的绝好机会。因为，每一次销售失败都可能是你再一次成功的开始。

贝特为了拓展化妆品店的生意，积极进行着开发活动。他在打算进入一家店面之前，准备先在店面附近的仓库出入口逛逛。这时，他听到仓库里传来了争吵的声音。贝特觉得这种形势会对销售非常不利，但既然来了，便决定上前和店主打个招呼。

于是，贝特对店主说："您好！不好意思耽误您的宝贵时间，我只是想和您打个招呼而已。我是××化妆品公司的贝特。"贝特边说边恭敬地递上了自己的名片。

当然，贝特知道在这种情况下，不可能会销售成功，他也已经抱着再来一次的心理。但令贝特意想不到的是，店主看都没看一眼名片就把它丢在了地上，说："我不需要你的东西，请走远点。"

见到对方这种态度，贝特非常生气，但压住了心中的怒火，弯下腰拾起被扔在地上的名片，并且说："很抱歉打扰您了！"

得知这种情况后，贝特的同事都认为这家店一定攻不下来，但是在半个月后，贝特还是再度前往拜访。

来到店内，店主很不好意思地对贝特解释说自己那天的行为并不是故意的，只是当时心情不好，所以才会做出那种过火的行为。店主最后欣然接受了贝特的销售，成了贝特的最佳客户。

可见，成功的销售人员总是勇于面对客户的拒绝，而不是失去耐心后放弃。

事实上，很多时候，被客户拒绝并不意味着机会永远丧失。当销售人员遇到拒绝时，一定要保持良好的心态，要理解客户的拒绝心理，以良好的职业精神正视拒绝，千万不要因此而心灰意冷。如果你持之以恒，把所有的思想和精力都集中于化解客户的拒绝之上，自然就会赢得客户。

在销售生涯的旅程中永远存在着拒绝，当你在销售中遭到拒绝的时候，不妨想想爱迪生在给整个世界带来光明前，大自然给予他的那一万次拒绝。

爱迪生每试验一种材料失败，就意味着下一种材料成功概率的增大。他知道合适的材料不是这一种，就是下一种，如果一次就试验成功了，相信最终发明电灯的人就不止爱迪生一个。

　　也正因为一件事具有一定的难度，才体现了它的自身价值。正是因为失败，才找到了成功，正是因为遭受了拒绝，才实现了最后的成交。

绝对不要和客户辩论

销售人员永远不要显得比客户高明，即使是客户错了，也不要与其争辩。因为，争辩不是销售的目的，销售人员占争辩的便宜越多，吃销售的亏就越大。

销售失败的主要原因之一就是与客户争辩。销售人员和客户作为利益的不同主体，在洽谈过程中必然会出现各种矛盾，在异议处理中这种倾向尤其容易发生。在回答客户问题或异议的时候，销售人员会发现不知不觉中已经与客户争辩起来，气氛相当紧张。这时切记：客户的意见无论是对还是错，是深刻还是幼稚，不管客户如何反驳你，与你针锋相对，你都要心平气和，避免与其争辩，不给他心理受挫的失败感和抵触感。争辩中的胜利者永远是生意场上的失败者。争辩不是说服客户的好方法。与客户争辩，失败的永远是销售人员。

欧哈瑞现在是纽约某汽车公司的明星销售人员。他是怎么成功的呢？这是他的说法："如果我现在走进客户的办公室，而对方说：'什么？怀德卡车？不好！你送我我都不要，我要的是何赛的卡车。'我会说：'老兄，何赛的货色的确不错。买他们的卡车绝对错不了。何赛的车是优良公司的产品，业务员也相当优秀。'这样他就无话可说了，没有争论的余地。如果他说何赛的车子最好，我说不错，他只有住口。他总不能在我同意他的看法后，还说一下午何赛的车子最好。接着我们不再谈何赛，我就开始介绍怀德的优点。

"而要是放在以前，如果我听到他那种话，早就气得不行了。我会开始挑何赛的错，可是我越批评别的车子不好，对方就越说它好。

越是辩论，对方就越喜欢我的竞争对手的产品。

"现在回忆起来，真不知道过去是怎么干销售工作的。花了不少时间在争辩，却没有取得有效的成果。我现在不再争辩了，果然有效。"

销售不是与客户辩论，说赢客户。客户要是说不过你，他可以不买你的东西来"赢"你啊。不能语气生硬地对客户说"你错了""连这你也不懂"。这些说法明显地抬高了自己，贬低了客户，会挫伤客户的自尊心。

有一次，一位女士怒气冲冲地走进果蔬店，向销售人员呵斥道："我女儿在你们这儿买的香蕉，为什么少了半斤？"

销售人员一愣，然后礼貌地回答："请您先回去称称孩子，看她是否变胖了。"

这位妈妈恍然大悟，脸上的怒气也顿时消去了，心平气和地微笑着对销售人员说："噢，对不起，误会了。"

为什么会出现这种情况呢？首先销售人员认为自己不会称错，那么便剩下一种可能，即那位女士的孩子把香蕉偷吃了。但是如果明说"我不会搞错的，肯定是你女儿偷吃了"或者"你不找自己女儿的麻烦，倒问我称错没有，真是莫名其妙"，这样不但不能平息客户的怒气，反而会引发一场更大的争吵。因此，销售人员用委婉的语气指出客户所忽视的问题，既维护了商店的信誉，又避免了一场争吵，也赢得了客户的理解与好评。

作为销售人员，无论何时都不要忘记：在与客户的争辩中，无论你胜与负都是负。如果你在争辩中失败了，那你是真的败了；如果你胜了，却把对方的意见指责批得体无完肤，甚至是凌驾于客户之上，那结果仍然是失败。一个真正成功的销售人员，是绝不会与自己的客户进行争辩的。

因此，无论在什么情况下，销售人员都不能同客户发生争辩。要尽量创造一种真诚合作的沟通气氛，这是销售谈判取得成功的基本前提；和谐的沟通有助于构建良好的客户关系，这是保持长期业务联系的重要条件。

成交的关键时刻，千万不要急躁

俗话说：心急吃不得热豆腐。豆腐刚出锅，还没散热，你一口咬上去，不仅尝不到美味，反而会烫伤你的舌头。销售亦可以将客户看作一块香喷喷的豆腐，只不过，热豆腐降温才能吃，客户升温才会购买。要想让他掏钱来消费你的产品，需要一个渐渐升温的过程。销售人员在谈判桌上态度激进，不给客户好脸色，很容易让到手的订单飞走。

这天，冯江和几位同事代表公司与一家建筑公司的代表进行推销谈判。

起初，冯江这一方的表现是压倒性的，他们气势汹汹，有备而来。先借用电脑图像、图表等数据来说明他们价格的合理性，然后又将准备好的资料念了两个半小时。其间，建筑公司的代表一直默默听着，没有反驳一句。

等冯江这一方的代表讲完，松了一口气，以结束推销的语气问，"你们还有什么问题吗？如果没有就商谈一下合作的事情吧！说实话我们准备得非常充分，而且本身我们也是同行业中最棒的。"

这时，建筑公司的一位代表微微笑了一下，发话了："我们不明白。"

"什么？"冯江这一方的代表诧异地问，"你们是什么意思？你们还有哪里不明白？"

这家公司的另一位代表彬彬有礼地答道："全部事情。"

尽管冯江这一方的代表非常气愤，但还是勉强地挤出几个字："从什么时候开始？"

对方答："从推销开始的时候。"

冯江这一方的代表只能无奈地苦笑，无精打采地继续问："好吧，那你们要我们怎么样？"

对方说："您再重复一遍吧。"

此时，冯江和他同事的锐气早已烟消云散，建筑公司的代表一下子掌握了主动权，让冯江的代表团不得不压低了预想价格。

在与客户谈判时，切勿急于提出成交的请求。越是到接近成交的时候，销售人员越应该保持不骄不躁的姿态。

如果销售人员的态度非常激进，客户会觉得你能从中获取很高的利润，进而产生被愚弄、欺骗的感觉，很难去欣赏和认可你的产品。所以，在成交的关键时刻，销售人员一定要态度平和、稳重。

欲速则不达，销售人员万不可急于求成。

销售人员："您好，是要茶叶吗？"

客户："是的。"

销售人员："您是要自己喝，还是送人呢？"

客户："送人的。"

销售人员："那您看看这些，这些都比较适合当作礼物，很能拿出手的。"

客户："这些都是什么价格？"

销售人员："这种是 188 元，这种是 258 元，这种是 328 元，这种是 399 元的。"

客户："价格也不低啊。"

销售人员露出不屑一顾的表情："拜托啊老板，您想办成事情，礼物肯定要选有档次的啦，难道您要提着散装的去吗？"

客户听见销售人员的口气不是很好，抬头看了一眼没有说话。

销售人员："您要哪一种？"

客户："等等，我想想。"

销售人员："您就别想了，看您这身份，就拿最贵的吧，我给您包起来，您到这边付钱就可以了。"说完，他就着手包装起来，根本没有得到客户的同意。

客户终于忍无可忍："你怎么回事儿！强买强卖啊？看你这个着急劲儿，我看你的茶叶也不是什么好东西，说不定就是霉掉的呢！"说完拂袖而去。

上述情境中，销售人员就是因为太过心急，才让客户大发雷霆，最后拂袖而去，丢失了一笔生意。

在销售过程中，销售人员万不可和上述情境中的销售人员一样，因为急于成交，而打乱自己的工作节奏，打乱自己的工作秩序，影响了正常的工作心态。像情境中的销售人员那样的销售方式，急于一时，只会引来许多不必要的麻烦，不会对我们的业绩有任何帮助。急躁就会出错，会让人情绪紊乱，心态失衡，工作效益不增反降，进一步影响我们的工作心态，从而陷入恶性循环。

·第九章·

做好售后，合作得会更长远

对于销售员来讲，做好售后服务才能最终成就卓越销售大师。记住这样的真理——小事情也能带来大变化。那种长期的销售员与客户的合作关系正是通过销售员所做的微不足道的小事情建立起来的。很多时候，销售员之所以失去客户，是因为他们没有注意那些看起来似乎无关紧要的细节。如果所有销售员都能够认识细节的重要性的话，很多人将因此功成名就。

以恰当的方式处理客户的抱怨

销售不会总是一帆风顺，有时候客户也会抱怨，销售人员首先应该做到的就是耐心倾听、用心解答。倾听客户心理时要带有反馈，这样会让客户产生被重视的感觉，从而大大提高客户的满意度，容易稳定你的客户群。

客户："是××公司销售部吗？"

电话销售人员："是的，我是销售代表×号，请问有什么可以帮到您？"

客户："找的就是你。我在你们的网站上发布了招聘信息，可是直到现在连一封应聘简历都没收到。你们的招聘效果也太差了吧！"（客户很愤怒）

电话销售人员："您别急，慢慢说。"（向客户表示自己在倾听，让客户感觉自己受重视）

客户："我们的广告在你们的网站上已经发布两天了，但是最近这两天一封应聘简历也没有收到，到底是怎么回事呀？"（语气稍有缓和）

电话销售人员："我理解您现在的心情，非常抱歉给您的工作带来了不便。您能回答我几个问题吗？"（表达同理心，真诚地向客户致歉，并通过询问的方式了解客户产生抱怨的真正原因）

客户："你说吧。"（电话销售人员态度好，所以客户的态度也跟着缓和了下来）

电话销售人员："您是哪家公司？"

客户："北京××公司。"

　　电话销售人员："哦，那是张先生吧。请问您在发布招聘信息的时候设置'简历转发至指定邮箱'这一项了吗？"

　　客户："设置了，我们有专门收简历的邮箱，而且别的网站我同样发布招聘信息了，都能收到他们系统转发过来的应聘邮件。"

　　电话销售人员："请问您检查过没有，您的邮箱空间还有吗？"

　　客户："当然有了，3G 的空间呢。"

　　电话销售人员："哦，这样呀。非常感谢您能告诉我这些情况。我会马上问一下我们的技术客服，查看一下我们的后台，看看您说的情况是怎么回事。我一会儿就打电话给您，您看好不好？"（向客户表示感谢，同时提出解决办法及反馈时间，并征询客户的意见）

　　客户："好吧，请你赶紧问吧。要不我们的钱不是白花了嘛！"

　　电话销售人员："好的。非常感谢您！"（成功解决了客户的抱怨，客户接受了电话销售人员的建议）

　　具体来说，有以下五种恰当应对方式：

1. 耐心了解客户的问题

　　不管客户的态度如何，抱怨的是什么，销售人员都应先安抚客户的情绪，不被客户的坏情绪所左右，如"您先别着急，慢慢说……""您先消消气……"等；客户抱怨时，销售人员应专心聆听、认真做记录，最好是用关切的眼神看着客户以示重视；等客户说完，销售人员还应跟客户确认其抱怨的真正原因，如"您的意思是因为……而觉得很不满，是吗？"

2. 一定要为出现问题向客户致歉

　　听完客户的抱怨，销售人员应对其表示感谢，一则降低客户的敌意；二则为有机会提高自己而感恩客户。比如："谢谢您花费宝贵时间来告诉我这个问题，让我们能有改进的机会。"

　　另外，客户所抱怨的内容，如果错在己方，销售人员应赶快向其致歉，如"很抱歉我（们）做错了……""真是抱歉，给您带来这样的麻烦……"等；如果错在客户，销售人员仍应为客户的心情不佳而致歉，如"让您这么不高兴，真是对不起……"

3. 及时有效地处理客户反映的问题

了解了客户的抱怨后，销售人员应向客户承诺立即处理，并表达出自己的诚意，如"您放心，我会尽快帮您妥善处理这个问题的……""您稍等，我马上跟领导汇报一下，然后就给您回复"等；如果需要询问细节及其他相关信息，销售人员别忘了先说："为了能尽快解决好这件事，需要跟您请教一些数据……"切不可咄咄逼人，这样会让客户恼羞成怒，让矛盾升级，如"是谁跟你说的""我可没这么跟你说过"等。

4. 提出解决方案，让客户选择

有了解决方案，销售人员应立即将方案反馈给客户，最好有2~3个方案，让客户自己选择满意的，同时试探客户的想法，如"您是否同意我们这样处理……""这样处理，您觉得怎么样……"等。这样才会让客户感受到被尊重，从而消除怒气，也有利于问题的解决。

5. 及时回访，加深客户受尊重的感觉

在客户抱怨处理完成后的第二天，销售人员应及时与客户联系，确认其对处理结果是否满意，如"……您还满意吗""您还有什么不满意的地方尽管跟我说……"等，以加深客户受尊重的感觉，同时了解处理方法是否有效。

总之，面对客户的抱怨，销售人员的应对原则就是：冷静应对、耐心倾听、用心解决。

处理抱怨的"禁用语"

客户的抱怨一般是因为我们推销的产品或提供的服务存在缺陷，当然有时候也会因为误解而产生不满。客户向销售人员抱怨的时候，无疑是销售人员向其澄清或解释的绝好机会，所以处理客户的抱怨，一定要注意自己的言行，特别是一些"禁用语"，一定要避免。

某家服装店里，销售人员孔琳正在向一位客户介绍衣服。突然，一个年轻男士破门而入，将一个手提袋摔到柜台上，大声冲孔琳嚷道："我当初花×××元买这裤子，现在发现裤脚有个破洞！"

这位男士实在太生气了，抱怨的声音如同警报声一样尖厉。

"先生！"孔琳用足以盖住那位生气的客户的声音大喊道。

"先生，"第二次喊时轻柔了许多，孔琳轻轻地接着说道，"请不要在店里大声喊叫，请先把您买的那条裤子给我看一下。"

客户："喏，就在这里，你别想不认账！"

孔琳："先生，我把这条裤子卖给您的时候就保证过，我们店里的衣服都是经过质检员专门检查的。我想是您弄错了吧！不会是您自己不小心弄破了吧？"

客户："怎么可能？我都还没穿过，买的时候说得天花乱坠的，我真是糊涂，居然上了你的当！"

孔琳："先生，饭能乱吃，话可不能乱讲，您已经影响我们做生意了！"说完，孔琳将那条裤子随意地扔到了角落。

孔琳："您放心，我会给您换一条新的，您不就想要一条新的吗？这样的事情我见得多了。"

客户："你……我要投诉你！"

像孔琳这种言行，肯定会让客户生气。因此，面对客户的抱怨，要记住几点处理抱怨的"禁忌语"。

1. 这是绝对不可能发生的事情。一般商家对自己的商品或服务都是充满信心的，因此在客户抱怨时，销售人员常常用这句话来回答。

其实，当销售人员说这句话时，客户已经受到严重的心理伤害了，因为这句话表示店方并不相信客户的陈述，怀疑他们是在撒谎，这必然引起客户的极大反感。

2. 这种问题与我们无关，请去问生产厂家，我们只负责卖货。尽管商品是由厂家生产的，但由于商品是在销售人员手里卖出去的，销售人员就应当对产品本身的品质、特性有所了解。因此，以这句话来搪塞、敷衍客户，表明销售人员不负责任、不讲信誉。

3. 不知道、不清楚。当客户提出问题时，销售人员的回答若是"不知道""不清楚"，那么就会给客户留下一种不负责任的印象，从而激化双方之间的矛盾。因此，作为一个尽职尽责的销售人员，一定要尽一切努力来解答客户的提问，即使真的不知道，也一定要请专业人士来解答。

4. 我不会。"不会""没办法""不行"这些否定的话语表示的是无法满足客户的希望与要求，因此应尽量避免使用。

5. 这是本公司的规定。以这种话来应付客户抱怨的销售人员为数不少。实际上，公司的规定通常是为了提高销售人员的工作效率而制定的，制定相应的规定与制度的目的是更好地为客户服务，而绝不是为了监督客户的行为和限制客户的自由。因此，即使客户不知情而违反了所谓的规定，销售人员也不可以此做挡箭牌来责怪客户。

以上几条是解决客户抱怨时应该避免使用的禁忌语，因为这些话语容易在有意或无意中对客户造成伤害，使抱怨升级。

找到客户流失的原因

是什么导致了客户的流失？原因很多。从销售的角度来看，客户的需求不能得到切实有效的满足，往往是导致客户流失的最关键因素。

具体来说，客户的流失主要有以下几种情况。

1. 当初的承诺得不到兑现。没有任何一个客户愿意和没有诚信的销售人员长期合作。有些销售人员喜欢向客户随意承诺，结果又不能兑现，失信于客户。一旦有诚信问题出现，客户往往会选择离开。

2. 服务意识淡薄。很多销售人员只顾着开发新客户，却忽略了对老客户的维护，长时间不和他们联系。客户提出的问题不能得到及时解决、咨询无人理睬、投诉没人处理，这直接导致客户流失。

张先生用的都是某品牌的空调，很少出现故障，不料前几天空调坏了，电话好不容易接通，但是企业的销售部门与服务部门相互推诿，结果问题一直没得到解决。最后张先生发誓再也不用那个品牌的电器了。

3. 客户遇到新的诱惑。市场竞争越来越激烈，但客户毕竟是有限的，为能够迅速在市场上获得有利地位，竞争对手往往会不惜代价以优厚条件来吸引客户。"重金之下，必有勇夫"，客户"变节"也不是什么奇怪现象了。

销售人员一定要明白一点，你的主要竞争对手会对你的大客户动之以情，晓之以理，诱之以利，以引诱他放弃你而另栖高枝。任何一个品牌或者产品都有软肋，竞争对手往往最容易抓到你的软肋，一有机会，就会乘虚而入。

4. 情感沟通不到位。销售人员在一些细节问题上的疏忽，往往也会导致客户的流失。很多销售人员与客户缺少感情的交流，表现得太功利，甚至在一些细节上无意中伤害了客户。

通过以上分析，可以找到客户流失的原因所在。至于如何防范，销售人员结合自身情况"对症下药"才是根本。

实施回访，建立长久合作关系

无论客户购买了产品还是服务，销售人员都应通过电话等方式适时回访，对合同的履行情况进行核对、监控等。向客户征询反馈信息，这既是对客户负责的表现，也会让客户感受到你的关心与重视。

销售人员：亲，您好。我是××童装店的销售人员小柔，想跟您确认一下订单的执行情况，您现在方便吗？

客户：方便！

销售人员：您在我家订购的三件上衣、一条裤子，我们在上周五的晚上就发货了。今天应该到货了，您收到了吗？

客户：早上刚收到的，谢谢了。

销售人员：那您对我们的服务是否满意？衣服没有什么损坏吧？

客户：挺满意的，衣服质量也不错。谢谢！

销售人员：谢谢您的赞许，如果孩子穿着好的话，请您别忘记给个好评啊！

上述案例是网店销售人员进行的回访场景，主要是确认客户所购衣服是否到货以及客户的满意程度，得到了客户的赞许。实际上，交易达成，销售人员应及时回访客户，向客户征询反馈信息。具体的内容包括客户所购货物有没有及时到达、是否安全抵达、客户是否对产品满意、上门安装人员是否已到场等有关合同的履行情况。在沟通时，销售人员要态度认真，对各事项的核对一丝不苟；语言要亲切，要让客户感觉到你的关心、关注以及对这次交易的重视。

经常用到的话语有："李总，咱们约好今天我们的技术人员上门给您安装 OA 系统，现在人到了吗?" "张总，今日培训的现场效果如何? 有什么需要改进的地方吗?" 交易达成，销售人员应及时通过电话等方式进行回访，征询反馈信息、核对交易事项、询问客户感受等，只有赢得客户的好感才能建立长久的合作关系。

创意展示，刺激客户购买欲

在如今竞争激烈的市场环境中，谁的产品展示与众不同，谁的产品吸睛能力强，谁就有了销售成功的胜算。因此，销售人员要多动脑筋、多思考，设计一个独特的产品展示方案。

某电器城内，一个展台旁围了很多人，不时听见有人惊呼："哎呀，太厉害了!"这句话吸引了更多的人前去围观。原来展台上是吸尘器的销售展示：

在一个注满水的水槽内，放一个高达两米的透明水管，水管的另一端，有人拿着吸尘器，不时地把水槽内的水通过水管吸起1.5~1.8米高。这样的展示一下子就吸引了人们的注意力，很多客户看到这种"强劲吸力"后被"迷倒"，纷纷当场掏钱购买。不一会儿，价值1200元的吸尘器就卖出了20多台。

在实际的产品展示过程中，创意展示加上有创意的语言，那就更精彩了：

两块钱，又不多，到不了美国新加坡；两块钱，又不贵，买贵了还包退；来回走就来回转，剪刀自然就磨快；往前推往后拉，等于把技术学到家；又方便又安全，一用就是三五年。不累胳膊不累腰，就当做了健美操；闲时买来急时用，平时想买碰不到，一犹豫呀一徘徊，用时想买买不来；一分钟就60秒，大刀小刀都磨好。要多快就有多快，这样的生活才自在。

市场中，卖磨刀器的销售人员一边演示产品的使用方法，一边念叨着上面这段有趣的说辞，路过的大爷大妈愿意掏两块钱买下它，就冲这独具匠心的演示语言。

总之，创意展示就是无声的语言，不仅能让客户眼前一亮，还能增加客户对产品的了解，留下深刻的印象，甚至能刺激客户当场购买。产品展示，如何说、怎样做才算有创意呢？

1. 销售人员不妨先想想：客户喜欢什么方式的产品展示呢？客户最关心产品的哪方面功能呢？我应展示产品的哪一面呢？只有站在客户的角度设计展示方案及语言，才会有效果。

2. 有创意的、精彩的产品展示是精心设计出来的。销售人员可借鉴同事、同行的经验教训，结合客户的想法与心理，设计出独具特色的产品展示方式，独辟蹊径更能吸引眼球。

3. 产品演示时，销售人员应将那些紧扣客户需求的、主要的、区别于竞争产品的卖点展示出来，不要面面俱到，贪多必失。

4. 展示语言的设计要富于幽默，有节奏感，精辟，而且要结合展示动作。

5. 展示时，如果能邀请客户参与，让客户亲身体验、亲自操作等，也会取得良好效果。

常用话语如："×先生/女士，我需要您帮助我进行产品演示，您看可以吗？""先生们，女士们，喝我的请举手，不喝我的请倒立。"（某品牌饮料促销现场）

产品展示怎样才能抓住客户的好奇心呢？不走寻常路，一个富于创意的产品展示有时会胜过千言万语。

·第十章·

只要不害怕，订单能拿下（上）

　　作为一名销售员，必须在外在形象上给人留下良好的印象，让客户一看到你就愿意听你说话，愿意买你的东西，敢于信任并接受你的建议。很多时候，客户在决定是否购买产品时总会陷入犹豫不决的境地，这时销售员所表现出来的自信和专业程度就成了客户下决心购买的主要推动力，所以使自己的外在形象和言行变得自信和果断是十分重要的。

自卑是阻碍成功的绊脚石

有人说，销售工作是所有白领工作中失败率最高的一种工作，许多销售人员之所以销售失败，做不出业绩，就是因为对自己缺乏足够的自信。在这种情形下，他们很难发挥出自己的最佳水平，当然也就很难让客户相信他们。可以说，自卑是销售人员的大敌，是阻碍他们成功的绊脚石。

一位先哲曾经说过："自信是走向成功的敲门砖。"很多销售界人士也说，培养坚定的自信心是销售人员迈向成功的第一步。

美国人寿保险公司曾做过一个试验，它从报考销售人员的落选考生中，聘用了十个考分稍低但充满自信的人。一年后，他们比同行中那些考分高但做事态度消沉的人的销售成绩平均高出 10%。

吉尼斯世界销售纪录创造者乔·吉拉德可以说是销售界的精英。当初他去应聘汽车销售人员时，经理问他："你销售过汽车吗？"吉拉德回答说："我没有销售过汽车，但我销售过日用品、家用电器。我能成功地销售它们，说明我能成功地销售自己。我能将自己销售出去，自然也能将汽车销售出去。"

齐藤竹之助是日本大器晚成的销售大师。1952 年，年满 57 岁的齐藤竹之助由于生活落魄，进入一家保险公司从事保险工作。到他72 岁退休的时候，共完成了 4999 件保险业务。

进入保险公司后，齐藤竹之助的第一笔生意来自东邦人造丝公司，这家公司在当时的日本颇有盛名。齐藤竹之助之所以选择东邦人造丝公司有两个原因：一是这家公司的实力雄厚，生意一旦做成就是个大单；二是这家公司的经理佐佐木先生与齐藤竹之助颇有交情。

与佐佐木见面后，齐藤竹之助诚恳地对他说："我不知道自己选择贵公司这么大的企业，是不是有点自不量力，但我确实需要一大笔钱来开创和发展自己的新事业。另外，我觉得人寿保险本身对个人和社会都是极其有益的，这是很有意义的行业，我由衷地热爱并希望自己能够做好。"

齐藤竹之助的肺腑之言让佐佐木很受感动，他对齐藤竹之助说："好的，我会尽力帮助你。只是在这件事情上，我说了不算，我们的总务部长才能做主。我会把你引荐给他，由你自己来向他介绍有关的事情。"

见到总务部长之后，佐佐木介绍说："这是我的好朋友齐藤竹之助，他希望能有机会和您好好谈谈。"说完便告辞了。齐藤竹之助对总务部长说明了大致情况，也立即告辞。

走出总务部长的办公室，齐藤竹之助暗自欢喜。虽然只是迈出了第一步，可是他觉得成功还是很有希望的。就在这时，齐藤竹之助被大楼的门卫老人叫住了，老人热心地问道："老先生，您是不是也来销售保险的？"

齐藤竹之助着实吃了一惊，忙问："难道还有别人来销售吗？"

老人神秘地说："不知您是否看到那辆凯迪拉克了？知道它的主人是谁吗？他是第一人寿保险公司的金牌销售人渡边幸吉。他今天也是来销售保险的。所以，您的事情不太好办哪。"

老人的一番话顿时浇灭了齐藤竹之助心中刚刚燃起的希望之火，他的神色一下子暗淡下去。渡边幸吉在当时已经极负盛名，号称"日本第一"的保险业务员，而自己初涉保险业，怎么可能与他相比呢？

一路上，齐藤竹之助沮丧不已。可回到公司，齐藤竹之助的倔劲又上来了。他为自己打气说：试都还没有试，怎么能不战而败呢？虽然我只是个新人，可我不一定比渡边幸吉差劲。

齐藤竹之助暗自下决心，一定要打赢这场仗。

从那天起，齐藤竹之助开始全力以赴地收集资料、设计方案。他废寝忘食地工作，想要战胜渡边幸吉。他一次次地否定自己的方案，再重新完善。就这样反反复复修改了很多次，最后他终于完成了设计。

这天一大早，齐藤竹之助带着倾注着自己全部心血的计划书去见总务部长。齐藤竹之助很认真地对总务部长说："这是我这段时间经过反复研究为贵公司制订的保险计划，希望您能过目。虽然我只是保险业的一名新手，可是我觉得这份为贵公司量身定做的保险计划并不比别人差。希望您能在百忙之中抽空看一下，谢谢您了。"

从此，齐藤竹之助每天都要到东邦公司打听自己的计划是否被采纳或者有没有需要修改的地方。去的次数多了，大家也都被他的精神感动了。就连那位热心肠的看门老人也见他就说："凭您的勇气和耐心，一定能成功的。"

功夫不负有心人，齐藤竹之助的真诚和责任心终于打动了总务部长。

这天，当齐藤竹之助再次来到东邦公司的时候，总务部长笑着对他说："齐藤先生，你是我见过的最热心和诚恳的销售人员。我仔细研究了你的计划，感觉很满意。因此，公司经过会议讨论，决定与你签 2000 万日元的合同……"

齐藤竹之助激动得说不出话来，辛苦总算没有白费。他不但战胜了"凯迪拉克"，也战胜了自己。

齐藤竹之助成为最后的胜利者，除了佐佐木的引荐，更主要的还在于他自己的诚恳勤奋和在保险业上的悟性，但这些都归功于一个前提，那就是他的自信。在一个大的客户公司和庞大的对手面前，齐藤竹之助没有看轻自己，自信心让他如愿以偿，笑到了最后。

事实上，在销售人员销售失败的原因中，有 15% 的原因是不适当的商品及销售技巧训练，20% 的原因是差劲的言辞与书面沟通技巧，35% 的原因是不良的或有问题的管理阶层，50% 的原因是态度消极。

小王是某公司新来的一个业务员。有一次，他需要去拜访一位客户，去之前就听同事说该客户是一家大企业的老总，为人很严肃，而且经常动不动就会发脾气，是很难对付的。于是小王开始担心，害怕客户为难自己，或者把自己骂出来，那多难堪啊。他越想越害怕，甚至想要放弃，但是已经和客户约定好了见面，不去也不行。

在去客户家的路上，小王心里一直忐忑不安，设想了各种可能出现的情况，心情变得越来越沉重。终于到了客户家的门口，这时小王连敲门的勇气都没有了，伸出来的手还在不停地颤抖。这时门突然打开，原来是主人想看看销售人员到了没有，正好碰见了，于是小王就跟着主人进了屋。

客户对小王很客气，也没有别人说得那么严肃，但客户越是热情，小王越是紧张，最后连自己说什么都不知道了，客户见小王是如此的表现，心里很不满意，就找了个理由让他离开了。这笔生意当然没有成功。

小王就是因为胆怯而导致自己表现欠佳，致使客户不满而使交易失败。这主要是由于小王个人的心理素质不高，受到了别人言论的影响。当别人说客户很严肃、不好对付的时候，小王的心里就产生了焦虑情绪，害怕自己做不好，这种心理暗示愈演愈烈，使小王无法正常地看待问题。

杰夫·荷伊开始做生意不久，就听说百事可乐的总裁卡尔·威勒欧普要到科罗拉多大学来演讲。杰夫找到为他安排行程的人，希望能找个时间和他会面。可是那个人告诉杰夫说，总裁的行程安排得很紧凑，顶多只能在演讲完后的15分钟与杰夫碰面。

于是，在卡尔·威勒欧普演讲的那天早晨，杰夫就到科罗拉多大学的礼堂外等候这位百事可乐的总裁。

卡尔·威勒欧普演讲的声音不断地从里面传来，不知过了多久，杰夫猛然惊觉，预定的时间已经到了，但是他的演讲还没有结束，已经多讲了五分钟。也就是说，自己和威勒欧普会面的时间只剩下十分钟了，他必须当机立断，做个决定。

于是，他拿出自己的名片，在背面写下几句话，提醒卡尔·威勒欧普说：您下午两点半和杰夫·荷伊有约。然后他做个深呼吸，推开礼堂的大门，直接从中间的过道向他走去。

威勒欧普先生本来还在演讲，见他走近，便停了下来。杰夫把名片递给他，随即转身从原路走出来，还没走到门边，就听到威勒欧普先生告诉台下的观众，说他迟到了，他谢谢大家来听他演讲，祝大家好运。说完，他就走到外面杰夫坐的地方。

此时，杰夫坐在那里，全身神经紧绷，连呼吸都好像停止了。

威勒欧普先生看看名片，又看着他说："让我猜猜看，你就是杰夫。"这样，他们就在学校里找了一个地方，畅谈了一番。

他们谈了整整半小时。威勒欧普先生不但告诉了杰夫许多精彩动人的故事，还邀他到纽约去拜访他和他的工作伙伴。不过，他送给杰夫最珍贵的东西还是鼓励他继续发挥先前那种大无畏的勇气。他说，在商业界或者其他任何地方，所需要的就是勇气，你希望做成什么事的时候，就需要有勇气来采取行动，否则终将一事无成。

心理学家研究发现，人们在没有经历一些事情的时候，总是会首先对自己形成一种心理暗示，比如把一块宽30厘米、长10米的木板放在地上，人们可以轻易地从上面走过去，但如果把这块木板放在高空中，很多人就会因为害怕而不敢迈步。这时候，人们往往会形成一种自我暗示：我会掉下去的。在这样的暗示作用下，人们就会感到恐惧，害怕自己真的掉下去，虽然事实并没有发生。

可以说，使销售人员产生怯场心理的原因既有自身的因素，也有环境的因素。因此，这就需要销售人员既要提高自身的心理素质，又要做好销售前的一切准备，让自己做到心里有底，这样就不会那么紧张和害怕了。所以，销售人员要苦练基本功，充分掌握销售知识，对自己所要销售的商品了如指掌，并对相关的信息有所掌握，同时还要提高分析问题和解决问题的能力，以积极应对各类客户和各种情况。不仅如此，还要对销售这份工作实事求是，不好高骛远，对待因工作产生的压力要学会排解，学会转移兴奋点和注意力，使内心平静，消除杂念和干扰。从容地应对一切，让自己告别怯场，勇敢而自信地开始销售工作。

预约客户也是一项基本功

预约客户可以说是销售人员必备的一项基本功，这项技能掌握不好，销售人员在销售中就会因为自己的鲁莽而失去潜在的客户。不管人们在想什么或者做什么，都会提前进行安排，这需要有一个心理准备的过程，从而有一定的反应时间。如果突然降临，会让人们一时之间手足无措，造成心理上的不安。因此，销售人员千万要注意这一点，学会为客户提供预约服务。

销售人员可能都会有这样的体验，那就是很多客户都难得一见，特别是想要到客户的家里或者办公室去谈生意，当销售人员提出这样的要求时，得到的往往只是对方的拒绝。而贸然地提出到客户那里谈生意是很不礼貌的行为，也会引起客户的反感。所以，销售人员要学会尊重自己的客户，善于和客户进行预约服务。可以说，当你成功地完成了预约时，那就意味着你已经向胜利迈近了一大步。

一般来说，预约老客户可能会比较顺利，而对于从未谋面的新客户来说就会比较困难，这时销售人员进行预约，最好先不要提及销售的事情。如果客户听到你说与他见面只是为了销售，那么就很容易引起客户的抗拒心理，从而遭到拒绝。所以，当客户问你找他有什么事情的时候，销售人员可以不要谈生意的事情，要为彼此能够见面、能够认识、能够简单地进行交流、能够引起客户的兴趣奠定基础，这样才能达到预约的目的。

只要有机会和客户见面，就有机会向客户销售商品，所以销售人员不要急于求成，要知道在这样的时刻，特别是面对新客户时，能够先不谈业务，而获得与客户见面的机会，要比直接进行销售而遭到拒绝划算得多。

另外，和客户有约见机会，销售人员就应对约见事由做些准备，以便清楚地向对方说明来访的目的，期望取得合作。销售人员在约见客户时，必须选择不同的事由，以适应不同客户的心理要求，充分尊重客户的意愿，以便取得客户的长期合作。只要约见的事由充分，销售人员的心意诚恳，就一定会得到客户的赞同。

对于销售人员来说，进行"销售预约"既能够表现出自身应有的礼貌和素质，又能够设下悬念，引起客户的兴趣，还可以化解客户的抗拒。对于客户来说，预约服务可以给自己节约时间，使自己做好一定的心理准备。彼此在约定的时间里见面并洽谈，都珍惜见面的短暂机会，从而使销售人员能够认真地对待，而客户也会认真地倾听，最终收到十分明显的效果。

晓红是一位优秀的人寿保险销售人员，在与某公司的张总成功地签过一笔单子以后，那位张总又给她介绍了自己的一位姓杨的朋友，也是一家公司的经理。几天以后，晓红开始通过电话来预约这位客户。

晓红：您好杨经理，我是晓红，您是张总的朋友吧？他让我向您问好。

杨经理：是的。

晓红：杨经理，我是人寿保险公司的销售人员，张总建议我结识您。我知道您很忙，我能够在这周的某一天打扰您五分钟吗？

杨经理：你找我有什么事情吗？不是想销售保险吧？已经有很多销售人员找过我了，我不需要买保险。

晓红：那也没有关系，我保证不会向您销售保险。明天十点，您能给我五分钟的时间和您见面吗？

杨经理：那好吧，但是十点半我还有别的安排，希望你不要超时。

晓红：好的，您放心，我保证不会超过五分钟。

杨经理：好吧，你能准时十点十分到吗？

晓红：谢谢，我一定准时到达。

第二天，晓红准时到达了杨经理的办公室。晓红和杨经理边握手边说："杨经理很忙，时间是很宝贵的，所以我一定会遵守五分钟的约定。"于是，晓红尽量简短地向杨经理进行了提问。五分钟时间很快就过去了。这时晓红说："时间已经到了，您还有什么要告诉我的吗？"

杨经理在接下来的十五分钟里，才把晓红想知道的一切都告诉了她，而且完全是自愿的。之后，晓红又找时间和杨经理谈了几次，结果晓红很快就说服了杨经理，与他签订了一个200万元的大单。

晓红就是一个善于预约的销售高手，仅用五分钟的时间就让客户主动延长了彼此的谈话。她信守承诺，成功地完成了第一次见面，不仅获得了最有用的信息，还给客户留下了美好的印象，所以最终成功地实现了销售。

因此，预约不仅是一种销售必需的程序，其中还暗含着很多的心理技巧，只有仔细琢磨客户的心理，顺势而动，才能够抓住客户的心，使客户向你敞开心扉，接受你的产品。

有人说，预约客户的方法只是比较适合那些经常出去拜访客户的销售人员使用，而对那些在店里站柜台，或者在办公室联系客户的销售人员则是不适合的。其实不然，不出去拜访客户的销售人员也可以进行预约。前者是预约自己去见客户，后者则可以预约客户来见自己。很多销售人员可能会有这样的疑问："客户怎么会自己走进我的办公室啊？""让客户来见我，那岂不是太高抬我了吗？"

其实不然，曾经有一位很优秀的销售人员说："我在办公室完成了65%的工作，我总是把我和客户的谈话安排在办公室，在这里和客户谈话，不会受到干扰，可以进行得更快、更令人满意。"事实上，很多时候客户也是喜欢这样的方式的。

有一个服装店的老板，因为他讲求诚信，对顾客服务周到，受到了很多顾客的青睐，生意很是红火。但是后来，由于周围的服装店开得越来越多，生意开始变淡，甚至有时候收入都不够交店面的租金。这样的状况让服装店老板心急如焚，这时，店里的销售人员给他出了个主意，就是预约客户。

于是老板买了一个预约登记本，打电话给自己的老客户们，并为他们做了详细的预约记录，有的新客户也被列入其中。一旦店里有什么新货，或者有的客户已经十天半个月没有光顾，他就会打电话问候并告知客户。随着预约服务的开展，他的生意很快又红火起来。因为这样做，客户在家就能够了解到最新的商品信息，还节约了时间，所以很喜欢这种方式。

预约客户是销售人员应该长期坚持的一种习惯，不仅要预约自己去拜访客户，也可以预约客户来接受服务。只要你能够给客户提供方便，客户就会比较容易接受。同时在预约时要注意在心理上给客户以吸引，让他主动地表达自己的想法，使你获得更多有用的信息，帮助自己顺利地开展销售。

其实，预约不仅是一种温馨的提示，更是一种细致的关怀，会深深地触动客户的心灵。销售人员不能为销售而销售，而是应该注重对客户的服务，只要你给客户带去了便利，客户自然会购买你的商品。要记住，预约是打开客户心门的一把金钥匙，销售人员一定要应用好。

销售人员要学会心平气和、踏实稳重

在生活中，有很多性子急的人，他们做事风风火火，过分追求数量和效率。但由于急于求成，考虑问题不仔细、不周全，很容易出现疏漏和错误，同时也给别人造成压力，引起别人的不满。对销售人员来说，如果过于急躁，也会影响自己的业绩。作为销售人员，一定要学会心平气和、踏实稳重。

一位有经验的销售人员曾经说过，销售工作没有什么捷径，在销售过程中保持平和稳重和不失风度，才能够赢得客户的赞许。正所谓干什么事都得一步一个脚印地走，无论做什么工作，都要记住，稳中才能求胜，过于急躁反而会漏洞百出，即使得到一时的利益，也会对长远的发展造成不良的影响。

在实际销售工作中，抱有急躁心理的销售人员不乏其人。很多销售人员在工作时心急火燎，总是希望能够尽快和客户签单，一旦客户迟疑一点，销售人员就开始沉不住气，对客户一催再催，这样不仅容易引起客户的反感，还会对今后的合作产生不利的影响。况且，以这种态度对待客户不仅不正确，更是不礼貌的。客户之所以没有马上签订合约，也许是有着自己的考虑和安排。作为销售人员，应该学会耐心等待，一方面是对客户的尊敬，另一方面也表现出自己的稳重，同时也会避免在销售过程中出现不必要的错误。

做销售工作需要耐心，不可能一蹴而就。情绪急躁的销售人员，做什么事情都不能冷静沉着，他们做事缺乏计划性，经常会颠三倒四，手忙脚乱，结果是什么也没少做，却什么也没有做成，反而更容易着急上火，形成恶性循环。虽然说做工作需要有紧迫感，不拖拉、不延缓，但要急中有细，快中求稳，按计划一步步地实施，而不是要省略过程，直接追求结果。

从更大的角度来看，急躁不仅不能成事，反而会误事，更有可能会使人因为急于求成而不得，进而走向消极，甚至灰心绝望。毕竟，在销售过程中，不会每次都那么顺利，遇到困难和挫折是难免的，如果一味求快，只会事与愿违。

戴夫·多索尔森是美国著名的销售专家、培训大师，被誉为"创造性销售"的创始人。

当戴夫·多索尔森还在从事广告销售工作的时候，他所在的公司遇到了一位很难对付的潜在客户，许多销售人员都在他那里碰了钉子。可是，戴夫·多索尔森天生喜欢挑战，喜欢把那些不可能都变成可能。这天，他决定去找这位令大家都不抱希望的客户谈谈，他想试试自己的运气。

拜访之前，戴夫·多索尔森详尽地调查了这位客户的相关信息，了解到该客户的公司主要生产家具，在产品推广上一般采用直销策略。即使会选择做广告，也是多选用平面媒体，一年会在其中投入几万美元，而该公司对于电视广告的投入，每年一般不超过1000美元。

经过一番努力，戴夫·多索尔森终于获得了与这位客户面谈的机会。

见面后，尽管戴夫·多索尔森说得口干舌燥，可该客户却始终听而不言。直到戴夫·多索尔森说完，他才开口道："年轻人，听了你的长篇大论，我真的是一点兴趣都没有。很抱歉，我是不会跟你们合作的，别把时间浪费在我身上了。"

戴夫·多索尔森仍不甘心："先生，如果我能制订出更好的计划，您是不是还会见我？"

"你太有趣了，小伙子。如果你真的会有更好的点子，我乐意再次倾听。"

戴夫·多索尔森从客户的办公室一出来，便暗自发誓一定要拿下这位客户。他计划每周向这位客户介绍一个新的构想，直到对方满意为止。

从此以后，戴夫·多索尔森每周都带着自己的新计划来公司见这位客户，而且每次只向客户介绍15分钟，时间一到便起身走人，从不多耽搁对方一点时间。尽管客户一直不满意戴夫·多索尔森层出不穷的新计划，但是因为他经常来公司交谈，使他对该公司的经营以及对家具行业方面的信息有了更多的了解，进而使他的计划更有针对性，更符合该公司的情况。

戴夫·多索尔森为了找灵感，还查遍了电视台的所有广告词，并耐心地向制片人请教，请他们帮助拍摄制作片花。他像着了魔一样，把大部分精力都放在这件事情上，他用一股不服输的劲头一直坚持着。

终于有一天，戴夫·多索尔森和一位广告制片人一起看一盘录像带，是一位摄影师随便拍摄的。因为这盘录影带是有关家具店的，这位广告制片人认为会对戴夫·多索尔森有一些启发。录像带的前面部分只是一些普通的画面，可是当出现家具店的标志时，却看到了制片人用电子手段给这个标志做出了一个像彗星般缓缓移动的尾巴。这个画面让戴夫·多索尔森激动不已，他急忙打电话给家具店的老板，约他来看录像带。

看完录像带后，这位难以对付的老板终于吐出了几个字："好，这个方案我接受。"

从第一次上门拜访该客户到他说出这几个字，戴夫·多索尔森花了整整一年半的时间，而且在这么长的时间里，他坚持不懈地每周去拜访并且不断提出新的建议。值得欣慰的是，戴夫·多索尔森的努力为他带来了丰厚的回报。因为，他不仅为电视台赢得了一个大客户，同时也为自己挣得了一大笔佣金。

戴夫·多索尔森此次的成功不能说是一帆风顺的，甚至还颇费周折，但他用最终的成功证明了自己辛苦的价值。

销售人员应该明白，很多时候，在销售工作中急于求成，不顾一切地蛮干，只会让事情变得更糟糕。而冷静客观地分析情况，根据不同的对象分别对待才是聪明的做法。客户有时候需要仔细地思考，认真地对比，深入地权衡才会做出最后的决定，所以，销售人员要给客户思考的时间，不要反复催促，以免引起客户的反感。最合适的做法是：调节自己的情绪，以稳重的姿态来赢得客户的信赖。

赵刚是商店的销售人员，他是个争强好胜的人，希望通过自己的努力做出好的成绩，所以平时工作很认真，还因为业绩突出，荣登过商店的销售光荣榜。后来，商店里来了几个优秀的销售人员，业绩很突出，在赵刚之上。于是，他心里有些不服，想要超过他们。这样的想法无疑是好的，但是表现在行动上，赵刚就显得有些急躁。每次有顾客光临，赵刚总是忍不住希望顾客能够立刻购买自己所负责销售的商品，他总是不停地催促顾客，反而让顾客感到心烦厌恶，本来打算购买，也因为生气而匆匆地离去了。

这样，赵刚看着自己的业绩每况愈下，心里更是着急，在销售中手忙脚乱，还是忍不住一遍又一遍地催促顾客购买，如果顾客拒绝，他就会很生气。慢慢地，赵刚开始变得脾气暴躁，动不动就想骂人，在工作中也是经常出错，比如给顾客拿错东西，少找顾客的钱等，引起了顾客以及同事的不满。最后，因为顾客的投诉太多，商店不得不让赵刚先回家休息一段时间。

欲速则不达，赵刚的急于求成，使他错误百出，不仅没有提高业绩，反而严重影响了工作，得不偿失。

从赵刚的故事中我们可以看到，虽然说工作需要快节奏，但工作的秩序还是应该保持，而不应该被打乱的。急躁就会出错，凡事急于求成，会导致销售人员情绪紊乱、心态失衡，在工作收益上也会入不敷出，使销售人员得不到内心渴望的收获。

而且，容易急躁是一种不良的情绪，对销售人员的工作能产生诸多负面的影响，因此，销售人员要调整自己的心态，在工作时，要保持冷静和慎重，三思而后行，既不鲁莽上阵，也不半途而废。在销售的过程中，要给客户充足的考虑时间，不要一味地急于销售，不断地催促。要注意工作的节奏，培养行为的计划性和合理性，保持一颗平常心，从容地应对自己的工作。

此外，销售人员要适时地进行自我暗示，提醒自己要冷静点，急躁只会把事情弄得更糟，从而控制自己的情绪，使自己的急躁情绪在一定程度上消除或淡化，使自己恢复平静的情绪，以避免因情绪急躁引起不良的后果。即使客户拒绝，也不要感情用事，对客户发脾气或者出言不逊，使自己受到客户以及旁观者的指责和批评，最终失去很多潜在的客户。

总之，销售需要从容，急躁只会功亏一篑。对于享受销售的人来说，销售过程应该和享受生活一样是从容不迫的。在销售中，销售人员要有足够的耐心，才能冷静地应付各种场面，化解各种危机，使自己在销售过程中游刃有余，取得可喜的销售业绩。

用眼神和手势打动客户

有人做过统计，肢体动作和表情，也就是人们通常所说的肢体语言大约占整个销售技巧的 67%，所以，只要能够掌握良好的肢体动作和表情，就等于拥有了更多的销售力。肢体语言之所以在整个销售技巧中占如此高的比例，主要是因为肢体语言能活泼地展现商品和销售者之间的互动力，能够对客户较快地产生一种心理暗示，进而让人能较快地接受你的观念和想法。

随着人们生活节奏的加快，销售人员在与客户见面的时候，客户往往没有太多时间来了解销售人员本身是一个什么样的人，很多人所产生的感觉和认知都是通过短暂的接触来确定的，所以，能够用眼神和手势打动客户就显得极其重要。

俗话说，言为心声，相为心生。心善的人一定能够在面相上表现出来。一个动作，一个眼神，一个微笑，能够传递出不同的精神状态，并给客户留下深刻的印象。同理，当你把友善与微笑写在脸上时，无形中对方就会认为你是从内心里喜欢自己的客户。正如"销售之神"原一平所说，笑能拆除你与准客户之间的"篱笆"，敞开双方的心扉。只有这样，双方才有可能坐席而谈。

对于销售人员而言，将和善的表情展示给客户，实际上是对客户做了一个心理暗示，这种暗示能缓解紧张陌生的气氛，拉近彼此的距离。就像有人所说："形象如同天气一样，无论是好是坏，别人都能注意到，但却没有人告诉你。"同样，销售人员的这种友善的态度，也会得到客户的同等反应。

威廉·怀拉是美国推销保险的顶尖高手，年收入百万美元。他成功的秘诀就在于他拥有一张令顾客无法抗拒的笑脸，但他那张迷人的笑脸并不是天生的，而是长期苦练出来的。

威廉原是全美家喻户晓的职业棒球明星球员，到了中年，因体力日衰被迫退役，然后他去应聘保险公司的推销员。

他本以为凭着自己的知名度，被录取应该不是什么难事儿，却没想到竟被拒绝了。

人事经理对他说："保险公司的推销员必须有一张迷人的笑脸，而你却没有。"

听了经理的话，威廉没有气馁，他立志苦练笑脸，每天在家里放声大笑上百次，邻居们都以为他因失业而发神经了。后来，为了避免误解，他干脆躲在厕所里大笑。

经过一段时间的练习，他又去见经理，可经理说还是不行。

威廉毫不泄气，仍旧继续苦练。他搜集了许多公众人物迷人的笑脸照片，贴满屋子，以便随时观摩。他还买了一面比身体还高的大镜子，摆在厕所里，每天进去大笑几次。

过了一段时间，他又去见经理，经理冷淡地说："好点了，不过还是不够吸引人。"

威廉不认输，回去继续练习。有一天，他在散步时碰到社区的管理员，很自然地笑了笑，和管理员打招呼。管理员对他说："怀拉先生，你看起来跟过去不太一样了。"

这句话使他信心大增，他立刻又跑去见经理。这次，经理对他说："是有点意思了，不过那仍然不是发自内心的笑。"

威廉不死心，又回去苦练了一段时间，终于悟出"发自内心，如婴儿般天真无邪的笑容最迷人"，并且练成了这张价值百万美元的笑脸。

在销售过程中，销售人员是通过自己的言行来传递信息的，如果传递出的是错误的信息，也会无形中对客户产生错误的暗示，这样，就会影响销售效果。如果注意不到，往往犯了错误还不自知。

经验丰富的销售人员都知道，如果在销售中采用双手抱胸的姿势，不论是站着还是坐着，只要采用了这个姿势，就会对客户产生一个心理暗示，那就是你不相信别人的存在，是在告诉对方，你有不服气的心理。同时，这个姿势对销售人员自身也有一个心理作用，如果长时期地习惯于这个姿势，不仅猜疑心会加重，同时也会使自己产生过于固执己见的毛病。更主要的是，这样的肢体语言还会显示在不当的人际关系之中。一般来说，经常不自觉地双手抱胸很容易在人群中被排斥，同时也会使销售能力受到限制。

除了手势，眼神也很重要，一个眼神有时候可以决定一场销售的成败。有这样的人，他们在做销售的时候，往往不是从正面看对方，而是由下向上看，而且眼睛向上吊着看。这种眼神会对客户形成这样一个心理暗示，那就是表明你对客户有所怀疑并且鄙视，这样会让对方的心里感到很不舒服。相反，如果正视对方的目光，就会产生另一种完全不同的心理暗示效果，它表示信心坚定而且态度诚恳，能帮助销售人员取得较好的销售结果。

还有的销售人员习惯于在面对客户交谈时，跷着二郎腿，这也是很不好的一个习惯。这种行为传递给客户的一个心理暗示就是态度很傲慢，而且生活习惯不端正。从行为学的角度来看，坐着时跷着二郎腿虽然代表自信与专业，但是过度的自信容易变成自夸，说起话来很容易夸大其词，不切实际，很难取信于人，更不用说提高销售率了。

因此说，许多不经意的动作和眼神，虽然都是一些细节，但是却能够给客户留下或者积极或者消极的印象，对销售工作会有很大的影响。此外，生活中许多动作也能够产生不好的心理暗示，值得销售人员注意。例如：

坐姿摇摆不定。有些办公用的椅子是旋转式的设计，销售人员如果坐上了这种椅子，就会左右不停地摇摆，结果，客户的订单就很容易被摇掉。因为坐姿不稳定就会给对方留下你缺乏耐心与毅力的印象，做事容易虎头蛇尾、毅力不足。这样的话，客户自然不愿意相信你的售后服务，所以成交的概率就不高了。

无语露齿做出怪模样。在与客户沟通时，除非有必要说话，否则就不要随意张嘴，千万不要出现嘴唇上张或是无语露齿的模样，因为这样不但会让正在说话的客户分神，更会让客户认为你是一位是非很多的人，这样，想要博得客户的好感就很是不易了。还有的人，总是习惯于将嘴角歪向一边，这也会向客户暗示出你的自负与不满。所以，要想成为真正有素养的销售人员，这些不良的行为一定要杜绝。

还有的销售人员总是习惯单手或双手托腮，这也是很不好的行为习惯，因为托着下巴听别人说话的姿势不仅不雅观，同时也暗示对方你很疲劳而且不耐烦，同时，还会显示出你的个性是软弱的，并且做事是犹豫不决的。

总之，一个眼神，一个动作，都是销售人员与客户沟通的重要工具，所表现出来的一言一行都会对客户产生不同的暗示作用。因此，在与客户沟通的过程中，如果能够运用好一言一行，对客户进行积极的心理暗示，就会提高工作效率，并且让销售业绩得以提升。

·第十一章·

只要不害怕，订单能拿下（下）

　　销售员应该明白，遭到客户的拒绝后就情绪低落，对销售工作是没有帮助的，越是被拒绝，越要让客户通过背影看到自己良好的精神面貌，给客户留下深刻的印象。从客户的角度来看，比起那些无精打采的销售员，将自己自信的精神面貌留给客户的销售员更能令人心情愉快。

投其所好，才能事半功倍

不同的客户有不同的特点，因此，对销售人员来说，在与客户沟通时，就需要根据客户的喜好，采取相应的沟通方式，这样才能事半功倍。要想达到更好的销售效果，就需要对客户进行积极的心理暗示，使对方更加容易接受你的产品，更加容易对你产生信任。

可以说，每个人的表达和接受信息的方式都不一样，为了达到最好的销售效果，销售人员就要了解并使用客户喜欢的方式进行沟通。

首先，没有人会喜欢跟没精打采的人打交道，所以，销售人员在跟客户见面的时候，就要保持一种积极向上的精神状态。只有当自己变得百分之百地自信并感到非常兴奋的时候，才能精神焕发地走进客户的办公室。

其次，销售人员最好要面带微笑。一位著名的企业家说："我宁愿雇一个有可爱笑容而连中学文凭都没有的女孩子，也不愿意雇一个板着脸孔的哲学博士。"一位销售精英也说过："当我的眼睛一接触到人时，不管我认不认识，我会要我自己先对对方微笑。"

有人曾经做过统计，在同一个行业的几个同样的店面，货品的摆设和种类都差不多，店内售货员的年龄、长相、穿着打扮也相差无几，可是唯有笑脸相迎的售货员所在的店面生意最好。

有人说，微笑是成功者的秘密武器，因为微笑可以产生一种心理暗示，它会暗示对方你是一个容易亲近的人。微笑还能拉近彼此之间的距离，增强自身的亲和力，从而解除客户的抗拒心理。很多事实也表明，令人感到温暖而又愉快的笑容会带来明显的经济效益。

最后，还要注意双方沟通的环境，因为在不同的环境下，也会产生不同的沟通效果。一般来说，温馨而融洽的沟通环境可以使客户的心理得以放松，使销售工作更顺利。在跟客户沟通的时候，可以选择咖啡厅、酒吧之类的场所，这样会使客户抛弃戒备心理，能更坦诚地与你交流，使销售工作更加顺利。

销售人员在与客户面对面沟通时，首先要尊重客户，要特别关注客户的态度与感觉，要让客户感受到沟通的愉悦，不要以各种方式激怒客户，从而导致客户情绪的不稳定，使销售工作受到影响。

某女士进了一家女鞋专卖店，从中挑选了一款鞋，店员引领她坐下来试鞋，并不厌其烦地替女士找合适尺码的鞋。由于这位女士的两只脚掌尺码不一样大，所以试的鞋总是有一只脚不合适。

于是店员说："看来我一时找不到适合您的鞋，您的一只脚比另一只脚大。"

女士听后很生气，站起来就要走。这时，鞋店经理听到两人的对话后，赶紧叫女士留步并致歉。经理再次请女士坐下来试鞋。没过多久，就卖出去了一双鞋，女士满意地离去。

女士走后，那店员问经理说："您用什么办法让她不生气还买了鞋呢？"

经理解释说："我只对她说她的一只脚比另一只脚小。"

只是一个字的差异，却使购买的结果完全不同。其实，销售人员在与客户的沟通中要充分地尊重对方，尤其是当客户自身有缺陷或不足的时候，更不能直言相告，否则会让客户的内心产生极大的反感并影响购买情绪。

在上述案例中，那位经理虽然也把真相告诉了那位女士，但由于考虑到了她的真实感受，而且在沟通时充分讲究技巧，并带有尊重的意味，从而能够获得对方的认可。鞋店经理能够从女士的角度去看问题，所以他的沟通获得了成功。

在一家便利店里，进来了一位顾客，营业员见他走近柜台边走边看，似乎在寻找什么，但又漫不经心，就判断他想买东西但又并不迫切。

营业员于是迎上去，热情地说：

"先生，您想看点什么？我比较熟悉，可以给您介绍介绍。"

"我随便看看。"

"好，您要看什么我给您拿，不买也不要紧。"

似乎是营业员的盛情难却，这位顾客说："请把那套咖啡杯拿给我看看。"

营业员拿过来两套，同时给他介绍了这些商品的产地、特点，还说明其中有一套在目前很畅销，店里只剩下了几套。对方听了，便掏钱买了一套。

临走时，他说："本来我并不打算马上买，只是想顺便过来看看有没有花色好一点的，是你那句'不买也不要紧'使我动了心。"

在日常生活中，我们常常发现，当有顾客上门的时候，营业员马上开始游说，恨不得说得天花乱坠，但是，这样做往往会给顾客带来极大的压力。虽然这样做会使很多顾客在如此"盛情"之下，随便挑一个小商品就匆匆告别，但以后说不定就不再来了。毕竟，这种过于直接而又热情过度的销售方式是顾客比较反感的，有的销售人员以为这是一种成功的营销策略，却不知这是因小失大。要知道，顾客都是喜欢在一种自由轻松的环境里选择和购买自己想要的东西的，因此，要给顾客营造一种宽松的购买环境，才能吸引更多的顾客。

作为销售人员，一定要明白这样的道理，那就是，自己卖的不是产品，而是产品带给客户的利益——产品能够满足客户什么样的需要，能为客户带来什么好处等。客户在没有使用之前，对产品的认识都是抽象的，表面化的，如果销售人员不能把产品的利益变成具体的、实在的、客户可以明确感受到的东西，那么利益就不会变成吸引客户的因素。优秀的销售人员要在了解到客户的个性特点和现实感受后，再以尊重对方的方式去理解、去沟通，这样才能达到良好的沟通效果。

沟通的方式有很多，要选择客户最喜欢的方式去沟通才能取得很好的结果。一般来说，讲故事的方式就是很受客户欢迎的沟通方式。美国纽约"成功动机研究"的主持人保罗·梅耶进行大量研究后发现，优秀的销售人员都会巧妙地利用人们喜欢听故事的兴趣去取悦客户。通过故事，销售人员能把要向客户传达的信息变得饶有趣味，使客户乐于接受，产生兴趣，给客户留下深刻的印象。他说："用这种方法，你就能迎合客户，吸引客户的注意，使客户产生信心和兴趣，进而毫无困难地达到销售的目的。"

其实，销售人员不必向客户展示所了解的所有产品的知识，同样，在做出购买决定前，也没有必要让客户成为相关的专家，因为过多的解释反而让人心里生疑。

通过故事来介绍商品是说服客户的好方法之一。由于故事都倾向于新颖、别致，所以它能在客户的心中留下深刻的印象。当一个销售人员能让产品在客户的心中留下一个深刻、清晰的印象时，就有了真正的优势。

一位玛钢厂销售人员在听到客户询问"你们产品的质量怎样"时，他没有直接回答客户，而是给客户讲了一个故事："前年，我厂接到客户的一封投诉信，反映产品质量有问题。厂长下令全厂工人自费坐车到100公里之外的客户单位。当全厂工人来到客户使用现场，看到由于产品质量不合格而给用户造成的损失时，感到无比羞愧和痛心。回到厂里，全厂召开质量讨论会，大家纷纷表示，今后决不让一件不合格的产品进入市场，并决定把接到客户投诉的那一天作为'厂耻日'。结果，当年我厂产品就获得了'省优'称号。"

销售人员没有直接去说明产品质量如何，但这个故事让客户相信了他们的产品质量。

其实，任何商品都有它迷人而有趣的话题，比如产品是怎样发明的，怎样生产出来的，它能带给客户什么好处，等等。销售人员可以挑选生动、有趣的故事，以故事作为销售的武器。一位销售精英说过："用这种方法，你就能迎合客户、吸引客户的注意，使客户产生信心和兴趣，进而毫无困难地达到销售的目的。"

比如，在还不确定顾客真实需求的情况下，品牌是一个最好的谈论话题。有人说，一个没有故事的品牌必然是空洞稚嫩的，而一个缺少品牌故事的销售过程同样是没有说服力的。事实也确实是这样。

"先生，您听过我们这个品牌吗？"

"我们的企业是整个照明行业最早开始实施品牌战略的，拥有整个吸顶灯市场10%的市场占有率，我们这个品牌就是吸顶灯的代名词。您知道为什么我们的吸顶灯销量这么大吗？"

"先生您说得很对，我们的确是靠吸顶灯起家的，其实这只是一个原因，更重要的是我们的老板在创业初期就把我们的品牌定位在'为大多数人提供优质的光环境'上面，而吸顶灯产品最大的卖点就是对光的充分利用。"

这段话巧妙地实现了品牌与产品之间的嫁接，水到渠成地开始介绍起吸顶灯产品来了。这样的话听着亲切，也能引起客户的兴趣，能使客户与销售人员之间达成自然的互动，销售也就不成问题了。但是，有的销售人员不懂得这一点，只是凭借自己的主观意愿就滔滔不绝地展示产品有多么好，多么实用，其实这样不仅不能打动客户，还会让客户反感。

亨利拿着一种新上市的电动剃须刀走进了客户的家门，他仔细地将这种新式剃须刀的一切优良性能都做了介绍。

"剃须刀不就是为了刮掉胡须吗？我的那种旧式剃须刀也可以做到这些，我为什么还要买你这个呢？"很显然，客户希望清楚地了解这种产品或者亨利的这种销售主张能够给自己带来什么样的好处。

"我的这种剃须刀要比以前的性能优良，你从包装上就能看得出来。"

"你的包装精美跟我有什么关系？包装精美的产品有的是，我为什么要选择你的产品？"

"这种剃须刀很容易操作……"

"容易操作对我有什么好处？我并不觉得我原来的很难操作。"

在这个案例中，客户最在意的显然是利益而不是特征，"对我有什么好处"就是客户的利益点。特征是利益的支持基础，利益才是客户追求的根本东西。销售人员亨利一味强调这种新式剃须刀的好用、性能优良，但是，客户一直在问"这跟我有什么关系"，而亨利却对此毫无感觉，喋喋不休地讲述自己的产品包装是如何漂亮精美，产品有多么容易操作。他不懂得，向用户介绍产品，关键点是介绍使用该产品能给他带来什么好处，哪些好处是他现在正需要的。离开了这一点，再好的产品也不会让客户动心。

总之，不同的环境就会有不同的状态，而不同的状态就会衍生不同的沟通效果，所以用客户喜欢的方式跟对方进行交流十分重要。在与客户沟通之前，销售人员需要选择合适的洽谈场所，整理自己的装束，抖擞精神，保持一个良好的心态，这些都是成功的开始。

自大是盲目自信的表现

不可否认，有的人在控制自己的情绪方面，总是容易走上极端，要么消极悲观、妄自菲薄；要么自高自大、自以为是。这些情绪在销售工作中都是要不得的，妄自菲薄只能让人陷入沉沦的泥潭，盲目自大则会使人走向失败的深渊。

自大是一种脱离实际的盲目自信的表现。自大的人总是觉得自己什么都可以做得比别人好，自己不需要任何人的帮忙。他们虽然有一定的才华和能力，但是却把这仅有的才华和能力无限地放大，说话言过其实，出言不逊，而在真正做事的时候却是眼高手低，力不从心，甚至根本就无法胜任，导致失败而归。

自大的人往往会缺少应有的礼貌，没有谦逊的品质，在人前只会一味地吹嘘自己，浑身透着一股小家子气。盲目自大虽然可能换回别人一时的赞叹，但最终还是会因为名不副实而使自己的名誉受损，成就减半。

无论在什么场合，盲目自大的情绪都是要不得的。从小的方面来说，盲目自大会限制发展；从长远来看，则会断送自己的前程。

自大的人总认为自己是了不起的人，但事实上，他们往往是最没有本事和能力的人，因为有本事的人只会用实际行动来说明问题，而不是仅凭言语来炫耀。盲目自大往往与无知连在一起，因为看不见别人的优点，便过高地估计自己，过低地估计别人。这样的人口头上无所不能，看不起任何人，只有当真正碰上对手时，才知道自己是多么不堪一击。

就像是有的销售人员，在取得一点点成绩之后，就开始心生得意，觉得自己已经无人能及了，于是便总以大师自居，随意指教别人，不管遇到什么问题都说自己能行，只为炫耀自己。可是到真正去解决问题的时候，就无所适从了。

俗话说，人贵有自知之明，只有正确地认识自己，把自己放在合适的位置上，才能更好地发挥自身的价值。

萧然原本积极上进，当初他以优异的表现进入了某营销公司。由于他热情大方，和同事们相处得也很愉快，在工作上更是很快就上手，获得了比较突出的销售业绩，不到一年时间，他就从普通的业务员升职为销售经理。

刚刚取得一点成就的萧然，就被自己的虚荣心所蒙蔽，变得自高自大，自以为是。当一些新来的业务员向他请教的时候，他开始还比较客气，后来就渐渐地摆起了架子，对人爱理不理不说，动辄就趾高气扬地指责批评，在下属面前总是炫耀自己当时是如何出色，如何轻松地应对客户，致使下属对他很是不满。

一次，一位下属接到一笔单子，但是客户要求比较苛刻，于是下属就请萧然亲自出马去谈判。萧然欣然接受，在批评下属的同时，还夸下海口说自己一小时就能促成交易。

结果，在与客户谈判的过程中，萧然丑态百出，令客户很不满意，最后萧然不得不尴尬地离开，灰溜溜地跑回公司。此事传开，萧然受到了很多人的嘲笑。在其他同事升职的时候，他被降了级。

要想做好销售工作，需要销售人员一步一个脚印，脚踏实地地日积月累，即使有了一定的成绩也不能骄傲自满。如果沉醉于已有的成绩不思进取，早晚会被别人超过。盲目自大的结果只能是自毁、失败，只有虚心谨慎、求真务实的人，才能在事业上有所成就。

可以说，盲目自大就像麻醉品一样使人麻痹大意，看不清自己的位置和前进的方向，只知道陶醉在虚无的优越感中，总是自我感觉良好，甚至趾高气扬，目中无人，不懂得学习和提高自己，这样做的结果只能是不断退步，最终走向失败的深渊。

因此，有自大心理的销售人员，应该及时地对自己进行一番全新的评估，实事求是地评价自己的能力以及知识水平，重新确立自己的位置，将自己从自以为是的陷阱中拉出来。重新激发自己的上进心，虚心地向更加优秀的人学习，取人之长，补己之短。不要只满足于已经取得的成绩，要知道自己和世界级的销售大师相差甚远，自己还需要加倍努力。

作为一个好的销售人员，必须善于调整自己的心态，既要有百折不挠、不怕失败的精神，又要保持一颗平常心，不骄傲自大，时刻保持应有的谦虚。要知道，以前的业绩只是一种参照，销售人员可以从中学习到经验，但决不能让它成为束缚自己手脚的阻力，这才是一个优秀的销售人员所应该具备的心态。

心理学家认为，一个过分注重自我的人，往往会失去对周围人的关注，不能客观地进行自我认识和评价，就会产生一定程度的盲目和自负。因此，销售人员要善于观察别人，并进行对比和自省，保持谦虚的心理，学会把业绩归零，让自己重新开始、不断提高。要做到冷静而理智地对待自己的工作，不要因一点儿成绩就妄自尊大，止步不前。

建立起持久的工作热情

销售是一种压力大、挑战性强的职业，对人造成的心理压力也是巨大的。当职业目标的实现让人感到非常困难，甚至根本没有实现的可能时，销售人员就会产生厌倦。因此，销售人员要时常审视自己，思考自己想要什么、擅长什么、喜欢什么，把理想融入工作当中，培养自己对工作的兴趣，使自己建立起持久的热情，从而不对工作产生厌倦。

在一个人的职业生涯里，总会出现某些令人厌倦的时刻，在遭受挫折和感到烦躁的时候，在心情低落与热情消失殆尽的时候，人们往往会感到无奈和无助，内心无比疲惫，不知前进的方向到底在哪里。于是，就不免会发出这样的感叹："要是不工作就好了！""太累了，真的不想干了！"

想必很多人都有过这样的体验。其实，一个人不可能每时每刻都保持着饱满的热情，也不可能每时每刻都精力十足。身体需要休息，心灵也是需要休息的。偶尔对工作产生一些厌倦情绪也是很正常的，因为我们每个人的情绪是千变万化的，可能刚才还喜笑颜开，但是过一会儿可能就会垂头丧气；有时候可能会充满激情地去工作，有时候又会很失望很难过，觉得工作没有意义。但是，工作是人的生命中非常重要的活动之一，每个人每天都有三分之一的时间是在工作，只有让自己在这三分之一的时间里过得更充实、更快乐，生活才会更加幸福。

当然，很多不确定的因素都会影响到人的心情和人们的工作情绪，比如厌倦心理。这是人们常见的一种心理状态，通常指由重复、单调、乏味的事物所引起的精神不佳的状态，使人感到不愉快甚至是心烦意乱。表现在工作当中就是：人们由于长时间处于同一种氛围之中，一直重复着同样的动作或者言语，就会对这项活动失去兴趣，从而感到心理疲劳，不愿继续做下去。在情绪上表现为焦躁、反感、消极、麻木等，如果不及时调整，就会影响人们的正常工作。

拿销售工作来说，确实算是比较死板和乏味的，所以销售人员对自己的工作产生厌倦心理也是常有的事情。但是，一时的厌烦情绪并不可怕，可怕的是销售人员因此而陷入消极情绪的泥淖中无法自拔，热情得不到迅速的恢复，从而完全失去工作的兴趣。

董阳做保险销售工作已经有三年的时间了，三年里他不断地东奔西跑，经历了不少的坎坷挫折。在刚入行的时候，董阳就给自己树立了远大的目标，并为之努力奋斗着。在三年的时间里，董阳很认真地学习着各种销售的方法和技巧，不断地磨炼和提高自己的能力。通过自己的辛勤付出，他也获得过公司的表扬，得到过不菲的奖金。

但是最近，董阳开始对销售工作感到厌倦，对自己的前途开始产生怀疑。他觉得自己的工作没有一点趣味，每天都是重复同样的事情。这几年自己在外面东奔西跑，基本上没有时间和家人团聚。一年四季，风霜雨雪，自己在外面的饮食起居没有保障，有时还要忍受别人的奚落和轻视。董阳前所未有地感觉自己力不从心，内心疲惫到了极点。

有时在早上起床时，他都会想，干脆辞职算了，不要再受这份罪了，起码能够睡个安稳觉。但是他又放不下自己的工作，既然已经坚持这么长时间了，也舍不得放弃。于是董阳陷入了深深的矛盾之中，虽然还是坚持每天上班，但是工作状态却远不如以前，很多时候都因为自己的消极情绪而失去应该得到的保单，这让董阳十分痛苦，虽然他在努力地调节，却仍然起不到好的效果。

对工作的厌倦使董阳失去了奋斗的目标，变得茫然而无所适从，进而陷入深深的痛苦之中。可见厌倦情绪对工作以及个人的影响是十分严重的。

在实际工作中，导致销售人员内心疲惫，对工作产生厌倦的原因有很多，比如工作很努力，却得不到应有的回报，或者与同事的交往不顺畅。有时过多地受到客户的责难和拒绝，让自己心生恐惧，工作乏味平淡，没有新意等。而这种不良的情绪会影响人们的正常工作。如果销售人员怀着厌倦的情绪去对待自己的工作，则会带来诸多的不良影响。例如情绪烦躁、易怒，对周围的人和事物漠不关心，工作态度消极，对客户没有耐心、不柔和，无缘无故发脾气，工作不用心，甚至打算跳槽或者转行。

实际上，每个人都是追求上进的，都需要获得应有的物质回报，并满足自己的心理需求。如果不管怎么干，都是在原地踏步或者得不到别人的认可和支持，那么销售人员的积极性、创造性必然会受到打击，工作的热情也会受到极大的挫伤，从而使内心的失败感、挫折感、厌倦感进一步扩大。长期处在这样的状况之下，其成长进步的信心和信念发生动摇也就是很自然的事情了。

在这种状况面前，销售人员应该保持乐观、宽容的心态，学会调节自己的情绪，积极地排解苦闷和进行宣泄，学会转移心中的不快，促进工作热情的恢复，使自己从厌倦工作的状态中尽快地解脱出来。销售人员应该给自己一个明确的角色定位，保持适度的心理期望，缩短梦想与现实之间的距离，不因现实的落差造成对心灵的打击。

科尔斯曾经是一家报社的职员，刚到报社当广告业务员时，他对自己很有信心，因此他向经理提出不要薪水，只按广告费抽取佣金。经理答应了他的请求。

他列出一份名单，准备去拜访一些很特别的客户，这些客户都是以前没有洽谈成功，并且公司里的业务员都认为是不可能与其合作的。

在拜访这些客户前，科尔斯把自己关在屋子里，站在镜子前，把名单上的客户念了十遍，然后对自己说："在本月之前，你们将向我购买广告版面。"

之后，他怀着坚定的信心去拜访客户。第一天，他和二十个"不可能的"客户中的三个谈成了交易；在第一个星期的另外几天，他又成交了两笔交易；到第一个月的月底，二十个客户中只有一个还不买他的广告。

在第二个月，科尔斯并没有去拜访新客户。每天早晨，那位最后拒绝买他广告的客户的商店一开门，他就进去请这个商人做广告，每天早晨，这位商人都回答说："不！"

可是每次当这位商人说"不"时，科尔斯都假装没听到，然后继续前去拜访。到第二个月的最后一天，对科尔斯已经连着说了三十天"不"的商人说："你已经浪费了一个月的时间来请求我买你的广告，我现在想知道的是，你为什么要坚持这样做？"

科尔斯说："我并没有浪费时间，在拜访您的过程中，我等于是在学习，而您就是我的老师，我一直在训练自己坚忍不拔的精神。"

那位商人点点头，接着科尔斯的话说："其实我也等于在学习，而你就是我的老师！你已经教会了我坚持到底这一课，对我来说，这比金钱更有价值。为了向你表示我的感激，我要买你的一个广告版面，当作付给你的学费。"

可以说，销售人员对工作产生厌倦，很大程度上都是心理疲惫引起的。销售人员在工作中往往会承受很大的心理压力，会遭受到许许多多的挫折和委屈，使自己的信心和热情受到打击而削减，从而产生身心疲惫、能量被耗尽的感觉。因此，销售人员应该学会欣赏自己、善待自己，适时地进行自我安慰，及时地给自己充电，让自己得以喘息并恢复元气。同时，也要学会向别人倾诉自己的苦恼，寻求必要的帮助。总之，要找到各种治愈倦怠的良方，让自己重新找回对工作的热情，以最佳的状态迎接新的挑战和机遇。

销售是"一种对于热情的传递"

人在潜意识中总是相信自己的朋友，相信跟自己熟悉的人，而对那些陌生人往往有一些排斥和戒备，这是人之常情。如果能够让客户感觉销售人员就是他们的朋友，那么销售其实就成功了一半。如果那样的话，他们对于销售人员所说的一切，都会有一种信赖感，从而也会对所售商品的质量深信不疑。

有人曾说，推销事业是充满热情的人从事的终身职业，当热情消退时，他的推销事业也就走向了衰退。在今天，人们对销售的一个最佳定义是"一种对于热情的传递"。当销售人员把自己对产品或服务的热情传递到客户的脑海和心灵后，产品自然就销售出去了。当这种情绪传递给潜在客户或现有客户时，客户在购买中的迟疑就会消失殆尽。

然而，让客户感觉你是他们的朋友并不是一件容易的事情，这首先要取决于销售人员对待客户的态度。有人做过这样的实验：

先找出四个人，然后与每个人用不同的问候方式交流。

对第一个人，销售人员面无表情地只说了一句"你好"，对方的反应也是冷淡的"你好"两个字；

对第二个人，销售人员面带微笑，同时主动伸出手说"您好"，对方也是面带笑容，主动地握手说"您好"；

对第三个人，销售人员说"您好！我是某某"，同时伸出手，对方也表现出了同样的反应，并告诉销售人员他姓什么；

对第四个人，销售人员说"您好！很高兴认识您，我叫某某某"，对方也和销售人员的反应一样，同时告诉了销售人员他的名字。

这说明对方对销售人员的态度取决于销售人员给对方怎样的影

响和刺激。在销售中，客户会根据销售人员的表现和态度来做出相应的反应。如果缺乏主动和热情，就很难影响客户的想法和行为，更谈不上进行下一步的销售了。

都说热情能带来幸运，因为人们都喜欢和热情的人在一起。一个销售人员如果缺乏热情、面无表情、反应冷淡，那么谁也不会愿意接近他，更不用说购买产品了。一个人最让人无法抗拒的魅力就在于他的热情，一个销售人员是否热情，决定了客户是否喜欢他、亲近他并接受他。可以说，是热情感染着客户们的情绪，带给他们愉快的感觉。在这种和谐的气氛中，他们就会不由自主地对你的商品产生好感，最终跟你成交。

罗伯特·舒克之所以能有后来的成功，很大程度上是受了其父亲赫勃·舒克的影响。赫勃·舒克是位非常有名的销售人员，他经常对罗伯特·舒克说："再没有什么能比得上热情的感染力了。"

初入保险业的时候，罗伯特·舒克就在父亲开办的公司工作。当时的销售方法还比较原始，销售人员都是凭着手中的"销售线"开展工作。所谓的"销售线"就是把一些潜在客户的姓名、住址、职业等信息写在一张卡片上，叫作备忘录，销售人员会根据备忘录上的信息挨个上门进行销售。

公司给销售人员设计出了整套的销售方案——直接找客户公司的主要负责人，然后故作神秘地告诉对方自己有非常机密的事情要与之洽谈。很多客户会因此认为是重要人物或者联邦调查局的人来做调查，便会马上把人请进办公室。进入办公室以后，一切就要靠销售人员的销售技巧了。

赫勃·舒克认为这个方法是很有效的，可他手下的一名销售人员却极力反对。原来，这名销售人员手中的二十多条"销售线"都在同一个区域里。他总是在公司的报告会上向赫勃·舒克抱怨这个区域糟透了，强烈要求换一个区域。他声称，自己花了太多的时间去拜访这二十多名潜在客户，并严格按照公司的方案进行操作，可是不管做了多少努力，始终没有人买他的保险。这名销售人员的怨声载道令赫勃·舒克很不高兴，他觉得，这样会影响新的销售人员的斗志和信心。

于是，他站起来说："这根本不关区域的事，这是你个人的问题，我觉得你没有摆正心态。"

销售人员本能地反驳道："您不了解这个区域的人，谁也不能和他们做成生意。"

赫勃·舒克想了想，说："你要是坚持这样说我也没有办法。为此，我决定亲自去做。我们这就来打个赌：我要是能在下个星期前与这个区域的十人以上的客户做成生意，那你就得请我吃牛排，你只能吃豆子；反之，你吃牛排，我吃豆子。你同意吗？"

"那好吧，我同意。"销售人员想也不想地回答。

就这样，赫勃·舒克立即行动起来。但大家都不相信他会赢，因为大家知道，没有客户会耐心倾听同一家保险公司的销售人员再做一次同样内容的销售。

为此，罗伯特·舒克还劝说自己的父亲："您这一步走的是险棋。我明白，您是为了增加大家的信心才这么做的。可是您想过没有，要是您输了，后果会很惨重，大家的士气会大受打击。"

赫勃·舒克却不以为然地笑着说："放心吧，我有把握。你们只管等着看结果就是了。"

接下来的一个星期，赫勃·舒克总是早出晚归，没有向任何人透露半点进展情况，大家都迫切地等待着结果的揭晓。

终于，一周快要结束了，大家盼来了星期六的例行报告会。在会议上，赫勃·舒克当着众人的面打开自己的文件包，然后缓缓地抽出了一份附着支票的客户申请表，大声念出上面客户的名字，接下来是第二份……在所有员工的惊叹中，赫勃·舒克一共念了十六位客户的名字。大家完全被他折服了，都纷纷向他询问销售的过程。

赫勃·舒克笑着跟大家分享了自己的经历："我对这二十个客户说的是同样的话——您好，我叫赫勃·舒克，来自'富达洲际'保险公司。您一定记得，上个星期我的员工来拜访过您。今天我再次到访，是因为这个星期我们的保险又出台了几项新的条约，而且这些条约都关系到您的切身利益。更重要的是，条约对您更有利了，而价格却没变。所以，在此恳请您给我几分钟的时间，让我来告诉您这些新条约的内容好吗？"

说到这儿，赫勃·舒克解释说："当然，我们根本没有什么新条约，我拿的是和上次一样的条约。但是，我在给每位客户解释条约的时候都会提醒他们：'您可一定要仔细听，下面这条很特别，是全新的。'"赫勃·舒克接着说："每当我念完这些条约，客户都会点头称是。他们会说：'的确是这样啊，有好多都和上次不同呢！'其实，是因为他们前一次压根没有用心听。"

最后，打赌的那位销售人员输得心服口服。从这里我们可以看到，他不愿意再把保险销售给那个区域的人，因为他对该区域的二十多个潜在客户失去了信心，也对自己失去了信心。可是，赫勃·舒克对销售保持着高度的热情，愿意迎接任何一次挑战，把征服客户作为自己的职责所在和工作乐趣。

乔·吉拉德被誉为"世界上最伟大的销售人员"，他在15年中卖出了13 001辆汽车，并创下一年卖出1425辆汽车的纪录。

乔·吉拉德每年销售出去的产品总量比同行高出好多倍。他在介绍经验时说："我成功的秘诀在于我认为真正的销售工作开始于商品销售出去之后，买主还没走出我们商店的大门，我的儿子就已经把一封感谢信写好了，我每个月都要发出1.3万张明信片。"的确，购买了吉拉德销售的汽车的顾客每月都会收到他寄的信，信被装在一个淡雅朴素的信封里，但信封的大小和颜色每次都各不相同。

乔·吉拉德认为，不能让信看起来像个邮寄的宣传品，因为人们对此已司空见惯，往往是拿起来连拆都不拆就扔进废纸篓里去了，而吉拉德写的信一拆开就是"我想念您"的字样。在不同的月份，每封信都有不同的贺词。

不仅如此，乔·吉拉德还会给过生日的客户寄去祝福的信件。有的客户在生日前一两天就会收到来自吉拉德的祝福，惊喜之情可以想见。有人说乔·吉拉德每月发出的1.3万张卡片好像是兜售汽车的一个花招，事实上，乔·吉拉德对顾客倾注了全部心血。

他说："谈到做生意，好的大饭店是以其厨房里做出来的美味佳肴赢得顾客的，而我销售的是汽车，顾客从我这里买走一辆汽车时，就应当让他的心情像在大饭店里吃得酒足饭饱后满意地离开一样。"

的确如此，从乔·吉拉德那里买走汽车的顾客，当车出了毛病回来修理时，都会受到他的热情接待，并使汽车得到最好的修理。在工作中，乔·吉拉德并不考虑要销售多少辆汽车，而是强调每卖一辆汽车，都要做到与顾客推心置腹，并全心全意为顾客着想。

乔·吉拉德的情感销售术贯彻始终，这让他时时收获惊喜，得到了丰厚的回报。

对于一个销售人员来说，热情能让客户感到他与你是一种朋友关系，而不是销售与被销售的关系。如果他们当你是朋友，就会相信你所说的一切。在签订订单的时候，他们也许会说，你们公司的产品并不是最好的，但是跟你合作，是我最舒服的。

好多成功的营销者在工作中跟他的客户都成了朋友。把生意当作朋友来经营，会让销售人员跟客户都感到开心。这样既能谈成一笔生意，又能多一个朋友，多一条路。

你给客户面子，客户给你单子

作为销售人员，无论在何时，都必须尊重客户，因为没有人会希望自己被别人看得微不足道。在推介产品时，你也许会发现客户买不起你的产品，你或许会认为他是在浪费你的时间，但是如果你表现出对他的漠视，甚至羞辱客户，就是"自断生路"。

从心理学的角度分析，每个人心中都有某种强烈渴求被接纳的愿望。因此，销售人员从接触到客户的那一刻起，就应竭尽所能地使他成为自己的忠诚客户乃至终身客户，而要实现这一目标，对客户发自内心的尊重便是首要任务。不管销售人员对客户有什么个人看法，都不能在言行和神态中表现出来，毕竟，每个人都会有自己独有的个性，而销售人员要做的，就是尊重客户，用自己对客户的尊重使客户接纳你的产品，为成功地实现销售做准备。

齐格·齐格勒是世界上最伟大的销售大师之一。一次，齐格·齐格勒上门到一位客户家销售一种炒锅。就在他和客户快要谈拢生意的时候，该客户的儿子正好从外面回来。

男孩一看父亲选中的那口锅，马上说："不要这个锅。太难看了，用起来也不方便。"

男孩的父亲一听儿子这么说，马上就犹豫起来。齐格·齐格勒发现这个男孩只有十七八岁，知道他正处于自以为是的年龄阶段。但是从孩子父亲的反应来看，又发现孩子对他的影响是不容忽视的。齐格·齐格勒心里明白，这次销售成功与否的决定因素就取决于这个男孩了。

于是，齐格·齐格勒亲切地和男孩攀谈起来。他拿出产品的大样图纸给男孩看，让他挑选自己喜欢的锅的类型。结果，男孩一下子就看中了其中的一款，他指着那款小巧精美的锅兴奋地对齐格·齐格勒说："你瞧，这个多好，比我爸爸选中的那个好看多了。"

齐格·齐格勒看着那款造型漂亮，容量却很小的锅，微笑着对男孩说："是啊，这款锅的确漂亮。不过，会不会太小了呢？"男孩想了想，也认同地点了点头。

于是，齐格·齐格勒找出一款和男孩选中的款式相同，容量却更大的锅对他说："你觉得这个怎么样呢？和刚才你选的那款样式一样，只是更大些。呵呵，你这么高的个子，那只小小的锅煮的饭恐怕还不够你一个人吃吧？"

男孩一听，挠挠脑袋，不好意思地笑了起来。最后，男孩和他父亲一致决定买下齐格·齐格勒为他们选中的那口锅。

有时候，眼看生意就要做成，半路却横生枝节，面对这种状况，可能很多销售人员都不会高兴，恨不得立马除去这些干扰因素。当齐格·齐格勒遇到这样一个多事的孩子时，心里不可能没有埋怨，可是他却并没有表现出来。当他发现男孩对其父亲有着极大的影响力之后，意识到这个男孩成了他此次销售成败的关键，于是便马上把销售的重心转向了男孩。结果，齐格勒通过对男孩颇具亲和力的说服销售，最终打动了男孩，同时也打动了男孩的父亲，生意也自然而然做成了。

做销售工作要记住，让客户感到不被尊重或没有面子，对自己是有害无利的。因此，销售人员一定要尊重客户，千万不要让客户觉得你目中无人。

有位老太太选好了两支牙刷，由于销售人员忙着又去接待另一位客户，老太太道声谢后就走了。

这时，销售人员才想起还没收钱。

销售人员一看，老太太离柜台不远，于是略提高声音，十分亲切地说："太太……您看……"

老太太以为有什么东西忘在柜台上了，便走了回来。销售人员举着手里的包装纸，说："太太，真对不起，我忘记把您的牙刷包上了，让您这么拿着，容易落上灰尘，多不卫生呀。"

说着，他接过老太太的牙刷，熟练地包装起来，边包边说："太太，这牙刷，每支五角五分，两支共一元一角。"

"呀，你看看，我忘记给钱了，真对不起！"

"太太，我妈妈也有您这么大的年纪了，她也什么都好忘！"

面对没有交钱的客户，很多销售人员会叫喊，让其回来付钱，尽管把钱收了，但却让客户很没有面子。而这位销售人员用了一个小小的"迂回术"，很自然地把老太太请了回来，又很自然地把谈话引到牙刷的价格上，这样一点拨，老太太也就马上意识到了。在整个谈话过程中，这位销售人员没有说一个发难的词，启发得十分自然，引导得十分巧妙，不仅收了钱，还让老太太很高兴。试想一下，如果他不是使用"迂回术"，而是对着刚离开柜台的老太太喊一声："哎，您还没付钱呢！"这样做也未尝不可，但对方会十分难堪，也难免会发生争吵。

聪明的销售人员要想做到尊重客户，在沟通中还要尽量做到以下几点：

一是包容他人的观点。如果销售人员能容忍与自己的看法相左的观点，客户就会觉得他们的观点值得一说，也值得一听。其实，越是能容纳别人的观点，就越能表明自己尊重他们。如回答"您的观点也有道理"等。

二是别抢话也别插话。每当客户要表明自己的观点时，要记住别插话，否则就会给人以这样的印象，你觉得他的话不值一听。正确的做法是，可以默默记下想要说的话或者是关键词语，就能保证不至于忘记自己的观点，以便在适当的时机跟客户表明。这样的话，客户就会觉得自己很受尊重，也会更从心底里接受销售人员提供的产品。

三是千万别戳穿客户的假话。人性之中都有虚伪的一面。面对客户的一些假话，不管是善意的还是恶意的，销售人员都不要去戳穿它，自己心里知道就行了，否则就会伤了客户的自尊心，结果可想而知。很多人都以自己能够戳穿别人的假话而自豪，其实，这不过是小聪明而已，在销售工作中，这绝对是个大忌讳。

百货公司的柜台前站着一个要求退货的顾客，态度非常坚决。

"这件外套我买回去后，我的丈夫不喜欢它的颜色，觉得样式也一般，我想我还是退掉为好，我可不想让他不高兴！"女顾客说。

"可是上面的商标都已经脱落了。"

售货员在检查退回的衣服时发现上面的商标已经被磨掉了，而且她还发现外套上有明显的干洗过的痕迹。

"哦，我记得当时买走的时候好像就没有……我保证我绝对没有穿过……因为我丈夫一见到它就说它难看。之后我再没有碰过它，直到今天我把它送来！"女顾客依然坚持要求退货。

看着上面干洗过的痕迹，售货员随机应变地说："是吗？您看会不会是这样，是不是您的家人在干洗衣服的时候把衣服拿错了？您看，这件衣服确实有干洗过的痕迹。"

售货员把衣服出示给顾客看："这件衣服本来就是深色，脏不脏很难看出来，说不定误拿了，我家也有过一次这样的情况。"说完，售货员温和地笑了。

顾客一看，只好也跟着笑了，说道："啊！一定是我家保姆送错了，不好意思……"

机灵的售货员用迂回的方法，不仅顺利解决了问题，而且让顾客心悦诚服。作为聪明的销售人员，就要学会保全客户的面子，不管客户做出了什么，都要对其表示尊重。

销售的艺术

顾客行为心理学

李鑫声　编著

中国出版集团
中译出版社

图书在版编目（CIP）数据

销售的艺术 . 顾客行为心理学 / 李鑫声编著 . -- 北
京 : 中译出版社 , 2019.12（2022.5 重印）
ISBN 978-7-5001-6086-1

Ⅰ . ①销… Ⅱ . ①李… Ⅲ . ①销售－方法②消费心理
学 Ⅳ . ① F713.3

中国版本图书馆 CIP 数据核字 (2019) 第 257091 号

销售的艺术

顾客行为心理学

出版发行：中译出版社
地　　址：北京市西城区新街口外大街 28 号普天德胜大厦主楼 4 层
邮　　编：100088
电　　话：（010）68359827，68359303（发行部）；（010）68002876（编辑部）
电子邮箱：book@ctph.com.cn
网　　址：http://www.ctph.com.cn
总 策 划：张高里
责任编辑：林　勇
封面设计：青蓝工作室
印　　刷：金世嘉元（唐山）印务有限公司
经　　销：新华书店
规　　格：880 毫米 × 1230 毫米　1/32
印　　张：30
字　　数：550 千字
版　　次：2019 年 12 月第 1 版
印　　次：2022 年 5 月第 3 次

ISBN 978-7-5001-6086-1　　　　定价：149.00 元（全 5 册）

中 译 出 版 社

前　言

　　刁钻的顾客，对很多销售员而言就像无解的数学题。但顾客毕竟不是数学题，销售员应遵循"存在即合理"的原则，正面强攻不成，就要学会从顾客的行为心理入手，采取迂回进攻的策略。

　　俗话说：商场如战场。在这场没有硝烟的战争中，谁搞定顾客，谁就可以赢得市场；谁赢得市场，谁就可以拥有"天下"。顾客心理如同自然界中的天气，千变万化之际仍不失规律可循。如果说具体的察言观色是销售员针对顾客心理在实战中的应用，那么提前对其规律做一番梳理，才不至于临阵心慌。想客观、理性地了解顾客的心理世界，就要对它们进行系统的分类。好的销售员，可以临阵磨枪；优秀销售员，讲究知己知彼；精英销售员，知道未雨绸缪。

　　大家都知道，要想钓鱼，就必须站在鱼的角度考虑它喜欢吃什么，然后钓的时候就在钩上挂什么。同理，要想搞定顾客，也必须站在顾客的角度考虑问题，知道他心里想什么。事实上，顾客行为正是连接你的眼睛和顾客心理最可靠的桥梁。能不能感知到顾客的心理，不能简单地只看到他们的行为，还必须站在他们的角度对其行为做出科学的解释。当然，顾客行为绝不仅是有没有或者喜不喜欢这么简单。以小见大，我们可以通过顾客的面部表情、肢体动作、语言特点、行为习惯等，察其言，观其行，探其貌。"一千个读者，就有一千个哈姆雷特。"大意是，每一个读者眼中的人物都是不一样的，都有差别。任何微不足道的举动，只要用心观察，都会从中发现某些类似于观念的东西来。

顾客行为都有目的，心理变化也会遵循规律，只要销售员能够从顾客的外貌服饰、语言声音、肢体动作、面部表情、日常习惯等行为中，揣摩出他们的心理，就可以明确他们的目的，从而进行有针对性的说服。除此之外，本书也将顾客的心理规律以及行为特征等做了一番梳理，再结合具体的情境，对销售员了解顾客，会产生行之有效的作用。

所以，顾客行为心理学不仅是顾客内心的写照，更是潜藏着可供销售员挖掘的巨大宝库。最优秀的心理学家未必就是最好的销售员，但最优秀的销售员一定是对顾客行为心理学最了解的。

目　录

·第一章·

形成较强的人际吸引力

　　在交往过程中，人和人之间的交往程度，跟交往双方相互之间的吸引力有关。每个人都希望自己能成为他人所喜欢的人，而且喜欢自己的人越多越好，要让别人喜欢自己，就要让自己成为一个具有吸引力的人。

志趣相投才能聊到一块儿

没有人会对自己不喜欢的东西感兴趣。如果有人在介绍或谈论自己喜爱的事情或物品，就会注意听。这种心理也可以被销售人员在销售中吸引顾客时所利用。在销售过程中，销售人员要主动去迎合顾客的心理，找顾客感兴趣的话题来聊，借此拉近与顾客之间的距离，从而实现进一步的交流，为最终的销售铺平道路。

一般来说，与自己有共同兴趣爱好的人更容易接触，也更容易聊在一起，愿意参加类似的活动，在共同的活动中既能彼此接近又能相悦，从而使人际吸引力增强。在看待问题上，态度会比较一致，志趣相投，在一起交往能正确反映自己的能力、感情和信仰，并能够得到支持和鼓励，所以，能够友好相处。也不会产生误会和冲突，相处会比较融洽。即使本来并不太熟悉，也比较容易消除陌生感，从而形成较强的人际吸引力。

销售人员和顾客之间的交易也是一种社会交往，如果双方没有共同语言，那是很难进行交流的，更别说推销商品。如果销售人员能够主动去迎合顾客的兴趣，谈论一些顾客喜欢的事情或人物，把顾客吸引过来，当顾客对你产生好感的时候，你们的交流，甚至交易就都是水到渠成的事情了。

当然，销售人员每天都会与许许多多的顾客接触，而自己也不是全能的，不是什么都喜欢，什么都知晓，并不能够迎合所有的顾客。这就要求销售人员要博闻强识，了解的东西越多，知识越丰富，就越能够自如地应付更多的顾客。一个优秀的销售人员一定是一本"百科全书"，他们需要懂很多的东西，即使不精通，也要了解大概，一旦某天和顾客谈起，也不会因为自己的无知而冷场，导致交流无法进行。销售人员只有懂得越多，才越能找到和顾客的共同点，使彼此相互吸引。

孙萌萌是某装潢公司的销售人员，一次她去拜访一位顾客——某公司的申经理。见面之后，孙萌萌先对自己公司的产品做了大体的说明，使申经理有所了解，并看看是否有需要的产品。但孙萌萌所介绍的这些内容申经理听得太多了，实在无法引起兴趣。孙萌萌发现顾客已经产生了一些倦怠的情绪，如果自己再这样说下去，肯定会引起对方的反感，这样很可能就会使生意泡汤。于是她努力寻找能够吸引申经理的话题。

这时她发现申经理背后的书橱里放着许多关于《易经》方面的书，并且办公桌的案头也有一本看了一半的《易经》。于是她眼前一亮，找到了突破口。她说："我想申经理一定很喜欢中国古代的文化经典，想必对《易经》也是十分有研究吧？"

本来昏昏欲睡的申经理听到对方谈到《易经》，一下又有了精神，说："是啊，略有研究。闲暇时喜欢琢磨琢磨。"

孙萌萌顺势说："其实，我也很喜欢中国古典文化，特别喜欢《易经》，它思想深邃，包罗万象，把宇宙与生命巧妙地结合在一起，透露出很多人生的真谛，很值得研究！"

申经理马上有了兴致，和孙萌萌讨论开来。孙萌萌的一些见解与申经理不谋而合，这无疑使申经理很是高兴。两人谈到中午还不尽兴，申经理非要拉着孙萌萌一起吃饭，边吃边聊。简直就像遇到了知音。

后来申经理不仅买了孙萌萌的产品，还和她成了好朋友。而这一切的因缘只是孙萌萌在拜访申经理之前不久，刚刚读过《易经》，那时刚好派上用场，发现了顾客的兴趣。如果孙萌萌没有读过《易经》，也就难以找到和申经理的共同话题，生意就难以做成。

因此，销售人员要想迎合顾客的心理，就要不断地为自己充电，除了有过硬的专业知识素养，销售人员还应该学习更多的知识，无论是天文、地理、时事、娱乐，还是古今中外的人物和事件，多了解、多积累，说不定哪天就会派上用场，帮助自己成功地迎合顾客心理，得到顾客的青睐，从而为销售创造有利的条件。

正所谓话不投机半句多，没有哪种交易是推销人员与顾客一见面就成交的，都有一个相互了解和介绍的过程，如果二者互相看着就别扭，下面的交易也就结束了。所以，销售人员不仅要不断提高自身的修养，练好基本功，还要善于在与顾客的交谈中发现顾客的兴趣点，这样才能建立联系，使谈判继续下去，直至成交。

把握好赞美的原则

在人与人的相处中，相互的赞美会拉近彼此间的距离，对于销售也是如此。在与顾客沟通时，销售人员适时地表现出对对方的赞美，不仅能够有效活跃销售气氛，还能够给顾客留下好的印象，进而增加销售成功的机会。

但是，销售人员所面对的顾客往往是形形色色的，即使赞美是出于好意，效果也未必都是好的。因此，销售人员一定要把握好赞美的原则——赞美要具体。赞美越具体，顾客越开心。当然，前提是赞美要有的放矢，不能乱赞美。在顾客看来，赞美得具体，就表明你是懂他的，这就在无形之中拉近了你们之间的距离。那么，要想赞美得具体需要做到哪些呢？

1. 赞美要实在

在实际销售中，常常会有一些销售人员为了完成销售工作而使用客套的赞美之词，不分情况地对顾客进行赞美。譬如赞美皮肤状况差的女性皮肤好，赞美身材胖的男性挺拔等。其实，销售人员不切合实际的赞美或毫无诚意的赞美，不仅起不到活跃气氛的作用，反而会让顾客感到厌烦，因为这样的赞美如同取笑顾客。

2. 对别人没有发现的优点进行赞美

在赞美顾客时，销售人员通常会被一些模式化的赞美之词所控制，例如看到大眼睛的女孩，总是习惯赞美"你的眼睛真大"。其实，对于大眼睛女孩，一定在很多地方听过类似的赞美，如此反复，她就会慢慢习惯，不会再为别人说自己眼睛大而欣喜万分了。

其实，每个人都有一种希望别人注意自己不同凡响之处的心理。因此，在赞美顾客时，如果能适应这种心理，去观察、发现他异于别人的地方，并对其进行赞美，往往能收到意想不到的效果。例如，对于大眼睛的女孩，如果你能换一个角度说"你的眼神真美"或者说"一看你的眼睛就知道你是一个很有灵气的女孩"，如此就能给对方带来不同于以往的优越感受，从而让她更愿意与你展开交谈。

3. 不要脱离顾客进行赞美

在赞美顾客时，注意不要脱离顾客本身。在实际销售中，有些销售员虽然能够发现顾客身上的赞美点，但是却疏忽了与顾客本身的结合。例如，当顾客穿着一条漂亮的红裙子时，路人也许会对顾客赞美道："你的裙子真漂亮！"但是这种赞美无论如何也只是在称赞裙子漂亮，却没有使顾客本身真正得到赞美。所以销售员不妨说："你的裙子真漂亮，非常适合你的气质。"这样一来，不仅赞美了裙子，也赞美了顾客的气质，从而进一步满足了顾客内心对美的需求，也就赢得了顾客更多的好感。

4. 切忌空泛

抽象的东西往往不具体，难以给人留下深刻的印象。例如，销售人员只是含糊其词地赞美顾客，说一些"你的工作非常出色"或者"你是一位非常卓越的领导"等空泛的话语，根本不能引起顾客的好感，甚至会产生误解和信任危机，导致最终交易的失败。不如这样说，"你的决策具有很高的前瞻性""大家都很佩服你的气度"等。

总的来说，在销售过程中，赞美顾客是必不可少的环节，赞美做到具体也不是件很困难的事情。只要你留心观察，细心体悟，就能够找到顾客的赞美点。你赞美得越具体，就越真实，而真实恰恰是突破顾客心理防线的钥匙。

适当恭维是一种美德

每个人都希望在消费的过程中享受一些优惠和特权，一方面得到了实惠，另一方面显得自己身份与众不同。销售人员要抓住顾客的这种心理，在合适时机适当地恭维一下对方，对方自然就会感觉自己受到尊重和礼遇。

实际上，适当恭维别人是一种美德，只是不要说那些不是出于内心的话。当你认为怎样恭维最恰当时，那就多恭维他几句，只要恭维得恰当，自己发自内心羡慕对方，对方埋藏于内心的自尊心被你所承认，那他一定非常高兴。

无论是谁，对待赞美之词都不会不开心，让别人开心，我们并不因此受损，何乐而不为呢？如果照这一准则办事，你几乎不会再遇到麻烦，它会给你带来无数的朋友，会让你时时感到幸福快乐。正如我们已经看到的那样，人性中最强烈的欲望是成为举足轻重的人，人性中最根深蒂固的本性是想得到赞赏。人之所以区别于动物，也正是因为有这种欲望。

按照马斯洛需求层次理论来解释，是因为人都有获得尊重的需要，即对力量、权势和信任的需要；对名誉、威望的向往；对地位、权力、受人尊重的追求。而赞美和恭维则会使人的这一需要得到极大的满足。正如心理学家所指出的：每个人都有渴求别人赞扬的心理期望，人一旦被认定其价值时，总是喜不自胜。

王晓是一家公司的部门高管，出于业务需要，经常带着顾客去一家商务会馆消费，于是，会馆的经理向王晓推荐了 VIP 会员卡的项目。王晓考虑了一下，觉得比较划算，就马上办理了一张会员卡。

有一次，王晓和几个顾客洽谈生意，但直到中午仍旧没什么进展,这让王晓的心情有点低落,但时间确实不早了,于是她便邀顾客在那家会馆吃饭。

不得不说这家会馆的服务水平还是相当不错的,顾客们都酒足饭饱,非常满意。吃完后王晓去前台结账,她出示了自己的会员卡,服务员接过去一看,是经理签字的会员卡,立刻满面笑容:"王小姐,您这是我们经理亲笔签名的 VIP 卡,所以不仅酒水按七折算,海鲜也打八折。"这让王晓省了不少钱。

随后经理还亲自送来一盘水果布丁,并对王晓的那几位顾客说:"王小姐是我们的老顾客了,经常在这儿消费。她这个人既讲信用,也很有义气,性格又好,能力出众,每次和她交谈我都受益匪浅,我真是太荣幸有这么优秀的客人了。这盘水果布丁是我免费送给大家品尝的,希望各位下次光临。"

那几位顾客看到这些,加深了对王晓的认可,回到公司之后,很快就同意了合作,连王晓自己都没想到会如此顺利。

王晓 VIP 会员的身份,不仅给她带来了实惠,而且显得特别有面子,更重要的是会馆经理不仅亲自送了水果布丁,而且当着王晓顾客的面对她不吝赞美之词,这番恭维可谓是情真意切,让王晓的顾客对她刮目相看,并且间接地促成了他们的合作。

由此可见,适当的恭维在销售活动中是多么重要。不管什么顾客,当听到这些恭维时,必然心花怒放、喜笑颜开。所以,每个销售人员都应该学习运用这种技巧,赢得顾客,让顾客乐意在你这儿消费或是购买你的产品。

另外,千万注意,恭维顾客时一定要有诚恳的态度。只有态度诚恳,购买者才对你的恭维甘之如饴,你才能收到理想的效果,如果你的恭维毫无诚恳之意,让顾客感到虚伪,那么这样的恭维还是不要为好。

霍飞带女朋友去逛商场,走到一家首饰专柜的时候,女朋友的目光落在了一枚耳环上。

导购员热情地迎上前来:"两位,晚上好,欢迎来到贵夫人首饰专柜!"

霍飞的女朋友对导购说:"你能把这个耳环拿给我看看吗?"

"当然没问题。"导购员把耳环递给霍飞的女朋友,然后说,"您真有眼光!这款耳环是我们刚进的货,它的造型非常别致,适合各种脸形的人佩戴,您先试戴一下可以吗?"

当霍飞的女朋友试戴之后,看着镜子里的自己,感觉非常满意,转头问霍飞:"好看吗?"

精致的耳环发出淡淡的金属光芒,确实很漂亮。但霍飞刚才看过了定价,888元,实在让他有点心疼,于是对女朋友说:"还行吧,嗯,要不我们再到下一家去看看,货比三家嘛。"

导购员一听就知道霍飞的购买欲望不是那么强烈,而且他的态度将直接决定这笔生意能否成交,于是对霍飞说:"这位先生真是好福气,女朋友这么漂亮!而且,您也看到了,这枚耳环衬托得她更有气质了。"

听到这话,霍飞也知道这次不买是不行了,于是决定狠狠杀价,否则坚决不买,双方一时僵持不下。

经过一番讨价还价,导购员说:"既然这样,我们可以在原有折扣上再给您一个小赠品,也算是表达我们的诚意,再说,送礼物给这么漂亮的女朋友,花再多的钱谁又会在意呢?而且你们真是般配,连我看着都特别羡慕呢。"

霍飞最终很高兴地买下了这副耳环,确实如导购员所说,买东西给自己的女朋友,花点钱又有什么好心疼的,毕竟女朋友打扮得漂亮了,自己也很有面子。

总之,正所谓顾客就是"上帝",作为"上帝",他们当然希望你能给他们特殊的关照。销售人员除了在经济上送给"上帝"一些切实的优惠，还要在适当的时候说些恰到好处的恭维话，让他们真正体验到作为消费者的尊严和风光，显得自己更有身份。

当顾客在表述自己的看法时，销售人员要认真聆听，这一点很重要，因为只有顾客愿意交流，推销活动才可能继续进行。凡是销售人员自己在那儿滔滔不绝的，80%都不会推销成功。也许有些销售人员会很奇怪：顾客是来买东西的，又不是来讲话的，他讲的话和产品有什么关系呢？其实，很多销售人员忘记了一件事情，顾客需要被关注，而关注他的方法就是学会倾听他说话。每个人都希望得到别人的关注，或者说，每个人都希望自己所讲的话别人愿意听、喜欢听。你的顾客尤其如此。丘吉尔曾经说过："倾听是银，沉默是金。"

沟通活动中，必要时保持沉默会很有价值，你的沉默不仅会让顾客认为你受到他所讲的话的吸引，而且也会为你自己赢得揣摩顾客心思的时间，这种对双方都有益的事情，为什么不多做一些呢？

有人说世界上最伟大的恭维，就是问对方在想什么，然后注意聆听他的回答。销售人员不仅要学会说，更要学会听。能言善辩是销售人员必备的基本技能之一，但是能说往往都只是在表达自己，以自我为中心，其实更多的时候，销售人员应该学会安静地聆听，听顾客说话，让顾客多表达自己的想法，这样才会以顾客为中心，让顾客感到受重视，满足表达自己的心理需求。

同时，销售人员还可以从顾客的表达中，获得有用的信息，帮助自己了解顾客的心理，从而实现有效的沟通。有时，说得太多太好未必是好事。自说自话的销售人员，容易以自我为中心，而忽略了顾客的心情和想法，不给顾客任何表达的机会。正因为销售人员的健谈，喧宾夺主，压住了顾客的光芒，必然引起顾客的反感和厌恶。因此，销售人员应该学会聆听顾客说话，认真地听，很有兴致地听，积极迎合地听，听懂顾客的话，弄明白顾客的心理，这样才会有的放矢，找到顾客的心理突破口。

销售人员不仅要学会聆听，还应该引导顾客去说，鼓励顾客多说他自己的事情，这才是聆听的真正秘诀。谈论他最感兴趣的话题是通往其内心的最佳捷径。销售人员可以从聆听中获得对销售最有用的信息，了解到顾客的真实想法和内心需求。据一项权威的调查显示，在最优秀的销售人员中，有高达75%的人在心理测验中被定义成内向的人，他们行事低调、为人随和，能够以顾客为中心。他们十分愿意了解顾客的想法和感觉，喜欢坐下来听顾客谈话，他们对听话的兴趣往往比自我表述更大，而这些正是他们赢得顾客的秘诀。

销售大师乔·吉拉德的推销经验十分丰富。一次，乔·吉拉德推销一种品牌的汽车，当地某知名企业家想购买他的产品。企业家学历不是很高，白手起家，但是很有做生意的头脑。乔·吉拉德像往常一样接待了这位客人，给他做了最详细的产品介绍，并推荐了几款最好的车型。原本以为交易会很顺利，但是结果却令吉拉德失望不已。

当天晚上，吉拉德反复琢磨问题出在哪里，可是总是找不到合理的答案。于是，他拨通了那位顾客的电话："先生，您今天有满意的车型吗？"

"是的，有。"那位先生说。

"但是您为什么走了呢？"吉拉德问道。

"你开玩笑吗？现在已经很晚了。"对方有点不耐烦。

"哦，非常抱歉。但是您可以说一下原因吗？对于一个失败的销售人员来说，这是很有意义的。"

"真的吗？"

"绝对！"

"好，你在听吗？"

"非常专心！"

"介绍产品的时候，你并没有专心。"那个人继续说道。原来他是打算要买下来的，因为这个车整体来说是符合他的要求的，也没有什么别的问题，但是在最后一秒钟他迟疑了，因为他发现吉拉德对他所讲的话并没有多大的兴趣，他讲什么吉拉德根本没有用心听。这就是他扬长而去的原因。

吉拉德回忆了一下，事实确实如此，当时他的心思全在另一位销售人员所讲的很有趣的笑话上了。

显而易见，只有善于倾听才会赢得顾客的信任，用心地聆听顾客说话，对销售人员实现成功销售是有很多益处的。在聆听的时候，销售人员要面向顾客，身体前倾，把目光集中在顾客的脸、嘴和眼睛上，让顾客感觉你会记住他所说的每一句话、每一个字。

对顾客的讲话表示出极大的兴趣，不仅是对顾客的尊重，还能够用你的专注感染顾客，从而对你诉说更多，使彼此的谈话由表面的寒暄升级到真心的交流。聆听时，销售人员对顾客的观点和想法不要急于下结论，要等到顾客说完之后再发表自己的意见。即使你对顾客的观点不赞成，也要尽力控制自己的情绪，不要激动，更不能发怒，而是要努力找出你的产品或服务能带给顾客的更多好处，以此来说服顾客。

销售人员在听完顾客说话以后，要善于核实自己的理解，你可以不时地用"嗯""哦"等回答向顾客表示你在认真听他说话，也可以适当发问或者对其谈话的内容进行重复，这样做会使你表现得足够诚恳，顾客内心就会得到满足，认为自己得到了关注，合作的机会就会变得很大。

很明显，推销过程中要多"听"顾客谈他们的理想，谈他们的需求以及他们高兴或者不高兴的事情，在听的基础上把这些信息迅速整合，发掘出顾客没有表达出来的想法。给予补充或者采取一些补救措施，这样推销的效果会变得更好。无论顾客是在称赞、抱怨、驳斥或是责难，销售人员都要仔细聆听，并适时表示关心与重视，这样才会赢得顾客的好感，并得到善意的回报。

距离远近与关系亲疏密切相关

空间距离从一定程度上反映了彼此之间在心理上的距离，距离的远近与关系的亲疏密切相关。销售人员要善于通过顾客与自己保持的距离来透视顾客的心理，还要善于利用空间的转换拉近自己与顾客之间的距离，增进彼此的情感，让顾客接受自己，进而接受自己的商品。

郭广是一名电子设备的销售员，他想把自己的电子设备推销给某工厂，便去拜访该厂的厂长，但是去了几次，效果并不是很好。第一次去，厂长避而不见；第二次去，虽然让他进了办公室谈话，但是也没有让他坐，只是站着聊了几句，就说有事离开了。

但是郭广并不甘心，这一天他又来拜访这位厂长，恰好碰上厂长和自己的秘书正在费劲地搬一台打印机到自己的办公室里。于是郭广主动上前帮忙。郭广的热情和善意让厂长有所触动，于是便在忙完之后和他坐下聊起天来，最后愉快地同意试用他的电子设备。

心理学研究表明，空间距离与心理距离是密切相关的。每种关系都有着不同的距离范围，陌生人之间不会离得太近，亲人之间不会离得太远。

不可否认，销售人员与顾客初次见面彼此之间难免会有隔膜，顾客对销售人员避而远之也是情理之中的事情。销售人员不能因此而灰心失望，而是应该想方设法缩短彼此之间的距离，使顾客的心渐渐地向自己靠拢，接受自己并接受自己的商品。

美国人类学家爱德华·霍尔通过多年的观察和研究，发现了人们之间的四种距离。

1. 密切距离 （0.15~0.45 米）

这是亲人之间的距离，如父母、恋人、夫妻之间，为了给对方以爱抚、安慰和保护而保持的较近的距离，使彼此伸手可触。关系比较密切的同伴也可以离得这样近。

2. 个体距离 （0.45~1.2 米）

这是朋友之间的距离。能够拥抱或抓住对方的距离。对于对方的表情一目了然，适合促膝谈心。

3. 社会距离 （1.2~3.6 米）

这样的距离超越了身体能接触的界限，是正式的社交场合人与人之间的距离，给人一种庄重感和严肃感。这种距离也适合在一起工作的同事，使彼此在工作时既不受他人影响，也不给别人增添麻烦。

4. 公众距离

分接近型 （3.6~7.5 米）和远离型 （7.5 米以上）两种。适合演讲等公共场合，说明说话人与听话人之间有许多问题或思想有待解决与交流。通过彼此的空间距离，一般能够比较准确地判断出自己与对方的关系和密切程度。

销售人员可以通过与顾客会面时顾客与自己保持的空间距离，来测量顾客与自己之间的心理距离，从而洞察顾客的情感变化，并善于运用空间距离的转换，使顾客的心向自己不断靠近。如果顾客始终把你挡在门外，或者即使把你请进门，也是隔着很远的距离，让你站着简单地说几句，这说明顾客对你的抗拒和防范心理是十分严重的，这样一来，生意很难成功。

如果顾客把你请进了家或者办公室，和你面对面隔着茶几或者办公桌，彼此坐着进行交谈，那么，则表明顾客对你以及你的商品都是可以接受的，交易成功的可能性也就比较大。

如果顾客越过了彼此的隔离，愿意坐在你的身边，听你详细地讲解，那么只要你稍微争取一下，顾客就会购买你的商品。

因此，销售人员可以通过转换谈判场所来缩短彼此的距离，比如把会见的地点换成茶馆、酒吧、咖啡厅等比较休闲的场所，营造一种轻松和谐的氛围，减少心理上的陌生感，使双方的心理距离自然拉近。

同时，销售人员还要善于借助各种社交活动，如棋牌、保龄球等娱乐方式来了解顾客，和顾客尽快熟悉起来，并增进彼此的亲密感。

总之，销售人员不仅要努力地赢得顾客的信赖，缩短自己与顾客之间的距离，还要善于控制这种距离，保持必要的礼貌和尊重。如果销售人员和顾客的距离靠得太近，则会显得不庄重，反而会引起顾客的反感。销售人员一定要与顾客保持合适的距离，要既显得礼貌庄重，又不失礼节，才会使彼此的关系顺利发展。

适当示弱可赢得对方赞赏

销售人员在和顾客沟通时，千万不要口若悬河，喋喋不休，更不可锋芒毕露，咄咄逼人，否则不但不能得到顾客的认可，反而会弄巧成拙，给对方留下不好的印象。那样的话，后续的销售工作将寸步难行。

没有人喜欢处处表现得比自己优越的人，顾客更是如此，他们作为一个购买商品的人，始终掌握着销售活动的主动权，天生就有一种优越感。销售人员适当地向对方示弱，让对方表现得比自己优越，可以消除对方的敌意，并赢得对方的认可、赞赏，甚至友谊。

事实证明，顾客有各种心理需求：受欢迎的需求、及时服务的需求、被理解的需求、被帮助的需求、受重视的需求、被称赞的需求等。总之，销售人员要及时满足顾客的各种心理需求，给顾客以优越感，这也是促进销售的关键因素之一。

顾客的优越感被满足，初次见面的警戒心也就自然消失了，彼此距离拉近，能让双方的好感向前迈进一大步。

美国著名的商人迈克新开了一家零售店，有一天，一个中年男子到店里买搅蛋器。

店员问："先生，你是想要好一点的，还是要次一点的？"

那位男子听了显然有些不高兴："当然是要好的，不好的东西谁要？"

店员就把最好的一种"多佛"牌搅蛋器拿了出来给他看。男子看了问："这是最好的吗？"

"是的，而且是牌子最老的。""多少钱？""120美元。"

"什么！为什么这样贵？我听说，最好的才六十几美元。"

"六十几美元的我们也有，但那不是最好的。"

"可是，也不至于差这么多钱呀！"

"差得并不多，还有十几美元一个的呢。"男子听了店员的话，马上面露不悦之色，想掉头离去。

迈克急忙赶了过去，对男子说："先生，你想买搅蛋器是不是？我来介绍一种好产品给你。"

男子仿佛又有了兴趣，问："什么样的？"

迈克拿出另外一种牌子来，说："就是这一种，请你看一看，式样还不错吧？"

"多少钱？""54美元。"

"照你店员刚才的说法，这不是最好的，我不要。"

"我的这位店员刚才没有说清楚，搅蛋器有好几种牌子，每种牌子都有最好的货，我刚拿出的这一种，是同品牌中最好的。"

"可是为什么比'多佛'牌的差那么多钱？"

"这是制造成本的关系。每种品牌的机器构造不一样，所用的材料也不同，所以在价格上会有出入。至于'多佛'牌的价钱高，有两个原因：一是它的牌子信誉好；二是它的容量大，适合做糕饼生意用。"迈克耐心地说。

男子脸色缓和了很多："哦，原来是这样的。"

迈克又说："其实，有很多人喜欢用这种新牌子的，就拿我来说吧，我就是用的这种牌子，性能并不怎么差。而且它有个最大的优点，体积小，用起来方便，一般家庭最适合。府上有多少人？"

男子回答："五个。"

"那再适合不过了，我看你就拿这个回去用吧，担保不会让你失望。"

在这个案例中，顾客一进门就声称要最好的搅蛋器，表示他优越感很强，可是一听价钱太贵，又不肯承认自己舍不得买，自然会把"不是"推到销售人员头上，这是一般顾客的通病。迈克的销售成功之道就在于他摸清了顾客的心理，变换一种方式，在不损伤顾客优越感的情形下，使顾客买一种比较便宜的产品，维护了顾客的优越感。

从心理学的角度来讲，渴望被人重视，这是一种很普遍的、人人都有的心理需求，作为顾客也不例外。这种心理需求正好给销售人员推销自己的商品带来了一个很好的突破口。渴望获得重视的心理包含两个方面：一方面是希望得到别人的认可和赞美，使自己获得优越感；另一方面是不愿意被人轻视，从而使自己显得与众不同，以吸引别人注意。托马斯·福特说：谦恭有礼，人人欢迎。销售人员在销售过程中，通过谦恭有礼的言辞，热情主动的态度，迎合了顾客的心理需求，巧妙地促使顾客购买自己的产品。

张岩和孙君两个人一同出去推销公司的一种产品，他们一先一后到姚经理那里去推销。张岩是先去的那个，他进门之后就开始滔滔不绝地向姚经理介绍自己的产品多么多么好，如何如何地适合他，他不购买就等于吃亏等。这样的话不仅没有引起姚经理的兴趣，反而让他很反感，于是他很不客气地让人把张岩轰走了。

等到孙君又来的时候，姚经理知道他们推销的是同一种产品，本来不愿意见他，但是他又想听听孙君是怎样的一种说辞，于是就请孙君来到他的办公室。孙君进来后没有直接介绍自己的产品，而是很有礼貌地先说抱歉、打扰，然后又感谢姚经理百忙之中会见自己，还说了一些赞美和恭维的话，而对自己产品却只是简单地介绍了一下。可是姚经理始终都是一副很冷淡的样子，孙君觉得这笔生意很难做成，虽然心里多少有些失落，但他还是很诚恳地对姚经理说："谢谢姚经理，虽然我知道我们的产品是绝对适合您的，可惜我能力太差，无法说服您。我认输了，我想我应该告辞了。不过，在告辞之前，想请姚经理指出我的不足，以便让我有一个改进的机会。

谢谢您了!"

这时,姚经理的态度突然变得很友好,很和善。他站起来拍拍孙君的肩膀笑着说:"你不要急着走,哈哈,我已经决定要买你的产品了。"

为什么张岩前来推销被轰出去,而孙君却能够成交?这就是一个满足顾客心理需求的问题。张岩只是滔滔不绝地介绍自己的产品,而忽略了对顾客起码的尊重和感谢,而孙君却始终对姚经理很恭敬很有礼貌,特别是自己最后临走时,还请求顾客指教,这让姚经理感受到了足够的重视,从而从情感上对孙君也表示了认同,自然也就促成了这笔交易。

因此,作为一名合格的销售人员,你要明白一点,那就是无论从价值链还是市场和企业生存的角度去看,顾客都是上帝。你要想顾客把一掷千金的劲头都用在你的身上,你就要首先想办法博得顾客的一笑,把你的顾客当成"上帝"一样伺候。销售人员切记要态度诚恳,言辞谦恭有礼,这样的话,才能真正让顾客体验到作为"上帝"的优越感,从而对你产生好感,顺利开启交易之门。

· 第二章 ·

抓住顾客注意力

　　做销售工作的人比比皆是，一家稍微大一点的企业，每天甚至会有十几名销售员登门拜访。在这种情况下，客户很容易对销售员产生厌烦、抗拒心理。因此，如果想成为一名出色的销售员，我们就要利用一定的销售技巧，在最短的时间内，抓住客户的注意力。如果我们能吸引到客户，销售的成功率就会大大提高。

真诚的招呼最动人

做销售工作苦恼之一是什么？毫不夸张地说，就是如何向顾客发出"最初的攻势"，即和顾客打好招呼，因为只有先和顾客打好招呼，搭上话，消除与顾客的陌生感，下面的推销工作才会顺利展开。但是很多销售人员却不知道如何跟顾客打好招呼，害怕跟顾客打招呼的销售人员比比皆是。

通常，如果能在第一时间抓住顾客的注意力，销售就等于成功了一半，而抓住顾客注意力的第一步就是打好招呼，如果打招呼不能让顾客满意，顾客自然不会停下脚步听你说话，更别说和你交易了。

很多销售人员认为：既然我的任务是卖商品，那最好一看到顾客就开始介绍商品。结果，不管对方愿不愿意听，他们上来就把商品的性能、材质等有关产品的知识一股脑儿讲了一大通，弄得顾客不胜其烦，一心想尽快逃离这里，又怎么可能驻足买你的商品呢？

可见，硬拉着顾客介绍产品是让顾客很讨厌的行为，没等你抓到顾客的心，顾客就已经落荒而逃了。所以，学会如何让顾客很自然地对商品产生兴趣，如何开口说第一句话就让顾客愿意听你说、愿意与你交流，对销售的成功是至关重要的。

与顾客打招呼的核心要素是真诚，因为真诚的打招呼最能打动人。

首先要注意眼神的交流，俗话说：眼睛是心灵的窗户。如果能通过眼睛把自己的诚意传达给顾客，是最好不过的了。特别是一些目标并不明确的顾客，进到店里只是在"猎取"可能合适的商品，这个时候销售人员能送上温柔的目光，并适时地报以微笑，相信会获得对方的好感。

其次，要注意态度热情和真诚。有些顾客虽然心有所属，但是却不愿意主动询问销售人员，这个时候销售人员要迅速上前，热情服务，比如："您好，您需要些什么?"此类关心的询问代表销售人员在意顾客的需要，愿意为顾客提供服务，往往能带给顾客更多的好感。

要注意的是，对于老顾客而言，打招呼就不是简单地询问需要什么了，而是最好能从他上次购买的产品入手，这样反而一下子拉近了你们的距离。这样，交情并不算深的销售人员和顾客之间便会立刻熟悉起来，接下来的交流就顺理成章了。

因此，面对老顾客不妨这样打招呼："很高兴再看见您，上次您买过的那件衣服感觉怎样?"或者："您来了，这次准备看点什么?"顾客感觉到你对他的关心，也就很乐意在你的帮助下选购商品。

再次，要注意灵活性。一些顾客不喜欢寒暄，喜欢直奔主题。对于这样的人，打招呼可以从商品本身入手，引领顾客进入消费的程序。

事实证明，寒暄在销售中并不是万能的，只要能学会抓住不同顾客的特点，灵活地运用各种打招呼的方法，就能抓住顾客的心，在销售中收获意想不到的效果。

销售商品的方法有很多，打招呼的方法也有很多。上面阐述的是打招呼的几个要点，具体方法则要区分不同情况酌情采用。

每个从事销售工作的人都想有好的业绩，而打招呼就好像是销售的"门面"，门面修好了，才能吸引顾客进来消费。

对于修好"门面"，有两点小的建议。

一是要学会突出品牌，欢迎顾客的光临很普遍，而欢迎顾客光顾某品牌则会显得与众不同，在打招呼的时候把自己产品的品牌加进去会获得顾客更大的关注。比如可以这样说:"您好,欢迎光临××专柜。"

二是要学会留住顾客的脚步,卖场中竞争对手众多,怎么把顾客匆匆忙忙的脚步吸引到你的店里?最好能在和潜在顾客打招呼的时候就告诉他们你商品的特点,例如"亲爱的顾客朋友们,今年新款上市促销了!""××活动进行中,错过了您肯定会后悔噢!"等具有吸引力的打招呼话语很轻易就能抓住顾客的耳朵和眼球。

无论你面对的是什么样的顾客,只要细心观察他们的性格喜好,抓住与其攀谈的线索,就能创造良好的沟通氛围,真正从头至尾做到让顾客心情放松,宾至如归,满足他们的消费心理。这样就能够在最开始的时候,在你跟顾客说出第一句话的时候就让对方满意,愿意和你继续交流。

好嘴胜过好腿

俗话说："好胳膊好腿不如一张好嘴。"对于销售人员来说，这句话再合适不过了。销售人员经常在外面跑，一天坐几个小时的车，然后见顾客的时间可能也就是几分钟，但是这几分钟却是十分关键的，决定了销售的成败，决定了你跑了这么远的路是不是白跑。可见，销售员有一双好腿固然重要，可是有一张好嘴则更重要。

三个年轻人到一家大型百货供应公司应聘销售岗位，三人都被留下试用了。老板交给他们一个任务，三天时间谁销售业绩好，谁将最终被留下。三天后，老板亲自一一过问，轮到第三个年轻人时，老板问他做了几单买卖。这个年轻人说：只有一单。

老板很失望，因为另外两名销售员可比第三位年轻人勤快多了，每天从早忙到晚，平均每天都能拿下六七个单子，看来眼前这个年轻人有些懒啊！那没说的，优胜劣汰，可以让他走人了。老板心里这样想。他又随意问了一句："你这一单，多少销售额啊？"

接下来，年轻人的回答让老板大吃一惊。"30万美元。""什么，30万美元？"老板有些不太相信，半天才回过神来，又问："真的是30万美元，那你卖了多少货啊？"

"事情是这样的，"年轻人说，"有位先生想要钓鱼，却不知道自己该用什么样的鱼钩，因为他从来没钓过鱼，空闲时间充裕，又很有钱，所以想钓鱼打发时间。我告诉他，在海上或江面钓鱼所用的鱼钩是不一样的。大、中、小三种鱼钩和鱼线我给他各拿了一套，此外还拿了钓鱼竿、鱼篓、折叠椅。我又问他去哪儿钓鱼，他说他准备去海边，于是我就建议他买条船，我带他去了我们卖船的分公司，他选中了一艘6米长、有两个发动机的帆船。"

听到这里的时候，老板已经惊讶得不行了，又问："接下来又发生了什么？"

年轻人接着说："接下来我发现那位先生的大众牌汽车拖不动新买的帆船，于是我将他带到我们的汽车销售部门，他选中了一款丰田豪华车。他出手阔绰，不过他确实需要这些产品。"

老板有些瞠目结舌："真是让人难以相信，那位先生仅仅想买两个鱼钩，你却卖给他这么多东西。"

听到这儿，年轻人笑着说："不是这样的，他只是从我们这里路过，进来问我明天的天气如何，我告诉他明天天气晴朗，建议他明天去钓鱼。然后，我就把他需要的产品介绍给他了！"

这个案例可谓好嘴胜过好腿的经典案例，这个年轻人之所以创下销售奇迹，主要得益于两点：一是对商机的敏感把握；二是出色的口才。

"口能言之，国宝也。""三寸之舌可胜百万之师。""善言可息怒，良言胜重礼。"这些都是对口才艺术的高度认可。可以说，在人的各种能力中，说话能力最能表现一个人的才干、见识、智慧和水平。

成功学大师卡耐基曾说过这样一句话："一个人的成功，有15%取决于知识和技术，85%取决于沟通——发表自己意见的能力和激发他人热忱的能力。"可见，口才能力对于人的成功起着多么关键的作用。

如果拥有了才识、技能以及宝贵的经验，你还没有成功，甚至距离成功还很遥远，那么，你欠缺的可能就是良好的口才能力，它让你的才识、技能、经验无法得到良好的展示和发挥，你的综合实力因此也会大打折扣。

对销售行业而言，出色的口才能力尤为重要，因为销售是如何说、如何做的艺术，说对了，说好了，事半功倍，四两拨千斤；反之，说拧了，说错了，则事倍功半。

微笑是你递出的名片

微笑很简单，几乎人人都能做到，但是能一直保持微笑就难了。英国研究人员发现，人们通常会认为那些微笑着注视自己的人更有魅力，所以销售人员在和顾客打招呼、交谈的时候，如果能同时报以微笑，就等于递出了自己的一张名片，传递了这样的信息——很高兴见到您，很高兴与您认识，很高兴与您交谈。

心理学家曾经做过一个实验，要求志愿者评价呈现在电脑屏幕上的两张人脸图片哪个具有魅力。为了消除人脸的物理特征对偏好的影响，每次呈现的两张图片都是同一个人的照片，只是面部表情或者眼睛的注视方向不同。

实验结果发现，志愿者认为那些微笑的脸更具魅力，并且那些注视着志愿者的脸比注视着其他方向的脸具有更高的"魅力指数"。可见，人们更喜欢那些微笑着注视着自己的人。

在销售中，销售人员给顾客留下的第一印象是很重要的，可以说第一印象是双方交流的开始，在很大程度上影响着顾客以后对你的看法，也很有可能决定将来能不能成交。所以要顾及自己的形象就要始终保持真诚的微笑。

微笑的价值是无穷的。人在微笑的时候精神是很放松的，这样的状态能吸引顾客主动和你交谈，而当你充满笑意的眼睛和顾客的目光相遇的时候，你会将放松的状态传递给对方，这样销售人员和顾客之间的气氛就缓和了不少，交流起来也就方便多了。所以不妨时刻提醒自己递出微笑的名片，以赢得顾客的好感。

于欢在一家报社任发行总监，他原来并不是做报纸发行的，而是一家印刷厂的厂长。他事业做得不错，社交场合也是应对自如，左右逢源。但是有一点，不管做什么事，他总是喜欢绷着脸，对自己的员工更是如此，因此不少员工背后都叫他"老虎"。

在他创办印刷厂的第五个年头，厂里的很多骨干纷纷跳槽了，他采取了很多措施挽留流失的员工，最后仍无济于事，印刷厂也倒闭了。后来于欢终于想明白了，之所以自己的员工流失，是因为自己不会微笑。于欢后来应聘一家报社的发行部，他知道自己的弱点在哪里，于是制作了一种独一无二的"微笑名片"，名片上除了姓名和联系方式，没有任何头衔，只印有一行醒目的字"你微笑，世界也微笑"，同时于欢在给顾客递出名片的时候总是保持善意的微笑，不管谈判过程多么激烈，他总是能保持微笑。

正因如此，短短八个月的时间，于欢就把报纸的发行业务搞得红红火火，对于日益激烈的报纸行业来说，于欢的业绩可谓是惊人的。没过多久于欢就被提拔为发行总监了。

微笑虽然轻而易举就可做到，但是微笑时要把握一些细节，才会使微笑恰到好处，起到应有的效果。

1. 微笑的时机

什么时候展露你的笑容很重要，你应该在与交往对象目光接触的那一刻展现真诚微笑，表达友好。如果在与对方目光接触的那一刻还延续之前的表情，即使当时是微笑，也会让人感觉不是为自己而笑，从而感受不到你的真诚。

2. 微笑的层次变化

在与顾客交流的过程中，保持微笑是必要的，但程度却不是一成不变的，而是要有所变化，要有收有放。什么时候适宜浅浅一笑，眼中含笑；什么时候需要热情微笑、鼓励微笑，都是有讲究的，要根据交往过程中的交流情况和个人特点自然、随机地发生变化。

3. 微笑维持的长度

微笑是有长度的，最佳时间长度不宜超过 3 秒，时间过长会给人一种假笑或不礼貌的感觉。但也不宜时间过短，一闪即逝，**同样会给人一种突兀和无礼的感觉。**

这与整个交往过程中保持微笑是不矛盾的，因为在微笑的启动和收拢的过程中也蕴含着微笑的表情，并不是只有 3 秒的表情是微笑的。另外，再配合微笑中的层次变化，交往过程中就可一直保持微笑了。

如果你还不会真诚、自然地微笑，可以做以下练习，它会帮助你完成这个重要的礼仪环节。

1. 放松面部肌肉，微微向上翘起嘴角，使嘴唇略呈弧形。

2. 保持鼻子不被牵动、不露出牙齿以及牙龈的情况下，轻轻一笑。

3. 眉部、眼部、面部、口型在微笑时要保持和谐统一。

4. 为了使微笑真诚、自然、发自内心，可以在内心回忆美好的事物，这样的微笑真诚不做作。

微笑就是一张让顾客难以拒绝的名片，可以有效消除和顾客的陌生感，为接下来的推销工作打好基础。而微笑的标准，最起码的一点就是要发自内心地笑。对顾客来说，如果销售人员硬生生地挤出笑容，还不如不笑。发自内心的微笑具有感染人的魅力，才会让顾客从心底里接受你。

礼貌用语是友好关系的敲门砖

俗话说："良言一句三冬暖，恶语伤人六月寒。"礼貌用语就属于"良言"之列。礼貌用语是尊重他人的具体表现，是友好关系的敲门砖；同时，也是打招呼的必要用语。

俄国一位著名的哲学家曾经说："生活中最重要的就是礼貌，它比一切学识以及最高智慧都重要。"虽然这句话有些夸张，但是生活中礼貌用语确实是必不可少的，它的作用和力量不容忽视，也不应该被忽视。

作为一个销售人员，在销售过程中，如果能恰到好处地用"谢谢""对不起""请""让您久等了"这些礼貌用语与顾客交流，必然有利于和顾客的沟通，有利于增进双方的关系。很多时候，一句得体的礼貌用语往往可以不费劲地打开顾客的心灵之门。

例如，销售人员在见到顾客时，通常会说："您好，吴先生，感谢您在百忙之中抽出时间来接见我，我是……"这样打招呼表现出了自己的修养，同时也满足了对方的一种心理需求——被尊重的需求。这样，对方多半会心情愉快地接受你的请求，愿意和你进一步交谈。

销售中，经常会用到的礼貌用语有很多，例如：您好、谢谢、抱歉、再见、请多关照、合作愉快等。

"您好"表示对顾客的尊重，"谢谢"表示对对方的感激，"很抱歉"表达自己的一种愧疚的心理。"对不起"是对不周到或者对顾客的要求无法做到时的歉语。在说这些礼貌用语时，语气一定要真诚，这样才能让对方感受到你是发自肺腑地表达，否则容易适得其反，让对方产生反感。

实际上，销售中要用到很多其他礼貌用语。总体来说，礼貌用语一般可分为问候语、欢迎语、致歉语等几种不同类型，下面分别予以简单介绍：

问候语，一般不强调具体内容，只表示一种礼貌。在使用上通常简洁、明了，不受场合的约束。无论在任何场合，与顾客见面都不应省略问候语。同时，无论顾客以何种方式向你表示问候，都应给予相应的回复，不可置之不理。

与顾客交谈时，常用的问候语主要有："您好""早上好""下午好""晚上好"等。与外国人见面问候招呼时，最好使用国际比较通用的问候语，例如，英语应用 How do you do？（您好）等。

欢迎语，是接待来访顾客时必不可少的礼貌语，例如"欢迎您""欢迎各位光临""见到您很高兴"等。

致歉语，在销售过程中，有时难免会因为某种原因影响或打扰了顾客，尤其当自己失礼、失约、失陪、失手时，都应及时、主动、真心地向顾客表示歉意。常用的致歉语有"对不起""请原谅""很抱歉""失礼了""不好意思，让您久等了"等。当你不好意思当面致歉时，还可以通过电话、手机短信等其他方式来表达。

请托语，是指当销售人员向顾客提出某种要求或请求时应使用的必要的语言。当你向顾客提出某种要求或请求时，一定要"请"字当先，而且态度语气要诚恳，不要低声下气，更不要趾高气扬。常用的请托语有"劳驾""借光""有劳您""让您费心了"等。

征询语，是指在与顾客交谈中，应经常地、恰当地使用诸如"您有事需要帮忙吗""我能为您做些什么""您还有什么事吗""我可以进来吗""您不介意的话，我可以看一下吗""您看这样做行吗"等征询性的语言，这样会使顾客感觉受到尊重。

赞美语，是指向顾客表示称赞时使用的用语。在拜访中，要善于发现、欣赏顾客的优点，并能适时地给予对方以真诚的赞美。这不仅能够缩短与顾客的心理距离，更重要的是它能够体现出你的宽容与善良的品质。常用的赞美语有"很好""不错""太棒了""真了不起""真漂亮"等。面对对方的赞美，你也应做出积极、恰当的反应。例如，"谢谢您的鼓励""多亏了您""您过奖了""您也不错嘛"等。

拒绝语，是指当不便或不好直接说明本意时，采用婉转的词语加以暗示，使顾客意会的语言。在销售过程中，当顾客提出问题或要求，不好向对方回答"行"或"不行"时，可以用一些推托的语言来拒绝。例如：当顾客的要求超出了你的权力范围，你可以委婉地说：

"对不起，这个问题我必须请示一下我们领导，能否麻烦您稍等一会儿我再给您答复?"

告别语，虽然给人几分客套之感，但也不失真诚与温馨。与顾客告别时神情应友善温和，语言要有分寸，具有委婉谦恭的特点。例如，"再次感谢您的光临，欢迎您再来""非常高兴认识您，希望以后多联系""十分感谢，后会有期"等。

绝大多数销售人员都知道这些礼貌用语，但是他们中有很多人却忽视使用这些礼貌用语时的注意事项，这样就容易造成这样一种情形：礼貌用语用了很多，但是没有获得顾客的好感。主要原因就在于使用礼貌用语时没有注意和肢体语言进行良好配合。那么，在说礼貌用语时需要肢体语言如何配合，才能让礼貌用语发挥应有的作用呢? 可参照下面三点：

1. 说礼貌用语时，语气要温和亲切，声音不能太高，也不能太小，更不要嗲声嗲气，否则，很难让顾客产生好感。

2. 注意仪表神情，态度要适当谦恭。不能把姿态抬得太高，也不能放得太低，这两种都是不受欢迎的。姿态抬得太高，说话难免趾高气扬，即使是礼貌用语，也会让对方感觉你很做作；姿态放得太低，说话难免卑躬屈膝，这种情况下使用礼貌用语会让顾客误认为你是曲意逢迎。

3. 使用礼貌用语要有分寸，不能说得太多，也不能在不该省略的地方省略，以免给顾客留下不庄重的感觉。

总之，作为销售人员一定要谨记，在和顾客打招呼或者交谈时，礼貌用语不可或缺，同时也应该牢记，使用礼貌用语时需要注意的事项，这样才能让礼貌用语发挥应有的作用，赢得顾客的好感，拉近和顾客之间的距离，为成功销售打下良好基础。

具有非凡的亲和力

凡是优秀的销售员都具有非凡的亲和力，具备亲和力的推销员才更容易跟顾客建立良好关系。彼此有了良好的关系，生意就会很顺利地谈下去。

那么如何让自己拥有非凡的亲和力呢？在众多方法中，具有幽默感是行之有效的一种方法，它会让陌生人瞬间变得与你一见如故。日本保险业的推销之神原一平是这方面的表率，看看他是如何做的：

一次，原一平去推销保险，一见到对方他就来了个自我介绍：

"您好！我是明治保险的原一平。"

"嗯……"对方的回答有些漫不经心。

对方端详他的名片有一阵子后，慢条斯理地抬头说："两三天前曾来过一个某某保险公司的推销员，他话还没讲完，就被我赶走了。我是不会投保的，所以你多说无益，我看你还是快走吧，以免浪费你的时间。"

此人干脆利落，他考虑真周到，还要替原一平节省时间。

"真谢谢您的关心，您听完我的介绍之后，如果不满意的话，我当场切腹。无论如何，请您拨点时间给我吧！切腹，难道您不想看吗？"原一平一脸正经，甚至还装得有点生气地说。对方听了忍不住哈哈大笑，问："你真的要切腹吗？"

"不错，就像这样一刀划下去……"原一平一边回答，一边用手比画。

"那你走着瞧吧！我非要你切腹不可。"

"来啊！既然怕切腹，我非要用心介绍不可啦！"

话说到此，原一平脸上的表情忽然从"正经"变为"鬼脸"，顾客和他不由自主地一起大笑起来。

上面这个事例的重点，就在设法逗顾客笑。只要你能创造出与顾客一起笑的场面，就突破了陌生这道难关，拉近了彼此的距离。下面让我们再看他的另一个实例：

"您好！我是明治保险的原一平。"

"哦！明治保险公司，你们公司的推销员昨天才来过。我最讨厌保险了，所以他昨天被我拒绝啦！"

"是吗？不过，我总比昨天那位同事英俊潇洒吧！"他跟对方开了一个小玩笑。

对方一脸正经地说："什么？昨天那个仁兄长得高高的，比你好看多了。"

"矮个儿没坏人，再说辣椒是越小越辣！俗话说'浓缩的都是精品'嘛！这句话可不是我说的，不过用在我身上正合适，就好像是为我量身打造的。"

"哈哈！你这个人真有意思。"顾客忍不住笑了。

当两个人同时开怀大笑时，陌生感就消失了，彼此的心在某一点上实现了相通。对一个销售人员而言，能创造一个与顾客齐声大笑的场面，必定是一个成功的前奏。

幽默是一种丰富的养料，具有特殊的力量，美国第一任总统华盛顿曾经说："世界上有三件事是真实的——上帝的存在、人类的愚蠢和令人好笑的事情。前两者是我们难以理喻的；所以我们必须利用第三者大做文章。"

一个销售员如果掌握了幽默的武器，适时将故事、笑话运用在谈话中，将使语言更生动有趣，也必将有助于与顾客的交流沟通。

成功的开场白有非凡的吸引力

对于销售而言，开场白指的是销售人员接触目标顾客时，在最开始向对方所讲的话。成功的开场白应具有非凡的吸引力，能够迅速激起顾客的兴趣，让对方在繁忙的事务中愿意抽出时间来听你深入介绍产品或解说详情，从而为最终达成交易迈出关键的一步。

开场白有很多种，陈述式、请教式、悬念式、他人引荐式等，无论哪一种开场白，礼貌都是最重要的，正所谓凡事礼貌先行，不讲礼貌的开场白只会引来对方的反感，令双方不欢而散。因此，礼貌可以说是开场白的"生命"。

比如，销售员在初见顾客时，这样说："感谢您在百忙之中抽出时间来见我，我是……"这样做既表达了对顾客的感激之情，也表现出了自己的修养，同时也满足了顾客的一种心理需求——被尊重的需求。这样一来，顾客就会不知不觉地对这个销售员产生好感，从而愿意和对方进一步交谈。

下面四类开场白是第一次约见顾客时，比较常用的，它们会给顾客一种很受用的感觉，容易被其所接受，不妨用心揣摩一下：

1. 设置悬念式

很多销售人员在拜访顾客时往往不知道该如何开场，由此在还没有见到正主或者没有谈到正题的时候，就被打发走了，因此一定要事先设计好开场白。悬念式开场白在一定程度上可以避免这一点。

一名保险推销员前去拜访顾客，见到顾客后，他问道："马总，请问您要买救生圈吗？"

顾客回答："我买救生圈干什么？我不需要。"

推销员继续问道："如果某天您乘坐一艘小船去海里玩，结果发生意外，小船漏水了，逐渐地下沉，这个时候您需要一个救生圈吗？"

"这种情况下，当然需要了。这还用问吗？你要说什么？"顾客虽然不高兴，但显然有了兴趣。

"不过，这时候它的价格可能要远高于平时，甚至是平时的几百倍几千倍，您还愿意购买吗？"

"如果命都没了，再多的钱又有什么意义！"顾客很自然地回应道。

"既然这样，如果现在您能提前支付购买一个救生圈的钱，那么以后万一遇到这种危险情形，您就不必再花费巨大的代价去购买它了，您愿意吗？"

这时顾客恍然大悟，知道眼前这个销售员说这番话的用意所在了。

这个保险销售员用的就是设置悬念式开场白，巧妙地向顾客提供了这样一种建议：生活中风险无处不在，意外、疾病、灾难等随时都有可能发生，购买保险可以未雨绸缪，为自己或家人提供更多保障。顾客受好奇心的驱使，不知不觉顺着对方的思路走，直至中了"招"。

2. 他人引荐式

如果你能够找到一个顾客认识的人，并且愿意为你们牵线搭桥的话，那么你自然可以这样说："张总，是您的朋友马女士介绍我与您联系的，说您近期想添几台电脑……"

再比如："祁总，您好。我是你的好朋友魏总介绍来的。""吴先生，您好，您大学同学王宁介绍我来见您的。"

这种开场白就是引荐式开场白，这种开场白的效果是很显著的，这一方法依据的是社会心理学中的熟识与喜爱原理，人们总是愿意答应自己熟识和喜爱的人提出的要求。

3. 请教问题式

很多人都有好为人师的特点，因此，销售人员可以利用人的这种心理特点特意找一些不懂或假装不懂的问题向顾客请教，借此打开交往的大门。这种开场白就是请教式开场白。

比如你可以说："程总，在机械方面您是专家。这是我们公司研制的新型机器，您看看它的结构是否合理？适不适合贵公司使用？"

通常这样抬举一番，对方一般会心情愉快地接受你的请求，这样就开了一个好头，为后续的销售打下良好的基础。

4. 连环追问式

有一些销售人员在好不容易成功约见客户后，常常直白地问道："请问您对××产品有兴趣吗？""您要不要购买××产品？"对于这种突如其来的问题，对方的回答显然就是一句很简单的"不"，结果销售人员只能铩羽而归。

那么如何才能打破这种尴尬的局面，让销售人员能掌握谈话的主动权，从而继续推进销售进入下一个环节呢？实践证明，在很多情形下，使用连环追问式的开场白具有很好的效果。

世界著名推销大师托德·邓肯在向对方推销时，总是先和对方说一些让对方认可的话。当他问过五六个问题，并且对方都认可了，再继续问其他关于购买方面的问题，这时对方仍然会点头，这个惯性一直保持到成交。利用这种方法，托德·邓肯收获了很多大额保单。

看下面的对话：

"哎呀，好可爱的小狗！是一只松狮吧？"

"是的。"听到这样的赞美，顾客很高兴地回答道。

"您看这双眼睛，真漂亮！养宠物很不容易，您一定每天都花不少时间去照顾它吧？"

"是啊，花费了不少精力，不过这是一种爱好嘛，所以也就不觉得辛苦了。"

"您希望给它找一个好玩伴吗？"

"当然了，我一直这么想的。"

"真是巧，我还真有一个合适的目标。"

双方的交谈渐入佳境。由此可见，销售人员在初次与顾客交谈的时候，首先提出容易被对方接受的话题，等谈得投机了再进入正题，这样对方就容易接受了。

·第三章·

开发客户的潜在需求

　　潜在需求是十分重要的，在消费者的购买行为中，大部分需求是由消费者的潜在需求引起的。因此，要想在激烈的市场竞争中取胜，不但要着眼于显性需求，更应捕捉市场的潜在需求，进而采取行之有效的开发措施。

巧妙突破客户的防线

当客户对你说出拒绝的话语时，一个成熟而有经验的推销人员会通过有策略的交谈，巧妙突破客户的防线，从而开发出客户的潜在需求。推销时，挖掘客户的消费需求至关重要。

肯特是一家人寿保险公司的推销员。当肯特按照上一次电话中约定的时间与某公司的总经理安德森先生进行电话跟进时，安德森先生的回应很平淡。

安德森先生："我想你今天还是为了那份团体保险吧？"

肯特："是的。"

安德森先生："对不起，打开天窗说亮话，公司不准备买这份保险了。"

肯特："安德森先生，您是否可以告诉我到底为什么不买了呢？"

安德森先生："因为公司现在赚不到钱，要是买了那份保险，公司一年要花掉 1 万美元，这怎么受得了呢？"

肯特："除了这个原因，还有什么其他让您觉得不适合购买的原因吗？可否把您心里的想法都告诉我？"

安德森先生："当然，是还有一些其他的原因……"

肯特："我们是老朋友了，您能告诉我到底是什么原因吗？"

安德森先生："你知道我有两个儿子，他们都在工厂里做事。两个小家伙穿着工作服跟工人一起工作，每天从早上 8 点忙到下午 5 点，干得不亦乐乎。要是购买了你们的那种团体保险，如果不幸发生意外，岂不是把我在公司里的股份都丢掉了？那我还留什么给我儿子？工厂换了老板，两个小家伙不是要失业了吗？"（真正的原因总算被挖出来了，所有开始时的理由只不过是借口，真正的原因是受益人之间的问题，可见这笔生意还没有泡汤。）

肯特："安德森先生，因为您儿子的关系，您现在更应该做好保险计划，让儿子将来更好地生活。我现在就上您那儿去，咱俩一起把原来的保险计划做个修改，使您两个儿子变成最大的受益人。这样一来，无论父亲还是儿子，哪一方发生意外都可以享受到全部的好处。"

安德森先生："好吧，如果能达到这个要求，我倒可以考虑签单。"

挖掘客户的消费需求，就是要让他觉得眼前的商品可以给他带来远远超出商品价值之外的东西。每位顾客由于其年龄、性别、职业、文化程度、消费知识和经验的差异，他们在购买商品时，会有不同的购买动机和消费需求，因此，他们所要求得到的服务也不同，销售人员面对每一位顾客都要细心观察，热情、细致地为他们提供所需要的服务。

当客户拒绝产品时，一个有经验的销售人员通常会采取旁敲侧击的迂回战术牵引客户的思维，而非继续滔滔不绝地谈论产品的卖点，以期引起客户的注意或者干脆放弃。客户的消费需求要推销员去开发，聪明的推销员会在无意中给顾客限制选择的权利或者是让消费者做出有利于推销员的选择。要想占有更大的市场，就要求推销员不断开发客户的需要。

客户嫌贵时怎么办

价格异议是任何一个推销员都遇到过的情形。比如"太贵了""我还是想买便宜点的""我还是等价格下降时再买这种产品吧"等。对于这类反对意见，如果你不想降低价格的话，你就必须向对方证明你的产品的价格是合理的，是产品价值的正确反映，使对方觉得你的产品物有所值。

一位推销员正在向客户电话推销一套价格不菲的家具。

客户："这套家具实在太贵了。"

推销员："您认为贵了多少?"

客户："贵了1000多元。"

推销员："那么咱们现在就假设贵了1000元整,先生您能否认可?"

客户："可以认可。"

推销员："先生,这套家具您肯定打算至少用10年以上再换吧?"

客户："是的。"

推销员："那么就按使用10年算,您每年也就是多花了100元,您说是不是这样?"

客户："没错。"

推销员："一年100元,那每个月该是多少钱?"

客户："哦!每个月大概就是8元多点吧!"

推销员："好,就算是8.5元吧。您每天至少要用两次吧,早上和晚上。"

客户："有时更多。"

推销员："我们保守估计为每天两次,那也就是说每个月您将用60次。所以,假如这套家具每月多花了8.5元,那每次就多花不到1.5角。"

客户："是的。"

推销员："那么每次不到1.5角,却能够让您的家变得整洁,让您不再为东西没合适地方放而苦恼。而且还起到装饰作用,您不觉得很划算吗?"

客户："你说得很有道理,那我就买下了。你们是送货上门吧?"

推销员："当然!"

在销售中,运用数字技术就可以化解顾客类似的价格异议。这个案例就是其中的典型代表。案例中,推销员向客户推销一套价格昂贵的家具,客户认为太贵了,这时候推销员需要做的就是淡化客户的这种印象。于是，推销员开始运用自己高超的数字技术，他先假设这套家具能够使用10年，然后把客户认为贵了的1000多元分摊到每年、每月、每天、每次，最后得出的数据为每次不到1.5角，这大大淡化了客户"太贵了"的印象，最后成功地售出了这套昂贵的家具。

　　可见，推销员在与客户的沟通中，如果能够在回答潜在客户的问题时自然地采用数字技术，那么成交也就不再是难事了。

用真诚消除客户疑虑

在商务沟通中，消除客户的疑虑是非常重要的，当客户对你的询问表示要考虑时，你必须用你的真诚消除客户的疑虑，只有当客户对你的产品或服务完全相信，没有任何疑虑时，你的沟通才算是成功的，最终才能达到成交的目的。

销售人员："您好！韩经理，我是××公司的×××，今天打电话给您，主要是想听听您对上次和您谈到购买电脑的事情的建议。"

客户："啊，你们那台电脑我看过了，品牌也不错，产品质量也还好，不过我们还需要考虑考虑。"

（客户开始提出顾虑，或者说是异议。）

销售人员："明白，韩经理，像您这么谨慎的负责人做事考虑得都会十分周全。只是我想请教一下，您考虑的是哪方面的问题？"

客户："你们的价格太高了。"

销售人员："您主要是与什么比呢？"

客户："你看，你们的产品与××公司的差不多，而价格却比对方高出 1000 多块钱呢！"

销售人员："我理解，价格当然很重要。韩经理，对于电脑，除了价格您还关心什么？"

客户："当然，买品牌电脑，我们还很关心服务。"

销售人员："我理解，也就是说服务是您目前最关心的一个问题，对吧？"

客户："对。"

销售人员："您看，就我们的服务而言……您看我们的服务怎么样？"

客户："你们的技术支持工程师什么时候下班?"

(客户还是有些问题,需要解释,这是促成的时机。)

销售人员："一般情况下,晚上11点!"

客户："11点啊。"

(听到客户有些犹豫。)

销售人员："是这样的,也是考虑到商业客户一般情况下9点钟都休息了,所以才设置为11点的,您认为怎么样?"

客户："还好。"

(客户开始表示认同,这就等于发出了购买信号,这时可以进入促成阶段了。)

销售人员："韩经理,既然您也认可产品的质量,对服务也满意,您看我们的合作是不是就没有什么问题了呢?"

客户："其实吧,我是在考虑买兼容机好一些呢,还是买品牌机好一些,毕竟品牌机太贵了。"

(客户有新的顾虑,这很好,只要表达出来,就可以解决。)

销售人员："当然,我理解韩经理这种出于为公司节省采购成本的想法,这个问题其实又回到我们刚才谈到的服务上。我担心的一个问题是,您买了兼容机回来,万一这些电脑出了问题,您不能得到很好的售后服务保障的话,到时带给您的可能是更大的麻烦,对吧?"

客户："对呀,这也是我们想选择品牌机的原因。"

(客户认同销售人员的想法,这是促成的时机。)

销售人员："对对对,我完全赞同韩经理的想法,您看关于我们的合作……"

客户："这事,您还得找采购部人员,最后由他们下单购买。"

销售人员："那没关系,我知道韩经理您的决定还是很重要的,我的理解就是您会考虑使用我们的电脑,只是这件事情还需要我再与采购部人员谈谈，对不对？"

在这个案例中，销售人员成功地消除了客户的疑虑，最终取得了成功。

在进行产品介绍和要求订货时，大多数客户总会对产品心存疑虑。他们担心的问题可能是客观存在的，也可能只是心理作用。销售人员应该采取主动的方式，发现客户的疑问，并打消客户的疑虑。

例如，他们说："我还是再考虑考虑。"这只不过是一种推托之语，销售人员追问一句，他们往往会说："如果不好好考虑……"这还是一种委婉的拒绝。怎样才能把他们那种模棱两可的说法变成肯定的决定，这就是销售人员应该完成的事。

当客户说："我再好好考虑……"

销售人员就应表现出一种极其诚恳的态度对他说："你往下说吧，不知是哪方面原因，是有关我们公司方面的吗？"

若客户说："不是，不是。"

那么销售人员马上接下去说："那么，是由于商品质量不高的原因？"

客户又说："也不是。"

这时销售人员再追问："是不是因为付款问题使您感到不满意？"追问到最后，客户大都会说出自己"考虑"的真正原因："说实在话，我考虑的就是你的付款方法问题。"

不断地追问，一直到他说出真正的原因。当然，追问也必须讲究一些技巧，而不可顺口答话。例如，销售人员接着他的话说："您说得也有道理，做事总得多考虑一些。"这样一来，生意成功的希望则成为泡影。转变客户的需求标准很重要。再看下面一段对话。

张平："我听说您有意向买我们公司一辆货车，我想我也许能帮上您的忙。"

客户："我想买一辆2吨位的货车。"

张平："2吨有什么好的？万一货物太多，4吨不是很实用吗？"

客户："我们也得算经济账啊！这样吧，以后我们有时间再谈。"

（此时，推销明显有些进行不下去了，如果张平没有应对策略也许就到此为止了，但张平不愧是一位销售高手。）

张平："您运的货物每次平均重量一般是多少？"

客户："很难说，大约2吨吧。"

张平："是不是有时多，有时少呢？"

客户："是这样。"

张平："究竟需要什么型号的车，一方面看货物的多少，另一方面要看在什么路上行驶。您那个地区是山路吧？而且据我所知，如果路况并不好，那么汽车的发动机、车身、轮胎承受的压力是不是要更大一些呢？"

客户："是的。"

张平："您主要利用冬季营运吧？那么，这对汽车的承受力是不是要求更高呢？"

客户："对。"

张平："货物有时会超重，又是冬天里在山区行驶，汽车负荷已经够大的了，你们在决定购车型号时，连一点余地都不留吗？"

客户："那你的意思是……"

张平："您难道不想延长车的寿命吗？一辆车满负荷甚至超负荷，另一辆车从不超载，您觉得哪一辆寿命更长？"

客户："嗯，我们决定选用你们的4吨车了。"

就这样，张平顺利地卖出了一辆4吨位的货车。

在这个案例中，我们看到，张平负责推销4吨位货车，而顾客想要2吨位的货车，因此在谈话刚刚开始，张平就遭到了客户的拒绝说"以后我们有时间再谈"。这是客户做出的决策，是不容易改变的，这时候，如果张平没有应对的策略，那么谈话也就到此结束了。

　　"您运的货物每次平均重量一般是多少?"通过这么一句感性的提问, 聪明的销售员把客户的思维拉了回来。在下面的交谈中, 张平做了一个重要的工作: 那就是影响客户的需求标准! 让客户自己制定对销售人员有利的需求标准。

　　谈到对我们有利的需求标准, 我们应该了解自己的独有销售特点。独有销售特点是公司与竞争对手不同的地方, 也就是使公司与竞争对手区别开来的地方。独有销售特点可能是与公司相关的, 也可能是与公司的产品相关的, 也可能是与销售人员相关的, 总之, 一定要做到与众不同。与众不同将使公司更具有竞争优势。知道了自己的与众不同之处后, 再与客户在电话中交流时, 就尽可能地将客户认为重要的地方引导到自己的独有销售特点上, 通过转变客户的需求来影响客户的决策。

　　当然, 我们在电话中与客户谈独有销售特点时, 重点应放在独有销售特点所带给客户的价值上。

　　总的来说, 销售员在销售期间, 仔细倾听客户的意见, 把握客户的心理, 这样才能保证向客户推荐能够满足他们需要的商品, 才能很容易地向客户进一步传递商品信息, 而不是简单地为增加销售量而推荐商品。转变客户的需求标准来实施销售就是要站在客户的立场上, 想客户之所想, 这样才能成交。

与未成交的客户建立良好关系

做客户开发的工作总会有许多意想不到的阻力，比如遇到特别难缠的客户或遭遇别人的白眼，这些都很常见。一帆风顺的客户管理工作是不可能有的，否则就不会有到处抱怨客户工作难做的人。

有的销售人员总说："客户太难找了，好不容易接近一个人，却又不要我们的产品！"若果真如此，客户都跑到哪儿去了呢？其实，我们要做的仅仅是再坚持一下，不要因为一次挫折、一次失败就放弃那些对我们不怎么感兴趣的客户。

并非每一次销售都能成功，对于销售人员来说，未成交客户的数量远远大于成交客户的数量。不少销售人员常常犯一个错误，那就是他们强调通过售后服务等手段与已成交顾客建立关系，却忽视了未成交的客户。其实，与未成交的客户建立良好的关系同样十分重要，主要表现在：

1. 只要是我们的潜在客户，即使没有成交也不能放弃

所谓潜在客户就是：第一，他们需要我们的产品和服务；第二，他们有购买力。没有成交的原因是多种多样的，有的是暂时还不需要，但一段时间以后会有此种需求；有的是已有稳定的供货渠道；有的则纯粹是由于观望而犹豫不定，等等。但是，情况是在不断变化的，一旦成交障碍消失，潜在客户就会采取购买行动。如果销售人员在实效访问失败之后，没有着手建立联系，那么就无法察觉情况的变化，就不能抓住成交的机会。

2. 要有锲而不舍的精神，多和未成交客户联系

为了说服某一客户购买保险，销售人员常常要做第二次、第三次，甚至更多次访问。每一次访问都要做好充分的准备，尤其要了

解客户方面的动态。而了解客户最好的方法莫过于直接接触客户。如果第一次访问之后，销售人员不主动与客户联系，就难以获得更有价值的信息，就不能为下一次访问制定恰当的策略。如果一个销售人员在两次拜访之间不能随时掌握客户的动态，那么，下一次拜访时，他就会发现：重新修改的服务方法必须再次进行修改。

3. 和未成交客户做朋友，改变他们对我们企业、产品的看法

比如一位对某项产品一直有成见的客户，起初拒绝的态度相当强硬。但是有个销售人员始终没有放弃她，而是努力接近她，同她谈生活、理想，就是不谈要她买产品。最后客户反倒忍不住了，向销售人员问起该产品的状况。于是，一场改变她态度的谈话开始了。

所以，对于拒绝我们的客户，我们在心理上要有接受失败的准备，不可因为挫折而灰心丧气，始终都要抱一颗积极的心，随时准备打开客户的心门。

做一位专家型的销售经理

如果你是一位电脑公司的客户管理人员，当客户有不懂的专业知识询问你时，你的表现就决定了客户对你的产品和企业的印象。

一家车行的销售经理正在打电话销售一种用涡轮引擎发动的新型汽车。在交谈过程中，他热情激昂地向他的客户介绍这种涡轮引擎发动机的优越性。

他说："在市场上还没有可以与我们这种发动机媲美的，它一上市就受到了人们的欢迎。先生，您为什么不试一试呢？"

对方提出了一个问题："请问汽车的加速性能如何？"他一下子就愣住了，因为他对这一点非常不了解。理所当然，他的销售也失败了。

试想，一个销售化妆品的人对护肤的知识一点都不了解，只是想一心卖出其产品，那结果注定会失败。

房地产经纪人不必去炫耀自己比别的任何经纪人都更熟悉市区地形。事实上，当他带着客户从一个地段到另一个地段到处看房的时候，他的行动已经表明了他对地形的熟悉。当他对一处住宅做详细介绍时，客户就能认识到销售经理本人绝不是第一次光临那处房屋。同时，当讨论到抵押问题时，他所具备的财会专业知识也会使客户相信自己能够获得优质的服务。前面的那位销售经理就是因为没有丰富的知识使自己表现得没有可信性，才使他的推销失败，而想要得到回报，你必须努力使自己成为本行业各个业务方面的行家。

那些定期登门拜访客户的销售经理一旦被认为是该领域的专家，他们的销售额就会大幅度增加。比如，医生依赖于经验丰富的医疗设备推销代表，而这些能够赢得他们信任的代表正是在本行业中成功的人士。

不管你推销什么，人们都尊重专家型的销售经理。在当今市场上，每个人都愿意和专业人士打交道。一旦你做到了，客户会耐心地坐下来听你说那些想说的话。这也许就是创造销售条件、掌握销售控制权最好的方法。

除了对自己的产品有专业知识的把握，有时我们也要对客户的行业有大致了解。

销售经理在拜访客户以前，要对客户的行业有所了解，这样，才能以客户的语言和客户交谈，拉近与客户的距离，使客户的困难或需要立刻被觉察而有所解决，这是一种帮助客户解决问题的推销方式。例如，IBM的业务代表在准备出发拜访某一客户前，一定先阅读有关这个客户的资料，以便了解客户的营运状况，增加拜访成功的机会。

莫妮卡是伦敦的房地产经纪人，由于任何一处待售的房地产可以有好几个经纪人，所以，莫妮卡如果想出人头地的话，只有靠丰富的房地产知识和服务客户的热诚。莫妮卡认为："我始终掌握着市场的趋势，市场上有哪些待售的房地产，我了如指掌。在带领客户察看房地产以前，我一定把房地产的有关资料准备齐全并研究清楚。"

莫妮卡认为，今天的房地产经纪人还必须对"贷款"有所了解："知道什么样的房地产可以获得什么样的贷款是一件很重要的事，所以，房地产经纪人要随时注意金融市场的变化，才能为客户提供适当的融资建议。"

一个销售员对自己产品的相关知识都不了解的话，一定没有哪个客户会信任他。当我们能够充满自信地站在客户面前，无论是他有不懂的专业知识要咨询，还是想知道市场上同类产品的性能，我们都能圆满解答时，才算具备了过硬的专业知识。

化僵局为胜局的应对策略

在销售中遭到拒绝，对于一个销售员来说都是家常便饭。但是，被拒绝不仅是心里不好受，还与经济收入直接挂钩，这就需要我们掌握一些必备的应对策略，化僵局为胜局。

1. 客户说没兴趣、不需要

这是销售员听到的最多的拒绝语言，因为这几乎是客户的口头禅。但这个口头禅恰恰又是销售人员让客户养成的，因为大部分销售人员喜欢一来就推销产品。对于来路不明、不熟悉的人和产品，客户的第一反应肯定是不信任，所以很自然地就以没兴趣、不需要为由拒绝了。建立信任是推销的核心，无法赢得信任就无法推销，没有信任的话你说得越精彩，客户的心理防御就会越强。特别是诓骗虚假之词更是少用为好，因为在成交之前，客户对你说的每一句话都会抱着审视的态度，如果再加上不实之词，其结果可想而知。

所以，避免此类拒绝最好的方式就是在最开始的时候尽一切可能增加和坚定顾客的信任度。无论是产品的质量、个人的态度、举止、形象都要让人觉得可靠。

2. 客户说我现在很忙，以后再说吧

这种拒绝虽然出于好意，却很难让人琢磨透。有的是真的很忙，但大多数时候只是一个很温柔的拒绝，对于这种拒绝，我们可以这么说："我知道，时间对于每个人来说都是非常宝贵的。这样吧，为了节约时间，我们只花两分钟来谈谈这件事情。如果两分钟之后，您不感兴趣，我立即出去，再也不打扰您了，可以吗？"

3. 客户说我们现在还没有这个需求

社会在变化，需求也在不断地变化。今天不需要，并不代表明

天不需要；暂时不需要，不代表永远不需要。所以有些需求是潜在的，关键在于你是否能把他沉睡的购买欲望给唤醒。有时候经常会存在这样一种状况，当你被人以"我们现在还没有这个需求"拒绝之后，第二天却发现这个客户竟然在另外一家公司购买了同样的产品。

心理学家在分析一个人是否购买某一商品时，得出了这么一个结论：人们的购买动机通常有两个，一个是购买时这个产品能给自己带来怎样的快乐享受；另一个是如果不购买自己会遭受怎样的损失和痛苦。将这两个动机攻破了，客户的拒绝碉堡也就自然攻破了。

4. 客户说我们已经有其他供应商了

当客户告诉销售人员"我们已经有其他供应商了"，这往往是真实的情况。但这并不意味着销售员就完全没有机会了，恰恰相反，销售员还有很多的机会。因为当客户正在使用其他供应商提供的某一产品时，正好说明这个客户已经认可了这个产品。这样就不用我们的销售员花时间来反复陈述某一产品能给客户带来怎样的好处，而只须很巧妙地告诉客户自己的产品与客户正在使用的产品存在哪些差异，而这些差异又会给他带来怎样的好处，最后让客户自己去权衡。一家企业在考虑与谁合作的时候，考虑最多的还是利益。如果销售员非常自信，认为自己的产品较之客户正在使用的产品更有优势的话，那么自己就随时有机会取代客户现有的供应商。

5. 客户说你们都是骗子

当客户说这句话的时候，销售员也别恼，这说明客户曾经受到过伤害。一朝被蛇咬，十年怕井绳。曾经的阴影让他们太刻骨铭心了。如果这个心结不打开的话，想把类似的产品销售给他几乎是不可能的事情。但是这并不等于这个客户不需要此类产品。在这种情况下，销售员可以试着和他一起找原因，如果是销售员的原因，就真诚地向客户道歉，必要时适当补偿对方的损失。只要对方的心结打开了，生意也就可以继续了。

6. 客户说你们的产品没什么效果

客户这么说的话，实际上已经否定了销售员的产品，并将此类销售打入"黑名单"。这个问题有些棘手。销售员必须站在客户的立场考虑问题，在第一时间内承认错误，并积极地寻找问题的根源。让客户明白自己的公司已经今非昔比，过去的不代表现在，并想办法解决这个问题。

7. 客户说你们的价格太高了

客户说这样的话，严格来说还谈不上是一种拒绝，这实际上是一种积极的信号。因为这意味着在客户的眼里，除了"价格太高"，客户实际上已经接受了除这个因素的其他各个方面。

这个时候，立即与客户争辩或者一味降价都是很不理智的。销售员需要及时告诉客户自己马上与领导商量，尽量争取给一个优惠的价格，但暗示有困难。等再次与客户联系的时候，再告诉客户降价的结果来之不易。降价的幅度不需要太大，但要让客户感觉到利润的空间真的很小，销售方已经到了没有钱赚的边缘。或者询问客户与哪类产品比较后才觉得价格高，因为有很多客户经常拿不是同一个档次的产品进行比较。通过比较，让客户明白一分钱一分货的道理，最终愿意为高质量的产品和服务多付一些钱。

客户的反对问题也是"卖点"

一些销售人员在遇到客户提出一些负面问题，或者是指出产品的缺点时，就慌忙进行掩盖，结果越掩盖越是出现问题。其实，很多时候，客户的一些反对问题也能成为行销的独特"卖点"。

让"反对问题"成为卖点是一种很棒的销售技巧，因为它的说服力非常强。所谓"准客户的反对问题"有两种：一个是准客户的拒绝借口，一个是准客户真正的困难。不管是哪一种，只要你有办法将反对问题转化成你的销售卖点，你都能"化危机为转机"，进而成为"商机"。如果这是准客户的拒绝借口的话，他将因此没有借口拒绝你的销售；如果是准客户的真正困难，你不就正好解决了他的困难吗？他又有什么理由拒绝你的销售呢？

假如你向顾客推荐你所在银行的信用卡服务时，顾客说："不用了，我的卡已经够多了。"

你可以这样回答："是的，常先生，我了解您的意思，就是因为您有好几张信用卡，所以我才要特别为您介绍我们这张'××卡'，因为这张卡不管是在授信额度上、功能上或是便利性上，它都可以一卡抵多卡，省去您必须拥有多张卡的麻烦。"

如果客户说："我现在没钱，以后再说吧。"

行销人员可以说："听您这么说，意思是这套产品是您真正想要的东西，而且价格也是可以接受的，只是没有钱。我想说的是既然是迟早要用的东西，为什么不早点买？早买可以早受益。而且，世界上从来就没有钱的问题，只有意愿的问题，只要您决定要，您就一定可以解决钱的问题。"

如果客户说："价格太高了。"

行销人员可以说："依您这么说，我了解到您一定对产品的品质是相当满意的，对产品的包装也没有异议，您心里一定也想拥有这套产品。既然对品质、包装、功效方面这些重要的事情上是满意的，就没有必要在乎价格的高低，有些时候，价格真的不重要。"

如果客户说："我想我现在不需要，需要的时候再找你吧。"

行销人员就可说："谢谢您对我的信任。听您的意思是说，现在不需要，以后肯定需要。那就是说您对产品的各个方面都是相当满意的，是吧？既然以后肯定需要，为何不现在买呢？我很难保证您以后是不是可以以这么低廉的价格买到品质这么好的产品。"

假如顾客说："没有兴趣。"

行销人员就可说："正因为您没有兴趣，我才会打电话给您。"

假如顾客说："我已经有同样的东西，不想再找新厂商了！"

行销人员就可说："依您这么说，您是觉得这种产品不错嘛！那您为什么不选择我们呢？我们公司可以提供给您更优厚的运转资金条件，节省下来的资金费用正好可以付每个月的维修费用，每个月维修等于是免费的呢！"

假如，你的客户对你说："我现在还不到 30 岁，你跟我谈退休金规划的事，很抱歉！我觉得太早了，没兴趣。"

行销人员就可以用让"反对问题"成为卖点的技巧回复他："是的，我了解您的意思。只是我要提醒您的是，准备退休金是需要长时间的累积才能达成的，现在就是因为您还年轻，所以您才符合我们这项计划的参加资格。这个计划就是专门为年轻人设计的。请您想一想，如果您的父母现在已经五六十岁了，但是还没有存够退休金的话，您认为他们还有时间准备吗？所以，我们也就无法邀请他们参加了！"这样一来，客户就很可能被你的反对问题给说服了，而理所当然地愿意与你达成交易。

所以，在销售中，如果客户提出一个在一般人看来都是一条很充分的理由拒绝你时，你不妨采用让"反对问题"成为卖点的技巧，这样往往会让你有意外的收获。

销售是服务的孪生姐妹

销售是服务的孪生姐妹，销售和服务是相辅相成的，有好的服务，必有好的销售业绩。但是，如果我们的服务都仅仅是为了促进销售而做，那么一定不会有很好的效果。即便你这一回侥幸赚了一部分钱，也是因为客户第一次相信你，第二次，他绝不会再相信你。

经济学上可以将买卖分为"一次性博弈"和"重复性博弈"两种，在一次博弈中，博弈双方在没有强烈的道德与情感因素约束下，参与人都会为自己当前的最大收益奋斗。如果我们将销售当作是一次性博弈，在这一情境下的销售员很可能就将服务当作为销售而做的功利性服务，只考虑当前的最大利益，为了成交当前的买卖而对消费者极尽贴心热情，一旦成交，便态度迥异。

然而，成功的销售一定是将与消费者之间的交易看作是多次的重复性的博弈。多次博弈与一次性博弈完全不同，它遏制了人们的绝对功利性，每一个参与人的行动都是小心翼翼的，因为他们知道自己不是一次博弈，他们需要为将来考虑。如果有谁在第一次博弈中就要尽卑鄙的手段，或者背叛，或者不诚实合作，那么他最终将面临由此带来的恶果。在销售中，如果不重视买和卖之间的重复性博弈，那么，你很难真正享受"服务"带给你的长期回报。

任何带有功利性、动用诡计的服务都不能让销售成为重复性博弈；相反，不为销售而为客户做的服务，是一种真诚付出的欲望，只有这种无私的服务才会打动客户的心，让客户愿意长期与你合作。因此，对于销售员来说，只有把销售融入服务当中，才能真正让服务发挥效果，为你的销售锦上添花。

安娜是美国一家房地产公司顶尖的经纪人之一，她一年的销售额高达 1000 万美元。谈及自己获得高额销量的制胜法宝时，安娜只说了一句话：绝不只为销售而服务。

一天，一对夫妇从外地驾车来到罗克威市，想在罗克威买一栋房子并定居下来。经人介绍，这对夫妇找到安娜，安娜热情地接待了他们。

然而，安娜没有立刻带这对夫妇去看待售的房子，而是带他们参观社区、样板房，介绍当地的生活习惯、生活方式，并带这对夫妇参加小城的节日，让他们免费享受热狗、汉堡、饮料。

"每到傍晚时分，滑水队伍会在湖上表演，市民则在船上的小木屋里吃晚餐，"安娜为他们一一介绍道，"再稍后，他们在广场看五彩烟火；然后再去商场，这里的购物环境非常优美，价格也非常公平；待会儿，我再带你们去看看我们社区内最好的学校。"

最终，这对夫妇满意地决定在湖畔购买一套价值 60 万美元的房子。然而，客户付款后，安娜的服务仍然没有结束：协助客户联系医生、牙医、律师、清洁公司；帮助客户联系女儿的上学事宜，帮客户买电、买煤气。

安娜通常会在每年的圣诞假期为自己服务过的客户举办一场盛大的宴会，从纽约请 5~7 人的乐队进行伴奏，准备香槟、饮料、鲜嫩的牛肉片和鸡肉，提供各种型号的晚礼服。安娜举杯向客户敬酒，感谢客户们的支持与信任，祝福客户生活得更美好。她会一个一个地与客户私下沟通，问对方是否有需要帮助的，并承诺以后会提供更好、更优质的服务。在客户离开的门口，放着许多挂历、钢笔、书籍等实用的小礼物，让客户离开时随手拿。

有了如此细致周到的贴心服务，安娜何愁没有惊人的销售业绩呢？

正如安娜自己所言，她成功的秘诀就在于真正做到了"绝不只为销售而服务"。在与客户见面后，她不急着直接介绍房子，而是先带他们了解周围的环境和当地的文化，让客户能充分获得有效的信息，同时也获得充分的时间分析、思考是否适合在这里居住。当客户购买房子后，安娜还提供许多看似与房产无关的服务，时刻与客户保持良好的关系，让客户感觉不仅买了一套设施便捷的房子，更获得了未来生活的安全感。这正是将与客户的关系当作是多次的重复性博弈来看待，自然也能够收获长期的忠实客户。

销售员在销售过程中的一个颇为头痛的大难题就是如何常常与客户建立好感与信任。其实，安娜已经向我们传授了成功的做法：真诚的服务会让一切迎刃而解。真诚的服务不是为了销售而服务，而是真正设身处地地站在客户的角度，将买卖当作是重复性博弈，建立长期的好感与互信，将销售融入服务当中而使销售变得不留痕迹。作为推销员，要想获得很好的销售业绩，也要向安娜学习，让优质的服务起到四两拨千斤的作用。

把客户需求从感性认识过渡到理性思考

在销售中，客户对于收益的考虑都很理性。但是人们对成本的印象却是感性的，推销员要灵活运用销售技巧，让客户认识到高收益需要通过较高成本的投入才能实现。只有通过这样的途径，销售员的销售目的才可能实现。

程政是一家咨询公司的销售顾问，这次他负责的是一家生产企业的销售咨询工作，当销售进展到快签约的时候，该企业的总经理打电话来提出了异议。

总经理说："我不明白为什么你们公司派了三个咨询师替我们改善库存与采购系统，两个月的时间要支付24万元的费用，这相当于每个人每月4万元，这样我都可以雇用三个厂长了。"

程政说："王总，我们的咨询师花了两个星期对贵厂采购作业流程、生产流程、现场生产以及作业流程的现状进行了详细的了解。据我们了解，贵企业的每年平均库存为一个月，金额为600万元，由于生产数量逐年增长，库存金额与平均库存月份也逐年上升。通过我们的改善方案的执行，贵企业在半年后，库存金额能下降至300万元，您的利息费用每年最少可下降30万元，您节省的费用足够支付咨询费。"

总经理说："话是不错，那你们怎么能保证将库存降至300万元？"

程政说："如果贵公司的采购作业方式，特别是在交货期及交货品质两个要点上有所改善，生产流程及作业方式能够调整更改，品质的监控制度能够完善，最后显现的结果必然是库存的降低。王总，您完全可以评估出来，您支付给我们公司的顾问费其实都是从您节省的费用中提出的，您根本就不需要多支付任何额外的费用，却能达到提升工厂管理品质的目的。而且您只要同意签下合约，我们每个星期都会给您送去一份报告，报告会告诉您，我们本星期要完成哪些事项及上星期完成的情况，在这个时候，您可以视我们的绩效随时停止合约，我们会让您清楚地看到您投入的每一分钱都能够得到明确的回报，若您认为不值得，您可立刻终止付款。王总，我诚恳地建议您，这的确是值得一试的事情，若您现在就签约，我可以安排一个半月后，就开始实施这个方案。"

总经理在权衡了这个方案的成本和收益以后决定签约。

当客户有明确需求，但认为成本太高时，销售人员要让客户认识到高成本能带来巨大的收益，高成本投入是值得的。案例中的推销员可谓这方面的高手。当客户对产品有明确的需求，但表示价格成本过高时，销售员认识到，仅仅从价格成本这一层面进行说服，显然不能取得客户的认同，于是，他们发挥了自己逻辑分析能力的优势，为客户详细分析了花费这些成本费用所能够取得的收益。

对一般客户而言，只要提到成本，尤其是较高成本，都会认为是物超所值的。其实这不过是一种表面现象的思考。当客户对你说"产品确实不错，但是价格太高，我们不能接受"时，请你运用本节谈到的技巧对其加以说服。

将客户的思维从成本太高逐步转移到取得的收益上来，当客户认识到自己花费的成本能带来更大收益的时候，签单就顺理成章了。在我们的实际销售工作中，如果碰到类似的情况，不妨向这位销售员学习，想方设法把客户的需求从感性认识过渡到理性思考，那样的话，即使成本再高，客户也会毫不犹豫地签单的。

·第四章·

捕获客户心理的最好方式

　　销售的最高境界不是把产品"推"出去，而是把客户"引"进来。所谓"引"进来，也就是让客户主动来购买。可以说，销售是一场心理博弈战，谁能够抓住客户的心，谁就能成为销售的王者。那么，我们该如何捕获顾客心理呢？

微笑是一种美好的表情

有人说客户的心是一扇虚掩的门，销售员将其打开的金钥匙就是真诚。而将心门打开后，怎样才能成功抓住客户的心，让客户心甘情愿地接受你、喜欢你，继而愉快地与你合作呢？

捕获客户心理的最好方式就是情感投入，满足客户内心的需要，通过语言、神态举止让客户得到应有的尊重。用自己的行动获得客户的信赖感，当客户被你征服，他就会毫不犹豫地跟你走。

微笑是一种美好的表情，让人觉得友善、觉得真诚、觉得亲切、觉得美丽。

销售其实就是销售员与客户之间的一场交际，一个从陌生到相识、从抗拒到接受、从质疑到满意的过程，这其中有着无数的情感变化。而销售成功与否和销售员是否懂得并准确地把握客户的内心有着很大的关系。

俗话说"不笑不开店"，在销售行业，同样有这样一句话"你的微笑价值百万"，其实所说的道理都是相同的：用微笑换回巨大的利益。对于客户来说，销售员的微笑令人感到亲切而又温馨，一个真正投入感情并始终保持微笑的销售员一定会比一个总是板着脸的销售员赢得更多的客户与订单。真诚的、发自内心的微笑才能温暖和打动别人的心，这就是微笑的魅力。

"不管我认不认识，当我的眼睛一接触到人时，我就先对对方微笑。"这是一位出色的人寿保险推销员在谈到自己赢得客户的经验时说到的一句话。对于销售员来说，微笑有着独特的魅力和神奇的力量，用微笑来征服客户，比其他任何方式都更加有效和持久。

温和的眼神也是对人心灵的安抚，能给予对方心理上巨大的安慰。每一个人生活在这个世上，都会遇到各种不如意的事情，包括我们所面对的各种类型的客户，他们都曾经遭受到烦恼和痛苦，都或多或少地受到过不被重视的时候，但温暖真诚的目光，却可以使人得到安慰，获得力量。一道温和的目光如一道温暖的阳光，不仅能够照亮阴暗的心灵，还能够温暖身边人们潮湿的心灵。销售员不仅要学会对客户微笑，同时要用温和真诚的目光去关心客户，赢得客户的心。

任何一位顾客都讨厌不被重视，当销售员对客户视而不见或者将客户晾在一边时，客户自然会让他的生意失败。对每一位客户一视同仁，温和有礼，用每一个细节让客户感受到你对他的尊重和重视，顾客一定会接受你。

世界上最伟大的推销员乔·吉拉德曾经说过："当你笑时，整个世界都在笑。一脸苦相没人理睬你。"销售就好比照镜子，你如何对待客户，客户就会如何对你。在销售中微笑、温和、礼貌与尊重，做一次或许很容易，难的是一直这样做下去，对一个客户这样做或许很容易，难的是对每一个人都如此。

专心听是给予别人的最大赞美

人人都喜欢被他人尊重，受到别人重视，这是人性使然。当你专心地听，努力地听，甚至是聚精会神地听时，客户就会有被尊重的感觉，因而可以拉近你们之间的距离。卡耐基曾说：专心听别人讲话的态度，是我们所能给予别人的最大赞美。不管对朋友、亲人、上司、下属，倾听有同样的功效。

在销售沟通过程中发挥听的功效是十分重要的，因为客户提供的线索和客户的肢体语言是看不见的。在每一次通话当中，听要比说更加重要。善于有效地倾听是电话沟通成功的第一步。所有的人际交往专家都一致强调，成功沟通的第一步就是要学会倾听。有智慧的人，都是先听再说。

在电话中，你要用肯定的话对客户进行附和，以表现你听他说话的态度是认真而诚恳的。你的客户会非常高兴你心无旁骛地听他讲话。根据统计数据，在工作和生活中，人们平均有40%的时间用于倾听。事实上，在日常生活中，倾听是我们自幼学会的一种沟通能力。它让我们能够与周围的人保持接触。失去倾听能力也就意味着失去与他人共同工作、生活的可能。

所以，在销售过程中，发挥听的功效是非常重要的，只要你能够听得越多，听得越好，就会有更多更好的人喜欢你、相信你，并且要跟你做生意。他们越想跟你交往，你就越能获得更佳的人缘。成功的聆听者永远都是最受人欢迎的。

在行销过程中，一定要发挥听的功效，这样才能使客户无所顾虑地说出他想说的话。这样不仅使客户有一种受重视的感觉，而且还能使你获得更多的客户信息。

客户的需求永远放在第一位

认真倾听，主要目的是发现客户的需求以及真正理解客户所讲内容的含义。事实上，与客户沟通的主要目的就是销售商品或服务，所以客户的需求应该永远放在第一位。

有一个餐馆生意很好，老板准备扩大店面，决定提升一位经理，便找来三位员工。

老板问第一位员工："先有鸡还是先有蛋？"

第一位员工想了想，答道："先有鸡。"

老板接着问第二位员工："先有鸡还是先有蛋？"

第二位员工胸有成竹地答道："先有蛋。"

老板又叫来第三位员工，问："先有鸡还是先有蛋？"

第三位员工镇定地说："客人先点鸡，就先有鸡；客人先点蛋，就先有蛋。"

老板笑了，于是提升第三位员工为大堂经理。

对于老板来说，先有鸡还是先有蛋并不重要，重要的是员工有没有领悟到客户的需求永远是第一位的。可见，认真倾听客户的心声是非常重要的，因此，在倾听过程中要做到以下几点：

1. 澄清事实，得到更多的有关客户需求的信息

"原来是这样，您可以谈谈更详细的原因吗？"

"您的意思是指……"

"这个为什么对您很重要？"

2. 确认理解，真正理解客户所讲的内容

"您这句话的意思是……我这样理解对吗？"

"按我的理解，您是指……"

3. 回应，向客户表达对他所讲的信息的关心

"确实不错。"

"我同意您的意见。"

4. 防止思绪偏离

思绪发生偏离是影响有效倾听的一个普遍问题。因为大多数人接收速度通常是讲话速度的四倍，有时一个人一句话还未说完，但听者已经明白他讲话的内容是什么。这样就容易导致听者在潜在客户讲话时思绪产生偏离。思绪发生偏离可能会导致你无法跟上客户的思路，而忽略了其中的潜在信息，你应该利用这些剩余的能力去组织你获取的信息，并力求正确地理解对方讲话的主旨。

在这方面，你可以做两件事。第一件事是专注于潜在客户的非言语表达行为，以求增强对其所讲内容的了解，力求领会潜在客户的所有想传达的信息。第二件事情是要克制自己，避免注意力不集中。比如，待在一间很热或很冷的房间里，或坐在一把令人感觉不舒服的椅子上，这些因素都不应成为使你分散倾听的注意力的原因。即使潜在客户讲话的腔调有可能转移你的注意力，你也应该努力抵制这些因素的干扰，尽力不去关注他是用什么腔调讲的，而应专注其中的内容。做到这一点甚至比使分散的思绪重新集中起来更困难。从这个意义上讲，听人讲话不是一项简单的工作，它需要很强的自我约束力。

此外，过于情绪化也会导致思维涣散。例如，当潜在客户表达疑问或成交受挫时，在这种情况下停止听讲是很正常的做法，但是你最好能认真地听下去，因为任何时候都有转机出现的可能性。

5. 注意客户提到的关键词语，并与对方讨论

例如，业务员问："现在是您负责这个项目？"客户说："现在还是我。"客户是什么意思？两个关键词：现在、还。对有些人来讲，

也就想当然地理解客户就是负责人。但一个出色的业务员会进一步提问："现在还是您是什么意思？是不是指您可能会不负责这个项目了？"客户说："是啊，我准备退休了。"这个信息是不是很重要？再举例，客户说："我担心售后服务。"这里面的关键词是：担心。所以，有经验的业务员并不会直接说："您放心，我们的售后服务没有问题。"而是会问："陈经理，是什么使您产生这种担心呢？"或者问："您为什么会有这种担心呢？"或者问："您担心什么呢？"探讨关键词可以帮助我们抓住核心。

6. 注意术语的使用

在商务电话沟通中，应尽可能避免专业术语的使用，除非你能确定与自己对话的客户是这方面的专家。不少业务员为了显示自己的专业水准，在电话中讲很多技术性很强的东西，导致很多客户听不明白，结果客户希望通话越早结束越好。所以，一定要注意术语的使用。

倾听有助于发现有价值的信息

　　韦恩是罗宾见到的最受欢迎的人士之一。他总能受到邀请，经常有人请他参加聚会，共进午餐，担任客座发言人，打高尔夫球或网球。

　　一天晚上，罗宾碰巧到一个朋友家参加一次小型社交活动。他发现韦恩和一个漂亮女士坐在一个角落里。出于好奇，罗宾远远地注意了一段时间。罗宾发现那位年轻女士一直在说，而韦恩好像一句话也没说。谈话中他只是有时笑一笑，点一点头。几小时后，他们起身，谢过男女主人，走了。

　　第二天，罗宾见到韦恩时禁不住问道："昨天晚上我在斯旺森家看见你和最迷人的女孩在一起。她好像完全被你吸引住了。你怎么抓住她的注意力的？"

　　"很简单，"韦恩说，"斯旺森太太把乔安介绍给我，我只对她说：'你的皮肤晒得真漂亮，在冬季也这么漂亮，是怎么做到的？你去哪儿呢？阿卡普尔科还是夏威夷？'"

　　"'夏威夷，'她说，'夏威夷永远都风景如画。'"

　　"'你能把一切都告诉我吗？'我说。"

　　"'当然。'她回答。我们就找了个安静的角落，接下去的两个小时她一直在谈夏威夷。"

　　"今天早晨乔安打电话给我，说她很喜欢我陪她。她说很想再见到我，因为我是最有意思的谈伴。但说实话，我整个晚上没说几句话。"

　　看出韦恩受欢迎的秘诀了吗？很简单，韦恩只是让对方谈自己。

　　假如你也想让大家都喜欢，那么就尊重别人，让对方认为自己是个重要的人物，满足他的成就感，而最好的办法就是谈论他感兴趣的话题。千万不要喋喋不休地谈自己，而要让对方谈他的兴趣、他的事业、他的高尔夫积分、他的成功、他的孩子、他的爱好、他的旅行等。

让他人谈自己，一心一意地倾听，要有耐心，要抱有一种开阔的心胸，还要表现出你的真诚，那么无论走到哪里，你都会大受欢迎。

著名推销员乔·吉拉德说过这样一句话："上帝为何给我们两个耳朵一张嘴？我想，意思就是让我们多听少说！倾听，你倾听得越长久，对方就会越接近你。"这个世界过于浮躁，多数人没有耐心听别人说些什么，所有的人都在等着说。再也没有比拥有一个忠实的听众更令人愉快的事情了。

一位成功的保险推销员对如何使用倾听这个推销法宝深有体会："一次，我和朋友去一位富商那儿谈生意，上午11时开始。过了6小时，我们走出他的办公室来到一家咖啡馆，放松一下我们几乎要麻木的大脑。可以看得出来，我的朋友对我谈生意的措辞方式很满意。第二次谈判定在午餐后2点开始直到下午6点，如果不是富商的司机来提醒，恐怕我们谈得还要晚。

"知道我们在谈什么吗？实际上，我们仅仅花了半个小时来谈生意的计划，之后我却花了9个小时听富商的发迹史。他讲他自己是如何白手起家创造了一切，怎么在年届50岁时丧失了一切，而后又是如何东山再起的。他把自己想对人说的事都对我们讲了，讲到最后他非常动情。

"很显然，多数人用嘴代替了耳朵。这次我只是用心去听、去感受。结果是富商给他40岁的儿女投了人寿险，还给他的生意保了10万元险。我对自己能否做一个聪明的谈判人并不在意，我只是想做一个好的听者，只有这样的人才会到哪儿都受欢迎。"

倾听很重要，在人际交往中，多听少说，善于倾听别人讲话是一种很高雅的素养。因为认真倾听别人的讲话，表现了对说话者的尊重，人们往往会把忠实的听众视作完全可以信赖的知己。对于推销员而言，积极地倾听客户的谈论，有助于了解和发现有价值的信息。

成功的推销员都是幽默高手

日本推销大师齐藤竹之助说："什么都可以少，唯独幽默不能少。"这是齐藤竹之助对推销员的特别要求。许多人觉得幽默好像没有什么大的作用，其实是他们不知道怎么才能够学会幽默。让我们先看看幽默有哪些好处。

那种不失时机、意味深长的幽默更是一种使人们身心放松的好方法，因为它能让人感觉舒服，有时候还能缓和紧张气氛、打破沉默和僵局。

如果你在推销的时候表现出色，那么客户也是很愿意从你那儿购物的。乔·吉拉德说："我听到过很多人说他们对外出购车常常感到头痛，但是我的客户不会这样说。当我说与吉拉德做生意是一件很愉快的事情时，我相信这句话并不是毫无意义的。"

成功的推销员大多都是幽默的高手，因为他们知道幽默会减轻紧张情绪，是消除矛盾的强有力手段。在尴尬的时候幽默一下，不仅可以缓解气氛，还能让人感到你智慧的魅力。

一个缺乏幽默感的人是比较乏味的。在你的推销中融进一些轻松幽默不失为一种恰当的策略，同时它也能使你的生意变得十分有趣。否则，你的客户就会保持警惕，不肯放松。

一个推销员当着一大群客户推销一种钢化玻璃酒杯，在他进行完商品说明之后，他就向客户做商品示范：把一只钢化玻璃杯扔在地上证明它不会破碎。可是他碰巧拿了一只质量不过关的杯子，猛地一扔，酒杯碎了。

这样的事情以前从未发生过，他感到很吃惊。而客户们也很吃惊，因为他们原本已相信推销员的话，没想到事实却让他们失望了。

结果场面变得非常尴尬。

　　但是，在这紧要关头，推销员并没有流露出惊慌的情绪，反而对客户们笑了笑，然后幽默地说："你们看，像这样的杯子，我就不会卖给你们。"大家禁不住笑起来，气氛一下子变得轻松了。紧接着，这个推销员又接连扔了 5 只杯子都成功了，博得了客户们的信任，很快推销出了好多杯子。

　　在那个尴尬的时刻，如果推销员也不知所措，没了主意，让这种沉默继续下去，不到 3 秒钟，就会有客户拂袖而去，交易失败。但是这位推销员却灵机一动，用一句话化解了尴尬的局面，从而使推销继续进行，并取得了成功。

保持与客户思维的同步

一位心理大师曾说，人们往往错误地以为我们生活的四周是透明的玻璃，我们能看清外面的世界。事实上，我们每个人的周围都是一面巨大的镜子，镜子反射着我们生命的内在历程、价值观、自我的需要。

心理学研究发现，人们在日常生活中常常不自觉地把自己的心理特征归属到别人身上，认为别人也具有同样的特征，如自己喜欢说谎，就认为别人也总是在骗自己；自我感觉良好，就认为别人也都认为自己很出色。心理学家们称这种心理现象为"投射效应"。

"投射效应"对推销最重要的一条启示是：保持与客户思维的同步，只有你的想法、行动与客户的一致，才能让客户更容易接受你。

原一平提到，根据心理学的研究，人与人之间亲和力的建立是有一定技巧的。我们并不需要与他认识一个月、两个月、一年或更长的时间才能建立亲和力。如果方法正确了，你可以在 5 分钟、10分钟之内，就与他人建立很强的亲和力。他认为，其中一个特别有效的方法是，在沟通时与对方保持精神上的同步。

所以优秀的推销员对不同的客户会用不同的说话方式，对方说话速度快，就跟他一样快；对方说话声调高，就和他一样高；对方讲话时常停顿，就和他一样也时常停顿，这样才不会出现"各说各话"的尴尬情景。因为能做到这一点，所以优秀的推销员很容易和客户之间形成极强的亲和力，对各种客户都能应对自如。

除了思想上要与客户保持同步，还要吸引顾客的注意力。这对推销成功也是至关重要的。

有一个销售安全玻璃的推销员，他的业绩一直都维持北美整个区域的第一名，在一次顶尖推销员的颁奖大会上，原一平遇到了他，原一平问他说："你有什么独特的方法来让你的业绩维持顶尖呢？"他说："每当我去拜访一个客户的时候，我的皮箱里面总是放了许多截成15厘米见方的安全玻璃，我随身也带着一个铁锤子，每当我到客户那里后我会问他，'你相不相信安全玻璃？'当客户说不相信的时候，我就把玻璃放在他们面前，拿锤子往桌上一敲，而每当这时候，许多客户都会因此而吓一跳，同时他们会发现玻璃真的没有碎裂开来。然后客户就会说：'天哪，真不敢相信。'这时候我就问他们：'你想买多少？'直接进行缔结成交的步骤，而整个过程花费的时间还不到一分钟。"

当他讲完这个故事不久，几乎所有销售安全玻璃的公司的推销员出去拜访客户的时候，都会随身携带安全玻璃样品以及一个小锤子。

但经过一段时间，他们发现这个推销员的业绩仍然维持第一名，他们觉得很奇怪。而在另一个颁奖大会上，原一平又问他："我们现在也已经做了同你一样的事情了，那么为什么你的业绩仍然能维持第一呢？"他笑一笑说："我的秘诀很简单，我早就知道当我上次说完这个点子之后，你们会很快地模仿，所以自那时以后我到客户那里，唯一所做的事情是我把玻璃放在他们的桌上，问他们：'你相信安全玻璃吗？'当他们说不相信的时候，我把玻璃放到他们的面前，把锤子交给他们，让他们自己来砸这块玻璃。"

许多推销员在接触潜在客户的时候都会有许多恐惧，不论我们接触客户的方式是电话还是面对面，每当我们刚开始接触潜在客户的时候，大部分的结果都是以客户的拒绝而收场。

接触潜在客户必须有完整计划，每当我们接触客户时，我们所讲的每一句话，都必须经过充分的准备。因为每当我们想要初次接触一位新的潜在客户时，他们总是会有许多的抗拒或借口。他们可能会说"我现在没有时间，我不需要"等借口，客户会想尽办法来告诉我们他们不愿意接触我们。所以接触潜在客户的第一步，就是必须突破客户这些借口，因为，如果无法有效地突破这些借口，我们永远没有办法开始我们产品的销售过程。吸引顾客的注意力，是打开推销过程很好的方法。

拜访客户要有建设性

为什么有的推销人员一直顺利成功，而有的推销人员则始终无法避免失败？因为那些失败的推销人员常常是在盲目地拜访客户。他们匆匆忙忙地敲开客户的门，急急忙忙地介绍产品；遭到客户拒绝后，又赶快去拜访下一位客户。他们整日忙忙碌碌，所获却不多。

推销人员与其匆匆忙忙地拜访 10 位客户而一无所获，不如认认真真做好准备去打动一位客户。即推销人员要做建设性的拜访。

所谓建设性的拜访，就是推销人员在拜访客户之前，要调查、了解客户的需要和问题，然后针对客户的需要和问题，提出建设性的意见，如提出能够增加客户销售量，或能够使客户节省费用，增加利润的方法。

一位推销高手曾这样谈道："准客户对自己的需要，总是比我们推销人员所说的话还要值得重视。根据我个人的经验，除非有一个有益于对方的构想，否则我不会去访问他。"

推销人员向客户做建设性的访问，必然会受到客户的欢迎，因为你帮助客户解决了问题，满足了客户的需要，这比你对客户说"我来是推销什么产品的"更能打动客户。尤其是要连续拜访客户时，推销人员带给客户一个有益的构想，是给对方良好印象的一个不可缺少的条件。

王涛的客户是一位五金厂厂长。多年以来，这位厂长一直在为成本的增加而烦恼不已。王涛在经过一番详细的调查后了解到其成本增加的原因，多半在于该公司购买了许多规格略有不同的特殊材料，且原封不动地储存。如果减少存货，不就能减少成本了吗？当王涛再次拜访五金厂厂长时，把自己的构想详尽地谈了出来。厂长根据王涛的构想，把360种存货减少到254种，结果使库存周转率加快，同时也大幅度地减少了采购、验收入库及储存、保管等事务，从而降低了费用。

尔后，五金厂厂长从王涛那里购买的产品大幅度地增加。

要能够提出一个有益于客户的构想，推销人员就必须事先收集有关信息。王涛说："在拜访顾客之前，如果没有收集到有关信息，那就无法取得成功。"

王涛只是稍做一点准备，收集到一些信息，便采取针对性的措施，打动了客户的心。正因为王涛认真地寻求可以助顾客一臂之力的方法，带着一个有益于顾客的构想去拜访客户，才争取到了不计其数的客户。

时刻注意自己的衣着品位

人们习惯于用眼睛评判一个人的身份、背景，我们没有理由因为穿着的不当而丢失一份可能的订单。在西方有一句俗语：你就是你所穿的！可见人们对于仪表与穿着的重视。在华尔街还有一条类似的谚语：不要把你的钱交给一个脚穿破皮鞋的人。曾有位经理说过这样一个小故事：

A公司是国内很有竞争力的公司，他们的产品质量非常不错，进入食品添加剂行业有一年，销售业绩就取得不错的成绩。

有一天，我的秘书电话告诉我A公司的销售人员约见我。我一听是A公司的就很感兴趣，听客户说他们的产品质量不错，我也一直没时间和他们联系。没想到他们主动上门来了，我就告诉秘书让他下午3：00到我的办公室来。

3：10我听见有人敲门，就说请进。门开了，进来一个人，穿一套旧的皱皱巴巴的浅色西装，他走到我的办公桌前说自己是A公司的销售人员。

我继续打量着他，羊毛衫，打一条领带。领带飘在羊毛衫的外面，有些脏，好像有油污。黑色皮鞋没有擦，看得见灰土。

有好大一会儿，我都在打量他，心里在开小差，脑中一片空白。我听不清他在说什么，只隐约看见他的嘴巴在动，还不停地放些资料在我面前。

他介绍完了，没有再说话，安静了。我一下子回过神来，我马上对他说：把资料放在这里，我看一看，你回去吧！

就这样，我把他打发走了。在我思考的那段时间，我的心里没有接受他，本能地想拒绝他。我当时就想我不能与A公司合作。后来，另外一家公司的销售经理来找我，一看，与先前的那位销售人员简直有天壤之别，精明能干，有礼有节，是干实事的，我们就合作了。

作为一名与客户打交道的销售人员，我们应该注意自己仪表的哪些方面呢？

一般来说，男销售人员不宜留长发，女销售人员不宜浓妆艳抹、穿着暴露。作为一名销售人员，你应当设法争取更多的顾客，穿着上要做到雅俗共赏。

除此以外，销售人员不能蓬头垢面，不讲卫生。有些销售人员不刮胡子，不剪指甲，一讲话就露出满口黄牙或被烟熏黑了的牙齿，衣服质量虽好，但不洗不熨，皱皱巴巴，一副邋遢、窝囊的形象。这样顾客就会联想到销售人员所代表的企业，可能也是一副破败衰落的样子，说不定已经快要破产了。

人们都会通过一个人的衣着来揣测对方的地位、家庭修养、所受的教育背景，因此，我们应时刻注意自己的衣着品位，避免遭到某种不怀善意的猜测。

名字的魅力很奇妙

记住客户的名字和称谓很重要。

卡耐基小的时候，家里养了一群兔子，所以每天找青草喂兔子成了他固定的工作。卡耐基年幼时家中并不富裕，他还要代替母亲做其他的杂事，所以，实在没有充裕的时间找到兔子喜欢吃的青草。因此，卡耐基想了一个办法：他邀请了邻近的小朋友到家里看兔子，要每位小朋友选出自己最喜欢的兔子，然后用小朋友的名字给这些兔子命名。每位小朋友有了与自己同名的兔子后，每天都会迫不及待地送最好的青草给自己同名的兔子。

名字的魅力非常奇妙，每个人都希望别人重视自己，重视自己的名字，就如同看重他本人一样。

1898 年，纽约石地乡有一个名叫吉姆的男孩，他的父亲意外去世后，他为养家到砖厂去工作，任务是把沙摇进模型中，然后将砖放到一边，让太阳晒干。这个男孩从未有机会接受过教育，但他有着爱尔兰人乐观的性格和讨人喜欢的本领，后来他开始参政，多年以后，他养成了一种非凡本领。他从未见过中学是什么样子，但在他 46 岁以前，4 所大学已授予他学位，他成了民主党全国委员会的主席，美国邮政总监。

记者有一次访问吉姆，问他成功的秘诀。他说："若干。"记者说："不要开玩笑。"

他问记者："你以为我成功的原因是什么？"记者回答说："我知道你能叫出 1 万人的名字来。"

"不，你错了，"他说，"我能叫出 5 万人的名字！"

销售人员在面对客户时，若能经常流利地以尊重的方式称呼客户的名字，客户对你也会越有好感。专业的销售人员会密切注意，潜在客户的名字有没有被媒介报道，若是你能带着报道有潜在客户名字的剪报拜访你初次见面的客户，客户能不被你感动吗？能不对你心怀好感吗？记住客户的名字，客户才会记住你。

共同的话题能引起对方兴趣

与客户打交道，难免要遇到形形色色的人。人们因为各自的经历、年龄、性格、职业、受教育程度的不同，而呈现出不同的性格、爱好，有时甚至影响到他的购买行为。

如何能在短时间内与不同的客户缩短距离，这是考验我们的一个难题。

沟通，首先是要营造一个轻松、愉快的谈话氛围。这样可以促使客户打开"话匣子"，在愉悦的心情下更愿意成交。无论是和什么样的客户打交道，共同的话题总能有效引起对方的兴趣。

某公司的汽车销售人员小秦在一次大型汽车展示会上结识了一位潜在客户。通过对潜在客户言行举止的观察，小秦分析这位客户对越野型汽车十分感兴趣，而且其品位极高。虽然小秦将本公司的产品手册交到了客户手中，可是这位潜在客户一直没给小秦任何回复，小秦曾经有两次试着打电话联系，客户都说自己工作很忙，周末则要和朋友一起到郊外的滑雪场滑雪。

后来又经过多方打听，小秦得知这位客户酷爱滑雪。于是，小秦上网查找了大量有关滑雪的资料，一个星期之后，小秦不仅对周边地区所有著名的滑雪场了解得十分深入，而且还掌握了一些滑雪的基本功。

再一次打电话时，小秦对销售汽车的事情只字不提，只告诉客户自己"无意中发现了一家设施特别齐全、环境十分优美的滑雪场"。下一个周末，小秦很顺利地在那家滑雪场见到了客户。小秦对滑雪知识的了解让那位客户迅速对其刮目相看，客户大叹自己"找到了知音"。

在返回市里的路上，客户主动表示自己喜欢驾驶装饰豪华的越野型汽车，小秦告诉客户："我们公司正好刚刚上市一款新型豪华型越野汽车，这是目前市场上最有个性和最能体现品位的汽车。"一场有着良好开端的销售沟通就这样形成了。

与客户沟通的一个关键点在于能否找到共同的话题，从而拉近双方的心理距离。学会找共同话题很重要，许多时候需要我们用心去观察，以便找到合适的话题。

当然，有些话题是显而易见的，每个人都有属于自己的特征。有人爱好足球，也有人喜爱旅游……找到一个恰当的突破口，成功的沟通也就顺理成章了。

·第五章·

调动客户的积极性

　　不注重去激发客户想要买的积极性，而只是一再地强调产品性能，是销售员产品卖不出去的原因。客户若缺乏主动性，销售员则很难与其展开实质性的沟通。如果无法让客户对产品产生兴趣，那么，说再多的话都是白费工夫。

让客户进行尝试

在销售过程中，有经验的销售人员会想方设法调动客户的积极性，让客户"动"起来，而不是坐在办公桌后面听销售人员的"演讲"。

优秀的销售人员在做生意时，常常邀请客户试用他们的商品。从心理学的角度来说，当客户进行试用时，他们会觉得自己似乎已经是商品的主人了，会产生依恋，会逐渐习惯产品。一旦他们习惯了，就会理所当然地将之买下。

比如，一名出色的珠宝商人会把一枚漂亮的戒指戴在一位女孩的手指上，悄悄观察她的反应。要是她喜欢的话，商人就会说："好是好，只是稍微大了点。不过，我会把它弄得完美无缺。美女，请问您姓什么？我会替您把它刻在戒指上。"

同样，聪明的服装销售员要是看到一位客户很欣赏一套西服时，他会把它取下来，对客户说："那边有试衣间，您可以穿上看看。"当客户出来的时候，他会指着一面镜子说："先生，您来照照。瞧，这衣服的颜色多适合您，简直是为您定做的！"

如果客户不反对的话，你可以拿出一把尺子，在客户身上比来比去。

"这西装两肩正合适，不过，背面稍微收短了一点。"

"袖子稍长了一点，"他好像自言自语地说，"您想让衬衣袖口露出来吗？"他一本正经地问。

客户点头。

"那么，我就给您剪掉这么长。"

虽然客户没有开口说话，但他的沉默就意味着默许，这单生意通常会成交的。因为销售员已经用互动的方法让客户熟悉、适应并依恋上了他的商品。

　　另外，更聪明的销售员还会利用激发客户自主意识的方法。具有自主意识的客户一般更信任自己，并且愿意冒险。而自主意识不强的人害怕冒险，在购买昂贵商品时会因为担心做出错误决定犹豫不决。当销售员激发起了客户的自主意识，客户就会自主自发地购买，用不着销售员再苦口婆心地进行劝说了。

　　要想激活客户内心的自主意识，可以从了解客户的资料开始，正如一名优秀的销售人员所说的："事先做好充分的准备使我受益良多。当他们发现我对他们的生活了解得如此之多、如此之深时，他们简直有些受宠若惊的感觉。不用说，我已经赢了好几分。"当客户知道你是这么想了解他，对他感兴趣，他会打开话匣子，积极地参与到销售中来。"也许推销最好的办法就是用大部分时间去听客户说话，有自主意识的人都喜欢别人洗耳恭听，所以我就静坐一旁，一脸的专注神情。但是，我不会到此为止，我在聆听的同时还会拿出笔记本和铅笔，大致记下他们说的话，当然他们也喜欢我这样！我做笔记并不仅是为了得到一些信息，更重要的是通过记录那些'智慧的珍珠'极大地满足他们的自主意识，让他们兴致大增——而我最终拿到了想要的订单。"

　　做笔记是一种获得好感的好方法，但是你不必在每一次推销中都运用这种技巧，它只是反映出你对客户讲话有兴趣而已。所以，再一次提醒你做一名好听众。当然，有时也得做一个记录员。记住，这种推销技巧只适用于当你做实情调查、收集非正式信息的时候。在某些情况下，你应当把正式信息不失时机地直接记在订单上。

　　积极的客户是我们的力量源泉，同样地，我们对他们的"特别看重"也是客户参与进来的力量源泉。销售员与客户之间友好互动的方法，可以更好地激发起客户的自主意识，激发客户主动购买的积极性。我们在销售的过程中一定要注意这一点，要根据实际情况多采用一点"诡计"让客户"动"起来。

报价是谈判的一项重要工作

在销售过程中，报价是谈判的一项重要工作。报价得当与否，对报价方的利益和以后的谈判有很大影响，而有的销售人员恰恰是在这个环节中出现了问题，他们总是含糊报价，以为这样就可以搪塞过去，但是问题也就出现在这里，客户可能因为你不够诚实而取消合作。

詹姆士经过几次电话拜访之后，终于与路易斯先生就购买网络服务器达成了初步意向。这天，他又给路易斯打电话。

詹姆士说："路易斯先生，您好，我是詹姆士。"

路易斯说："詹姆士，你这电话来得正是时候，刚才财务部来人，要我把新购设备的报价单给他们送过去，他们好考虑一下这笔支出是否合算。"

詹姆士说："这个嘛，你别着急，价格上不会太高的，肯定在你们的预算支出之内。"

路易斯说："詹姆士，财务部的人可是只认数字的，你总应该给我一个准确的数字吧，或者该把报价单做一份给我吧。"

詹姆士说："哦，放心好了，路易斯先生，顶多几十万，不会太多的。对你这么大的公司来说，这点钱实在不算什么。"

路易斯说："詹姆士，几十万是什么意思？这也太贵了吧。你怎么连自己产品的价格都如此含糊不清呢？看来，我得仔细考虑一下是否购买你们的网络服务器了。"

当客户询价时，报价是谈判的一项重要工作，绝不能含糊、搪塞，否则客户可能因为你不够诚实而取消合作。那么怎样做才能避免出现此类问题呢？销售人员要遵守以下几个原则：

1. 科学定价原则

制定一个合理的价格是处理好问题的基础与前提。销售人员必须和公司商量，制定出合理的价格，而不可擅自做主，不负责任地给客户报价。

2. 坚信价格原则

推销员必须对自己产品的价格有信心。推销员定价前应慎重考虑，一旦在充分考虑的基础上确定价格后，就应对所制定的价格充满信心。要坚信这个价格是客户都会满意的价格。

3. 先价值后价格的原则

在推销谈判过程中应先讲产品的价值与使用价值，不要先讲价格，不到最后成交时刻不谈价格。推销员应记住，越迟提出价格问题对推销员就越有利。客户对产品的使用价值越了解，就会对价格问题越不重视。即使是主动上门取货与询问的客户，亦不可马上征询他们对价格的看法。

4. 坚持相对价格的原则

推销员应通过与客户共同比较与计算，使客户相信产品的价格相对于产品的价值是合理的。相对价格可以从以下几方面证明：相对于购买产品以后的各种利益、好处及需求的满足，推销产品的价格是合理的；相对于产品所需原料的难以获取，相对于产品的加工复杂程度而言，产品的报价是低的。虽然从绝对价值看价格好像是高了点，但是每个受益单位所付出的费用相对少了，或者是相对于每个单位产品，价格是低的。

小赠品也能发挥大效力

日本人最懂得赠送小礼物的奥妙，大多数公司都会费尽心机地制作一些小赠品，供推销人员初次拜访客户时赠送给客户。小赠品的价值不高，却能发挥很大的效力，不管拿到赠品的客户喜欢与否，当他们感觉受到了别人的尊重时，内心的好感必定油然而生。

找合适的机会送给客户小礼物来沟通与客户之间的感情。也许客户非常想参加一场活动，而你有机会得到入场券，那么给他一张，彼此高兴，何乐而不为呢？或者送给客户一件他早已心仪的小礼物。

但切记一定要在合适的环境下赠送小礼物，同时，提出恰当的理由，千万别让人感觉你另有所图。如果礼物被认可，那么你也会得到称赞，一旦客户接受了小礼物，那么你们很可能就成为朋友了。

送客户礼物的时机很重要。一些适合送礼的时机如：逢年过节、对方获得晋升、新婚之喜、可爱的宝宝诞生了、乔迁之喜，也可送礼祝贺对方迈入事业的新里程。此外，当自己不小心冒犯他人或遗漏重要的事，可以借着送礼，诚心地表达歉意。当对方遇到不顺心的事，透过礼物表达你的关怀与鼓励吧！雪中送炭的温暖是锦上添花所无法比拟的。

特别要提醒你的是，当你正在争取一笔交易，或是当双方的企划或合约还在考虑或交涉的阶段，绝不是送礼的好时机。毕竟，如果一时的好意却沦为不名誉的指控，可真是遗憾又扫兴了。所以，贴心的礼物请在交易结束后再送出。

至于礼物的分量，则和生意的大小有关。一般而言，完成大生意，送的礼就大些；完成小生意，送的礼就小些。书是很好的礼物。建议别送太过私人的物品。

销售人员王磊与一个企业的业务经理取得了联系，通过第一次交流，王磊了解到两个重要信息：一是这位经理有个上初中的女儿，并且非常爱他的女儿；二是他自己没有多少电子商务的知识，想学习又没有学习的渠道。

于是在第二次去拜访的时候，王磊一口气买了七本有关电子商务和网络营销方面的书籍送给经理，当王磊从包里取出书递给他的时候，王磊看到了写在他脸上的惊讶和感动。

经过接触，他们成了朋友，虽说书籍不是很贵重的礼物，但的确是王磊的一片心意，抛除了业务原因，王磊更愿意以朋友的身份来看待这份小礼品。当然，合同也签下来了。

· 第六章 ·

更能促成交易的推销方法

在销售工作中，你有遇见过顾客主动向你提出成交的要求吗？这样的顾客应该太少了吧！绝大多数的顾客都不会采取主动，这就需要销售员主动出击，采取促成行动。对于那些优秀的销售员来说，他们会将促成顾客购买视为真正能够帮到顾客的机会，会帮助顾客买到他所需要的产品。

留一点悬念给客户

克林顿·比洛普是美国著名的推销行家，在创业初期，为了多赚一点钱，他曾为康涅狄格州西哈福市的商会推销会员，并借此敲开了该市各企业领导人士的大门。

有一次，他去拜访一家小布店的老板。这位老板是第一代土耳其移民，他的店铺离一条分隔东哈福市和西哈福市的街道只有几步路的距离。结果，这个地理位置成了这位老板拒绝加入商会的最佳理由。

"听着，年轻人，西哈福市商会甚至不知道有我这个人。我的店在商业区的边缘地带，没有人会在乎我。"

"不，先生，"克林顿·比洛普坚持说，"您是相当重要的企业人士，我们当然在乎您。"

"我不相信，"老板坚持己见，"如果你能够提出一点证据反驳我对西哈福市商会所下的结论，那么我就会加入你们的商会。"

"先生，我非常乐意为您做这件事，"比洛普注视着老板说，"我可不可以和您约定下一次会面的时间？"

老板一听，觉得这是摆脱比洛普最容易的方式，于是毫不犹豫地说："当然，你可以约个时间。"

"嗯，45分钟之后您有空吗？"比洛普说。

老板十分惊讶，他没想到比洛普要在45分钟之后再与他会面。

惊讶之下，顺口说道："嗯，我会在店里。"

"很好，"比洛普说，"我会在45分钟后回来。"

比洛普快速离开布店，然后直接往商会办公室冲去。他在那里拿了一些东西之后，又到邻近的文具店买了该店库存中最大型的信封袋。带着这个信封袋，比洛普再次来到布店。他把信封放在老板的柜台上，开始重复先前与老板的对话。在交谈的过程中，老板的目光始终注视着那个信封袋，猜想里面到底装了什么。

最后，他终于忍不住了，就问："年轻人，我可不想一直和你耗下去，这个信封里到底装了什么？"

比洛普将手伸进信封，取出了一块大型的金属牌。"商会早已做好了这块牌子，好挂在每一个重要的十字路口上，以标示西哈福商业区的范围，"比洛普带着老板来到窗口说，"这块牌子将挂在这个十字路口上，这样一来，客人就会知道他们是在西哈福区内购物，这便是商会让人知道您在西哈福区内的方法。"

老板的脸上浮现一丝笑容。比洛普说："好了，现在我已经结束了我的讨价还价了，您也可以把您的支票簿拿出来好结束我们这场交易了。"

老板便在支票上写下了商会会员入会费的金额。

开门见山、直奔主题是一种推销方法，出其不意、欲擒故纵也是一种推销方法，而后者往往比前者更能促成交易。

在这个案例中，年轻时的克林顿·比洛普为了生计，成为康涅狄格州西哈福市的商会推销会员。这次他的目标客户是一家布店的老板，而这家店正好位于一条分隔东哈福市和西哈福市的街道旁边，这个位置成了布店老板拒绝加入商会的理由："西哈福市商会甚至不知道有我这个人，我的店在商业区的边缘地带，没有人会在乎我。"这是一种客户思考后得出的结论。

比洛普要想拿下这个订单，就必须让客户的思维发生转变。这时候，比洛普采用了欲擒故纵的谈判策略："我可不可以和您约定下一次会面的时间？"这让客户放松了警惕，以为可以就此摆脱比洛普，于是就同意了，说明此时客户的防范意识减弱。

令他没想到的是，比洛普竟然说："45 分钟之后您有空吗？"这让布店老板非常惊奇，也给他留下了悬念。之后，比洛普先回商会办公室"拿了一些东西"（事先已经准备好），然后又去商店买了一个最大型的信封（临场发挥）。当回到客户的面前时，他并不急于说明信封内的东西，这让客户的好奇心越来越浓，以至于最后主动询问，这正是比洛普要达到的效果。最后，谜底揭开，客户不得不认同比洛普的做法，终于答应入会。

可见，在谈判的过程中，如果能留一点悬念给客户，让客户对你的下一步行动感到好奇，那么，在揭示悬念的同时，交易也自然会完成。

洞悉人性的营销高手

英国十大推销高手之一约翰·凡顿的名片与众不同，每一张上面都印着一个大大的 25%，下面写的是约翰·凡顿，英国××公司。当他把名片递给客户的时候，所有人的第一反应都是相同的："25%是什么意思？"约翰·凡顿就告诉他们："如果使用我们的机器设备，您的成本就会降低 25%。"这一下就引起了客户的兴趣。约翰·凡顿还在名片的背面写了这么一句话："如果您有兴趣，请拨打电话……"然后将这名片装在信封里，寄给全国各地的客户。这把许多人的好奇心都激发出来了，客户纷纷打电话过来咨询。

你必须确定你所要告诉客户的事情是他感兴趣的，或对他来讲是重要的。所以当你接触客户的时候，你所讲的第一句话，就应该让他知道你的产品和服务最终能给他带来哪些利益，而这些利益也是客户真正需求和感兴趣的。

钢琴最初发明的时候，钢琴发明者很渴望打开市场。最初的广告是向客户分析，原来世界上最好的木材，首先拿来做烟斗，然后再选择去制造钢琴。钢琴发明者从木材素质方面来宣传钢琴，当然引不起大家的兴趣。

过了一段时间，钢琴销售商开始经销钢琴，他们不再宣传木材质料，而是向消费者解释，钢琴虽然贵，但物有所值；同时，又提供优惠的分期付款办法。客户研究了分期付款的办法之后，发觉的确很便宜，出很少的钱便可将庞大的钢琴搬回家中布置客厅，的确物超所值。不过，客户还是不肯掏腰包。

后来，有个销售商找到一个新的宣传方法，他们的广告很简单："将您的女儿玛莉训练成贵妇吧！"广告一出，立即引起了轰动。自此之后，钢琴就不愁销路了。

　　这就是营销高手洞悉人性的秘诀。告诉客户你的产品能为他的生活带来哪些好处，告诉他应得的利益，销售就能顺利地进行。

调整价格的策略

双方交易，就要按底价讨价还价，最终签订合同。这里所说的底价并不是指商品价值的最低价格，而是指商家报出的价格。这种价格是可以浮动的，也就是说有讨价还价的余地。围绕底价讨价还价是有很多好处的。举一个简单的例子：

早上，甲到菜市上去买黄瓜，小贩 A 开价就是每斤 5 角，绝不还价，这可激怒了甲；小贩 B 要价每斤 6 角，但可以讲价，而且通过讲价，甲把他的价格压到 5 角，甲高兴地买了几斤。此外，甲还带着砍价成功的喜悦买了小贩 B 几根大葱呢！

同样都是 5 角，甲为什么愿意磨老半天嘴皮子去买要价 6 角的呢？因为小贩 B 的价格有个目标区间——最高 6 角是他的理想目标，最低 5 角是他的终极目标。而这种目标区间的设定能让甲讨价还价，从而获得心理满足。

如果想抬高底价，尽量要抢先报价。大家都知道的一个例子就是，卖服装有时可以获得巨额利润，聪明的服装商贩往往把价钱标得超出进价一倍甚至几倍。比如一件皮衣，进价为 1000 元，摊主希望以 1500 元成交，但他标价 5000 元。几乎没有人有勇气将一件标价 5000 元的皮衣还价到 1000 元，不管他是多么精明。而往往都希望能还到 2500 元，甚至 3000 元。摊主的抢先报价限制了顾客的思想，由于受标价的影响，顾客往往都以超过进价价格购买商品。

在这里，摊主无疑是抢先报价的受益者。报价时虽然可以把底价抬高，但是这种抬高也并不是无限制的，尤其在行家面前，更不可大意。如果销售员觉得自己的产品正好是对方急需的，而将价格任意抬高，最终失去对方的信任，导致十拿九稳的交易失败，对销售员来说也是一个教训。

某公司亟须引进一套自动生产线设备，正好销售员露丝所在的公司有相关设备出售，于是露丝立刻将产品资料快递给该公司老板杰森先生，并打去了电话。

露丝说："您好！杰森先生。我是露丝，听说您急需一套自动生产线设备。我将我们公司的设备介绍给您快递过去了，您收到了吗？"

杰森说（听起来非常高兴）："哦，收到了，露丝小姐。我们现在很需要这种设备，你们公司竟然有，太意外了。"

（露丝一听大喜过望，她知道在这个小城里拥有这样设备的公司仅她们一家，而对方又急需，看来这桩生意十有八九跑不了了。）

露丝说："是吗？希望我们合作愉快。"

杰森说："你们这套设备售价多少？"

露丝说（颇为扬扬自得的语调）："我们这套设备售价 30 万美元。"

杰森说（勃然大怒）："什么？你们的价格也太离谱了！一点儿诚意也没有，咱们的谈话就到此为止！"（重重地挂上了电话）

如果你在和客户谈判时，觉得不好报底价，你完全可以先让对方报价。把对方的报价与你心目中的期望价相比较，然后你就会发现你们的距离有多远，随之调整你的价格策略，这样的结果可能是双方都满意的。切忌报价过高，尤其在行家面前。

有信心地等待对方的沉默

有些销售人员在等待客户决策时，往往缺乏信心，耐不住性子，因而会做出一些节外生枝的事情。因此，作为一名行销人员在等待客户决策时一定要有信心，耐住性子。

"冯经理，您好，我是××报的小田，周二早上我到您公司拜访过，咱们说好今天把广告定下来，您打算做1/3版还是1/4版？"

"你们这个版面收费太高，不瞒你说，我已经打算在别的报纸上做了。"

"冯经理，您是知道的，我们这个版费是标准版费，同行业都是这个标准，而且我们报纸的发行量大。您在其他小报上做几个广告合起来的发行还不如我们一家报社，费用却高多了，您说是吧？"

"嗯，这……"

"您就别犹豫了，您看是做1/3版，还是1/4版？"

（客户沉默了10秒后）

"冯经理，您是知道的，目前有很多客户都想做这个头版。"

"小田，你就别过来了，后天这版我们就不出了，咱们再联络，以后再说吧。"

在这次电话沟通中冯经理出现了两次沉默。他第一次陷入沉思，其实是在做决定。如果小田在这时打断他的沉默，也算勉强允许。但当客户第二次沉默时，是决不允许被打断的。因为在那个时候，客户有可能在考虑是否当场成交。在这时，我们需要有足够的耐心顶住心理压力，给客户足够的时间去思考做决定。如果这个时候打断对方，那成交的事很可能就化为泡影了。

正如有的业务员所说的那样："对方一沉默，我就像被人用枪瞄着，却总也听不见枪响，比挨一枪还难受。"这就是业务新人常犯的沉默恐惧症。

他们认为沉默意味着缺陷。客户的沉默使业务员感到压抑，很冲动地产生打破沉默的念头；相反，有经验的业务员在敦促到一定程度的时候，会主动沉默。这种沉默是允许的，而且也是受客户欢迎的。因为你适时的沉默使客户感到放松，使其不至于因为有催促而做出草率的决定。

其实，沉默的时间并非像有些耐不住的业务员感受的那样漫长。当客户沉默的时候，他比业务员承受的压力要大得多，所以很少有客户的沉默会超过30秒。一般来说，客户在你沉默10秒最多不超过20秒后，他就会对你开口。在这种情况下，客户说出的基本上是实质性的决定。

如果客户传递出马上要考虑的信息，那么现在就给他时间考虑，这总比他说"三天之后你再来电话"好。

在销售中，等待决策是我们经常遇到的，这时候最主要的就是要很有信心地等待对方的沉默。这样，成交的机会就会大增。

为顾客提供最好的售后服务

从长远看，那些不提供服务或服务差的推销人员注定前景黯淡。他们必将饱受挫折与失望之苦，他们中的很多人不可避免地会为了养家糊口而从早到晚四处奔忙。就是这些推销人员忽视了打牢基础的重要性，他们发现自己每年都像刚出道的新手一样疲于奔命，备受冷落。所以，对顾客提供最好的、全力以赴的售后服务并不是可有可无的选择；相反，这是推销人员要生存下去的至关重要的选择。

甘道夫是全美十大杰出业务员，历史上第一位一年内销售超过10亿美元的寿险业务员，被称为"世界上最伟大的保险业务员"。甘道夫在全美50个州共服务了超过1万名客户，从普通工人到亿万富豪，各个阶层都有。

甘道夫说："你对你的客户服务愈周到，他们与你的合作关系就会愈长久。不管你推销的是什么，这个法则都不会改变。"

优质的服务可以排除顾客可能有的后悔感觉，大部分的顾客喜欢在买过东西后，得到正面的回应，以确定他们买了最正确的产品。

每当完成一笔交易，甘道夫总会寄上答谢卡给他的客户，即使是最富有的客户。甘道夫有许多成功、富有的客户，他们拥有豪华汽车和别墅。他们什么都不缺，然而，他们仍然喜欢收到这些卡片。大部分的客户每年都会收到生日卡片，甘道夫总会在生意促成时，记住客户的生日，然后在适当时机寄出一张卡片给他。

此外，每当客户向他买保险一周年时，甘道夫就会亲自登门拜访。作为一名保险推销员，他总是详细记住客户的资料，比如亲戚尚在或已故、结婚或离婚、企业的经营状况等。此外，他还会寄给某位客户可能对他有用的杂志或报道。

在产品大同小异的情况下，为顾客提供更好的、与众不同的服务，是销售员的成功之本。

·第七章·

赢得客户的信任非常重要

　　销售员每天都要与不同的客户打交道，销售员把与客户的关系处理好了，才有机会向客户推介你的产品，客户才有可能接受你的产品。信任，是影响你是否能够与客户成功签单的重要前提，客户对你不够信任，那么你的销售进度将会大大降低，甚至会一直遭到客户的拒绝。

信任关系是生意成交的基础

任何一笔生意的基础，靠的是什么？靠的就是双方建立起来的相互信任。

我们可以通过一个故事来说明这个问题：

在一个炎热的下午，有一位穿着汗衫、满身汗味儿的老农夫走进了汽车展示中心的大厅，他刚一进来，迎面立刻走来一位笑容可掬的营业小姐，很客气地询问老农夫："大爷，我能为您做什么吗？"

老农夫有点腼腆地说："不用，不用，外面天气热，我刚好路过这里，只是想进来吹吹冷气，马上就走啊。"

营业小姐听完后亲切地说："是啊，今天外面确实很热，您就在这休息一会儿吧！"说着便请老农夫坐在沙发上休息。

"可是，我们种田人衣服不太干净，怕会弄脏你们的沙发。"

小姐却微笑着说："没关系的，沙发就是给客人坐的，否则，公司买它干什么？"

休息一会儿后，老农夫便走向展示中心，围着那儿的新货车东瞧瞧，西看看。

这时，那位营业小姐又走了过来："大爷，这款车是新上市的，要不要我帮您介绍一下？"

"不用！不用！"老农夫连忙说，"你不要误会了，我可没有钱买，种田人也用不到这种车。"

"不买没关系，以后有机会您还可以向您的朋友们介绍一下啊。"然后小姐便详细耐心地将货车的性能逐一解说给老农夫听。

听完后，老农夫突然从口袋中拿出一张皱巴巴的白纸，交给这位柜台小姐，并说："这些是我要订的车型和数量，请你帮我处理一下。"

小姐有点诧异地接过纸来一看，这位老农夫一次要订 6 台货车，连忙紧张地说："大爷，您一下订这么多车，我们经理不在，我必须找他回来和您谈，同时也要安排您先试车。"

此时，老农夫语气平静地说："小姐，不用找你们经理了，我本来是种田的，最近和人投资搞货运生意，需要买几台货车，可是我对车子外行。买车简单，最担心的就是车子的售后服务及维修，因此我儿子教我用这个笨方法来试探每一家汽车公司。这几天我走了好几家，每当我穿着同样的旧汗衫走进他们的销售大厅，同时表明我没有钱买车时，常常会受到冷落，而只有你们公司，在得知我不是你们的客户之后，还那么热心地接待我，为我服务。对于一个不是你们客户的人尚且如此，更何况成为你们的客户之后呢？所以我决定购买你们的货车。"

正是因为营业小姐赢得了农夫的信任，她才意外地接到了一笔大订单。可见，赢得客户的信任是多么重要。所以说，与客户建立起信任关系是生意成交的基础，如果我们不能赢得客户的信任，销售基本是不可能成功的。

客户对销售人员的信任一般来自以下五个方面：

1. 讲话方式

是指销售人员的声音表现是否专业。当客户对销售人员的专业能力了解不多的情况下，他会通过其谈话方式，包括语音、语调等因素来判断其是否专业。

2. 讲话内容

是指销售人员的专业能力。任何一个客户都希望与一个很熟悉他们行业的专家打交道，而不是同一个只会介绍公司的人打交道。在这种情况下，销售人员可以运用自己的专业能力来与客户建立信任关系，让客户从心里佩服你，信任关系也就自然而然地建立起来了。

3. 可靠

履行诺言是可靠的一大标志，销售人员一定要遵守与客户约定的事情，并按时执行。当然，从声音中也可以判断一个人是否可靠。

4. 坦诚

坦率而真诚的销售人员往往能取得客户的信任。坦率，就是要与客户开诚布公。举个简单的例子，销售人员要正视自己公司或产品的相对不足的地方，并能与客户公正地去探讨它，而不是把自己夸得毫无缺点，甚至不惜说谎话来欺骗客户，这都对建立信任关系不利。真诚，就是要从客户出发，真心想帮助客户成功。没有哪一个客户会拒绝真诚要帮助自己的人。

5. 致力于建立长期关系

销售人员当然希望在最短的时间内与客户建立起信任关系，但有时候他们必须花相当长的时间来与客户建立信任关系。对有些客户来讲，必须经过了解、喜欢、信任这个过程，才能建立起信任关系。

微笑和真诚是影响客户情绪的重要元素

俗话说："伸手不打笑脸人。"我们不难联想到自己工作生活中的一些场景：比如当领导发火时，赶紧主动道歉，将责任全部揽到自己身上；比如约会放人鸽子，见面马上道歉，并想办法让对方开心，这就相当于战争开始前就已经举起了白旗，对方还会忍心对你开枪吗？

微笑和真诚是影响客户情绪的最重要的元素，可以化客户的怒气为平和，化客户的拒绝为认同。

在销售过程中，客户的情绪往往是变化无常的，如果销售人员不注意，则很可能会由于一个很小的动作或一句微不足道的语言使客户放弃购买，而之前所做的一切努力都要付诸东流。尤其是面对客户对于产品的价格、质量、性能等各个方面或大或小、可有可无的抱怨，如果销售员不能够正确妥善地处理，将会给自己的工作带来极大的负面影响，不仅影响业绩，更可能会影响公司的品牌。

所以，学会积极回应客户的抱怨，温和、礼貌、微笑并真诚地对客户做出解释，消除客户的不满情绪，让他们从不满到满意，相信销售员收获的不只是这一次的成交，而是客户长久的合作。

客户的抱怨一般来自以下几个方面：

首先，是对销售人员的服务态度不满意。比如有些销售员在介绍产品的时候并不顾及客户的感受和需求，而是像为了完成任务而一味说产品多好；或者是在客户提出问题后销售人员不能给出让客户满意的回答；或是在销售过程中销售员不能做到一视同仁，有看不起客户的现象等。

其次，是对产品的质量和性能不满意，这很可能是客户受到广告宣传的影响，对产品的期望值过高引起，当见到实际产品，发现与广告中的宣传存在差距，就会产生不满。还有一些产品的售后服务或价格高低都会成为客户抱怨的诱因。

销售人员面对这种抱怨或不满，要从自己的心态上解决问题，认识到问题的本质。也就是说，应将客户的抱怨当成不断完善自身的机会。客户为什么会对我们抱怨？这是每一个销售人员应该认真思考的问题。其实，客户的抱怨在很大程度上来自一种期望，对品牌、产品和服务都抱有期望，在发现与期望中的情形不同时，就会促使抱怨情绪的爆发。而不管客户怎么抱怨，销售人员都能做到保持微笑，认同客户，真诚地提出解决方案，就可能使坏事变成好事，不但不影响业绩，相反还会使业绩更上一层楼。

英国有一个叫比尔的推销员，有一次，一位客户对他说："比尔，我不能再向你订购发动机了！"

"为什么？"比尔吃惊地问。

"因为你们的发动机温度太高了，我都不能用手去摸它们。"

如果在以往，比尔肯定要与客户争辩，但这次他打算改变方式，于是他说："是啊！我百分之百地同意您的看法，如果这些发动机温度太高，您当然不应该买它们，是吗？"

"是的。"客户回答。

"全国电器制造商规定，合格的发动机可以比室内温度高出华氏72度，对吗？"

"是的。"客户回答。

比尔并没有辩解，只是轻描淡写地问了一句："你们厂房的温度有多高？"

"大约华氏75度。"这位客户回答。

"那么，发动机的温度就大概是华氏147度，试想一下，如果您把手伸到华氏147度的热水中，你的手不就要被烫伤了吗？"

"我想你是对的。"过了一会儿，客户把秘书叫来，订购了大约4万英镑的发动机。

情绪管理是每一个人必修的课程，对于从事销售的人尤其如此。面对客户的抱怨，销售人员首先要做的就是控制自我情绪，避免感情用事，即使客户的抱怨是鸡蛋里挑骨头甚至无理取闹，销售人员都要控制好自己的情绪，对客户展开最真诚的笑容，用温和的态度和语气进行解释。解释之前一定要先对客户表示歉意和认同，这就是继控制自己情绪之后的第二个步骤：影响客户的情绪，化解他的不满。

在面对客户的抱怨时，销售员最忌讳的是回避或拖延问题，要敢于正视问题，以最快的速度予以解决。站在客户的立场思考问题，并对他们的抱怨表示感谢，因为他们帮助自己提高了产品或服务的质量。

记住，微笑和真诚永远是解决问题的最好方式。微笑多一些，态度好一些，解决问题的速度快一些，就会圆满解决问题。化干戈为玉帛，化抱怨为感谢，化质疑为信赖。抱怨的客户反而很可能会成为你永远的客户。

承诺的就一定要做到

你的每一个承诺就是一张契约，而所有的契约都是义务。虽然签订的合法契约能够收回，但那不是件容易的事。同样，收回承诺也不是件容易的事。

某电话销售人员的一位客户第二天过生日，电话销售人员在电话中承诺要送花篮给客户。没想到，第二天下起了瓢泼大雨，电话销售人员本不想出门，但考虑到向客户的承诺，经过激烈的思想斗争，还是拿起雨衣，带上花篮，开着摩托车，冲进了滂沱大雨中。

大雨下个不停，乡间小路越来越泥泞，突然，车熄火了。站在雨中，看着熄火的摩托车，电话销售人员很想放弃，但想到了自己的承诺，他便推着车，继续往前走。40 分钟后，当电话销售人员浑身上下水淋淋、一身泥泞地站在客户家的门口时，客户深深地感动了。

类似的事情可能是发生在千千万万名电话销售人员身上的一件很平常的事情，而促使这些销售人员这样做的动力就是：向客户承诺的就一定要做到。

的确，承诺的事情一定要做到，这不仅是一件光彩的事，而且是事业成功的基础！一般情况下，履行自己的诺言应该做到以下三点：

1. 不做过多承诺

每个工作人员都希望自己公司的产品能够被客户认可，因此，在介绍产品时，会尽量突出产品的各种优势和公司良好的声誉，如果过分地吹捧自己的产品和公司，夸大产品的性能和质量，甚至掩盖产品的缺点或将产品的缺点说成优点，也许能够一时蒙骗客户，使客户上当购买，但长此以往，终究会给公司造成不可挽回的损失。

2. 做一个守时的人

业务员不管什么时候与客户相约，宁可早到也不要迟到，更不能无故缺席。假如你确实无法遵守你的承诺，你可以打个电话、写信，或亲自告诉你的客户，让他知道真正的原因。告诉你的客户："我知道我答应下午 3 点去看你，可是因为有点事，我们可不可以另外约个时间？"这要比完全破坏你的承诺好多了。而违背你的承诺会破坏你在客户心中的印象。

如果拜访前，客户提出需要一些产品（项目）的文件资料，既然承诺，无论如何都要亲自交到对方手中，只有迫不得已时才委托他人，资料假如流失而没交到客户手中，公司的信誉将大打折扣，本还有一丝希望的生意可能就要泡汤了。

3. 谈判成功后也要信守承诺

谈判成功以后，你需要列出一个详细承诺清单，这个清单应该尽可能地详细，不仅包括需要你自己亲自去做的工作，而且还要包括公司相关部门协作完成的工作。凡是你自己许下的承诺，毫无疑问应该保质、保量、保时履行；凡是公司相关部门协作完成的工作，你也应该留心这些承诺履行的情况，及时做好协调工作，尽可能地按质、按量、按时完成。

兑现承诺可以使别人对你建立起信心。如果不履行你的诺言，不仅动摇了别人对你的信心，同时还可能伤了一个人的心。对于客户提出的许多要求，我们一贯的原则是"少许诺，多兑现"。如果你向客户进行了许诺，那就一定要尽全力去实现，否则就会失去客户对你的信任，而信任感对于营销人员来说极其宝贵。

勇于拒绝不合理需求

一次，一家公司的推销员在跟一个大买主推销，突然，这位客户要求看该汽车公司的成本分析数字，但这些数字属于公司的绝密资料，是不能给外人看的。而如果不给这位客人看，势必会影响两家和气，甚至会失掉这位大买主。

这位推销员一下子僵在那儿，他支吾了半天，说："那……那好吧！可是，这样不行……"

客户看到他犹豫不决的样子，以为他毫无诚意，拂袖而去。

推销员最终失去了这个大客户。

其实，很多时候，客户提出了过分的要求或者你满足不了客户所要求的服务时，你应该及时予以拒绝。当然，拒绝别人的请求，否定对方的意见，需要一定的技巧：既要使对方接受你的意见，又不伤害对方的自尊心。

有的人在推销中不肯轻易对对手说"不"，因为怕伤了对方的感情，也怕推销失败。尤其对那些急于从推销中获得一点成绩什么的推销者来说，说"是"都来不及，哪里有说"不"的勇气！但是这样往往会适得其反。

怎样拒绝既能不违背你的原则、不损害公司利益，又能让客户接受呢？下面的几种技巧可以一试。

1. 用委婉的口气拒绝

拒绝客户，不要咄咄逼人，有时可以采用委婉的语气拒绝他，这样才不至于使双方都很尴尬。总之，对客户不合理的要求予以拒绝实际上是对客户的一种负责，因为企业不可能长期对客户提供额外、不合理的服务。企业应该把有限的资源和精力放在自己应做的事情上。

2. 用同情的口气拒绝

最难拒绝的人是那些只向你暗示和唉声叹气的人。但是，你若必须拒绝，用同情的口气效果可能会好一些。

3. 用赞扬的口气拒绝

拒绝的最好做法是先赞扬对方。例如当顾客提出一些不合理的要求时，你感到直接拒绝会影响生意，就可以使用赞扬的口气，先称赞对方一番，再拒绝他的不合理要求。这样就不会让对方觉得不快，也不会伤害他的自尊。

4. 用商量的口气拒绝

如果你的顾客抱怨商品价格太高，想打个折扣，而公司是不允许这样做的时候，你可以这样说："太对不起了，现在没有商品打折的活动，等以后有这方面的活动，我一定会在第一时间通知你，好吗？"这句话要比直接拒绝好得多。

当然，拒绝的方法还有很多种，比如用沉默表示"不"，用拖延表示"不"，等等。但无论如何，你要选择适当的时机、适当的技巧表示拒绝。

一位律师曾经帮助一名房地产商人进行出租大楼的谈判，由于他知道在何时说"不"，以及怎样恰当地说"不"，从而取得了不俗的业绩。

当时有两家实力雄厚的大公司对这座大楼都表示出了浓厚的兴趣，两家公司都希望将公司迁到地理位置较好、内外装修豪华的地方。

律师思考一番后，先给 A 公司的经理打电话说："经理先生，我的委托人经过考虑之后，决定不做这次租赁生意了，希望我们下次合作愉快。"然后，他给 B 公司的老板打了同样的电话。

　　两家公司的老板都很纳闷儿，于是当天下午，他们几乎同时来到房地产公司，一番讨价还价之后，A、B 两家公司以原准备租用 8 层的价码分别租用了 4 层。很显然，房地产公司的净收入增加了一倍，相应地，律师的报酬也增加了一倍。这也告诉我们，只要在恰当的时间说"不"，就更有可能在成交之际让客户说"是"。

　　推销本身就充满了机遇与挑战，在渠道沟通中，正如一位推销专家说的："推销是满足双方参与彼此需要的合作而利己的过程。在这个过程中，由于每个人的需要不同，因而会呈现出不同的行为表现。虽然我们每个人都希望双方能在谈判桌上配合默契，你一言，我一语，顺利结束推销，但是推销中毕竟是双方利益冲突居多，彼此不满意的情况时有发生，因此，对于对方提出的不合理条件，就要拒绝它。"

制造稀缺效应会倍增事物的价值

人们都有一种害怕失去或者错过时机的心理。利用这个心理有一个重要的前提：必须让客户认识到他所面临的购买时机是最好的，一旦错过就不会再有。**玛丽·柯蒂奇就是善于为客户制造紧张气氛而使自己成为全美声名显赫的房地产经纪人的。**

下面是玛丽的一个经典案例，她在 30 分钟之内卖出了价值 55 万美元的房子。

玛丽的公司在佛罗里达州海滨，这里位于美国的最南部，每年冬天，都有许多北方人来这里度假。1993 年 12 月 13 日，玛丽正在一处新转到她名下的房屋里参观。当时，他们公司有几个业务员与她在一起，参观完这间房屋之后，他们还将去参观别的房子。

就在他们在房屋里进进出出的时候，看见一对夫妇也在参观房子。这时，房主对玛丽说："玛丽，你看看他们，去和他们聊聊。"

"他们是谁？"

"我也不知道。起初我还以为他们是你们公司的人呢，因为你们进来的时候，他们也跟着进来了。后来我才看出，他们并不是。"

"好。"玛丽走到那一对夫妇面前，露出微笑，伸出手说："嗨，我是玛丽·柯蒂奇。"

"我是彼特，这是我太太陶丝，"那名男子回答，"我们在海边散步，看见有房子参观，就进来看看，我们不知道是否冒昧了。"

"非常欢迎，"玛丽说，"我是这房子的经纪人。"

"我们的车子就放在门口。我们从西弗吉尼亚来度假。过一会儿我们就要回家去了。"

"没关系，你们一样可以参观这房子。"玛丽说着，顺手把一份资料递给了彼特。

陶丝望着大海，对玛丽说："这儿真美！这儿真好！"

彼特说："可是我们必须回去了，要回到冰天雪地里去，真是一件令人难受的事情。"

他们在一起交谈了几分钟，彼特掏出自己的名片递给了玛丽，说："这是我的名片。我会给你打电活的。"

玛丽正要掏出自己的名片给彼特时，忽然停下了手："听着，我有一个好主意，我们为什么不到我的办公室谈谈呢？非常近，只要几分钟就能到。你们出门往右，过第一个红绿灯，左转……"

见他们微微点头，玛丽便抄近路走到自己的车前，并对那一对夫妇喊："办公室见！"

车上坐了玛丽的两名同事，他们一起往玛丽的办公室开去。等他们的车子停稳，他们发现停车场上有一辆凯迪拉克轿车，车上装满了行李，正是刚才那对夫妇的车子。

在办公室，彼特开始提出一系列的问题。

"这间房子上市有多久了？"

"在别的经纪人名下6个月，但今天刚刚转到我的名下。房主现在降价求售。我想应该很快就会成交。"玛丽回答。她看了看陶丝，然后盯着彼特说："很快就会成交。"

这时候，陶丝说："我们喜欢海边的房子。这样，我们就可以经常到海边散步了。"

"所以，你们早就想要一个海边的家了！"

"嗯，彼特是股票经纪人，他的工作非常辛苦。我希望他能够多休息休息，这就是我们每年都来佛罗里达的原因。"

"如果你们在这里有一间自己的房子，就更会经常来这里，并且还会更舒服一些。我认为，这样一来，不但对你们的身体有利，你们的生活质量也将会大大提高。"

"我完全同意。"

说完这话，彼特就沉默了，他陷入了思考。玛丽也不说话，她等着彼特开口。

"房主是否坚持他的要价？"

"这房子会很快就卖掉的。"

"你为什么这么肯定？"

"因为这所房子能够眺望海景，并且，它刚刚降价。"

"可是，市场上的房子很多。"

"是很多。我相信你也看了很多。我想你也注意到了，这所房子是很少拥有车库的房子之一。你只要把车开进车库，就等于回到了家。你只要登上楼梯，就可以喝上热腾腾的咖啡。并且，这所房子离几个很好的餐馆很近，走路几分钟就到。"

彼特考虑了一会儿，拿了一支铅笔在纸上写了一个数字，递给玛丽："这是我愿意支付的价钱，一分钱都不能再多了。不用担心付款的问题，我可以付现金。如果房主愿意接受，我感到很高兴。"

玛丽一看，只比房主的要价少一万美元。

玛丽说："我需要你拿一万美元作为定金。"

"没问题。我马上给你写一张支票。"

"请你在这里签名。"玛丽把合同递给彼特。

整个交易的完成，从玛丽见到这对夫妇，到签好合约，时间还不到30分钟！

适时地制造紧张气氛，让顾客觉得他的选择绝对是正确的，如果现在不买，以后也就没有机会了。你只要能调动客户，让他产生这样的心理，不怕他不与你签约。

稀缺法则在人们的生活中发挥着非常重要的作用，有时未必是人们的必需品，但制造稀缺效应会倍增事物的价值，优秀的销售员会在客户对于性价比的要求中，制造紧俏的假象，加快客户做决定的速度。这是一种高明的销售技巧，如果运用得当效果相当明显，值得广大销售员借鉴推广。

·第八章·

鼓励客户说出需求

　　销售人员要想尽办法卖出产品，但是客户若不能满足自己的需求，就不会购买。因此，推介产品前，销售人员必须搞清楚客户的需求。但搞清楚客户需求后也不要马上贸然地提出解决方案，必须先让客户自己对你敞开心扉，明确他的需求。运用这种技巧和策略你可以帮助客户通过深入有效的销售会谈满足自己的需求。

目光也是沟通的手段之一

通常情况下，人的目光也是沟通的手段之一。当我们初次见到一个陌生人，在目光接触的那一刻往往就能决定彼此日后的关系是敌是友，这听来似乎不可思议，却是真实存在的。

不知道你是不是有过这样的经历，在你初次见到一个陌生人的时候，当你们目光相遇的刹那，你就对他产生了好感，而在其他场合，你见到另外一个陌生人的时候，你的内心就会对他产生一种疏远感。因为，目光的运用对言语的说服力有非常大的增强效果！想要传达说服的意念，眼神和言语同样有效！

在你与客户的谈话中，若彼此长时间避开目光，会是相当危险的事，这最起码表明你们的谈话没有任何效果。

《孙子兵法》指导我们，"知己知彼，百战不殆"。在销售过程中，最重要的就是要知道客户真正需要的是什么。如果在了解客户的需求前就开始漫无目的地介绍自己的产品，很可能在还没有讲到客户真正关心的问题时，客户就已经对你感到厌烦，成交当然也就成了不可能的事。当然，有的客户对自己所需要的产品早已有了决定，那么只需要销售人员向客户介绍相应的产品就可以了。然而，有些客户不会明确告知销售人员自己需要什么，这就要靠销售人员主动了，与客户真诚注目，鼓励他们讲出自己的需要，那么接下来的工作就容易了。

一位穿着得体的小姐在一家首饰店的柜台前看了很久。售货员过来问："小姐，您需要点什么？"

"哦，我只是随便看看。"虽然她的回答缺乏热情，但仍然在仔细观察柜台里的饰品。售货员知道如果继续冷场下去，很有可能会白白失去一笔生意，她突然发现这位小姐的裙子很有特色，就真诚地注视着这位小姐，夸赞道："您的裙子真漂亮啊！"

"哦。"小姐的视线从饰品上移开了。

"这种花色很少见，您是在隔壁的商场买的吗？"这是售货员设计的问题，因为她对隔壁的商场很熟悉，而且知道那家商场根本没有这种裙子。

"当然不是，这是从香港买回来的。"那位小姐终于开口了，并且对自己的回答很是得意。

"是这样啊，我说怎么从来没见到过呢。说真的，您穿着确实很漂亮。"

"您过奖了。"小姐有点不好意思了。

"只是，您可能也注意到了，如果这套裙子再配上一条合适的项链，效果肯定会更棒的！"

"我也是这么想的，只是这么贵，我怕自己选得不合适。"

"没关系，我来帮您参谋一下。"

最后，这位小姐爽快地买下了一条项链。

销售人员如果能够真诚地与客户交流，就能在很短的时间找到合适的话题，鼓励客户说出需求，打开局面，那么就能更好地促成买卖。

比如，销售人员可以注视着客户，这样问："您看起来还有不满意的地方，是怎么回事呢？""您的意思是，您还有其他的问题，是吗？能具体说说吗？"类似的话就能够引导客户把自己的需要说出来。然后销售人员就可以根据客户的反馈，找到解决问题的方法。

把热情视为销售事业的灵魂

要想成为一个成功的销售人员，同样需要足够的热情与真诚，不仅是对生活热情、对事业真诚，而且要把这种真诚与热情传递给你身边的每一个客户，把热情视为销售事业的灵魂，把真诚视为销售成功的支柱。作为一个销售人员，必须抱着一颗真诚的心，诚恳地对待客户。当客户感受到你的真诚与热情，客户才会尊重你，把你当作朋友，我们的事业也必将因此壮大、发达。

环顾我们身边那些推销获得成功的伙伴，无一不是真诚热情地对待客户，永远都让人感受到他的真诚和热情，永远都是那样热爱自己的销售事业，从而比别的伙伴更早获得成功。

冬日的午后，一位先生走进一家地产中介的门店，看到店外的房源信息牌，他停了下来。房地产经纪人芳芳看到此景便走出店来。

芳芳说："先生，天气冷，您进来看吧，店内很暖和。"（借助天气，自然地邀客户进店）

客户说："不用了，我只是随便看看。"

芳芳说："先生，您要不急的话，就进来坐坐，正好也歇一歇，手上的袋子够沉的吧！咱们慢慢聊，牌子上的那几套房都有实景照片和资料。"（说完拉开门，侧身示意客户进店）（遭遇拒绝，细心观察客户的需求后再次邀请，并用动作表达自己的热情）

客户说："好吧。"（客户随着芳芳进店，芳芳忙接过客户手里的袋子，放在办公桌上）

芳芳说："先生，我看您挺面熟，您就住在附近吧？"（套近乎，消除客户的陌生感）

客户说："是啊，我就住前面那个小区。"

芳芳说："是您的房还是租住在这里？"（探问客户需求）

客户说："要是自己的就好了。现在是租的，已经住三年了。因为离单位近，还算方便，可也不能总这样啊。再说，孩子都三岁多了，也得为他上学考虑，这不就来看房了……"

案例中，因为房地产经纪人前期的热情、贴心招待，客户放松了心情，很自然地聊起了自己的住房现状，为经纪人接下来的房源推荐、成交等都开了个好头。

热情的销售人员能够带给客户一份愉快的心情，自然，客户也愿意与之谈生意。所以，销售人员的语言要做到恰如其分的热情，让客户有如见到故人一般，让客户在友好的氛围中度过一段美好的购物时光，享受交易的快乐。

与客户交流中，适度的热情是必需的，而过度的热情则会将客户吓跑。

作为一个销售人员，必须抱着一颗热情和真诚的心，诚恳地对待客户。只有这样，别人才会尊重你，把你当作朋友。

乔·吉拉德认为，在销售事业中，热情尤为重要。推销过程中要学会表现你的热情，并用它去感染周围的人，只有这样才能赢得客户的信任和支持，从而获得比别人更多的机会。

在销售生涯中，乔·吉拉德努力做到让每一位客户心甘情愿地到他那儿去买车，即使是一位五年没有见过面的客户，只要踏进乔·吉拉德的办公室，乔·吉拉德都会热情地接待他，让他觉得乔·吉拉德非常挂念他，从来没有忘记他。

对于热情真诚地对待客户这一点，乔·吉拉德说："你知道，真诚是你从书本上读不到的东西，只可意会，不可言传，你得学会自然，人们喜欢诚实的人，一个销售员必须诚实并且处处为客户着想。打个比方，你知道是什么东西造就一家生意兴隆的餐馆的吗？是一传十、十传百的声誉，是那些伟大的餐馆的厨师呈上的爱心和热情。"

乔·吉拉德这样说，也是这样做的。他每卖一辆车，都力争使客户像刚走出一家餐馆时一样感到心满意足。买过他汽车的客户也都这么说，他们认为乔·吉拉德办事认真，待人热情，从而都喜欢从他那里买车。

热情代表着一种积极的精神力量，这种力量不是凝固不变的，而是不稳定的。不同的人，热情程度与表达方式不一样；同一个人，在不同情况下，热情程度与表达方式也不一样。但总的来说，热情是人人具有的，善加利用，可以使之转化为巨大的能量。因为只有满怀热情，才能释放出巨大的潜能。

自然而然地微笑才能打动人心

微笑是用来创造良好形象的最有效的肢体语言。因此，在倾听客户讲话时，销售人员的脸上一定要始终洋溢着微笑，千万不要流露出不耐烦，否则，很容易得罪客户。此外，销售人员还要注意微笑不是那种程式化的、机械化的微笑，而是要做到自然而然，发自肺腑，这样的微笑才能打动人心。

法兰克是一家人寿保险公司的业务员。有一次，法兰克进行横跨美国的巡回演讲。演讲一结束，他就回到家里。他急切地要做两件事：一是继续推销人寿保险；二是向人们讲述自己的感受。

首先，法兰克打电话给费城牛奶公司的总裁。这个总裁以前跟法兰克做过一笔小生意，这次很愿意见到法兰克。法兰克刚在他面前坐下，他就递过一支烟来，说："法兰克，说说你的巡回演讲吧！"

"完全可以，不过我更想知道您的近况。您现在忙什么呢？家人好吧？生意红火吧？"

总裁便和法兰克谈起了生意和家庭。后来说到前一天晚上他与妻子和朋友们玩"红狗"的事，这是纸牌的一种新玩法。此时法兰克虽有意跟他讲自己巡回演讲的事，但听总裁谈"红狗"谈得起劲，他也没有一点不耐烦，而是始终微笑地倾听总裁的滔滔不绝，总裁也被法兰克的微笑感染，很是开心地继续说。

直到法兰克要离开时，总裁说："法兰克，我们公司打算为工厂管理人员投保，你说28 000美元够不够？"

太棒了！法兰克根本没讲自己，却得到了一份订单，也许是别的销售人员说了半天都没能拿到的订单。

从事推销不要太忙于说话，而是要学会"听话"，做一名好听众是最重要的。销售人员要向客户表示自己对他们所说的内容真正感兴趣，就需要微笑着倾听，这样一来，客户会认定你是一位很好的谈话对象。只要销售人员能真诚地表现出你对客户谈话的尊重，并适时说出一两句肺腑之言，这时彼此的心灵就相通了。

有一次，原一平去拜访一位脾气古怪的客户："您好，我是原一平，明治保险公司的业务员。""对不起，我不需要投保。我向来讨厌保险。""能告诉我为什么吗？"原一平微笑着说。

"讨厌是不需要理由的！"客户十分烦躁地说。

"听说您是这个行业的佼佼者，我真想也能像您一样！"原一平仍旧面带微笑地说。

客户的态度和缓了一些，说："我向来讨厌保险推销员，可你的笑容让我不忍拒绝与你交谈。不如介绍一下你的保险吧。"原一平这才明白原来这位客户并不是讨厌保险，而是不喜欢推销员。

在接下来的交谈中，原一平始终面带微笑，并认真倾听客户的要求，甚至连客户也被感染了，当谈到彼此感兴趣的话题时，双方都会大笑起来。最后，那位客户高兴地在保单上签上了他的大名并与原一平握手道别。

原一平依靠自己的笑容，在30岁就创下了全日本第一的推销业绩，此后屡创令人惊异的纪录。36岁那年，他加入美国百万圆桌协会（该协会代表了全球顶尖的少量寿险从业人员）。此后，他协助日本政府设立寿险推销员协会，并被推选为会长。在日本的寿险行业中，没有人能够与原一平相提并论。因此，原一平的笑容也被大家誉为"值百万美金的笑容"。

积极回应是倾听的重要因素

积极回应是倾听的一个重要因素，因为没有人喜欢自己说话时面前是一个没有反应的木偶。只听不回应，既是一种无礼行为，也是破坏交易达成的重要影响因素。其实，销售人员在倾听客户讲话的同时积极做出回应，可以有效地鼓励客户充分表达，进而获得更多信息，并赢得客户的好感。一举三得的好事，何乐而不为呢！

回应客户有两种方式：动作回应和语言回应。在实际操作中，销售人员最好两种方式配合使用，以达到较好的效果。

1. 动作回应。当客户讲到要点或停顿的间隙，销售人员可用眼神、点头、微笑等方式适当给予回应，让客户感觉到你在听，听懂了以及对他的重视。

2. 语言回应。语言回应主要是指销售人员根据具体情况、客户讲话的内容等，用不同的语言形式给予回应。

有一天，某银行的销售人员约见一家颇有名气的建筑材料公司的经理。双方落座交谈。

"哦，你这次来的目的，是不是又劝我们在你们那里多储蓄些钱？你们这些银行啊！"

"先生，您这家建材公司可真有名。我们知道您每天工作特别繁忙，不好意思还要打扰您，真抱歉。"

"我们虽然是京城较大的、也有些名气的公司，可现在到处都用钱，这个行业的竞争太激烈了，我们也正在挖空心思进行创新、竞争，不论干什么都用钱，哪里还有钱存入银行啊？"

"是啊！您说得真对，没错！现在各项费用合起来，也是一笔很大的数目。"

"嗯，确实，为了在竞争中立于不败之地，我们想尽各种办法调动员工的积极性。市场嘛，就是这样子。"

"看得出，×经理，年轻有为，怪不得名气越来越响，报纸、电台到处宣传呢!"

在谈话中，销售人员还借助他的表情、动作、视线等来表示自己正在认真地听、认真地想，不断鼓励客户继续说，因为只有这样，才能使谈话顺利而有效地进行，最后他们也做成了一笔生意。

当客户说话时，销售人员应积极地给予适当回应，以鼓励客户继续说。但是，倾听时的回应也不可过于频繁，方式夸张也是不妥的。因为这会影响客户说话的思路，进而丧失说话的激情。当然，还要避免做出虚假的回应，如客户的话还没讲完或其观点还没充分表达时，你就过早地表示"我知道了""我明白了"，客户会因此而省略语言，进而影响你对他的真实情况的判断。

无论是动作回应还是语言回应，都应适时、适度、适宜，这样才能达到"让客户多说"的目的。

让客户高兴地说下去

倾听过程中要给客户足够多的倾诉时间，因为这是客户在表达心声，此时如果客户对某些事情表现出过分的关注和炫耀时，那说明此事对他来说是非常重要的。为了迎合客户的这种心理，推销员就应该积极地给予回应，轻声应和，和客户共享这份喜悦，如果一味地追求推销的结果而因此冷落了客户，那么，此时你已经和成交失之交臂了。请看下面这个案例。

销售人员说："王经理，您看我们说的那批货就这样定吧，还有什么其他问题吗？"

王经理说："基本没问题了。我一会儿要早点儿回家，我的女儿考上重点大学了，录取通知书已经来了，今天我要好好奖励她。"

销售人员说："哦。王经理，您看这批货咱们先签合同吧，我们这个月要评绩效的，现在签合同我能超额完成任务，早一点儿拿提成。"

王经理说："嗯，这个没问题。我女儿在班里学习很刻苦，这次考了全区第一名。现在的孩子不容易啊，考试以前她每天都睡不好，压力大，弄得我们家长也跟着操心。"

销售人员说："哦，是。王经理，您看能不能先付一点儿定金呢？我们小公司拖不起的。"

王经理说："我说你是不是就想着你的生意？你压根儿就没听我说。"

销售人员说："您说您女儿考上大学了。"

王经理生气地说："是以全区第一名的身份考上重点大学了！"

销售人员说："对对，第一名，厉害！王经理，您看这是合同，要不我们先签字吧。"

王经理说："哦，我突然想起要去办一件急事，你请回吧，以后再谈。"

销售人员说："那……"

很明显，销售人员没能成功签单。

当客户在谈论一件非常引以为豪的事情时，销售人员切不可无动于衷，而是应该给予适当的赞赏并轻声应和。在与客户谈话时，销售人员的表情或行为应随对方的谈话内容做相应的变化，来传达你的认同，否则客户会认为你忽略他的谈话，进而终止交易或交谈。

杰尔·厄卡夫是美国自然食品公司的推销冠军。这天，他像往常一样将芦荟精的功能、效用告诉客户，但女主人并没有表示出多大的兴趣。厄卡夫立刻闭上嘴巴，开动脑筋，并细心观察。

突然，他看到主人家的阳台上摆着一盆美丽的盆栽，便说："好漂亮的盆栽啊！真的很难见到。"

"没错，这是一种很罕见的品种，叫嘉德里亚，属于兰花的一种。它真的很美，美在那种优雅的风情。"女主人听到他对自己盆栽的赞美，来了兴致，"这个宝贝很昂贵的，一盆就要花 800 美元。"

"什么？800 美元？我的天哪！每天是不是都要给它浇水呢？"

"是的。每天都要很细心地养育它……"

于是，女主人开始向厄卡夫倾囊相授所有与兰花有关的学问，而他也聚精会神地听着。

最后，这位女主人一边打开钱包，一边说："就算我的先生也不会听我唠唠叨叨讲这么多，而你却愿意听我说这么久，甚至还能够理解我的这番话，真的太谢谢你了。希望改天你再来听我谈兰花，好吗？"

随后，她爽快地从杰尔·厄卡夫手中接过了芦荟精。

推销员在专心倾听时，可以不时地做些反应性回答，如"哦，是的""你是对的""我知道你的观点""当然"等。这些用词都是你在倾听时偶尔插话的关键词,这样,客户就会觉得你真的在听他的话,而且相当赞同他的看法。另外一些更加具体的反应性回答包括"这一点对你很重要,不是吗""我能想象出你当时的感受""我想多了解一些事件的细节"等。

要向客户表示你已经了解他们的心情,可以对客户说,"我明白你的意思""很多人这么看""很高兴你能提出这个问题""我明白了你为什么这么说",等等。

总之,销售人员应适时地根据话题附和对方,使谈话顺利进行。如果销售人员对客户的某些观点实在难以苟同,也实在不愿违心地说附和的话,那么就认真地听下去好了,最好是适时地配合对方的谈话内容、语气并轻声应和,让客户高兴地说下去。

借由身体的动作表情达意

能够解读肢体语言，等于为彼此开辟了一条直接沟通、畅通无阻的大道。

肢体语言是指由身体的各种动作代替语言，以达到表情达意的沟通目的。销售人员在销售中，要以敏锐的洞察力从客户的肢体语言中读懂客户的想法，以此达到知己知彼的效果。

人们只有在谈话十分投机的情况下，才会在姿势上产生协调。而如果两个人都觉得场面十分扫兴而无趣，彼此的动作也就会呈现出互相不协调的画面。所以在从事销售工作时，通过对姿势的观察，可以明显分辨出客户中的赞成与反对者、兴趣浓厚与索然者。

下面是客户发出的积极的肢体语言信号。

双手自然地放在桌子上，或者手势自然、友好，双脚突然不再交叉，手臂也不再交叉放在胸前，其他动作也轻松自然，表现出当事人的观念已经在改变。

拍一拍你的手臂、肩膀或背部，这样的动作表现出对你的友好、关心或同情的姿态。但是，需要注意的是，触摸行为表达出一种强烈的情绪，而且如果这种行为发生在男女之间，反而会给人一种不真诚或胁迫的感觉，从而使人难以接受甚至感到厌恶。

身体坐得靠近一点。这看起来好像是一种彼此之间关系比较密切的信号。

讨论期间，解开外套的扣子或者脱下外套，或直接卷起袖子。可能表示愿意接受他人的看法与建议。

客户坐在椅子的边缘，上身微微前倾，表现出一副渴望仔细倾听销售人员所讲的每一个字的样子，而其两腿却在桌椅下自然下垂，只用脚尖点地，这种姿势通常表现出客户已经准备签订购买合同或愿意同销售人员合作等信号。

如果客户专注地观看商品展示或商品示范，这将是一个好兆头，表示客户对销售人员和谈话内容有浓厚的兴趣。

头微微倾斜，这种姿势通常表示完全接受谈话的内容。

销售人员通过仔细观察客户的行为举止就可以发现客户的心理状态。

销售人员所谈内容如能引起客户的购买兴趣，或者真正解答了客户的疑惑与需求时，客户会发出真正有兴趣购买的积极的肢体语言信号。

人的肢体语言有时比口头语言更丰富，有些人能在口头语言中掩饰自己的看法，却无法在肢体语言中掩藏自己的想法。销售人员在从事销售工作时，要多从客户的肢体语言中察觉出隐藏的心理，以便由此过程把握主动权。

·第九章·

做一个用心的倾听者

　　沟通的目的是相互理解，如果两个人在一起沟通交流，却各顾各的，各说各的，谁也理解不了谁的话，那么这种沟通是无效的沟通。当别人在诉说的时候，请你静静地倾听，不要打断别人，用心去理解对方，站在对方的角度去思考问题，理解他们的思维模式和感受。

耳朵往往比眼睛更可靠

永远是"耳听为虚，眼见为实"吗？不，答案是否定的。作为一个销售人员，我们虽然相信自己的眼睛，但是我们更相信自己耳朵听到的东西！

一个真正的倾听者，不仅要懂得用耳朵倾听，而且要用心听。在面对一个人、一件事物的时候，千万不要被眼前的假象所迷惑，不要让自己眼前所见的东西占据自己的内心，而是要用自己的心去倾听。在倾听的过程中，要做到眼到、耳到、心到。用心去听，让自己的耳朵打开客户的内心之门，这样，我们才能够在销售中立于不败之地。

果果和莉莉是一个村的，同时也是从小玩到大的好朋友，高中毕业后，同时应聘到省会一家大商场珠宝专柜当实习营业员。经理告诉她们："你们俩长得都十分漂亮，而且冰雪聪明，都很适合做珠宝销售工作，但我们只需要一名销售人员，给你们一个月的时间，谁的营业额高，谁留下。"作为一名实习员工，她们俩都想用自己的实力证明自己，得到这份不错的工作。

一个星期过去了，果果的口才好，能说会道，会说一些客户喜欢听的话，而且她懂得随衣挑人，专挑那些穿着比较高档的客户。她的努力没有白费，营业额是 3 万元；而莉莉不像果果那样见到客户就滔滔不绝，也不会挑客人，她喜欢微笑着静静地倾听客户说话，她的营业额只有 1 万元。

两个星期过去了，果果的营业额是 5 万元，莉莉的营业额是 2 万元。

三个星期过去了，果果的营业额是 8 万元，莉莉的营业额是 3

万元。

转眼之间，一个月的时间结束了。还有半个小时就要下班了。而此时果果和莉莉的营业额相差悬殊。果果心中暗喜，自己马上就要获得这份工作了。虽然她心里为自己高兴，同时也为莉莉感到惋惜，觉得莉莉的嘴太笨了，不会说话，也不会挑人，要是她能有自己的能力，也就不会输了。

果果正在窃喜之时，一个衣着普通、头发花白的老者向她走来。果果凭借自己的经验，从衣着来看，这个客户是个没钱的主。不过她并没有因为来者的身份而感到失望，反而很热情地向他推荐一些比较低档的珠宝。果果滔滔不绝地给老者介绍那些廉价的钻石，不给老者说话的机会。果果想凭借自己的经验做成这单生意。

老者没有说话，只是静静地听果果介绍。果果看老者没有买的意思，激情立即消失殆尽："先生，要买赶快买，我们快下班了。"老者没说话，而是静静地来到了莉莉所在的柜台。

"先生，请慢慢看，喜欢了我可以帮您拿出来看看。"莉莉仍然是这种处事风格，给客户充分的时间看。

"我想看看钻戒。"老者说。

"请随我来这边，钻戒在这边，您慢慢看。"莉莉将老者带到钻戒专柜。"您买钻戒是想送给您的亲人吧？"莉莉微笑着问了一句。

"嗯，送给我老伴。年轻的时候没有钱送给她。明天是她60岁生日，想给她补回来。小姑娘，你看哪一款适合呢？你给我推荐一下，我要最好的。"老者边看边笑着说。

"那就要一款经典的吧，既代表您的心意，也具有纪念意义。您说呢？"莉莉拿出了一款经典的钻戒，"您看这款您满意吗？三颗钻石镶嵌在心形的白金戒托上。很别致，很有纪念价值。"

"不错。我就要这款。"老者很满意，"我想我老伴也会喜欢的。"老者说着就拿出自己的银联卡。

这款钻戒的价钱是5.1万元。最后莉莉的营业额是8.1万元……

莉莉就这样笑到了最后，她不是靠自己的口才，也没有靠什么心计，而是坦诚地去对待客户，用一颗心对待每一位客户，用心去倾听客户的需求。她没有盲信自己的眼睛，而是用自己的倾听扭转了战局。一颗倾听的心能够带给我们更多的惊喜。

我们的倾听，不但给了客户好的印象，而且在和客户的交流之中让客户找到了"归属感"。有了你耐心真诚的倾听，客户就不会把自己的内心掩藏起来，而是把自己内心真实的想法告诉你。这个时候，我们也就不必再像"算命先生"那样，去算客户的"生辰八字"了。

很多成功的销售人员不是靠自己的处心积虑来获得客户的需求的，而是靠倾听让客户"送上门来"。客户内心的需求，会在你耐心倾听的过程中逐渐浮出水面，毫无保留地呈现在你的面前。这样，你就可以在对客户的需求了如指掌的情况下有的放矢，自然也就轻松地成交！

当你面对一个个形形色色、穿着各异的客户时，千万不要以着装来判断客户的层次，这样会丢掉很多能够成交的客户。从现在开始放弃"耳听为虚，眼见为实"的误区，在客户面前，要更相信自己的耳朵，在耐心倾听的过程中，不要再犯偏激的错误。相信自己用耳朵听到的往往比用眼睛看到的东西更可靠、更真实！

善于听出客户的暗示

"锣鼓听声，说话听音。"人们说"此话"可能蕴含"彼意"，需要听者仔细联想、分析、揣摩才能了解其真正意图。同样，在销售面谈时，销售人员也要善于听出客户的暗示。

彭帅是某建材公司的销售人员，主要负责销售装修材料。最近，一个朋友给他介绍了一个大客户，据说该客户的办公大楼要内外装修，这可是不小的单子啊！

经过几次接触，彭帅了解到对方确实有装修需求，对自己的产品也没提什么异议。可是，彭帅几次试探客户的合作意向都没有成功，客户总是不冷不热地回应。"怎么办？这么大的订单可不能丢了啊！"彭帅心里着急，于是，再次拜访了该客户。

双方见面后，客户依然显得没什么热情。彭帅赶忙上前与客户寒暄起来。

"今天天气可真不错，您下班去运动吗？"

"运动？我哪有那时间啊！还得回去帮儿子整理邮票呢，这小家伙最近喜欢上了集邮，可折腾死我了。"

说者无心，听者有意。当天回到家里，彭帅就将自己小时候收集的邮票拿出几套，第二天晚上，将邮票送到了客户儿子的手上，还和他交流了很多集邮知识和经验。客户看在眼里，喜上眉梢，第二天就约彭帅到自己公司，双方详细沟通了有关事宜，并签下了装修建材购买协议。

案例中，销售人员彭帅抓住了"客户无意中透露出的帮助儿子整理邮票"这一细节，赢得了客户的欢心，也获得了客户的订单。

有时候，一句话就有四两拨千斤的威力，一件小礼物就可以让举步维艰的局面云开雾散。销售中，客户通过语言的暗示以及某些关键细节，可能会表达一些特殊情况、真正需求等，而这些内容往往会对成交起很大作用。如果销售人员能够听出这话语背后的潜台词，并采用相应的策略应对，则对成交大有裨益。

在此提醒：销售人员倾听时，要注意分析客户话语之外的真实想法，要善于洞察客户的难言之隐；认真听，别将客户不经意间说出的内容当作垃圾信息过滤掉，说不定这些内容就是你达成交易的金钥匙。

听话听音，听出客户话语背后的潜台词，你才能真正把话说到客户心里，把事情做到位，也才能真正掌控销售局面。

读懂话中话，抓住最佳成交时机

所谓的最佳成交时机就是客户购买欲望最强的时候，要发现这一时机，销售人员首先应该仔细观察客户在购买过程中的表现，从客户的一言一行中判断购买信号。

通过客户的语言判断出他是否真的想买你的产品。如果客户想要购买你的产品，就会在语言上有所表示。如果客户问："还能再便宜一些吗？"就说明他对你的产品已经产生了兴趣。客户还会表示肯定："是的，你说得很对。""我们确实很需要这种产品。"客户会请教使用方法，如："这个用起来方便吗？""这东西看起来确实不错，但是我不知道怎么使用。"他们也会提问购买细节，如："你们送货一般几天能到？"他们还会询问售后细节，如："你们产品的保修期有多久？""在保修期内是免费上门维修吗？"销售人员只有具备敏锐的洞察力和分析能力，才能破解客户的潜在需求，读懂话中话，从客户那里得到重要信息，从而抓住最佳成交时机。

小李是一家化妆品店的销售人员。这天，一位中年女性走进店来，转了几个来回后停在防晒用品柜台前，小李看到后马上迎了上去。

小李说："您好，太太。您来选购防晒品吗？"

客户说："对，想看看有没有适合我用的，防晒效果比较好的产品。"

小李说："您来看看这套产品吧。这款防晒套装是特别针对中年女性研制的，不仅具有很好的防晒效果，还能够抗肌肤老化，您用再合适不过了。"

客户问："这种套装防晒效果好吗？"

小李说："非常好，这套产品包括一支高倍数防晒乳液，一瓶低倍数防晒霜，一支防晒喷雾，一支晒后修复啫喱，还有一个防晒粉底，只要您拥有这样一套防晒护肤品，就不用再担心受到阳光侵害了。"

客户说："夏天我也不经常出门，还是给我拿个单品吧！"

小李说："您是不是担心今年夏天用不完？"

客户说："对啊，用不完不就等于浪费了吗？"

小李又说："其实没关系，因为我们一年四季都是要防晒的，现在夏天您可以使用套装里的高倍数防晒乳液，搭配防晒喷雾，秋天时您就可以使用其中的低倍防晒霜搭配防晒啫喱，防晒粉底您什么时候都可以用，时刻抵挡紫外线，而且这一套的价格要比单买便宜得多，仅售 299 元，非常超值，你觉得呢？"

客户说："也是，说得有道理。"

最终客户购买了小李推荐的防晒套装，并表示用完后还会考虑来这里购买。

销售既是一个考察销售人员口才的过程，也是一个考察销售人员观察能力的过程，语言表达和观察能力二者相辅相成，都很重要。特别是在销售工作进入成熟阶段时，更要注意观察客户的反应，认真分析客户的各种语言，以抓住最佳成交机会，实现高效成交。在谈判过程中，语言是客户流露内心购买意向最直接的方式。除了对客户行为及表情要仔细观察，销售人员还要特别注意倾听客户语言，并做出认真分析，准确及时地识别语言中的内在含义，判断购买信号，寻找成交时机。

全心全意地去了解客户

在销售中，每一位销售人员都必须把自己当成一块海绵，海绵能吐能吸的特质正是我们追求的终极目标。在需要忘却自我的时候，我们可以将自己拧得一滴不剩，取而代之的是客户的有用信息和意见。对此，专注地倾听客户的心声非常重要，它既有助于我们完成任务，更不会让我们迷失。

有一位销售大师给台下几千名崇拜他的学生上课。

课题是：倾听者像什么。

在上课之前，销售大师给各位同学布置了一道作业题：用你认为最贴切的物体形容倾听者。

在课堂上，销售大师先提了这个问题，有的说，倾听者像复读机，要不断重复客户的话；有的说，倾听者像棵大树，要静静地聆听；有的说，倾听者像只小猫，要温驯听话……所有学员各抒己见，每一个人的说法听起来都十分有道理。

销售大师听完学员们的回答，没有发表任何意见。他向后台的助手示意了一下。一位助手拿了一大块海绵，紧接着又端了两小盆水上来。销售大师看了看台下，问道："同学们，我们如何让一块轻轻的海绵变得厚重而有内涵呢？"

台下的学员们一个个面面相觑，不知道大师葫芦里卖的是什么药。

大师微笑着走到两盆水前面，拿起干海绵放到了一盆水里，海绵瞬间将盆里的水吸干了。大师拿起吸满水的海绵，接着问："如何让这块吸满水的海绵把另外一个盆里的水给吸完呢？"学员们无计可施，他们认为，海绵已经吸满了水，不可能再吸水了。

大师看出了学员的疑惑，他用手把海绵里的水拧干，然后再将

— 145 —

海绵放进另一个盛满水的盆里，盆里的水瞬间被吸完了。这时，所有的学员才恍然大悟。

销售人员需要做客户最忠实的倾听者。在与客户的沟通中，需要做到暂时忘却自我，用一颗真诚、纯净的心来倾听客户内心最真实的想法，认真听，全心全意地听。

在与客户沟通的时候，你要把客户当成美味可口的"晚餐"，当成你真心相爱的"恋人"，当成你活泼可爱的小女儿。只有把自己的注意力完全放在客户的身上，全心全意地倾听客户讲话，你才能从客户身上获得最多的信息。如果你没有做到全身心地聆听，你听到的也只能是毫无意义的只言片语，那些对你最有价值的信息，很可能因为你的不专注而错过。举例说，如果某个教师看到有学生在课堂上神游，就会问他："我讲了些什么？"这个学生可能会复述一些教师讲的东西，却不能真正地理解老师讲的意思。

每一个人的大脑都是装满东西的海绵，装着太多世间尘事。在和客户沟通的时候，要想做到全神贯注，不受尘事的干扰，唯一的办法就是在倾听的时候做到暂时地忘我，像挤海绵那样，把大脑中所有的信息挤出来，心无旁骛地听客户说话，把客户说过的每一句话都存到你的大脑中。当一项任务完成，你的大脑需要吸收更新的东西，这时候，你就可以把这个客户所说的信息全部挤出来，让自己再吸收更新的信息。无论何时，都要让自己的大脑保持百分之百的储存量，而不会残留任何和工作无关的杂质信息。无论你倾听了多少个客户的倾诉，你仍然是你，销售却成功了……

要知道，一个人的大脑不可能装太多东西，每一个销售人员都必须让自己做一个可以随时挤干的海绵。在需要抛开自己杂念的时候，你能够做到全身心地投入到销售中，能做到将脑海里的自我挤干挤净，让自己的大脑最大限度地接收客户的信息，全心全意地去了解客户，感知客户。

听明白客户的话外之音

作为销售人员，我们在与客户交流时，一定要留意倾听对方说的每一句话。因为有些时候，客户看似不痛不痒的话，很可能会在无意间透露出一些有利于销售的信息。一些看上去无足轻重的话，往往可能隐藏着商机。

布雷斯是一位非常有抱负的企业家，他独自创办了一本很了不起的《黑人》杂志。在开始创办杂志时，他总是捧着自己的杂志亲自去销售，亲自去寻找客户。那些态度强硬的客户，最后总会因为各种不同的原因而和布雷斯达成合作关系。那么，他是怎样搞定那些客户的呢？只因为他有一个特殊的本领，即他总能通过客户的三言两语来获悉客户的想法。

有一次，布雷斯突发奇想，想把约翰森无线电公司做成自己的广告客户。于是，他立刻找到该公司总裁尼古拉斯的电话，并打了过去："您好，尼古拉斯先生，我是《黑人》杂志的布雷斯。我希望可以和您面谈，讨论一下贵公司的广告问题。"

尼古拉斯冷冰冰地说："抱歉，我没时间见你。我没兴趣跟人谈广告，何况我也不主管广告。"尼古拉斯随即就挂断了电话。

布雷斯并没有就此放弃，他想："不管广告？堂堂一个公司总裁，难道有什么是他管不了的吗？怎样才能让他感兴趣呢？"

经过一番调查，布雷斯获知该公司所有重大决策都由尼古拉斯决定，包括广告决策。可见，自己并没有找错方向。于是，布雷斯又给尼古拉斯打了一通电话，询问自己能否去拜访他，一起聊聊约翰森公司广告宣传事宜。

尼古拉斯无奈地笑了笑，对布雷斯说："我很欣赏你的坚持不懈。我可以见你，但事先声明，一旦你提及那些让我们公司在你杂志上登广告的事，我们的谈话就立刻结束。唉，与其跟你谈无趣的广告，还不如去看汉森的访谈呢!"

布雷斯想："不能谈广告，那谈点什么呢? 汉森的访谈又是怎么回事?"布雷斯把尼古拉斯的每句话都分析了一遍，然后决定再更深入、全方位地调查一下他。布雷斯细心察看了尼古拉斯的所有相关资料。他发现尼古拉斯是一个探险爱好者，还曾独自去过北极，而这一举动完全是步汉森的后尘。汉森是一位著名的黑人探险家，出过好几本自传体历险书籍，他曾经到达过北极。

当知道了尼古拉斯对汉森的喜爱后，布雷斯一下子变得胸有成竹。他派自己的一个追星族手下去找到汉森，请其在刚出版的一本探险集上签了名，然后把当月《黑人》杂志里的一篇随笔撤了下来，换上了一篇介绍汉森的文章。

见面那天，布雷斯拿着签名书和新出的《黑人》杂志走进了尼古拉斯的办公室。进入办公室，跟尼古拉斯打完招呼后，布雷斯径直走向书柜边，指着上面的一双靴子说："尼古拉斯先生，这双靴子可真漂亮呀!"其实他早已经提前打探到，这双靴子是汉森赠送的。

尼古拉斯看着那双靴子，激动地说："嗯，这双雪地靴可是汉森送给我的! 他有一本很棒的探险集，你看过没有?"

布雷斯笑着说："呵呵，正巧看过。看，我这儿就有一本，上面还有汉森专门为您签的名。给!"于是，布雷斯把书递给了激动万分的尼古拉斯。

尼古拉斯一边翻看一边说着："像汉森这样著名的黑人探险家，你们就应该在杂志上多介绍介绍嘛。"

"的确，您的想法跟我的是一样的! 这是我们的最新一期。"布雷斯又把新出的刊登有介绍汉森文章的《黑人》杂志递给了尼古拉斯。

看了那篇介绍汉森的文章后，尼古拉斯变得更加高兴，他兴奋地说："你们杂志的风格还真是不错嘛！我非常喜欢。"

布雷斯充满憧憬地说："我创办这本杂志的目的，就是想要介绍一些像汉森那样勇于克服一切艰难险阻、努力拼搏、赢取胜利的人。这样的人，值得人们尊敬！"

听完这些话，尼古拉斯笑着对布雷斯说道："你知道吗？我现在实在想不出什么理由去拒绝在你们这本杂志上刊登我们公司的广告！"

布雷斯为什么能够拿下尼古拉斯这样一个"难啃的大客户"的广告订单呢？因为，他从尼古拉斯那毫不客气的话里找到了机会，从而投其所好！

所以说，无论什么时候，都要认真倾听客户所说的每一句话，因为从中你可以获知客户在想什么，忌讳什么，逃避什么，容易被什么打动，等等。总之，任何你想得到的、想不到的都会从那些话里显露出来，而你只有认真去听，听出客户的话外之音，然后按照客户说的去做，才有可能取得成功。

找出客户弱点，牵着客户的"鼻子"走

很多人认为销售人员在销售的过程中是被动的。这种想法是错误的。只要你能用心地倾听客户说的每一句话，并善于思考，就可以从中找出客户的弱点，进而抓住客户的"鼻子"，牵着客户走，这个时候，你就可以在销售的过程中变被动为主动，让客户不得不按照你的思路行事。在和客户交谈的时候，找到客户的"鼻子"，并牢牢地抓住，到时候，他不想跟着你走都不可能，这就是成功销售的制胜法宝。

电信局的老处长退休了，换了一位新处长。一家电信公司的几位销售代表多次拜访，想和该局继续进行合作，但都没有成功。原因是这位新处长想要进行革新，彻底摆脱前任留给他的任何东西。

在众人都一筹莫展的时候，新来的业务员刘盼说让他去试试。出人意料的是，刘盼见过那位处长后的第三天，那位处长就主动打来电话和该电信公司继续合作。

很多同事都去和这位处长谈过，都被他拒绝了，只有这个新来公司的刘盼甚得电信局新处长的青睐，所有的同事都很好奇，问刘盼到底是用什么方法迷住那位处长的。刘盼说："我并没有什么过人之处，我只是用了一种最笨的方法，先听他说，然后在听他说话的过程中，找到了一个牵着他'鼻子'的方法，让他跟着我走。"

原来，刘盼没有像其他业务员那样，一味地说服该处长使用自己公司的产品。而是先介绍了自己公司的产品在电信局的使用情况，并询问处长对自己公司的产品和服务有什么新要求。局长对公司给予了很高的评价，不过这显然是一些不实际的客套话。

刘盼接着问处长能不能在未来电信网络建设上提些宝贵意见。

这位处长在网络建设方面有自己新颖独到的计划和想法，在交谈的过程中，处长提出了要用更高端的纳米交换机代替现在的低端交换机。刘盼问处长打算多久实现这个计划，处长说大概需要两年完成。刘盼接着问处长认为哪个牌子的纳米交换机比较合适呢？局长说了一个信誉和知名度都很好的牌子。

刘盼在这个时候话锋一转，极尽言辞赞美处长的新计划高瞻远瞩，是划时代的，是造福后代的，不但改变了我们城市的电信现状，还为未来的电信发展开辟了一条新的道路。处长很高兴，认为遇到了知己，更是将自己的新计划和盘托出。刘盼耐心倾听，并把所有的谈话内容都一一做了笔录。

回到家里，刘盼立即上网搜索处长说的那家纳米交换机厂的情况，连夜写了份报告，第二天交到了公司老总的办公桌上。公司凭借自己的实力，用两天的时间就争取到了该纳米交换机在该市的独家代理权。

没有办法，处长要想实现自己的计划，只能还和该公司合作。刘盼在倾听与了解中，获得关键信息，使公司通过运作独家代理权的方式，抓住了处长的"鼻子"，使得对方打电话给公司要求续约，成功地达到了自己的目的。

任何事情都存在主要矛盾和次要矛盾，同样，在客户的需求上，也有主要和次要之分。当你在与客户打交道的时候，如果能够发现并抓住客户内心最主要的需求，然后再把这些需求和你自己销售的产品结合起来，销售成功也就是水到渠成、顺理成章的事情！

但是客户的"鼻子"并不是那么好抓的，他们往往和老牛一样倔强任性。

如果你做不到耐心有效地倾听，就很难发现客户的"鼻子"。这就需要你认真地倾听，用心思索，用各种方法引导客户将自己隐形的"鼻子"露出来。

用心倾听谈话，筛选有效信息

很多销售人员在销售过程中总是抱怨客户对自己的产品没有兴趣，对自己要求过于苛刻，抱怨自己在销售的过程中无从下手，处处失败。其实，只要你用心倾听客户的话，并从这些话中筛选出有效信息，自动过滤掉杂质，你就会在销售的过程中处于有利的地位。

单单是客户话语中蕴含的无尽的意思，就值得我们倾听，倾听他们内心的种种需求和欲望；倾听他们对你的态度和意见；倾听他们对你的商品的意见和建议；倾听他们未来的购买意向……只要你能从中听取到有效的信息，你离成功也就不远了。

美国谈判学家卡洛斯说："如果你想给对方一个对你丝毫无损的让步，这很容易做到，你只要注意倾听他说话就成了，倾听是一种你能做得最省钱的让步。"

在和客户沟通的时候，不少销售人员总是把自己扮演成强势的"攻击者"，而客户就是他们即将到口的"猎物"，为了达到销售产品的目的，总是试图用各种方式来说服客户买他们的东西。你目标明确值得赞美，你能言善辩也是值得学习的，但是在销售的过程中，你却忘记了销售者最基本的能力——倾听。在与客户沟通的时候，不要试图和客户抢着说话，而要用心倾听客户表达的意思，这看似是你对强势客户的一种让步，使自己处于了不利的被动地位，但是恰恰是这种"欲擒故纵"的方法，让你更紧地抓住了客户。

如果说听客户说话是对客户的一种妥协和让步，那这种让步就是一种最省钱、最不赔本的让步，这种以退为进的方法甚至会让你赚到更多。

薛斌是一家机床设备的代理商。有一天早晨，他接到了客户刘先生的电话，告诉他自己的工厂急需两台设备，需要他来厂里报价，越快越好。薛斌放下手中的电话，就开始准备谈判所需的合同和资料，一个小时之后，薛斌就赶到了刘先生的工厂。刘先生对薛斌这种守时的精神很赞赏，然后就开始谈判购买设备的事情。经过一个半小时的谈判，刘先生对薛斌的产品相当满意，但是在价格上和他发生了争议。刘先生是薛斌的老客户，所以在最初谈价格的时候他就已经把价格压到最低：一台设备是 230 万元，两台自然就是 460 万元，设备安装之后一周内付款。刘先生给的价钱是 430 万元，货到一周之后付清。但是 460 万已经是最低价了，如果按照刘先生说的 430 万元，不但自己赚不到钱，而且还要向里面倒贴 10 万元。

　　这个时候，刘先生开始犹豫起来，有些不好意思地说："薛先生，你看这样可以吗？我先要一台，剩下的过一段时间再说。"

　　眼看马上到手的生意要出意外，薛斌的心里有些不高兴，但是又不好意思表现出来，于是就有一搭无一搭地和刘先生聊了起来。聊着聊着，就聊到厂子最近发展的事情，刘先生相当感慨地说："自己创业真不容易呀，我辛辛苦苦地打拼了四五年，挣的钱又全投了进去。这不，工厂的规模在逐渐扩大，需要的投入也多了起来，我本来准备引进四台设备，现在因为资金的周转问题，也只能先引进一台设备。如果现在谁能够借我 500 万元，周转两个月的时间，我就太感激他了！"

　　薛斌突然想到了公司有一条规定：对于公司的老客户，设备汇款的时间可以延后两个月。薛斌灵机一动，接着客户的话颇有感触地说："是呀，自己创业确实不容易，公司里的事情，样样都需要你亲自打理。如果你真的是因为资金周转的问题影响了公司的发展，那真是划不来的事情。刘总，您看这样如何，设备你先用着，汇款的事情，我向公司申请一下，尽量给你延缓两个月的时间。"

　　刘先生听到薛斌的提议后兴奋不已，对薛斌非常感激。第二天薛斌就派人把设备送到了刘先生的工厂。两个月之后，刘先生准时地把 460 万元汇到了薛斌公司的账户，并且给薛斌打电话说："真的感谢你的帮助，让我度过了资金周转的困难期。最近我还需要增加两台设备，这次全是现款。"

可以说，薛斌能够拿到这样一笔订单，所有的功劳都在他能在客户的话语中提取有效信息。否则他不可能在短短两个月的时间内卖出四台设备。

客户的一句话，可能就是一个商机，提取到有效信息，就等于抓住了商机。

·第十章·

你的业绩跟耳朵有关

　　做一个主动的倾听者。行动胜过言语，主动倾听对方的讲话，事实上就是用一种无声的语言表达了你对他人的尊重。做一个好的聆听着，我们不仅会赢得客户的赞美，更重要的是赢得客户的心。在销售的过程中，许多人无法留下良好的印象都是从不会或不愿倾听开始的。因此，在日常工作中练好"耐心倾听"这个基本功吧。请牢记，你的业绩跟耳朵有关。

专心倾听是一种尊重

当你聚精会神地听客户说话的时候，客户会有一种被尊重的感觉，从而能够拉近你们之间的距离。人们往往对自己的事更感兴趣，对自己的问题更关注，更喜欢自我表现。一旦有人专心倾听时，说话的人就会感觉自己被尊重。戴尔·卡耐基曾说："专心听别人讲话的态度，是我们所能给予别人的最大赞美。对朋友、亲人、上司、下属，倾听具有同样的功效。倾听他人谈话的好处之一是别人将以热情和感激来回报你的真诚。"

做汽车销售工作的小齐就有过因为没有用心倾听而丢失客户的真实经历。一天上午，店里冷冷清清，这时有一个穿着讲究的中年男人来这里看车，小齐热情地向这位客户推荐了一款最新的车。那人对车相当满意，看完之后，就爽快地交了2万元的定金，并决定下午提车，但是10分钟之后，却突然变卦了，告诉小齐，他决定不买车了！

小齐为此事懊恼不已，百思不得其解。他怎么也想不通，自己到底错在了哪里，到了晚上11点，他仍在想这件事情。实在忍不住，小齐就拨通了那个客户的电话："先生，您好！我是××汽车4S店的小齐，今天下午我为您服务过，曾经向您介绍一部新车，眼看您就要买下，却为什么突然走了呢？"

"喂，有没有搞错啊，你知道现在是几点吗？这么晚了打来电话！"

"非常抱歉，我知道现在已经是晚上11点钟了，但是我检讨了一整天，实在想不出自己错在哪里了，因此特地打电话向您讨教。"

"真的吗？其实原因在于今天下午你根本没有用心听我说话。就在签字之前，我提到车的磨合期、车的耗油量、车的保修期，以及车辆在山路行驶性能等问题，你却毫无反应，你给我的感觉是你极其不尊重我，让我的自尊心受到了伤害。"

小齐不记得对方说过这些事，因为他当时根本没有注意倾听这些。小齐当时认为这笔生意显然已经是煮熟的鸭子了，他便无心倾听对方在说什么，而是留意起旁边的另一位美女销售人员。

这就是小齐失败的原因：客户既然买车，就需要对车有一个全面了解。由于小齐没有注意倾听客户的这些问题，失去了客户对自己的信任和好感，最终失去了一次成交的机会。

我们在见到客户的第一眼时，向客户销售自己的产品是对的。但我们要有耐心，要先聆听客户的需求，再对症下药。其实，销售人员应该从客户的角度出发，专注倾听客户的需求，让客户充分表达他的意见和见解，并适时地向客户确认你的理解是不是和他想表达的一致，不要用自己的观点来胡乱地判断或猜测客户的想法。

在还没有听完客户的想法之前，千万不要和客户讨论或争辩一些细节的问题，应当尽可能听完客户的陈述并洞悉客户的真正想法，很多时候，你的客户不买账，就是因为你不知道他想要什么。

一个阳光明媚的上午，一个小伙子走进了一家花店，小伙子外表看起来很精神，但表情显得有些凝重。营业员小姑娘热情地迎了上来：

"先生，您好，和女朋友吵架了吧，难免的，恋人嘛。送她几朵玫瑰吧，您看，今天的玫瑰花才从昆明空运过来，开得多漂亮。"

小伙子面无表情，刚想张口，小姑娘又接着说：

"先生，玫瑰代表爱情，送给女朋友，向她道歉，非常合适。一朵代表忠贞，三朵代表我爱你……"小姑娘一直说着，可小伙子听了她的介绍就是不说话。小姑娘好像明白了什么，马上改口道：

"先生，我们店现在搞活动，如果您现在购买的话，可以给您打八折。如果消费满一百的话，可以免费送您一个花篮……"小伙子还是不说话。

"哦，您觉得送玫瑰花不合适，是吗？"

"嗯，是的。"小伙子开口了。

"那送康乃馨吧，代表深深的歉意。您看，我们的康乃馨也是刚刚空运来的，上面还有露珠。多美啊！先生，您想要几朵呢？九朵吧？好兆头，您女朋友见了一定会非常高兴的。"

小伙子的脸色变得苍白起来。小姑娘看了心里很是奇怪，以为自己介绍错了，想及时更正。

"那就送百合吧，百合也很合适啊……"

小姑娘依旧十分热情地介绍着，可小伙子就是不说自己想要买什么花。小姑娘急了，有些不耐烦地说：

"您到底想要什么啊？"

"今天是我妈妈的忌日……"小伙子说完转身离开了花店。

小姑娘就这样失败了，她没有败在自己的话语或是销售技巧上，而是在没有了解客户的真正意图之前，就妄下论断，向客户盲目地销售自己的商品。客户进了你的店，接受了你的服务，证明他现在有求于你，如果我们没有及时把握客户的心理需求，只能是竹篮打水一场空。

医生在给病人看病之前，总要询问病人一些问题，以确定病因，然后对症下药。询问同样适用于销售人员，销售人员如果不询问客户相关问题，就不能发现客户的真正需求。与询问同样重要的是倾听，在沟通中把这两个重要的方面紧密结合起来，就能更接近客户的内心，从而探知客户的需求。

很多时候，客户不买账，不是因为他不需要，而是我们没有弄清楚他真正需要什么。每个客户在进入一个店的时候，他进去的行为只是表面需要，而他内心的购买期望是他的潜在需要。客户的潜在需要才是他急需的，如果客户购买期望不浓厚或不强烈，他是不会掏钱购买的。所以，我们只有真正了解客户的需求，才会实现最终的销售目标。

你不是出售观点的演讲家

对于一名销售人员而言，客户的话语是一张通往藏宝之地的藏宝图，只要你读懂了，并按照它的方向走下去，你就会找到那个取之不尽，用之不竭的藏宝之地。

客户的话语可以向我们传达很多信息，可以给我们很多帮助。它就像是游戏中的金币，谁获得越多，谁获得的奖励也就越多。只有愚蠢的销售者才会让客户的话语从自己的耳边白白溜走，聪明的销售者是不会放过客户话语中蕴含的每一处关键点的。

一位朋友最近新买了一辆黄色的别克轿车。我开玩笑说："发财了，这么大气，肯花那么多钱买辆车。"

朋友没有接过我的话茬儿，而是说："你还别说，我这车买得就是很大气，比市场价高了3000元。"

我很惊讶，立即追问："你傻啊？为什么？"

接着，朋友告诉了我她买这部车的全过程：

买车那天是她的生日，她老公说给她买辆车做生日礼物。她在老公还没有下班之前，就自己先到车店看了。她来到第一家车店，店员很热情，滔滔不绝地给她讲解不同车的型号和特点，以及各种优惠活动。她心里非常烦躁，因为店员根本不顾她的想法，就跟她夸夸其谈起来，根本不给她说话的机会。每当她想表达自己观点的时候，都被销售人员口若悬河地打断。

她又进入第二家店，店员同样很热情。但是这位店员很奇怪，在跟她打完招呼后，就静静地跟在她的后面，陪着她看各种型号的车。当她说出自己想了解某种车型时，店员才开始说话。针对某一型号的车，朋友足足说了10分钟自己的观点和看法，其间，店员从没有打断她的话的意图，直到她把自己的话说完，店员才告诉她，她的一些观点是有误区的。

和第一家店不同的是，她觉得这位店员很尊重她，总是按照她的意愿来推荐车的型号。最后，她选中了这辆别克车，问店员这台车当自己的生日礼物怎么样，店员马上送来了一束鲜花，并祝她生日快乐。然后店员真诚地告诉她，这辆车现在缺货，如要提车，需要加价 3000 元。她想都没想，当即决定买下这辆车。

第二个店员和第一个店员都十分热情，但是第一个店员犯了一个致命的错误：在客户面前，不会克制自己，不顾及客户的感受，高谈阔论地发表自己的见解，不给客户说话的机会。第二个店员就比较聪明，自始至终都以客户为中心，让客户尽情地发表自己的意见和看法，给客户一种倾诉的满足感，然后再总结性地发表自己的看法以达到引导客户的目的。

每个人都认为自己的声音是世界上最悦耳、最动听的，并且每个人都有表达自己观点和看法的愿望。在倾听的过程中，一旦意见和客户发生分歧，很多销售者会迫不及待地打断客户的话，在客户面前高谈阔论、表达自己的看法，试图说服客户听从自己的观点。但是最终的结果往往是：煮熟的鸭子飞了，客户站到了竞争对手那一边。

请时刻记住，你并不是一个出售自己观点和看法的演讲家，你的工作是尽自己的所能满足客户的需求，并最终让客户购买你的东西，相比你的夸夸其谈，客户的话"更值钱"。作为一名销售人员，如果不能够有效地克制自己，总是不顾及客户的意思和想法，口若悬河、高谈阔论，往往会导致销售失败。

戴尔·卡耐基还说过："当对方尚未言尽时，你说什么都无济于事。"每个人都有一种自我表现的欲望，对于客户而言，他们想要通过在销售人员面前发表个人见解从而向销售人员证明：不要认为我什么都不懂。

诱导并鼓励客户开口说话

在产品销售的过程中，销售人员是一个不可替代的角色。你不要企图守株待兔，期望客户主动告诉你他们的需求，你的工作就是诱导并鼓励客户开口说话，在他说话的过程中，让自己做到用心倾听，尽可能多地了解客户的信息，然后用自己敏锐的判断力来发现成交的信号，并准确无误地把握成交的时机。

有一家汽车公司，准备出一款新车型，想要选用一种皮料来装饰汽车的内部。经过筛选，有三家公司进入了汽车公司的考虑之中。三家皮料厂都向汽车公司提供了自己的样品。汽车公司董事会经过研究，决定请每一个厂商派一名代表，进行产品功能的讲解说明，然后决定与哪家公司签约。

三家厂商的代表都如约而至。但是，其中一名业务代表临时患了喉炎，无法长时间讲话，只能请汽车公司的采购部主任代为说明。

其他两个竞争者都滔滔不绝地介绍自己公司产品的优点、特点和市场竞争力。他们说完以后，由汽车公司各个部门的主管进行提问。

患喉炎的业务代表不能多说话，只能静静地听各个部门对另外两个谈判代表的提问。

在倾听中他发现，在皮料的所有问题中，汽车公司最看重的是"皮料的透气性好不好"，这个问题就是能不能成交的关键。汽车是奢侈品，每一个客户都希望得到最高级的享受，所以对皮料的透气性能要求相当严格。而他所在的公司最近刚从德国引进了一种新技术，可以对皮料进行技术上的处理，极大地增强了皮料的透气性。于是，他告诉替自己进行产品说明的汽车采购部主任，在进行产品介绍的时候，着重讲解皮料的透气性能，并且指出，如果能够达成合作协议，还可以根据汽车公司的需求，对皮料进行特殊处理，保证每一个买汽车的客户都能够满意。

最终这位不能说话的代表获得了一万张牛皮，总金额相当于800万元的大订单，这是他有生以来获得的最大的一笔订单。正因为他不能够张口说话，所以从倾听中找到了根本问题，也从中抓住了成交的关键机会。

在公司的表彰大会上，这位谈判代表说，自己是因祸得福，如果不是因为自己患了喉炎，绝对不可能拿到这笔大单。以前与客户沟通的过程中，他总是滔滔不绝，从来不会对客户察言观色，更不会去揣摩客户内心真正的想法和需求，因此也就没有做成过如此大的生意。

如果倾听真的是一种与生俱来的能力，就如同吃饭和饮水那样简单，那为什么我们常常会在倾听中走神？又为什么对别人所提到的信息只留下一些模糊的印象呢？

原因在于大多数人并不把倾听视为一种重要的能力进行训练。倾听对于大多数普通人来说也许并不算什么，但对销售人员来说，学会倾听，并在倾听中准确把握成交的时机是销售工作中必备的能力。

销售人员与客户沟通交流，掌握信息是十分重要的。销售人员不仅要了解客户的目的、意图、打算，还要及时掌握不断出现的新情况、新问题。要想得到这些，就必须认真倾听，察言观色，在倾听中找到最适合成交的机会。

聆听是最简单的销售方法

销售中一种最简单的销售方法就是聆听。"雄辩是银，倾听是金"这句话更是销售中的名言警句。在与客户沟通的过程中，如果你对客户的话感兴趣，并且心甘情愿地当客户的听众，这种主动精神会让你的订单不请自来。就算客户在下订单之前，出现了短暂的沉默和犹豫，你也千万不要用自己的话来打破这片沉默，而是给他足够的思考时间；相反，如果在客户还没有做出决定之前，你总是口若悬河地说服客户或者自作主张地帮客户下订单，这样你就会打断客户的思路，让客户感觉你目的性强，没有站在他的角度思考问题。这样，客户就会放弃购买的决定，然后无情地离开，到时候让你后悔不已。

丁健是一家网络公司的销售人员。他在销售行业打拼半年多了，却没有拿下一份订单。而和他同时进入这家公司的刘伟却平步青云，仅用了三个月的时间就从一名普通员工做到了销售部经理的位置。丁健很疑惑，自己每天早出晚归，拼死拼活地工作，却收效甚微；刘伟很少出门拜访客户，每天只是轻松地打几个电话，订单就源源不断。

终于，丁健鼓足勇气，走进经理办公室，将自己的疑惑告诉了李经理。李经理给丁健倒了杯水，让他坐下。

李经理说："我给你讲一个故事吧，这是我的亲身经历。

"有一天，我去一家大型化工厂进行业务销售。我见的第一个人是一位很年轻的领导，30出头。我觉得这个人这么年轻就走上了领导岗位，肯定有他的特殊才能。我试着与他攀谈，在聊天的过程中，我觉得自己的心情非常愉快，认为这是一个值得交的朋友。而那位年轻领导对我的印象也相当不错。奇怪的是，向来目标明确的我，在和他聊天的时候竟然完全忘了自己的使命，和他聊的内容天南海北，全是和我的目标无关的话题。

"那位年轻的领导是一个'海归'，在国外学的是经济专业，非常喜欢聊中国的经济。我虽然不怎么精通，但是很感兴趣。他在我面前讲得相当投入，虽然他说出的很多专业术语我都不懂，但是我像着了魔似的，非常急于听到他讲自己对中国的经济现状、对化工产业的现状的看法。聊完的时候，天早已黑了，我起身离开厂区的时候，才发现自己把任务忘得一干二净。当时也十分懊恼，后悔自己不该只去倾听客户的兴趣，而忘了自己的工作和使命。

"第二天，我刚到公司，就接到了一个电话，是那个年轻领导打来的。他很爽快地说：'昨天和你聊得非常开心。谢谢你让我有一次把自己的建议和观点说出来的机会，这让我的心里不再感到压抑。你下午把合同带来吧，我们建立长期的合作关系，我相信和你合作一定很愉快。'

"后来我才知道，这个年轻领导是那个化工厂的副厂长，由于他的理念和观点太过超前，不被老厂长接受，他常常因为没有施展自己才华的机会而郁闷不已。正是因为遇到了我，让他有了痛痛快快阐述自己观点的机会，所以他认为终于遇到了知己。因为我们志趣相投，除了在工作上的合作，我们还很快就成为无话不谈的朋友。后来，他又帮我介绍了很多业务。"

听到这里，丁健茅塞顿开，恍然大悟……

有经验的销售人员都知道，对客户的话语保持一种无限的好奇心，时刻保持着一种不听不爽的激情，心甘情愿地做客户的听众，与客户进行心与心的交流，这是一种主动精神。只要做到这些，我们有时候得到的就不仅是眼前的交易，潜在利益也会接踵而至，我们不用再东奔西跑，订单就会不请而来。

同理心是赢得客户的口才技巧之一

A：您根本不了解我公司的实际情况，事实上……

B：平心而论，您说的情况是存在的，如果状况变成这样，您看我们是不是应该……

A：您这个想法可不对，因为……

B：我很理解您有这样的想法，我第一次听说时也和您一样气愤，可后来我做了调研，如果实际情况是……

上述两组内容中，同样的意思，A、B 两种说法是否给人不同感觉呢？是不是 B 的表达方式更容易让人接受呢？这就是通过表达同理心解决问题的方法，在倾听时，先向客户表达自己认同他的观点，承认客户意见的正确性，这种同理心会与客户产生共鸣，继而巧妙转折，表达在这种状况下客户所理解的部分偏差或分歧，将劣势转化为优势，防止直接反驳客户造成负面影响。

客户：成交金额太大了，恐怕我不能马上支付，钱给了你，这个月我就甭过了！

销售人员：是的，大多数人都和您一样，成交是不容易做到的。如果我们根据您每个月的收入状况，采用分期付款的方式，您觉得怎么样呢？

销售人员先表达同理心来认同客户的观点，再成功解决客户支付困难的问题，客户也自然地接受了销售人员的意见。人就是这样，不管自己的话有没有道理，当被别人直接反驳时，内心总是不舒服，甚至会被激怒，尤其反驳自己的还是一位素昧平生的销售人员。因此，销售人员要善于利用同理心来消除客户的异议，销售人员提出不同意见时语气要柔和，让客户容易接受，客户就不会因为自己的意见被反驳而恼羞成怒。

"是的，我理解您的意思，如果实际情况是……那您会做何选择呢？"

"是的。我理解，很多人都关心价格，如果您说的那款产品返修率很高，您还觉得它值吗？购买家庭常用电器，质量才是最应该考虑的因素，您说呢？"

用一些"我同情""我了解""我懂您的意思""我也有这种感觉"之类的字眼。这些字眼表示你真的了解，你也很开心，并认同他提出的异议（不论是价格、尺寸、颜色还是款式等），不过你会确保各方面都能令他满意。提供宽阔的肩膀、同情的心态，来解除更多客户的疑惑、犹豫，甚至敌意，而不是无情地指出冷硬的事实。

客户和我们一样，也需要温暖，需要认同，尤其是在他们情绪不佳的时候。所以销售人员更要讲求这样一个技巧：多向客户表达同理心。让客户感觉到你和他有同样的感受，就会与客户产生共鸣，这样既可拉近彼此的距离又能促进沟通效果。

客户：在吗，掌柜的？

网店客服：您好，亲！客服××为您服务。请问我可以帮您什么？

客户：我在你们店里买了两件衣服，订单号是××××××，可快递来了，里面只有一件啊。这是怎么回事？我明明买了两件衣服。

网店客服：亲，您别着急。我理解您的心情，遇到这种事我也会很郁闷。请稍等，我给您查一下！

客户：能不急吗！本来是母亲节准备送给妈妈和婆婆的，这下送不了了！

网店客服：亲，发生这样的事，实在抱歉。您稍等，我马上帮您查一下，然后咱们一起想办法。好吗？

客户：好的。那就抓紧吧！

案例中，网店客服人员的一句"亲，您别着急。我理解您的心情，遇到这种事我也会很郁闷"，这种"感同身受"的语言让客户懊恼的心绪获得了些许安慰，而"亲，发生这样的事，实在抱歉"，则充分显示了网店客服人员站在客户的角度想问题、办事情的真诚态度。接下来的问题解决就变得相对容易了。

在销售人员与客户交谈或者在交易的整个过程中，难免会出现客户不满意、抱怨，甚至情绪激动的情况。此时，销售人员就可在倾听时先向客户表达同理心，如用"我理解您，换作我也一样会生气""我理解您的心情，您先消消气"等类似的语句先舒缓一下客户的情绪，调整一下当时的交谈气氛，然后再问清其具体情况、解决实际问题。

同理心，其精髓在于"站在对方的角度理解问题，将心比心，从而理解对方那样说、那样做的原因，以减少误会和冲突"。这当然也应成为销售人员赢得客户的心的口才技巧之一。

倾听的时候先向客户表达同理心，安抚一下客户的情绪，然后再解决问题，这是销售人员成功的必要技巧。

·第十一章·

毫无意义的谈话是浪费时间

在这里，我们要明确一点，我们和客户沟通的目的不仅是交换信息，不只是告诉客户你的产品多好，或者让客户告诉你项目有多大，而是在和客户沟通中建立一种信任感和亲密关系。只要关系到位了，信息交换就能信手拈来，得心应手。高质量的沟通也是一种时间效率，省了反复沟通的次数，节约了时间。客户来访，提前做好准备，把要沟通的事情一次性全部沟通到位，因为面对面沟通是最高效的沟通。

弄清谁是决策者

在销售过程中，销售人员常常会遇到这样的情况：当销售人员满怀热情地为客户介绍产品，客户对产品也很满意，销售人员信心满满地以为客户会购买时，客户却说："这事我决定不了。"这句话犹如一盆冷水浇灭了销售人员的热情。一些销售人员以为客户这样说就等于拒绝购买，于是就放弃了销售，其实，你只是找错了人，没有找到决策者。这时，千万不要前功尽弃，应该弄清谁是起决定作用的人，然后再与有购买决策权的人进行沟通。

西方流传着这样一个故事：

有一天，一只猴子犯了错误，上帝决定惩罚它，于是让它从山下往山顶上搬一块巨石。什么时候将巨石搬到山顶，什么时候结束惩罚。可是石头太大了，猴子根本搬不动，只好沿着山路将它滚上去。上帝觉得这样的惩罚太轻了，就决定戏弄一下猴子，他让一只狐狸在半山腰等着猴子，每当猴子将巨石搬到狐狸所待的地方时，狐狸就想各种方法来调戏猴子。猴子每次都被激怒，稍不留神，石头就滚下了山，于是猴子不得不再次开始它艰苦的滚石上山的历程。

在猴子看来，捉弄它的是一只狐狸，但是它并不知道，狐狸只是一个执行者，它只是按照上帝的意愿办事，自己并没有最终的决定权。

在销售中，也可能会遇到相似的事情。当一个客户用"这事我决定不了"来回答你时，可以断定，这个发出拒绝信号的人并不是你要找的关键人物，他有可能是具有决策权的人特意安排来阻断你销售行为的"狐狸"，这只"狐狸"的工作是阻断你的销售达到"山顶"。这时，你一定要知道，如果不成功绕过这只"狐狸"，你恐怕永远都无法把"石头滚上山顶",无法见到决策人,并将产品销售给他。

销售人员一定要做一只聪明的"猴子",绝不能让"狐狸"的诡计得逞。要让自己在销售的过程中,斩荆披棘,排除各种障碍,从而将"石头"顺利滚到山顶。

小王这次的任务是将自己公司的数控车床销售给一家数控厂。他来到了这家车床厂的外联部门,看到一位中年人正在看报纸。

小王说:"您好,我是××数控车床厂的小王,有件事情想请您帮忙!"

中年人说:"请讲。"

小王说:"前天我打电话已经预约了,贵厂负责人让我带来我公司产品的信息来当面洽谈,并给予我答复。"

中年人说:"你说的是什么信息啊?我怎么不记得了?"

小王说:"没关系,您的事情太多,忘记也很正常,就是关于贵公司要进一批数控机床的事。"

中年人说:"哦,这件事啊,我决定不了,这个我需要和××商量一下。商量完了给你答复,好吗?"

小王有些晕,这明摆着是被拒绝了,没商量好让我带着资料大老远地跑这儿来。但小王不甘心,决定继续努力促成销售。

小王问:"这事谁决定?"

中年人说:"当然是厂长了。"

小王说:"那倒是,请问厂长贵姓?"

中年人说:"姓赵。"

小王说:"请问贵厂对新数控车床的需要急不急?"

中年人说:"比较急。"

小王说:"出于礼貌,我想在合作之前,向赵厂长问声好,可以吗?"

中年人说："当然可以了。"

小王问："您认为我什么时候见他比较合适呢?"

中年人说："你明天打电话过来吧!"

小王问："那他的分机号码是多少?"

中年人说："××××。"

小王说："谢谢您。祝您工作顺利! 再见!"

第二天,小王直接给赵厂长打电话,并约了下午 3 点在厂长办公室见面。最终,小王通过自己的努力,做成了这笔生意。

当客户说"这事我决定不了"时,小王意识到,他找错了人,这笔生意还要找直接负责人,只有直接负责人拍板了,这笔生意才能做成。所以,小王提出直接去见赵厂长,最终谈成了这笔生意。和一个不能做决定的人谈,无异于对牛弹琴,别把自己宝贵的时间浪费在这些无谓的事上。

将时间效益最大化

这是一个快节奏的时代，每个人都来也匆匆，去也匆匆。"忙""我没时间"成了我们每个人的口头禅。当然，更成了一种最为高雅的拒绝理由。"没有时间"这句话，不但理所当然地拒绝了他人，更证明了自己在这个社会有着重要的地位和身份。

其实，"我很忙"是一个很模糊的回答。一旦有客户对你说"我很忙"，你就要迅速准确地做出判断，他是真的忙，还是他不想和你说话，认为和你谈话毫无意义，纯粹是浪费时间。

有位乞丐，每天都能乞讨到300多元。很多人都感到奇怪："为什么一个乞丐有这个本事，每天'挣'得比普通工人都多呢？"

一位记者采访了这位牛人乞丐。记者说："你有什么乞讨的秘籍吗？"

乞丐说："是的。我的乞讨方法确实和别人不一样。"

"我很好奇，你能给我具体介绍一下吗？"记者的兴趣显然被调动了起来。

"不用介绍，你只要细细观察我行乞的行为就行了。"乞丐说着就开始"工作"起来。

乞丐静静地站在路边，等待着"猎物"的到来。

10分钟过去了，先后从对面走来三个人。一位男士夹着公文包，走得很快，乞丐站在那里没有动；另一位中年女士拎着从超市买的两大袋东西走过来，乞丐还是没有动；最后一位妙龄少女用手拎着从同一个超市买的一袋东西走了过来。乞丐看到后，立即向妙龄少女走去。让人意想不到的是，没怎么费力气，少女就给了乞丐5角钱。乞丐笑着朝记者走来。

记者一脸的疑惑和不解："据我了解，别人行乞都不会找妙龄少女，更不会像你那样轻松就达到目的。你是怎么做到的？"

乞丐笑着说："没有别的方法，我只是不给我的'客户'说'我很忙'的机会。"

记者更加迷惑了。

"对啊，我能在第一时间判断出我的'客户'有没有时间给我，让我来'工作'。"

"你怎么判断？"记者的兴趣被他调动得更高，"就拿刚才那三个人来说，你怎么判断的？"

"第一位男士，夹着公文包，走得很快，肯定是在赶时间；第二位女士拎着两大袋东西，两手都被占着，肯定'很忙'，没时间给我钱；第三位妙龄少女，她刚从超市出来，买了一点东西，手里肯定有零钱，而且，她走得很慢，肯定不是急着赶时间，所以她一定有很多的时间让我达到目的。"

"你是说，要第一时间看出客户是否真的很忙，对吗？"

"对啊，当我在寻找'客户'的时候，我会第一时间判断他是否在忙。这样不会浪费他的时间，也不会浪费我的时间……"

举个例子来说，当某个小伙正在热恋中，他会把所有的心思都放在爱情上。这时，爱情对他来说是一件非常重要的事。其他的事情，如应酬、娱乐等对他来说就是浪费时间，自然也就懒得应付。但是很不幸的事情发生了，他的母亲突然病了，在住院，那么，对他来说谈恋爱就没有了时间，因为他认为照顾母亲是最重要的事情。他不可能说"母亲，对不起，我很忙，正在忙着谈恋爱，等我把恋爱谈成了，再来照顾您"。此时，在他心中，照顾母亲比任何事情都重要。

这就是问题的根源。当一个人面对自己认为重要的事情时，他总会有时间；而当一个人面对自己毫无兴趣或者不重要的事情时，

"我很忙"就是最好的借口。对于一名销售人员而言，我们的时间也同样宝贵。当客户对你说"很忙"时，你在第一时间就要做出判断，究竟是真的很忙，还是有的是时间，只是对于你的谈话不感兴趣。后者，需要你改变策略，多增加一些吸引客户的因素，而前者，则需要你及时刹车。这样，我们不但珍惜了自己的时间，也将时间效益放到了最大。

时间就是金钱，时间就是生命。我们不但要珍惜自己的时间，也要珍惜别人的生命，把有限的时间用在最有用的地方，这是我们生活在这个世界上最基本的事情，毕竟我们每个人的时间都是那么有限。

将专业的话讲清楚

虽然客户是由于需要才来购买产品的，但大多数客户并不是产品行家，可以说都是一些门外汉。真正的行家是少之又少的，专家型的客户来购买产品，更多的时候不需要销售人员详细介绍产品。需要销售人员详细介绍产品的，绝大多数都是不了解产品的客户。所以销售人员能否将产品用专业的术语介绍清楚将是取得客户信任的关键因素。

这很好理解，销售人员的介绍就是为了使客户能够清楚了解产品的情况。如果销售人员将产品情况介绍得一塌糊涂，专业术语说得不清楚，自然很难获得客户的信任，销售也就很难取得成功。

乔特是美国阿拉斯加州州政府采购员，一次他受命为民政部门采购一批办公用品。采购中，他与一个销售信件分报箱的小伙子进行了沟通。乔特向他说明了民政部门每天可能收到信件的大概数量，并对采购的信箱提出一些要求。这个小伙子考虑过后，告诉乔特，他们可以提供民政部门需要的那种信箱，也就是 CSI。

乔特不太明白 CSI 是什么东西，就问："什么是 CSI？"

小伙子答道："就是你们需要的信箱。"

乔特又问："那它是什么材质的？金属的、纸板的，还是塑料、抑或是木头的？"

"哦，如果你们想用金属的，那就是需要我们的 FDX，我们也可以给 FDX 配上两个 NCO。"

乔特不明白，不过他没有追问下去，而是又问了另外一个问题："我们有些打印件的信封会很长，那该如何办？"

"哦，如果有这样的情况出现，你们可以用配有两个 NCO 的

FDX 转发普通信件，而用配有 RIP 的 PII 转发打印件。"

听到这儿，乔特忍不住发火了："小伙子，我要弄清楚产品的材料、规格、性能、使用方法以及价格等，而不是一大串让人听不懂的字母，我真的不明白你到底在说什么？

听到这儿，这个小伙子又说道："哦，我说的是我们产品的产品序号。"

最后，乔特又找人帮忙，才总算弄清了这个销售人员口中所谓的 CSI、FDX 等。这项交易还是没有达成，因为虽然弄清楚了产品的材料、规格，以及使用方法、容量、价格等情况，但是对于那个销售人员，乔特还是无法做到完全相信，所以他最终放弃了那次交易。

由此可见，销售人员在与客户沟通、给客户介绍产品时，一定要将专业的话说得清楚明白，以求获得客户的信赖。那么，如何才能将专业的话讲得清楚，引起客户的兴趣呢？通常要遵循下面几个原则：

首先，要使用多数人能理解的词。虽然要求讲专业话语，但一定要使用多数人能理解的词，而不要使用"研究家的语言"，因为过于"专业"的语言，绝大多数客户是无法理解的。

其次，要使用恰当的描绘性的词。为了使有关产品的描述内容生动有趣，勾起客户倾听的兴趣，应努力使用恰当的描绘性的词语。

最后，要避免使用枯燥乏味的词。这类词的使用会给客户留下极为不好的印象，进而会影响到客户的情绪，给销售人为设置了障碍。

总之，介绍产品的话一定要说得清楚明白，争取让每一位客户都能听得懂，才能为销售打开一片广阔的天地。

将时间花在有用的地方

俗话说"强扭的瓜不甜"。如果别人真的不需要，我们还去苦苦纠缠，不但浪费了精力，还浪费了下一次交易的时间。最好的解决办法就是，一旦听到客户给我们发出了类似于"我不需要"这样的信号，就马上清醒地意识到，这不是你想要找的目标，然后再去寻找下一个目标，将时间花在最有用的地方。

王宁是一家网络公司的电话销售人员，公司是专门做网站建设方面业务的。一天，她接通了一位客户的电话。

王宁说："您好，请问是××公司吗？"

客户说："是的，有什么事情吗？"

王宁说："请问您贵姓？"

客户说："免贵姓吕。"

王宁说："哦，吕经理，可以这么称呼您吗？"

客户说："随便，只要你愿意。"

王宁说："我在网上了解了一些贵公司的资料，觉得贵公司的业务做得十分好。"

客户说："谢谢你的夸奖。"

王宁说："但是，吕经理，您觉得您的网站做得怎么样？您满意吗？"

客户说："一般吧，还算过得去。"

王宁问："那您还需要改进吗？"

客户说："你是什么意思？直说吧，不用绕弯子了。"

王宁说："是这样的，吕经理，我们公司是专门做网站业务的，有很多的成功经验。我们觉得你们公司的网站在某些方面做得还不够尽善尽美，需要做一些改进。您认为呢？我们可以给您提供一些帮助。而且我们公司可以专门上门进行服务，做到让您满意为止。"

客户说："对不起，我们没有这项预算。谢谢。"

王宁说："吕经理，我们的费用在全国来说都是很便宜的。您一定要考虑一下。"

客户不耐烦地说："你烦不烦，都说了不需要了。请不要再打来了。"

王宁说："吕经理，您听我说好吗？吕经理——"

"啪"，电话挂了。

王宁没有输在自己的销售技巧上，也没有输在自己的努力上，而是客户真的不需要这方面的服务。王宁没有及时发现客户语言背后的真实含义，还以为是客户在委婉拒绝自己，还想努力挽回这次交易。其实，她完全没有必要这么做，客户一旦说了"我不需要"，那可就是他真的不需要了。

并不是每一个客户都会在此时此刻需要你的商品，所以，我们遇到拒绝的时候，不要灰心，也不要死缠滥打。与其把时间花在一个根本不可能实现的交易上，还不如早点改变方向，寻找下一个目标。变通，让你不至于总是空手而归。

听懂顾客的积极信号

"价格太贵了"，你是否经常听到客户给你这样的回答？有很多销售人员以为，一旦听到客户这样的回答就意味着自己被拒绝了。其实对于客户提出的"太贵了"这样的问题，严格来说，还算不上一种拒绝，这其实是一种积极的信号。

当客户告诉你"太贵了"时，销售人员应该看到的是有可能成功的"积极信号"。因为在他的眼里，"太贵了"是唯一不能让他满意的地方，有可能是价格超出了他的消费水平，也有可能他感觉根本不值这么多钱，但实际上他已经接受了除了这个因素的其他各个方面。这个时候，你应该趁热打铁，更进一步，积极地去打消客户的这种顾虑，促成这笔交易。

下面我们先来看一个失败的案例：

（一个服装店）

销售人员说："您好先生，欢迎光临。这是今天刚到的新款，请随便看看，看中了可以试穿。"

客户转了一会儿，挑中了一件红色的 T 恤，对销售员说："把这件拿给我看一下。"客户试了一下，感觉很满意。

客户问："这件多少钱？"

"打完折后，180 元。"销售人员说。

客户说："你们的价格太贵了。"

销售人员说："不会啊，先生，这个价格可是全市最低的噢。"

客户说："可是我还是觉得高了些。"

销售人员说："那没办法了，这是最低价了。"（销售人员觉得客户拒绝了自己）

客户扭头就走了。

这位销售人员没有成功的最根本原因在于，没有听出"太贵了"的弦外之音，忽略了"价格太高"的真正含义。

我们再看一下改变策略而成功的案例。

客户问："这件 T 恤多少钱？"

销售人员说："打完折后，180 元。"

客户说："你们的价格太贵了。"

销售人员说："不会啊，先生，这个价格可是全市最低的噢。"

客户说："可是我还是觉得高。"

销售人员说："要不然这样吧，我向我们店长汇报一下，看还能不能再给您一些优惠？"（听出了客户的言外之意，仅仅是觉得这件商品不值那么多钱。）

客户说："好的。"

（过了几分钟）

销售人员说："先生，我刚同我们店长商量了一下，考虑到我们是第一次合作，打算给您优惠 20 元。160 元，您看行吗？"

客户说："还是有点儿贵。"

销售人员说："我很想交您这个朋友，我再跟我们店长说一下。"

（过了一会儿）

销售人员说："先生，最低 150 元。不能再低了。"

客户说："好的，能不能刷卡？"

俗话说"变通生财"。第二个销售人员很聪明，能从客户的一句"太贵了"捕捉到有用信息，让自己变被动为主动：只要打消客户对价格的顾虑，其他也就不成问题了。有问题就有解决问题的方法，只要我们抓住问题的关键，再接再厉，就会不费吹灰之力将一切问题解决。

每个人在购物时，都想用最少的钱，买最好的东西。解决这种问题的最好办法就是，让客户明白他买的东西是同类产品中最好、最上档次的，让他感觉自己花的钱物有所值，这样，客户自然也就乖乖地掏钱了。

在接触客户初期，销售人员常会得到客户向后拖延的委婉拒绝，事实上，他只是在应付你。此种情况下，销售人员要学会"给客户一个期限"的说话技巧，使自己变被动为主动。

1. 主动与客户约定下一次电话拜访时间

客户说："寄一份资料给我吧，我看看再跟你联系！"

销售人员说："张总，您日理万机，还是我联系您吧！（赞美客户的同时给自己找了一个再次联系的理由）您看我三天后的这个时间给您打电话，可以吗？"（约定时间）

客户说："好的。"

2. 约客户在最近的时间点再次联系

客户说："我明天出差，这周都没有时间，先寄一份资料给我吧！"

销售人员说："那您看今天下午 3 点我过去拜访您可以吗？我也只需要您 3 分钟的时间介绍一下我们的这个活动！"（明天以后都没时间，那就约在今天）

客户说："那好吧，不过只有 3 分钟的时间啊！"

总之，若客户拖延，销售人员就给他设一个期限或者指定一个时间点，目的当然是化解客户的拒绝，成功获得再次接触的机会。千万不可听任客户的拖延之词，自己主动出击才是销售成功的王道。

常用话如："您平时那么忙，哪会记得这样的小事，还是我联系您吧！您看周四或周五，您哪天方便？""咱们做事赶早不赶晚，您看我明天下午就给您送样品，顺带您现场演示一下，怎么样？"

客户拖延，销售人员给他一个期限，这不仅化解了客户的拒绝，也给自己创造了再次接触的机会。

当有客户对你说："寄一份资料给我吧。"你一定要明白，这是一位安于现状、不喜欢改变的人，他给出这样的答案，只不过是一个美丽的谎言。但大多数的销售人员似乎对这种善意的谎言情有独钟。他们一听到客户这样要求，就乖乖地寄去了一份资料，等待客户的佳音，但结果可想而知，往往从此失去了客户的音信。

当你在销售中遇到这样的情况时，一定不要让自己像一个被冷落的怨妇似的，无奈地"独守空房"。你要运用自己的销售策略和技巧，让他们对你的产品产生购买的兴趣和欲望。

下面我们来看一个成功的典型案例：

小孟是洛阳一家化妆品市场的电话销售人员，她的主要任务是请客户来现场参加化妆品的展销会，下面是她与客户的一段对话。

小孟说："您好，请问是吴总吗？"

客户说："是的，我就是，你有什么事吗？"

小孟说："吴总，是这样的，我是小孟，前几天跟您联系过，上一次我们谈得很开心。"

客户说："哦，想起来了，你就是那个化妆品展销会的小孟吧？"

小孟说："吴总，我真是太高兴了，您还能想起我。我今天特地打电话来告诉您一个好消息。"

客户问："什么好消息？"

小孟说："不过在说这个消息之前，我想先请教您一个问题。"

客户说："好的。"

小孟问："公司的销售业绩怎么样？"

客户说："还行，说得过去。"

小孟说："公司的市场占有率有多少？"

客户说："大概是5%吧。"

小孟说："那您公司的产品在洛阳的占有率怎么样？"

客户说："不足2%。"

小孟说："吴总，您也一定很想打开洛阳的市场，增加您产品的知名度，让公司的业务越做越大，在化妆品行业独占鳌头吧？"

客户说:"那是当然了。"

小孟说:"您的困惑我大致了解了,我今天要告诉您的好消息就是,我们的化妆品市场这个月末将举行一场有关化妆品的专场展销会。跟您沟通了之后,我知道,您现在亟须打开洛阳市场。所以,我们请吴总认真考虑一下,来洛阳参展,无论如何我们都愿意为您解忧。"

客户说:"这样吧,你寄一份资料给我吧,我看看再说,好吗?"

小孟说:"当然可以了,但我想请问一下,吴总,您是真的需要考虑还是在委婉地拒绝我,因为我是一个爽快的人,我希望您告诉我真实的答案。"

客户说:"我会和市场开拓部门沟通一下,如果需要的话,我一定会给你打电话的。"

小孟说:"我们一定不会让您失望。我现在马上给您发传真,请您把您的传真号给我吧!"

客户说:"××××××"

小孟说:"谢谢您的选择,吴总!我会在今天下午2点左右跟您联系,确认一下,好吗?"

客户说:"好的,谢谢!"

小孟的成功在于,她先运用足够的技巧,抓住客户市场开拓的要求,并打动客户的心,最后,没有给客户留下敷衍自己的余地。这是每一个销售人员都应该做到的,否则我们所有的付出都是白费。

当客户对你说"寄一份资料给我吧",你一定要明白,也许这正是客户拒绝你"纠缠"的委婉理由,他只是在应付你。我们常说"会哭的孩子有奶吃",其实销售也是一样,要想让客户选择你的产品,就要主动出击,就需要更全面地向客户展现你,展现你公司和产品的优点,当你的产品在客户的心中留下深刻而良好的印象时,他自然就会选择你的产品。

销售的艺术

所谓会销售就是情商高

李鑫声　编著

中国出版集团

中译出版社

图书在版编目（CIP）数据

销售的艺术. 所谓会销售就是情商高 / 李鑫声编著
. -- 北京：中译出版社，2019.12（2022.5 重印）
ISBN 978-7-5001-6086-1

Ⅰ.①销… Ⅱ.①李… Ⅲ.①销售－方法 Ⅳ.
① F713.3

中国版本图书馆 CIP 数据核字 (2019) 第 257088 号

销售的艺术
所谓会销售就是情商高

出版发行：中译出版社
地　　址：北京市西城区新街口外大街 28 号普天德胜大厦主楼 4 层
邮　　编：100088
电　　话：（010）68359827，68359303（发行部）；（010）68002876（编辑部）
电子邮箱：book@ctph.com.cn
网　　址：http://www.ctph.com.cn
总 策 划：张高里
责任编辑：林　勇
封面设计：青蓝工作室
印　　刷：金世嘉元（唐山）印务有限公司
经　　销：新华书店
规　　格：880 毫米 × 1230 毫米　1/32
印　　张：30
字　　数：550 千字
版　　次：2019 年 12 月第 1 版
印　　次：2022 年 5 月第 3 次

ISBN 978-7-5001-6086-1　　　定价：149.00 元（全 5 册）

前　言

销售成功与否的问题，说穿了就是情商高低的问题。而一切问题都源于人与人之间的关系。

销售人员和客户之间并不是庸俗的请客吃饭的关系，而是你的产品能否为客户解决实际的问题，让客户对你的产品产生依赖，对你产生信任。

我们一度认为销售行为的成功是签大单，现在则不可同日而语了，要摆脱过去以成交为目标的销售观念：客户是否买一次产品已经不能作为衡量销售人员能力的标准，销售行为的成功在于销售人员和客户建立起可持续交易的关系。

建立这种关系的基础在于你具备高情商，让对方真正信任你。有句话是这样说的："条件一样，人们想和朋友做生意；条件不一样，人们还是想要和朋友做生意。"如果你能和客户营造出朋友一样的感觉，你就比竞争对手多一个机会。

尽管销售工作对学历、专业等方面的要求比较宽松，却也不是毫无门槛的。无论哪个行业，销售人员都必须具备机智、顽强、大胆、精明、热情等素质。没有高智商，就找不到产品销路；没有高情商，就算有渠道也会被客户拒绝。绝大部分人的智商都是中等水平，时而陷入低谷，一窍不通；时而超常发挥，出人意料。相对而言，人们在情商方面的差异比智商大多了。

有的人说话、做事令周围的人感到舒服，大家都希望跟他搞好关系、互惠互利。这一类人被社会定义为高情商人士。有的人说话、做事令周围的人感到厌恶，大家恨不得离他越远越好，巴不得看他倒霉出丑。这一类人被社会定义成情商余额不足。我们不妨仔细想想，身边有多少人符合前者的特征。恐怕少之又少。倒是后者，十有八九能遇到。绝大部分人都有中等情商，喜欢的人和讨厌的人大体相当。中等情商的人不一定能讨人喜欢，有时会不小心与别人结怨，而且也缺乏稳定的心理素质。对于销售人员而言，中等情商会对自己的业绩形成不小的障碍。按照大家通常的理解，情商高就是会做人。会做人指的就是善于斡旋人际关系，能打点好周围上上下下的人，获得广博的人脉。想要做好销售，就必须把情商提升到更高的水平，以求让更多客户喜欢你并且信任你。本书提供给你把事情和关系处理得恰到好处的案例，并分析人与人之间的微妙关系和细微差别，帮助你体会情商的实际作用，从而把握好和客户的关系和距离，让每一次的成交变成下一次成交的前奏。

目　录

· 第一章 ·

妥善处理各种人际关系

　　记住，身处职场中的你，一定要学会妥善处理好人际关系，包括对你的上级、你的平级，以及你的下属。你需要始终表现出对他们的开放，将你的一切优秀部分向他们展示。在不违反工作原则的前提下，尽量通过自己的能力和自己的优秀带动下属工作，团结平级，让你成为职场中亮眼而不惹眼的明星。

解决纠纷的方式要柔和

俗话说"心急吃不了热豆腐",是指如果太过心急是不会得到最好的结果的,在商业谈判中更是如此。如果遇到和顾客的分歧,就据理力争,争个你死我活,连最基本的尊重都失去了,只会把双方的关系搞僵,最后将成交的可能性"争"没了。因此,最好用柔性的办法化解和顾客的纠纷。

遇到麻烦并不可怕,可怕的是不能化解麻烦。而解决麻烦并不困难,困难的是能用柔性的方式,在不伤害顾客并且不影响生意的前提下解决麻烦。有些销售员素来就是强硬的性格,遇事不问青红皂白,还没搞清楚顾客为什么"找麻烦",就急于为自己"脱身"。这样不仅不能解决问题,还会激化矛盾,更甚者还会和顾客发生正面冲突,最后不欢而散。如果能够学会用温和的方式化解误会和纠纷,一方面能够得到顾客的谅解,另一方面能够让自己的销售成功。

正因为如此,当在销售中遇到麻烦事,顾客有所不满时,销售员需要做的并非急着撇清关系,而是倾听对方提出的问题,让对方把想说的话说出来,这是尊重顾客最基本的态度。因为只有了解问题所在,才能找出解决问题的最好方法。

第二步就是解决问题。有些顾客比较敏感,也比较较真,喜欢小题大做,本来并不大的问题,却不依不饶,这样的态度很容易激怒人。但是销售人员则要学会控制,不能小事化大,大事化作不能解决。如果错在自己,应该婉转地、耐心地向顾客解释,争取用最小的代价换得顾客的谅解。如果错不在自己,也不能得理不让人,应该保持优雅的服务态度,向对方解释清楚,说服对方放弃追究。

邓超是商场里红酒店的销售员，有一天，一位顾客在店里买走了三瓶红酒，第二天拎着红酒又回来了，进店就气冲冲地大声说："服务员，你们的酒是假的!"

由于当时还有很多顾客在店里挑红酒，邓超担心这个人的言论影响声誉，于是微笑着迎上去说："先生，我想其中一定有什么误会，我们的酒都是正规渠道进口的，绝对不会出现假货。请这边走，我帮您解决一下问题好吗?"

这位顾客见邓超这样好的态度，就跟着去了。坐下后，顾客一把把红酒放在了桌子上说："就是这三瓶酒。我以前也买过的，不是这样的，这三瓶一定是假的。"

邓超依旧一副好脾气，说道："那不知道是哪里有什么不一样呢?"顾客见邓超这么问，理直气壮地说："你看，就是这个小标志，以前是没有的。还有生产商，原来我买的红酒瓶子上也不是写这个生产商的。"

邓超一听是这个问题，就放心了，因为这个牌子的红酒确实更换了生产商，因此酒瓶的包装也做了点小改动。于是他详细地向顾客解释了这些问题，最后取得了对方的谅解，事情就这样大事化小、小事化了了。

销售中，销售人员要本着用缓和代替强硬，用解释代替争吵的原则处理与顾客的矛盾。这要求销售人员除了要具备良好的口才和灵活的销售技巧外，还要有能够温和处理问题的能力，尽量减少销售后遗症。邓超就是因为具备了这样的能力，才避免了冲突的发生。

实际上，出现问题并不是最坏的结果，最坏的是沉默、紧张的对峙局面的出现。如果一名销售人员能够像谈判员一样用温和的方式解决冲突，为谈判带来轻松良好的氛围，就能使顾客对你产生好感，敌对的状态也会有所消减，妥善解决问题的可能性就会更大。

在销售过程中，比如商品本身的问题，销售人员的态度问题，顾客对销售人员的误解，销售人员工作的失误等种种原因常会引起顾客的不满。

当销售人员遇到这些麻烦的时候，首先要注意始终把顾客放在最重要的位置，坚持"顾客就是上帝"的原则；其次，要迅速了解问题出现的原因，然后进行解释或者补救，争取用顾客最满意的方案解决问题，这样才能获得对方的信赖，促进销售。

听懂拒绝背后的潜台词

现实中，顾客到商家这里来就是为了购买，但却经常以"价格太贵""还不急于使用"等理由来拒绝。其实，顾客说"贵"及其他原因的背后有许多潜在的内涵，销售人员只要读懂它们，就能实现交易。

那么，顾客说价格贵的背后，其潜台词都有哪些呢？综合起来，可以分为下面几种：

1．价格太高

你的价格是不是真的高顾客也不确定，这需要摸清顾客的评估准则，以便弱化价格，把竞争对手比下去，最后才能赢得订单。

有一位顾客想租用企业邮箱，既能提升职业形象，也可以减少垃圾邮件和故障。他有几个选择，年费从500元至900元不等。他想要便宜的，最终却选了一个最贵的。这是怎么回事呢？刚开始选择的时候，顾客同样说的是："你的价格太贵了！"

推销员问他："你现在每天收到的垃圾邮件有多少？是如何处理的呢？"

顾客说："少说也有50封，很难清空。主要是一些有用的邮件，甚至顾客的邮件也夹杂在里面，所以必须一个一个地看。有一次因为没及时看到顾客的问讯邮件，误了大事！"

"那真不幸。除了垃圾邮件，你现在邮箱服务器的稳定性如何？"推销员接着问。

顾客说："经常停机检修，而且不定期。每次停机，邮件是收不到的。已经有顾客对我抱怨了，就是因为邮件沟通的问题!"

推销员见火候已到就建议说:"所以，一个运行稳定、能有效隔离垃圾邮件的电子邮箱对你很重要，对吧?"

顾客也确定地说:"我想是这样。毕竟机会成本更重要，对了，你说过你们在这些方面有技术优势，怎么做的?"

通过上面的对话可以发现，顾客对邮箱运营商评估标准的微妙变化:按重要性高低排列，对话前是"价格—防垃圾邮件—稳定性"，对话后则为"稳定性—防垃圾邮件—价格"。这种改变不是无缘无故发生的，而是推销员有效影响了顾客的购买决策准则，从而最后达成了合作。

2. 再考虑考虑

美国一家大型商用机器公司因为价格因素而丢订单的情况时有发生，他们专门做了调查后发现，其中64%不是因为价格。对此，顾客是这样回答的:

"他们的宣传很好，可具体一看，并不实用，甚至有的设计无用。"

"没错，他们的机器挺好，可是换供应商总是很麻烦的事!"

"他们的机器质量的确不错，但听说在售后服务上很差劲。"

"新来的副总裁原来在他们的一个竞争对手公司工作，我可不想得罪他!"

显然，顾客对你的产品或服务有顾虑，所以他们才以"价格贵"为借口，选择了拒绝。其实，对方心中真正想的是"我担心如果决定有错，会很被动!"这些解释不清的顾虑，可以称之为"负面后果"。显然，忽视或回避买家的顾虑信号，要比当面去探究这些潜在的风险更危险。请销售人员牢记这一点，积极主动地消除顾客的顾虑。

3. 不是很急用

有位顾客想卖掉自己的大众车，换一辆更好的。车商给他推荐了一辆最新款的车，并且把车的性能说得绘声绘色。但是，顾客最后拒绝了，理由很简单：我先看看，并不急着用。然而，当天他就从另一个车商那里买了一辆更贵的车。

这是怎么回事呢？原来，第一个车商推荐新车的时候，描述新车多么时尚气派，但是这不是顾客看重的地方，所以他没买，以价格太贵拒绝了。

第二个车商推荐新车的时候，没有描绘新车的具体性能，而是问顾客：是不是经常有故障？维修要占用多少时间？一年保养花费多少？这话一下子说到了顾客的心里，所以他就买了第二个车商的车。

显然，当顾客说"贵"或者"我不急用"的时候，那只是一个借口，真正的问题在于销售人员没有把握好"需求认知"这一销售的关键环节，乃至完全忽视了顾客的真实想法是什么，所以才一味地在那里自说自话。

因此，销售人员必须学会如何从解决顾客问题的角度来考虑自己的产品陈述，而不只是做一个机械的产品代言人。换句话说，销售人员首先要考虑自己的产品能够解决顾客哪些问题，不管这些问题是否真实存在。这样在需求认知阶段才能找准位置，成功拿下顾客。

做销售不易，有许多似是而非的原因如果不善解读，就可能让"煮熟的鸭子飞了"。

接待随和型顾客要热情周到

有这样一种类型的顾客，他们性格温和、态度友善，很少直接拒绝销售人员的登门造访或产品介绍，也很愿意听销售人员的"唠叨"，思维往往会被销售人员牵着走，即使销售人员表现得很不热情、很不积极，他们也能容忍，不会轻易发脾气。这种类型的顾客被称为随和型顾客。

除了上面所说的性格特征外，在生活中，随和型的顾客还表现出如下特点：通常比较随和，乐于听取别人的意见及看法；有良好的沟通能力，给人以亲切的感觉，相处起来十分容易。在工作中，他们很少与别人发生冲突，虽然性格可能有些敏感，但是发生问题的时候，他们会尽量减少摩擦，不希望把事情闹大。

虽然这类型的人很随和，很有亲近感，但是对于销售人员来讲，这一类型的顾客却是最难做成交易的顾客，究其原因就是他们性格和心理的复杂性。

销售人员在与这一类型顾客沟通的过程中，会发现这类型顾客说得最多的话就是"好"，无论什么都以"好"作为结束语，唯一说"不"的时候就是该掏钱买产品的时候。很有意思吧？但确实如此。

随和型的顾客购买产品或服务时通常会考虑很多因素，且很注重会不会对别人造成影响。他们经常会问："这个产品容易操作吗？会不会影响别人？"产品的性能、使用、寿命、价格、维护、售后以及对他人的影响都在这类型顾客的综合考虑范围之内，决定着他们是否购买某产品。

　　由于随和型的顾客需要了解的东西太多，也很谨慎，所以销售人员要积极地与其联系，并热情地为其介绍相关情况，以便满足其心理需求。

　　郝国强是一家工程设备公司的一位资深销售员，一次偶然的机会他打听到本市一家公司需要他推销的设备，于是他当即打电话询问了这家公司的采购经理："您好，是于经理吗？我是咱们市嘉兴工程设备公司的销售员郝国强，听说贵公司正在寻求几套大型的园林机械，恰好我们公司有，我想去拜访一下您，您看方便吗？"

　　电话那头说："哦，方便方便，我们正想多学一些这方面的知识呢！欢迎欢迎。"

　　第二天郝国强就来到那家公司拜访于经理："您就是于经理？久闻大名。"于经理很随和地说："来来来，别客气，我们都是很随和的人，就直接向你请教了。由于要采购的那些设备我们从未用过，对于技术方面的知识知道得很少，你来了，正好向你请教些专业知识。"

　　郝国强说："没问题，有问题您尽管提，我一定竭尽所能，包您满意……"

　　一番交谈后，于经理说："不瞒你说，你已经是第三个卖家了，与其他卖家相比，你还是有优势的。我们保持经常联系，最后成功与否，还要看产品的质量。"

　　此后郝国强与于经理经常联系，还送去产品说明书，以及产品使用的视频资料，就设备安装的问题，郝国强还特意请公司的技术人员登门给于经理等人做现场示范。最终于经理签下了订购工程设备的订单。

　　事例中的于经理就属于随和型的顾客，郝国强针对随和型顾客的性格特征，采取了积极主动的服务方式，热情地为其介绍产品，对顾客的问题有问必答，保持不间断的联系，最后促成了这桩生意的成交。

由于随和型的顾客办事很谨慎，不喜欢承担风险，尤其不希望因为自己的原因而造成不应该有的损失。一般情况下，随和型的顾客做出决定的时间会很长，所以销售人员不能太急，也不能给予否认或者怀疑，要把握分寸，适当地给予对方思考时间及引导，这样才能保证推销的顺利进行。

另外，也正由于随和型的顾客不愿意承担风险，所以，销售人员在与之合作时，要给予其保证，适宜用专业的商务语言给予其积极的建议，让对方了解到你的诚意，消除其心中的种种疑虑，最终水到渠成地促成交易。

总之，针对随和型顾客的性格特征及心理特征，销售人员在与其交流沟通中，要始终把主动权抓在自己的手里，积极主动地与其联系，用自信的言谈给对方积极性的建议，并多多使用肯定性的语言加以鼓励，而且要多从对方的立场来讨论问题，在潜移默化中使顾客做出决定，切记欲速则不达。

接待虚荣型顾客要委婉含蓄

虚荣之心是一种很普遍的心理，喜欢炫耀，喜欢被人夸，喜欢与人攀比，喜欢高别人一等，这些都是虚荣心理的表现。虚荣型的顾客有这样的特点：他们最开心的事情就是听到别人夸自己。

与虚荣型的顾客打交道是销售人员十分愿意做的事情，因为在与对方沟通交流时，不需要费太多精力去介绍产品，以及想太多的办法去获得对方的认同，只需要恰到好处地恭维取悦好对方，合作就基本有谱了。

一次，有一位企业家决定在自己的家乡建一所学校。一位家具厂的销售人员想获得该学校座椅的生意，于是他就和这位企业家约好见面聊一聊。见面时做了简单的自我介绍之后，这位销售人员便一脸真诚并极其自然地说道："我在等着见您的时候，我细心地浏览了一下您的办公室，心想如果我能有这样的办公室，那该多好，我从来没有遇见过设计得如此巧妙合理的办公室。"

这个企业家听后，很高兴地说："这个办公室很漂亮是不是？这是我亲自设计的，当时确实花费了我一些心思。"这位销售人员一边认真地听着，一边走到墙边用手摸摸壁板，说道："这是英国橡木做的，对吗？和意大利橡木稍微有些不同。"

企业家回答："嗯，那是从英国本土运来的橡木。我幸好也略懂一些木料方面的知识，这些材料都是我亲自挑选的。"随后企业家很有兴致地领着这位销售人员参观他亲自设计的其他几个房间。他们兴致勃勃地谈论建筑以及室内装饰，然后企业家顺便提到了他准备在家乡捐造一所学校，用以回报社会，这位销售人员适时热忱地赞许了他这种慈善的举动，然后也顺便说起了自己此来的目的。

从上午 10 点 15 分两人见面，到中午的时候他们依旧亲切地交谈着。谈话的最终结果是这位销售人员拿到了为这所学校做座椅的订单。

在这个事例中，这个销售人员通过试探，很明确地感觉到对方是一位虚荣型顾客，所以投其所好，极尽赞美之能事，获得了顾客的欢心，最后如愿以偿得到了订单。

在消费中，顾客的虚荣心理有时会表现得很明显，比如，虽然自身的经济条件并不是很宽裕，但是在选购商品的时候也还是倾向于选购比较高档的产品，并且在销售人员面前尽量表现得很富有。他们最不能容忍的就是别人说自己没有钱，买不起。

这个时候，聪明的销售人员都会恰到好处地夸奖顾客很有眼光，很有经济实力，受了夸奖的顾客通常很兴奋，因为虚荣心得到了满足。而且为了继续"装"下去，不丢面子，他们往往出手阔绰，愿意在你这里消费更多。

一对夫妇走进金碧辉煌的珠宝店挑选首饰，他们相中了一只价值 8 万元的翡翠戒指，但是又感觉价格很高，不符合他们的心理预期，为此一直犹豫不决。

这时候，一名很有经验的销售人员走过来说道："您二位真有眼光，荷兰的总统夫人也和您二位一样很喜欢这款戒指，但是由于嫌价格贵没有买。"

这样恭维的话刺激了这对夫妇，他们简单商量了一下，然后决定买下这款连女王都嫌贵的翡翠戒指。看着女主人戴着戒指满意地离开，这名销售人员也笑了。

如果能够确认对方是一名虚荣型的顾客，那么在与其交流沟通中，销售人员就要利用一切可以利用的机会展开恭维。如果是在顾客家中，可以赞叹顾客家居的设计风格独特，屋内的家具品位不凡等，还可以具体地谈某项事物，如客厅摆放的花如何雅致，颜色如何亮丽等。如果是在顾客的办公室，可以夸赞其办公室的整体风格很让人赏心悦目，或者顾客的办公效率等，只要是能用上的褒义词请尽量用上。

恭维最好要讲究一定的方法和技巧，才能起到四两拨千斤的绝佳效果。优秀的销售员通常把恭维的话语放在比较隐喻的方面，他们一般不会直接恭维顾客，而是在合适的场合当着顾客的面赞赏顾客的接待人员。

这样做的效果是，表面上是在赞赏接待人员，其实是在恭维顾客，因为只有他平时对下属管理有方，下属才会让客人满意。这样做还有一个意想不到的收获就是，接待人员同时也会对你很热情。因为你的赞美，有可能改变他们在老板心中的印象，也许在以后的推销进程中，他们会暗暗地帮你。

另外，在恭维对方时，销售人员要注意适度，不要太过，太过的话容易让对方产生不真实感，怀疑你在讽刺他，从而对你产生戒备心理，甚至反感你，那样的话，你的恭维就会适得其反，起不到应有的效果。

接待精明型顾客要真诚耐心

通常情况下，精明型的顾客都有着较高的见识能力，在消费的过程中沉着冷静，不轻易受他人影响，对销售人员以及商品有着较高的要求，一旦销售人员出现什么差错或者漏洞，将直接影响他们的购买决定。

碰到精明型顾客，销售人员一般会叫苦不迭，因为他们就像看戏一样，看着销售人员把产品介绍了一遍又一遍，但是丝毫没有购买的冲动。而且，在这个过程中，销售人员还要经受住顾客对自己仔仔细细地观察，一旦出现了纰漏，合作就极有可能泡汤。销售人员十分害怕自己哪一句话说错惹恼了对方，而使自己前功尽弃。

通常，精明型的顾客比较强势，最讨厌别人弄虚作假，一旦发现销售人员没有说实话，他们就会不依不饶，追查到底。因此，在精明型的顾客面前，销售人员最好避免夸张地说话，不说不切实际的话，如果弄虚作假被发现，无疑会使自己处于非常不利的地位。

可粗略地将精明型的顾客分为"尽责型"和"执着型"两种类型。先来分析"尽责型"的顾客。"尽责型"顾客通常都有很强的分析能力，做事以严谨著称，似乎任何问题都逃不过他们的眼睛，经他们手的工作一般都是不会有什么遗漏的，正因为这样，使得他们对人对事都很挑剔，他们从不会轻易相信一个人。

"尽责型"顾客是顾客群体中比较"难缠"的一种。对付这样的顾客，应该尽量使他们有安全感，让他们相信你，让他们明白你会认真倾听、分析他们的要求。

由于这类型顾客希望销售人员不管是看起来、听起来，还有感受起来都要符合他们的要求，所以，在与这样的顾客相处时，一切都要以一种井井有条的状态出现，尤其是对细节的把握方面更要注意。比如在工作方面，你要思路清晰，方法明确，态度严谨。在生活方面，你的谈话、你的穿着、你的行为，都要规范得体，而且不要有什么不良的行为习惯。

在听产品介绍时，他们需要你详尽地介绍，而不要粗枝大叶，更不要含糊其词，当然更要真实不夸张。在他们面前，你无论做多少次"详细说明"都不过分。他们想听，就希望你说。如果你不说，他们就不会喜欢你，更不会跟你做生意。

虽然这一类型的顾客很挑剔，很难合作，但是从长期来看，这类顾客是最稳定的类型，一旦他们同意与你合作，那就代表你已经取得了他们的信任。当然，在他们成为你的固定顾客后，你也不能掉以轻心，因为他们精明的思想和习惯没有变，他们还会观察你，一旦发现你懈怠或者欺骗他们了，他们会随时停止与你的合作。

对"尽责型"顾客的应对策略同样适用于"执着型"的顾客。此外，应对"执着型"的顾客，还有一些特别的技巧。

与"尽责型"顾客相类似，"执着型"顾客做事也非常稳重、仔细，态度严谨。他们通常忠诚守德。虽然他们能够容忍别人在道德和立场方面存有缺陷，但是他们并不愿意和那些道德水准低下的商人做交易。

在和"执着型"顾客交流中，销售人员要保持真诚的态度，要确保他们对你完全信任。在向他们推销产品时，要确保他们能从中获得安全感。让他们觉得有保障，觉得已做出的决策没有风险，不要给他们压力，这样才有可能让他们愿意跟你做交易。

同"尽责型"顾客一样，"执着型"顾客也会一直观察他们想要与之合作的销售人员，一旦让他们发现了你的瑕疵或者你的污点，他们会极有可能取消与你合作的打算。所以销售人员要多留心一下自己的历史记录，如果发现有不良记录存在，最好要及时弥补，或想好应对措施，以防被对方质问，措手不及。

由于精明型的顾客极度讨厌虚伪和做作，比较容易接受真诚和坦率，所以很多时候，你不要试图掩盖你产品或者服务的不足，而要坦诚相告，反而会赢得他们的信任和肯定，从而增加与他们合作的机会。

概括来讲，在和精明型的顾客打交道时，销售人员首先要树立信心，不要胆怯害怕。其次要保证以真诚的态度对待对方，介绍商品时实事求是，不弄虚作假。再次，要热情为对方服务，设身处地地为对方着想。最后，将选择权交给对方，并给对方考虑和调查的时间，不逼迫对方做出选择。只要规范操作，将自己的行为都纳入他们的规范要求中，就能换来这类型顾客的信任，为交易打好基础。

接待外向型顾客要干脆麻利

粗略来分，可将人分为内向型和外向型。外向型的人说话比较果断，能明确地表达自己的意愿，语速也比较快，声调较为洪亮，愿意与人接触，待人热情，做事不拘小节。

销售人员与外向型的顾客交流一般是比较容易的，和这样的人在一起，销售人员也不会感到压抑。当销售人员在给这样的顾客介绍商品时，他会很乐意地听销售人员说明，并且会很积极地参与进来，发表自己的看法。

"直接"是这类型顾客的一大特点，在购买商品时，如果他喜欢就会很痛快地购买，不喜欢的话就会果断拒绝。在拒绝时也通常不会委婉拒绝，多半会直截了当，而不管对方是否能下得了台。

一个顾客来到一家保险公司，找到工作人员问："你好，我想为孩子购买一份保险。"

销售员："您看，这是我们公司适合儿童的所有保险，我可以一一给您介绍。"

顾客大声说道："不用，我把我小孩儿的情况告诉你，你帮我选择一个最合适的就好，不用一一介绍了，我就相信你一次，交给你办了。"

销售员："好的，那我记录一下，请您放心，我一定帮您选择一个最合适的保险。"

显然，例子中的这个顾客就是一位外向型顾客，他不会拐弯抹角地说话，而是很直接地表达诉求。面对这样的顾客，销售人员应该以比较外向的方式与之交往，要顺着对方的心意服务，尽量长话短说，避免拖沓。

外向型顾客凡事愿意摆在外面，不喜欢藏着掖着。如果一个人的办公室里摆放着一些学位证书、获奖牌匾，还有装帧精美的其他证书之类的荣誉象征，那么极有可能就是一位外向型人。

一位资深的销售人员一次去拜访一位民营企业的老总。在这个私企老总的办公室里，他看见墙上裱着一个非常精美的装饰品，仔细一看，原来是国内某著名大学工商管理硕士（MBA）的毕业证书。

原来这位私企老板刚刚从这所著名大学的工商管理专业毕业并顺利地获得了证书。了解这一点后，这位销售人员就猜测自己的这位顾客可能是一位说话、办事都很爽快的外向型人，心中也就有了与之打交道的策略。

事后证明，这个销售人员的猜测是完全正确的，这位私企老总的确是个外向型人。

外向型顾客通常有很强的时间观念，对于时间的把握，他们甚至能精确到以分钟甚至是秒计算的程度，如果与这样的顾客预约，一定要及时赴约，否则你会给这类顾客留下一个没有时间观念的印象，从而会失去他们对你的信任。

另外，在与外向型顾客交流沟通时，销售人员要注意把握交谈时间，说话言简意赅，切中要点，要尽量用最短的时间把最有用的信息传达给他们，不要给对方留下浪费时间的感觉。否则，会被视为在浪费时间，而不利于合作。

外向型顾客的目的性很强，也很直接，他们只关心你的产品或者服务能否满足他们的要求，而通常不去管其他的方面。说服他们最好的方式就是用事实证明一切，其他烦琐的解释在他们看来都软弱无力，而且很没有必要。

外向型的顾客通常很自信，对于别人的意见或者建议，他们不会轻易接受，除非你的论据够充分，他们才有可能做一些适当的改变，但也不要指望他们一下子改变很多。所以，不要期望自己能够扭转他们对某事的看法或者观点。

另外，还有一点需要注意的是，外向型人做决策速度相当快，而且缺乏一定的耐心，一旦他就某项条款提出异议，你就要迅速做出最合理的解释，你必须跟上他的脚步，及时地提供信息以助其完成决策。只有这样，合作才有可能取得成功。

总之，在与外向型顾客打交道时，不要啰里啰唆地就一个话题没完没了地说个不停，要言简意赅，切中要害。对他们的疑问要及时解答清楚，对他们的要求及时予以满足，不拖泥带水，就会获得他们的认可，从而增加合作的概率。

接待内向型顾客要温柔体贴

与外向型人豪爽干脆的性格相反，内向型人性格内敛、沉静，不善言谈，也不愿意与人交流，更不愿意将内心的真实想法说出来，喜欢独处。

在消费环节，内向型的人总是显得十分谨慎，对产品精挑细选，甚至久久拿不定主意，以至于消费的数量不多。对上门推销的人员，内向型人警惕性很高，态度很冷淡，不愿意交谈，说话极其有限，而且极有分寸，这样就使销售人员的工作很难展开。

实际上，内向型的人很内秀，虽然他们很少发表自己的意见，但并不代表他们没有自己独特的见解。在销售人员介绍商品或者提供服务时，他们已经在认真倾听，并在心里琢磨商品或服务的好坏。只是由于天生性格内敛、沉静，而且对陌生人有一种天生的防御和警惕的本能，因此才会表现得冷漠、无动于衷。

内向型人即使对销售人员的观点表示赞同，通常也只会简单地应承一句，而不会说太多的话。这就形成了一个看着很奇怪的情形：这边，销售人员在口若悬河、引经据典地大说特说，而那边，内向型人气定神闲，无动于衷，甚至有些心不在焉，仿佛在很认真地听你讲，但似乎又心有所想。这样的状态经常让销售人员不知所措。

内向型人心思敏捷，推理能力很强，他们会对销售人员提供的信息进行很认真的思考、推敲，由于考虑的事情很多，所以他们思考的时间较长。但是一旦分析完自己掌握的数据，认为自己足够了解销售人员推销的产品或者服务时，合作的成功性就会很大。

针对内向型顾客的性格特征和心理状况，销售人员在与之交流沟通中，讲话要富有条理和专业性，要把合作的优点和缺点一一展示出来，提供的信息要尽量全面，要有耐心，并适时保持沉默，给对方足够的时间决策。

一天，北京中关村数码大厦来了一位女孩。一见到有顾客上门，几个推销人员一起迎上去，主动打招呼，并再三询问对方需要什么电子产品。面对你一言我一语的询问，女孩显得有些窘迫不堪，甚至涨红了脸，最后简单地说自己只是随便看看。

在离柜台稍远处转了两圈之后，可能觉得没有自己想要的产品，女孩就准备离开了。品牌电脑销售员刘佳在柜台里一直观察着女孩，他看出这个女孩来到这里是准备购物的，同时他也看出对方是一个比较内向腼腆的顾客，可能是因为刚才那些销售人员的轮番轰炸，把女孩吓住了，她有些不知所措，所以准备离开。

想到这里，刘佳从柜台后面走出来，上前很友好地把女孩请到自己的柜台前，对她说："别紧张，您是不是想买台电脑，觉得价格，还有配置不合适？这样，如果你相信我，我先给你详细介绍一下，如果合适，你就买，如果不合适，你就不买。先到这边坐坐吧，这边比较安静！"

女孩顺从地坐了下来。在聊了十几分钟后，女孩明显地对刘佳产生了信任感，于是便向他透露了自己的真实想法。她确实是想组装一台配置高一些的电脑，可是自己又不是很懂，刚才又被那几个推销人员吓了一跳，本想不买了，以后再说，但现在听了刘佳的介绍后，她决定委托刘佳帮自己组装一台高配置的电脑。

内向型顾客属于慢热型，在其冷漠的神情之下掩盖着一颗火热的心。只要获得了他们的认可，他们就会自然表达出十分的善意。等到彼此熟悉起来，他们就会变得十分信任你、依赖你，甚至让你替他们做决定。

　　通常情况下，内向型的顾客在购买过一次你的产品后，如果结果让他们满意，你们就会有下次、下下次的交易。因此，对于销售人员而言，内向型的顾客值得努力与之建立比较稳定长久的关系，使彼此的合作一直持续下去。

　　总之，针对内向型顾客不善言辞、不爱主动、不轻易相信他人的性格特征，销售人员要积极主动与其接触，以周到体贴的服务方式为其服务，给对方提供详尽的信息资料，然后适时地保持沉默，给对方留有思考和回旋的余地，这样就会使合作更容易达成。

展示强大气场让顾客信赖

我们常常会说，将军有将军的风范，土匪有土匪的痞气。不同的人，其特殊的身份和特质，决定了其外在的气势和影响。在现实生活中，有不少人也能给人这样的感觉。即使他不说话，单单是站在那里，就可以让人觉得有一种特殊的气质，使人不禁对其肃然起敬，表示信服和依赖，或者感到一种威严的气势，不由得顺从和臣服于他。这其实就是一种无形的影响力，是一个人的品质以及意志等内涵的外在体现，并外化成一种气势和力量，对别人产生一定的吸引或者威慑。

一个人如果能够提高自己这种隐形的气势，就可以更深刻地影响到别人，使这种气势变成感化别人的力量。有位心理学家做了这样一个实验：

让一名军人装扮成一个乞丐，而让一个乞丐装扮成一名军人，两个人交换角色，一个去沿街乞讨，一个去管理士兵。结果军人装扮成乞丐以后，还是那样挺拔坚定，说话低沉镇定。当他对路人说："请施舍我点东西吧！"很多人都为之一震，浑厚的声音之中传达出一种不可抗拒的力量，人们不自觉地掏出钱来给他。而乞丐装扮成的军人，却是一副萎缩的姿态，在士兵面前低声下气。他命令士兵列队的时候，居然低声说："我求求你们都站好吧！"结果士兵们一起喊"是，长官！"竟把他吓得躲到墙角了。

这就是气势的影响，它可以传递给别人这样的信息：你是自信还是卑谦，是胸有成竹还是心中没谱，是不可轻视还是可以随意应付。当你在气势上处于劣势的时候，不仅不能影响到别人，还可能被对方控制。因此，销售人员在顾客面前，一定要将自己最强势的一面表现出来，要充满自信、坚定果断、谨慎认真，而不能唯唯诺诺、拖拖拉拉，更不能马虎大意、随波逐流。

在处事立场上，如果你没有坚定的意志，没有果断的精神，那么主动权就会控制在对方手里，使你受制于人。销售人员要善于改变自身的气势，增强影响力，其基础就是要有强大的意志力做支撑。有决心、有目标，才会有独立性，不受别人的干扰和影响，也不会随波逐流、半途而废。因此，销售人员如果能将决策时的独立性和果断性与执行时的坚定性完美地结合在一起，一种无形的影响力就会产生。你的自信与坚定，你的镇静与果断，足以让对方对你表示信服，对你有所依赖，并在你逼人的气势之下，轻易向你妥协。

原一平是一位伟大的推销员，在日本被称为"推销之神"，然而他并不是人们想象中的那种英俊挺拔的销售员。他的身高只有1.53米，长相也很普通，在他刚刚进入销售界，进行保险推销的时候，处境是十分艰苦的。不但没有经验，而且自身气质不佳，几乎没有任何优势。在进入公司的半年时间里，他居然一份保险也没有推销出去。他没有钱租房子，没有钱吃饭，日子过得很艰难，但是他并没有自怨自艾，依然微笑着面对自己的生活，因为他始终坚信：生命的天空总会有晴朗的一天。

他总是能够微笑地面对周围的一切，而且笑得那么真诚，那么自信。同时他也对自己的工作充满了坚定的信念，在别人已经灰心丧气的时候，他依然能够充满希望地面对。有一次，原一平去拜访一位顾客。去之前他就听说这个顾客是个性格内向、脾气古怪的人，很难对付。但是原一平没有退缩，勇敢地敲响了顾客家的门。

"你好，我是原一平，明治保险公司的业务员。"

"哦，对不起，我不需要投保。我向来讨厌保险。"

原一平并没有生气，而是诚恳地问："能告诉我为什么吗？"

"讨厌是不需要理由的！"顾客突然提高声音，显得有些不耐烦。

原一平并没有选择离开，而是依旧面带笑容地望着他说："听朋友说你在自己的行业做得很成功，真羡慕你，如果我能在我的行业也能做得像你一样好，那真是一件很棒的事。"

原一平的话让顾客的态度略有好转："我一向是讨厌保险推销员的，可是你的笑容让我不忍拒绝与你交谈。好吧，你就说说你的保险吧。"

于是原一平被请进了家门，原来顾客并不是讨厌保险，而是不喜欢推销员。接下来的交谈中，顾客在不知不觉中已经被他的自信、开朗、热情和坚定所感染。最后，顾客终于被原一平说服，愉快地在保险单上签上了自己的大名，并和他握手道别，说："你真是个了不起的人，我好像完全不能抗拒你似的。"

原一平就是靠自己的巨大影响力，感染了无数的顾客。他相信真诚和自信能够打动很多人。为了能够更好地影响顾客。他还苦练"笑功"，把"笑"分为 38 种，针对不同的顾客，表现不同的笑容，使自己不管在面对什么样的顾客时都能够散发出迷人的魅力，使顾客如沐春风，无法抗拒。

销售人员就要像原一平那样，充满自信，充满精气神，从容面对一切，用自己的魅力、能力营造一种强大的让人无法抗拒的气场，从而让交易变得不再遥不可及。

将拒绝转化为成交的机会

作为一名专业的销售人员，一定要有这样的一个心态：异议是销售的真正开端。如果顾客连异议都没有就购买产品，那销售人员的价值还怎么体现呢？实际上，任何产品和服务都有不足之处，都不可能完美，顾客肯定会对它有一定的异议，这一点销售人员也是必须要有所认知的。

对一位优秀的销售人员而言，异议不应该是销售工作中的一个障碍，而应该是一个积极的因素。他们能够从另外一个角度来体会异议，揭露出另一层含义：从顾客提出的异议中，我能判断顾客是否有需要；从顾客提出的异议中，我能了解顾客对自己的建议所接受的程度，进而迅速修正自己的销售战术；从顾客提出的异议中，我能获得更多的信息。

异议的这层意义，是对"销售是从顾客的拒绝开始"的最好印证。作为一名销售人员，在向顾客推销商品时，遭到拒绝是非常正常的事。这个时候，应该怎么做呢？是选择放弃呢，还是把拒绝当成成交的机会？有一部分销售人员就会这样想：顾客都已经直接拒绝我了，他已经不要我的商品了，我还有什么办法呢？

可是，销售人员在推销商品时，得到的大多数都是拒绝，毕竟很少有人会无缘无故地去相信一个陌生人推荐的商品。但是，那些优秀的销售人员却有着完全不同的思维，他们在推销商品时也经常遭到顾客的拒绝，可是他们绝不会自怨自艾，也不会悲观失望，在他们眼里，顾客的每一次拒绝都是一次机会。因为顾客的拒绝都有理由，他也许嫌商品贵，也许对商品不够信任，也许抱怨商品没有售后服务，等等。那么，将顾客的问题解决好不就万事大吉了吗？

在这个世界上，没有解决不了的问题，所有的问题都有解决的方法，就像人们常说的那样——"方法总比问题多"。当你想办法把顾客的问题都解决掉的时候，他还有什么理由不买你的商品呢？把顾客的拒绝视为成交的机会，这就是优秀销售人员之所以优秀的秘诀。

孙超伟大学毕业后，找了一份销售的工作，负责推销文具。可是每次他向顾客销售时，顾客的回答都只有一句话："我不需要。"

为此，他非常苦恼，不知道自己该怎么办才好。无奈，他只好向那些表现突出的同行请教。同行说："首先你要找对顾客啊！比如，你销售文具就只能找那些有学生的家庭或文化单位的人，他们才有可能需要。"

孙超伟叹了一口气，说："我找的就是这些人啊！可是人家都说不需要。"同行笑着说："他们拒绝你，你就离开了？"

孙超伟很吃惊："不然，我还能怎么样？"同行说："你至少可以问问他为什么拒绝买你的商品吧！"

孙超伟说："问了之后，怎么办呢？"同行笑道："知道他拒绝的理由，你的销售就已经成功了一半。知道了问题所在，剩下来解决问题就行了。他如果嫌产品贵，你就应该努力让他相信这是物有所值。他如果不信任产品的质量，你可以告诉他如果在一年之内出了问题，你把钱原封不动地退给他。如果他拒绝你的理由都一一排除了，那他还有什么理由不买你的商品呢？"

孙超伟惊讶地说："你的销售成绩那么好，难道你也经常被顾客拒绝吗？"同行笑了一下，说："你以为呢？我并不是一个运气好的人，我只是一个会把拒绝当成机会的人。"

这番谈话让孙超伟深受启发，原来在销售中，拒绝并不只是拒绝，而是机会。他抱着这种想法再次敲开了一个顾客的门。顾客的第一句话仍然是："我不需要。"

孙超伟并没有像以前一样直接走掉，而是微笑着问："我可以问一下你为什么不需要吗？据我所知，你有一个上初中的儿子，我想他应该是需要文具的。"

顾客说："他有文具。"孙超伟说："哦，可是我们的产品特别好用，很多用过的人都这么反映。"顾客说："卖东西的当然会说自己的东西好了，我怎么知道你的产品好用呢？"孙超伟说："你用一下就知道了，我想你一定可以辨别出好用和不好用的。"

顾客试用了一下，感觉孙超伟的文具质量确实不错，就购买了一些。孙超伟终于找到了销售的窍门。

销售人员在遭到拒绝后，一定不要气馁，不要放弃，如果你选择了放弃，那么你就是自己放弃了成功的机会。你要明白，顾客拒绝你是正常的，不拒绝你才不正常。在你去推销时，就要做好充分的心理准备，准备接受顾客的拒绝。

可是，你更应该明白，在拒绝的背后蕴藏着无限的商机，有拒绝才有销售。找到顾客拒绝你的理由，然后将理由排除，化拒绝为接受，化危机为转机，这是一个优秀销售人员必须具备的素质。

·第二章·

充分展示产品的优势

销售员在向客户介绍产品时，如果不能让产品的价值和优势打动客户，在接下来的工作中就会非常被动。因此，介绍产品要扬长避短，针对客户需求点中的关键部位来介绍产品的功能，以此来赢得销售的成功。

突出产品的"卖点"

　　了解自己所推销产品的功能和各项技术指标及特点，是销售人员必备的基本功，只有具备了这种基本功才可能将产品的突出特点作为重点向顾客展示，以达到"不同凡响"的效果，让顾客心甘情愿地买单。

　　顾客的购买欲望是销售得以顺利进行的前提条件，这是每个销售员都应知道的常识，激起顾客购买欲望的是产品具有吸引顾客的卖点，而这一卖点就是产品优势。而顾客只有看到这种产品相对于其他同类产品的优势，才会对产品产生购买欲望。

　　高琪是一家家用电器公司的推销员。一次，他通过朋友介绍得知某社区敬老院预购买一批洗衣机，于是就上门推销。

　　接待高琪的是院长老陈，听完高琪的介绍后老陈明确表示说："我们确实想换几台洗衣机，但是，今天上午已经来了三个推销员了，我正考虑买哪一种呢。这样吧，你也跟他们一样，留下一张名片，等我考虑好了给你打电话。"

　　高琪知道，面对几个竞争对手只有突出自己产品的优势才能让对方选择自己的产品。如果只留下一张名片就离开，很难说他们会选谁的。

　　于是，高琪问老陈："你们原来有洗衣机，为什么要换呢？"

　　老陈说："是啊，原来的洗衣机用的年头多了，现在老人多了，要洗的衣服也增加了，所以才想买几台。"

　　"是呀，洗衣机的修理既耗费时间又耗费精力。所以，我想向您介绍一下我们公司的洗衣机，我想它一定可以很好地帮您解决这个头疼的问题。"高琪解释着。

老陈不信，摇摇头说："全天下洗衣机的保修期差不多都是一年。"

高琪承诺："我们公司的洗衣机不一样，保修期为三年，并且，三年后还会负责上门维修，费用仅是市场价的一半。这是我们产品与众不同的最大优势。"

听高琪这样说老陈有点意外："那洗衣机的其他功能怎么样啊？都是怎么卖的呢？"

"我们公司洗衣机的其他功能跟其他公司的洗衣机是一样的，费用也跟同类产品差不多，同样的价钱得到不一样的服务绝对是物超所值。"

老陈听到这，马上心动了："好吧，你给我说说买这款洗衣机的具体细节吧。"

产品最突出的亮点就是它能否给顾客带来他所期待的利益，或者在帮顾客解决问题方面发挥一定的作用。因此，因人而异，强化自己产品的特点，是销售人员应该提前想到的问题。

下面这个例子也很好地证明了这一点：

某天，一位推销员敲开了某小区一位顾客的家门，向这家推销化妆品，这家的先生来开门。

看到主人来开门，推销员主动介绍说："打扰了，我是来向你推销我们品牌的化妆品的。"

这位先生告诉他："我太太不在家。你下次来吧。"

销售人员马上回答说："请等一下，我今天来是特意找你的。"

"找我？我又不是女人，不用化妆品。找我干吗？"

销售人员解释说："你有所不知。虽然平时太太买化妆品，但是我们的化妆品和其他的产品有所不同。"

"哪儿不同？"

"我们把产品的盒子设计成别致的'心'的形状，因为'心'的含义代表着疼爱和关心，你买一款送给你太太的话，不就是表示你对太太的疼爱和关心了嘛！她看见这份礼物的时候一定会很感动，很开心的。"

听到这，先生问了："多少钱？"

"爱是无价的。"

"好吧，我买一款。"

销售人员就这样三言两语地把一款化妆品卖给了这位先生。

对于销售人员而言，成功之道就是要挖掘每一种产品的"个性"。首先，销售人员要对产品有一个全面、深刻的认识，这样才能明确地划分优缺点，找到容易被忽略的特性，给顾客一个"出乎意料却在情理之中"的惊喜。

一般情况下，销售人员在向顾客介绍产品时，无论什么产品，都会先从以下几个方面展开：实惠、方便、安全、关怀和成就感。针对不同的产品，销售人员的说辞可以千变万化。比如，你可以说"这个产品使用起来非常方便，能给你节省大量的时间""这款商品的设计理念，能够表现出你对家人的爱""这款产品非常符合你的品位"，等等。

销售人员应该注意，对于产品卖点的说明，应该密切结合顾客的实际需求。否则，你用词再华丽，产品功能再丰富，也还是不能达到吸引顾客的作用。

当销售人员掌握了顾客的需求后，就应该在心底默默地分析产品的优缺点，顾客的需求与产品有哪些切合点，分析出产品的哪些优点是符合顾客期望的，顾客有哪些需求又是难以实现的。只有做到心中有数，才能强化产品的特点和优势，有针对性地对顾客发起进攻。

演示产品的功能

将自己所推销的产品拿到顾客单位或推销现场当众演示它的功能，是很多推销员常用的推销技巧。相比语言推销，实物功能演示更生动、更活泼，信息含量更大，更受顾客喜爱，其本身的引导作用更大。

很多人都相信"行胜于言""耳听为虚，眼见为实"，即使推销员说得天花乱坠也不会被打动。那么，怎样才能使他们相信产品的效果呢？其中的一种办法是进行示范。在很大程度上，示范是为了使顾客能够产生进一步了解产品的兴趣，展示产品一两种特别突出的特色和功能，因此推销员应该设法把示范搞得富有趣味。

一位推销胶水的推销员让顾客在一页纸的一端涂上胶水，粘在一本厚厚的书上，然后再用这页纸把书提起来。通过这种方法，他向顾客显示了胶水的黏合力。这样的示范看上去很有说服力。事实上，如果推销员能够充分利用一些富有说服力的演示，就可能使顾客觉得出乎意料，大大提高对产品的兴趣。

对于一些自己能亲自参与的事情，人们常常会非常注意。因此，为了吸引顾客，推销员可以让他们自己来参加示范，所产生的效果是非常强烈的。当然，如果要让顾客参加示范，推销员也要做好精心的准备，因为教别人使用某种产品与自己使用是截然不同的两回事。这种示范所产生的引导作用要比纯靠语言的引导作用强得多。一般来说，如果示范成功，顾客就会在很大程度上认可这种产品，从而取得推销的成功。

要使演示成功，必须注意示范的内容，即要怎样示范，通过这种示范要达到什么效果，如产品的某一突出性能。这一效果要能引起顾客的充分注意，引导他们认可这种产品。如果你推销胶水，你的示范仅仅表明胶水能把纸给粘住，这是起不到什么引导作用的。如果在示范的时候，在大庭广众之下，出现了意想不到的问题，结果是无法挽回的。当然，任何事都可能发生。推销员应在平时考虑一下出现意外情况下的应对措施。要是没有心理准备，因为临时出现问题使示范出现差错而手足无措，会起到相反的作用，关于这一点，推销员应该注意。

对于推销员来说，演示是推销时经常使用的技巧和手段。上门推销一些较大的、不方便携带的物品，如果不想因用那些双方都听惯了的推销语言而使气氛沉闷，演示是一种不错的办法。可以说，演示是一种顾客喜闻乐见的方式，演示的结果也会对顾客产生强有力的引导。

1. 吸引顾客的注意力

顾客有时并非心甘情愿地接受推销，有时对所推销的产品已经有了一定的了解，或者他们对你的推销说明并不感兴趣。任何人都有心不在焉的时候！当顾客在倾听你的推销说明的时候，很容易走神而没有参与你的积极会谈，你的当务之急是如何将顾客的心思引入正题。这时你就必须有生动活泼的推销演示，它可以吸引顾客的注意力与兴趣，并且使之保持时间更长久。这是演示技巧的主要优点之一。

顾客的兴趣是推销活动顺利进展的重要条件之一。如果演示制作得较为精美，就能使推销产生更强有力的效果。

2. 聚焦顾客的关注点

演示能使推销更直观。当你想向顾客解释产品的正确使用方法时，显而易见，生动的演示远比口头说明更容易令顾客了解。同时还可以运用一些信号和其他的声音。这比单独运用一种媒介能产生更好的效果，更容易引起顾客的共鸣。

同时，在市场上，有些产品或服务的推销是相当复杂的。这就要求我们在推销时要有创造性的演示方法，通过自己的推销说明与演示，使顾客能清晰地了解产品的性能，从而将产品推销出去。

所以，同单纯的语言推销相比，演示使推销更具有直观性。这种直观性能使顾客对一些比较复杂的问题，或不好用语言说明的问题有更清晰的了解。特别是对一些推销的重点，通过演示更好地展现出来，从而引导顾客关注这些推销点。这样推销的目的就达到了。

有时候，演示以幻灯片、录像带为媒介，使用也方便，可以把它赠送给顾客；随着现代信息技术的发展特别是互联网的迅速发展，网上传播信息的速度加快，并且十分方便，这使得演示具有更强的生命力。公司可把演示直接放到网上，推销员在外面可自由使用，十分方便；顾客可直接点击观看，使产品信息传播得更加广泛。

公司和厂家应加大力度制作一些精美的演示片。这些演示要把主要内容都包括进去。同时，可把演示分为几个片段，供不同的顾客群使用，这样使演示既有很强的针对性，又有一定的适用性。

引导顾客参与体验

就一般常识而言，推销员在向顾客介绍和推销自己的产品前，是要向对方出具关于产品的所有文件的，比如合格证、使用说明书等。目的就是要让对方完整地接受你的方案或产品。如何做到这一点呢？举个题外的例子吧：

苏联有一位画家每次给小说画插图时，总是在一个角画上一只狗。编辑当然坚决要求删除这条不伦不类的狗，画家则"据理力争"，最后才"迫不得已"忍痛割爱。结果，插图的其他部分几乎不会有什么改动就发表了，画家达到了他真正的目的。

画家为什么要多此一举画这只狗？他的目的很明显，在保证画的真正内容不受损害的情况下，给编辑一点"参与"的方便。在日常推销活动中同样可以用这样的方法引导顾客，但知道这样做的人并不多。大多数人为了给对方留下一个美好印象，把那些建议书之类的书面文件搞得尽善尽美，无可挑剔。遗憾的是，这类会让专家点头不已的文件，放到顾客面前后，往往毫无效果。

为什么呢？完美文件的制作者或许精通自己手中的商品或方案，却不懂得人性的特点之一是喜欢参与！推销员若能巧妙地利用顾客喜欢参与的心理加以引导，往往会使顾客爽快地做出购买决定。如下例：

一个靠推销装帧图案给纺织公司的生意人，盯上了一家大纺织厂，并决定把它列为目标顾客。他每星期跑一次，整整跑了三年，但连一幅设计图案都没有推销出去，对方老板总是看一看草图，双手一摊，说："很抱歉，先生，我看今天我们还是谈不成。"

后来，这位生意人改变了推销方法，他故意带着未完成的装帧草图，再次去见那位老板。"我想请您帮个忙，如果您愿意的话。这里有一些未完成的草图，希望您能指点一下，以便让我们的创作者们根据您的指导来完成它。"

这位老板答应看一看。三天后，这位生意人再次去见那位老板，老板中肯地提了意见。而后，根据老板的意见，艺术家们修改了图案。结果，这批设计图案全部被这位老板收购了。从此，这位生意人用同样的方法，轻松地推销了许多图案！

我们无须对"让顾客参与"所形成的引导力量感到惊讶。事实就是这样，很多人因为不注意它、不善于运用它而四处碰壁，而善于运用它的人则轻而易举地获得了佳绩，这就是两者之间的差别。我们还可以看看下面这个例子：

有一家大医院要增购一台 X 光仪器。许多推销员都去拜访负责鉴定 X 光仪器的主治医生，夸耀自己的仪器是全美最好的。只有一家公司的推销员希望这位主治医生能来公司为他们的仪器提出改进意见，并称届时派人专程来接。

这位主治医生起初感到十分惊讶，同时也感到极大的荣幸，因为从来还没有一个 X 光仪器制造商征求过他的意见。这立刻使他觉得自己身价倍增，尽管那个星期的日程已经排得满满的，但他还是取消了一个重要的应酬前去看那部仪器。

"我感觉并没有人推销那部仪器。但我反而觉得非常有必要去看看，结果它的质量真的不错，我买下了它。"这位主治医生事后这样说。

对于一个专业推销员来说，如同必须熟练运用其他引导技巧一样，尽力创造条件，让顾客参与你的工作也是必须熟练运用的引导技巧。这样可以使顾客懂得商品的真正价值，更深刻地体会到自己拥有某一商品的实实在在的好处，从而果断地做出购买决定。

帮顾客找到产品的价值

当销售人员在进行产品推销时，如果质量没有问题，那么，影响顾客购买的原因多半是价格问题。遇到顾客嫌产品太贵的情况时，一定要耐下心来给顾客一个合理的解释，告诉顾客正是由于这些与众不同的优点带来了高价位。你可以做这样一个比较：花5元钱买一个灯泡，用了一年就坏掉了，比花8元钱买3年都不坏的灯泡，哪个更划算呢？这样，就打消了顾客对于产品价格方面存在的异议。

作为一个销售员应该知道，质量好的产品成本要比那些质量差的产品高，在售价方面自然也就相对要高许多。但是，大部分的顾客并不认同这个观点，认为这只是商家为了提高价格赚取更多的利润而找的一种借口。所以，他们通常会质问销售人员："为什么这么贵？""为什么你们的产品就要比别人贵这么多？"面对这种情况，销售人员一定要把握好分寸，运用一定的技巧来化解。比如：

有一位顾客走进了一家家用电器销售店。

售货员打招呼问道："你好，先生！我们这里有你需要的电器吗？"

顾客表示想买一台××牌的电风扇。

售货员将这一品牌的所有电风扇介绍给他。看了之后顾客表示："看起来都不错，但就是价格有点偏高！"

售货员解释说："你说的一点没错，刚开始的时候我也和你的想法一样。但是经过这么长时间的经营和销售，这个××牌的风扇质量相当靠谱，出现质量问题的概率非常小。如果你去买一台便宜点的电扇，质量得不到保证，以后光维修费就可能是一个庞大的数额！

所以综合比较起来，我认为这种电风扇的价格还是比较合理的。你觉得呢？"

最后，顾客认同了，买卖也很快成交了。

上面的销售员在顾客提出关于价格方面的异议时，先对顾客的想法表示赞同，使顾客感受到了来自销售员的理解和尊重，然后再亮出自己的观点，为说服顾客做好了相关的准备工作。当顾客得知产品的价格高是由于质量好的原因之后，也就不存在什么异议和疑虑了。

当然，在销售过程中帮助顾客释疑是有多种方法的，比如：

一位销售员通过下面的方式来推销他的化妆用品："你好，欢迎光临，现在我们店里正在搞促销活动，这款化妆品是买一赠一的，你可以先过来看一看，这款 200 毫升 45 元，还赠送你一瓶 100 毫升的补水面膜。"

听到售货员介绍后，顾客说："可是，据我所知，××公司也在进行产品的特价活动，不仅量要比你们的多，而且价格也要实惠很多。那你们的产品凭什么比人家的贵呢？"

这时，任凭销售员如何强调自己商品的质量要比他们的好很多也无济于事了。

本来这位销售员已经成功唤起了顾客对于产品的兴趣，可是却因为缺乏合理的解释，最终失掉了这位潜在的顾客。如果销售人员能够换一种方式解释，可能顾客就会非常乐意地接受产品了。

比如，可以这样说："的确，他们的产品价格是要比我们的便宜一些，但是如果就产品的特点来考虑，我们的产品会更适合你的肤质。像你这种皮肤，每天只需要一点，就可以完成对皮肤的保养，方便、简单。而且，我们还给你赠送一个补水面膜，在每天睡觉之前使用，对于你的皮肤保湿更加有效。还有，一般情况下我们的产品可以使用两年，一共才45元，既经济又实惠。"

那么，这位顾客就有可能被你的介绍所打动。

先向顾客展示产品的好处，然后再提及价格，让顾客亲口承认自己的产品价格确实不贵，这样一来，顾客便会乐意购买产品了。

在销售中，不管是考虑产品的质量，还是考虑产品的价格，顾客最关心的一个问题，永远都是自己的利益。当你进行产品的报价时，不管你提出的价格是否真正合情合理，顾客总是会说一句话："你的产品太贵了，能不能再优惠点。"当你遇到这种情况的时候，你应该如何巧妙地为他讲解产品并不贵的理由呢？

遇到这种情况，销售人员一定不能直接否定顾客。回绝或者指责顾客，这样的做法无疑是把顾客拒之门外。顾客说出这样的话自有他的道理。如果销售人员能够站在顾客的立场上进行换位思考，考虑他的所想并认同他的感受。那么很快就会赢得顾客的好感，随后再把产品价格贵的原因告诉他。"一分价钱一分货"的道理，顾客其实是非常明白的。这样一来，顾客就会很乐意接受这个高价位了。

如遇到总是觉得"你的产品太贵了"的顾客时，也可以考虑这样回答：

"价格有点贵不假，不仅很多顾客这样认为，甚至连我自己都觉得有点贵了。但是，根据我们的顾客回馈记录来看，很多顾客在使用了我们的这种产品之后都有了很大的反响。他们发现，我们的这种产品不仅质量好、效果也不错、经久耐用，而且服务也相当到位，从整体来看，其实不仅仅是为你们增加了利润，还节省了一些不必要的维修费。对于这样的产品，相信每一个购买的人都会满意的。"

当顾客对销售员的报价产生强烈的不满情绪时，销售人员首先要稳定住顾客的情绪，通过采用一些合适的方法，让顾客自己说出他认为最满意的价格，再把这两种价格进行比较，算出差额，然后在差额上动动脑筋，只有这样，才能够比较轻松地攻破顾客心中的价格壁垒。比如：

一位顾客向销售员抱怨："你们产品的价格实在是太高了，甚至有些离谱。"

销售员问："那你能接受的价格是多少?"

"不超过1万元。"顾客回答。

对此，销售员做了这样的解答："你的价格和我们的价格相差了整整2000元。这也从一个侧面说明你已经对我们的产品进行了充分的了解，而且信任我们的产品才会选择。当然，你也一定知道这款机器制作面食的效率往往是一般机器的2～3倍，只需要短短几个月就能够帮助你把机器的差价挣回来。我想，对于这种能够创造高利润的机器，你一定不会放弃吧。"

如果你能这样解说，相信顾客一定不会再和你计较价格了。

请记住，作为一名销售人员，真诚的劝说，要比那些虚假、漂亮的言辞更能获得顾客的心。只有合理地劝服顾客，让顾客对产品完全放心，顾客才会购买你的产品。

增强顾客对产品的认同

在面对顾客的时候，要让顾客自愿停下正在做的事情，听自己介绍产品，只有一种可能，你所说的一切都让顾客听了感兴趣。

而我们又都明白销售人员在向顾客销售时，实际等同于与一个利益对手在做面对面的谈判。倘若顾客感兴趣，销售活动就易于展开，因为销售人员与顾客之间起码有共同语言。

因此，如何引起顾客的兴趣，并且是对所销售产品感兴趣，这一点至关重要。这关乎后面进一步的产品销售，不然，销售行为就是不成立、不成功的。作为一名销售员，人和产品如果都没能引起顾客的兴趣，无疑是失败的。

其实要想引起顾客的兴趣，很简单，那就是让顾客好奇，从顾客的兴趣出发，结合产品特点让其对产品产生好奇心理。唯有这样，人们才会进一步接受我们的销售要求，才有机会更全面地展示产品，从而完成销售任务。

科比是一名女性内衣销售员。他对朋友说："我承认，作为男性，当我向一位女顾客介绍产品的时候，很容易遭到白眼或者无视，但是随着销售经验的增多，我慢慢掌握了一些窍门，甚至发现了一些男性推介女性用品的好处。"

实际上，科比已经是一位业绩斐然的优秀销售员了，我们可以重放一个科比的售货场景：

一位女顾客走进了店里。科比先是远远地观望了女顾客一会儿，当女顾客稍稍在一排睡衣前驻足了片刻时，科比走上前去。

"你好，小姐，请问你是需要睡衣吗？"

"啊，是。"面对科比的出现，这位女顾客显然有些吃惊。

"那么需要我为你介绍吗？或者你可以告诉我你的一些要求。"

"嗯，你介绍吧。"

"好的，这几款都是100％纯棉睡衣，是店里新到的款式，非常舒适。"

女顾客点点头，打量着科比介绍的那几款纯棉睡衣的款式。

"我们这几款花色卖得很不错，有些码号都已经断货了，请问小姐大概穿几号呢？"

"嗯，我想要中号，但这两种花色，我不知道哪一个更适合我。"

"噢，"科比仔细打量女顾客，女顾客也配合地将睡衣在自己身上比画给科比看。

"嗯，我觉得紫色典雅大方更适合您。"

"那中号是否会有些大？"

"完全不会，睡衣宽松一点会舒适许多，并且纯棉多次洗涤之后会有一定的缩水，中号的即使缩水也合穿。"

"哦，是的，我以前的睡衣现在就小了。"

接着，相当顺利，科比完成了销售，他将女顾客送到门口，从女顾客的表情来看她十分满意科比的服务。

"你怎么知道她喜欢紫色？"同事饶有兴味地问科比。

"她穿着颜色非亮暗，包包的颜色也是暗色，所以她喜欢的颜色可能偏暗色。"

"那你又怎么知道她喜欢纯棉的睡衣？"

"从她的打扮上就可以看出来，她的衣着不张扬且很舒适，是一位追求品质的女性。"

让顾客对产品产生情感上的认同感的重点就是在要销售的产品和顾客之间找到一个连接点，这个点就是产品与顾客的共通点，即产品的哪些特征可以很好地凸显顾客的品位。科比由女顾客的打扮判断对方会喜欢纯棉的睡衣，由此在第一时间吸引住了女顾客。

如果要在这一点上达到理想的效果，需要：

1. 设计一个有吸引力的开场白

对销售存有抗拒感，这是顾客在每一次销售过程中都会有的感受。在信息时代，销售资讯泛滥，人们对销售言辞产生抗拒感可以算是一种正常的现象。因此，准备一个能够吸引顾客注意的开场白是解说技巧当中的一种。而什么样的开场白能够吸引顾客，这应当针对不同顾客进行不同设计。新型销售模式要求销售人员务必在销售行动之前做足功课，这当然也包括设计一个针对要拜访的潜在顾客的开场白。

而无论是何种方式的开场白，目的只有一个，那就是引起顾客对产品的注意。

2. 制造出完美的销售制胜点

同样一款产品对不同顾客的吸引是不同的。为了使产品对顾客的吸引力最大化，销售员除了要了解顾客的情况以外，还要结合自己所销售的产品特点，两者合二为一才能制造出完美的销售制胜点。

3. 提高自身的专业素养

除了产品以外，销售人员还应当积极兼顾自身的塑造，这等同于为产品增加吸引顾客的筹码。顾客对我们所销售的产品感兴趣，不仅是因为产品能够给他们带来效益，而是在这之前他们还需要我们的服务与帮助。销售人员的优异表现能够为产品增值加码，没有销售人员的存在，顾客恐怕很难单纯对某产品感兴趣。

推销人员如果掌握了以上推销技巧，无疑会拉近自己与顾客的距离，让他们产生购买愿望。

·第三章·

积极引导顾客的购买行为

在消费的过程中，顾客与商品之间隔着一道无法逾越的鸿沟——面对你的商品，除非需求，否则顾客没有购买的理由。那我们需要做的就是在顾客与商品之间搭一座桥，建立一种联系，给顾客一个购买的理由。

用提问控制局面

在销售中，只有懂得巧妙地提出问题，才能够在和顾客的沟通中很好地控制住局面，最后成功说服顾客。因为说服的艺术并不在于你来我往地各抒己见，而更多的是隐藏于一问一答之间。提出相应的问题，可以诱使你的谈话对象去仔细地思考，然后再说出他的意见与看法。

有这样一个关于"提问引导"的实验：

让人们观看关于一场车祸的幻灯片。其中一张幻灯片里有一辆红色的达特桑在一个黄色的让行牌旁。然后有人被试问："你有没有看见别的车经过停车牌旁边的达特桑？"结果，大部分人都记成了达特桑旁有一个停车牌，而不是让行牌。研究人员的口头信息、词汇以及问题改变了人们对于所见的记忆。

用提问来引导的隐秘说服力，从这里可见一斑。我们进行隐秘说服就是要以令顾客做出某种行为（购买、尝试、捐赠、投票等）为目标，在他们的脑子里制造一些印象。使用恰当且有力的词语，配合正确的问题可以操纵别人的想法，最后，顾客就会照我们希望的那样去做了。为此，需要学会进行有效提问。如何做呢？可参照下面的做法：

1. 主动式提问

主动式提问是指销售人员通过自己的判断将自己想要表达的主要意思说出来。一般情况下，对这些问题顾客都会给予一个明确的答复。看下面这个洗发露销售人员是如何提问的：

销售员："现在的洗发露不但要洗得干净，而且还要有一定的护发功能才行，是吧？"

顾客："是的。"

销售员："为了能够护发养发就要合理地利用各种天然药物的作用，从而在洗发的同时做到护发养发，这种具有多种功能的洗发水您愿意用吗？"

顾客："愿意。"

这样，销售员就水到渠成地引导顾客将关注的焦点放在了推销的产品上。

2．反射性提问

也称重复性提问，就是以问话的形式重复顾客的语言或观点。例如："你是说你对我们所提供的服务不太满意？""您的意思是，由于机器出了问题，而给你们造成了很大的损失，是吗？""也就是说，先付50％，另外50％货款要等验货后再付，对吗？"

这样的提问通常会得到顾客肯定性的答复，从而让交流顺利进行下去。

3．指向性提问

这种提问方式通常是以谁、什么、何处、为什么等为疑问词，主要用来向顾客了解一些基本事实和情况，为后面的说服工作寻找突破口。如："你们目前在哪里购买零部件？""谁在使用复印机？""你们的利润制度是怎样的？"

4．细节性提问

这类提问的作用是为了促使顾客进一步表明观点、说明情况。与其他提问方式不同的是，细节性问题是直接向顾客提出请求，并请对方说明一些细节性问题。例如："请您举例说明你的想法。""请告诉我更详细的情况，好吗?"

5. 损害性提问

这种类型的提问，是要顾客说出目前所使用的产品存在哪些问题，再根据回答来说服顾客。例如一位复印机推销员问潜在顾客："听说你们当前使用的这种复印机复印效果不太好，字迹常常模糊，是吗?"显然，这类问题极具攻击性，如果使用不当，很可能会引起顾客的反感。所以，在提出这类问题的时候，一定要注意用词和语气的委婉，并要充分考虑顾客的承受能力。

6. 结论性提问

这种提问是根据顾客的观点或存在的问题，推导出相应的结论或指出问题的后果，诱发顾客对产品的需求。这类提问通常使用在评价性问题和损害性问题之后，例如：当顾客对问题进行肯定回答之后，复印机推销员便可以接着使用这种结论性的问题："用这样的复印机复印广告宣传材料，会不会影响宣传效果?"

销售人员想要提问的问题千万不能操之过急，要审时度势地提问，不能让顾客觉得你是为了问问题而问问题，要起码保持双方交谈的兴趣，在这个基础上按照自己的意愿主导交流沟通的方向。因此，提问的时机是非常重要的。如果你着急要提问问题，一定要等对方把话说完之后再接着提问，否则不仅会打乱对方的思路，还很有可能破坏对方回答问题的兴趣，这样容易失去提问的主动权。

此外还要注意穿插一些和问题无关的话题，这样才不会引起顾客的反感。而每次提出的问题要有连贯性，否则最后你会搞不明白顾客到底需要什么。同时要注意观察顾客的情绪，如果顾客很乐于交谈就尽量多提问，如果对方并不愿意多说话，你的提问只会带来相反的效果。

　　总之，提问是销售沟通中经常运用的语言表达方法，通过巧妙而适当的提问，可以摸清对方的需要，把握对方的心理状态，透视对方的动机和意向，启发对方思考，有利于说服对方接受你的建议，增大成交的概率。

用概念创造感觉

"销售人员必须创造一种感觉。"这是一位资深销售经理对部下的忠告。他说，销售人员不能仅仅把精力放在产品上，还要注重顾客的心理体验，尤其是在销售过程中要创造一种情境，让对方得到一个新奇精准的概念，从而意识到潜在的价值，或满足自己某方面的需求。

注重概念的推销是销售人员必须具备的一种理念。实际上，真正优秀的销售人员在工作中会忘记自己推销的产品，专注于推销概念。经验表明，先让顾客接受你的概念，才能让顾客接受你的产品。所以，要想在商战中取胜，除了你推销的产品有特色或者品牌吸引力之外，最好能具备一种独特的理念。如此一来，即使面对强大的竞争压力，你也能在品牌众多、产品严重同质化的情况下抓住顾客的心，最大程度上提升自己的业绩。

在推销汽车的时候，乔·吉拉德总是千方百计要每一位顾客都"闻一闻"新汽车的味道。而当顾客闻过新汽车的味道之后，大多会表示汽车的味道并没有什么独特之处。这时候，他会奉上自己独特的理解："所谓的'味道'：就是开心无比，风光无限；就是和太太、孩子一起郊游时的快乐；就是亲戚朋友的祝贺和羡慕。这个味道是您的生活，您的事业，是您的爱情和您所有的美梦。"

很多时候，顾客害怕踏上一辆新汽车，也不愿意试一试新车，因为他们会担心自己欠下销售人员的债，到最后不买也不行。这个时候，乔·吉拉德就会把顾客推上驾驶座的位置，让他们近距离地闻闻新汽车的味道。

一旦顾客的手握住了方向盘，乔·吉拉德就会接着告诉对方：这辆新汽车可以带你去任何你想去的地方。倘若顾客就住在附近，乔·吉拉德就会说服对方把车开回家去，这样太太和孩子们也能看一看新汽车了，而那时候，邻居也会站在门口张望——为了看一眼新汽车。

乔·吉拉德很少向顾客解释车型，也不告诉顾客发动机用了哪个牌子。只是告诉顾客一种概念——新车是有味道的，帮您吸引更多人的关注，是身份地位的象征。他让每个人相信，只要买下这辆车，就能开着它到处炫耀，这往往是顾客下定决心不再动摇的根本原因。

虽然，产品在推销过程中占据重要的位置，但是销售人员应该学会忘掉产品。因为对于顾客而言，产品的概念往往比优良的质量更有吸引力，也更有保障。

概念的说服力比语言的说服力要大上很多倍，如果打通了顾客的心理防备，即使产品在一定程度上存在不足，也会被顾客主动忽略掉。所以，一名优秀的销售人员要懂得在销售中运用概念的力量，同时要能利用简单的数字帮助顾客理解概念，这样顾客对概念才能有深刻、透彻的理解。最重要的是，顾客会对概念有一种认同。

其实，销售人员细致地向顾客介绍产品的功能、型号、材料或者售后服务等方面，都是为了引起顾客对产品的关注，从而达到销售的目的。但是，如果能为自己的产品设计一种独特的理念，这个理念并不是别的产品能轻易替代的，就能满足顾客"这是最特别的"的心理，会帮助销售人员轻易实现推销的目的。

另外，"概念"不能只靠销售人员的解说，如果能引导顾客体验商品，不论是销售人员亲自示范还是顾客亲身试用，都能在真实情景中为顾客加强概念，从而提升推销工作的实际效果。毕竟面对顾客的反复询问，实例才是最有说服力的。

用人情加深好感

做生意离不开人情，离开人情，生意也做不大，所以聪明的销售人员总是想方设法与顾客搭上关系，增进彼此的感情，把人情做透。

哈佛商学院的罗斯教授曾说过这样一句话："将未成交的顾客当成爱人，将已成交的顾客当成家人。"这句话强调了销售中销售人员要与顾客处好关系，把人情做透。

事实证明，与顾客建立交情深厚的关系是极为有效的一种促销手段。可以说，情谊是彼此交换想法，并达成一致意见和感情日渐深厚的一个重要标志，是实现成交目的的一项重要保障。因此，销售人员要把这种手段当作一种成交捷径，有意识地运用它。

几年前，杰克购买了一所大房子，房子虽说不错，可毕竟是一大笔钱，以至于付款后总有一种买贵了的感觉。就在全家搬进新居两个星期之后，房产商打来电话说要来拜访。

杰克不禁有些奇怪。早上，房产商来了，一进屋就祝贺杰克选择了一所好房子。之后他和杰克聊了起来，他给杰克讲了许多当地的趣闻，还带着杰克围着房子转了一圈，说明杰克的房子如何与众不同。他甚至还告诉杰克附近有哪几个住户大有名气。这一番话让杰克疑虑顿消、心情大好。

此时，这位房产商表现出的热情甚至超过卖房子的时候。房产商的热情造访让杰克大受感动，一颗不安的心平静下来。杰克确信自己买对了房子，很是开心。从此他们成了朋友，彼此远远超越了买卖关系。

房产商用了整整一个上午的时间来拜访杰克而没有利用这段时间去寻找新的顾客，他这么做吃亏了吗？没有！一周后，杰克的一位朋友对杰克房子旁边的一栋房子产生了兴趣，杰克便介绍他去找那位房产商。杰克的朋友虽然没有买那座房子，却从那个房产商那里买了一处其他的房子。下面是美国著名推销大师坎多弗尔在佛罗里达州讲的故事：

早晨，一位年纪较大的妇人来到我们店里，她是我们店的老主顾丽塔夫人。她看中了一枚钻石胸针，便开支票买下了。我在给她包装好后便跟她闲聊起来。我告诉她，我自己也喜欢这枚胸针，这胸针上的钻石产自南非最大的钻石矿，是我们店里最好的，希望她会喜欢。

听完这话，她感动地说，自己一开始还特别担心那钻石是否货真价实，现在完全放心了，并谢谢我跟她讲了这些。刚过一小时，她又带来一位顾客，原来两个人住同一家公寓，她把我介绍给她的朋友，夸我跟她亲儿子一样，要我陪她朋友在店里瞧瞧。她虽然没买什么昂贵的东西，却也花了些钱。送她们两位出了门，我想，今天不仅生意好，还结识了两个新朋友，这是最主要，也是最开心的。

在成功地销售完商品之后，再用热情的语言、诚挚的行动和对方沟通与交流，就会和顾客建立感情。随着情谊的不断加深，或许你会得到意想不到的结果。聪明的销售人员总会让顾客感受到自己语言和行为的魅力，不但能从自己这里得到实惠，还能像朋友一样沟通感情。要记得，有打折、优惠、物美价廉的好产品时千万不要忘记打电话，把好消息告诉你的老顾客。让他感觉你不但在工作上认真，和他感情也不错。

当他购买称心如意的商品时，再送一些小礼品如贺卡之类的东西，这些小饰品尽管是你自己购买的，也要说是厂家给员工赠送的。

这样会"快马加鞭"，让你们的关系更温暖、融洽。通过人情+利益的模式，你就会在对方的心里烙下很深的印象。下一次还怕他不来你这里买东西吗？他不但自己一定要买，还可能介绍他的亲戚朋友成为你的顾客呢。

用"威胁"打破抗拒

几乎所有人都有过这样的经历：当受到批评时，难免会产生一定的抗拒心理。如果能够合理地利用人们的这种心理，就会很容易改变某些人的顽固心理。如果在一个房间的墙壁上贴上"不准进入"的纸条，也许会有更多的人想进到房间里看个究竟。

同样，在推销活动中，如果销售人员适时地告诉顾客"我不卖了"，那么顾客购买的欲望也许会更大。所以销售人员要变得聪明，碰到态度恶劣的顾客时，有时可以试着态度强硬一些。也就是说，销售人员应该适当学会说"不"。

有些顾客对于产品的挑剔简直让人无法想象，他们在要求高质量的基础上，还希望能有很低的价格。销售人员此时要做的就是：告诉顾客你的产品价高是因为有质量保证。如果对方还犹豫不决，那么就不妨直接告诉他，如果不能接受现在的价格，那么你就不卖了，希望下次能有机会合作。

销售员小肖自从做销售这一行以来，销售业绩一直很好，甚至在很多时候，别人卖不出去的产品，她都能很顺利地推销出去。在被问到为什么能这么容易地完成销售时，她说了这样一段话："事情其实说起来也没有那么难，在推销过程中，双方地位应该是平等的，很多销售人员都把自己的地位降得很低，面对顾客就是服从、服从再服从，这样的推销方式肯定不行。你要变得比顾客更聪明，要站在平等的基础上，介绍给顾客一个合理的价格时，适时地传达出'超过这个价格范围我就不卖'的意思，那么顾客的心理就会被矫正过来，对于产品，他们可能就会欣然接受。"

从小肖的话里我们不难看出，适当地向顾客传达"我不卖"的信息是很重要的，当大多数的销售人员普遍说"是"的时候，由于你给顾客留下这种与众不同的印象，你被选择的可能性也许会更大。在谈判过程中，销售人员一定要学会适当使用"威胁"。只要运用得当，无疑会对你的销售工作起到良好的促进作用。

杨峥是一个建筑公司的业务员。他最近接手了一项非常大的工程项目的谈判工作，公司给出的谈判价格是 8.6 万元，而业主给出的价格是 7.5 万元。经过一段时间的谈判，业主提高到了 8 万元，但公司的价格底线却是 8.4 万元。

这该怎么办呢？这时候，杨峥站起来对谈判做了总结性发言，他说："我看这样好了，我想谈判不应该就这么完了，我们在价格上都花了这么长时间了，并且我们的价格已经非常接近，双方都能接受，如果因为 0.4 万元的分歧使谈判破裂那是我们双方的耻辱。"

对方显然心动了，最终，他们说："那我们折中怎么样？"杨峥显得有些迟疑，说道："折中，什么意思？我要 8.4 万元，你给 8 万元，你说你会涨到 8.2 万元，你是这个意思吗？"

"是的，"对方说，"如果你能降到 8.2 万元，我们就成交。"杨峥又说："8.2 万元听起来比 8 万元更合适一些，这件事，我得同上级领导商量一下，看看他们的意见如何。我明天给你回话。"

第二天杨峥对谈判对手说："哦，真不好意思，领导们态度强硬！我本来相信自己能让他们接受 8.2 万元的，但我昨天晚上花了两个小时又过了一遍数据，他们坚持说如果比 8.4 万元少一分钱，我们就会亏本，也就是说如果低于这个价格，这单生意我们就不做了。"最终，这单生意以 8.4 万元的价格成交了。

虽然每个销售员都希望尽快促成交易，但是很多时候，成交不可能那么顺利，这时候，有必要玩些套路。适当的时机下，"威胁"顾客"我不卖了"就是一种重要的套路，如果时机掌握得好，会"迫使"顾客听从你的引导，促成交易。

欲擒故纵消除逆反心理

销售人员都知道，在销售中，顾客经常会出现逆反心理。实际上，逆反心理是每个人都有的，是与生俱来的，这种心理是人们为了维护自己的立场，对对方的要求采取相反的态度和言行的一种心理状态。在物理学中有这样一个阐述：每个作用力都存在一个与之大小相等、方向相反的作用力。实际上，这种表述也适合于逆反心理。

可以这样说：顾客就是销售过程中和销售人员的力相反的力。顾客也是普通人，也同样会产生逆反心理，越是难得到的东西就越想得到，越是难知道的事情就越想知道，越是难以发生的事情就越想它马上发生。

而在销售中，销售人员越是极力推荐一种商品，顾客反而有很高的警惕性；销售人员越是热情和认真，顾客反而会越想离开。销售人员如果能把握好顾客的这种心理，就能在销售中赢得很多可能原本注定要失去的生意。这也就是欲擒故纵法。

早在1993年的时候，就有厂家学会利用顾客的逆反心理进行促销。当时，全国洗涤化妆用品交易会在南京举行，各厂家纷纷聘请公关小姐、模特，甚至聘用乐队展开促销，而某牙刷用品厂则聘请了一位身体健康、慈眉善目的老太太做公关。这一招反而吸引来比别的厂家更多的眼球，一个下午就成交了上百万的订单。

这就是很好地利用了人们的逆反心理，看惯了漂亮的模特做展示，突然出现一位老太太，好奇心促使人们对这家厂商和其生产的商品有更多的关注。可见，顾客普遍都存在逆反心理，而和逆反心理相伴随的就是好奇心理，正确利用顾客的逆反心理，通常能在促销活动中出奇制胜，不会耗费销售人员过多精力和代价，就能在业绩上有很大作为，何乐而不为呢？看下面两则事例：

美国有一个叫何力的店主，故意在自家的饭店门上挂一个自贬的招牌——"糟糕饭店"。经营了一段时间后，何力觉得还不上瘾，索性在大门两侧竖起大广告牌："请跟苍蝇同坐""菜式难看，服务更差"。然而，开业多年来，他的经营范围不断扩大，营业额直线上升。实际上就是利用"自贬"的方法，让顾客产生逆反心理，引起对方的好奇心，店里的生意自然就好了。

莫奈在一家汽车公司做销售员，一天一位先生来看车，莫奈得知对方原来的车用了很多年，很多汽车销售员都曾上门推销过车子，但是他都没有接受。莫奈在大脑中迅速运转：他没有接受别人的上门推销，一定是对他们的服务不够满意，毕竟现在的汽车市场差别不大；一定是有什么地方惹怒了他，他才不和别的销售员做生意。

莫奈试探地问："先生，那么多销售员上门推销您都没有接受，相信您对您的老车有很深的感情，想必要再用上一年半载才会换车吧。要么就是您的老车还好好的，现在换车未免太可惜了些。其实要是这样的话，您可以记下我的电话，有什么需要直接打电话给我，我可以上门为您服务。"

这位顾客一听，觉得莫奈反而比较值得信赖，坦白说："其实，上门推销的那些人一门心思只想把他们的车卖给我，没有一个问过我为什么换车，也没有人关心过我是不是真的该换车。其实我本身是真打算换一辆车的，这样，你先把几个车的资料拿给我看看，然后我再看实车，没有什么意外，我就在你这里订车了。"

就这样，莫奈又拿到了一个订单。其实，大多数的销售员不明白顾客的逆反心理，你越是极力推销的东西，遭到拒绝的可能性越大。莫奈从反面出发，并不滔滔不绝地介绍产品，利用顾客的逆反心理和伴随的好奇心，让对方主动提出购买。

　　作为销售人员，一旦发现顾客有了这种心理苗头，不妨就欲擒故纵，利用人的天性总是想得到不容易得到的东西，反其道而行之，从相反的方向刺激顾客、激发顾客，引导顾客主动向自己伸出橄榄枝。

借助环境左右顾客的情绪

产品销售总是在一定的场所和空间内完成的，也就是所谓的购物环境。如果能够利用购物环境的威慑力，让顾客主动就范，就能省去很多工夫。

大多数时候，顾客购买商品都有一个犹豫的过程，这个过程太长，很可能生意就泡汤了。如果你是一名店面销售员，就需要想办法在店面环境上下功夫，让店面的环境成为你成交的"助手"。促销手段是哪个商家都会用的，但是促销的结果却是不同的。在店里挂上这样的促销标语，更能"逼迫"顾客下定决心——"仅此一次，以后再无""最后一天特价销售"，这样的标语会给顾客带去紧张感，让他们觉得这次不抓住机会购买就再也没有机会了。类似的环境营造方法还有很多，只要销售人员能在推销的过程中利用周围的客观环境，促使交易向前推进，那么这个方法就是可取的。

还有几天就是情人节了，销售员晓晓并没有意识到这一点，和往常一样，带着化妆品上门向顾客推销。接待她的是家里的男主人，可是对方并没有把她让到客厅的意思，晓晓简单介绍了产品，他似乎也没什么兴趣，但是既不说买，也不说不买。

晓晓很着急，鼓动了好几次，对方才不好意思地说："我太太不在家，我不好做主帮她买化妆品。"

晓晓意识到这单生意很有可能做不成，忽然，她看到街边花店的牌子写着"送给情人的礼物——红玫瑰"，才意识到还有几天就是情人节了，于是灵机一动对男顾客说："先生，您看外面的鲜花店都在做红玫瑰的广告了，您这么在乎妻子的意见，一定很爱您的妻子吧？情人节到了，化妆品对于女人来说是一份不错的礼物，如果您能送一套给您的太太，我想她一定很高兴。"

这时，男主人也探出头来看街边，果然鲜花店都在促销玫瑰，意识到情人节需要送礼物给太太。晓晓抓住时机赶紧接着说："情人节每个女人都希望能收到一份礼物，相信您太太也不例外。而每位先生都希望自己的太太是最漂亮的，我想您也不例外吧？"

果然，这位先生笑着问化妆品多少钱，晓晓很快推销出去一套很贵的化妆品。

晓晓十分巧妙地运用了情人节的特殊环境，让男顾客认为不得不购买一套化妆品作为礼物送给太太。这就是环境的力量。

本来，顾客并不会轻易就对销售员的说辞就范，但是加之环境的作用力就不同了。销售员需要做的就是为顾客营造一种冲动的环境，营造一种需求，让环境帮助顾客做决定。

琳娜经营一家服装店，自从改变了店面的环境后，她的生意越来越好做了。原来，琳娜的服装店生意并不好，很多顾客看上服装后并不会马上购买，而考虑之后的结果多半就是不买了。

琳娜冥思苦想，终于想出一个办法。她请朋友帮忙为每件服装写了评语，将这些评语贴在店里新开辟的"交流墙"上。一旦顾客看上某款服装，又犹豫不决的时候，琳娜就会领顾客去交流墙看有关商品的评价。这些评价好比给顾客吃了一颗"定心丸"，不少顾客在看过商品评价后选择了购买产品。

琳娜通过改变店面的环境，让虚拟的"顾客"为实际的顾客出主意，顾客在"前辈"的影响下做出购买的决定，这就是环境的力量改变了顾客的想法和行动。

顾客并不会盲目地跟随销售员的说辞走，每一位顾客都是有主见的个体，但是每个人都会受到周围环境的影响，特别是面临选择的顾客，更容易受到环境的左右。销售人员如果能够通过改变或者利用周围环境为顾客创造购物需要的话，一定程度上就可以左右顾客的情绪，让顾客不由自主地喜欢上自己的产品和服务。

找到合适的销售套路

看下面这则小故事：

美国有兄弟俩经营着一家不太起眼的铺子，为改变不景气的现状，哥哥出了个主意。再来顾客的时候，哥哥一般在里屋不露面，弟弟在外负责接待。

当顾客挑选货物询价时，弟弟都装作不知货物价格大声向里屋发问："×型男士皮鞋多少钱一双?""十八英镑。"哥哥在屋里回答。弟弟装作耳朵有毛病，又问哥哥："×型男士皮鞋多少钱一双?""十八英镑。"哥哥又回答道。

这时弟弟对顾客说："哦，十五英镑。"听到里屋报价的顾客感觉有便宜可占，立刻付钱拿货走人，可是他哪里知道 X 型皮鞋价格就是十五英镑。通过这样的设计，兄弟俩的小店每天顾客盈门，其中多数顾客都是抱着占便宜的心理前来的。

一个简单的套路就让小店起死回生，生意兴隆，可见兄弟俩的套路玩得很高明。

销售玩套路是十分正常的事，销售本来打的就是心理战，可是要清楚，销售中没有单一的套路能够打遍天下，要是这种套路不行，马上换另外一种套路，不管你是哪种性格的销售员，你会发现，总有一种套路适合你。

下面是销售常用的 10 个套路，用心揣摩，定会有所收获。

1. 单刀直入法

讲解完产品后，感觉顾客有明确的购买意向，可使用直接要求法，但要避免操之过急。"康总，既然您没有其他意见，那我们现在就签单吧。"

当提出成交的要求后，就要保持缄默，默默等候顾客的反应，切忌再说任何一句话，因为你的一句话很可能会立刻引开顾客的注意力，使成交功亏一篑。

2. 利益成交法

先不用盲目介绍产品，可总结顾客的需求，思考自己可以给顾客带来哪些便利之处，然后再将顾客购买产品或者服务所带来的实际利益都展示在顾客面前，以利益触动顾客的内心，促使顾客最终达成协议。

3. 优惠成交法

指销售人员通过提供优惠的条件促使顾客立即购买的一种方法。属于商家常用的方法。在使用这些优惠措施时，需要特别注意下面三点：

（1）让顾客感觉你的优惠只针对他一个人，使其产生一种占便宜和尊贵的体验。

（2）不要随便给予优惠，要不然顾客会提出更进一步的要求，直到你不能接受的底线。

（3）表现出自己的权力有限，需要向上面请示："真是不好意思，依我的管理权限，我只能给你这个价格。"然后再话锋一转，"不过，由于您是我们的老主顾，我可以向经理请示一下，给你些额外的优惠。"这样，交易十有八九就达成了。

4. 二选一法

可为顾客提供两种解决问题的方案，无论顾客选择 A，还是选择 B，都是我们想要达成的一种结果。运用这种方法，就巧妙地避开了"要还是不要"的问题。例如："您选择 A 款，还是 B 款？""您是刷卡还是用现金？"

5．激将法

激将法是利用某些顾客好奇、不服输的心理而促其做出购买的行为。在激将对方时，销售人员的神情应平静、自然，以免对方看出你在"激"他。

6．预先框式法

在顾客提出要求之前，销售人员要先为顾客确定好结果，同时对顾客进行认同和赞赏，迫使顾客按自己的说法去做，如："我们这款风衣是专为那些有气质、身材苗条的职场女士打造的，会让那些职业丽人更加光彩照人也更加自信，我看您，肯定就属于这样的职场精英。"这样一说，多数的顾客都不会反驳自己不是那样的人，自然交易就容易达成了。

7．从众成交法

就是利用人们的从众心理，诱使顾客做出购买行为。一个顾客看中了一台洗衣机，却没有想好买不买。销售人员说："您目光如炬，这是目前最为热销的一款，平均每天要销一百多台，旺季还要预订才能买到现货。"顾客一听有这么多人购买，很爽快地签了单。

8．因小失大法

就是告诉顾客没有购买本产品或者服务是一个因小失大的错误，通过这种"威胁"和压力，刺激和迫使顾客成交。比如说："如果你不接受这套课程培训，你将无法应付即将到来的艺术考试。"让顾客面临着两种选择，一种是可以得到潜在的利益，而另一种却暗示着很大的风险。

9. 惜时成交法

多数人都有一种"怕买不到"的心理。对愈是得不到、买不到的东西，就越是想得到它。正所谓机不可失失不再来，一旦顾客意识到购买这种产品是很难得的良机，那么，他们往往会立即采取行动。这就是惜时成交法。

通常可以从这几方面去做：

（1）限数量，比如打出"数量有限，欲购从速"的字样，促使顾客购买。

（2）限时间，主要是在限定的时间段内才能享受活动优惠。

（3）限服务，主要是在指定的数量或者时间内才能享受匹配的服务。

（4）限价格，主要是针对要涨价的商品。

10. 步步紧逼成交法

很多顾客在面临成交的时候，往往会放弃，或者往后拖延。他们会说"我再好好琢磨琢磨""我们商量商量""过一段时间再说吧"。这时，可以先赞同他们："买东西好好考虑是必须的，我支持您的慎重。您花时间关注这个产品，说明您对它很有兴趣，是这样吧？"然后，再紧逼一句："能告诉我，您要考虑的是什么吗？是我公司的售后服务，还是对我的介绍不清楚？"

不断发问，最后让对方说出他所担心的问题。这时，你只要能解决对方的疑问，成交也就水到渠成了。

·第四章·

用专业素养征服顾客

客户是挑剔的，但是当我们越过了客户挑剔的眼神，真正进入"辅助他们经营管理、市场运作的合作伙伴"的心里范畴之后，我们就真正地实现了厂商双赢的工作使命，而这个过程是一个不断博弈的过程，是一个征服客户的过程。而专业的市场运作技能是实现征服客户最有效的途径。

以专家的身份登场

当你上门推销时，对方听了你的介绍感觉你是个专家，他会愿意听你继续说下去。因为你知道他需要什么，了解什么，而不需要再花费时间去调研，去做一些无意义的咨询。

有一位营销总监去电子卖场，刚进门就被一个年轻的销售员拦住，销售他们的产品。这位总监对产品毫无兴趣，反过来问道："你是做什么的？"只见那个销售员愣了半晌才说道："我是专职销售员。"总监微微笑了笑，然后说："你不应该把自己当作是卖货的，而应该把自己当作导购专家。"

的确，现在的顾客更喜欢专家式的销售员，掌握了正确说话方式的销售员。

一家传真机公司销售刚刚面世的传真机，虽然产品很有优势，但始终不能打开市场。因为传真机价格很昂贵，大约五六万元人民币，所以买家很少。针对这种销售不畅的实际情况，该公司请一家销售公司的资深推销员来帮助他们将传真机推向一个新的领域，打开市场。

这位推销员通过研究传真机的一些特性，发现传真机有 3 个非常重要的特性，这 3 个特性是当时市场上所有的通信工具和手段都无法替代的。于是他根据传真机的 3 个特性到市场上去寻找必须使用这 3 个特性的顾客以及必须用这 3 个特性来解决工作中难题的顾客。他很快就发现了目标顾客，是一家石油公司。

这家石油公司在太平洋有很多钻井平台，他们每天要派直升机往返两次获得从钻井平台上采集与钻井采油相关的所有数据，再将这些数据通过一种特殊的方式传递到总部，由总部的专家来分析这些数据。可以想象，用直升机每天往返两次到钻井平台，如果是10个钻井平台，就需要很多的直升机。其次，数据要从钻井平台传到海岸，又由海岸再传到总部，整个传递需要很长时间才能完成。于是，该推销员根据这些情况向该石油公司推荐了这一款传真机。最后，该石油公司采购了1000台传真机。

这就是由推销人员来完成的专家式销售，它通过发现顾客的问题点，了解顾客的真实情况，引导和理解顾客的现实，为顾客提供解决方案，最终产生了一个非常大的订单，引发了非常大的市场需求。这和一般的销售代表仅仅通过表面现象去发现问题点或者仅仅通过一个问题点就进行强行的销售有本质的区别，当然也会产生绝对不同的效果。

这种专家式销售就是要求销售人员站在顾客的立场上，销售的不是一种产品，而是一种解决方案。在销售过程中，销售人员要成为能令顾客信赖的专家和顾问，能够解决顾客的个性化问题。

如果是家具销售员，这种专家式的销售员就会上门帮顾客测量、设计家具摆放的方案，在购买时，也会给予顾客非常实用的建议。所以，这种专家式的销售要求销售人员真正理解顾客需求，帮助顾客解决目前生活和未来生活的规划中遇到的一些问题。

成为专家式的销售员，给顾客的感觉是你很专业，那么相对于那些一问三不知的销售员来说，这种销售员更受顾客欢迎。同时，专家式销售还能为顾客提出解决问题的方案，这样顾客也容易依赖你。

此外，专家式销售还能提升产品的附加价值。专家式的销售方式，讲求与顾客的互动及进行深度的情感沟通，与交易式、销售式形成了差异化的竞争优势。这种方式更容易吸引和打动顾客，提升了品牌的附加价值，更容易形成品牌忠诚度。

专家式销售的效果尽管很好，却并不容易实施，所以这种销售方式对销售员提出了很高的要求。

首先，销售人员要做好专家式销售，必须从态度、知识、技能各个方面去提高自己，这样才能成功提出解决顾客提出问题的策略和方案，成为顾客信赖的顾问和专家。

其次，要培养健康积极的销售心态，即不只是光想自己赚钱得利，心里要有切实为顾客着想的意识和行动。

如果销售人员抱着一腔为顾客选购产品的热情，几乎所有顾客都会为之感动，双方的成交也就顺理成章了。

顾客需要你的产品，但是他不知道你的产品会有怎样的性能；他不知道你的产品解决怎样的问题；他不知道选择哪种产品最好。这就需要你的指导，因为你就是帮助顾客买东西的专家。

用专业的解答说服

在推销活动中，销售人员经常会遇到顾客各种各样的异议，顾客会对产品提出这样那样的毛病或不足。比如：

"你产品的样式我没相中。"

"这款价格太高了……"

"你介绍的产品的那些优点属实吗？"

"这就是一款大路货呀！"

作为销售人员，当面对这种情况时，你会不会感觉很难抵挡，不知怎样回答？顾客好像真的对产品不满意，当你无法说服他时，是否准备放弃？

如果你是一个优秀推销员，你就可以从中看出对方意见中的另一面——有购买意愿，因为正是对方喜欢这个产品才促使他对产品有诸多疑问和挑剔。此时正是推销员成功推销的时候。

如果顾客是对产品本身没有安全感，不一定是说你推销的产品真的就存在安全隐患，或潜伏商业欺诈。这种情况，你应该以专家的口吻耐心做出合理的解释，以打消顾客的疑虑。

在某大型汽车展销会上，一名金牌销售员带领顾客参观展品。有一位顾客看了几辆汽车后，在主打产品前停了下来，听了销售员的介绍后，他摇了摇头说："××新上市的汽车，和你们主打的这款一样都是小型车，同为五星级产品。但是它排量是 1.6 升，你们这个才 1.4 升，而且你们这个车噪声有点大。"

对此，这位销售员解释说："您说得的确没错，看来您对汽车真是了解。那您也一定了解我们车的指标，噪声虽然相对那一款较大，但是仍远远低于国家标准。您可以体验一下，绝对不会影响您的驾车感受。您驾驶我们的汽车，绝对舒适。您再看看我们的汽车，外观上比另外那台更加流畅，也更符合像您这样的年轻白领精英的身份，衬托出您不凡的气质。我们的排量虽然比那台略小，但是动力是足够的，完全适合您在城市中使用。我们这款汽车的设计理念是经济环保，目的是在满足顾客需求的基础上，尽量节省燃料，符合现在低碳生活的节约观念。现在汽油一直在涨价，您选择一辆节省燃料的汽车肯定是个明智的选择，一个月能够为您节省很多开销！您可以把这些省下来的钱做别的投资！而且为了回馈顾客，现在购买可以赠您两年保修期。我保证您买了这辆车，绝对不会后悔！"

一番话，说的顾客连连点头。

这是一次深入说服，也是专家式的说服。销售员销售的产品，和竞争对手相比，在噪声、排量、动力方面存有缺陷，如果单纯地在这些方面比较，这次销售就极有可能遭遇失败。但是这个销售员，却以专家的口吻，扬长避短，突出介绍自己产品的优势——操作舒适、气质不凡、经济环保，引得顾客心理认同。

毋庸置疑，世界上没有完美无缺的产品，更没有完全符合顾客需要的产品，当顾客对产品感到不够满意，他就会提出各种各样的异议。作为销售人员，要辩证地看待问题，要认识到这是推进交易进程的良机，因此要及时抓住契机，给予顾客恰到好处的专业解答。

掌握精准数据"秀秀"你的专业度

在销售行业中，我们经常听到有些销售人员抱怨：为什么我们向顾客介绍产品，真诚的就差把心掏出来了，可他还是犹豫不决呢？实际上，这说明你对产品的介绍并未对顾客起到作用。此时，若你能用一组数据或者用权威、事实等证据说明产品，往往就能打消顾客的疑虑，增加顾客的购买信心。

比如，我们举一个推销员的推销实例：

销售人员："你好，我是××公司打印机顾客服务部的推销员，我这里有你的资料记录，你们公司去年购买了我们公司的一台打印机，对吗？"

用户："哦，有这事！"

销售人员："我给你打电话的目的是，这个型号的不干胶打印机已经不再生产了，以后的配件也比较昂贵，提醒你在使用时要尽量按照操作规程。你在使用时阅读过使用手册吗？"

用户："没有呀，不会这样复杂吧？还要阅读使用手册？"

销售人员："其实，还是有必要的。实在没时间阅读当然也是可以的，但机器的寿命就会缩短。"

用户："我们也没有指望用一辈子，但最近生意比较忙，打印机的任务也就多了一点，如果坏了怎么办呢？"

销售人员："没有关系，我们还是会上门维修的，当然是要收取一定的费用，但比购买一台全新的还是便宜的。"

用户："对了，现在再买一台全新的打印机什么价格？最近的业务量开始大起来了，我还怕以前的那台机器受不住呢。"

销售人员："要看你选择什么型号的，你现在使用的是 R210，后续的升级产品是 R270，不过完全要看你每个月的使用频率。以你现在机器的使用情况，我还真要建议你考虑用后续升级的了，它的承载量是前者的两倍。"

用户："要是这样，你能否给我留一个电话号码？年底我可能考虑再买一台，也许就是后续升级产品。"

销售人员："好的，对了，你是老顾客，年底还有一些特殊的照顾，R270 型号的渠道销售价格是 10 100 元，如果作为 R210 的使用者购买的话，可以按照八折来处理，或者赠送一些你需要的外设，主要看你的具体需要。这样吧，你考虑一下，然后再联系我。我可以将一些优惠政策给你保留一下。"

用户："稍等，这样我要计算一下，我在另外一个地方的厂房里要添加一台打印机。这样吧，基本上就确定了，是你送货还是我们去取？"

销售人员："都可以，如果你不方便，还是我们送过去吧，以前也去过，容易找的。你看送到哪里，什么时间比较好？"

后面的对话就是具体落实交货的地点、时间等事宜了。

在这则案例中，销售人员用不到 30 分钟的时间就再次推销出去一台打印机。我们发现，自始至终，他的说明都很具体。而正是对这些数据的精通，让顾客折服，相信他的专业素质，从而选择再次与销售员合作。

的确，在介绍产品的时候，一定要显示出自己的专业素质，尽量权威、精确地介绍产品的各个方面，越是精确、越是权威的数字，越能让顾客感受到你的专业，也就越能获得顾客的信任。现在，很多商家和销售人员都意识到了这种方法。

成为自己产品使用的权威

由于人们都有愿意相信和认可权威的心理（虽然这种信任和认可很多时候是盲目的），所以在销售活动中，销售专家利用了这种影响力和人们对之的遵从和认可。如，很多商家在为产品做宣传时，总是不惜高薪聘请一些专家来做产品的形象代言人，就是为了引导顾客消费。这种措施在客观上有力地促进了销售的进度，提高了销售的业绩。

这种"权威效应"也启示销售人员，在销售活动中、在和顾客交流时要模仿专家说话，采用专业性话语，以求吸引住对方。

在顾客心中，专业代表安全、代表优质，更代表自身能够最大限度地获取到的利益。所以，顾客一般都青睐那些专业化、顾问式的销售员。

作为一名销售员，如果在自己的领域里显示出较强的专业性，能够以专家口吻跟顾客交流，就会提升顾客对自己的信任度，就会更容易说服顾客。

以产品介绍为例，通常情况下，良好的产品介绍需要符合 FABE 的要求：F 代表产品的特征；A 代表产品的优点；B 代表顾客的利益；E 代表证据。在给顾客介绍产品时，要把产品的机能、材料、外形、使用性、便利性、价格以及可以给顾客带来哪些便利和利益等，都要说清楚、明白，才算是良好的产品介绍。看下面这个产品介绍：

"诸位请看，这是一款新式调料瓶，瓶口有舌状的倒出口，出口上刻有 5 厘米的沟槽。这个沟槽的用处是防止瓶内的液体外漏，但不会妨碍往里面倒入液体，油、醋、酱油等都可以由此口无障碍地倒入。

"这款调料瓶优点之一是在倒完瓶内所装液体后，不会在瓶口存留所倒的液体，因此看起来十分干净卫生。根据我们的市场调查，这一特点是市场上同类商品不具备的，因此特别难能可贵，有着非常好的销售前景。

"您再看，这款调料瓶的外形是圆锥形，盖子也是圆的，上下一体，给人一种圆润、光洁的感觉。颜色方面，也有蓝、黄、绿三种可供选择，可以说外观时髦别致，既可以放在厨房，也可以放在餐桌和食品柜中。因此，从外形到实用性上看，这款新式调料瓶都堪称完美……"

这个产品介绍比较符合 FABE 的要求，从产品的性能、外形、使用、特色，以及给顾客带来的利益都介绍得十分清楚，顾客也会听得明明白白。

专家式介绍要求销售人员要站在顾客的立场上介绍产品和服务，并给予顾客以专业的解答。但是有些销售人员，为了让顾客觉得自己是这一行的专家、对自己所售产品十分了解，就在向顾客介绍产品时，一味用专业术语来包装自己，想以此来赢得顾客的好感和信赖。但是这样卖弄专业术语的行为，往往会给自己的销售带来不良后果。顾客会因为这些听不懂的术语与你产生沟通障碍，也会因为这些高深的术语对产品失去兴趣。

石梅进入保险行业快三个月了，虽然经过一段时间的培训，对保险行业的专业术语已经了解得非常透彻了，但是她却一桩生意都没做成。

原来，每当顾客表现出购买兴趣的时候，石梅就会搬出一堆专业术语为顾客做介绍，什么"费率""债权""债权受益人"等，顾客往往被满嘴专业术语的石梅搞得一头雾水，根本不懂她在说什么，最后只能婉转地谢绝。可怜的石梅竟然不知道顾客为什么不选择她。

适当地使用专业术语，会突显出专业性，由此更能获得顾客的信赖与支持。所以销售人员一定要努力成为产品的使用专家，并能以专业的口吻为顾客释疑解惑，把顾客吸引到自己的身边来。

提供最专业的解决方案

顾问式销售起源于 20 世纪 90 年代，是一种全新的销售概念与销售模式，在当前非常受顾客欢迎。它是指销售人员站在专业角度和顾客利益角度提供专业意见和解决方案以及增值服务，使顾客能做出对产品或服务的正确选择和发挥其价值。

在顾问式营销过程中同时建立了顾客对产品或服务的品牌提供者的感情及忠诚度，有利于进一步开展关系营销，达到较长期稳定的合作关系，实现战略联盟，从而能形成独具杀伤力的市场竞争力。

传统销售理论认为，顾客是上帝，好商品就是性能好、价格低，服务是为了更好地卖出产品；而顾问式销售认为，顾客是朋友，是与销售者存在共同利益的群体，好商品是顾客真正需要的产品，服务本身就是商品，服务是为了与顾客达成沟通。可以看出，顾问式销售将销售者定位在顾客的朋友、销售者和顾问三个角度上。因此，如何扮演好这三种角色，是实现顾问式销售的关键所在。

简单地说，顾问式销售提供给顾客的不是产品，而是专业的解决方案。销售员不再是卖产品的推销员，而是解决顾客问题的顾问。所以也就回避了价格这个敏感的问题，企业也就不会在价格战的旋涡里挣扎。

让我们来看一位车载导航系统销售人员采用顾问式销售，向某 4S 店推销车联网系统的成功案例：

齐国伟是恒晨导航公司的销售人员，多年的工作经验，让他对顾客的各种需求了如指掌。他先向顾客介绍了自己的产品——车联网系统，并展示如何基于车联网系统与顾客进行远程故障诊断、信息发送、顾客关怀等，然后对顾客说："对于 4S 店来说，现在卖车的利润比较薄，后续保养才是盈利关键，但很多车主对 4S 店维修费用非常担心，总觉得会乱收钱，所以免费期后基本不到 4S 店了。如果通过车联网远程故障诊断，随时可以知道车辆状况及需要保养的项目，4S 店提前给车主做出一个保养规划，车主相对会对 4S 店信任很多，一定会成为国内 4S 店服务的一个突破。"

这番话一针见血，令 4S 店采购负责人心悦诚服，但是他们最为关心的还是费用问题："我们了解到除了一次建设后台服务的费用，日常顾客人员费用也很高，如此一来，车主会不会拒绝接受安装这种系统？"

齐国伟胸有成竹地说："的确。除了建立系统外，日常客服、网络等都需要费用。不过，这种新型服务也可以给您带来可观的收入。"

"有可观的收入？哦，我们可以收顾客服务费用。"顾客非常惊奇。

"对，一般来讲，拥有私家车的家庭都属于在城市中收入较高的阶层，是厂家销售产品的最佳对象。通过上车联网系统，与顾客日常沟通，这是一个非常有利的资源。可以利用该服务平台向顾客发一些商业信息。"

"这是一个很好的广告方式。"

"这些广告的收入完全可以支付日常的费用，从经济上讲也非常划算。因此向顾客提供车联网服务是一个一举三得的好项目。4S 店可以向车主提供更好的服务，车主行车安全更有保障，广告厂商有一个非常好的广告机会。"

经过齐国伟的解说，顾客茅塞顿开。不久，该 4S 店开始向恒晨导航公司采购车载服务系统，为车主提供信息服务。

事例中，齐国伟从顾客的立场去分析问题，全面地为顾客提供了专业的解决方案，从而获得了顾客的信赖，决定购买这款车联网系统，非常痛快地做成了这笔生意。

现代社会的分工越来越细，大家购买产品或服务时，朋友、同事、网上可能会提供一些经验和意见，但是作为买家，顾客往往认为销售人员的意见才更为专业。同时顾客也知道销售人员急于把产品卖出去，因此顾客有理由怀疑销售人员会不会为了将产品卖出去而夸大他的产品，他现在给出的承诺是否真的能够兑现。

顾问式销售模式的建立条件比较严苛，如果销售人员不能取得顾客的信赖，无论说得多么天花乱坠也不能打动顾客。因此销售人员在向顾客提出建议之前应该与顾客建立互信的关系。

建立互信关系的第一步是要进入顾客的视野并树立形象。很多公司能够提供满足顾客需求的产品，但是顾客只会与少数的公司洽谈。顾客选择的依据是对厂家的理解，即厂家在顾客心目中的形象。我们前面谈到的展会、展览会、广告都是市场部门帮助销售人员进入顾客视野并树立形象的好办法。

建立互信的第二步是展现优势并使顾客敞开心扉。顾客在重要的采购中更加慎重，直到觉得这个厂家有优势和价值，顾客才会敞开心扉，谈出他的要求。这时顾客与销售人员的互信才建立起来。

顾问式销售是以顾客动机、需求和利益为导向的。销售人员要明白顾客的终极动机是顾客个人和机构利益的共同点，即顾客本人希望通过这个项目达到什么目的，建立在顾客动机之上的才是顾客的需求。销售人员掌握的是产品的特性、益处和证据。找到顾客的动机和需求，利用自己公司和产品的特性、益处和证据使顾客信服就是顾问式销售的本质。

· 第五章 ·

以优质的服务留住顾客

　　维护好客户关系，留住核心客户，在平时的服务中就要做到位。让每个顾客都能体会到优质全面的服务。在日常工作中，发挥最大的工作职能，为客户提供最优质的服务，帮助客户的效益最大化，让客户实实在在地得到收益。赢得客户的信任，建立良好口碑。

推销的不仅是产品，更是服务

有许多做推销工作的人员，干的时间不长就很狼狈地走人了，为什么呢？因为他们缺乏长远的眼光，他们在一次推销成交之后就以为推销活动也就结束了，但顾客显然不这么认为。顾客不喜欢那种"恭维他们给他们各种承诺，然后遗忘他们"玩一锤子买卖的推销员。交易完成之后，推销员对顾客又恢复了像一个陌生人的感觉，这只会引起顾客不满。

顾客在购买产品后的使用过程中，同样会对产品的有关问题提出意见，对此推销员应给予足够的重视。那种"货已出门，概不退换"的做法既损害了顾客的利益，同时也损害了企业的形象，也断送了自己的推销生涯。

在推销活动中，顾客对推销服务的不满大致有以下原因：推销前未能向顾客提供足够的企业信息和产品信息；推销中的服务内容、服务质量不能令顾客满意，例如，没有及时提供样品、说明书及耐心细致的产品演示等；推销后的服务中，如顾客所需的信息、运输、安装、调试、指导使用、维修以及技术培训等，未能及时跟上，甚至毫无保证。

推销服务是整个推销活动中不可或缺的、极其重要的组成部分。在购买商品时得到热情周到的服务是顾客的普遍心理，所以推销服务具有重要而深远的意义。一个推销员在直接或间接地提供服务时，它的质量高低，不仅关系到是否能做成一笔买卖，而且关系到整个企业的信誉。

推销员的低劣服务，往往会导致顾客不满，从而使企业丧失利润，而且更重要的是使企业丧失了市场竞争能力，给企业带来巨大的损失。

那么，怎样才能让推销服务为自己争取订单呢？为顾客的服务"打包"是一个有效手段。

这需要在销售工作中制定出一套详细的服务标准，以此来促进员工对顾客进行规范化、标准化服务。制定服务标准应从顾客的需求出发，以优质服务为准则，准则应尽量具体，以便员工执行。

海尔的"12345"法则：1 个证件，上门服务要出示上岗证；2 个公开，公开统一收费标准并按标准收费，公开出示维修或安装记录单并在履行完毕后请顾客签署意见；3 个到位，服务后清理现场到位，通电试机演示到位，向顾客讲明使用知识到位；4 个不准，不准喝顾客的水，不准抽顾客的烟，不准吃顾客的饭，不准要顾客的礼品；5 个一，递一张名片，穿一双拖鞋，自带一块垫布，自带一块抹布，赠送一件小礼品。

服务标准必须让员工理解并接受，这样更便于执行和落实。因此，商家可以发动员工参与制定服务标准，这样可以获得员工的支持和理解。一般认为，评价服务质量主要有以下标准：

1. 可行性

服务标准要既切实可行又有挑战性。如果商家制定的服务标准太高，员工无法达到，员工就会产生不满情绪；如果标准过低，又无法促使员工提高服务质量。既切实可行又有挑战性的质量标准，方能激励员工努力做好服务工作。

2. 感知性

指商家为顾客提供的各种设施、设备，及服务人员的仪表等，通过这些真实、可见的部分来使顾客感受到服务的实质。这些有形的展示会直接影响到顾客对服务质量的感知。

3. 可靠性

可靠性指商家应兑现自己所承诺的服务。在服务过程中，尽可能避免发生失误，应以优质的服务获得顾客认可。

4. 保证性

主要指服务人员的友好态度与胜任能力。服务人员较高的知识技能和良好的服务态度，能增强顾客对服务质量的信任度和安全感。在服务产品不断推陈出新的今天，顾客同知识渊博而又友好和善的服务人员打交道，无疑会产生更多的信任感。

5. 移情性

指商家和服务人员能设身处地为顾客着想，努力满足顾客的要求。这就要求服务人员有一种投入的精神，想顾客之所想，急顾客之所需，对顾客的需求千方百计地予以满足，给予顾客充分的关心和体贴，使服务过程充满人情味。

为服务打包，会有力地促进顾客对产品的认同感，增强顾客对产品的情感，直接地促进产品销售。所以一定要做好为顾客服务的"打包"工作，从这个角度上讲，为服务"打包"胜过为产品"打包"。

严格履行承诺的售后服务

销售工作中，推销人员常常会犯这样的毛病：即在销售前后表现出不同的服务态度，在顾客购买产品之前，对顾客万分殷勤，但在对方交钱后就非常冷淡，对顾客的承诺和服务也拖拖拉拉，敷衍塞责。因此，常有顾客在购买的时候就产生了疑虑："你们能做到售后服务上的保证吗？"

面对这种情况，如果销售人员不积极主动地向顾客保证，让顾客消除购买的后顾之忧，那么就会前功尽弃。要知道，顾客得不到绝对的安全感，是不会购买的。

小关应聘到某电器销售公司，在商场的电器专柜做促销。

五一到了，商场的生意很红火，其他销售员都忙得不可开交，可是小关忙了一上午还没开张，原因也很简单，就是不论她怎么说，顾客总是问几个简单的问题就走开了。直到下午，公司销售主管来商场专柜指导销售工作，小关的销售经过他都看在了眼里。

过了一会儿，有一位顾客前来问小关："我想买一个电饭煲，可听说你们店的电器一直以来名声都不是很好，是因为你们的售后服务很差，是真的吗？"

"不是，您误会了……"

"误会？那你有什么好的证据吗？"

"这，这……"小关一时语塞不知道怎么回答了。面对一问三不知的小关，顾客明显很不高兴，转身要走。这时，销售主管走过来解围说："不好意思，她刚来，我来回答你的问题吧。"

销售主管针对顾客担心的售后问题做了相应的承诺，并拿出了顾客意见反馈表，证明顾客的担心是多余的。最终，他当着顾客的面填写了保修单，顾客打消了心中的顾虑，购买了商品，高高兴兴地走了。

可见，实际销售过程中，我们发现，很多顾客都存在和案例中的顾客一样的顾虑，那就是担心产品的售后问题，甚至有些顾客把售后问题是否完善当成决定他们是否购买的决定性因素。因此，如果我们不能给足顾客绝对的售后保障，顾客是不会购买的。而相反，如果我们能在与顾客的沟通中，让顾客消费得放心，消费得舒心，也就满足了顾客心理安全的需要，那么顾客没有理由不和我们合作。

当顾客担心售后问题时，销售人员可以向顾客展示全面的保障举措：

1. 做专业的售后保障解答

一般来说，顾客如果对产品本身比较满意，只是担心售后问题，就会从专业的角度询问销售人员。因为熟知产品的售后保障问题，也属于销售人员专业知识。如果销售人员专业性不够，回答让顾客不满意，顾客自然就会心存戒备。所以，如果销售人员想要从心理上赢得顾客，就要加强专业知识的学习，在顾客面前要显得更加专业。

除此之外，销售人员要注重个人形象，树立良好的外在形象，让顾客从里到外都感觉你是专业的销售服务人员。顾客对销售人员认可基本上就是对产品的认可，自然也会相信销售人员关于产品售后问题的回答。

2. 告知产品正确的使用方法和注意事项

有时候，顾客在使用产品的过程中出现问题，原因并不在于产品本身，而是使用不当，造成顾客对产品的误会。如果在顾客购买产品前，销售人员就能告诉顾客产品正确的使用方法并提醒他们注意事项。那么，顾客就会觉得销售人员很负责任，能感受到销售人员在真心实意地关心着他的安全，那么顾客就会对销售人员的善意给予回报，合作也就是水到渠成的事情。

3．提供具有实际意义的售后保障

（1）质量保修承诺

比如，销售人员可以告诉顾客："我公司对电热膜产品存在的质量问题十年内实行免费维修、更换""十年后对电热膜系统实行有偿维修、更换，价格按当时市场价格。对人工费实行优惠减免""我公司对温控器产品存在的问题，两年内实行免费维修、更换"。

（2）服务承诺

比如，销售人员可以告诉顾客："我公司拥有一批专业的地暖高级技术人员和完善的电热膜供暖系统检测设备。设有专门的技术部门指导电热膜供暖系统的安装，拥有一支经过严格训练的安装队伍，为用户提供一流的安装服务并实行售后跟踪服务。"

一般来说，可以从这几个方面保证产品的售后服务：

定期回访：由专门的售后服务工程师根据公司制订的售后服务计划，定期回访顾客。

定期维护：售后服务工程师将根据公司制订的售后服务计划，定期对产品进行维护。

及时回复：接到用户的报修通知后，公司的售后服务工程师将在最短的时间内到达现场，并保证在最短的时间内使用户恢复使用。

所以，作为销售人员，让顾客买得放心、给足顾客售后保障是赢得顾客的信任、完成销售的前提。做好了这一点，才可能招来顾客的关注和信任，也才能提高业绩。

及时做出可靠的承诺

在购买中，有些顾客表现出对购买的疑虑，是因为害怕承担购买产品或服务的风险。如果销售人员能提供一份可靠的承诺，使顾客的购买行为变得毫无风险，或者至少能够最大限度地降低风险，就会大大消除顾客的疑虑。

当然，提供任何产品和服务都是有风险的，这一点可以理解。但是通过陈述并且宣传你的保证和承诺，你商业前景上的风险就会减弱，并且大大提高潜在顾客对你的信任，加强他们购买的意愿，并最终促使顾客和你成交。

销售员宋俞向某公司推销软件系统，他在与该公司的负责人商谈时，就适当地运用了承诺，结果签下了一笔大订单。

这家公司的软件系统时常出毛病，严重地影响了公司的工作效率。经过研究，该公司决定投入大笔资金，全面更新公司的软件系统。

小宋获得这个消息后，就前来洽谈这一笔生意。通过努力，这一公司的相关负责人对小宋推销的软件系统终于有了一点意向。但是，鉴于以前购买的软件系统质量不高，经理迟迟不肯签单，希望能另外找到质量和性能更可靠、价格更优惠的软件系统。

面对这种情况，小宋向经理保证："如果贵公司采用了我们的软件我抽时间亲自给你免费送货，免费安装，全程安装都由我亲自监督，等你验收！假如在运行当中因我提供的软件有问题，我承诺：除了软件不要钱外，还包赔因此而带来的一切损失。"

该公司经理看到小宋的态度如此自信坚定，想了一会儿，说：

"好，那就试试吧！"

于是，小宋顺利地与该公司做成了这笔交易。

在销售过程中，每当顾客遇到产品的单价过高、总额比较大、风险比较大、对此种产品并不是十分了解、对其特性质量也没有把握时，产生心理障碍或成交时犹豫不决的现象是非常正常的。对此，销售员应该及时向顾客做出承诺，提出保证，增强顾客的信心，促使顾客签单。

在上面的实例中，那家公司要更换软件系统，由于数额较大，而且对软件的信心不足，因此该公司负责人在签单前显得犹豫不决。此时，销售员如果不能进一步地承诺，做出坚决的保证，恐怕订单就拿不到手。

向顾客承诺的最大优点就在于能够增强说服力，尤其是当销售员信誓旦旦地保证或者承诺顾客可以实现什么利益时，顾客往往能够迅速达成交易。但是，销售员在使用这种方法时，也需要注意一些问题。

1. 承诺必须能实时有效地兑现

这是非常重要的一点。试想，一个手机销售员向顾客承诺，购买这款手机一个月内出现问题，以十倍价格赔偿，肯定是没有人相信的。事实是承诺的依据，这里所指的事实既指顾客所需要承诺的事实，又指产品本身和企业本身的事实。销售员千万不要做出无法兑现的承诺，否则就是坑蒙拐骗，毫无信誉可言；在这种情况下，销售员要想利用承诺的方法促成订单，不仅不能促成顾客迅速签单，反而会导致顾客不信任。

2. 承诺要找准顾客的后顾之忧

在销售过程中，销售员只有看准顾客的成交心理障碍，针对顾客所担心的几个主要问题直接做出承诺，提供保证，才能够有效地消除顾客的后顾之忧，增强顾客成交的信心，促使顾客下决心签单。否则，如果不知道顾客的成交心理障碍所在，那么很容易做出不利于自身的保证和承诺。

美国有一个销售员向日本人推销产品，日本人慢条斯理地将该销售员提出的优惠条件重复了一遍。该销售员以为顾客仍然没有下决心购买产品，于是便进一步承诺将产品的服务保修期延长到10年，日本人不动声色地接受了这一保证。这个销售员就是没有把准顾客的心理，自作聪明，错将顾客的习惯行为当作了异议，结果做出了不利于自己的产品承诺。这大大地增加了销售的成本，为后来的销售带来了不少麻烦。

即使销售员有实现承诺的能力，但是过度的承诺仍然会使自己承担过于繁重的义务，不利于以后销售工作的展开。因此，销售员在利用这种方法说服顾客签单时，一定不能过度承诺，而需要有理、有利、有节地承诺。

提高产品的附加服务

人们的需求层次在不断变化和提升，人们的普遍需求随着社会的不断进步而呈"金字塔"式发展。现代的顾客已远远不再局限于商品物质层次的需求。新的竞争不是发生在各个厂家生产什么商品，而是发生在商品能提供何种附加利益。而这种附加利益的核心就是赢得顾客"忠心"的服务，商品的诞生就意味着服务的开始。

商品为王的时代即将结束，服务制胜正在趋向市场发展的前端，一旦商品最终形成，商品价值的本身就达到了极限。而伴随商品开始的服务便承载巨大的无形的价值。在享受商品价值的同时，更要体验服务的价值，这已经成为顾客购买商品的普遍意识。所以，基于商品服务的提升已被置于服务营销的天平之上，服务再次体现了商品营销真正的外延价值。在这种背景下，一名合格的销售员不但要推销产品，还要提供商品的附加服务。

实际上，这种改变早在多年前就已经出现了，且渐成趋势。

从米店小老板到塑胶大王的台湾富豪王永庆，家族几代人都以种茶为生，只能勉强糊口。十几岁的时候，王永庆做出了人生中第一个重要决定，开米店自己当老板，启动资金则是父亲向别人借的200元钱。

王永庆为了消除顾客的购买障碍苦苦思索，忽然灵机一动，心想我何不主动送货上门呢？果然这一方便顾客的服务措施大受欢迎，由此王永庆米店的影响力越来越大。

当地居民大多数都以打工为生，生活并不富裕，由于王永庆是主动送货上门的，要货到收款，有时碰上顾客手头紧，一时拿不出钱，会弄得大家很尴尬。为解决这一问题，王永庆采取按时送米，不即时收钱，约定发薪之日再上门收钱的办法，极大地方便了顾客。

起初王永庆的米店一天卖米不到12斗，后来一天能卖100多斗。几年下来，米店生意越来越火，在此基础上，王永庆筹办了一家碾米厂，完成了个人资本的原始积累。

服务的附加价值就是指向顾客提供应该的服务之外，不需要顾客花钱的那部分服务。

在充满竞争的商海中，优质服务是必要的，但仅此也是不够的。新的竞争对手促使我们必须采取更好的措施去提高我们的服务质量，即服务再上新台阶，只有这样，商家才能在商战中不断取得胜利。

不同顾客对附加服务的需求也不同，对于与商家建立深层次合作关系的顾客来说，顾客还希望能够比其他顾客多得到一些增值服务。而顾客附加增值服务需求的满足程度，对顾客满意度和忠诚度有着巨大影响。

要想使顾客在交易完成后对你的商品保持尽可能长时间的青睐，那么商家首先应该尽可能地让顾客感受到使用和享受商品的种种方便。最基本的工作是为顾客提供售后服务，指导顾客使用商品，介绍某些操作技巧等。

要想让顾客对商品的体验更深刻、更愉快，当然不是仅仅做到以上基本工作就可以了。那些精明的商家几乎都费尽心机地为顾客提供更优质的服务，其目的就是让顾客更加忠诚，以使他们追随自己，而不是排斥和厌恶被推销商品。

如果顾客满意这种额外的服务，如果商家提供的服务确实可以极大地方便顾客，而其他竞争对手却做不到这些，那顾客就会产生非常愉快的体验，从而主动成为商家的忠诚顾客，而且还会介绍更多的新顾客前来。

建立顾客忠诚度和管理某个商品的销量一样，是一个持续的过程，每个商品都有其生命周期曲线，在经历了相对缓慢的引入期、快速增长的成长期和稳定的成熟期以后，每个商品都会经历一个下降的衰退期。

在衰退期，商品将面临日渐放缓的增长速度，甚至是负增长以及日渐萎缩的市场份额。为了保持该商品的市场份额，商家只能不断投资。而建立顾客忠诚度也是这样，为了保持顾客的忠诚度，商家只能不断地为顾客提供额外的附加服务。作为一名销售员，心中一定要有这种服务至上的意识，只有有了这种意识，才能真正服务好顾客，进而提高业绩。

用优秀的服务品质增加顾客的忠诚度

就像世界上没有十全十美的人一样，也没有完美无缺的产品。因此，产品的销售服务是必不可少的，保证让顾客购买的是产品，保证顾客成为铁杆甚至粉丝用户的是服务。

曾有一家计算机公司的销售代表接到一个重要顾客的总工程师的电话，说其总部的电脑出了问题，让销售代表尽快解决。这个总工程师是该企业采购设备的决策人，年轻有为。他很少与厂家打交道，这次主动打电话说明问题一定是很严重。销售代表承诺第二天上午 10 点以前去见总工。

时间已经是下午 5 点了，销售代表立即打电话到顾客服务中心要来顾客的服务记录，发现顾客已经从其总部投诉过来了，而且公司已经上门进行了维修。第一次没有解决问题之后，公司又从合作单位请了一名专家来到顾客现场，维修工程师判断是顾客的电脑需要升级。顾客并不同意维修工程师的观点，因为以前采购的电脑配置更低也没有问题。销售代表也判断不出问题到底在哪里，但是维修工程师告诉销售代表只要顾客肯升级内存，问题就一定可以解决。销售代表又打电话到顾客那里，询问了情况。销售代表与相关的人约好第二天 10 点 30 分举行一个电话会议。

销售代表将维修记录都准备好，计算好需要升级的费用之后才离开公司。第二天，销售代表准时来到顾客的办公室。

总工刚介绍完情况，销售代表就将维修记录拿了出来，并简单介绍了己方的观点以及与分部的分歧。接着，销售代表与顾客服务中心的维修工程师、顾客一起通过电话讨论了情况。顾客服务中心的工程师与顾客对于谁应该承担责任还是存在分歧，但是顾客服务中心承诺：只要升级内存，问题就一定可以解决。总工一直仔细地听着，几乎没有插话。电话会议一结束，他就向销售代表询问升级的费用，销售代表拿出准备好的报价递给他。总工扫了一眼数字，简单确认了一下，立即表示他们愿意即刻升级电脑。

后来，顾客告诉销售代表："出问题是难免的，而且有时很难搞清楚原因和责任。本来我是请你来讨论维修问题的，没想到你已经将问题搞清楚了。我看到你们很认真而且效率很高，态度可嘉；而且升级费用非常合理和公道。因此我就很痛快地同意支付升级费用了。"顾客对这家公司的服务赞不绝口，后来一直使用他们的电脑。

有些销售人员对顾客服务工作存有这样一种错误的观念：我的工作是说服顾客签署订单，为顾客提供服务的工作应该由专门的顾客接待人员或者售后服务人员来承担。

之所以说这种观念是错误的，是因为随着经济的发展和社会的进步，顾客要比过去更加精明和理智，在购买过程中获得更优质的服务已经成为他们的迫切需要。更何况，竞争形势也日趋激烈，如果你不能为顾客提供更优质的服务，顾客就不会感到满意，从而导致你的销售以失败告终。

可以这么说，如果销售人员在销售产品或服务的过程中忽视顾客服务的作用，顾客在购买过程中感受不到除了产品或服务本身作用之外的任何价值，那么一旦竞争对手提供更好的服务，顾客马上就会把目光投向竞争对手。而继续开发新顾客需要花更多的时间和精力，最终，你将因此而遭受成倍的损失。

那么如何留住顾客，并让顾客再来消费呢？下面这个案例可能会给大家一个启示：

甘道夫是全球唯一年销售额超过 1 亿美元的人寿保险代理。他刚开始从事保险时就曾暗暗发誓，一次成交，终生服务。他每年都要跟踪拜访所有顾客一次，也确实这么做了。

有一位大学生从他那里买了1万美元的人寿保险，后来毕业当了兵，甘道夫又卖给他1万美元的保险。后来他去了佛罗里达，在州参议院任侍从。甘道夫仍然坚持一年至少跟他联系一次。

有一次，在州参议员的家庭鸡尾酒会上，一位客人惊厥病发作。这位侍从曾受过心脏复苏训练，救了他的命；而这位病人又恰巧是个富豪。出于感谢，这位商人邀请这位侍从加盟他的公司。过了几年，这位商人打算借一大笔钱投资房地产。这位侍从马上拨通甘道夫的电话说："甘道夫，我知道你的保险业做得很大，能帮我老板一个忙吗？"

"什么事？"甘道夫问。

"他要贷款2000万搞一个房地产项目，你能否帮他与你的顾客搭个桥？"

"可以。"甘道夫回答。

不久，甘道夫设法帮商人贷到了款。商人为感谢甘道夫，邀他到自己的游艇上去做客，做客的时候，甘道夫卖给商人2000万美元的保险。

总之，使销售业绩得以攀升和持续的关键是售后的服务，后者才会永久地吸引顾客。你的生意做得越大，你就越要关心顾客。在品尝了成功的甜蜜后，最快陷入困境的方法就是忽视售后服务。销售，只有起点，没有终点，是一个连续的活动过程。成交并非万事大吉，而是下次销售活动的开始。在成交之后，销售员要向顾客提供服务，以努力维持和吸引顾客。

·第六章·

为顾客着想，让销售实现双赢

　　对于销售员来讲，理想的销售结果应是双赢——利益均沾，追求单赢往往只赢得眼前，却赢不了将来；而追求双赢则既赢得现在，又赢得将来。所以，销售尽管是一种博弈，但应该以追求双赢为目的。

让顾客的钱花在关键的地方

资历深一些的推销员都知道，顾客的层次是不同的，如何把货卖给收入低一些的顾客是有难度的。因其收入有限，他们花钱很谨慎，不会轻易掏腰包。面对这类顾客，和他们谈论价格时，首先要让他们觉得钱花得物有所值他们才会接受。

一般来说，这类顾客比较节俭，是较为保守的一类。他们可能经历过较为贫穷的生活，深知钱赚的不易，所以即使后来生活条件改善了，也很难改变原有的习惯。他们视节俭为美德，对不节俭的人的许多习惯反倒看不惯。面对这类顾客，一定要先站在对方的立场上，告诉对方产品的价值，并帮助对方分析以你给出的价格购买这样的产品物有所值，他会听你的。

闫峰是一家家庭装修公司的老板，在经营中，他一直秉承的销售理念是让顾客把钱花在刀刃上。

一天，一位顾客想让他帮忙参谋如何装修、选材。闫峰直言不讳："对于家庭装修来说，一般的主材要买好的，不能省钱；厨房厕所里的用具也要买好的，浴室里的东西不能买便宜；做防水的材料尤其要买好的，因为防水材料不过关，就算做得再好，也保证不了不出现问题，而且，一旦出现漏水现象，想要解决也会很难，比当初做防水花的钱还要多。在这些方面，我们公司用的都是质量过关的产品。虽然价格有些高，但是绝对物有所值。在进购建材时，我都要亲自把关，价格贵一些没关系，但是必须保证质量。这方面您可以放心。"

顾客有点不相信。闫峰接着说："电也是一样。电线和附材要买好的，一旦出了问题，不但更换很麻烦，还可能很危险。因此，水电材料最关键，这些地方不能图省钱留后患。"

这位顾客解释说："可我想把房间装饰得好一点，我想使用最好的材料。"

闫峰告诉他说："我倒觉得这方面可以省一点儿，毕竟房间的墙面、窗帘、家具等，过几年你不喜欢了可以换新的，这很容易。但是，厕所、厨房里的东西都比较贵，坏了再买，那可不是花小钱的事，而且要重新安装，很麻烦的。"

顾客听了闫峰的建议，非常开心，因为他们的日子过得非常节俭，找了几家公司，都胡乱给他们设计，顾客觉得不实在，他是抱着试试看的态度来找闫峰的。没想到真找对人了，闫峰帮了他这么大的忙！所以当闫峰报出房子装修的价格时，顾客立即同意了。

一般情况下，顾客装修房子都是要价格便宜又质量好的，这样的心情是可以理解的，但是价格太低是做不好的。其实，最好的办法是该花钱的地方要花，不该花钱的地方可以少花。这样不仅可以保证质量，也可以节省一笔费用，把钱花在刀刃上。而事例中的闫峰所说的每一句话都是在为顾客着想，帮助顾客省钱，把顾客的钱用在最关键的地方，这就打动了顾客，因此顾客便把装修的工程包给了闫峰。

由此可见，为顾客省钱，才能为自己挣钱。想要成为出色的销售员，就不妨多替顾客着想，让顾客感觉他们的钱的确花在刀刃上了，他们才会心甘情愿地购买你的产品。

销售应该满足买卖双方的利益

推销员向用户推销产品的过程，也是买卖双方进行判断和认同的过程，如果不能实现买卖双方的共赢，那么成交就很难实现。只有双方都得到了应有利益的满足，交易才能实现。因为你的顾客与你同样精明，如果你只是把自己的利益放在眼前，置对方于不顾，那么，你往往以失败告终。只有让对方获利了，自己才会赚钱，这是买卖的既定法则。

小宋是一家电子配件公司的销售员。一天，他如约拜访了一位顾客，与其洽谈购买事宜。经过一番洽谈，顾客表示："我和你们公司还是第一次接触，不知道你们的产品质量如何？"

小宋向对方保证："无论从产品质量上还是顾客服务上，我们都是一流的，而且有许多大公司成为我们的忠实顾客，这些都是有证可查的。对于产品质量方面，你大可放心。"

顾客提出："即使你保证产品质量一流是真的，可你们的产品价格怎么比其他同类产品高啊？这是为什么？"

小宋说："这种产品的价格在市场上长期以来一直居高不下，与其他公司相比，我们公司的价格实际上已经很低了。造成这种产品高价的主要原因是它的造价本身就高出其他产品，我们最起码要保证收回成本，所以……"

"如果这样的话，那么我们就觉得不大划算了，毕竟我们公司……"说到此，顾客实际已经是在拒绝了。

不少销售员在谈判时都会犯这样的毛病，过于关注自己的销售目标，却忽略了对顾客实际需求的考虑。任何一位顾客都是在自身需求得到满足后才会考虑成交的，如果销售员无法做到这一点，想要实现成交几乎不可能。针对以上情景，销售员可以这样来做：

顾客："我和你们公司还是第一次接触，不知道你们的产品质量如何？"

销售员："之所以能在众多的竞争对手之中站住脚，就是靠我们公司一贯坚持高质量的顾客服务，并提供优质的产品，这些方面与我们有过合作的许多大顾客都可以提供证明。事实上，正是因为长期坚持采用我们公司的产品，很多合作伙伴才能创造令业界瞩目的高效能业绩。相信以贵公司的实力和影响力，如果与我们公司合作，更可以令工作效率大大提高，而且也有利于贵公司的品牌延伸……"

顾客："你们的产品价格怎么比其他同类产品要高出一截？这是为什么？"

销售员："这种产品的价格确实要高于其他产品，这是因为它具有更卓越的性能，它能够为你创造更大的效益，与今后你获得的巨大利润相比……"

顾客："你说得也有道理……"

实现双赢的前提在于买卖双方利益的互相满足。因为顾客是你的长期"合伙人"，要学会共事利益，要多考虑顾客的感受，在保证利润的基础上尽量满足顾客的需求，你不能让他有吃亏的感觉。

那么，在谈判过程中，销售人员如何才能与顾客建立合作共赢、长期合作的友好关系呢？

1. 讲明产品对顾客的价值

销售是一个利益博弈的过程，交易的双方是受利益驱使的。想要实现销售成功，销售人员就要通过与顾客沟通达成双赢。产品是实现利益的立足点，销售人员要让顾客知道购买产品可以为其带来什么样的利益，这样才能吸引顾客关注产品。

2. 表明建立长期合作的意向

在与顾客谈判的过程中，销售员应尽可能地向顾客表明希望与其长期合作。无论对顾客还是销售人员本身来讲，这都有一定的好处。因为销售人员开发一个新顾客往往比接待老顾客费时费力得多，而对于顾客来说，对产品足够的了解与掌握也会为他们节省很多精力和时间。

3. 根据顾客实际需求介绍产品

在谈判的过程中，当顾客自我需求得到满足之后，往往会主动做出成交决定。所以，销售人员在向顾客销售产品时，要尽可能地从顾客的实际需求出发，弄清楚他们需要什么或者在哪些方面面临难题，并采取适当的方法予以解决。

例如，在向顾客介绍产品时，销售人员可以说："贵公司对产品质量要求很高，而我们的产品也以优异的品质赢得了很多大型合作伙伴，相信我们的合作会非常满意，也会非常愉快的。"

这样让顾客从谈判中得知，这场交易不但满足了他预想的起码要求，还能为自己赢得其他好处。那么，他们大多会表现得更加积极，以一种"实现成交可以使我得到某些益处"的态度与销售人员进行谈判，从而提出成交。如果顾客提出了一些额外的小要求，你可以在确保自身和产品不受侵害的前提下尽量去做，尽可能地满足顾客需求，而此时你也基本上可以得到自己想要的。

让顾客有一种占便宜的感觉

现在的顾客对商家给出的产品价格是百分之百的不相信，为此，所有的人买商品都知道"砍价"。作为推销员，你必须给予顾客以理解，让其砍价，砍到他认为可以了之后再卖给他，比如：

一位顾客在某商铺相中了一件衣服，一问价钱，居然是300多块。于是他"对半砍"。

"给150元。"

店主说："哎呀，那可卖不了，这样连本钱都收不回来，不能让我关店歇业吧。这样，先生，看你也挺有诚意的，再加一点，我就权当给你带一件了。"

"这样啊，我最多出180元。"

"成！算交朋友了。"

这位顾客认为得便宜了。其实精明的商家也乐开了花，因为他绝对不会做赔本买卖的。

这就是成功的销售，因为它让买卖双方都觉得赢了。

几乎所有的销售人员都知道这句话：顾客要的不是便宜，而是要感到占了便宜。顾客有了占便宜的感觉，就容易接受你推销的产品。但同样因为如此，顾客占便宜的心理给了商家可乘之机，如一些女士在购物买衣服的时候，常常用对方不降价自己就不买来"威胁"销售人员，于是销售人员最终妥协了，告诉女士"就要下班了，我不赚钱卖你了""我这是清仓的价钱给你的，你可不要和朋友说是这个价钱买的""今天你是第一单，算是我图个吉利"，于是这位女士自以为独享这种低价的优惠满意而归。

此种情况并不少见，精明的销售人员总能找出借口卖出东西并让顾客觉得占了便宜。由此可以看出，大多数顾客不喜欢对产品的真实价钱仔细研究，而是想买些更便宜的物品。销售人员怎么做才能让顾客觉得占了便宜呢？你可以去看看商场中最畅销的产品，它们通常不是知名度最高的名牌，也不是价格最低的商品，而是那些促销"周周变、天天有"的商品。促销的本质就是让顾客有一种占便宜的感觉。一旦某种以前很贵的商品开始促销，人们就觉得得了实惠。

虽然每个顾客都有占便宜的心理，但是又都有一种"无功不受禄"的心理，所以精明的销售人员总是能利用人们的这两种心理，在未做生意或者生意刚刚开始的时候拉拢一下顾客，送顾客一些精致的礼物或请顾客吃顿饭，以此来提高双方合作的可能性。

贪图便宜是人们常见的一种心理倾向，我们在日常生活中经常会遇到这样的现象。例如，某某超市打折了，某某厂家促销了，某某商店甩卖了，人们只要一听到这样的消息，就会争先恐后地向这些地方聚集，以便买到便宜的东西。物美价廉永远是大多数顾客追求的目标，很少听见有人说"我就是喜欢花多倍的钱买同样的东西"，人们总是希望用最少的钱买最好的东西。这就是人们占便宜心理的一种生动的表现。

同时，占便宜也是一种心理满足。顾客会因为用比以往便宜很多的价钱购买到同样的产品而感到开心和愉快。销售人员其实最应该懂得顾客的这一心理，用价格上的差异来吸引顾客。

销售人员在推销自己产品的时候，可以利用顾客占便宜的心理，使用价格的悬殊对比来促进销售。其实在很多世界顶尖的销售人员的成功法则中，利用价格的悬殊对比来俘获顾客的心是常用的一种方法。

　　优惠是推动销售最有效的方法之一，所以优惠政策就是你抓住顾客心理的一种推销方式。大多数顾客都只看你给出的优惠是多少，然后和你的竞争对手做比较，如果你没有让顾客觉得得到优惠，顾客可能就会离你而去。所以你不仅要注重商品的质量，还要注意满足顾客这种想要优惠的心理需求。

　　但是，优惠不过是一种手段，说到底是用一些小利益换来大顾客，你还是有赚头的，不然商场里也不可能经常有"买就送""大酬宾"等活动。当然，在优惠的同时，你还要传达给顾客一种信息：优惠并不是天天有，你很走运。这样，顾客的心里才会更满足，他们才会更愿意与你合作。即使你推销的产品在某方面有些不足，你也可以通过某些优惠让他们满意而归。

　　如果顾客对你的产品提出意见，你千万不要直接否定顾客，要正视产品的缺点，然后用产品的优点来弥补这个缺点，这样顾客就会觉得心理平衡，同时加快自己的购买速度。

　　比如顾客说："你的产品质量不好。"

　　作为销售人员的你可以这样告诉顾客："产品确实有点小问题，所以我们才优惠处理。不过虽然是有问题，但我们可以确保产品不会影响使用效果，而且以这个价格买这种产品很实惠。"这样一来，你的保证和产品的价格优势就会促使顾客产生购买欲望。

　　作为一个销售人员，你应该很清楚，销售的最终目的是要达到一个双赢的结果，只有双赢才会对双方的合作有持久的吸引力。

　　当你面对的顾客，他想要的价格跟你的有些冲突，那种奇迹般的双赢结果恐怕很少会出现。顾客想要以尽可能低的价格买到产品，而你想要以尽可能高的价格卖出产品。顾客想降低你的底线，来接近他的期望。

　　你要做的就是，采取相互退让的策略，让你在谈判桌上取胜，同时又让顾客觉得他也赢了。能否达到这种结果是衡量一个销售员水平的标志。

两个销售人员也许遇到了两个情况完全相同的顾客，两人都能以同样的价格和同样的条件成交，但是销售高手会让顾客在心理层面上觉得自己赚了，拙劣的销售员却会让顾客觉得自己赔了，从而滋生出心理上的不满。这样，第二天早晨顾客醒来的时候就会这样想："现在我知道那个搞销售的对我做了什么，可恶，别让我再碰上他！"可想而知，这个顾客就这样流失了。

销售高手则会让顾客觉得自己赢了，从而心情愉悦。顾客会觉得同这样的销售员在一起是愉快的，你们的合作是成功的，他在你这里购买的商品是让他放心的，他会迫不及待地想再次见到你，并再次跟你做生意。

实实在在地让顾客占点小便宜

这个世界上总是存在贪图小便宜的人，这样的人总是希望自己能吃上"免费的午餐"。而经过进一步的分析我们就会发现，这种爱贪小便宜的人并非有功利目的，而是如果能占到小便宜就会有好的心情。所以，在销售的时候不妨就满足顾客这种爱占小便宜的心理。

其实，很多商家已经擅长运用各种"免费的午餐"吸引顾客，比如买一赠一、节假日折扣、清仓甩货等噱头，都是商家为了获得更多的利润采取的促销手段。但是顾客就很吃这套，愿意贪图其中的便宜。如果能在实际销售中多多使用诸如打折优惠、免费送货、赠送礼品等"小便宜"来讨好顾客，让顾客欣喜的同时，也会为自己赢来比平时更多的生意。

陶鑫开了一家手机专卖店，他对店里的布置可是费了一番心思，店里除了摆设手机之外，还陈设了各种各样的物品。不仅有靠枕等小件家居用品，还有各种儿童玩具，更有很多小工艺品，物品繁多。虽然小店看起来乱了一些，但是生意却出奇的好。

一次，一位顾客来到店里购买手机，双方经过一番讨价还价之后，顾客感觉有些疲惫，就坐下来喝杯茶。这个时候，顾客发现茶的味道很好，就忍不住问陶鑫："这杯茶用的是什么茶叶？"陶鑫趁机拿出一包新茶叶，对顾客说："这样吧，那款手机实在是没有降价的空间了，这是我去岭南的时候带回来的茶叶，带了两包，这包就送给您了。"

陶鑫的慷慨解囊送茶叶，让顾客感到意外的同时，觉得占了很大的便宜，十分爽快地买了那部手机。

　　实际上，陶鑫早就买好了茶叶放在店里。如果碰上带着孩子来的顾客，他的店里能引起孩子兴趣的东西就更多了，他能赠送给顾客的东西也就更多了。但是有一点，他始终坚持，那就是从不主动送东西给顾客，而是等顾客真的看中店里某样东西，提出要求的时候，才会"大方"地赠送。

　　其实，很多顾客在买到手机后，都因为好奇店里摆了那么多小玩意，随口问问能不能送点什么给自己。陶鑫就是利用了顾客这种想吃"免费午餐"占小便宜的心理，故意不说出那些都是赠品，而是装作很大方地送给顾客。这样顾客就会觉得自己占到了便宜。

　　在美国，哈雷摩托车的顾客多是手头不很充裕，但是热爱兜风的年轻人。摩托车的销售旺季是室外活动活跃的夏季，冬季是摩托车的滞销期。每逢冬季来临，各地的摩托车经销商都为大量的库存而大伤脑筋。

　　为了刺激顾客在冬季购买，哈雷摩托车制造厂推出一个叫作"早起的鸟儿有食吃"的特价活动，借此告诉想要拥有摩托车的年轻人，不要等春天到来后才购买，冬天才是购买高级车种和各种附件的最佳时机，应抓住有利时机尽早购买。

　　哈雷摩托车制造厂除生产各式摩托车外，还生产各种摩托车附属品，例如皮带、皮靴、坐垫、安全帽、皮夹克、皮质旅行箱等。哈雷的主管希望这些附属品与哈雷摩托车一样，也尽早出清库存。于是，他们想出了早买摩托车早得摩托车附属品，买得越早得的越多、越贵的车种得的越多等方法，鼓励顾客尽快做出购买决定，其主要目的，不外乎就是希望增加摩托车的销售量及提高市场占有率，减少各地经销商的库存。促销的具体做法是：凡于1月份购买哈雷摩托车者，赠送价值800美元的附属品；于2月份购买者，赠送价值400美元的附属品。同时哈雷通过店面广告、邮寄广告、杂志广告以及所有精美图片的印刷品，大力宣传此项活动。

由于赠品促销与各种媒体广告配合得当，引起了潜在顾客的高度注意与回响，季节性销售差异极大的哈雷摩托车即使在冬季也不再滞销。结果仅1月份及2月份，哈雷的市场占有率就由原来的30.8%增加到38.9%，在58天内，各地经销商共送出7 000件摩托车附属品。

哈雷摩托车制造厂以手头不大充裕但又爱好运动和享受兜风乐趣的年轻人为促销对象，以摩托车附属品如皮带、皮靴、坐垫、安全帽、皮质旅行箱等为赠品，有的放矢，投其所好，从根本上保证了促销活动的成功。

一场赠品促销活动的最佳效果是：能强调产品品牌独特的优点，并凸显其市场地位；鼓励顾客继续使用其产品；刺激潜在消费大众的反应，尤其是可能成为真正使用者的反应。

那么，如何开展赠品促销活动才能起到最佳效果呢？

（1）开展赠品促销活动之前，要考虑活动的合理性，比如说这次赠品促销活动是否盈利，是否能得到顾客的认可。

（2）赠品选择要真心实意，精细并且使用率高，才能真正讨得顾客的欢心。有些商家所给出的赠品都是劣质品，以此来蒙骗顾客，这种做法是不可取的。

（3）赠品不能"喧宾夺主"。在价格上，赠品的价格要比主商品低，外形体积上，赠品应小于主商品。

"免费的午餐"可以说是最有效的促销方式。怎样既提供这种"免费的午餐"，而自己又不吃亏，就看商家们的智慧了。懂得创新，懂得挖掘买卖双方的利益共同点，才能更好地实现商家"小投入，大回报"的目标。很多商家总是希望能尽可能地减少投入，这样就能让利益最大化，但是很多时候，增加少量的投入就能为自己赢来更大的利润。

生意场上买卖双方的利益并不一定是矛盾的，有的时候也是统一的。商家提供的产品可以满足顾客的某种需要或便利，而商家也需要通过扩大知名度和口碑效应等，来赢得顾客认同和销量的提高。因此，聪明的销售人员一定要学会寻找彼此的需求结合点去平衡这种利益关系。

不过，不是每一位顾客都有消费尊严，有些顾客会得寸进尺，占到了小便宜还想有更大的便宜，这个时候双方的利益关系就难以获得平衡了。当遇到这种顾客的时候，要马上切断对方这种过分的想法，用严词拒绝对方："不好意思，我没有权力这样做。"或者向顾客说明不能继续降价的理由，不能再有赠送的理由。并且要注意说话的时候要柔中带刚，尽量让顾客无法再提类似的要求。

讨价还价让顾客觉得买得比别人实惠

在多数消费场所，顾客与卖家都有讨价还价的余地，这正是市场经济的特点。而有一部分顾客，更是有习惯性的"砍价癖"，砍价成功会让他们很有满足感。对普通顾客来说，砍价成功也会让他们觉得自己买得比别人实惠。销售人员要懂得满足顾客的这一心理欲求。

在销售当中，出现销售人员与顾客讨价还价的情况是很正常的现象。顾客的钱都是辛辛苦苦挣来的，没有哪一个顾客会不问价格、不问质量就痛痛快快地购买。讨价还价是顾客正常的心理需要，目的是获得某种心理平衡。只有当顾客在心理上找到了这个平衡点后，他才会最终做出购买的决定。如果没有达到平衡点，顾客就会和销售人员议价，在你来我往的争论中找到双方都能够接受的方案，实现双赢。

不过，在心理上，人们都希望在与商家议价的时候能够得到更实惠的价格。因此，作为一名销售人员，在交易的时候千万不要急于求成，太快的交易只会让顾客觉得自己给出的价位偏高，于是便觉得自己在这场交易中吃了亏，有时还会对产品的质量产生怀疑。如此一来，对买卖双方都不利。

过快地接受顾客的要求并不能给销售人员带来多少好处。举一个例子：

有一对夫妇翻看杂志时，在中间的插页广告中一座古式的挂钟吸引住了他们的目光。

太太说道："你瞧，这钟多古色古香！若是挂在咱们家的走廊上或是大厅中，那就再好不过了。"

先生也表示认同："嗯，不错，我正想买个类似的钟挂在家中，只是不知道得要多少钱，广告中也没有标出价钱。"

经过寻觅，他们在本市最大的超市中看到了这款挂钟。太太高兴地说："就是它，就是这个！"

"还真是啊！"先生答道，"但是我们说好了，超过500元我们就不要了。"

于是先生问售货员这款钟多少钱，售货员说："500元。"这位先生说："我也不多说，这个钟我准备出个价钱，我不喜欢讨价还价，听着，300元，卖不卖？"售货员连眼都不眨一下，就说道："拿走吧。"

比预期少了200元，先生并没有得意扬扬、沾沾自喜，他的第一反应是："怎么搞的，也许200元都能敲定。这钟必定有问题！"

当他提着钟走向停车场时，自己想道："这钟应该很沉才对，怎么这么轻呢，是不是次品？"

事实上一点毛病也没有，当钟挂在走廊时，看上去很美观，而且分秒不差。只是这对夫妻的心情却总是轻松不起来。为什么？就是那位销售员太痛快地接受了他们300元的出价。其实客观地说，这个价格对于那位销售员来说已经很低了，销售员根本没有赚到多少钱。不过这对夫妻却总觉得自己上当了，买贵了，这就是人的心理在起作用。

所以，在跟顾客议价的过程中，要抬高你的门槛，不要那么容易就达成协议，要让顾客感觉到你是在割爱，你很不乐意把这件物品给卖出去，你给出的价位已经是让自己利润薄得可怜的底线了。这样，他们在心理上才会有很大的满足感，才会感激你。要让你的客人觉得和你做生意的时候他们从你这里占到了一些便宜，心理上有了一种满足感，才会高兴地继续和你合作。

日本东京一家叫"美佳"的西服店，就是准确地抓住了顾客这种想占更多便宜的购买心理，有效地运用折扣售货方法销售，获得了成功。

具体方法是：先发一公告，介绍某商品品质价格等一般情况，再宣传打折扣的销售天数及具体日期，最后说明打折扣的方法，即第一天打九折，第二天打八折，第三天、第四天打七折，第五天、第六天打六折，以此类推，到第十五天、第十六天打一折。这种销售方法实施的效果是，前两天顾客不多，来者多半是打探虚实和看热闹的。第三、四天人渐渐多了起来，在打六折时，顾客像洪水般地拥向柜台争相抢购。以后连日爆满，还没到一折售货日期，商品早已销售告罄。

店家可能在商品打五折的时候就已经赚钱了，但顾客们的想法是：打六折自己就已经省钱了，但要等到店家打一、二折时可能就抢不到了，于是就提前下手了，但这已经掉在商家为你挖好的陷阱里了！

善用性价比告诉顾客产品物美价廉

所有从事推销工作的人都已感到了，在现代商业社会，随着商品的逐步丰富，销售行业竞争的程度日益激烈，各种商品，千奇百怪，应有尽有。在众多商品面前，顾客自然就产生了挑剔的心理并对同类产品进行比较。谁的产品稀、奇、特、新又廉价，谁就拥有以及固定住顾客。

在销售中，人们经常会听到"性价比"一词。也就是说，除了产品质量、性能、功能等必须满足顾客的心理预期外，还要在推销的时候下足功夫，尽量利用"性价比"来做文章，让顾客感到物美价廉，从而进行购买。比如：

一位顾客想买一条牛仔裤，他对售货员说："这个价格太贵了。"

销售员："您曾经有过买便宜货的经验吧？或者你也看到过有人低价买一些劣质品吧？'一分价钱一分货'，有的牛仔裤价格很便宜，甚至几十元就能买到一条，但洗过一次，掉色不说，又抽又皱，穿几天就扔掉了，你说，到底是便宜的合算还是高档一点的合算？"

购买物美价廉的产品是顾客一致的购买心理。销售过程中，价格异议似乎也是销售人员最头疼的问题，因为你不管怎么强调产品如何便宜，顾客却总会不厌其烦地和你讨价还价。而此时，如果我们能和案例中的销售员一样，把价格问题转到价值问题上，尽量让顾客看到产品背后的价值，明白"一分价钱一分货"的道理，淡化顾客对价格的敏感度，最终选择购买。

当然，除了在价格异议中我们需要让顾客感受到产品的性价比外，销售中任何一个环节都需要我们向顾客传输这一思想。因为价格问题会始终贯穿整个销售过程。

让顾客明白产品的性价比，自然是要有与之比较的对象。那么，具体的销售中，我们如何来利用产品的性价比呢？

1. 横向比较

所谓横向比较，就是销售员要把自己所销售的产品与竞争对手的产品进行比较。一般来说，可以从价格和价值两方面进行对比。

（1）价格对比

这种对比方法，可以说是最常见的，也就是销售人员用所推销的产品与同类产品进行比较，用较高的同类产品价格与你所卖价格做对比，从而让顾客明显觉得你所推销的产品价格更便宜。

（2）价值对比

顾客：我觉得你们的设备挺符合我们的要求，只是这质量方面，我还是有点担心。还有，我觉得有些贵。

销售员：这个你完全可以放心，国家质检部门已经做过多次检验了，我们所有的设备合格率是90％以上，而且这型号的设备质量比其他设备都要好，它的合格率达到了95％，而其他公司的产品才85％。你看，这是产品相关的质量合格证、质检部门的检测报告……目前这款设备已经在全国20多个城市销售了100多万台，重要的是直到现在我们仍然没有接到任何关于这款设备的退货要求。所以，你大可放心。

听了这样的比较多数顾客是会认同的。

2. 纵向比较

所谓纵向比较，指的是销售人员针对顾客所提出的一些具体的价格问题，以比较的方法予以解决。一般来说，通常包括以下几种比较法：

（1）效能比较

顾客："这个价格实在太高了，远远超出我的预算。"

销售员："那么，你认为在怎样的价格范围内你可以接受呢?"

顾客："我们的最高预算是5000元。"

销售员："这和我们的产品差价是1000元。但你要知道，这是一次性的投资，可这种先进的机器，每个月会为你多增加200元的效益，也就是说，购买这种机器，不到5个月，你就可以把差价给赚回来。"

案例中，销售员就是在引导顾客说出预期价格后，再把自己产品的价格和顾客提出的价格进行比较，然后再在这个差额上做文章，最终让顾客接受自己的观点。

的确，与产品的总额相比，差额肯定要小得多，不会对顾客产生更大的压力。这时，运用差额来说服顾客就比较容易。

（2）整体分解法

经验丰富的销售人员经常会采用这种方法。它是按产品使用时间的长短和计量单位的不同来报价，把庞大的价格化整为零，隐藏价格昂贵的威慑力。这种方法使价格分散成较小的价位，实际上并没有改变顾客的实际总支出，但却比总报价更加容易被人接受。

总之，只要价格合理，只要我们巧用对比，让顾客感觉到物有所值，顾客就一定会购买。

·第七章·

抓住时机有技巧地达成交易

巧妙而准确地捕捉成交时机，需要每个销售人员都要随时关注潜在客户的一言一行，通过客户的外在表现去判断其内心的真实想法，捕捉成交的信号。在推销过程中，如果客户已经产生购买意图，那么这种意图就会有意无意地通过语言、行为、表情和事态流露出来。尽管成交信号并不必然导致成交，但销售人员可以把成交信号的出现当作促进成交的最佳时机，而抓住机会，敲定订单。

强化顾客的兴趣，调高购买欲

有一个中年男子到玩具柜台前闲逛，推销员李华热情地接待了他。男子顺手把摆在柜台上的一只声控玩具飞碟拿了起来。

李华马上问："先生，您的孩子多大了？"

男子回答："6岁！"接着把玩具放回原位。

李华说："您的孩子一定很聪明吧？这种玩具刚刚到货，是最新研制的，有利于开发儿童智力。"她边说边把玩具放到柜台上，手拿声控器，开始熟练地操纵玩具飞碟，前进、后退、旋转，展示了玩具飞碟的各种性能，同时又用自信而且肯定的语气说："小孩子玩这种用声音控制的玩具，可以培养出强烈的领导意识。"说着，便把另一个声控器递到男子手里，说："试试吧，和孩子一起玩，多好。"

于是那位男子也开始玩了起来。这时李华不再说话了。大约2分钟后，男子停下来端详玩具，一脸的兴奋。

李华见机会来了，进一步介绍说："这种玩具设计很精巧，玩起来花样很多，比别的玩具更有吸引力，孩子肯定会喜欢，来买的顾客很多。"

男子说："嗯，有意思，一套很贵吧？"

李华仍然保持着微笑说："先生，好玩具自然与低劣玩具的价格不一样，况且跟发展孩子的领导才华比起来，这点钱实在是微不足道。要知道孩子的潜力是巨大的，家长得给他们发挥的机会。您买这种玩具不会后悔的。"她稍停一下，拿出两个崭新的干电池说："这样吧，这两个新电池免费奉送！"说着，便把一个原封的声控玩具飞碟，连同两个电池，一同塞进包装用的塑料袋递给男子。

男子接过袋子说："不用试一下吗？"

李华说："绝对保证质量！如有质量问题，三天之内可以退换。"

男子付了款，高高兴兴地提着玩具走了。

顾客一旦对什么产生了兴趣，一般会立即表现出一种情绪上的兴奋，表明顾客正处于感性状态下，这时推销员一定要抓住使顾客产生兴奋的只言片语，及时重复和反问，或者主动介绍，以强化顾客的兴趣，达到销售的目的。

就像这个案例中的推销员李华，当她看见顾客拿起玩具后，就知道顾客已经对这个玩具产生了一定的兴趣，这时她及时上前询问，当得知顾客的孩子 6 岁时，又把玩具与培养领导意识等联系起来，并为顾客展示玩具的各种性能，让顾客的兴趣进一步被激发出来，这个过程完全取决于推销员的临场能力，既要能够察言观色，又要能随机应变，针对不同的顾客需求使用不同的推销技巧。

当顾客询问价钱时，她又把价钱与玩具能为孩子带来的好处比较（抓住顾客望子成龙的心理），并免费赠送两节电池，推销员这些策略的目的都是在强化顾客的感知，最终让顾客做出购买决策。

因此，当推销员在销售过程中遇到类似情况时，要在顾客现有的兴奋点上恰当提问、介绍，以强化对方的兴趣，刺激对方的购买欲，以达到销售的目的。

用第三者搭建信任桥梁。通过"第三者"这个"桥梁"，更容易展开话题。因为有"朋友介绍"这种关系，就会在无形中消除顾客的不安全感，解除他的警惕，容易与顾客建立信任关系。

赵明："李先生，您好，我是保险公司的顾问。昨天看到有关您的新闻，我找到台里的顾客，得到您的电话。我觉得凭借我的专业特长，应该可以帮上您。"

李先生："你是谁？你怎么知道我的电话号码？"

赵明："××保险，您听说过吗？昨天新闻里说您遇到一起意外交通事故，幸好没事了。不过，如果您现在有一些身体不适的话，看我是不是可以帮您一个忙？"

李先生："到底谁给你的电话呢？你又怎么可以帮我呢？"

赵明："是我的顾客，也是您的同事王娟，和您一起主持过节目的。她说您好像有一点不舒服。我们公司对您这样的特殊职业有一个比较好的综合服务，我倒是可以为您安排一个半年免费的服务。如果这次意外之前就有这个免费的话，您现在应该可以得到一些补偿。您看您什么时候方便，我把相关服务说明资料给您送过来。"

李先生："哦，是小娟给你的电话啊。不过，最近挺忙，这个星期都要录节目。"

赵明："没有关系，下周一我还要到台里，还有您的两位同事也要我送去详细的说明。如果您在，就正好一起；如果您忙，我们再找时间也行。"

李先生："你下周过来找谁？"

赵明："一位是你们这个节目的制片，一位是另一个栏目的主持。"

李先生："周一我们会一起做节目，那时我也在。你把刚才说的那个什么服务的说明一起带过来吧。"

赵明："那好，我现在就先为您申请一下，再占用您5分钟，有8个问题我现在必须替您填表。我问您答，好吗？"

随后，就是详细的资料填写。等到周一面谈时，赵明成功地与李先生签了一年的保险合约。

在故事中，我们看到赵明在接通潜在顾客李先生的电话、自报家门后，李先生的防范心理是显而易见的，这时候，如果销售员不能及时消除顾客的这种心理，顾客就很有可能会马上结束通话。但赵明是一个非常聪明的销售员，他在打电话之前就已经做了充分的调查和准备，并事先想好了用李先生的熟人来"搭桥"的方式，早已经制订了详细的谈话步骤。

在接到潜在顾客警惕性的信号后，赵明先以对方遇到一起交通意外、可以为其提供帮助为由，初步淡化了顾客的警惕心理；然后，又借助李先生同事小娟的关系彻底化解了对方的防范心理，取得了潜在顾客的信任，成功地得到了李先生的资料以及一年的保险合约。

可见，销售员在准备与潜在顾客接触前，一定要有所准备，先设计好"计策"，然后再按计策的步骤缓缓推进，特别是要善于利用第三者——潜在顾客周围的人的影响力，这是获得潜在顾客信任最有效的方法。

不给顾客拒绝的机会

失败销售员与成功销售员的区别其实只是那么一丁点，那就是失败的销售员往往一开始就被拒绝了，而成功的销售员会通过各种方法诱导顾客，让他们没有机会说"不需要"。我们通过下面这两个销售场景身临其境地来感受一下其中的区别，做一名成功的销售员也许并没有想象中的那么难。

场景一：

小李：您好，请问是孙先生吗？

顾客：是的，你是哪位？

小李：是这样的，孙先生，我是××公司的小李，我是通过物管处查到您的电话的。

顾客：找我有什么事情吗？

小李：我公司最近生产了一种产品，可以及时地维护您的下水道，从而避免下水道堵塞。

顾客：是吗？非常抱歉，我家的下水道一直都很正常，我们现在还不需要。谢谢！

小李：没关系，谢谢！

场景二：

小王：您好，请问是孙先生吗？

顾客：是我！什么事？

小王：孙先生您好，我是受××小区管理处之托，给您打电话的。有件事情我一定要告诉您，不知道您是否听到过这件事：上个月小区内 B 座有几个家庭发生了严重的下水道堵塞现象，客厅和房间里都渗进了很多水，给他们的生活带来了很大的不便。

顾客：没有听说过呀！

小王：我也希望这不是事实，但的确发生了。很多家庭都在投诉，我打电话给您就是想问一下，您家的下水道是否一切正常？

顾客：是呀，现在一切都很正常。

小王：那就好，不过我觉得您应该对下水道的维护问题重视起来，因为B座的那几个家庭在发生这件事之前与您一样，感觉都很正常。

顾客：怎样维护呢？

小王：是这样，最近我们公司组织了一批专业技术人员，免费为各个小区用户检查下水道的问题。检查之后，他们会告诉您是否需要维护。现在我们的技术人员都非常忙，人员安排很紧张。您看我们的技术人员什么时候过来比较合适？

顾客：今天下午3点就过来吧！谢谢你！

看似最短的路，往往有可能走不通。而迂回的路，有时候却往往是最直的路。

很明显，场景一中的销售员小李肯定是个直爽人，直接就点明了自己的意图，结果被顾客的一个"不需要"拒绝了，且毫无还击之力。而场景二中的销售员小王显得有策略一些，他非常会绕弯子，先跟顾客说，他听说顾客所住小区的楼道里发生了地下道严重堵塞事件，问顾客家的下水道是否正常。这先让顾客产生了好奇心，进而又觉得小王确实是在关心他，所谈到的问题也跟自己的切身利益相关。之后小王又故意提醒顾客要重视这个问题，顾客自然被激发了需求，忍不住主动问小王要怎么维护。于是，小王就水到渠成地跟顾客说可以让本公司的专业技术人员帮他免费检查下水道的问题。这个顾客当然乐意，答应也是理所当然的事情。

在推销的时候，如何避免顾客说"不需要"呢？这里有三个随时可以拈来即用的计策：

1. 推销产品的第一步是推销自己

从顾客的心理来看，往往是在接纳了销售员本人之后，才乐意接受其推销的产品和服务。推销的过程是一种在销售员和顾客之间实现信息交流和商品交换的过程。要使两者之间的交往圆满进行下去，需要以信任为基础。销售员要以自己的人格做担保去和顾客接洽，销售员只有诚心诚意地对待顾客，树立良好的人格形象，才能使顾客放心。

2. 换位思考，主动帮顾客解决难题

从事销售工作，如果只想怎样把产品卖出去，而不考虑顾客所关心的问题，往往会遭到拒绝。销售员如能设身处地站在顾客的立场上考虑问题，通常是化解拒绝的一条有效途径。如果销售员充分利用职业优势，平时多做有心人，适时地给顾客提供有益的信息，帮助他们解决经验上的难题，这样自然会受到顾客的欢迎。你为顾客解决了难题，作为回报，顾客当然会主动地解决你的难题——购买你的产品。

3. 目光长远，认真地播下"需求"的种子

销售员不仅要寻找目标顾客，还要去创造和发现需求者，销售员的责任就是让顾客从更大的消费空间充分认识到不为他们所知的需求。一流销售员的高明之处，往往是把一部分的精力投放在对自己的产品还没有多少需求的顾客身上，先是认真地播下"需求"的种子，然后小心翼翼地培养，剩下便是耐心等待收获了。

亲身试验更有说服力

一次，美国杰出的销售员博恩·崔西的朋友与他打赌，让这位优秀的销售员想办法把几只小猫卖给从来都不养猫的人。结果，博恩·崔西轻松地赢了。朋友好奇地问他是怎么做到的，博恩·崔西笑着告诉他："很简单，我把猫卖给我周围的邻居时，告诉他们可以先让小猫留在家里过夜，如果他们不喜欢可以不付钱，第二天再送回来就是了。结果，这些邻居和可爱的小猫相处一夜后，都无一例外地喜欢上了这些小家伙。"

博恩·崔西用的这个办法是在推销中经常采用的"试用法"，针对那些对于产品存在疑虑的顾客，不妨施行先试后销的方法，让他们在试用的过程中了解到产品的特性。这样一来，他们很可能会因此对产品产生兴趣，进而签下订单。

有一名推销机床的推销员来到一家工厂，他所推销的机器要比这家工厂正在使用的所有机器速度都快，而且用途广、坚韧度高，只是价格高出该厂现有机器的 10 倍以上。虽然该厂需要这台机器，也能买得起，可是因价格问题，厂长不准备购买。推销员说："告诉你，除非这台机器正好适合你的车间，否则我不会卖给你。假如你能挤出一块地方，让我把机器装上，你可在这里试用一段时间，不花你一分钱，你看如何？"厂长问："我可以用多久？"他已想到可把这台机器用于一些特殊的零部件加工生产中。如果机器真像推销员说的那样能干许多活的话，他就能节省大笔劳工费用。推销员说："要真正了解这种机器能干些什么，至少需要三个月的时间，让你使用一个月，你看如何？"

机器一到，厂长就将其开动起来。只用了四天时间，就把他准备好的活完成了。机器被闲置在一边，他注视着它，认为没有它也能对付过去，毕竟这台机器太贵了。正在此时，推销员打来电话："机器运行得好吗？"厂长说："很好。"推销员又问："你还有什么问题吗？是否需要进一步说明如何使用？"厂长回答："没什么问题。"他本来在想要怎样才能应付这位推销员，但对方却没提成交之事，只是询问机器的运行情况，他很高兴，就挂了电话。

第二天，厂长走进车间，注意到新机器正在加工部件。在第二个星期里，他注意到新机器一直在运转。正像推销员所说的那样，新机器速度快、用途多、坚韧度好。当他跟车间的工人谈到新机器不久就要运回去的时候，车间主任列出了许多理由，说明他们必须拥有这台机器，别的工人也纷纷过来帮腔。"好吧，我会考虑的。"厂长回答说。

一个月后，当推销员再次来到工厂时，厂长已经填好了一份购买这台新机器的订单。

"耳听为虚，眼见为实"，而亲自操作试用则更具有说服力。与其费尽口舌，不如让事实说话，先让顾客试用产品。当他们真正尝到产品的甜头甚至离不开产品时，不用你多费口舌，他们就会主动购买。

对顾客异议深入发掘、妥善处理

在与顾客沟通的过程中，经常可以听到顾客对拜访人员所提供的产品或服务提出异议。所谓异议，也就是顾客的不同意见，其实质是顾客对于产品或服务的不满。顾客表达异议的方式很多，可能直接说对产品没有兴趣，也可能找其他借口来搪塞。当然，有些异议是客观真实的，有些异议则是顾客的主观臆想。但无论哪一种异议都应当妥善处理。

首先，我们应当正确认识异议。这时经常引用的一个原理叫作冰山原理。人们平常见到的冰山只是露出海面的很小一部分，更大的部分都隐藏在水下，人们是看不到的。顾客的异议也如同冰山，顾客表面上所提出来的异议只是其很小的一部分，真正的异议是顾客隐藏起来的更大一部分，因此，针对顾客提出的异议还需要深入地发掘。

其次，我们对异议应当采取积极的态度。顾客对产品或服务提出异议是很正常的。俗话说，"嫌货才是买货人"。当顾客对产品提出一些反对意见时，他们往往真正关心这些产品或服务。调查显示，提出反对意见的顾客中有64％最终与对方达成了合作协议，他们有比较强烈的购买意向，但不知道经销商能否满足自己的要求，这是异议产生的原因。而那些没有提出异议的顾客，也许他们没有明显的需求，或者对产品或服务根本就不关心。因此，销售人员要用积极的态度对待顾客提出的异议。

对待异议如何处理呢，我们可以从以下几个方面来着手：

1. 变换立场，模拟列出异议并做好答案

"不打无准备之仗"是企业销售人员应对顾客异议应遵循的一个基本原则。将顾客可能会提出的各种异议列出来，并进行归类，为每条记录拟出回答的方法，并不断地在每一次与顾客的交往中积累经验。面对顾客的异议，做一些事前准备可以做到心中有数、从容应对；反之，则可能惊慌失措，或不能给顾客一个圆满的答复。

2. 察言观色，主动提出异议并予以解答

在顾客提出异议之前，根据目前谈话的内容以及自己对顾客言语、神情等非语言信息的判断，凭借经验分析顾客可能提出的异议，主动提出并予以解答。

3. 在恰当的时机进行答复

美国某权威机构通过对几千名销售人员的研究发现，优秀销售人员所遇到的顾客严重反对的概率只是普通销售人员的十分之一，其中的主要原因在于：优秀的销售人员对顾客的异议不仅能给予一个比较圆满的答复，而且能选择恰当的时机进行答复。可以说，懂得在何时回答顾客异议的销售人员会取得更大的成绩。

4. 幽默永远是沟通的好方法

从某种意义上说，有幽默感的人是最受欢迎的，因为他们为彼此创造了欢乐。幽默永远是接近顾客的好方法，同样也是处理顾客异议时经常用到的方法。

5. 欣然赞同顾客，产生共鸣

站在顾客的角度，给予理解和认同，表达自己的同感，这种同感可以拉近彼此的距离，使顾客拒绝的心理得到遏制。比如顾客说："这个皮包的设计、颜色都非常棒，令人耳目一新，可惜皮的品质不

是最好的。"销售人员："您真是好眼力，这个皮料的确不是最好的，若选用最好的皮料，价格恐怕要高出现在的五成以上。"

当顾客提出的异议有事实依据时，销售人员应该承认并欣然接受，同顾客产生共鸣，强力否认事实是不明智的举动。但注意一定要给顾客一些补偿，让他获得心理平衡。

6. 适时赞美顾客

人人都渴望得到赞美，这是一种正常的心理需求，满足顾客的这种心理，就增加了交易成功的机会。赞美是取得对方好感的一个好方法，无疑也是预防顾客异议的一种利器。

给顾客三个选择

销售人员应该将顾客引入一个选择环境中，并且顾客无论做哪种选择，都是对销售有利的。我们先看一个例子：

电话销售："您好，DL 笔记本专卖，请问您有什么需要？"

顾客："我想买台笔记本电脑。"

电话销售："好的，没问题，我们这里品牌齐全。您需要什么价位的？对品牌有要求吗？主要是办公还是娱乐？经常携带吗？"

顾客："不要太大的，七八千吧，也就是打打字，看看电影什么的。牌子嘛，要好一点。"

电话销售："好的。根据您的要求，我觉得 HB、AD 和 DL 中的几款都比较适合您。具体来看，HB 是国内第一大品牌，质量、服务都不错，但价格过高，有些不值。

"至于 AD，机器虽然便宜，但是售后服务跟不上，全国的维修点非常有限，以后机器出了问题不好修。

"而 DL 既是大品牌，售后又是免费上门服务，保修期内还能免费换新机，还有 24 小时的免费电话技术支持，就是价格高了一点而已，要知道笔记本的总价里有 30％ 就是它的服务增值啊。"

顾客："那么，DL 的哪款机型性价比高一些呢？"

电话销售："我认为 B 款挺不错的，在同等价位中，它的配置是最高的。而且现在这款机正在搞促销活动，买笔记本加送笔记本锁、摄像头、清洁套装、128G 的 U 盘和正版杀毒软件，这可是个很好的机会呀。"

顾客："你们什么时候能送货上门？"

推荐的过程简单地说，就是找出符合顾客要求的产品，然后介绍它们的品牌、型号、配置和价格。最后由顾客来选择。这个选择性过程基本可以总结为以下两步：第一步，列举几种可供选择的产品和这些产品各自的特点；第二步，让顾客从中选择认可的一个备选选项。

顾客："你们的减肥产品主要有哪些?"

电话销售："我们代理的有三种减肥产品：一种是腹泻型的，它通过大量的腹泻达到减肥的效果，不过价格是最便宜的，像减肥胶囊、减肥茶等。这种适合那些不怕副作用而且身体强壮的人服用，优点是便宜，缺点是有副作用、服用痛苦。

"还有一种是抑制食欲型的，常见的就是减肥饼干及其他减肥食品，一般人服用后再见到饭就感觉难以下咽，没有饥饿感。这一类基本都是中等价格，您现在服用的减肥产品就是这一类型的。不过长此下去，对身体也是不小的伤害。

"现在最流行的一种是高科技的减肥产品，比较安全并且没有副作用。这种产品的减肥原理主要是通过高科技方法，分解体内脂肪，抑制脂肪再生。而且使用效果好、停药后不反弹，也没有副作用，但是价格不是很贵就是中等，一般都在300元到400元不等。不过我们正在做促销，价格很便宜，还不到300元。建议您还是试一试这种新产品吧。"

需要提醒的是，销售人员切记只能推荐两到三款，三款最好。少了，顾客没有挑选的余地，自己也没有回旋的余地；多了，顾客会挑花眼，自己也会因为盲目推荐而没有目标。接下来的谈话很重要，要让顾客实实在在地体会产品本身的优异性能。

以上两个案例都体现了这一点，就是给顾客提供了三个可供选择的备选选项，并且表明每一个选项的利害得失。让顾客从自己的实际利益出发，做出认可的选择，完成营销的说服过程。

需要牢记的推销金律

成交是商务沟通的最终目标，需要好好把握。我们的最终目的不外乎达成"成交"，不要以为成交是水到渠成的事情，成交也需要我们去促进。在成交时，必须记住以下事项，否则最后可能会竹篮打水一场空：

第一，推销过程不要操之过急。不要低估确定潜在顾客的重要性。

第二，核算一下你确定的结果，看看其中的比例是多少，咨询一下主要人物在这个领域里要达成什么样的目标，如果你这样做了，你就能和竞争对手区分开来。

第三，一旦你通过电话与某人取得联系，一定要确保你们的首次会面是在电话会谈的基础之上进行的。不要让人觉得你从来没有跟对方接触过，感觉特别陌生或突兀。

第四，不要专注于一个顾客。某公司营销员小王曾经和一个顾客在成交前接触过30多次。这听起来让人印象深刻，但是如果她把打电话的时间用在确定潜在顾客的努力上，那么她成交的交易何止一宗，也许是两宗或是更多。

第五，在面谈阶段不要试图进行产品陈述。不要把产品陈述和产品演示混淆。

第六，参观潜在顾客的生产设备，或是其他真实环境。鼓励你的潜在顾客到你的办公室来。

第七，如果你一次又一次地发现，总是因为同样的异议而失去交易。比如说，你的价格过高，那么你可能就面临一个管理层面上的问题。这时，你就应当花些时间与你的销售经理谈谈你们公司的销售战略及市场定位问题。

第八，不要把大量的时间花在整理厚厚的报告、彩色的小册子上。

第九，该做记录的时候一定要做好记录！

第十，不要过多地相信媒体对你的目标公司购买动机的宣传。媒体有时可能误导人。

第十一，要记住你是和某个或是某一群人工作，而不是某个机构。当然，你代表的是你们的公司，但是，进行产品陈述的是你而不是你的公司。因此，应当努力建立两个人的关系，而不是两个公司实体的关系。告诉你的潜在顾客是你要做这笔生意，而不是你的公司。

第十二，要找出购买你的产品或是服务的相关决策是如何制定的，或是购买相关产品的决策是如何制定的。

第十三，如果你与你的潜在顾客存在明显的年龄差异，或者是你们在专业的其他方面也不尽相同，那么他就不可能把你当成是平等的专业人士看待。这时候你就可以考虑同你的某个同事一起进行产品陈述。这种升级技术极其有效，特别是在你的潜在顾客需要你来帮助他打消疑虑时。

第十四，要瞄准高层。不要以为你不能向公司的高层进行你的产品陈述。即使这个人不直接参与你的产品或是服务的最终决策，他也是十分强大的联盟。

第十五，你要记住，在面谈阶段就把价格问题提出来，可以减轻潜在顾客的很大压力。

第十六，对于你领域里出现的共同异议要有心理上的准备，要警惕一些相同的障碍。

第十七，最重要的是守信用。这样顾客才会记住你，愿意与你成交。

采用先价值后价格的技巧

销售经验告诉我们：价格对顾客而言永远都是偏高的，他们总觉得商家多赚了他们的钱。所以关键是销售员要让顾客觉得商品值这个价格。

以下就是我们销售员经常会犯的错误：

顾客："你们的产品感觉还不错，就是贵了点。"

销售员一："我们的产品比其他产品要高档、耐用，富贵花园（当地高档住宅）的很多人买我们的品牌，觉得很好用。"

销售员二："电器是用一辈子的，要买就买好的。"

销售员三："我们的产品比别人的口碑都好，这您也知道，贵也贵得实在。"

销售员四："拜托，这样子还嫌贵。"

销售员五："小姐，那您多少钱才肯要呢？"

销售员六："打完九折下来也就180元，已经很便宜了。"

销售员七："连我们这里都嫌贵，那你在全中国都买不到。"

销售员八："无论我们标价多少，顾客都会觉得贵啦！"

场景中，从顾客的话里可以听出来，顾客的买点是"使用感觉好（感觉不错）+比较实惠的价格（就是贵了点）"。

第一个回答，显然说明销售员对产品的定位是"使用感觉比较好+高档产品高端消费"，正好与顾客的定位相左。也就等于对顾客进行了错误的暗示：这款产品是高端产品，是给经济富裕的人用的，所以才贵。这时顾客会想，那等以后有钱再说吧。

第二个回答等于告诉顾客正确的价值取向是"买贵的才是好

的"。换言之,等于同意了顾客的看法:这款机型就是贵!但顾客其实想买的是好而不贵的产品,销售员这样应对就不是要成交,而是要"断交",根本没和顾客说到一块儿去。

第三个回答还是在"贵"上打转转,并没有从顾客的立场解释这款产品其实并不贵。

第四个回答暗示顾客如果嫌贵就不要买了,有看不起顾客的味道。

第五个回答过早陷入讨价还价的被动局面,很容易使顾客对货品质量失去信赖,纯粹属于销售员自己主动挑起价格战,使得价格谈判代替商品价值成为决定顾客购买的关键因素。

第六个回答属于销售员主动让步,使自己在后续的价格谈判中失去了回旋的空间。

第七个回答太狂妄自大,令顾客很不舒服。

第八个回答抢白顾客,暗示顾客不讲理。

顾客的需求是"好用+实惠",以上场景中的销售员都没有从这一根本点出发解释"好用+实惠"。你不从顾客的买点出发,就没有交易可言了。抱怨产品价格贵,是多数顾客会说的话,销售员与顾客对价格进行反复讨论是最不明智的。

销售员不能因为顾客说贵了,就惊慌失措或者生气。而应该采取"先价值后价格"的计策,通过列举产品的核心优点,在适当的时候与比自己报价低的产品相比较,列举一些权威专家的评论及公司产品获得的荣誉证书或奖杯等实例从多方面引导认可"一分钱一分货"的道理,让顾客充分认识到产品能给他带来的价值,消除顾客认为"昂贵"的感觉。

销售人员要告诉顾客一个道理,即买东西其实不一定是越便宜越好,关键是要看是否适合自己。所以销售员可以通过强调商品的卖点,告诉顾客付太多的钱并不明智，但付太少的钱风险更大的道理。付得太多，你只是损失掉一点钱，但如果你付得太少，有时你会损失所有的东西，因为商业平衡的规律告诉我们，想付出最少而获得最多几乎不可能。销售员可以如此引导顾客认识，并询问顾客的看法。

如果对方默认或点头就立即用假设成交法建议顾客成交。所谓假设成交法就是假定顾客已经决定购买，而在细节上面询问顾客或者帮助对方做出决定。使用假设成交法前应该首先询问对方一两个问题，在得到顾客肯定的表示后再使用效果会更好。

销售员："确实，我承认如果单看价格，您有这种感觉很正常。只是我们的价格之所以会稍微高一些，是因为我们在质量上确实做得不错，我想您一定明白买对一样东西胜过买错三样东西的道理，您也一定不希望东西买回去只用几次就不能再使用了，那多浪费呀。您说是吧？我们这个品牌的专用灯具使用寿命长达 8000 小时，是普通白炽灯的 8 倍。又具有节能功能，能达到白炽灯 60 瓦的亮度，但是耗电量只需白炽灯的 20％。虽说买时贵，但您用时就便宜啦。我给您算笔账您就清楚了。"

销售员在采用"先价值后价格"的计策之前，要学会收集和整理一些非常经典的说服辞令，譬如："买对一样东西胜过买错三样东西。"有许多顾客往往就是因为受这些语句的触动而改变了自己的购买习惯。

在推介产品的过程中，销售人员要把握住产品的品质、工艺与外观等方面的优点，同时采用比较法、拆分法等计策向顾客友好地解释产品物超所值的原因，设法让顾客理解你产品的价值和认同由此带来的利益，让他们相信产品的价格与价值是相符的。另外，在列举要点的同时，销售人员可引用一些感性的数值，或者做一些辅助性的演示工作，加强销售语言的可信度。

·第八章·

消除顾虑，促成交易

　　销售员不仅要能说会道，还要成为精明的心理学家。因为销售是销售员和客户之间心与心的互动，谁能掌握客户内心，谁就能成为销售王者！心理效应是心理学中总结的常见心理规律，只要销售员能够灵活运用，就能产生强大的销售磁场，吸引客户并消除客户顾虑，促成交易。

抓住顾客真正的异议

销售心理学一点通：错误的异议化解方式不但无助于推进销售，反而可能导致新的异议，甚至成为推销失败的重要因素。

一位顾客想买一辆汽车，看过产品之后，对车的性能很满意，现在所担心的就是售后服务了，于是，他再次来到甲车行，向推销员咨询。

准顾客："你们的售后服务怎么样？"

甲推销员："您放心，我们的售后服务绝对一流。我们公司多次被评为'顾客信得过'企业，我们公司的服务宗旨是顾客至上。"

准顾客："是吗？我的意思是说假如它出现质量问题等情况怎么办？"

甲推销员："我知道了，您是担心万一出了问题怎么办。您尽管放心，我们的服务承诺是在一天之内无条件退货，一周之内无条件换货，一月之内无偿保修。"

准顾客："是吗？"

甲推销员："那当然，我们可是中国名牌，您放心吧。"

准顾客："好吧。我知道了，我考虑考虑再说吧。谢谢你。再见。"

在甲车行没有得到满意答复，顾客又来到对面的乙车行，乙推销员接待了他。准顾客："你们的售后服务怎么样？"

乙推销员："先生，我很理解您对售后服务的关心，毕竟这可不是一次小的决策，那么，您所指的售后服务是哪些方面呢？"

准顾客："是这样，我以前买过类似的产品，但用了一段时间后就开始漏油，后来拿到厂家去修，修好后过了一个月又漏油。再去修了以后，对方说要收 5 000 元修理费，我跟他们理论，他们还是不愿意承担这部分费用，没办法，我只好自认倒霉。不知道你们在这方面怎么做的？"

乙推销员："先生，您真的很坦诚，除了关心这些还有其他方面吗？"

准顾客："没有了，主要就是这个。"

乙推销员："那好，先生，我很理解您对这方面的关心，确实也有顾客关心过同样的问题。我们公司的产品采用的是欧洲最新 AAA 级标准的加强型油路设计，这种设计具有极好的密封性，即使在正负温差 50℃，或者润滑系统失灵 20 小时的情况下也不会出现油路损坏的情况，所以漏油的概率极低。当然，任何事情都有万一，如果真的出现了漏油的情况，您也不用担心。这是我们的售后服务承诺：从您购买之日起三年之内免费保修，同时提供 24 小时内主动上门的服务。您觉得怎么样？"

准顾客："那好，我放心了。"

最后，顾客在乙车行买了中意的汽车。

在推销过程中，顾客提出异议是很正常的，而且异议往往是顾客表示兴趣的一种信号。但遗憾的是，当顾客提出异议时，不少新入行的推销员往往不是首先识别异议，而是直接进入化解异议的状态，这样极易造成顾客的不信赖。所以，错误的异议化解方式不但无助于推进销售，反而可能导致新的异议，甚至成为推销失败的重要因素。这个案例就是这类问题的典型代表。

案例中，"你们的售后服务怎么样"，这个问题是顾客经过慎重考虑提出来的，是一种理性思考的结果。这时候，要化解顾客的异议就需要推销员具有超强的应变能力，并促使其决策。

甲推销员显然不懂得这个道理，当顾客提出疑问后，他在还没有识别顾客的异议时，就直接去应对，给出了自以为是的答案，顾客没有感到应有的尊重，认为推销员回答不够严谨，因此推销失败也就不足为奇了。

与之相反的是，乙推销员则采用了提问的方式："您所指的售后服务是哪些方面呢？"这种询问给予顾客被尊重的感觉，同时也协助顾客找到了问题的症结所在，然后又利用自己的专业知识，轻松化解了顾客的问题，获得了推销的成功。

这个案例表明，对顾客异议的正确理解甚至比提供正确的解决方案更重要。至少，针对顾客异议的提问表达了对顾客的关心与尊重。推销员只有找到症结所在，才能顺利成交。

让顾客更关注性价比

顾客："我是××防疫站陈科长，你们是某某公司吗？我找一下你们的销售。"

电话销售："哦，您好！请问您有什么事？"

顾客："我想咨询一下你们软件的报价，我们想上一套检验软件。"

电话销售："我们的报价是 98 800 元。"

顾客："这么贵！有没有搞错。我们是防疫站，可不是有名的企业。"（态度非常高傲）

电话销售："我们的报价基于以下两方面：一是从我们的产品质量上考虑，我们历时 5 年开发了这套软件，我们与全国多家用户单位合作。对全国的意见和建议进行整理，并融入我们的软件中。所以我们软件的通用性、实用性、稳定性都有保障。二是我们的检验软件能出检验记录，这在全国同行中，我们是首例，这也是我们引以为傲的。请您考察。"

顾客："这也太贵了！你看人家成都的才卖 5 万元。"

电话销售："陈科长，您说到成都的软件，我给您列举一下我们的软件与成都的软件的优缺点：咱们先说成都的，他们软件的功能模块很全，有检验、体检、管理、收费、领导查询等，但他们软件的宗旨是将软件做得全而不深。而我们的宗旨是将软件做到既广又深，就检验这一块来说，他们的软件要求录入大量的数据和需要人工计算，他们实现的功能只是打印，而再看我们的，我们只需要输入少量的原始数据即可，计算和出检验记录全部由计算机完成。这

— 145 —

样既方便又快捷。另外，我们的软件也有领导查询和管理功能。在仪器和文档方面我们的软件也在不断改进，不断升级。"

顾客："不行，太贵。"（态度依然强硬）

电话销售："您看，是这样的，咱们买软件买的不仅是软件的功能，更主要的是软件的售后服务，作为工程类软件，它有许多与通用性软件不同的地方。我们向您承诺，在合同期间我们对软件免费升级、免费培训、免费安装、免费调试等。您知道，我们做的是全国的市场，这期间来往的费用也是很高的，但也是免费的。另外，在我们的用户中也有像您这样的顾客说我们的软件比较贵，但自从他们上了我们的软件以后就不再抱怨了，因为满足了他们的要求，甚至超过了他们的期望。我们的目标是：利用优质的产品和高质量的售后服务来平衡顾客价值与产品价格之间的差距，尽量使我们的顾客产生一种用我们的产品产生的价值与为得到这种产品而付出的价格相比值的感觉。"

顾客："是这样啊！你们能不能再便宜一点啊？"（态度已经有一点缓和）

电话销售："抱歉，陈科长您看，我们的软件质量在这儿摆着，确实不错。在10月21日我们参加了在上海举办的上海首届卫生博览会，在会上有很多同行、专家、学者。其中一位检验专家，他对检验、计算机、软件都很在行，他自己历时6年开发了一套软件，并考察了全国的市场，当看到我们的软件介绍和演示以后当场说：'你们的和深圳的软件在同行中是领先的。'这是一位专家对我们软件的真实评价。我们在各种展示中也获过很多奖，比如检验质量金奖、检验管理银奖等奖项。"

顾客："哦，是这样啊！看来你们的软件真有一定的优点。那你派一个工程师过来看一下我们这儿的情况，我们准备上你们的系统。"

至此，经过以上几轮谈判和策略安排，销售人员产品的高价格已被顾客接受，销售人员的目标已经实现了。在与别人谈判时，如何说服对方接受你的建议或意见，有很大的学问，特别是在价格的谈判中。以下是价格谈判中的一些技巧和策略：

（1）在谈判过程中尽量列举一些产品的核心优点，并说一些与同行相比略高的特点，尽量避免说一些大众化的功能。

（2）在适当的时候可以与比自己报价低的产品相比较，可以从以下几方面考虑：

①顾客的使用情况（当然你必须对你的和你对手的顾客使用情况非常了解）。

②列举一些自己和竞争对手在为取得同一个项目工程，展示产品和价格时顾客的反应（当然，这些情况全都是对我们有利的）。

（3）列举一些公司的产品在参加各种各样的会议或博览会时专家、学者或有威望的人员对我们产品的高度专业评语。

（4）列举一些公司产品获得的荣誉证书或奖杯等。

满足顾客砍价的乐趣

一天，一位顾客看中老张店里一套标价为 800 元的衣服。

顾客说："你便宜点吧，500 元我就买。"

老张回道："你太狠了吧，再加 80 元，图个吉利。"

"不行，就 500 元。"

随后，老张又与顾客经过一番讨价还价，最终谈妥以 520 元成交。

但是，当顾客掏出钱包准备付款时，却发现自己身上只有 490 元。老张为难地说，"那太少了，哪怕给我凑个整 500 元呢？"顾客说："不是我不想买，的确是钱不够啊。"最后，老张似乎狠下心说："好吧，就 490 元吧，算是给我今天买卖开张了，说实话，真的一分钱没挣你的。"顾客 490 元拿着这件衣服，开开心心地走了。

老张真的一分钱没赚吗？当然不可能。因为这只是老张故意使用的计策。其实老张心里最清楚不过，那件衣服进价也就 280 元，给出 800 元的标价为的是给顾客心理上制造"高档"商品的感觉，同时留出顾客"砍价"的空间，在讨价还价中得出顾客愿意支付的价格。最终，老张能赚得利润，顾客也在"砍价"过程中得到了乐趣和成就感，感觉自己占到了便宜，自然也就达成了一桩愉快的买卖。

每个顾客一般都会对预期商品有一个预期的心理价位。心理价位实际上就是他们对于所购买的物品有一种主观评价，顾客心理价位往往取决于他们的消费能力以及对商品的偏好程度。因此，在销售过程中，我们就必须对顾客的心理价位有一定的了解，从而才能在讨价还价时获得最大的利润。

对于顾客来说，购物常常是一场"斗智斗慧"的心理战。如果通过自己的"砍价"，买到一件价格明显低于自己设想而质地样式又特别喜欢的商品，心理上会产生极大的愉悦感和自豪感。同时不少顾客也会将"砍价"当成一种生活的乐趣。所以我们销售员也要迎合顾客的这种心理，满足他们"砍价"的乐趣。

销售员可以从以下几个方面掂量好"砍价"的分寸：

1. 顾客的迫切程度

我们可以从观察顾客的神情动作来判断他们对商品的喜欢程度，根据他们对商品所表现出来的喜欢程度决定价格的弹性幅度。顾客越迫切，越需要，我们就不能轻易降低商品的价格。如果无法从顾客的神情动作上判断出他们需要商品的迫切程度，我们还可以使出另外一招，即不断地与顾客攀谈他们买给谁，是不是送礼，是送给谁，还是自己用。

2. 顾客的经济实力

我们可以通过观察顾客的穿着和言行，判断他的经济实力，根据实际情况出价和降价。一般来说，经济实力强的人容易接受高价，而你用狮子大开口的方式来对待捉襟见肘的人，只会立即将他们吓跑。

此外，销售员要特别注意以下几点：

1. 价位的合理性

无论出于什么原因，任何顾客都会对价格产生异议，大都认为衣服价格比他想象的要高得多。这时，销售员必须从衣服在设计、质量、品牌等方面的优点来证明，价格是合理的。所谓"一分钱一分货"，只要你能说明定价的理由，顾客就会相信购买是值得的。

2. 多施小恩小惠

在讨价还价过程中，买卖双方都是要做出一定让步的。虽然每一个人都愿意在讨价还价中得到好处，但并非每个人都是贪得无厌的，多数人只要得到一点点好处，就会感到满足。因此，销售员在洽谈中要在小事上做出十分慷慨的样子，使买家感到已得到对方的优惠或让步。比如，增加或者替换一些小纽扣时不向买家收费，等等。

3. 有步骤的降价

和买家讨价还价要分阶段一步一步地进行，不能一下子降得太多，而且每降一次要装出一副一筹莫展、束手无策的无奈模样。另外，讨价还价切不可一开始就亮底牌，有的销售员不讲究策略，洽谈一开始就把最低价抛出来，然而事实上，洽谈初始阶段，顾客是不太会相信销售人员的最低报价的。这样，也就无法谈下去了。

将顾客分门别类，有针对性地推销

一般情况下，我们可以把顾客分为近期有希望下订单的有效顾客、近期没希望下订单的潜在顾客、初期顾客和长期顾客四种类型。面对这几种类型的顾客你可以采取以下不同的策略：

1. 有效顾客

对于这类顾客，重点是争取让顾客下订单。通过前面与顾客的接触，我们发现这类顾客对我们的产品及服务有明确的需求，但还没到他们下订单的时候。这类顾客在顾客决策周期中处于哪个阶段呢？在这个阶段的顾客，他们在做什么工作呢？这就需要销售员与对方进行电话沟通时仔细探询顾客的需求。在这一阶段，顾客会发生什么事情呢？

（1）顾客处在分析、调查、论证阶段。

（2）顾客在决策。

（3）顾客在与其他公司接触以评估比较。

（4）我们对顾客的需求有误解。

（5）顾客可能在欺骗我们。

对于这些顾客，从整体上来讲，分为三种情况：

第一种是顾客确实有需求，而且也愿意提供销售机会。

第二种是顾客本来有需求，他们从内心深处根本就不想给我们机会，但在表面上给我们还有机会的假象。

第三种是顾客没有需求，只不过是我们误认为顾客有这种需求。

在这一阶段，分析判断顾客属于哪一种情况就变得极为重要，如果我们判断错误的话，对我们制订销售策略将产生不利的影响。

2．潜在顾客

对于近期内没有合作可能性的顾客，也应该通过电子邮件、直邮等形式与顾客保持联系，同时，每3个月同顾客通一次电话。这样，可以让顾客感受到你的存在，当他产生需求的时候，能主动找到你。这样，可以用最少的时间来建立最有效的顾客关系。

3．初期顾客

初期顾客是指那些已经和我们建立了商务关系，但他们只给我们极小一部分的份额。也许这些顾客将是你的长期买主，只是你还没有打动他们的有力产品，或许你提供的服务还不足以让顾客特别满意，或者这些顾客只是抱着"试试看"的态度。不管是什么情况，这些顾客已经与我们有一段时间的交易往来了，但是没有积极推进我们的交易合作关系。因此，与这些顾客交易，我们的目标是增加我们总的商业交易额。我们需要在过去成功的经验之上，证明我们的交易关系是值得进一步推进的。这时，频繁的商务电话攻势就显得非常必要。

只有当你了解为什么这位顾客没有给你更大的商业交易份额时，你才有可能在你们的合作关系上获得更大的进展。

4．长期顾客

建立长期顾客关系是针对那些与我们已经有过一段时间的稳固合作关系，并且已经成功地推进了合作关系的顾客。与这类顾客的联系可以巩固我们的地位，使我们成为这些顾客的主要或者全部供货者。最后，成为这些顾客的战略伙伴（记住，战略伙伴阶段是指顾客已经把我们列为其商业计划发展的一部分）。

总体来讲，无论对于哪一类顾客，我们都应当致力与顾客发展长期的合作关系。对于现有顾客，我们的重点是在做好服务的同时，尽可能地提高顾客的忠诚度；对于潜在顾客，我们的重点则是争取订单。

　　只要存在积极的关系，你就拥有进一步推动关系的机会。当双方都受益时，交流才会继续。因此我们对不同类型的顾客应采取不同的跟进策略，这有赖于我们对顾客真实情况的掌握。在商务电话沟通中，我们所有的判断都要通过电话来进行。

准确地把握住成交时机

成交的时机就在你的身边，就看你怎么把握它。在沟通中，当你能准确地把握住时机，就可能获得巨大的利益。我们可以通过下面的方式来捕捉与顾客成交的时机。

1. 利用害怕失去的心态

利用对方怕占不到便宜的心理；利用对方怕过时的心理。告诉对方"货已不多了"，用"太可惜了""很遗憾"等语句来加剧对方的惜失心理刺激。请看下面的例子：

"您好，刘经理！我是××体育用品中心的××，可以跟您谈几分钟吗？"

"什么事？"

"是这样，我用一分钟和您谈点题外话，听口音，我猜您三十六七的年龄，对吧？根据医学统计，这个年龄是腰椎间盘突出的易发期。如果心里不太想得开，就容易发怒，是吧？我们说怒伤肾，这会给肾造成很大压力，时间长了特别不利于健康。这时候腰部器官的功能也会随之下降，什么腰肌劳损、肾虚这些病就找上您。所以我们建议这个年龄的男子，要多做运动，如果抽不出运动的时间，或找不出运动的场地，我们就建议您购买一台'扭转按摩仪'。"

"噢！过几天你送个过来让我看看。"

这里，就利用顾客的恐惧心理，达到引起顾客注意，唤起顾客购买的目的。

2．敏锐的观察力

锻炼敏锐的观察力可以帮助你捕捉时机。在业余时间里做一些智力测试，做完后要多思考。在打电话的时候，要灵活些。

3．积极诱导客户

虽然顾客尚未开口表决，却已在无形中透露了内心的机密。这时营销员要注意捕捉顾客的需求，并用敦促的方法与顾客达成交易。关于这一点，在前面已经介绍过，在这里就不再赘述。

总之，要使与顾客的沟通成功而有效，我们就要学会善于在沟通过程中捕捉成交的良机。

4．创造环境

营销人员在向顾客推销产品时，将个人情感引入其中，这往往会使你占据上风。在交谈中引入个人情感，几乎可以在任何问题上帮你获胜。

用广博的知识抓住稍纵即逝的机会

孙兴从美术学院毕业后，一时没找到对口的工作，就做起了房地产推销员。但3个月后，孙兴一套房子也没卖出去，按合同约定房地产公司不再续发底薪，这让他陷入了进退两难的境地。

一天，孙兴的一个大学同学向他提供了一个信息：有位熟人是某大学的教授，他住的宿舍楼正准备拆迁，还没拿定主意买什么样的房子。他劝孙兴不妨去试一试。

第二天，孙兴敲开了教授的家门，说明了来意。教授客气地把他带到客厅。当时，教授刚上中学的儿子正在支起的画板架上画着"静物"。孙兴一边向教授介绍自己推销的房产情况，一边不时地瞄上几眼孩子的画。

教授半闭着眼睛听完孙兴的介绍，说："既然是熟人介绍来的，那我考虑一下。"孙兴通过观察，发现教授只是出于礼貌而应和，对他所说的房子其实并没有多大兴趣，心里没了谱，不知道接下来该说什么，气氛一时变得很尴尬。

这时孙兴看到孩子的画有几处毛病，而孩子却浑然不知，便站起身来走到孩子跟前，告诉他哪些地方画得好，哪些地方画得不好，并拿过画笔娴熟地在画布上勾勾点点，画的立体感顷刻就凸现出来了。

孩子高兴地拍着手说："叔叔真是太棒了！"略懂绘画的教授也吃惊地瞧着孙兴，禁不住赞道："没想到你还有这两下子，一看就是科班出身，功底不浅啊！"他还感激地说，"有时候，我也看出孩子画得不是那么回事儿，可我却一知半解，不知怎么辅导，经你这么一点拨就明白了，你真帮了我的大忙了！"

接下来，孙兴同教授颇有兴致地谈起了绘画艺术，并把自己学画的经历说了一遍。他还告诉教授应该怎样选择适合孩子的基础训练课目，并答应说以后有时间还要来给孩子讲讲课。孙兴的一番话，让教授产生了好感，也开了眼界，一改刚才的寒暄连连点头称是。两个人的谈话越来越投机。

后来，教授主动把话题扯到房子上来。他边给孙兴端上一杯热茶边说："这些日子，我和其他几个老师也见了不少推销房产的，他们介绍的情况和你的差不多。我们也打算抽空去看看，买房子不是小事，得慎重才行。"

教授又看了孙兴一眼，接着说："说心里话，我们当老师的就喜欢学生，特别是有才华的。你的画技真让我佩服！同样是买房子，买谁的不是买，为什么不买你的呢？这样吧，过两天，我联系几个要买房的同事去你们公司看看，如果合适就非你莫属，怎么样？"

半个月后，经过双方磋商，学校里的十几名教师与孙兴签订了购房合同。

推销员的知识面越广，专业实力越强，成功的机会就越多。尤其当顾客出现麻烦、需要帮助时，这些知识随时都会派上用场。如能抓住机会，帮上一把，必能让对方心生感激、刮目相看，从而打开成功的大门。

房地产推销员孙兴通过熟人介绍，得到了一个销售信息，他登门拜访，并详细陈述房子的情况，但潜在顾客对房子并未产生很大的兴趣，谈话陷入了尴尬的场面。至此，说明孙兴的策略失败了。如果不改变策略的话，就会失去这次销售机会。

美术专业出身的孙兴看到顾客的孩子正在画的画有几处毛病，于是对孩子进行了简单的指导，这一举动让顾客大为惊讶，他没有想到一个房地产推销员有如此高的美术专业素养。孙兴抓住这个机会，与顾客探讨绘画艺术，用自己的知识逐渐赢得了顾客的好感和认可。最后，顾客不但自己买了房子，还推荐其他同事到孙兴的公司买房。

孙兴用自己广博的知识抓住了稍纵即逝的机会，并取得了成功。可见，销售人员只有不断丰富自己的知识，才能在关键时刻抓住成功的机会。

·第九章·

维护客户的长期忠诚度

忠诚的顾客会为企业做很多贡献，但是他们也随时随刻可能离开，因为市场上的选择太多了，而您的竞争对手也在不惜一切想要争夺这些顾客。在越来越多的企业开始向以顾客为中心的方向转变的时候，"忠实于顾客"就不是一个"是否"要做的问题，而是"最快什么时候"可以做到、如何抢先于竞争对手的问题。

维护好老顾客

营销大师原一平说，推销员都知道确保老顾客非常重要，但在实际行动上往往草率从事，马马虎虎，怠慢老顾客。这样做的后果是很可怕的。

要当心竞争对手正窥视你的老顾客。同行的竞争对手正在对你已经获得的顾客虎视眈眈。你对老用户在服务方面的怠慢可使竞争对手有可乘之机，如不迅速采取措施，用不了多长时间你就要陷入危机之中。

要采取必要的防卫措施。已经得到的市场一旦被竞争对手夺走，要想再夺回来可就不那么容易了。

老顾客与你断绝关系大半是因为你伤了对方的感情。一旦如此，要想重修旧好，要比开始时困难得多。因此，推销员要一丝不苟地对竞争对手采取防卫措施，千万不要掉以轻心。

如果竞争对手利用你对老顾客的怠慢，以相当便宜的价格向老顾客供货，但尚未公开这么做时，你马上采取措施还来得及。你要将上述情况直接向上司汇报，研究包括降价在内的相关对策。必须在竞争对手尚未公开取而代之前把对手挤走。

当老顾客正式提出与你终止交易时，往往是竞争对手已比较牢固地取代本公司之后的事情了，要想挽回已为时过晚，想立即恢复以往的伙伴关系更是相当困难了。

这个时候销售员如果恼羞成怒和对方大吵大闹，或哭丧着脸低声下气地哀求都是下策。

聪明的办法是坦率地老老实实地承认自己的错误，并肯定竞争对手的一些长处，同时心平气和地请求对方继续保持交易关系。在这种情况下，即使对方态度冷淡不加理睬也要耐心地说服对方，使对方感到你的诚意。

及时打售后电话

一位顾客几年前刚买了套新房子。虽然他非常中意这房子，但由于它的售价很高，交易完成后，这位顾客一直在为这笔买卖做得是否值得而心存焦虑。当他搬进新居后，大约过了两个星期，销售这套房子的销售员就打来了电话。

销售员："嗨，彼得先生，我是杰克。恭喜您住进了新居。"

顾客："杰克，谢谢。"

销售员："彼得先生，真佩服您的慧眼独具，挑中了这么一套好房子。"

顾客："你客气了，我感觉这套房子买得有点贵了。"

推销员："彼得先生，怪我没跟您说清楚，这套房子确实是物超所值。您是不是感觉到这里的治安特别好，周围的环境也特别清静？对您这样需要休养的人士来说，是最合适不过的了。"

顾客："我已经感觉到了这一点，周围的环境是挺不错。"

推销员："附近几家房屋的买主多是地方上赫赫有名的人士，他们都需要好的休息环境，所以也选择了这里。"

顾客："你是说，我的邻居都是一些当地有名的人士？"

推销员："是这样的，彼得先生，要不怎么说您独具慧眼呢！"

顾客："杰克，这可也有你一部分功劳呀。对了，我有一位朋友对这附近的一幢房子感兴趣，你去跟他联系一下吧！"

推销员："太谢谢了，有您这样的老朋友真是我的荣幸。"

案例中的顾客正在为买价是否过高而心存焦虑时，销售员打来电话道贺，赞赏他慧眼独具，挑中了这个好房子，还聊到这附近良好的治安和环境，指出附近几家房屋的买主多是地方上赫赫有名的人士，使顾客不禁引以为豪，认为自己买对了，最后还推荐了了自己的朋友。

一般来说，新顾客对于他们刚买下的商品有两种感想，一是庆幸自己买对了，二是后悔自己买错了。如果是第一种并且商品使用起来的确很方便，他们更会赞不绝口，乐于向他们的亲朋好友推荐。而如果是第二种并且商品使用起来很不方便，他们则会将抱怨向四周扩散，影响其他人的购买。因此，销售人员每隔一周左右应打电话关切地询问顾客使用产品的情况，若有任何不清楚的地方，销售员一定要提供周全的咨询服务。这样一来，这些顾客将会得到满意的处理结果。通过他们，你也可以开发出更多的潜在顾客。

所以，交易结束后，我们最主要的工作是发展同老顾客的友谊。具体工作是，我们要为完成交易的顾客建立档案，并进行跟踪服务和展开人情攻势，不仅使之继续购买我们的产品，还要使之作为我们的朋友为我们推荐新顾客。因此，我们一定要注意发展与老顾客的友谊。

同成交的顾客保持密切的联系

千万不要销售成功就立刻走人，要为下次销售埋下种子。比如一个优秀的推销员会适时地询问老顾客是否还有其他的需求，以便寻求下一次合作的机会。老顾客需要新的产品时，如果推销员及时地把最新产品信息反馈给老顾客就很容易实现二次销售。

并且一定要让顾客感受到，你非常珍视与他们的交易。要让他们明白，你对他们的决定深信不疑，一旦有机会，你还会给予他们帮助。

李东自己经营一家电脑公司，他同时负责公司的电脑销售，而且在这方面做得非常好。他说："一旦新电脑出了什么问题，顾客打电话来要求维修，我会马上带着负责维修的工作人员前去维修，并会设法安抚顾客，让他不要生气。我会告诉他，我们的人一定会把维修工作做好，他一定会觉得特别满意，这也是我的工作。没有成功的售后服务，便不会有再次交易。如果顾客仍觉得存在严重的问题，我的责任就是要和顾客站在一边，确保他的电脑能够正常运行。我会帮助顾客争取进一步的维护和修理，我会同他共同战斗，一起与电脑维修人员沟通，一起应付电脑供货商和制造商。无论何时何地，我总是要和我的顾客站在一起，与他们同呼吸、共命运。"

李东将维护与顾客的长期关系当作是长期的投资，绝不会卖一台电脑后即置顾客于不顾。他本着来日方长、后会有期的态度，希望他日顾客为他介绍亲朋好友来买电脑，或顾客的子女长大成人后，继续将电脑卖给其子女。电脑卖出之后，他总希望让顾客感到买到了一台好电脑。顾客的亲戚朋友想买电脑时，自然首先便会考虑找他，这就是他的最终目标。

电脑卖给顾客后，若顾客没有任何联系的话，他就试着不断地与那位顾客接触。打电话给老顾客时，他开门见山便问："你以前买的电脑情况如何？"通常白天电话打到顾客家里时，接电话的多半是顾客家的保姆，她一般会回答："电脑情况很好。"他再问："有什么问题没有？"顺便向对方示意，在保修期内该将电脑仔细检查一遍，并让她提醒雇主在这期间送到厂里检修是免费的。

他也常常对顾客家的保姆说："假使你需要装什么软件或程序的话，请打电话过来，我们会马上过去免费安装，并免费给你提供技术指导，请你及时提醒你的雇主。"

李东说："我不希望只销售给他这一台电脑，我特别珍惜我的顾客，我希望他以后所买的每一台电脑都是从我这里销售出去的。"

把新的资料和信息及时反馈给老顾客，询问老顾客的特殊需求，这样第二笔生意就有了成交的可能，同时也为第二次交易设置了一个良好的开端。

我们要懂得维护与顾客的关系，并和他们保持密切的联系，不要因为这样那样的原因，最终失掉一些老顾客。

做好访问记录

对于推销员来说，一个订单的签订通常都要和顾客经过一段时间的接触与交流。在这个过程中，推销员为了促成交易，必须尽可能多地搜集有关顾客的信息，同时也需要及时把握顾客的购买意向。因此，在推销过程中一定要做好每天的访问记录，一方面记录在交流中掌握的顾客信息，一方面记录那些已经有购买意向的顾客的条件或需求。这样在再次拜访顾客的时候，既可以有针对性地"谈判"，又可以避免出现前后不一的情况。

艾伦一直在向一位顾客推销一台压板机，并希望对方订货。然而顾客却无动于衷。他接二连三地向顾客介绍了机器的各种优点。同时，他还向顾客提出到目前为止，交货期一直定为 6 个月，从明年 1 月份起，交货期将设为 12 个月。顾客告诉艾伦，他自己不能马上做决定，并告诉艾伦，下月再来见他。到了 1 月份，艾伦又去拜访他的顾客，他把过去曾提过的交货期忘得一干二净。当顾客再次向他询问交货期限时，他仍说是 6 个月。

艾伦在交货期问题上颠三倒四。忽然，艾伦想起他在一本推销书上看到的一条妙计：在背水一战的情况下，应在推销的最后阶段向顾客提供最优惠的价格条件。因为只有这样才能促成交易。于是，他向顾客建议，只要马上订货，可以降价 10％。而上次磋商时，他说过削价的最大限度为 5％，顾客听他现在又这么说，一气之下终止了洽谈。

如果艾伦在第一次拜访后有很好的访问记录，如果他不是在交货期和削价等问题上颠三倒四，如果他能在第二次拜访之前，想一下上次拜访的经过，做好准备，第二次的洽谈很可能就会成功了。由此可见，做记录是多么有必要。

齐藤竹之助的口袋里总装有几样法宝——记录用纸和笔记本。在打电话、进行拜访以及听演讲或是读书时，都可以用得上。打电话时，顺手把对方的话记录下来；拜访时，在纸上写出具体例子和数字转交给顾客；在听演讲或读书时，可以把要点和感兴趣之处记下来。

乔·吉拉德认为，推销人员应该像一台机器，具有录音机和电脑的功能，在和顾客交往过程中，将顾客所说的有用情况都记录下来，从中把握一些有用的东西。所以他总是随身带着一个本子，及时记录各种顾客信息。

顾客访问记录不仅包括与顾客交流过程中的重要信息，如交货时间、货物价格、优惠幅度等，还应该包括顾客特别感兴趣的问题及顾客提出的反对意见。有了这些记录，才能有的放矢地进行准备，更好地进行以后的拜访工作。

此外，推销员还应该把有用的数据和灵光一现的想法及时记录下来，同时对自己工作中的优点与不足也应该详细地记录下来。长期积累你就会发现这些记录是一笔宝贵的财富。

预防大顾客流失

企业与企业之间本来就是一场争夺顾客的战争，能否争得大顾客是一场事关企业生死存亡的关键。顾客的流动是正常的，但如果损失了大顾客我们都没有预防的策略，那企业肯定会遭受重创。

一些高层管理人员经常诧异地说："不久前与顾客的关系还好好的，一会儿'风向'就变了，真不明白这是为什么。"很多企业，甚至大型企业，在面对顾客流失危机的时候也束手无策，只能无奈地发出"告诉我你为什么要离去"这样的感慨。

根据某营销咨询机构研究中心针对大顾客的一次调查结果显示，91%以上接受调查的大顾客认为可以长期合作的供应商应该具备4个最基本的条件：第一，有良好的产品质量；第二，要有满意的服务质量；第三，交货及时、足量（包括紧急需要时），物流顺畅；第四，产品或服务的让渡价值等于或高于竞争对手，即产品或服务的附加值不能低于竞争对手。

当我们的工作在上面任何一个环节中出现纰漏时，大顾客都有可能发生叛离。

顾客流失已成为很多企业所面临的危机，他们大多也都知道失去一个老顾客会带来巨大损失，也许需要再开发10个新顾客才能予以弥补。但当问及顾客为什么流失时，很多销售人员一脸迷茫，谈到如何防范，更是不知所措。

顾客的需求不能得到切实有效的满足，往往是导致顾客流失的最关键因素。一般情况下，企业应从以下几个方面入手来防范顾客流失：与顾客合作的过程很多属于短期行为，这就需要对顾客灌输长期合作的好处，对其短期行为进行成本分析，指出其短期行为不仅给企业带来很多的不利，而且还给顾客本身带来了资源和成本的浪费。企业应该向老顾客充分阐述自己企业的美好远景，使老顾客认识到自己只有跟随企业才能够获得长期的利益，这样才能使顾客与企业同甘苦、共患难，不会被短期的高额利润所迷惑而投奔竞争对手。

通过对目前大顾客叛离原因的调查，我们可以从以下几个方面入手进行预防：

1．与大顾客及时深度的沟通

有助于维护与大顾客的关系长久，并能够及时了解大顾客的需求变化。

2．调查顾客的期望与建议

只有了解顾客对我们的期望与建议，我们才能将工作做得更好。

3．问候与回访

不能小看一些不起眼的小礼品与小恩惠，那些常常能使顾客感受到温暖。

4．提高产品质量并防范对手

产品质量是根本，而只有了解对手，我们才能做好防范工作。

5．对市场反应敏感

企业应及时提供顾客订购的产品或服务，及时掌握产品在市场上的反馈信息，并能迅速处理关于产品的异议和抱怨。

保持与老顾客的长期联系

新顾客与我们进行了长时间的合作之后，就会成为我们的老顾客，但一定要记住：老顾客并不是我们的永久顾客。也就是说，老顾客如果不注意维护的话，也会流失掉。

要想保住老顾客，除了我们所提供的产品或服务质量过硬以及有良好的售后服务外，我们还应该定期与顾客保持联系。成功的顾客服务人员是不会卖完东西就将顾客忘掉的。

交易后与顾客持续保持联络，不仅可以使顾客牢牢记住你与公司的名字，而且还会增强顾客对你的信任感，从而为他们向你推荐新顾客奠定感情基础。

聪明的企业，肯把大力气花在售后与老顾客的联系上，目的就是为了巩固与老顾客的关系。因为，在市场景气时，这些老顾客能将生意推向高潮；在市场萧条时，这些老客户又能使公司维持生存。老顾客对公司的生死存亡有着十分重要的意义，因此一定要保持与顾客的长期联系。和顾客保持联系的方式主要有：

1. 打电话

如今人与人之间的沟通交流缺不了电话这个道具，尤其是我们与顾客的联系，一个小小的电话可以帮助我们与顾客建立亲密的关系。电话是一种最便捷的工具，当然是首选。

博恩·崔西是世界顶级管理与营销培训大师，被认为是全球推销员的典范，曾被列入"全美十大杰出推销员"。这位大师十分注重和顾客建立长期联系的作用，并且在对学员的培训中一直强调这一点。他说："必须向顾客提供一种长期关系，然后尽一切努力去建立和维护这种关系。"与顾客建立联系除了建立在销售目标之上的销售沟通之外，其实还可以包括很多方式，而有时交易之外的联系往往更容易使你和顾客保持亲近。

这里所谓的"交易之外的联系"，主要是指不将销售产品或服务作为行为动机，和顾客进行轻松愉悦的交流，赢得顾客的信任，甚至和顾客成为朋友的联系方式。很多销售高手都提出，他们真正的销售额几乎都是在谈判桌和办公室之外完成的。

2. 发短信

短信经济、快速，令人感到亲切。因此，发短信也是一个与顾客保持长期接触的方法。使用短信时有一点要注意，即慎重使用产品和服务介绍。当销售人员准备通过短信向顾客介绍产品或者服务时，最好预先告诉顾客。如果盲目地从什么渠道获取手机号码就向他们发短信，结果只会招来投诉。

3. 写信件、明信片

很多销售人员用电子的方式代替明信片和手写信件，成本会降低，效率会提高。不过，作为传统的手写信件、明信片在销售中确实也有不可估量的作用。如果采用信件、明信片，可以给顾客与众不同的感觉，使他在倍感亲切的同时又感受到被人重视。

4. 邮寄礼品

节日来临的时候，在条件允许的情况下，最好能给顾客邮寄些实质性的礼品，这是实施情感营销的必要环节。例如：中国电信的一个大顾客经理打了很多次电话给一个顾客，可是顾客都不见他，后来他送了部公司刚出的新电话机。第二天再打电话给顾客的时候，顾客的态度发生了很大的变化。有人问那位大顾客经理："这主要是什么原因呢？"大顾客经理想了想，说："他觉得我真的在关心他，在乎他。"事实正是如此，小小的礼品，不一定很昂贵，却能使顾客感受到你的关心，从心理上接受你。

·第十章·

构建产品美好的蓝图

　　在你销售一件产品和服务的过程中，有某种东西肯定是顾客想得到的益处，或者说这种东西能够帮助顾客解决现在面临的问题，你一定要通过倾听或提问，把它找出来，然后告诉顾客，你的产品能够给他带来他想要的效益，帮他解决他想解决的问题。

讲明产品就是顾客想要的

购物是要花钱的，所以没有哪个人会去买不急用或不能给自己带来现实好处的产品。只有能准确判断或帮助顾客找出他们想从产品中得到什么效益和解决方案，你的销售工作才能顺利展开。

如果一个人的衣服旧了，他会考虑买一件新衣服；如果急需一台电脑，他会考虑去买台新电脑，以便能够更好地工作；如果还没有房子，他会努力工作，攒钱买房子，以便有一个温馨的家……

只有人们需要的时候才买东西，并且买的东西能给生活上或心理上更多的满足感。当他们在购买产品的时候，更关心产品带给他们自身的效益以及能够为他们解决多少问题。

从某种角度说，顾客购买的不是产品，而是对自身问题的解决和对自己需求的满足。他们希望用自己腰包里的钱交换销售人员手中的"方案和效益"。按照商品等价交换的原则，即顾客从我们这里得到了好处，他才会用等价的钱作为交换。

在每单销售中，顾客购买或不买都有一个顾客在寻求自己关心的利益点的过程。这是顾客必须确保的一件事情。只有他确定这种产品能够给他带来益处或能帮助他解决面临的问题时，他才可能购买。推销员的工作就是揭示这一关键的利益，进而说服顾客，让他相信如果购买了你的产品或服务，他就会享有这些利益，自身心理上的需求会得到满足。同时，每单销售都有一个关键的阻碍，即顾客迟疑或决心不买的主要原因。你要揭示出这一关键的阻碍，并想办法消除它的影响，让顾客满意。

如果他的购买决心还没有下，你可把购买实现的好处讲给他听，以促使他下决心。

如果你已经知道顾客有购买的需求，而对方又迟迟犹豫不决时，可以让对方在你不断地提问中知道了自己想要从商品中获得什么益处或者想解决什么问题，并且让他觉得你所说的就是他想要的，这个时候他就会很快做出购买决定。

不足和缺陷也可以作为底牌

　　无论是产品还是服务都不可能是十全十美的，都必然存在某方面的不足或者缺陷，可是要知道，这是就某方面而言的。换句话说，不足或者缺陷不是绝对的，而是相对的。进一步说，有的时候，不足或者缺陷可能是另一种优势。

　　房地产公司的拉姆承担了一项艰巨的推销工作。因为他要推销的那块土地紧邻一家面粉加工厂，机器马达的噪声让一般人难以接受。虽然这片土地接近车站，交通非常便利，但是在这里建造的20套房子售出的仍是寥寥无几，就是因为这里有很大的噪声。所以开发商想把这块地皮和房子一同售给一家大型企业，作为他们的职工住房。开发商多次和对方谈判，可是没有任何结果，无奈之下，开发商找了房产经纪人，而拉姆就出任了这块土地的推销经纪人。

　　拉姆了解到购买土地的这家大型企业所要求的价格和条件与这些房子大体相同，而且这家单位以前也在这附近待过，那时面粉厂的噪声也是不绝于耳。于是拉姆去拜访这家单位的负责人，希望与他们进一步沟通。

　　"这个地段交通便利，比附近的土地价格和房屋价格都便宜了许多。当然，之所以便宜自有它的原因，就是因为它紧挨着一家面粉加工厂，噪声比较大。如果您能容忍噪声，那么它的地理条件、价格标准与您希望的非常相符，你们单位职工上下班也方便，很适合您购买。"拉姆有策略地对那块土地做了介绍。

　　不久，那位企业比较理性的负责人去了现场参观考察，结果非常满意，他对拉姆说："上次，你特地提到噪声问题，我以为噪声一定很严重，我观察了一下发现那些噪声的程度对我们的工作来说不算什么，我们以前工作的地方整天重型卡车来来往往，络绎不绝，而这里的噪声一天只有几个小时，而且这种声音并不振动门窗，所以我很满意。另外，你这个人很真实，要是换成别人或许会隐瞒这个缺点，在刚接触这里的开发商时，他就是故意避开噪声这一缺点，说这块土地完美得不能再完美！所以，我总觉得我们好像是被欺骗了似的。当你们的那个开发商再找我的时候，我就一口拒绝了。你这么坦诚，反而使我产生了好感。"

拉姆顺利做成了这笔看似非常难成的生意。

据上例可知，假如拉姆吹得天花乱坠，单一地强调房子便宜、交通便利，和开发商以前所做的工作几乎没有区别，那么，那位理性的老板同样会回绝。而拉姆相反，没有将它的缺点当成绝对的缺点，因为正是这个缺点，才让价格降了下来，从这个角度讲，它还是一种另类的优势。拉姆将它的缺点，作为底牌，如实却又巧妙地亮了出来，反倒博得了企业老板的好感，也因此做成了交易。

有些时候，把产品的不足或缺陷当作底牌，在适当的机会亮出来，会使你及你的商品更具有魅力，往往更能令理性的顾客折服。

假如你把商品说得完美无缺，反而会引起理性顾客的疑问。有的时候，你也许会用你的文雅风度、社会地位、善良的行为和知识积累，去赢得他人对你的暂时信任，但问题存在着，一旦被对方看破，你的优势就会被一扫而光，交易就不用提了。

底牌，不一定是亮点、优势，有的时候，不足和缺陷也可以作为底牌，在恰当的时候亮出来，同样可以起到正向作用。

充分认识到产品的核心价值

顾客愿意购买自己喜欢的产品，主要是因为产品的使用价值在起作用。人们在购买产品时都必然会考虑到产品的功能、外观造型、价格等问题。产品的功能强大、性能优良、外观漂亮、操作方便、价格合理等无疑会提高产品的价值，产品价值的高低是影响顾客是否愿意购买的重要因素。

产品的价值是由产品的核心价值、附加价值等主要因素构成的。产品除了具备的核心价值之外，还有很多可利用的附加价值，有的顾客就是被这些附加的价值所打动。比如，一条漂亮的围巾，它的核心价值是御寒保暖，但是有些顾客把它作为一种装饰用在别的地方也未尝不可。

但是真正能打动顾客的最终还是产品的核心价值，只要核心价值符合了顾客心中的期望值，价格的障碍自然不攻而破。销售中，最重要的就是直接向顾客陈述产品的核心价值。

产品的核心价值是帮助顾客有效解决实际问题，因此，在销售过程中，销售人员的谈话内容一定要具有明确的目的，尤其是在进入产品销售阶段后，销售人员与顾客之间已经有了初步的了解，如果顾客乐于与你继续交谈，说明他基本认同你所推销的产品或者服务，这时，必须紧扣产品的核心价值，让顾客明白购买带来的好处和利益。

只有让顾客在尽可能短的时间内，感觉到产品或服务物有所值，才有可能激发其与销售人员继续交流下去的欲望。

李凤伟是某通信公司的电话卡销售员，她每次在与顾客通话的时候，都是直奔主题，告诉顾客购买电话卡所带来的实际好处。一天，她又打通了一位顾客的电话。

李凤伟："早上好，王经理，现在接电话方便吗？"

顾客："方便，请问哪位？"

李凤伟："我叫李凤伟，您直接叫我小李就可以了。"

顾客："什么事情？"

李凤伟："是这样的，王经理，我们公司最新推出一项新的电话卡服务，这种服务的最大优点是可以立刻为您节省30％的电话费用。我能占用您一两分钟的宝贵时间，向您做一个简单的介绍吗？"

顾客："哦，有这么优惠的电话卡吗？"

就这样，李凤伟顺利打开了话题。

在这个例子中，李凤伟避开过多的赘述，直接向顾客讲述了产品的核心价值——为顾客节省30％的电话费用，从而吸引了顾客的注意力。其实在销售活动中，这是一种极其有效的销售方法，直奔主题：给顾客一个措手不及，往往可以在瞬间抓住对方的心。但是，销售人员应该向顾客展示哪些产品价值呢？第一，必须准确地定位产品的核心价值；第二，要强调产品给顾客带来的实际利益。

有位顾客走进一家家用电器商店。

销售员郭小峰迎上前来说："您好，欢迎光临！请问有什么可以帮您的？"

顾客表示想买一台电风扇。

小郭立刻将顾客带到风扇销售区，然后一一向顾客做了简单的介绍。顾客看过之后说："这些风扇看起来挺不错，但就是价格有点偏高了。"

小郭说："您说得一点都没错，刚开始的时候我也和您一样的想法。但是经过这么长时间的经营和销售，我发现这个品牌的风扇质量相当可靠，出现质量问题的概率非常小。如果您买一台便宜点的风扇，质量可能就得不到保证，以后光维修费就是一笔不小的开支。所以比较起来，我认为这种风扇的价格还是比较合理的。您觉得呢？"

最后，顾客认同了小郭的看法，买卖很快成交了。

从专业的角度讲，产品的核心价值就是指可以展现出产品持续的生命力，同时可以持续塑造的元素组合。简单地讲，就是产品的独特卖点。销售人员在向顾客介绍的时候，一定要抓住这一点。一个产品之所以有别于其他同类产品，最根本的不同就是核心价值的不同。任何一个产品都有自身的核心价值，这也是打动顾客的真正原因。通常，一个产品的价值很多，但核心价值往往只有一个。因此，销售人员如何准确定位产品的核心价值就成为销售的关键。

销售人员要想准确地抓住产品的核心价值，就要做到以下几点：通读说明书或者搜集与产品相关的信息，明确产品的定位；对产品的功能有个全面的了解；了解产品设计者的想法和对市场未来趋势的判断；有条件的话，多与产品设计者沟通；配合产品售后服务，与售后人员时刻保持沟通。

销售人员向顾客介绍产品的核心价值，一定要有一个基本点，即突出产品的核心价值；同时建立一条有效的途径、一套标准的流程来满足顾客的需求。能帮助顾客解决问题，顾客自然被吸引过来，而你也就可以将产品销售出去。

销售人员在推销产品时，必须充分认识到自己所推销的产品能给顾客带来什么利益，只有这样，才能让顾客感觉到你的价值，顾客才乐意与你交流。直接告知顾客产品为其带来的利益，向顾客推销某个产品或某项服务，最终目的是帮助顾客解决遇到的实际问题。

因此，在销售过程中，销售人员介绍产品时不妨直接告诉顾客产品带给他们的好处，这往往更容易吸引对方的注意力。尤其是在产品销售进入关键阶段时，由于顾客对产品已经有了初步的了解，销售人员更应该直截了当，阐述产品的价值，吸引顾客，促其购买。

为产品设想一个美好的远景

如今，商业活动中你来我往、唇枪舌剑，无非都是为了给自己争取更多的利益。

在与顾客的销售沟通中，拙劣的销售人员只注重表现个人利益一面，聪明的销售人员却善于利用公众利益一面。千万别以为这只是几个词语之间的差别，里面的情形可是有着天壤之别的。从销售的实践看来，主动指出对方的利益所在，让对方知道这次销售将给他带来的好处，会更有利于促进双方的合作。因为，顾客要的是实惠，而商家要的是利益，由此让对方获利可以说是最大的底牌。

日本的松下公司是世界知名企业，当初只能生产几种简单的电器产品，而且产品还没有形成品牌效应，在价格上也不占优势，所以销路不太好。于是董事长松下幸之助亲自去各地进行旅行推销，希望能与各个代理商合作，为产品打开销路，甚至全面占领市场。

一天，他把各家代理商召集在一起，给他们推荐本公司的新产品。在沟通过程中，松下告诉各位代理商："经过多年的研制与开发，我们公司终于完成了对这个新产品的投产试用。尽管现在它还称不上是一流的产品，但是我仍然要拜托大家，以一流产品的价格订购这种新产品。"

顿时，全场一片哗然："有没有搞错啊，既然不是一流的产品，有什么理由要求我们用一流的价格去购买呢？"

松下认真地说："我并没有搞错。我们都知道，在灯泡制造行业中，全国只有一家公司能够称得上是第一流的，并且他们已经从整体上把市场垄断了。这个时候，即使他们随意提高产品的价格，大家仍然会购买，不是吗？假如市场上有新产品出现，品质优良而价格又便宜，对大家来说难道不是一件好事吗？不然，大家就要按照那家厂商开出的高价去购买然后再经销，如此一来，得到的利润就非常有限了。"

听到这里，各位经销商纷纷点头表示赞同。接着，松下继续说道："这正如一个拳击手，如果纵横天下无敌手，由于缺少真正有实力的对手，观众就很难再看到一场实力相当、扣人心弦的拳击比赛。目前的灯泡行业也是这种情况。这个时候若是出现与那家大公司实力相当的公司来与之竞争，就能直接使产品价格降低，经销商便能从中获得更多的利润。"

"那么，为什么本公司现在只能制造出二流的电灯泡呢？只因本公司刚成立不久，财力稍有欠缺，尚没有足够的资金用于技术改造和突破。但是假如大家肯帮忙，以一流产品的价格来购买本公司的产品，我们很快就能筹集到足够的资金进行技术改造。我相信过不了多久，本公司便可以制造出一流的产品推向市场。到那个时候，在座的各位就是最直接的受益者了。"

松下一番话，引来了很多经销商的啧啧称赞。最终，在座的经销商都同意了松下的"过分"要求。

松下的这番话可以说是"真心话"。他把公司的现状向各地的经销商"交底"，实际上是冒很大风险的，毕竟做生意是以追求利润为终极目的的，假如经销商们不肯损失眼前的利益，不肯以一流的价格购买松下公司二流的产品，那么松下的公关就算失败了。

但令人匪夷所思的是，松下"无理"的要求居然被大家所接受，这主要得益于松下给他们设想了一个美好的远景，站在他们的角度大谈对他们的好处，吸引他们成为支持者。

远景可能实现，也可能实现不了，所以说松下说的是"真心话"，但不是"真话"。松下高明的地方就在于让经销商把他的"真心话"当成"真话"，从而把他们吸引进自己的阵营。

在与顾客交流时，讲真话是必要的，但不要完全被其所桎梏，可在不违反诚信的原则下，讲究方式方法，曲径通幽。要不然不管什么情形，都直白无曲地实话实说，那么就极有可能让谈话止步于萌芽阶段。

销售的艺术

如何说顾客才会听　如何做顾客才会买

李鑫声　编著

中国出版集团
中译出版社

图书在版编目（CIP）数据

销售的艺术 . 如何说顾客才会听 如何做顾客才会买 /
李鑫声编著 . -- 北京：中译出版社 , 2019.12（2022.5 重印）
ISBN 978-7-5001-6086-1

Ⅰ.①销… Ⅱ.①李… Ⅲ.①销售－方法 Ⅳ.
① F713.3

中国版本图书馆 CIP 数据核字 (2019) 第 256780 号

销售的艺术

如何说顾客才会听 如何做顾客才会买

出版发行：中译出版社
地　　址：北京市西城区新街口外大街 28 号普天德胜大厦主楼 4 层
邮　　编：100088
电　　话：（010）68359827，68359303（发行部）；（010）68002876（编辑部）
电子邮箱：book@ctph.com.cn
网　　址：http://www.ctph.com.cn
总 策 划：张高里
责任编辑：林　勇
封面设计：青蓝工作室
印　　刷：金世嘉元（唐山）印务有限公司
经　　销：新华书店
规　　格：880 毫米 ×1230 毫米　1/32
印　　张：30
字　　数：550 千字
版　　次：2019 年 12 月第 1 版
印　　次：2022 年 5 月第 3 次

ISBN 978-7-5001-6086-1　　　定价：149.00 元（全 5 册）

前　言

销售工作是面对人的，所以销售人员知道顾客是如何想的，这比什么都重要。可以这样说，每一次成功的交易都是一次无懈可击的沟通过程。每一次失败的交易必定是在沟通中产生了偏差所导致的。

销售的过程是卖家与买家沟通交流，最后达成买卖交易的过程。在这个过程中，销售员要使出浑身解数，千方百计引导客户购买产品，而客户也并不是被动接受、全盘接收的，他们可能会指出产品和服务的种种问题，对销售员提出各种各样的要求，甚至是质疑和责难。即使产品被成功销售出去，销售工作也远远没有结束，因为产品销售出去后售后服务要随之跟上。其中任何一个环节的脱钩和连接不好，都不算销售工作圆满完成。

之所以赘述销售的过程，意在说明销售工作的复杂性和艰巨性。没有任何工作可以随随便便、轻轻松松获得成功。销售工作更是如此。这无疑向销售人员提出了一项严峻挑战：如何才能将销售工作做好？实际上，销售工作就是如何说和如何做的事情。到底说什么，怎么说，以什么样的态度去说，客户才能听得进去，才会愿意听，愿意接受？这里面有很深的学问。作为销售人员，一定要洞悉销售语言里面的学问和技巧。在摸清客户心理需求的基础上，运用得体的专业语言与客户交流沟通，努力为成功交易奠定一个开阔之局。

在与客户聊得很热乎的基础上，要怎么做，做什么，以什么样的态度去做才能趁热打铁，将客户的购买欲望转化为现实的购买行为是十分关键的，可以说成败在此一举。某种程度上讲，前面的"说"是为后面的"做"服务的。"说"好了，再"做"好了，交易也就自然达成了。同前面的"说"一样，"做"好也是不容易做到的，销售员需要做一个产品专家、心理专家、人际关系专家、法律专家，还需要懂得如何讨巧人，如何顺势行事等。一句话，要"做"好不容易。

本书以"如何说顾客才会听"为核心理念，通过销售沟通实战向读者介绍"如何说"才能让客户喜欢你，认同你，并且和你达成长久的合作关系。本书引用了大量真实的销售案例，向读者展示了在每一次完整的销售过程中，每一个步骤要培养的沟通技能，为读者提供日常的沟通技能和自我提升参照。

目　录

·第一章·

面对不同客户的销售技巧

　　作为一名销售人员，每天都要面对形形色色的顾客。要想成为一名优秀的销售人员，我们首先要具备的本领就是：面对不同的顾客我们都要有相应的技巧与方法。有经验的销售会很容易把握住消费者的心理，能够从消费者的嘴里套出利于自己做出销售策略的信息，通过捕捉到消费者当时的心理进行一一击破，最终消除消费者的疑虑，这一点是非常重要的。

"沉默型"客户：热情主动找话题

"沉默型"客户并不是拒人于千里之外，他们或许只是当时没有交流的欲望。无论是环境因素还是性格所致，销售人员面对客户的沉默不语，一定要热情主动地找话题和他们沟通，只要找到感兴趣的话题，他们同样能滔滔不绝。

熊静是××公司的销售人员，她来到一家地点及环境良好，店面外观十分雅致的甜点店。走进店里，店主正忙着烘烤面包，没有和她打招呼。不一会儿，老板娘走出来了，熊静立刻上前与其打招呼，但老板娘同样冷漠地打量了下熊静，就开始埋头工作。

熊静在店里站了足足20分钟，也没有与他们产生任何交流，只好放弃销售的念头。几个月后，熊静再次来到甜点店，观察到店主似乎已经对自己没有印象，就改变了策略。

熊静："老板，帮我拿两块提拉米苏吧！"

付了钱后，熊静并没有离开，而是当场品尝提拉米苏，进行销售前的引导活动。

"老板！你做的甜点真好吃，这吉利丁片是提前软化好的吗?"

听了熊静的话，店主便开始说："不错！实际上提拉米苏的做法非常讲究，先要用冷水将吉利丁片泡软，沥干水分，隔水加热让吉利丁片溶化成吉利丁溶液，然后将溶液加入已经弄好的马斯卡彭和蛋黄液中。我们店里的奶油和鸡蛋都是非常新鲜的，你一定吃得出来。店里的甜点都是我亲自做的，我觉得做生意不光为了赚钱。如果为了赚钱而偷工减料，一定会坏了店的声誉，我们良心上也过不去。啊！我想起来了，你好像前不久来过，你是做什么的呢?"

熊静："我今天来就是想买点甜点，我的客户说您家的甜点很可口，所以我就来买了。老板！您应该很喜欢墙上那幅画吧？"

"是啊，虽然不是名家画的，但看着很独特，我看你也很喜欢吧！这样吧！晚上你再来一趟好了，有什么生意，我们到时候再谈。"

在上面情境中，做甜点是店主再熟悉不过的事情，甜点得到顾客的赞扬是他最开心的事。所以熊静顺应了客户的这一心理，从甜点的话题出发，成功让店主开口说话。另外，熊静还夸赞店主的甜点好吃，让店主非常满足，进而对她产生好感。

很多销售人员都难以理解，为什么有的客户总是不愿意和自己交谈呢？通常情况下，客户沉默不语的原因主要有下列五种：

1. 有的客户担心一开口便让销售人员觉得自己想买东西，更害怕销售人员的死缠烂打，为了避免麻烦，就装作不爱说话。

2. 有的客户怕自己吃亏，所以在面对不太懂的产品时，会采取沉默的策略，让销售人员多说，以此来摸清底细。

3. 客户不愿意与销售人员交谈，有可能是讨厌销售人员。

4. 客户当时的情绪很差。

5. 客户本身性格就比较沉默。

找出客户不爱说话的原因后，销售人员就可以有针对性地解决问题了。实际上，大多数不说话的客户并不是不愿意和销售人员交谈，只要给他们创造说话的机会，主动寻找话题，客户一定会向你敞开心扉，高谈阔论的。但是，也不能为了找话题，频繁对沉默型客户发问，这样只会让他们的嘴巴闭得更紧，与你持久对抗。

销售人员时常会遇到一些一言不发的沉默型客户，与他们开门见山谈交易似乎是行不通的。所以，销售人员不妨采用迂回战术，谈一些客户感兴趣的话题，逐渐打开对方的嘴巴。等到对方开口说话了，销售人员再进行适当赞美，就能营造出良好的交易氛围。

"追问型"客户：找到原因巧应对

有这样一类客户，他们有着强烈的好奇心，其他人根本不会注意到的问题往往也能成为他们的兴趣点。在他们看来，任何一个微小的细节都应该问得清清楚楚。销售人员如果遇上"打破砂锅问到底"的客户确实是一件麻烦的事，他们的问题总是一个接着一个，有时甚至让销售人员应接不暇、疲于应对。

这样的客户会一股脑儿抛出一连串的问题，如：

客户："我很奇怪，为什么你们公司的电脑价格要比别的公司便宜呢？是不是价格便宜了，性能就没那么好了？"

销售人员："您可能误会了，虽然我们公司的产品比同类公司的产品便宜，但是产品的性能指标丝毫没有降低，有的型号甚至超过了同类公司的产品。"

客户："可是价格为什么会差这么多呢？"

销售人员："主要是因为我们注重技术开发，在关键部分实现了国产化，这样就降低了成本。"

客户："那么性能会不会因为国产化而受到影响呢？"

销售人员："正像我刚才介绍的那样，对于我们公司产品的性能，你可以完全放心。"

客户："那……"

你有没有遇到过这样的客户呢？其实，像这样喜欢刨根问底的客户，一般可以分为四个类型：具有孩子般的好奇心，对于自己感觉奇特和新鲜的事物总是要问个不停；好学，喜欢探究自己所关心的事；本性喜欢追究又爱聊天；害怕自己上当，因此要刨根究底问个明白。

面对"追问型"客户时，我们只要找到他不断追问的原因，就能轻而易举地应对了。

1. 满足客户的好奇心，让他产生同感

第一种类型的客户并不重视事实，只要销售人员跟他说明白，满足他的好奇心，让他产生同感，他就会觉得满足。因此，采取哄小孩般的回答方法就能令其满意。比如客户问产品价格为什么低于同类产品，只需要告诉他这个是因为公司的实力雄厚、经济效益好，他可能就不会追问了。

2. 拿出足够的证据，让他心服口服

对于第二种类型的客户，销售人员必须拿出充足的证据，证明自己所说的是事实。那么，就要从性能、功效以及与同类产品的比较结果等方面，阐明产品的价格偏低并不意味着质量下降，使他坚定购买的想法。

3. 给予一定的优惠，让他蠢蠢欲动

对于第三种类型的客户，销售人员要重点强调交货方式、保修和优惠方法，同时多讲一些用户对此产品使用后的评价，会对促使交易完成产生意想不到的效果。

4. 满足优越感，建起信任度

对于第四种类型的客户，销售人员要特别小心。这种类型的客户生性多疑，产品的有关知识或者是效用方面可能对他们吸引力不大，重要的是介绍公司悠久的历史，产品在市场上的知名度，以及有哪些知名客户在使用该产品等，以此建立客户对公司及产品的信任度，同时还要不失时机地夸奖客户有鉴赏力。只有先强调本公司的成就，同时满足客户的优越感，才能吸引他。

"性急型"客户：态度平和有耐心

对于销售人员来说，在推销产品或服务的过程中总是能够遇到不同类型的客户，其中就包括性格暴躁、易发怒的客户。"性急型"客户在和销售人员交谈的过程中，总是希望尽快结束谈话，哪怕产品有一点瑕疵或者销售人员多说一句废话，他们就会产生不满情绪，或者对销售人员表现出十分不耐烦的表情，从而令销售人员尴尬，销售任务也很难进行。

张菲是一家商场电子产品专区的销售人员，服务态度一直很好。

一天，一位先生气冲冲地找到张菲，拿出了前一天在张菲这里购买的 iPad：

客户："你昨天卖给我的是什么 iPad，根本就放不出声音，你们卖的这是什么产品，质量也太差了。"

张菲："真是太抱歉了，本来买东西是一件很高兴的事情，没想到却给您的生活添了麻烦，真是对不起。请问产品哪里出现了问题？我可以帮您解决。"（连忙放下手头的工作）

客户："我下载了电影，可根本没有声音。"（态度稍有缓和）

张菲："是吗？那我们来现场操作一遍看看，和您一起找找原因。"

张菲让客户在现场操作了一遍，结果她发现了问题，原来客户把音量设置给关了，自然听不到声音。

客户："这，真是不好意思。"（一脸歉意）

张菲："不，是我昨天没给您弄好，责任在我。如果您在使用过程中发现有什么不懂的地方，或者有什么问题，尽管来找我。"

第二天，这位客户又来找张菲，不是为了别的，而是又买走了一个 iPad。

上述销售情境中，客户气急败坏地来质问张菲，张菲并没有表现出不耐烦，而是慢慢地、心平气和地帮助客户解决了问题，并且给客户留下了好印象，带来了新一轮的生意。从张菲的处理方法中，我们可以看出，面对性急的客户，销售人员一定要有足够的信心和耐心，这才能够稳住客户的情绪，从而引导客户心平气和地商谈。

脾气暴躁的人毕竟不易相处，想要处理好与这类客户之间的关系，对一些销售人员来讲会有一定的难度。那么，在销售过程中，如果遇到性急的客户，销售人员具体应该怎样来应对呢？

1. 用平和的态度保持始终如一的耐心

柏拉图说："耐心是一切聪明才智的基础。"在任何时候，保持足够的耐心总会给人们带来意想不到的好结果。在销售领域中，耐心的作用就更加重要。懂得在销售过程中始终保持耐心的销售人员，也往往能获得较好的销售业绩，因为始终如一的耐心能够打动任何一位客户的心。

当客户因为一些原因表现出情绪急躁时，销售人员就需要拿出平和的态度，耐心解决客户遇到的问题，不要总是将问题归结到客户身上，即便是客户的做法欠妥，销售人员也要保持良好的个人素质，用始终如一的耐心打动客户。

2. 客户发脾气时，不要吝啬道歉

性急的客户常会因为一些小问题而发脾气。此时，销售人员就要学会处理好客户的情绪，适当地对客户道歉就是一个好方法。有句名言："当场承认自己的错误需要具有相当的勇气，给人一个好感胜过一千个理由。"当一个人在接受道歉时，即便是有再大的怒气，情绪也会有所缓和。销售人员如果能够及时向客户道歉，不仅能够扫除销售中的一些障碍，还能为所售产品树立一个好形象。有时性急的客户还容易对销售人员产生一些误解，面对客户的误会，销售人员也要先道歉，只要能够缓解与客户之间的关系，销售人员就不要吝啬道歉。

有些销售人员会认为：明明是客户的原因，为什么还要我来道歉呢？太不公平了。然而，作为一名销售人员，职责是向客户推销产品，而想要将产品推销给客户，销售人员首先就要推销自己。没有给予客户一个好的个人印象，那么销售人员如何推销产品呢？

被誉为日本"推销之神"的保险销售人员原一平曾经说："赤裸裸地注视自己，毫无保留地彻底反省，然后才能认识自己。"在销售领域，客户就是上帝，没有苛刻的客户，只有不够完善的服务。任何一个销售人员想要提高销售成绩，都需要从自己的身上找原因。

因此，无论是被客户误会，还是你的介绍不周到，不管责任在谁，作为销售人员，你都要首先向客户表示歉意，这样不仅能够很快平息客户的怒气，也有利于与客户建立长期而良好的关系。

总之，面对性急的客户，销售人员一定要用平和的态度保持良好的耐心，即便客户表现得再暴躁，也不要图一时之快对客户出言不逊。因为一个销售人员的态度不仅关系到销售业绩，同时也代表着公司的形象。对客户时刻保持良好的态度，是一个销售人员需要具备的基本素质。

"保守型"客户：语言体贴显关怀

"保守型"客户性格比较沉稳，不易接受新事物。在生活中，保守型的客户总是循规蹈矩，喜欢用一些条条框框来约束自己的行为，他们做事往往表现得很细心，很沉稳，善于倾听，更善于分析，眼光也比较挑剔，在选购商品时更加注重安全、品质和价格。他们会对商品做出理智的分析和判断，只有当他们确认产品适合自己长期使用之后才会决定购买。因此，与这种类型的客户打交道时，言谈之中一定要体贴。

郭庆是一位知名品牌冰箱的推销员。有一次，他去一位客户家里推销冰箱，敲开门进行了简单的自我介绍，并拿出证件证明自己的身份后，女主人才带着警惕的眼神让他进来。

进去后，他打量起这位客户家里的电器，发现所有的电器都是同一个品牌，而且都有些时间了，甚至家里的家具也都是略带历史感的古典风。郭庆意识到女主人是一个保守的人，对于此次的推销，他明显感到了压力。

郭庆想好了应对策略，就开始把话题引到家电上。他说："看得出来，您很有眼光，家里的家具和家电都很有品位，摆设也很有条理和风格。您一定是一位贤妻良母。"

女主人笑着说："你真是太会说话了，贤妻良母谈不上，至于家具和家电倒真都是我的功劳，我先生比较忙，所以家里的事都是我打理的。"

郭庆看到女主人露出了喜悦之情，于是接着说："说实话，您的冰箱虽然不是我们的品牌，但也是一个不错的品牌，就是有些旧了，比较费电，自动化也不够好。您可以尝试一下我们品牌最新的产品，既省电又方便。"

女主人明显有一些排斥，说："我现在还没有打算换冰箱。"郭庆体贴地说："没关系，我们正在进行免费体验活动，您可以免费使用两周，到时候即使不买也没关系，给我们填一张用户体验单就行，并且还能获得赠品呢！"

女主人明显还是有点儿犹豫，郭庆接着说："您绝对放心，我现在就可以给您写一张保证书，到时候不要绝对没关系，我们就是体验活动，也是对用户使用产品情况的一个调查。"

女主人终于被郭庆打动，决定试用两周。两周后，郭庆又来拜访，女主人热情地说："你不用搬回去了，我想直接要了这台冰箱，这比我的旧冰箱好用多了，也省电。"又过了一个月，女主人给郭庆打电话说想再给自己的妈妈买一台。

"保守型"客户确实不容易改变自己的使用习惯，因此必须热情地为他们介绍你的产品，言谈之间要体贴关怀，或者让他们试用一下，从而慢慢接受你的产品，这样他们才有可能使用。如同案例中的女主人一样，这类客户一旦接受了产品，可能还会成为回头客。

不要觉得"保守型"客户很难应对，体贴就是一个突破口，体贴主要表现在以下两个方面。

1. 表示理解

"保守型"客户不喜欢冒险，因此喜欢用习惯性的产品来减少风险。特别是事关重大的采购项目，需要多方考虑，销售人员不应过度急切，给客户太大的压力。要有耐心，给客户考虑的时间，但不能被动地等待，更不能害怕情况有变，就迫不及待地对客户用收场白，比如"那你最好明天下午给我回话""公司最近货源紧张，你最好尽快决定，否则就是签订了合同，交货期也不能按合同执行"之类的话。

2. 积极主动，让客户去尝试产品

"保守型"客户往往很被动，因此销售人员必须特别主动，让客户去尝试你的产品，让客户觉得没用过的东西未必就是不好的。

当他们慢慢体验新产品时，也就逐渐把新产品当成了习惯性的老产品，从而开始慢慢接受。

"保守型"客户不喜欢生活中的事物总是发生改变，他们使用的产品基本一成不变。因此，要想向这类客户推销新产品难度很大，但是一旦你用体贴的语言将他说服了，他们就会成为你最忠诚的客户。

"冲动型"客户：趁热打铁拿订单

优秀的销售人员都应该知道，"冲动型"客户通常喜欢追求刺激，爱冒险，言行比较随意，而且情绪波动比较大。他们做事情不会思考过细，只要让"冲动型"客户觉得这个产品的性能不错、价格合理，他们就会爽快买单。我们就要充分利用他们的这种心理，投其所好，鼓励他们尽快做出购买决定。

小美所在的商场在国庆节期间开展促销活动，店里的客户一下子激增了三倍多，这时方先生也走进店来。

小美："您好！请问需要什么呢？"

方先生："我想换一台笔记本电脑，现在那台太慢了。"

小美观察到他一进来就横冲直撞的，已经确定他是冲动型客户，所以就一款笔记本电脑进行了简单的介绍。

小美："这款××笔记本电脑就很适合您，它内置酷睿 i5 处理器，运算速度非常快，画面分辨率也很高。"

方先生："那好，我就要这台了。"

小美三言两语就搞定了方先生，说明他确实是一个冲动的人，他几乎没有犹豫就确定要买这台笔记本电脑。

正当方先生到收银处付款时，他的朋友打来电话，说另一家商城的促销价比这儿更低，方先生立刻变得很激动。

方先生："很抱歉，我现在可以不买这台笔记本电脑吗？"

尽管小美心里很郁闷，但她考虑到对方是感情冲动型客户，如果把握时机，没准能在短时间内把他争取过来。于是，小美还是耐着性子请他留步，并继续向他解释。

小美："先生，您看我们这里也有很多那个价位的笔记本电脑，但很明显要比这台笔记本电脑逊色很多。这两天有很多人专程来买这台笔记本电脑，口碑非常好……"

在小美热情的推荐下，方先生略微思考了一下，也觉得这台笔记本电脑好一些，于是不改主意了。

针对冲动型客户，销售人员要把握好几点基本原则。

1．顺着客户

"冲动型"客户个性直爽，所以销售人员判断其喜恶也较容易。销售人员只须在沟通过程中顺着他们的意思，重点介绍客户感兴趣的产品的特点，充分调动客户的热情，就能够达成交易。销售过程中，要少说客户认为无关紧要的、不喜欢听的话，说得太多，会让冲动类型客户觉得你很啰唆。

2．随机应变

由于这种类型的客户个性冲动，很可能会打断销售人员的谈话，借题发挥，轻易下定论。另外，"冲动型"客户也极易受别人的影响，进而改变主意。所以，销售人员要随时留心他们的言行变化，调整自己的销售策略。

3．给客户做演示

在销售过程中，不妨给客户做一下产品演示，这种方式最能俘获冲动型客户的心。演示之后，再给客户做一些详细说明，将产品的长处、优势展示给客户，让客户觉得这个产品值得购买。

4．及时促成

"冲动型"客户购物大多是头脑一热，他们时常在某段时间产生强烈的购买愿望，但等这种热情冷却了，他们可能又不想买了。所以，销售人员一定要争取在这段时间内，"趁热打铁"，拿下订单。

"冲动型"客户往往性格冲动，所以销售人员千万不要慢条斯理、吞吞吐吐地介绍。面对"冲动型"客户，最好的方法就是速战速决，投其所好。充分利用"冲动"这个魔鬼，积极引导和感染冲动型客户，激发他们的购买欲望，促使他们尽快做出决定、买走产品。

"没主见型"客户：适当激励施影响

"没主见型"客户的典型特点有：喜欢用一些习惯性的理由提出拒绝；明明看中产品却还是左思右想；与销售人员交谈时目光躲闪；自己的事却总喜欢和别人商量等。遇到这类客户，销售人员该如何应对呢？

一位客户对着一件宝石蓝颜色的上衣左看右看，拿起来又放下，听过销售人员的介绍后仍然表现出一副犹豫不决的样子。

销售人员："大姐，看得出来，您很喜欢这件衣服，您还犹豫什么呢？"

客户："是挺好的，不过我看还是算了，我回去跟我老公商量一下再来买吧。"

销售人员："其实这件上衣真的挺适合您的，看得出来，您也特别喜欢它。您要和老公商量，我也能理解，不是有句话叫作'女为悦己者容'嘛，哈哈，如果您老公觉得好看，您穿起来会更自信。"（停顿）

客户："是啊，所以我想回去问问他的意见。"

销售人员："不过，我想先向您请教一下，你担心您先生可能会对这件衣服的哪里不满意呢？"

客户："嗯，颜色太艳了，我以前从来没有穿过这么鲜艳的衣服，我怕我老公不喜欢。"

销售人员："我倒是觉得这种亮丽的颜色非常适合您，不如您现在试穿一下，看看效果如何，如果好的话您就买一件，回家也可以给您先生一个惊喜。"

客户："好吧！（试穿后站在镜子前）怎么样？"

销售人员："您觉得呢？是不是眼前一亮？这件衣服非常符合您的气质，如果不穿在您身上就太可惜了！看了您这与以往不同的打扮啊，您的先生肯定也会眼前一亮的！"

客户："嗯……还不错，那你现在就帮我包起来吧！"

案例中，客户本来对衣服很满意，却要回家跟先生商量一下，而销售人员及时了解了客户犹豫的原因——衣服颜色太艳，怕老公不喜欢。"对症下药"后，客户高兴地当场买下。

客户犹豫不决，没主见，或许是性格所致，或许是顾虑太多，或许是选择太多难以取舍，原因不一而足。销售人员的任务就是引爆客户的需求，帮助客户尽快做决定。

尽量与客户多沟通，引导其说出犹豫的真正原因。比如，当客户说"我再考虑考虑"时，销售人员可以客气地问："您能否说出您的疑虑，看看有什么我能帮您的吗？"这样，客户多少都会透露一些犹豫的原因。

不一味地鼓动客户购买，而是给客户切实的帮助和刺激，如缩小客户可选的范围、进行利益对比与汇总、营造机会难得的气氛、给予适当激励、利用其身边人的影响力改变其态度等，以增强客户的购买欲望，这样成单的机会就会增大。

如果客户因为没有得到满意的答案而选择离开，销售人员要想办法留住客户，以争取更多的销售机会。

总之，面对"没主见型"客户，一定要找到客户犹豫的原因，做客户购买的助手，帮助客户尽快下决心购买。

·第二章·

洞察客户的真实想法

　　可以说，销售是一场心理博弈战，谁能够掌控客户的内心，谁就能成为销售的王者！在销售的过程中，恰当的心理策略能够帮助销售人员取得成功，使得销售行为的效率最大化，从而创造骄人的业绩。

慎重确定潜在客户

不是每一次销售活动都能够得到满意的结果，也不是每一次推销活动都能够得到签单的机会。销售的过程，也是争取客户的过程。谁能了解客户需求，谁能准确抓住潜在客户，谁就能够获得成功。因此，在销售初始，慎重确定潜在客户的"购买资格"是极其重要的。在我们进行销售活动前，一定要制定相关的评估标准，对客户进行筛选，找出潜在客户，把时间花在有成交希望的销售活动中。

一般来说，在你的计划中，你的服务或产品将销售给谁，谁有可能会买你的产品，那么谁就是你的潜在客户，而判断对方是否能成为潜在客户有两个重要因素：

1. 判断客户是否有需求

在判断对方是不是你的目标客户时，应该考虑的第一个问题就是对方能不能"用得着"，或者需不需要这样的产品。用得着就是对你的产品有需求，不是每一个人都需要你的产品，尤其对于拥有特定消费群的产品，一定要找到准客户再下手，否则就是在做无用功。比如，向一个毫无理财意识的年轻人推销养老保险，无疑是在浪费自己的时间；比如，大型工业设备的用户对象是集团、企业和公司等组织，你相信有人会买回家里用吗？

2. 判断客户的购买力

对于一个有购买需求又没有购买能力的客户，销售人员即使做出再多的努力也不能成交。就拿销售保险来说，保险销售人员从事着最辛苦的寻找潜在客户的工作，大多数的人都想要买保险，但是购买保险的客户必定有一个共同的特征，那就是"买得起"。如果你的客户是一个仅能维持最低生活标准的家庭，尽管他们也有保险的需求，但却没有相应的支付能力，无论你的口才多厉害，技巧多高明，也很难将保险推销出去。

　　王文是一名保险推销员，在一次推销保险的过程中，他意识到了观察和判断的重要性。有一次，一心追求成功的王文盲目地来到一户人家，进门之前什么也没看，进去之后就开始向客户推销自己的保险，滔滔不绝，口若悬河，最后被人家骂得狗血喷头。这究竟是为什么呢？原来这户人家穷得叮当响，连下锅的米都快没了，哪里还有心思去买保险？王文的盲目推销不仅打扰了人家，也浪费了自己的时间。所以，从那以后王文就不断改变自己，有意识地培养自己的观察力和判断力。在拜访客户之前先观察房子的使用程度、门前卫生情况、屋内的家具摆设和家庭气氛等，然后再判断客户的经济情况、家庭掌权人、对保险是否感兴趣和适合哪类的保险，等等。从此之后，王文的销售之路一帆风顺。

　　在销售人员开口给客户介绍产品之前，必须先判断客户是不是潜在客户，他是不是有选择你产品的理由，这样才不至于使你的时间和精力浪费在不合适的客户身上。另外，当客户表示对你的产品并不感兴趣时，销售人员还要善于从客户的"不用了""不太适用"等说辞中挖掘其潜在的需求。

掌握客户的详细信息

世界上最伟大的销售员乔·吉拉德曾说："如果你想卖东西给某人，你就应该尽自己的力量去收集他身上与你生意相关的情报；无论你推销的是什么东西，如果你每天肯花一点时间来了解自己的客户，做好准备，你就不愁没有自己的客户。"

销售如同打仗，销售人员不能打无准备之仗。因此在销售之前，销售人员应尽量摸清客户的底细。当你手里的客户信息足够详尽，熟悉客户如熟悉自己的手心手背时，在你与客户面谈时就能占据主动，你的销售工作也就更容易开展。

推销医疗器材的周舟接到了一个艰巨的任务——向一位吹毛求疵的私人医院院长推销医疗器材。周舟为此收集了很多该客户的信息。

周舟："孙先生，您好！我是×××医疗器材公司的销售人员周舟。"

孙先生："您好，我们医院的器材已经够用了。"

周舟："我并不是来推销器材的。"

孙先生："哦？那你有何贵干？"

周舟："我是听说您也钟爱马术，想找您指点一下。"

孙先生："哈哈，能碰到志同道合的人真是难得啊！"

于是，周舟和孙先生去了附近的一家马术俱乐部，玩得尽兴而归。回去的路上，孙先生反倒先说话了。

孙先生："其实我们医院前几天有台胸腔镜出了毛病，正打算购进一台，但这毕竟不是一笔小投入。"

周舟："这您放心，我们公司的器材可以保证质量，只要不是人为损坏都可以退货。"

孙先生："那好，既然我和你这么投缘，就在你这里买一台吧。"

情境中的周舟之所以能把价格如此高的胸腔镜卖给孙先生，是因为他之前掌握了很多该客户的信息，进而抓住了客户喜欢马术这一点，快速缩短了与客户的心理距离。

充分了解客户的信息，掌握详尽的客户资料，能够让销售人员占据主动，让销售工作收到事半功倍的效果。无论销售的是什么类型的产品，销售人员只要每天多花一点时间了解自己的客户，为今后铺平道路，销售就没有什么可愁的了。

卢斌主要负责培训课程的销售。某公司是大客户，而卢斌与其人力资源总监齐总怎么也接近不了，对方一直很冷淡。还好，卢斌与齐总的秘书小刘关系不错。一天，卢斌在几家网站上都看到了该公司的招聘广告，预感机会来了，他赶紧拨通了小刘的电话。

"刘哥，最近挺忙的吧？我看咱们公司正大量招人呢！"卢斌说。

"哎，可不是嘛，老板要求今年招聘大批应届毕业生，为明年的业务扩张积累人才！最近我总加班，眼睛都红了！"小刘抱怨着。

"现在正是招聘毕业生的最佳时间，你们得忙一阵子了，可要注意身体啊！不过，招这么多没经验的毕业生，一时半会儿也没法上岗啊！"卢斌一边安慰，一边按照自己的思路提问。

"老板早想到这点了，这不，将这150位新员工的培训工作也交给了人力资源部，齐总下令让我协助培训科一起拿出培训方案！"小刘又给了卢斌一个信息。

"这可不是容易的事啊。我看这批主要招聘的是销售和管理人员，学历要求也不同，本科、硕士、博士都有，培训起来有一定难度！难怪你总加班！"

"就是这样啊，真让我头疼！噢，你不是在培训公司做吗？你有没有好的点子啊？"听到这里，卢斌心花怒放："你要信得过我，就给我说说具体情况或者发些资料过来，没准儿能帮你的忙！前段时间我的客户 C 公司也是一次性招了 100 多人，新员工的培训就是我们做的，他们人力资源部反馈的情况是这 100 多人都表现得不错。"

"那太好了！前几天我还跟齐总提议要不要请个专业的培训公司来做这次的新员工培训呢！如果你能给我个不错的方案，我就再去争取或者带你一起去跟齐总聊聊！"

"还是刘哥想着我，那就太感谢了！一会儿你把资料发给我，我一定不会让你失望的！"

摸清客户的底细会让销售面谈朝着好的方向发展。案例中的卢斌时刻关注着客户的信息，还不忘培养自己的"内线"。他对客户公司培训需求的把握甚至比总监秘书还清晰，加之其之前的实战经验，这个订单已经有了六成的成交希望。

正所谓，知己知彼才能百战不殆。客户是销售人员工作的核心对象，自然要掌握其信息，这样工作起来才不会盲目，说起话来才不会被动。一个称职的销售人员应养成随时随地收集客户信息的习惯，在看报、看电视、与人交谈、参加会议等的时候，都要有意识地记录对自己有用的客户资料信息，以备不时之需。那么，客户资料主要包括哪些呢？

1. 姓名

人们对于自己的姓名都很敏感，假如销售人员可以事先记住客户的姓名，在拜访的时候准确地称呼对方，一定会给对方留下非常好的印象，进而方便销售工作的顺利开展。

2. 籍贯

销售过程中，事先了解客户的籍贯，使用一些让客户感觉亲切的语言，能够营造融洽的销售氛围，有利于成功销售。

3. 学历和经历

事先对客户的学历或经历有所了解，可以在寒暄时有更多的话题。例如，一位销售人员了解到客户和自己一样也当过兵，就可以在交谈时多聊聊部队生活，让交易在愉快的气氛中达成。

4. 家庭背景

很多销售人员的"撒手锏"，就是了解客户的家庭背景，然后投其所好。例如，一位销售人员了解到客户的儿子酷爱运动，就在与客户见面时送了一张健身房月卡，迅速赢得了客户的好感。

5. 兴趣爱好

没有人不喜欢听赞美自己的话，所以在了解客户的兴趣爱好后，进行适当赞美，能够收到意想不到的效果。

只有将收集到的客户信息巧妙转化成有利于销售的因素，才能成功地把东西卖出去。否则很难找到有效的话题，整个交流过程也会变得枯燥乏味。如果销售人员能够深入挖掘客户信息，比客户还了解客户，就很容易打动客户。

用赞美赢得客户信任

许多人都明白，赞美是销售中不可缺少的沟通技巧，其实认同和赞美一样，都是销售中的润滑剂。如果销售人员能对客户表现出认同感，让客户感觉到你理解他、关心他，与他站在一起，你就可以顺理成章地赢得他的信任。

在某建材市场里，销售人员小琳与客户有下面一番对话：

小琳："您好！先生，您是来买地板的吧，我给您推荐一款最近卖得挺火的，您看……"

客户："这个牌子呀，我知道，不是那谁代言的吗，我真想不明白你们为什么找她代言，应该找某某明星嘛，人家可是国际巨星啊！"

小琳微笑："哦，您的见解真是独到啊，我会把您的建议反馈给公司的。"

客户："那是！我上次建议一个珠宝公司请某某明星做代言，她后来拍了部电影，迅速红了起来，现在那家首饰公司也火了。"

小琳："真的呀！您真是慧眼哪！"（眼睛睁得好大，很吃惊）

停顿了片刻，小琳："不管怎么说，代言人这一时半会儿是改不了啦，您看我们要不先来看看地板。都是安全、高质量的地板，它的猎醛技术是独一无二的，这项技术可以截取空气中的甲醛，保证您室内空气清新、安全。"

客户："是吗？你说一说猎醛技术是什么。"

客户的表现欲得到极大的满足后，开始对产品产生了兴趣。最后客户爽快地购买了小琳介绍的那款木地板。

在这个例子中，小琳聪明地认同了客户的观点，给了客户表现机会，使客户心情愉快，对小琳产生了好感，最后接受了小琳的推销。

销售大师乔·吉拉德说："当你认为别人的感受和你自己的一样重要时，才会出现融洽的气氛。"在销售过程中，销售人员必须学会表达认同，多从客户的角度设身处地、将心比心地考虑问题，尽量了解并重视客户的想法，就能更容易保证交易成功。

生活中我们常说："人同此心，心同此理。"同理心强调的也是认同感。无论是在日常生活还是在工作中，凡是有同理心的人，都善于体察他人的意愿，乐于理解和帮助别人，这样的人最容易受到大家的欢迎，也最值得大家信任。

一位销售培训专家时常问他的学员："如果你的一位客户向你抱怨，现在经济这么不景气，生活压力很大啊！这时，你会对客户说什么？"很多学员都会这样回答："是啊，现在生活真是太不容易了！"这就是在向客户表达自己的认同。

如果你觉得这种话很没有意义，和自己的销售也没有多大关系而不予理会的话，就会让客户反感。同样的道理，如果客户兴奋地说："我儿子考上了大学。"懂得表达认同感的销售人员会自然地说："真是值得羡慕啊，他学的是什么专业？"这样可能一下子就打开了客户的话匣子。但如果简单敷衍过去，并很快将话题转换到销售中来，不仅不礼貌，还会让客户受到伤害。

在销售中，销售人员应该首先向客户表达你的认同，让客户感受到你在理解他、关心他，这样做有助于激发客户的心理共鸣。激发了客户的心理共鸣，也就赢得了客户的信赖，成功便指日可待。

下面这几种方法可以有效地表达你的认同感。

1. 向客户表示你能够理解并体会他现在的感受。"张总，换作是我，我也会这样想。""张总，我能够理解您现在的感受，以前我也遇到过这种情况。"

2. 向客户表示认同他的想法。"张总，您这样做肯定是正确的。""张总，您有这样的想法真的是太好了。"

3. 向客户展示他关心的问题没有被解决所带来的后果。"张总，产品总是出现问题，的确会严重影响您的工作效率。""张总，如果成本没有办法降下来，那后果可真的难以想象啊！"

4. 向客户表示他的想法获得了广泛的认同。"张总，我以前的客户也都认为成本管理非常重要。""张总，尽量降低成本，这对每个企业都是非常重要的。"

需要注意的是，认同客户不能盲目，销售人员应准确地揣摩客户的心理活动，预测客户的思想感情变化，从内心深处表示自己的认同。

和客户达成零距离的交流

"成功没有什么秘诀可言，如果非要说有的话，那就是时刻站在别人的立场上。"这是美国汽车大王福特说的一句话。站在客户的角度考虑问题，顺着客户的思路介绍产品，利用自己巧言善辩的口才技巧见缝插针，只有这样你才能更快地得到你想要的信息，和客户达成零距离的交流。

玩具店内，一位看上去愁眉不展的男士在玩具展台前瞧来瞧去，拿不定主意。销售人员赶紧走过去，彬彬有礼地发出试探的信息："先生，您好，是给小孩买玩具吗？"

客户："是的，我也不知道该买什么样的，现在的小孩真是难伺候极了。"不经意的回答，尤其是最后一句，让销售人员的心里顿时兴奋起来，她马上就接着客户的话题说："是呀，尤其是10岁以下的小男孩，好像什么都满足不了他，当爸爸的可真是费脑筋呢！"

"太对了！我觉得爸爸是世界上最累心的角色了！"客户好像一下子找到情绪的发泄口，抬起头，跟销售人员聊起他8岁的儿子，说他是多么调皮，买的十几个五颜六色的气球，一会儿就扎破，给他买画册，也全给撕坏了，不管什么玩具，都玩不了几天，特别淘气。

销售人员听到这里，顺势拿起一款玩具飞碟，向他推荐说："以我多年跟小孩打交道的经验看，这种飞碟一定适合您的孩子。"

她一边说，一边打开玩具飞碟的开关，拿起遥控器，熟练地操纵着，强化着自己的语气："这种玩具飞碟，玩起来特别有趣，不像气球或画册，看两眼就没意思了。您的孩子很聪明，对新鲜玩具的玩法肯定是一学就会，所以，这种操纵较为复杂的飞碟，他一定能够长时间喜欢的，这样您就不必为了寻找更新、更好的玩具而费心了。而且，还可以从小培养他强烈的领导意识呢！"

果然，客户马上就问："多少钱？"销售人员说："100元，赠送两个遥控器。"客户皱了皱眉头，犹豫地说："太贵了！"

销售人员用理解的口吻，笑着说："的确，现在市场上很多同类的玩具都太贵了，在一些店里，这款玩具卖到了150元呢！孩子的玩心足，做爸爸很费心呀！每年在玩具方面的花费，就是一笔不小的数目！这样吧，价格给您降到90元，您看可以吗？"

看到销售人员这么善解人意，客户爽快地答应了，买了一套玩具飞碟。在即将出门时，他转身回来，又购买了两辆遥控小汽车，留下了电话号码，并且对销售人员说："谢谢你的建议。我今后一定多给他找一些耐玩且益智类的玩具，希望你也帮我留意一下，有新的玩具到货时，及时给我打电话。"

销售人员认真地记下客户的电话，递上了自己的名片，最后又特意叮嘱客户："现在市场上很多玩具质量都不好，如果您从本店购买玩具发现了质量问题，三天之内可以凭借发票无条件更换、退货。"

这位客户是缺乏耐心的爸爸，因为孩子对玩具喜新厌旧，让他不胜烦恼。销售人员巧妙地抓住了他这一心理，站在他的角度，用替他解决问题的方式，向他推荐本店合适的产品。客户当时可能已经对玩具十分茫然，站在玩具店里不知道该买什么好，突然听到销售人员这么体贴入微的话，大有同感，自然就容易和销售人员深入交流。

接下来，就是推荐产品的绝佳时机了。而且，在介绍产品的过程中，销售人员时刻站在客户的角度，提醒他注意产品质量，替他说出心中的牢骚。当客户对价格不太满意时，她首先做的不是为自己产品的价格辩解，而是主动降价，并借机暗示市场上的同类产品价格极高，掌握了销售的主动权。

说话时投其所好，沿着客户的思路对他循循善诱，对销售产品非常有益。根据客户的口吻和说话的习惯，用心揣摩客户说话时的心情和神态，同时调整自己，用客户说话的方式和他交流，更容易打动他的心。

摸清客户的消费心理后，再沿着他的想法，顺藤摸瓜，将他需要的产品推荐给他。既让客户如沐春风，又卖出了产品，还会在这样的交易中，留住客户在你这儿长期消费的机会。

用客户说话的方式说话，就是学会跟客户交朋友，站在他的角度，处处为他着想，理解他的心声。让客户觉得，你不仅是个销售人员，还是一位愿意为他分担烦恼、解决问题的知心朋友！

相信有不少人都信奉这样的商场名言，即"以盈利为唯一目标"。这的确也是很多企业的出发点，他们为了获取利益而不惜损害客户的利益。当客户的利益受到损害时，他们自然会对销售人员的诚信度产生怀疑，这种怀疑又使得客户在面对销售人员时普遍持一种质疑的态度，销售人员的生意当然会越来越不好做。生意不好做，销售量上不去，企业经营就会出现问题，由此产生恶性循环，这就是牺牲客户利益的苦果。

而要使企业不进入恶性循环，唯一的方法就是在自己赚钱的同时考虑客户的利益。因此，当销售人员首次与客户沟通时，就应该把自己和客户拉到同一战线上，把自己当作与客户并肩作战的伙伴。你的目标不是向客户销售产品，而是站在客户的角度考虑问题，一名销售人员如果能够为客户提供解决问题的方法，那么就会很容易得到客户的信任，双方在沟通中，气氛也就不会那么紧张了。

善于利用客户的从众心理

羊群是一种很松散的动物组织，平时一群羊在一起也都是盲目地左冲右撞。

但是只要有一只羊动起来，它身边的羊就迅速地动起来，产生连带反应，整个羊群都会不假思索地跟着动起来，全然不顾前面可能有狼或者不远处有更好的草。

在羊群中，只要有一个领先者（领头羊）行动起来，那么整个羊群就会不断地模仿、重复这个领头羊的一举一动，领头羊到哪里去吃草，其他的羊也到哪里填肚子。这就是羊群效应，所以我们要想控制整个羊群，不用费太大的力气去套牢每一只羊，我们要做的就是驱赶领头的那只羊。

在销售中，人类也有类似的"羊群效应"，我们称之为从众心理。

一个推销办公耗材的销售人员前去拜访一位有意向订购自己公司产品的新客户。在精心介绍完公司情况和产品情况后，对方却显得很犹豫，迟迟不肯签合同。

这个销售人员看清了客户还存有犹豫心理，于是就说："王先生，我理解您担心的心情，毕竟咱们是第一次合作。您公司入驻这栋办公楼比较晚，还不了解情况。我给您说，这栋办公大楼差不多有三分之一的公司使用过我们的产品，而且目前还在使用。只要他们有这方面的需要，就一定会联系我们的。对于这一点，您完全可以去咨询一下，结果一定会让您满意的。我知道您公司需求量比较大，您可以先购买一部分产品，如果觉得满意，再大量购进也不迟，您觉得如何？"

客户听了，觉得既然已经有人使用过而且还在继续使用，估计质量和价格应该是有所保障的，于是他决定从这个销售人员手里购买一批产品试用一下。

下面这个案例中的销售人员也是巧妙利用客户的从众心理而达成交易的。

一家软件公司新生产出一款新型防病毒软件，经过试验，这种新型防病毒软件的功效非常显著，为提高市场占有率，公司决定开拓新的市场。经过市场调查，公司销售经理郑伟决定把该市的院校作为目标客户。

郑伟打听到本市高等进修学院准备进行网络升级和改造，防病毒软件是其中一项重要升级和改造的目标。郑伟觉得机会来了，于是通过朋友打听这方面的情况，得知这所高等进修学院对产品的质量和性能要求很严。郑伟虽然对自己公司的产品十分有信心，但是他也清楚自己公司的产品在教育行业的市场上还没有成功的案例，又听说已经有好几家软件公司也把目光盯在这次高等进修学院网络升级改造上，所以他觉得此次销售工作充满挑战。

正如郑伟所料，与高等进修学院负责此次网络升级改造的人第一次接触时，就对他们公司产品在教育行业市场上成功的案例太少提出了质疑。无论郑伟如何解释，对方都无法完全相信他们公司产品的质量和性能。

就在郑伟苦思冥想如何打破僵局时，一位使用过他们公司这款软件的客户给他打电话反馈使用情况。在电话中，对方高度赞扬了郑伟公司这款软件杀毒性能非常高效，令他们十分满意。郑伟见产品使用情况如此良好，灵机一动，想出了一个打破眼前僵局的好办法。在请示过公司的领导后，他又一次拜访了高等进修学院这次网络升级改造的负责人。

这次拜访中，郑伟将自己公司的软件送给对方试用，而且附带了以前客户的联系方式。刚开始，对方还犹豫是否试用，但在和使用过该款产品的客户联系后，决定试用一下。过了不久，一波木马病毒袭击了附近地区教育行业的计算机系统，绝大多数学校的电脑感染了木马病毒，只有高等进修学院的电脑安然无恙。

经过这次事件，郑伟公司的防病毒软件质量的可靠性和性能的高效性得到了很好的验证。最终，高等进修学院这次网络升级改造的负责人结合之前客户反馈的使用情况和这次自家电脑"独善其身"的事情，决定一次性购买一大批郑伟公司的软件。郑伟由此获得了一张价值不菲的订单。

在销售的过程中，满足客户从众心理的需求可以减轻客户对产品风险的担心，增强其购买信心，往往很容易促成交易，但是在利用客户的这种从众心理时，也要注意下列几个问题：

首先，要保证所举案例的真实性。在销售中，销售人员为了利用客户的从众心理，往往需要举出购买过该产品的客户的例子。这样的例子一定要真实，而不能有所欺骗。

其次，要尽量以影响大的老客户作为举例对象。客户虽然有从众心理，但是如果销售人员所举出的例子没有较大的影响，不足以说服他们，他们可能就不为所动。因此，销售人员在举例子说明问题时，尽量选择那些影响大、客户可能熟悉的老客户作为举例对象，这样才能有效利用客户的从众心理，增强说服力。

最后，要防止客户的逆反心理，谨慎使用这种办法。客户有多种类型，并不是所有的客户都有从众心理，有些客户很有个性、很叛逆，喜欢追求与众不同，他们对从众嗤之以鼻，偏偏走"你选，我就不选"的路线。所以在面对这些个性客户时，要谨慎利用从众心理。如果盲目使用，不但不会促成交易，反而会引起他们的反感。

总之，对于客户的从众心理，要善于利用，看情况，看客户，看时机，运用得法，定会大大促进交易，为自己争取到订单。

运用"最后机会成交法"促成订单

鲁迅先生曾在《藤野先生》一文中说过这样一段经典的话:"大概是物以稀为贵罢。北京的白菜运往浙江,便用红头绳系住菜根,倒挂在水果店头,尊为'胶菜',福建野生的芦荟,一到北京就请进温室,且美其名曰'龙舌兰'。"这反映了一个亘古不变的道理,即物以稀为贵。

从心理学的角度看,短缺因素对商品的价值会有很大影响。人们对稀少的东西都有着本能的占有欲,总是害怕得不到或者失去。在消费购物方面,则表现为越是稀少的东西,人们就越想买到它。

因此,作为销售人员,就可以利用客户的这种心理,使用"数量有限"的策略。当你把某种商品供应比较紧张、不能保证一直有货的情况告诉客户,就会促使客户及早地采取购买行动。

戴维是一位非常优秀的销售人员,他先后销售过十几种商品。虽然面对的客户有所不同,但是他在销售产品时,总是能够巧妙地运用短缺原理来促使客户尽快做出决定。下面看看他是怎样跟客户沟通的吧。

"先生,这件工艺品我们公司总共才生产了1000套。在未上市前,就已经有很多客户预订了,现在剩下不多了。我很有幸向您介绍这套产品。您可以考虑一下,自己到底需不需要。如果真心需要的话,只要您给一个合适的价格,我就把产品卖给您。否则,过了这个村就没这个店了,以后想买都买不到了!"

"先生,这种引擎的敞篷车在本地绝对不会超过10辆,并且工厂里已经不再生产了。如果错过了这次机会,以后想买的话,恐怕也买不到了。"

"您或许应该考虑一下多买一些，最近这款商品很畅销，工厂已经积压了一大堆订单，我不敢跟您保证下次再来的时候还会有货。"

"这种厨具只剩下两套了，而另一套是大红色的，很不适合您，您肯定是不会选择的，而这套我觉得它非您莫属。"

这样的说辞无疑是非常有效的，客户在其影响下，为了使自己不至于因为买不到而后悔，总是会果断地做出选择，先将自己喜欢的商品占为己有，这样才能够安心。这就是戴维的成功之道。

可见，数量有限的信息对消费者的购买决策的确能产生一定的影响。如果销售人员能够把这种策略合理地应用到销售过程中，就能有效地促进销售。所以当销售人员发现客户对某种商品很感兴趣时，如果能够对其进行巧妙的引导，在说明商品质量可靠、价格实惠的同时，再加上这样一个善意的提醒："这款商品刚刚卖出去一套，这恐怕是我们这里的最后一套了，机不可失，如果错过了，就需要等到下个月再来了。""今天是优惠价的最后一天，请把握良机，明天您就买不到这种折扣价的产品了。"当客户听到这种话时，往往会在害怕买不到的心理作用下，迅速地做出决定，先买回家再说，不能让别人抢了先。因为拥有它的机会变少了，其对客户的重要性就相对提高了。

机不可失，时不再来。在销售领域里，这种利用"害怕买不到"的心理促成订单的方法叫作"最后机会成交法"。不过，在利用客户"害怕买不到"的心理，制造"成交的最后机会"时，需要注意以下几个问题，否则就很难收到促成订单的效果。

1. 要让客户切实感觉到是最后的机会

作为销售人员，无论销售的产品是否绝无仅有，只要想争取到订单，就应该让客户切实感觉到这是最后的购买机会。只有这样，才能促使客户尽快做出购买决定，迅速签单。

2．要把握准客户的心理

如果客户本身对产品的兴趣并不大，那采用这种技巧来促成订单显然是无效的。因为即使真的是最后的机会，买与不买对他的影响都不会太大。所以，销售人员只有在客户对产品有浓厚兴趣、志在必得时，才能运用这种"最后机会成交法"。

3．不要采用恐吓客户的言语

有些销售人员在使用"最后机会成交法"促成订单时，往往喜欢说一些恐吓客户的话，诸如"再不购买就没有了，你会后悔一辈子的"。这种话销售人员不是不能说，而是要少说，因为说多了容易让客户厌烦，从而产生抵触情绪。所以在使用"最后机会成交法"时，销售人员不需要采用恐吓客户的语言，要明确告诉客户购买该产品的机会不多了。

欲先取之必先予之：抓住客户的占便宜心理

"客户要的不是便宜，而是要感到占了便宜。"这是流行在销售界中的一句话。这句话说明了什么？说明在购买活动中，客户有爱占便宜的心理。在这种心理的支配下，如果客户有了占便宜的感觉，他就容易购买你销售的产品。

精明的商家就巧妙利用了客户的这种爱占小便宜的心理。

常常见到一些女士在买衣服的时候，用对方不降价自己就不买来"威胁"商家，而结果通常是商家委曲求全，壮士扼腕般地说"好了，商场就要关门了，我不赚钱卖你了""你这可是头一份，我挥泪大甩卖，你可不要和朋友说是这个价钱从我这儿买的""今天我还没开张，你是第一单，赔钱卖给你吧，讨个开业大吉"，最后，买家沾沾自喜地拿着"低价"买来的优惠品满意而归了。

实际情况是怎样的呢？精明的商家总能找出各种借口卖出东西并让客户觉得占了便宜，商家还是最大的赢家。从中也可以看出，大多数客户不喜欢对产品的真实价钱仔细研究，而是想买些使他们感觉占便宜的产品。看下面这个销售案例：

一位在商场看衣服的客户相中了一款新上市的衬衫。他一看衬衫的售价是 300 元，就跟销售人员讨价还价起来："太贵了，150元吧！"

销售人员说："那可不行，您看看这质地，再看看这款式，这可是新上市的哦。您给的价连本钱都没回来。这样，我看您也诚心诚意买，您给加点钱吧。就算是我给您免费带了一件回来。好不好？"

客户："这样吧，你痛快我也痛快，180 元吧，最高了，卖不卖？"

销售人员："好吧，成交，给您带一件，算交朋友。"

客户认为得了便宜，付了钱拿了衣服高高兴兴地走了。

实际上这件衬衫成本价加上物流费、库存费等费用一共不到80元。客户只是感觉占了便宜，实际上并没有占到任何便宜。

销售中，商家如何做才能让客户觉得占了便宜呢？细心的客户可能会发现绝大多数商场中最畅销的产品，通常不是知名度最高的名牌，也不是价格最低的商品，而是那些经常促销的产品。促销的目的之一就是让客户有一种占便宜的感觉，从而促进交易。一旦某种以前很贵的商品开始促销，人们就觉得买了实惠，占到了便宜。

这种现象可以从心理学上得到解释。当客户在外界压制下产生强烈的心理不平衡时，容易采取不理智的行动，也就是说，客户在一种"在做活动的时候买会省很多钱，以后再买就亏了"的焦虑下，会强迫自己主动购买的。

另外，虽然每个客户都想占点小便宜，但偏偏又都有一种无功不受禄的心理，这就又给了精明的销售人员以可乘之机。他们总是能利用人们的这两种看似矛盾的心理，在未做生意或者生意刚刚开始的时候拉拢一下客户，送客户一些精装的礼物或请客户吃顿饭，以此来提高客户购买自己所推销商品的概率。

看一个精明的家具厂家是如何利用客户这种心理的。

该家具厂家举行了一次大型促销活动，他们促销的策略是：凡是到家具城买东西的人，都会获赠价值50元钱的小礼物。这项促销活动极大地吸引了贪心的客户，那些本来没有购买意图的人，出于贪便宜接受了礼品，同时又假装告诉销售人员，他们是因为想买家具才来参加这次活动的。此时销售人员就向拿了礼物的人具体描述展销家具的好处。就这样，50元钱的礼物就使原来无意购买产品的人变成了产品的听众，甚至由无意购买的人群变成了购买的主力军。该家具厂家以小博大取得了促销的胜利。

请吃一顿饭，或者送一些精致的食品或物美价廉的小礼物，算不上对客户的贿赂，只算是商家先迈出交流的第一步，其行为无可厚非。商家的目的只是使客户能够接受自己，进而打开销售之路。那些吝于支出这些小恩惠的公司不知道满足客户这方面的需求，结果通常是在销售方面的业绩没有施人恩惠的公司好，这就说明不舍得花钱的卖家其实也不懂得赚大钱。

但是销售人员一定要弄清楚，这种给予客人小恩小惠的方法只是为了加强销售一方与客户之间的沟通与交流。有时即使客户受了销售方的小恩惠，也不见得一定会买产品。这种情况下，销售人员不要也不应责怪客户。因为你给予客户的小恩惠并没有使总体利益受损，即使有些受损，也是你自愿所为的结果，是不可避免的代价。同时，还要注意到，利用客户爱占小便宜的心理对客户施小恩小惠的方法可能会暂时让你取得好回报，但这种方法可能很快会被其他卖家效仿，所以你销售的手段要多样化，这样才能不断提升你的销售业绩。

另外，客户的这种心理需求也要求销售人员一定要掌握准客户的心理价位。如果商品超出了客户的心理价位，则交易很难达成。而如果低于客户的心理价位，客户又会对商品质量产生怀疑。因此，把握好客户的心理价位很重要。如果能在提高客户心理价位的基础上，让对方感觉到占了便宜，那么销售活动就会顺利进行下去。

·第三章·

吊足客户胃口，交易自然成功

销售有时候就是一场揣摩人们想法、利用技巧所打的一场攻心战。在销售中，我们可以利用消费者的好奇心，在讲的故事中留悬念，以吸引消费者的眼球，提高产品的被关注度。

制造悬念，利用好奇心吸引客户

好奇是人的天性。心理学研究表明，好奇是人类行为的基本动机之一。越是神秘奥妙的事物，往往越是大家所关心和注目的对象。同样，在销售过程中，那些人们不熟悉、不了解、不知道或与众不同的东西，往往更能引起客户的注意。因此，销售人员在实际销售活动中，应该学会制造悬念，充分利用好奇心来引起客户的注意，让其购买你的产品。

南方的一个城市曾有一家房产公司，开发的楼盘无论如何都卖不出去，有一个策划公司给他们出了一个主意：在报纸上打一则广告，一整版只打五个字："寻找天通园！"

这一期的报纸出版后，很多人对此都很好奇，"天通园"是什么东西。过了几天，该日报又刊登了一整版："有人发现了天通园！"

这样的悬念让广大读者更加好奇了。于是，有一些好奇心非常强的人打电话到报社问："天通园是什么？"过了几天又是一整版："天通园是你安在这里的家！"这时人们才恍然大悟，原来"天通园"是一个新建小区的名字。很快，这家公司的名声在整个城市传了开来，而那一个小区的房子也很快就卖出去了。

客户买不买我们的产品，除了他本身是否有需求之外，最主要的就是看他对产品是否有兴趣。对于销售人员而言，要想使自己的产品引起客户的兴趣，就要设法使客户对产品产生好奇，让他对你的产品有一种探索欲望。

好奇之心人皆有之，这是人的本能。销售人员在与客户初次联系的时候，如果能够让你的客户对产品好奇，那么客户就会在好奇心的驱使下被你一步步引导到销售中来。

销售人员："您好，您相信有锤子砸不碎的安全玻璃吗？"

客户："不相信，这可能吗？"（眼神中充满惊奇，摇着头说）

销售人员："没有什么不可能。"

说完，销售人员从包中拿出一把铁锤和一块15厘米见方的安全玻璃。玻璃在桌子上放好后，他当着客户的面，用锤子往桌上一敲，结果，玻璃安全无恙，客户却被吓了一跳。

客户："天哪，太不可思议了，还有这样的玻璃！"

销售人员："您准备订多少货？"

客户："好，先订1吨，卖卖试试。"

案例中，从开场白到成交的整个过程，所花费时间不到1分钟。这就是利用好奇心进行销售的魅力所在。那么，什么样的话才能让客户在很短的时间内产生好奇心呢？

利用从众心理引起客户的好奇。比如："张姐，您知道现在的时尚女性都在用什么护肤品吗？""李总，说实在的，我真怕您跟其他人一样，看到我的产品就把我赶走！"

利用人们求奇、对新事物总是想先睹为快的心理吸引客户。比如："李总，您看，我给您带来了什么好东西。"

用刺激性的问题吸引客户进一步交流。比如："您猜猜看，这个世界上什么最勤劳？"

利用信息的不对称性吸引客户注意。比如："您认为贵公司的成本还能再降1/5吗？"

总之，利用客户的好奇心，首先要吸引客户的注意，吊足了客户的胃口之后，销售人员要及时地将其引导到销售面谈的正题上来。另外，销售人员也应事先了解一些客户的情况，如客户的经历、背景和兴趣爱好等，再结合自己所销售产品的特点进行开场方式的设计，力求收到出奇制胜的效果。千万不要弄巧成拙，出现"自以为奇，客户却不以为然"的场面。

唤起顾客的好奇心

好奇心是激起客户购买欲望的制胜法宝。在新品上市的时候，销售人员应注重抓住客户的好奇心来介绍产品，让其对你的产品感兴趣。在介绍产品时，要突出产品的特点、性能、优势，让客户详细地了解到使用产品的效果，进而让客户对你的产品动心。

某皮包销售人员多次要约见某商场经理销售新产品，可是屡次被拒绝，原因是该商场已经有一家固定的皮包供应商且合作关系稳定，经理认为没有必要再引进另外一家皮包供应商。

一天，这位皮包销售人员又来了，这次他没有直接去经理办公室，而是请经理秘书递了一张便条，上面写着："经理您好，您能否给我十分钟的时间，以一个客户的身份，就您商场的一个经营问题提一点建议？"

商场经理立即对这张便条起了好奇心，出于对客户的尊重，销售人员被请了进来。销售人员简单地寒暄了几句，然后不慌不忙地从皮包里拿出一种新式小巧的皮包，对经理说："这种皮包使用了一种特殊的香料，它挎在肩上让人浑身有一种淡淡的香味，令人心情畅快，并且制作工艺精湛，小巧可爱，深受年轻时尚女性的喜爱。目前，市场上绝无此包，前景看好。"

经理顿时有了兴趣，仔细地端详着这个小巧可爱的皮包，感觉它确实是一个不一般的包。销售人员看到他确实有点爱不释手，突然对他说："对不起，时间到了，我说到做到，不能耽误您的时间，我走了。"

说完，销售人员拎起皮包就要走。

经理急了，要求再看看。最后，他按照销售人员所报的价格订购了一大批货。

国外曾经发生过这样一件事：

有一家生产"皇冠牌"香烟的企业想将自己的产品打入某海湾旅游胜地。产品质量虽然不错，但由于是新牌子，广告做了不少，销路仍毫无起色。

销售人员哈里斯十分苦恼，有一次，他抽着烟就上了公共汽车。当售票员提醒他时，他忙熄灭香烟表示道歉，这时他看到了禁止吸烟的告示，灵机一动想出了办法。于是，他到处张贴"禁止吸烟"的宣传画。在"禁止吸烟"大字标语下，写下一行不引人注目的小字："'皇冠牌'也不例外。"看到宣传画的人就会想："为什么不例外呢？"这则宣传标语极大地引发了人们的好奇心，结果掀起了购买"皇冠牌"香烟的热潮。

以上的实例说明，能引发对方的好奇心，就能进一步实现接近对方的目的，因此引发对方的好奇心也是销售的重要手法。

引发好奇心不是故弄玄虚，而是要与对方的需要联系起来，触发对方心理上的敏感点。例如，告诉对方说："您亲自看一看就会知道，这一定是您送给女朋友最好的礼物。"或者借助权威者的态度打动对方，如："这种产品在国外展览时，连某国总统都惊动了。"或者告诉对方都有哪些名人买了这种产品。

使对方产生好奇心，就是要引起对方的兴趣，同时又有对方所未知的内容，这才能促使对方进一步行动，想弄清楚不明白的问题。

好奇心是人们普遍存在的一种行为动机，客户的许多购买决策有时也受好奇心理的驱使。客户的好奇心是天生的，是人人都有的。在实际的销售工作中，销售人员可首先唤起客户的好奇心，引起客户的注意和兴趣，然后再说出商品的利益，进而迅速转入面谈阶段。

好奇心是人类所有行为动机中最有力的一种，唤起好奇心的具体办法灵活多样，尽量做到得心应手，不留痕迹。

激将法是一种很有力的口才技巧

销售中的激将法，就是销售人员通过一定的语言刺激客户，以此来激发对方的某种情感，并引起对方的情绪波动和心态变化，最终使这种情绪波动和心态变化朝着自己所预期的方向发展。

在销售过程中，销售人员往往容易遇到这样一些客户，他们虽然有产品需要，但是犹豫不决，拿不定主意。面对这些客户，要想获得订单，促使他们下决心签单，销售人员可以利用他们的好胜心、自尊心，采用激将法激他们做出购买的决定，迅速签单。激将法是一种很有力的口才技巧，但是在运用时要掌握分寸，不能过急，也不能过缓。使用激将法效果如何，取决于销售人员对刺激"火候"的把握，有的"稍许加热"即可，有的则要"火上浇油"；有的只要"点到即可"，有的却要"穷追猛打"；有的可以"藏而不露"，有的则需"痛快淋漓"。

当然，能否收到最佳的推销效果，这就需要推销员根据不同的情况而定。心理学研究表明：有的人好高骛远；有的人好胜心强；有的人优柔寡断；有的人干脆利落；有的人扭扭捏捏……

所以，巧妙地利用人们的心理特点，有的放矢，是销售成功的一个基本保证。

一位保险销售人员在向一位客户销售保险时，客户对保险产品的情况了解以后，却迟迟不愿意签单购买保险。对此，销售人员说："现在，很多负责任的先生都会给自己的妻子和儿女买保险。因为他们觉得关爱自己的妻子和儿女是自己最大的光荣和责任，为妻子和儿女买保险是对他们无限关爱的一种方式。尤其是人身安全保险，它不仅是一种投资，而且体现了一位丈夫对妻子的关爱和呵护，一位父亲对子女的无限挚爱。我遇到了很多先生为他们的妻子和儿女买保险时，都是毫不犹豫地签单。像您这样犹犹豫豫的，我见得比较少……"

客户听了以后，说："还是等一段时间再说吧！"

销售人员："我想这不是您真正的理由！您是没有把做丈夫和做父亲的责任放到足够高的位置。您要关心他们，就要时刻期望他们平安，而为他们买保险是关心他们平安的重要体现。现在，您的妻子和儿女都没有投保，实在看不出您对他们的关爱……"

客户一向是一位优秀的丈夫、称职的爸爸，听了销售人员的话，便说："那就买两份保险吧，反正为了他们也不在乎两份保险的钱……"

销售人员："那是，那是，那就请您代替您的妻子和儿女签下名字吧！"

就这样，该销售人员很快就获得了客户的签单。

这位保险销售人员面对客户的推辞，适时地刺激了一下客户，将为妻子和儿女买保险提升到做丈夫和做父亲的责任的高度，认为客户迟迟不为妻儿买保险是没有家庭责任心的表现。销售人员的言辞，激发了客户的自尊，客户为了维护自己的形象，很快就达成了交易。

还有一个事例，也是巧妙地通过刺激客户达到销售目的。

有一位小姐看中了某商店橱窗内一款新式皮鞋，但她只是站在柜台前反复地看，问一些无关紧要的问题。很明显，她很喜欢这款新式皮鞋，但又因为价格太贵而犹豫不决。该商店的售货员捕捉到了她的这种心理。于是上前问道："如果这双鞋的价格不能令您满意的话，您是否愿意再看看别的？"

没想到，听了售货员的话后，这位小姐表情坚定地买下了这双皮鞋。

售货员的问话看似很简单，其中却藏有很深的奥妙，它激发了这位小姐的好胜心，因此成功地销售出了这双皮鞋。

如果在上例中，售货员对那位犹豫不决的小姐说："要买就买，买不起就别看了，凭你这模样还想买这么高档的皮鞋。"当然，这句话也能对客户产生"激"的效应，不过这话会伤害到客户的自尊心，会产生完全相反的效果，不但达不到销售的目的，反而损害了商店的形象。

刺激客户的好胜心，一定要因人而异，把握好火候，否则就会弄巧成拙，甚至会激怒客户。

找出客户弱点，合理运用激将成交法

激将法战术，简单地说，就是从心理学角度出发，用反面的话激励别人，使之痛下决心去做成什么事，从而收到良好的言语说服效果。这种方法一般用在办事拖拉、犹豫不决、难以下决定的人身上。比如：

"这么好的产品，你认为需要与你的夫人（或其他人）商量，然后再选择怎么做吗？"

"只有能自己做主，毫不迟疑做出决定的人才是一个精明的企业家。"

"我听你们的同行说，你可是一个有主见的人。所以请你现在就下决心吧！"

"你嘴上说这说那的，其实你心里根本不想跟我签约，对吧？"

于是，对方在激动之时往往会痛下决心，便造成了这样一种结果：这些事不是你说服他做的，而是他自己要做的。

有些特殊的客户，天生反骨，不喜欢按常理出牌。开门见山地销售，他根本不屑一顾，但是利用激将战术却能成功引起他的注意。激将成交法是指销售人员在与客户沟通的过程中，运用一定的语言技巧刺激客户的心理，使客户在逆反心理的作用下完成交易行为的方法。

一位大学毕业生到一家大企业应聘，经理以不容置疑的口气拒绝了他。

这位毕业生并没有因此气馁，而是对经理说："您的意思是，贵公司已经人才济济并足以使公司成功，外人纵然有天大的本事也不会任用，而像我这样的庸才，更是要拒之于千里之外了？"

说完，他微笑看着经理。两人沉默了一会儿后，经理说："你能将你的经历和想法告诉我吗?"

于是，这位毕业生讲了自己的经历，经理听完，笑着说："我决定录用你，你明天来上班吧。"

面试也是销售，只是销售的是自己。这位毕业生正确地运用了激将法，收到了积极的效果，获得了和经理沟通的机会。在销售过程中，用好激将法必然也能促进销售。不过，销售人员一定要根据不同的谈判对象采用不同的方法，巧言激将。

使用激将成交法，必须针对具体的客户采取具体的技巧。销售人员首先要从客户的言谈中分析出客户的性格，寻找出客户的弱点，再合理运用激将成交法。

1. 利用客户自尊心的激将法

合理使用激将法，可以减少客户的异议，缩短整个成交过程的时间。但必须选择好对象，这样才更容易成交。合理地使用激将法，不但不会伤害到对方的自尊心，反而会让对方在购买行为中获得心理上的满足。

一位女士在挑选衣服时，对一件套装表现得较有兴趣，但却一直犹豫不决。这时，销售人员对她说："你看好这套了吧，现在不买也没有关系，我可以帮你留着，等你回去征求一下先生的意见再做决定。"

这位女士立刻回答："这事不用和他商量。"然后立即做出了购买决定。

2. 利用客户攀比心理的激将法

每个人都或多或少有点攀比心理，特别是在购买过程中，都不希望自己表现得比同等地位的人或低于自己地位的人差。对于那些知道产品优势和利益，但以各种借口拖延的客户，销售人员可以用对方熟知的人购买的事例来引起对方的兴趣，从而激起客户的购买决心。

原一平是日本最伟大的寿险推销员之一。一次，他把目标锁定在一个性格孤傲的客户身上。可是，他拜访了这个客户三次，客户总是对他不理不睬的。

这次，原一平沉不住气了，对客户说："您真是个傻瓜！"客户一听急了："什么，你敢骂我？"

原一平立刻笑着对客户说："别生气，我只是和您开个玩笑而已，千万别当真。只是我觉得很奇怪，您比××先生更有钱，可是他的身价却比你高，因为他购买了 100 万日元的人寿保险。"

这位客户被原一平的话给激醒了，很快就决定购买 200 万日元的人寿保险。

利用"面子"激发客户的购买欲望

"面子"在中文语汇里是一个古老而微妙的概念。在中国社会中，它代表着体面、尊严，甚至决定生死。中国民间有句古话："树活一张皮，人活一张脸。"可见，面子在国人心中的分量。

有一天，汽车销售人员周明想到："中国人都好面子，特别是那些大人物。在自己的工作中，何不将这种'好面子'灵活地加以应用呢？对于汽车来说，坐着和大人物一样的车，身价不就马上上去了吗？这应该是说服客户的有力武器。"

周明马上行动起来，他把公司的销售记录找出来，搜寻一些有影响力的客户，把这些人和他们买的车型一一记下来，列出了一个"大人物名单"。接下来的几天，周明每天都把这份名单随身带着。

一天，一个多月前来过的一家私人贸易公司的何老板又来了。周明一眼瞧见便高兴极了，原来何老板的车还没买，他清楚地记得何老板中意的是一款尼桑车。但由于价格较高，何老板还要再考虑考虑，比较比较。今天，周明的把握大多了，一是何老板是回头客，八成是舍不得自己看中的车；二是周明今天身上带的那个大人物名单中，恰巧有一家著名进出口贸易公司的林弘总裁买的是尼桑车，与何老板看中的款型一样。周明急忙迎了过去，以一种热情而不谄媚的语调说："哟，何老板过来啦！今天您春风满面，肯定是最近做了一笔大生意！"

"做了一笔，还行，还行。"何老板的心情果然不错。

"您先请坐，喝杯茶。"周明并不急于进入正题，以免显得过于急躁。

何老板反而有点急："我上回看中的那辆尼桑，哦，就停在那儿呢，没人付下定金吧？"何老板边环顾边说，连坐都不坐。

"哦，那个车，客户来了都要看上几眼，好车嘛，但一般人哪买得起，这不，它正等着何老板您呢。"周明微笑着道。

何老板走上前去，似乎想再试一下车。周明忙取来钥匙，上前打开车门。

试了车，看得出来，何老板对车是完全满意的。目光所到之处，恋恋不舍，但却迟迟不开口说要买。

"也许还是价格问题。"周明心里暗暗地想，同时决定只是专注地陪着，不先开口，等这条"鱼儿"自己先说。

想了一会儿，何老板终于开口了："我确实中意这辆车，看了很多车型，都不如它。虽然最近做了一笔不错的生意，但做生意最需要的就是资金。周先生，您看价格上能否再优惠些，或者我是否有必要换一辆价位低一点的?"周明知道一决胜负的时候来临了：换车，那多半是何老板拿出来作为一个暗示的威胁，当然也不排除他的确有这种犹豫，所以自己言语更要谨慎些才是。

周明马上接口道："价格是高了一点，但物有所值，它确实不同一般，何老板您可是做大生意的人，配得上！开上它，多做成两笔生意，不就成了嘛。"

趁何老板心有所动，周明马上像想起什么来似的，轻拍脑袋说："哦，对了，何老板，贸易界的林弘总裁您认识吗？半年前他也在这儿买了跟您看中的一模一样的车，真是英雄所见略同啊。"

"哦，林总，谁人不知啊。只是我这样的小辈还无缘和他打上交道。他买的真是这个车?"何老板的眼睛亮了一下。

"是真的。瞧您何老板年轻有为，事业蒸蒸日上，还这么谦虚，真难得。林总挑的是黑色的，何老板您看要哪种颜色?"

"我就这个红色吧，看上去很靓，有活力。"何老板拍了拍手下的车，就这样决定了。周明不慌不乱，又说了几句生意上祝福的话，开始办购车手续。

可以说，"面子"是一个绕不过去的人情世故。从心理学上分析，"好面子"折射出人们渴望被尊重、受恭维的虚荣心的弱点。作为一个销售人员，特别需要知道如何利用人好面子的心理特点，去开展自己的销售工作，只要我们善加利用人们好面子的心理特点，一定会激发客户的购买欲望，使他心甘情愿地掏钱买单。

通过震惊事件激发客户的好奇心

在销售实践中，销售人员可以通过令人震惊的事件激发客户的好奇心进而接近他。这样做的一般步骤是：首先令客户感到震惊，唤起客户的好奇心，引起客户的注意和兴趣；其次寻找机会道明你的真实意图，并迅速转入面谈阶段。唤起客户好奇心的具体办法则可以根据每个客户的具体情况进行灵活选择。

一位人寿保险销售人员在接近一名准客户时这样问道："10 千克软木，您打算出多少钱？"

客户："我不需要什么软木！"

销售人员："如果您坐在一艘正在下沉的小船上，那您愿意花多少钱买这些软木呢？"

就这样，通过让客户惊奇震撼的方式，这位销售人员巧妙地吊起了客户的胃口，激起了他的好奇心。实际上，这位销售人员是在向准客户阐明这样一个思想：人们必须在实际需要出现之前就进行投保。由此，人们不得不佩服该销售人员的巧妙用心。

在接近客户时需要注意的是，无论利用语言、动作或其他什么方式，利用"震惊接近法"来引起客户的好奇心，都应该与你的推销活动有某种内在关联。因为，如果客户发现销售人员的接近把戏与推销活动完全无关，很可能就会迅速转移注意力并失去继续谈下去的兴趣。

有一个地毯销售人员曾经这样对他的客户说："您每天只要花一角六分钱就可以让您的卧室铺上地毯。您的卧室 12 平方米，我们的地毯价格是每平方米 24.8 元，这样需 297.6 元。我们的地毯质量非常好，通常情况下，最少可以铺用 5 年，每年 365 天，这样平均每天的花费只有一角六分钱，您说我算得对吗？"

通常客户都会对这番话感到很惊奇，好奇心就被勾引出来，自然会被产品吸引，接下来再进行推销就顺畅多了。

另外，在运用"震惊接近法"去刺激客户的好奇心的时候，还应该讲究出奇制胜。因为，在这个纷乱繁杂的现实世界中，每个人的知识文化水平和经历是不同的，兴趣爱好也有所不同。令某个人感到震惊的事物，对其他人来说并不一定震惊。如果销售人员自以为"惊"，而客户却不以为"惊"，往往会弄巧成拙，再接近客户的难度也就会增加。

原一平的名片上总是印着这样一个数字：0—766 000。于是，当客户接到他的名片时总会好奇地问他："这个数字是什么意思？"

于是，原一平就会反问道："您一生中吃几顿饭？"

可想而知，几乎没有一个客户能够答得出来。

原一平便回答说："766 000 顿饭嘛！假定退休年龄是 55 岁，按日本人的平均寿命计算，您还剩下 19 年的饭，即 20 805 顿……"

就这样，原一平巧妙地利用"震惊接近法"刺激了客户的好奇心，顺其自然地和对方攀谈起来，这是一种高明的接近客户的方法。

第四章

让客户感受到你的尊重

作为一名销售人员，真正的语言魅力是来自情感的，来源于真诚地为客户着想，更是来源于对客户的一种尊重。无论是谁，在受到别人尊重的时候，其内心的好感必然会油然而生，相信销售员所面对的每一位客户也不例外。在如今这个变化莫测的市场中，销售人员与客户沟通的关键之处就在于是否能真正地抓住人性中这一共同的"弱点"，是否能做到去满足客户希望得到尊重的欲望。

真心请教客户，获得客户好感

在某种程度上，请教也是一种赞美。因为请教通常是向比自己高明的人寻求解决之道，这相当于变相赞美对方的能力、知识高人一筹。"我应该怎么办？""您认为如何？""我无法知晓其中的奥妙，您能告诉我这是怎么一回事吗？"这种求助或者征求意见的口吻，让对方很受用。真心请教客户，不但会赢得对方的欢心，自己也会受益无穷。

就销售人员来说，向客户请教可以就多方面内容请教，比如请教对方的创业史、创业法宝，企业独特的文化，个人优秀的才能以及管理方面独特的经验等。只要请教是真心的，就有利于改善与客户的关系，获得客户的好感，自然有利于销售的开展。

看下面这个案例：

亨利是美国西雅图一名二手汽车销售人员。一次，他带着一位有购买需求的客户看他销售的二手车。可是这位客户很挑剔，不是说这辆车车型不好，就说那辆车有伤痕，再就说这辆车价格太高。这种情况下，亨利停止向他推荐，而是让他自己去选购满意的汽车。几天之后，另一位客户开来一辆旧车让亨利帮忙销售，看过车之后，亨利想起了那个难缠的客户，他知道这辆二手车可能会让那位难缠的客户动心。于是，他约来了那位客户。

一见面，亨利就对那位难缠的客户说："在鉴定汽车价值方面，您毋庸置疑是一位专家，很少有人能做到像您一样精准评估汽车价值。现在有一辆车请您帮忙看看，试试它的性能，然后告诉我这辆车别人应该出价多少才合算？"

难缠的客户脸上浮起笑容，他欣然答应了亨利的请求。他将要销售的那辆车开了一圈回来，对亨利说："如果别人能以300美元买下这辆车，那应该是十分合适的。"

"哦，多谢，那这样，如果我以这个价格把它卖给您，您看如何?"亨利问道。

"嗯，可以，完全没问题，这辆车，这样的价格，我很愿意接受。"难缠的客户这样说道。

就这样，亨利的真心请教讨得了客户的欢心，成功地把一辆二手车卖了出去。

再看下面这个案例:

加利福尼亚州一家最有实力的医院准备购进一批X光机，院方把这项采购任务交给了医院放射科的一位主任。于是，放射科主任整天被X光机的销售人员包围。这些销售人员一味夸奖他们销售的机器设备如何如何好。其中，有一个销售人员见竞争激烈，想出了一个更好的办法。

一天，他设法见到这名科主任，对科主任说："您好，谢谢您在百忙中听我说话。我们公司生产出一套新的X光机，我不说它是十全十美的，它肯定有不足之处，因此我们想更好地改进它。可我们不知如何着手，想请您抽空看看如何改进才能更有利于您的这一行业要求。我们非常想听到您的指教。"

这位主任听后，脸上露出高兴的神情，说："谢谢您这么说，到目前为止，还没有任何一家X光机厂商向我请教设计方面的问题，您是第一位。虽然这一段时间我非常忙，但为了您这份信任，我决定推掉明晚的私人约会，去看您的机器。"

第二天下班后，这名主任信守承诺，随着这位销售人员去看他所说的X光机。在看过机器后，科主任高度肯定了机器，并认真地提出了几点意见。沟通在融洽的气氛下进行，最后，科主任决定向这家厂商购进一批这种型号的X光机。

实际上，绝大多数人都受用别人的请教，因为这毕竟是自己价值的体现。所以，当你带着真诚的态度向客户请教时，多半会获得对方的欢心，从而为你的下一步销售活动打下良好的基础。

大多数人都不喜欢别人用一种傲慢的态度跟自己说话。因此，在与客户沟通时，切忌用傲慢的语气跟对方说话。如果你能以一种真心请教的语气与客户说话，如"我想知道……" "请您给我指点……"等，往往更能满足客户的自尊心，也更容易赢得客户的信任，尤其是针对客户所擅长的一些问题进行请教时更是如此。

谦虚是推销员必备的基本态度之一

日本哲学家吉川英治说："世人皆吾师。"这种谦虚的态度是推销员所必备的基本态度之一。有些刚入门的销售人员，自以为满腹才华，却往往四处碰壁，原因就在于他们不懂得谦虚请教。销售是一项实践性极强的工作，成功的经验来自与客户无数次的沟通，只有懂得谦虚，完善自己，才能不断进步。

王辉是一名电脑推销员，有一次，他向一家规模不小的公司推销电脑。当时竞争相当激烈，但是由于他跑得勤，功夫下得深，深得这家公司采购部门的欣赏，成交希望非常大，最后只剩他与另一家企业进行角逐。这家公司的采购部门将报告呈递给总经理决定。总经理却批送该公司的技术顾问——某校的电脑专家赵教授，由他提出决策意见。于是，该公司采购部门的人员陪同赵教授再次参观了两家品牌的产品，详细地听取了两家的示范解说。赵教授私下表示，两种品牌各有优缺点，但在语气上表现出对另一家的产品更欣赏。煮熟的鸭子眼看要飞了，王辉有些着急了。于是，他又找了个机会向赵教授推销，使出浑身解数，口沫横飞地讲述他所代理的产品如何优秀，设计上如何特殊，希望借此改变赵教授的看法。最后，赵教授却不耐烦地冒出了一句话："究竟是你比我行，还是我比你懂？"此话一出，王辉觉得这笔生意要泡汤了。

正在王辉垂头丧气的时候，一位推销专家给他建议："为什么不用'以退为进'的策略推销呢？"并向他说明了"以退为进"的技巧，告诉他"以退为进"就是要抱着谦虚、诚恳、求教的态度去见客户，推销必须伺机而动，不可勉强，不可露出痕迹，方有效果。

于是王辉重整旗鼓，再次到赵教授执教的学校去拜访，见了面他这样说："赵教授，今天我来拜访您绝不是向您推销的。上次跟您谈过后，我回家想想，觉得您分析得很有道理，我所代理的电脑在设计上确实有些地方比不上那家的。您在××公司担任顾问，我们尊重您的意见。不过，我希望从这笔生意上学点经验。您是电脑方面的专家，希望您能指导我，我代理的这种产品将来应如何与同行竞争才能生存？希望您能不吝赐教。"王辉说话时一脸的谦虚诚恳。

赵教授听了后，心里感到很舒畅，于是带着慈祥的口吻说道："年轻人，振作点。其实，你家的电脑也不错，有些设计就很有特点，唉，我看连你自己都搞不清楚，譬如说……"于是，赵教授讲了一大通。"此外，服务也非常重要，尤其是软件方面的服务，今后，你应该在这方面特别加强。"赵教授谆谆教导，王辉洗耳倾听。

这次谈话后没过多久，生意成交了！

对这次成单帮忙最大的还是赵教授，他对总经理说，这两家公司的产品大同小异，但他相信王辉的公司能提供更好的服务。最后，总经理采纳了赵教授的意见，一笔快泡汤的生意因为一次谦虚的请教而峰回路转。

谁最了解客户的需求呢？当然是客户自己。所以在开始接触客户时，一定要把自己当作学生，用谦虚的姿态向客户请教，才会赢得客户的信任，他们才会把需求明白地告诉你，你也才有机会把你的产品和客户的需求结合在一起，从而找到最合适的解决方案，领先你的竞争对手。那种抱着"给客户洗脑的想法"的人是不会得到客户信任的。通常客户都不会把最关键的问题告诉那些他们还不信任的销售人员，因为他们不愿意在不信任的销售人员身上浪费时间，也不相信这些销售人员能够真正地帮助他们解决问题，那么你的产品肯定无法顺利销售出去。

谦虚地请教客户，要注意针对客户的擅长点提问，并且要做到不露痕迹。这会让客户觉得很得意，从而满足客户的自尊心，赢得客户的好感。

日本"推销之神"原一平，他对于消除客户对销售人员的疑虑、卸下他们的心理防线并取得他们的信任有一套独特的方法，来看看他是怎样做的吧。

"先生，您好！"

"你是谁啊？"

"我是明治保险公司的原一平，今天到贵地有两件事要请教您这位本地最有名的老板。"

"本地最有名的老板？"

"是啊，大家都是这么称呼您的。"

"哦！大家都这么说啊！真不敢当。到底是什么问题呢？"

"实不相瞒，是关于如何有效地规避税收的事。"

"站着不方便，请进来说话吧。"

显然，原一平成功地接近了这位老板。

每个人都有值得夸赞的地方，而大多数人都把渴望被赞美的需要隐藏在内心深处了。因此，原一平的经验是：只要你说出"专程来请教您这位本地最有名的老板"时，没有人会拒绝你。

至于请教什么问题好呢？以一般商店老板为例，商品的优劣、市场现状和促销方法等都是请教的好问题。这样做既可以增长见识，又可以加深与客户的关系，一举两得。

销售人员在谦虚的请教之后，再向客户提出销售要求，进行销售宣传，往往会收到事半功倍的效果。

放低姿态去请教，满足客户自尊心

在日常工作过程中，很多销售人员在客户不肯接受他们的产品时常常说："这个你就不懂了，让我来讲给你听，是这么回事……"接下来，便滔滔不绝地演说一番。通常情况下，客户是不会接受你的劝说的，哪怕他明白你说得有道理也很难接受。你只有放低自己的姿态去请教，让客户的自尊心得到满足，客户才会接受你的推销，请看下面这个案例。

有一个化妆品销售人员，在他所分配的区域里遇到了一位很怪异难缠的店老板。当销售人员刚刚踏进店门，想推销自己产品的时候，这位老板就大声嚷道："你没有走错地方吧！我才不会买你们公司的产品。"

于是这位销售人员盖上了手提箱，很虔诚地对老板说："您对化妆品一定很在行，对商品推销经验很老到。我是一个刚进入推销行业的新人，您能否教我一点秘诀，到别的店里应该如何谈起，请老前辈指教。"

他看到老板的脸色渐渐转变，于是，再度打开了手提箱。

"想当年，我开始做这一行的时候……"这个老板终于打开了话匣子，一口气讲了15分钟。在他讲解自己艰辛而辉煌的过去时，他越来越喜欢这个倾耳细听、不断点头称是的年轻人，最后他做出了购买化妆品的决定。这位怪异难缠的老板也成了这位年轻销售人员的长期客户。

再看下面这个案例：

有一个名叫威森的服装设计师，他为一家服装设计室提供草图。3年来他每个星期天都要去拜访设计室著名的服装设计师，那位设计师从不拒绝他的造访，但也从不买他的草图。他总是很仔细地看看草图，然后摇着头说："不行，威森，你的东西太叫人失望了!"

经过多次的失败，威森终于明白自己的方法太墨守成规了。他潜心思考一番后，终于来了灵感。一天，他随手抓起 6 张未完成的草图冲进那位设计师的画室。

他对那位设计师说："帮帮忙。这些草图都没有完成，请您指导一下，我应该怎样把它们完成?"

设计师默默地看了一阵草图，然后说："威森，把它们放在我这儿，过几天你再来。"

3 天以后威森又去了。设计师给了他一些建议。威森回到自己的画室，立即按设计师的意见开始修改草图，结果呢? 这 6 张草图破天荒地被设计师接受了!

从那时起，这位设计师订购了威森的许多图案。这些图案最终都是根据他本人的想法完成的，而威森却赚了很多钱。

第一个案例中，怪异老板的态度由开始的不配合到主动打开话匣子，正是因为销售人员放低自己，用请教的态度让那位老板的自尊心得到满足。第二个案例中，通过前后两个时期的对比可以看出，过去威森只是催促设计师订购自己的草图，后来威森变成了学生，通过向设计师请教，满足了其"教导欲"，增加了其对威森的图案设计的好感，因此威森成功了。

任何人都或多或少具有虚荣心，都有一种被尊重的需要，让人满足虚荣心的最好方法就是让对方产生优越感。销售人员向对方示弱，放低自己，以客户的需求为工作中心，及时满足客户的各种心理需求，给客户以优越感，这是达成销售的关键。客户的优越感被满足，警戒心也自然消失了，彼此距离拉近，双方的好感向前迈进一大步。

让客户感到自己很重要

卡耐基说过："跟别人相处的时候，我们要记住，和我们交往的是充满感情的人，是充满偏见、骄傲和虚荣的人。"相互尊重是彼此之间进行合作交流的基础，提升别人的重要性，也是对别人尊重的一种方式。在销售工作中，让客户感到自己很重要，既是对客户的尊重，也会使销售人员得到客户的青睐，进而慢慢突破客户的心理防线，顺利购买销售人员的商品。

请看下面这个案例：

乔治在一家汽车公司做销售人员。有一次，他按照拜访名单上门推销，接待他的是这家的男主人，他问男主人做什么工作，男主人回答说："在我家附近的一家螺丝机械厂上班。"

乔治以为客户在开玩笑，说："您别开玩笑了！那您每天都做些什么呢？"

男主人认真地回答："没开玩笑，我每天造螺丝钉。"

这时乔治的眼神里散发出极大的热情和兴趣："真的吗？我还从来没有见过怎么造螺丝钉呢！肯定很有趣！您如果方便的话，我真想哪一天去您的工厂里看看，可以吗？"

乔治这样说的目的当然是让客户知道自己很重视他的工作，让客户卸下心理防备。

男主人听了乔治的话，心里有一种莫名的感动，因为在此之前，从来没有人对他的工作有过如此浓厚的兴趣。他想到自己马上就要调到另一个地方工作了，确实需要一辆汽车，于是，当场就和乔治签下了合同。

有一天，乔治特意去了男主人的工厂拜访他。男主人十分惊喜，并高兴地向自己的工友们介绍乔治，他充满自豪地说："我的汽车就是从这位先生那里买的，说实话，真的不错!"乔治趁机给每人一张名片，正是通过这种策略，乔治获得了更多的生意。

再看下面这个案例：

小林是一位推销厨具的销售人员。前天，他已经和客户约好到客户家里见面，但是刚好碰到客户家里正在装修。当小林到来的时候，客户的家里还在忙碌，屋里乱糟糟的，客户稍稍迟疑了一下，最后还是请小林进屋了。小林看得出客户的心情有些糟糕，于是小心翼翼地找话题说："您的居室挺宽敞的，装修得真是不错，简洁又时尚。"客户听小林说起装修，心里装着满肚子的牢骚，说对这一次装修的很多地方不满意，材料不好，进度太慢，已经进行了差不多两个月还没完工。小林一边听，一边安慰客户。

这时候小林发现客户由于忙里忙外，只是穿了一双拖鞋，而此时客厅是比较冷的，刚才干活不觉得，而停下来就很容易着凉。于是小林便巧妙地提醒客户说："装修房子的确累人，但是也不要忘记照顾自己的双脚，我建议您应该先'装修'一下它们，免得受冻向主人抗议。"

客户其实也觉得有点凉，但是不好意思说，而此时小林注意到并温馨地提示自己，使客户的心里一热，于是他会意地笑了，说："那真是不好意思，我先失陪一下。"小林点点头说："没关系，您请便。"

等客户回到客厅，坐在小林对面的时候，小林及时地说："把它们包装好了，我就觉得安心了。我可不希望我的客户生病不舒服。"客户顿时感到内心一股暖流穿过，在接下来的交谈中，气氛很是轻松，最后客户决定购买他的全套厨具。临走时，客户真诚地对小林说："我很珍惜像你这样好的销售人员。"

第一个案例中，乔治表示要到客户的厂里看看，让客户受宠若惊，觉得自己很重要，当然这也是乔治想要收到的效果，客户觉得自己得到了重视，一下卸下了心理防线，当场和乔治签下合同。

第二个案例中，每个人都有遇到困难、感到烦恼的时候，而此时也是最需要别人关心的时候，不管是亲人、朋友还是陌生人，也许只要一句简单的安慰或者问候就可以给他莫大的温暖和鼓励。

尊重、重视客户早就是销售行业的共识，很多商家都把"宾至如归，客户至上""客户就是上帝""客户永远是对的"奉为宗旨，销售人员应该以友好的态度，努力为客户提供最优质、最贴心的服务，让客户体验到做"上帝"的感觉，慢慢卸下心理防备。所以，销售人员应该尊重每一位客户，不管对方的身份、地位和职业如何，都应该热情接待，让他们感觉心情舒畅。

只有你对别人表示出尊重和肯定，才能换回对方的积极回应。只有把客户放在心上的销售人员，客户才会把他放在心上。"让客户觉得自己重要"是打动客户内心的一个重要原则，这就需要销售人员从细微处给予最真挚的接纳、关心、容忍、理解和欣赏。

真诚地尊重你的客户，让他们感到自己很重要，是打开对方心灵的金钥匙。因为成为重要人物是人性里最深切的渴望。销售人员永远都要让客户感到自己很重要，给客户多些关心和理解，让客户感到你的真诚和尊重，这时候人与人之间的隔阂就会消除，客户才更加容易敞开心扉，真诚地对待你。

从客户角度出发，让服务充满人性

在激烈的销售市场争夺战中，让客户感受到你的关心，是留住他们的绝佳途径之一。这就要求你在为客户提供服务之前，要考虑到你所提供的服务对象是人。所以，在对服务进行设计时，就要从客户的角度出发，为他们设想，也就是让服务充满人性，让他们在使用的过程中感到舒适，并且能保持尊严。

李远非常重视自己的工作，他渴望在这个岗位上实现自己的人生价值。要实现这个目标，首先就要压倒在同一地区与他竞争的同行，留住客户的脚步。为此，他想尽尽了办法。

在超市服务发展已经日臻完善的今天，想让自己的服务更加人性化并不那么容易。经过再三考虑，李远做出了一个惊人的决定：所有客户都可以到服务台提出自己对超市发展的意见。其中，能够给超市提供令客户购物更方便的好点子的人，还将得到免费购物券。消息传出，不断有人去给超市提各种各样的建议。

比如，夏季，有人建议开办免费"借雨伞"服务；冬季，有人建议为老年人设立防滑通道。还有人提出可以将会员卡一式两份：一张大的主卡，一张可以挂在钥匙链上、随身携带的小副卡……

为了收集这些客户意见，李远付出了不小的代价。但正是因为这些点子，让他所在的超市成为周边诸多超市中最受欢迎的一个，因为在这里购物最方便，而且服务也最周到。许多住得远的居民甚至舍弃家门口的超市，散步来他的超市购物。在短短一年的时间里，他使超市的营业额上升了近40%，而他本人也成为集团的金牌店长。

鞋是否舒适只有穿鞋的人知道，同样，你的服务是不是人性化也只有你的客户才最有评价权。现在，许多公司都为客户设立了意见簿，可真正让这些小本子发挥作用的却不多。这其实是一个误区，因为这些意见簿的实际作用，远远超出忽视它存在的经营者的想象。

李远很重视意见簿。他不仅让客户在服务台前留下对超市的意见和建议，而且也极力鼓励大家提出自己的改进意见。虽然有些意见具有可操作性，有些只是异想天开，但李远却从中获得了让自己的服务更人性化的灵感。同时，他的做法也让客户有了参与互动，共同建设"自己的"超市的想法。这何尝不是一种留住客户的心的巧妙策略？

所以，要想知道该怎么做才能给予客户更人性化的关怀，不妨向李远学习，多收集一些客户意见，甚至干脆让客户参与到你的服务中来。

客户彼此之间的需求是存在很大差异的。你针对某一群体推出的人性化服务在其他客户眼里很可能就是多余的，而你为某些客户设置的专门服务，在别人看来也很可能是奢侈腐化的代名词。所以，在设置人性化服务时，一定要有针对性。

老、弱、病、残、孕等是需要照顾的群体。人类社会是一个崇尚帮助老幼的群体社会，面对这些需要照顾的群体，如果你能够提供独特的、更适于他们身体条件的服务，同时这种服务还能够照顾到他们的自尊心等方面，那么你一定会赢得他们的好感。不仅如此，即使是那些不需要这类服务的客户也会从你的举动中感受到你的温暖和关怀，进而对你产生好感。

特殊客户，特殊对待。在商业经营法则中，有一种"二八理论"，也就是说，公司80%的利润是由20%的客户创造的。所以在接待客户时，我们要有相对侧重点。比如，针对那些与公司关系密切，对公司发展意义重大的特殊客户，你可以提供特殊的、符合其需求的服务，这不仅有利于稳住这些特殊客户，而且有利于促进其他普通客户向特殊客户转变。

有些客户并不是特别重要，但他们却有着比较独特的个性。比如，一些人比较注重品位，还有一些人贪恋个人利益等，对这些个性客户，我们最好能够事先摸清他们的具体情况和特殊要求，然后"对症下药"。

总而言之，人性化服务就是针对客户的个人需求，为他们量身定做的，能够让其精神需求得到满足的服务。不管是让客户参与进来，还是你主动出击，让他们感到满足都是最重要的。

为客户提供人性化服务的技巧当然不止上面提到的这几项。在销售活动中，你完全可以根据自己的需要制定更符合环境要求的策略。这里，我们提供两条制定个人策略的依据要点。

1. 多考虑人性弱点

人都有弱点，这些弱点往往是销售人员突破客户心理防线，使他们更乐于接受你的关键点。比如，几乎所有人都有惰性，所以在为他们提供服务时，你就要尽量简化他们需要办理的手续。以往需要填一大堆材料，现在只要填一张就可以；以往客户要跑很多次，去很多窗口，现在只要一个窗口，一个大厅就能 OK。

2. 多考虑人性差异

个性的差异让客户对人性化服务的需求各不相同。比如，有的人脾气暴躁，说话直来直去；有的人腼腆少语，遇事喜欢多多思考。面对这些个性特征完全不同的客户，你要学会采用不同的销售策略。

亲和力是衡量人际沟通能力的重要指标

生活在这个世界上，我们每天早上出门都必须与各种各样的人打交道，无论是从事销售行业，还是从事其他职业，拥有良好的人际沟通能力是我们走向事业成功必不可少的桥梁。亲和力是衡量是否拥有良好的人际沟通能力的一项重要指标，没有亲和力的人，别人会不自觉地远离你，更不愿意与你接近。现实生活中的不少销售人员就是因为没有亲和力，吃了大亏，还丢掉了不少客户。

一家店铺里，一位客户盯着货架上的陶瓷杯子。

过了没多久，客户对销售人员说："麻烦你拿那个紫色的杯子给我看看好吗？"

销售人员一言不发地拿了过来，交给客户。

客户拿着杯子左看右看，很细心，看完之后对销售人员说："还有那个带菊花图案的，我也想看看……嗯，还有那个托盘……这几个好像都不错，可是只想挑一两个，还真不好办。"

客户抬头看了看销售人员，说："能给我个建议吗？"

"我怎么知道你喜欢什么样子的，还是你自己挑吧。"销售人员漫不经心地回答。

"那……那我再想想吧！"最后，客户什么都没买就离开了。

案例中，销售人员显然是犯了没有亲和力的禁忌。如果一个销售人员对客户缺乏必要的亲和力，必定会遭到客户的排斥。

作为销售人员，我们要学会提高自己的亲和力。那么，应该怎样提高自己的亲和力呢？

1. 语言真诚，博得客户好感

在销售中，具有亲和力、真诚的语言会让你的客户感觉到亲切。

这里没有对客户的歧视和不满，没有所谓的客户等级差别，对待所有客户都一视同仁，语言真诚，说客户之所想，让客户觉得你像自己身边的人一样，对自己的想法很了解，因而对你有极大的好感。

2. 态度诚恳，赢得客户信赖

诚恳的态度是人们提高亲和力的重要一点。作为销售人员，当你面对客户的时候，不要一副玩世不恭的样子。说话没有重点，没有根据地乱说一气，或者故意夸大事实，这会使客户觉得你很轻浮，不值得信赖，很难与你达成交易。正确的做法是拿出你最真诚的一面，言辞恳切，句句在理，让人听着舒服，觉得你是一个诚实可靠、有亲和力、很值得信赖的人，进而对你产生极大的认同感，对你的产品也会产生购买的欲望。

3. 随和解释，赢得客户佩服

销售人员要想取得客户的信任以利于沟通，就要在言谈举止方面大方自然一点，不要清高自傲、孤芳自赏，该坦率、直露的地方绝不含糊其词。

4. 主动攀谈，赢得客户认可

言为心声，只有用语言与客户交谈，客户才能更好地认识你，你才能更好地了解客户。以交谈的方式与客户沟通，可促进和客户的交往，赢得客户的认可。

5. 大度宽容，善待客户

利益是互惠的，正所谓予人方便，予己方便。只有善待客户，客户才能善待你。这就要求销售人员在工作中，要学会适当谅解和善待客户，通过交谈和解释等方式向客户表示自己对他的好感，以亲近和了解对方，最终得到客户的好感。

· 第五章 ·

给客户完美的第一印象

完美的第一印象可以打消准客户对销售人员的心理戒备，有了客户初步的心理上的接受，才为你实际性的推销打下了坚实的基础。因为只有在这种情况下，人才有机会与客户倾心交谈。完美的第一印象，能使他人如沐春风；完美的第一印象，能使他人情不自禁，打开锁闭的心扉与你侃侃而谈；完美的第一印象，意味着你以独特的个人魅力做了无声的自我介绍。

让你的开场白极具吸引力

销售开场白是销售人员与客户见面时前一两分钟要说的话（不过，如果是电话销售，开场白时间只有 30 秒钟，否则客户就会走神和不耐烦，甚至挂断电话）。一个好的开始等于成功的一半，一段精彩的销售开场白往往预示了一场成功的交易。很多销售员在拜访客户时不知道如何开场，或者开场白不具任何吸引力，因此常常失败而归。可见，极具吸引力的开场白非常重要，甚至决定了接下来的销售过程是否顺畅。

当代世界权威推销专家戈德曼博士强调，在当面推销中，说好第一句话是十分重要的。客户听第一句话要比听以后的话认真得多，听完第一句话后，客户就自觉或不自觉地决定是尽快打发销售员还是继续谈下去。因此，销售员要尽快抓住客户的注意力，这样才能保证推销访问的顺利进行。那么销售员应该如何设计极具吸引力的销售开场白呢？

1. 感谢

初次拜访客户时，销售员可以以感谢的话语作为开场白。例如，"陈先生您好，非常感谢您能在百忙之中抽出时间与我会面。接下来我简单向您介绍我们公司××……" 感谢语是一种很好的开场白，它不但能表现出销售员的礼貌和素质，而且能引起客户的自我肯定，让他觉得自己受到了重视。

2. 赞美

每个人都喜欢听到他人的赞美，即便是一句简单的赞美之词，也可使人心情愉悦，拉近双方距离。每个人都渴望得到他人和社会的肯定和认可，我们在付出了必要的劳动和热情之后，都期待着他人的赞许。赞许他人的实质是对他的尊重和评价，也是送给他的最好礼物和报酬，同时是搞好人际关系的重要手段。它表达的是我们的一片善心和好意，传递的是我们的信任和情感，化解的是人与人之间的陌生感和戒备心。对人表示赞许有如此多的好处，我们何乐而不为呢？

拜访客户时，适当赞美客户是唤起客户注意的有效方法。赞美的内容有很多，如外表、衣着、气质、谈吐、工作、地位、能力、性格、品格等。只要赞美恰到好处，对方感受到销售员的善意，沟通自然也就顺畅了。但是赞美不是拍马屁，如果赞美过于虚假，那说不定就会被客户当成讽刺了。

一上来就急不可耐地展现自己的销售目的，未免显得太过唐突，很容易招致客户的反感，甚至惨遭拒绝。与其这样，不如先拐弯抹角地恭维客户，打消他的疑惑，取得他的信任，这样一来，销售便成了顺理成章的事了。

3. 设身处地

如果销售员一开始就一味地为推销产品而推销，不停地谈论自己，吹嘘自己的产品，那么客户一定会厌烦销售员的讲述。可是如果销售员能站在客户的立场上，说出一些替客户设身处地着想的话，就会很容易赢得对方的注意。

4. 好奇心

"如果有一种方法可以在您现在的基础上每天提高 20% 的产量，您对此有兴趣吗？"利用客户的好奇心唤起他的注意。

5. 好处和利益

拜访客户，尤其是初次拜访时，销售员需要在短时间内抓住客户的心理，让他愿意交谈，否则遭遇拒绝的可能性就会大大增加。因此，开场时向客户许诺好处和利益相当重要。当销售员提到一项产品或者服务时，客户心里的第一反应是"这对我有什么用?""我能从中得到什么好处?"如果得不到结果，客户可能会选择拒绝。因此，抓住客户的欲望心理，使其感觉销售员能带来满足其欲望的机会，这样一来，客户的心就会开放一些，销售员取得成功的概率也将更大一些。

对自身形象要特别重视

销售员的形象是销售工作中的第一块敲门砖，销售不仅是销售产品，更是在销售自己。千万不要认为自己的形象不重要，其实很多销售员就是因为形象不佳丢失了订单，甚至影响到公司的形象，这种例子屡见不鲜。可以说，销售员对自身形象要予以极大的重视。

1. 保持干净整洁

不管穿什么类型的衣服，销售员都要保证自己整体是干净的，要注意细节。同时需要特别注意的是，头发不能打蜡过多，以免给人留下油嘴滑舌的印象。

2. 根据场合穿着衣服

销售员一般都是西装革履的，因此很多销售员认为不管在什么场合都要穿着整齐的西装，但其实并不是这样。销售员要根据场合选择穿着，如请客户吃饭或者陪同客户外出游玩，穿着可以随意一点儿，这样能更好地拉近双方的距离。

3. 饰品佩戴合适

销售员还要注意自己佩戴的饰品是否合适，尤其是对女性而言，不管是从事何种行业的销售，都不应该佩戴过于惹眼的饰品，所佩戴的饰品要淡雅、适当，这样才能为自身的整体形象加分。

4. 注意言行举止

很多人都认为个人形象单指外表，其实不然，我们的一言一行都会影响个人形象，个人谈吐也是决定形象的关键所在。

艾斯蒂·劳达是世界化妆品王国中的皇后。她拥有价值几十亿美元的化妆品王国，是世界化妆品领域的一股重要的势力。艾斯蒂出身贫穷，没有受过教育，更谈不上对化妆品有什么了解。

　　艾斯蒂以推销叔叔制作的护肤膏起家。为了使自己的产品能够多销售一些，她不得不走街串巷，但低档品获利十分有限。后来，她决定将产品定位于高档次上。可是，不管她怎么努力，推销都没有什么效果，这让她十分沮丧。

　　后来，艾斯蒂问一个十分坚决地拒绝购买她产品的客户："请问，您为什么拒绝购买我的产品呢？是我的推销技巧有什么问题吗？"

　　客户说："不是技巧的问题，推销要什么技巧？如果我觉得你是在展示技巧，我就会将你赶出去。是你这个人不行，你根本就是一个低档次的人，让我怎么相信你的产品是高档次的呢？"

　　这位客户的话带有明显的侮辱成分，但也让艾斯蒂明白了自己的问题所在。她的推销之所以屡屡被拒，就是因为她的自身形象太糟糕，难以获得客户的信任。由此可见，精心装扮的形象对销售员来说是多么重要啊！

用合适的礼仪作为社交"资格证"

中国是礼仪之邦，向来讲究"礼多人不怪"，五经中就有一本专门论述周朝礼仪的《礼记》。现在，礼仪同样十分重要，尤其是销售员，需要出入各种社交场合，与各种客户打交道，更需要合适的礼仪作为社交的"资格证"。

很多销售员总是忽略这方面的问题，认为可以凭借自己的技巧和口才拿下客户。殊不知，如果连最起码的"资格证"都没有，在客户面前屡屡"失仪"，却又浑然不知，这样的销售员能收到几份订单呢？如果没有礼仪做基础，哪怕销售员有再高明的销售技巧、再流畅的销售话术，也难以赢得订单。

因为客户在工作日比较忙，所以苏斌便与客户约定周末去拜访。等赶到客户公司后苏斌就傻了，他没想到的是，即便是周日，客户公司依然有很多人在加班，而且大家都着装正式，只有他自己穿着牛仔裤、休闲装。现在换衣服肯定来不及，他只好硬着头皮敲响了客户办公室的门。

一进门，苏斌就想掩饰自己着装不当的问题，希望表现得热情一些，于是，主动伸出手与客户握手。女客户眉梢略微动了一下，并没有伸手去握，而是直接示意他坐在沙发上。

刚坐定，苏斌立刻从包里翻出一张名片，直接站起来走到客户面前，左手持名片递过去，语气随意地说："这是我的名片，你收好，你也给我一张名片吧，以后可以多联系啊。"

听到苏斌的话后，女客户礼貌地说："先了解一下您这边的产品吧，有需要我会联系您的。"

苏斌直到此时还是不知道发生了什么，继续说："老板，你就给我一张名片吧，我保证你听完我的介绍，一定会跟我合作的！"

女客户这时可能真的忍受不下去了，她沉默了少许后，突然说："苏先生，不好意思，一会儿我还有一个非常重要的会议，今天恐怕只能到这里了，我抽空再联系您吧。"

听到客户下了逐客令，苏斌一脸不满地说："老板，这样不太好吧，我大周末的来了，咱们还没说上两句话呢……"

没等苏斌把话说完，客户就起身直接出去了。无奈的苏斌只好怏怏离去。

可以想见，苏斌的这笔生意肯定是没希望了，不过这又能怪谁呢？他自己毁掉了这次拜访。苏斌表现不当如下：面见高级客户，着装太随意；与客户见面，先伸手去握；无正式称呼（类似"某总""某经理"），而是直接叫"老板"；单手持名片，缺乏必要的礼貌；语气随意，语言缺乏严肃性和专业感。

当然，如果他遇见的是一位毫不在意礼仪的客户，也许这都不是问题，但是，一般人们对礼仪的要求与自身身份成正比，也就是说越有身份的人越在意对方的礼仪和职业素养。苏斌在短短几分钟内就与订单"失之交臂"，实在应该好好反思一下自己在商务礼仪方面的问题，否则他再去拜访多少次都是没用的。那么，销售员需要注意哪些商务礼仪呢？

1. 握手

握手是现代社会十分常见的一种礼仪，但很多人不知道的是，握手其实有很多讲究。

（1）谁先"出手"？

性别、身份、社会地位等许多因素决定了谁应该先伸手。例如，上下级之间握手，上级应该先伸手；男士和女士之间，女士一般先伸手；长辈和晚辈之间，长辈先伸手。因此，就像上例所示，销售员与客户见面时，并非先伸手就表示尊重，相反，等待客户伸手才是尊重对方和肯定对方身份的适当方式。

（2）如何握手？

握手的标准姿势是两人右手相握上下轻轻摇动，需要注意的是，一定要掌心向左，不能向下，否则会给对方一种压迫感。另外，握手时要保持专注，用柔和的眼光看向对方，充分表达自己的诚意，切忌心神不定，左顾右盼，这样会给对方留下一种傲慢、粗鲁的坏印象，破坏会谈进程。

（3）有哪些禁忌？

一般说来，销售员与客户握手时需要摘下手套；握手时间持续三四秒即可，切忌边握边谈，让客户心生反感，尤其是面对女性客户，长时间握手更是一种十分不礼貌的行为；握手力度要适中，用力过大会弄疼对方，用力过小则会显得不尊重。

2. 递名片

名片是商务交往的必备，销售员与客户初次见面时，往往都会互换名片，不过名片怎么"递"可是很有讲究的。

首先，客户递上名片时，销售员应该伸出双手接过名片，接过来后不要直接收起来，而是要认真看一下名片的内容，将客户的名字和职位读一下，以示重视，然后再仔细收好。其次，递给客户名片时，千万不要单手递名片，而应将名片置于掌上，双手手指并拢，大拇指夹住名片两端。最后，递名片的顺序也是很重要的，名片要优先递给社会地位较高的人；地位同等时，女士优先；如果需要一次递给多位客户名片，可按照由近及远的顺序进行。

3. 交谈

与客户交谈时，销售员应该坚持"以客户为中心"的原则，一切谈话围绕客户的需求展开，既不能滔滔不绝地夸耀产品，也不能随心所欲地谈论自己。很多销售员认为拜访客户就是为了销售产品，然后就选择围绕产品来交谈，结果屡屡失败。

如果客户正侃侃而谈，就不要随便打断他，而是在客户停顿之际积极给予回应，表示肯定或赞赏；如果客户不善言辞，销售员也不能将交谈变成自己一个人的表演，而应使用引导性的话语或提出合适的问题，引导客户积极参与"交谈"，这样不仅有利于订单的达成，还能促进双方情感的交流。

初次见面只谈感情，不谈销售

满怀热情地去推销产品，结果一开口就遭到了拒绝；信心满满地介绍产品，客户却不感兴趣；准备充分，资料齐全，却连话都没讲完就被对方下了逐客令……

销售员一见面就施展出铺天盖的销售话术，这种地毯式轰炸往往令客户厌烦不已，更别说接受订单了。

有一次，一位客户问罗新："罗先生，我们相识的时间已经不短了，您也给了我很多帮助，可我一直不明白，您是做保险业务的，为什么您从来不向我介绍您推销的保险业务呢？"

"这个问题嘛……"

"您为什么吞吞吐吐的？您总不会对推销业绩并不关心吧？"

"这怎么可能，我就是为了推销保险才来经常拜访您啊！"

"那您为什么从来不向我介绍保险的详细内容呢？"

"坦白告诉您吧，其实我最讨厌强人所难，我一向都让客户自己决定什么时候投保，从保险的宗旨和观念上讲，硬逼着别人投保是错误的。再说，我认为真正的好保险是会吸引客户主动投保的。因为，我没有感受到您的迫切需要，所以我也不好意思强行向您推销保险。"

"嘿，您的想法可真特别，和其他的保险销售人员一点儿都不一样。"

"我对每位客户都会连续不断地拜访，直到客户觉得自己需要投保为止。"

"那我觉得我应该投保了……"

"先别着急，投保前您还要做一个体检，体检通过之后我们才可以进行合作，不过我有义务向您说明这份保险的具体内容，而您也可以询问我任何关于保险的问题。所以，请您先去做体检吧！"

"好的，我这就去体检。"

这就是销售成功的秘诀——从不强迫客户购买自己的产品。有的销售员总是忽略这一点，他们总是用各种办法软磨硬泡地让客户购买产品，最后让客户心生厌烦，即使客户勉强接受，也会为以后的交往埋下隐患。

1. 初次拜访，不谈销售

对一些比较重要的大订单，第一次与客户会面时，销售员最好不要主动谈起销售，除非客户自己主动提及，否则不要介绍公司产品以及相关内容。尤其是当自己事先向客户保证不谈销售时，如果忍不住谈起，那会让客户认为你是一个反复无常、没有诚信的人。

2. 语速适中，不快不慢

很多销售员的口才非常好，但是语速非常快，客户根本无法听清和理解他的话语，这不利于谈话的进行。而且太快的语速还会无形之中给客户施加压力，让他感觉是在销售员的强迫下倾听。

3. 长话短说，节省时间

一定要在事先约定好的时间内结束谈话，尽量不要延长，否则客户就会认为销售员不守信用。而且在销售员的喋喋不休中，他会感到厌烦，从而失去谈话的兴趣。就算双方没有约定时间，也要尽量长话短说，在最短的时间内让客户理解所要表达的意思。当然，如果客户自己愿意延长时间与销售员交谈，那就另当别论。

4. 多听少说，让客户表演

销售员在与客户交谈时要尽量多问问题，多听客户说话。一是销售员可以从客户的讲述中了解到更多的信息；二是可以建立双方的沟通机制，客户由被动接受变为积极参与。

5．保持良好的心态

心态十分重要。一个面带微笑、声音悦耳的销售员，自然会让客户感受到亲切舒适；一个滔滔不绝、只想着将客户包里的钱"抢"过来的销售员，自然会将客户吓跑。

总之，初次见面的时候，销售员要尽量不谈销售，只谈感情，让客户在轻松舒适的氛围中与其建立良好的关系，待到时机成熟后再转到销售上。

记住名字，是对客户最好的恭维

现代社会的生活越来越忙碌，工作节奏越来越快，无论是商务会谈还是其他活动，都需要与许多陌生人接触，销售工作尤其如此。而我们经常遇到的场面就是，两个陌生人见面，握手，互换名片，再相互恭维一番，但一转身就再次成为陌生人。当再次与对方相遇时，我们继续重复以前的步骤，握手寒暄，递上名片，没想到对方很有礼貌地说："我们曾经见过面，互换过名片。"这一刻，周围的空气中都充满了尴尬。

每个人都希望被重视，希望别人关注自己。要知道，名字不仅是一个代号，还是一个人最独特的标志，甚至包含了长辈的期待和祝福。因此，每个人都希望别人准确无误地记住自己的名字，哪怕是只有一面之缘的陌生人。而对每个人来说，最能体现别人对自己的重视的事情莫过于别人叫出自己的名字，那一刻，内心会产生喜悦感和满足感。对销售员不断地重复自己的名字，销售员准确地称呼自己的名字，这两种情况下的客户体验是天壤之别的。

如果销售员能够记住客户的名字，并轻易地当面叫出来，就是对客户巧妙且有效的恭维，他会产生一种受人重视的极度满足感。这样一来，客户从销售员这里得到的就不仅仅是产品，还有尊重，他不只会自己购买产品或服务，甚至还会主动向身边的亲人、朋友、同事等宣传产品或服务，为销售员带来更多的业务。

孙皓每次去上海出差都预订"××酒店"，比起其他同类型酒店，这家酒店的价格并不便宜，但他总是坚持住这家酒店，原来，这一切都与名字有关系。

孙皓起初并没有关注这家酒店，只是曾在这家酒店住宿过。时隔半年，他再次来到"××酒店"。当他走到服务台，还未等他开口，服务员就主动微笑地轻声称呼他"您好！孙先生"，并热情地帮他办理住宿手续。这让他大为吃惊，产生一种强烈的亲切感，如回家一样。

就这样，一个名字就让他对这家酒店的好感油然而生，所以他每次到上海出差都首选这家酒店。

如果服务员能熟练地称呼每一位见过面的客户的名字，客户一定会觉得格外亲切。试想一下，时隔几年，一见面就能叫出对方名字，这多么令人惊喜啊！有这样的神奇能力，业务又怎么会不好呢？

一种既简单又最重要的社交秘诀：牢牢记住别人的姓名。这既是一种礼貌，更是一种情感投资。对销售员来说，见面一句"您好！×先生"，一定会让客户惊喜不已，好感倍增。假如销售员忘记或记错了客户的名字，不仅会让交谈变得尴尬不已，还会让自己失去订单成交的希望。

名字如此重要，但在推销过程中很多销售员对此毫不重视。据某调查显示，中国有20%以上的销售员从来没有询问过客户的姓名，剩下80%的销售员中，则有超过70%的人没将记住客户名字这件事放在心上。

既然记住名字如此重要，为什么很多人不去尝试呢？这是因为在短暂的见面中，要记住一个人的名字是相当不易的，虽然有些人记忆力超群，过目不忘，但这种神奇的能力可不是人人都有的，大部分普通人都很难做到。不过，记忆力不好不能作为记不住客户名字的理由，事实上，销售员可以通过一些诀窍记忆客户的名字。

1. 多看几遍名片

初次见面，接到对方名片后不要直接收起来就再也不看了，当时就应该看清楚名片，甚至当面读一下客户的名字和职位。回到办公室或家里时，可以再将名片拿出来看几遍。过了三五天或一个星期，再次把客户的名片拿出来，根据上面的名字回想那个人的面孔和当时会谈的场景，这样就能大大加深对客户的印象。

2. 名字联系特征

仅凭名片认人太过困难，毕竟只有区区几个字，如果不是十分特别的名字，很难让人记住。因此，最好的记忆方法是能记住对方的特征，如高矮胖瘦、五官或身体上的其他特征，利用其中最有特点的地方来与此人对上号。如果销售员能成功地将这些特征与客户联系起来，那记住名字就是一件非常简单的事情了。

3. 收集客户资料

当然，仅仅记住名字还是不够的，如果可以的话，销售员应该多收集对方的资料，如专长、兴趣、荣誉等，将其与名字对应起来。这样既可以加深印象，方便记忆，还能通过这些资料让对方感受到你对他的重视。试想一下，当再次与客户见面时，你一开口就说出他的爱好，他怎么会不惊喜万分呢？

记住他人的名字，就意味着拥有了一把打开他人内心世界的钥匙。不论最后销售能否成功，这都将会让你受益无穷。遇到未成交的客户，许久未见的你一开口就叫出他的名字，他一定会十分高兴，可能自此以后你就可以多收获一位客户；遇到已成交的客户，面对亲切的问候，他肯定十分满足，很可能你会在老客户这里再收获一份订单。所以，不管对某位客户的推销是否成功，都请花点儿时间和精力去记住他的名字。

拥有"幽默"利器，攻破客户心防

幽默是一种最神奇、最有感染力的令人心情愉悦的艺术，它在人际交往中起着难以估量的作用。俗话说得好，"笑一笑，十年少"，轻松愉悦带给人的可不只是眼角笑出来的鱼尾纹，更多的是一种精神上的愉悦与轻松。一个具有幽默感的人，一定是人群中最受人欢迎、令人乐于交往的人。

幽默的魅力无处不在，尤其是在销售中，客户对处于对立立场的销售员有很深的戒备与敌意，但如果销售员拥有了"幽默"这件利器，就能在三言两语中攻破客户的心防，促使客户打开心扉，最终促成交易成功。销售员应该充分认识到幽默在销售中的作用，培养一颗"幽默"的心，将其运用在自己的工作中。

某风景区有一家名叫"泰远"的酒店，生意非常好。一天，有一位销售员来到该酒店向经理推销理财产品。当销售员与酒店经理磋商时，经理对他说："这件事情让我再考虑一下，因为我还需要请示一下我的太太。"

这家酒店的名字叫"泰远"，与"太远"同音，因此在听完他的推托后，销售员说："来到贵店'太远'，如果是'太近'的话，多来几次也无妨。但是偏偏我身居遥远的……"

听了销售员的这番话后，经理忍俊不禁，笑个不停，结果当天就谈成了这笔生意。

有时候一个小小的幽默，却能收到莫大的效果！机智的销售员通过旅馆名字的谐音制造了一个幽默，让客户开怀大笑，进而赢得了客户，这就是幽默的力量。

具有幽默感的销售员在日常工作中一般都会有比较好的人缘，

他们更容易赢得客户的信任和好感。既然幽默在销售中如此重要，那销售员应该如何在销售中发挥自己的幽默感呢？

1. 自嘲自黑

销售员与客户沟通的过程中，难免会出现尴尬情况。如果销售员无法化解，客户可能会感到不满，最后影响交易的达成。而如果销售员能用"自嘲自黑"的方式来缓解尴尬，不仅能缓解双方的尴尬，还会产生极强的幽默效果。这不仅体现出销售员的幽默感和机智，还体现出销售员的宽容与大度，可以说是销售员必备的能力。

2. 正话反说

正话不一定要正说，有时候正话反说可以在销售活动中收到意想不到的效果。例如，客户抱怨空调太贵，销售员可以说："是啊，这种又省电又耐用的空调真贵！要不是它质量这么好，我们才不会去考虑它！"

3. 逆向思维

通常，人都是顺着"常理"去思考的，但如果销售员能逆向思维，把结果转移到一个"意想不到"的焦点上，就会使客户产生"有趣"的感觉。这样一来，客户在会心一笑后，就会对销售员和产品产生好感，交易也很容易达成。

幽默是打开成功之门的金钥匙，具有巨大的感染力和吸引力。一个富有幽默感的销售员，总能比别人创造出更多的订单和财富。

满足客户好为人师的心理

"人之患在好为人师"。这句话很多人都耳熟能详，就其字面意思来看，是说"人的最大的毛病是喜欢给别人当老师"。喜欢当老师有什么不对呢？要是大家都这样想，那不就变成以前流行的"人人以从师为耻的时代"了吗？有谁还敢"抗颜而为师"？

随着经验的增长和阅历的丰富，越来越明白"人之患在好为人师"的深意，越来越觉得这句话说得有道理。其实，"好为人师"指的并不是老师，而是一种觉得自己比别人优越、处处教导别人的心态。

如果销售员与客户交谈初始，就不停地说，显示自己对产品、对市场有多了解，将客户当成受训的小学生一样，恐怕不等销售员把话说完就会被轰出去了。相反，如果销售员能放低身段，将自己当成一个请教者，以谦虚的姿态向客户请教他所擅长的问题，说不定会有意外收获。

有一次，原一平打电话给某公司的总经理东野先生，希望向他推销保险。

原一平："您好，××公司吧，请接东野总经理。"

前台："请问你是？"

原一平："我是原一平。"

前台："原先生请稍等一下。"

电话接到总经理室。

总经理："我是东野，请问你是？"

原一平："东野经理，您好，我是明治保险公司的原一平。今天冒昧打电话给您，是因为我听说您正在研究遗产税的问题。刚好，我在遗产税这方面碰到了一些问题，所以想向您请教几个问题。"

听到原一平的话，东野感到很惊异："不错，我是对遗产税的问题很感兴趣，不过，你是怎么知道的？"

原一平："我是前一段时间听贵公司的客户村上先生说的。"

东野想了半天，还是没想到村上是谁。其实村上根本就是原一平信口胡说的一个人，他只是想用这个引起"讨论"遗产税的机会。

没等东野询问谁是村上，原一平接着说："请教一下，东野经理，您是否研究了《宪法》第二十九条所规定的财产权问题，以及《民法》第五篇的继承权问题呢？您知道，法律问题很复杂，很多人都不去研究，可是若不掌握这些法律知识的话，经常会碰到意想不到的麻烦，所以我觉得要认真研究才是。"说到这里，原一平停了下来，等待对方的反应。

东野回答："嗯！的确是这样。"

听到东野先生赞同自己，原一平觉得对方已经对自己的话产生了浓厚的兴趣，自己现在只要顺水推舟就行了。于是他接着说："关于遗产税的问题，不如约个时间，让我听听您的高见。我想问一下，您下个星期四和星期五，哪一天方便呢？"

东野："嗯，下个星期五吧！"

原一平："上午还是下午呢？"

东野："上午9点到10点之间吧。"

原一平："好！我一定准时前往，再见！"

见面以后，双方相谈甚欢，交易自然也就水到渠成。

原一平通过向潜在客户请教问题，成功接近对方。这种利用向潜在客户请教问题的机会来接近潜在客户的方法，就是成功运用客户好为人师的心理，满足了他的自尊心。

根据马斯洛需求层次中的第四层次可知，每个人都有被尊重的需要。销售员向客户请教，满足客户好为人师的心理，同时也满足了客户被人尊重的需要。在实际工作中，如果销售员能够将其有效地运用到各种场合和活动中，尤其是在面对那些有个性、有学识、有身份、有地位的专家型客户时，一定会取得明显效果。

当销售员向客户请教时，既可以选择与产品有关的问题，也可以选择人品修养、个人兴趣等方面的问题。但需要注意的是，无论请教哪方面的内容，销售员都要保持谦虚诚恳的态度和少说多听的习惯，同时遵循"赞美——请教——销售"的顺序，循序渐进，逐渐达成交易。

寻找客户兴趣点，撬动一份大订单

销售员在销售过程中经常会遇到这些情况：自己滔滔不绝，说得口干舌燥，客户却缄默不语，一言不发；才说了三言两语，客户便满脸怒气地拂袖而去；精心准备的说辞，被客户拒之门外。销售中之所以会出现这样的瓶颈，是因为销售员没有摸准客户的"脉"，没有找到客户的兴趣所在，没有说到客户真正想听的话题。

如果想让客户乐于交谈，如果想一见面就勾起客户的兴趣，销售员就需要去寻找他的兴趣点，然后用一个小小的兴趣点来撬动一份大大的订单。

那么销售员应该如何寻找客户的兴趣点呢？

最近发生的大事

多关注各种新闻报道，无论是国际国内的，还是文化艺术的，只要是客户可能了解的热点消息，都能作为销售员的谈资。这些一般是所有人的关注点，大家都有话可说。

身边的小事

如果双方同在一个城市或地区，就可以谈论一些发生在身边的事情。例如，路上的车祸、写字楼消防问题、物价上涨等，这些出现在生活中的信息很容易引起对方的兴趣，使其情不自禁地和你交流起来。

衣着饰品

一个人的衣着饰品，如衣服、耳环、领带等，显示着他的性格和爱好，如果销售员能从这方面谈起，就可以把控谈话的重点。如果销售员表示赞美并询问何处可以购买的时候，大多数人都十分乐意告知，交谈也就由此展开。这一条对女性尤其有效。

根据周围环境寻找话题

销售员还要注意观察周围的环境，从中找到合适的话题，如客户书桌上的书刊、摆件等，墙上挂着的照片、证书等，这些就像一部资料库，暗示了客户的兴趣爱好。

对方正在忙碌的事情

客户正在看的报纸、阅读的新闻、玩的游戏等，所有的这些都可能是客户的兴趣点。最重要的是，不管这些是不是客户的兴趣点，他在刚做完的时候正对其印象深刻，有话可说。

通杀话题大总结

如果实在无法判断客户的兴趣点，销售员还可以与其谈论一些共同的话题。例如，男人可能对体育、汽车、数码、游戏等感兴趣，女人对衣着、化妆品、佩饰、情感等较为关注。销售员可以尝试这些话题，最终找到吸引客户的关键点。

刘强最近遇到一位特别棘手的客户，他多次拜访客户，却屡屡碰壁，毫无进展。几乎每隔一段时间，刘强都会用各种借口来拜访这位客户。有时送新的样品给客户看，有时请客户参加商务活动，但客户的态度始终没有改变，每次见面的时间都很短。因为客户对刘强竞争对手的产品很满意，认为没有必要换供应商。

终于有一次，刘强赶在下班的时候又一次拜访了这位客户，一见面，刘强就看见客户手里正摆弄着一个很流行的玩具。于是刘强就从这个玩具开始和他攀谈，发现两个人的孩子都差不多大。于是双方越谈越投机，从幼儿玩具谈到幼儿园，一直谈到客户上车。中间刘强还向他推荐了一种新型的玩具，并告诉他在哪里可以买到。刘强说："小孩子玩玩具都不会玩很久，因为他们知道总会有更新的和更好玩的玩具出来，其实新产品也一样。"

没过多久，刘强就接到这个客户的电话，说他的孩子很喜欢刘强推荐的新玩具，并邀请他来公司介绍一下产品和服务。就这样，刘强成功地战胜了实力强大的竞争对手。

　　双方的关系影响了人们的主观判断，在销售中尤其如此。在这个案例中，客户本来没有更换供应商的打算，所以刘强才频频碰壁，而当双方谈到小孩的玩具时，玩具正好切中了客户的兴趣点。同时，刘强在推荐新玩具的时候又巧妙地以此暗示自己的产品：新产品会更好。这促使客户开始考虑更换供应商的事情。

　　如果销售员无法取得客户的信任，那无论讲得多么动听都没用。要想与客户建立互信的关系，最好的办法就是找到客户的兴趣点。如果销售员能认真地与客户谈论他的兴趣和特长并适当地表示称赞，那他就会把你引为知己，你的销售之路自然也就畅通无阻。

学会打开客户的嘴巴

销售不是演讲，最重要的不是嘴巴，而是耳朵。每一次成功的销售都是建立在销售员与客户之间的有效沟通的基础上的。换言之，只有销售员认真倾听客户的表达与倾诉，了解客户的需求与诉求，才能为客户提供其真正需要的产品与服务。如果客户缄口不语，无论销售员如何推销，最后还是会被拒绝。

提问是一门艺术，倾听更是一门艺术。一个巧妙的提问可以让客户愉快地说出心中所想，而一个专心倾听的态度则表现出销售员对客户表达的肯定。

专心倾听能激发客户的谈话兴趣，全神贯注地倾听更像是一种暗示——"您有什么问题？我会尽全力帮您解答"，在这种无声的暗示下，沉默带来的压力促使客户变得更加主动，对产品产生更大的求知欲，激发客户谈话的兴趣。

因此，销售员要学会打开客户的嘴巴，鼓励和引导客户说话，让他将自己心中的需求和愿望表达出来，这样销售员就可以根据客户的诉求进行销售活动，同时也能让客户在表达的过程中获得尊敬和满足。

"为什么……""怎么样……""如何……"销售员在销售过程中需要多问这几个问题，挖掘出客户不愿表达或难以表达出来的想法和信息，了解客户内心的真实需求，并提供对应的解决方法。

丁杨信心满满地去拜访一位潜在客户，却铩羽而归，这是为什么呢？

丁杨："早上好，胡先生，很高兴见到您。"

客户："你好，有什么事吗？"

丁杨："胡先生，我今天来拜访您的主要目的是向您推荐我们的最新研究产品，高智能 V 型设备，它可以帮助企业降低生产成本，提升效益。"

客户："是吗？但你们公司的产品能管用吗？"

丁杨："那当然，胡先生，这项设备是引进德国的 SD 技术，它的效率是普通设备的两倍，单位能耗也要比普通设备低 20%。另外，本设备采用人性化操作系统，性能稳定，安全系数高。最重要的是，它还安装了自动检查系统，这样就省去了人工检查的耗费，节省大量的人力和时间成本。您觉得怎么样呢？"

客户："还行，那这种设备一般应用在哪些行业或已经在哪些行业使用了？"

丁杨："包括大型设备制造、油田开发等多个领域都在使用这种设备。"

客户："那一套系统大概需要多少钱呢？"

丁杨："大概 30 万。"

客户："30 万，我知道了。你先把资料放下吧，我了解后再给你电话。"

丁杨："胡先生，我们的设备是国家设备制造金奖获得者，每年销售量达到 8000 多万元呢！"

客户："我知道了。我们先了解一下再给你回复吧。再见。"

丁杨："胡先生……"

丁杨很幸运地遇上了一位愿意与他交谈的客户，但他没有抓住机会，而是用自己的喋喋不休和急性推销将客户吓跑了。可以说，正是长久以来以产品为中心的思维害了他。

下面我们再来看一下另一位销售员石磊是如何与客户交谈的。

石磊："早上好，胡先生，很高兴见到您。"

客户："你好，有什么事吗？"

石磊："王先生，我是××公司的石磊，今天特意来拜访您的主要原因是，我看到了最近《工程机械》杂志上的一篇报道，觉得报道的内容与您公司所在行业十分相关。"

客户："是吗？什么报道？"

石磊："一篇介绍大型机械行业发展前景的报道，据文章介绍，大型机械行业未来将会有很大的市场增长，预计全年增长幅度在30%以上，这对您这样的大型企业是个好消息吧？"

客户："是啊，前几年市场一直不太好，不过最近几年随着基建的发展，前景还算可以。"

石磊："是啊，胡先生，在这种情况下，贵公司的压力应该不小吧？"

客户："是啊，我们研发部、生产部都忙得要死。"

石磊："是吗？那可真是不容易啊。胡先生，我在网上看到了贵公司招聘生产人员的广告，是为了解决生产紧张的问题吗？"

客户："是啊，任务实在太重，根本忙不过来。"

石磊："确实是这样。我想问一下，贵公司目前的效率相较于同行业是高是低呢？"

客户："都差不多，基本属于相同水平。"

石磊："那贵公司目前使用的制造设备的生产效率有没有提升的空间？"

客户："这个恐怕比较难。"

石磊又接着追问道："那贵公司目前使用的是什么品牌的设备呢？"

……

就这样，客户详细地介绍了现有设备的性能及问题，这样一来，石磊便有机会根据客户的需要和诉求，有针对性地提出解决方案，交易自然也就顺理成章地达成了。

　　其实，"说"在会谈中的效果远远不及"问"，如果销售员能用一系列具有逻辑性的问题引导客户的思路，使他主动而且愉快地参与到会谈中，将其心中所想表达出来，销售员的销售活动便走上了成功之路。

· 第六章 ·

读懂对方的肢体语言

　　一名优秀的销售人员一定能看出客户的肢体语言，一个人想要表达他的意见时，并不一定需要开口，有时肢体语言会更容易表达和传递出一些信息。有人做过调查，人的思想多半都是通过肢体语言来表达的。我们对于他人传递信息的接受，只有10%来自对方所述，其余则来自他的肢体语言、神态表情、语调等方面。

眼睛传递出的信号最有价值

眼睛是心灵的窗户，在所有的肢体语言中，眼睛传递出的信号是最有价值，也是最为准确的，因为眼睛是传达身体感知的焦点，而且瞳孔的运动是独立、自觉、不受意识控制的。因此在销售过程中，如果销售员认真观察客户的眼神，往往能发现许多无法从言语上获知的信息。

从客户的眼睛中得到的信息可以帮助销售员把握住许多机会，也能使销售员合理安排时间，提高效率。

很多刚刚进入销售行业的业务员往往比较矜持，在与客户会谈时，不是不敢看对方的眼睛，就是眼神漂移不定，老练的客户一眼就可以看出销售员的不自信。在这种情况下，客户一定会根据销售员的弱点想方设法地占尽便宜，原本可以马上签下的订单也将被无限期地拖延。

贾涛与客户联系了很多次，最后客户才勉强同意了解一下他的产品。于是，贾涛将一份十分重要的销售提案传给了客户，并约定第二天见面详谈。

第二天一早，贾涛准备好东西后就去拜访客户，当他问起提案的事情时，客户先是在办公室找了找。过了一会儿，客户一拍脑袋，恍然大悟道："对了，这份文件一定是助理收了，还没发给我呢。这样吧，你改天再来，我先看一下销售提案，到时候咱们再联系，好吗？"

贾涛一听就知道客户在说谎，因为他在将文件传给客户的助理后，特地询问过，助理明确表示已经给客户了。而且贾涛还注意到，客户在思考文件时，下意识地眨了几下眼睛。

于是，贾涛并没有听从客户的话就此离开，而是坚持先向客户做一个简单的介绍。最后，在贾涛的坚持和努力下，客户终于答应与贾涛会谈。

人们在说谎时总是不自觉地做一些不自然的动作，如眨眼睛、视线躲避对方、手不自然地握紧等，这些动作说明了他们的心虚，案例中的客户也是如此。当客户当面撒谎时，销售员可以根据他的眼神判断出他目前的心理活动。

英国心理学家迈克尔·阿盖尔发现，人们在交谈时，平均有61％的时间注视对方。尽管该结果存在一定争议，但注视时间的长短确实反映了人们的某种心理。过长时间的盯视一般暗含挑衅，给人一种不安全感，而过短时间的注视则带有厌倦或怯懦的味道。

一般来说，转移目光是典型的对谈话失去兴趣的表现。当客户对谈话感到厌倦时，就会本能地避开销售员的目光，试图结束对话。当然，转移目光也有可能是屈从的表示，例如在价格大战中，如果客户转移目光，眼神向下方倾斜，就说明他有接受的意思，此时，只要稍稍做出让步即可达成协议。

另外，人在思考时，眼睛会以不同的方式运动。因此，通过观察对方的眼球运动，可以解读出对方的回忆情况。具体来说，眼球向左上方移动表示在回忆某个真实的画面，而向右上方移动则表示在脑海里创建某个新的画面，也就是在说谎；眼球向左平行移动表示在回忆某些声音，而向右平行移动则表示人们在创建新的声音，也就是假的声音；眼球向右下方移动表示人们在回忆某种感觉。

眉宇之间的沟通比语言更丰富

人类眉毛的主要功能是防止汗水和雨水等流入眼睛，对眼睛起到保护作用。根据观察我们发现，眉毛不仅仅能防止液体进入眼睛，而且眉毛的变化也可能折射出人内心的所想所感。

其实，眉宇之间的风情自古以来就被许多人描述过，如李清照的《一剪梅》："一种相思，两处闲愁。此情无计可消除，才下眉头，却上心头。"韦庄的《女冠子》："昨夜夜半，枕上分明梦见。语多时，依旧桃花面，频低柳叶眉。半羞还半喜，欲去又依依。觉来知是梦，不胜悲。"

研究显示，人们很难隐藏或改变面部的细微变化，而这些变化最能透露内心的所思所想。因此，眉毛是表露一个人内心的重要方面，例如，眉毛向下靠近眼睛的时候，表示此人对周围的人更热情、更愿意与人接近；眉毛上挑，表示此人在寻求尊重，需要更多的时间来适应现在的场合。

陆媛准备买一辆新车，正好本市在举行汽车展销会，于是她便来到展销会上。可是，她在这里看了大半天也没有找到一辆合适的车，不是价格太高就是款式太差。这让她感到很累，心情自然也变得很差。慢慢地，她在不知不觉间又走到了一个展区，一位销售员过来询问她是否买车，身心疲惫的陆媛随便应付了一句。

销售员见陆媛眉头紧锁，就猜到她的购车之旅不顺利，于是安慰她："看您很累的样子，不如先过来坐一会儿，休息一下，买车最重要的就是选择自己喜欢而且价格合适的车，一时遇不到合适的很正常，急不得。"

这句话正合陆媛的心意，于是她便坐下来与销售员谈起了本次购车经过。在聊天过程中，销售员从陆媛口中得知了她想要的车的款式和价位，于是便给陆媛介绍了一款同类型的车，但是价格上低了许多。

陆媛一听眉毛上扬，显示出一种欣喜的表情，但是很快又皱起了眉头，她问："价格便宜了，是不是在配置或售后上会有所欠缺啊？"

销售员赶紧做了解释，陆媛听后也很满意。双方经过短暂商谈后，陆媛眉开眼笑地购买了那辆车。

从眉头紧缩到眉毛上扬，销售员根据陆媛的神情变化掌握了她的内心情绪变化，自然也就掌握了销售制胜的法宝。那么，有哪些比较常见的眉宇神情需要销售员注意呢？

（1）双眉上扬：双眉上扬且伴有闪动，表明此人非常愉快，当然惊讶也是如此表现，销售员要根据眼睛、嘴巴的动作综合分析。

（2）眉心舒展：眉心舒展表示此人内心坦然，眼神平和不闪避，表明此人为人坦诚，无亏心之事，心情愉悦坦然。

（3）闪眉：眉毛上扬后又立刻降下，像闪电一划而过，同时还伴着扬头和微笑的动作。眉毛闪动表示眼前一亮，非常欣喜，对对方的到来表示欢迎。如果客户有这样的表情，那么成交就是很有希望的事情了。

（4）单眉上扬：如果仅仅是单眉上扬，则表示有指令性的信号发出；如果不仅单眉上扬，眼睛也略有张大，则表明有不理解的情绪，或者表示对销售员说的话怀有疑问。

（5）压低眉毛：如果感受到威胁或侵略的话，那么他就会本能地试图低下眉毛保护眼睛，但眼睛仍睁开注意外界环境的状态，同时伴有脸颊的肌肉往上挤的情况，以此试图遮掩眼部表情。这种本能反应是在受到外界刺激的情况下出现的，因此比较真实，很难造假。

（6）深皱眉毛：长时间的深皱眉毛，表情忧虑，表明此人心事沉重，想摆脱自身的处境，但又迟迟无法挣脱或不敢挣脱。这种人一般心思极其敏感，对所有人都怀有深深的疑心，因此销售员与其谈话时应保持谨慎，避免产生不必要的摩擦。

（7）眉毛打结：眉毛同时上扬且相互趋近，显得极为痛苦，只有当对方患有重大疾病并因此受到巨大的生理痛苦折磨，或具有严重的心理烦恼、面对重大的人生抉择时，才会出现这种情况。

（8）耸眉：耸眉是一个典型的抱怨姿势，如果某人在谈话时不断地耸眉，那么他可能是一个习惯性的抱怨者，这预示着销售员将面对一场并不轻松的谈判。

（9）眉毛倒竖：眉毛倒竖，眼神横直，咬牙切齿，呼吸急促，如果销售员遇到带有这种表情的人，可千万要小心，因为此时的他们一定极度愤怒。

眉宇之间的沟通有时候比语言更加丰富，一个不经意的小动作就有可能泄露出不想让他人知道的真相。这两撇眉毛可以在关键时刻给销售员提供非常重要的信息，让销售员看穿他人。

通过肢体语言搞清客户意图

我们的双手是最会"说话"的，无论是在让座、握手、传递物品时，还是在表达默契、抒发情感、谈话沟通时，双手都承担着重要的表达任务。如果能学会解读客户双手动作的含义，那销售员就打开了客户内心世界的大门，销售活动也会一路畅通。

房鸣出差去考察某旅游景点的地产开发项目，但是因为当时正值假期，外出游玩的人很多，当地的酒店都已满员。无奈之下，房鸣只好寄宿在附近的农家院里。但是农家院老板要价较高，他便与老板议价。

由于当时生意火爆，老板有恃无恐，所以在价格上并没有做多少让步。双方谈了几个回合后，房鸣从口袋里掏出一包烟，随手拿了一支烟递给老板，老板开心地接过了烟。然后，房鸣只是随便说了两句，就同意了老板的价格。

其实，当这个沟通场景出现"递烟"这个动作时，基本可以判定房鸣已经同意了老板的条件，再稍加沟通就能谈成。

肢体语言被许多人看作是非语言沟通中最重要的因素。客户的肢体语言所传达的信息是非常重要的，这些信息揭示了许多思想和秘密。因此，多掌握一些肢体语言对销售员来说十分重要。

（1）客户双手插兜，这表示他对这次会面满不在乎，似乎不关他的事，表明他对产品不感兴趣。

（2）经常翘手指并且指指点点，表明这种人的自我表现欲望很强，言语中往往带有攻击性。销售员在和他们相处时，要宽容，避免发生正面冲突。

（3）一手握拳，另一只手拍拳。客户对销售员的话语感到厌烦和抗拒。销售员要赶紧换个话题，否则他就会找机会结束对话。

（4）摊开双手与耸肩搭配，这是一种很委屈、无奈的姿势，销售员要对其安抚。

（5）客户不停地搓手。如果不是天气冷，就是客户犹豫不决，这个时候销售员要引导客户尽快做决定。

（6）客户轻揉鼻子，代表他心存疑虑，不敢相信销售员，认为销售员在用花言巧语欺骗他。

（7）客户轻拍手掌或捏着手指，表明耐心将要耗尽，正在寻求机会结束对话。

（8）抚摸后脑是反对信号，表示客户不同意销售员的说法；轻拍或抚弄头发则是同意信号。

销售员在跟客户交谈的过程中，一定要边谈边认真注视客户的一举一动，也许一个细节、一个动作就可以带来订单。销售员要多观察，多思考，不要急于开口讲话。通过肢体语言搞清楚客户表达的真实意图后，才能做到事半功倍。

从走路姿势揭示内心世界

走路是牙牙学语的孩童都会的事。虽然我们每个人都会走路，但不同的走路姿势能反映不同的性格特征和心理状态。例如，优柔寡断的客户和明快果断的客户，其走路姿势绝对是迥然不同的。根据心理学，我们可以从每个人走路姿势的不同中找出姿势与其内心的联结点。

走路姿势是一种习惯，也是内心世界的一种表现。在销售工作中，如果销售员可以从客户的走路姿势中看出他们的性格，就可以根据他们的内心想法投其所好，与他们进行良好的沟通。

蒋婷是某房地产公司的置业顾问，前几天，一位经朋友介绍的客户联系上了她，蒋婷便邀请客户来售房部详谈。到了约定的那一日，蒋婷在售楼中心的大厅门口等待客户。

刚到八点，一个个子很高的中年男子向她这边走来。这名男子走路健步如飞，看起来是个性子很急的人，蒋婷知道，这种人做事一般不喜欢拖泥带水。

双方相互介绍后得知，这位客户是某公司的部门经理，因工作调动需要，想在本市购买一套房产。根据客户的要求，蒋婷介绍了几套户型。没多久，客户便选好一套并要求去看房。

蒋婷发现，客户虽然办事雷厉风行，注重效率，但有些草率，很多细节还没有了解清楚，他就急着看房子。于是，在带客户看房子的路上，蒋婷又仔细并且很友好地向客户交代了一些细节，避免出现细节上的问题。客户听到她周到的提示，觉得蒋婷非常靠得住，很快就定下来满意的户型。

知己知彼，百战不殆。从一个人的走路姿势中看出他的性格，销售员便可在销售赛场上先行一步，夺得主动权。只要销售员善于留意和观察，并在进一步的交流中加以验证，就可以根据自己掌握的信息采取适当的应对策略，这样一来打动客户、拿下订单就不是什么难事了。

走路姿势可以分为几种类型。

（1）步履平稳型。这种客户精明稳健，注重实际效果，凡事三思而后行，不好高骛远，重信义守承诺，不轻信人言。销售员必须拿出实际行动才能打动他们，仅凭语言很难奏效。

（2）步履急促型。不论有无急事，任何时候都显得步履匆匆。这类客户工作效率高，敢于承担责任，精力充沛，喜欢面对各种挑战。只有符合他雷厉风行的性格才能让他觉得满意，太多没用的客套和话术反倒容易激起他的反感。

（3）上身微倾型。走路时上身微微向前倾斜的客户个性比较平和，略显内向，谦虚而含蓄，不善言辞；外表冷漠内心温暖，一旦被他引为知己，便能收获巨大。

（4）昂首阔步型。这类客户往往以自我为中心，凡事靠自己，对人际交往比较淡漠。但思维敏捷，做事有条理，富有组织能力，习惯于始终保持自己的完美形象。

（5）款款摇曳型。有这种走路姿势的多为女性客户，她们腰肢款摆，摇曳生姿。为人坦诚热情，心地善良，容易相处。无论是在工作还是生活中，她们都是极受欢迎的人。

（6）步履整齐双手规则摆动型。这种姿势类似军人的走路姿势，事实上，这类客户也对自己严格要求，有军人般的坚强意志，但也容易走向极端，不易为人所动。

手托下巴表示不同的心理状态

"这是一个强劲而富有内力，成熟而又深刻的形象。那生命感强烈的躯体，在一种极为痛苦状的思考中剧烈地收缩着，紧皱的眉头，托腮的手臂，低俯的躯干，弯曲的下肢，似乎人体的一切细节都被一种无形的压力所驱动，紧紧地向内聚拢和团缩，仿佛他凝重而深刻的思考是整个身体的力量使然。"

《思想者》作为世界著名的艺术作品，让人一眼就能感到其深邃凝重的思考，而其中最经典的动作无疑是手托下巴的姿势，哪怕是没有听说过这件雕像的人也会一眼看出其思考状态。那么，为什么一个手托下巴的姿势能带来这么多的信息呢？

下巴位于头部的最下方，是头部动作的指南针，而手部动作也是承载信息的主要部分，当这两者配合在一起的时候，必然会表现出远超于两者单独展现的效果。人们在想事情的时候会习惯性地摸下巴，如果客户摸着下巴不说话，表明他心中已有触动，销售员说中了他的需求，开始影响他，所以客户开始进入评估，在心中对销售员所说的话进行判断和过滤。

在一家新开的书店里，一对年轻夫妇想给孩子买几本百科读物。店员徐宁过来与他们交谈，并根据他们的要求推荐了一套不错的丛书。经过简单介绍后，夫妻俩表示要考虑一下，男人左手托着右臂，右手抚摸着下巴，看着那套丛书思考，妻子则在随手翻阅。

徐宁看两人不说话，便接着道："您看的这套书的装帧是一流的，整套都是这种真皮套封烫金字的装帧，如果摆在您的书架上，肯定非常好看。"

男人随意"嗯"了一声，继续保持那种姿势。

徐宁以为顾客对产品有所疑虑，于是接着说："本书内容编排按字母顺序，这样便于资料查找。每幅图片都很漂亮逼真，比如这幅……多美。"

男人有些不悦地说："你说……"

徐宁没等顾客把话说完就抢着说："我知道您想问什么！本书内容包罗万象，有了这套书您就如同有了一套地图集，而且是一本附有非常详尽地形图的地图集。"

男人被徐宁的抢话弄得十分不悦，于是他说："我恐怕不需要了。"然后和妻子离开书店。

其实，顾客抚摸下巴的姿势就是在暗示"请稍候，我要考虑一下"，也就是说这个时候徐宁应该等待顾客做出决定，然后进行新一轮的推销，而不是三番两次地打断顾客的深思，这最终迫使顾客离开书店。

当然，手托下巴是一个复杂的动作，不仅仅局限于一个简单的思考，比如双手托下巴、单手横向托下巴、单手竖向托下巴等，都表示不同的心理状态。

1. 双手托下巴

小女孩往往双手托下巴，显得十分可爱。双手托下巴其实是一种寻求自我安慰的动作，人把自己的手幻想成可依赖的对象，表明内心世界十分复杂且心事重重，漠视周围的环境，只想沉浸在自我思绪中。这种人多为浪漫主义者，思维活跃但行事不按常理。

2. 单手横向托下巴

手掌托住下巴，手指托住脸颊，这是很典型的思考姿势。如果客户做出此动作，这说明他对推销已经动心了，正在心里评估、判断和过滤。这时销售员要忍住自己的表达欲望，给对方足够的时间思考和决定。

3．单手竖向托下巴

手掌托住下巴，指头蜷曲着放在鼻子上不断地点着。保持这种姿势的人一般正处于十分无聊的状态，或者对话题不感兴趣，并正以看热闹的心态对待销售员的"表演"。这种动作十分具有欺骗性，表面上他是在托着下巴思考，其实是在自顾自地玩着手指。

4．单个手指托下巴

将食指伸在脸颊上而用拇指托住下巴，其他手指蜷曲着放在嘴唇和下巴之间。这是思想比较严谨的人的专属姿势，他们内心持有强烈的批判态度或正打算用截然相反的意见去说服对方。如果客户做出了这种动作，那销售员一定要小心，因为接下来他可能就要对你的观点进行反击了。

5．不自觉地抚摸下巴

抚摸下巴是最常见的托下巴形式，一般是人们在思考时的不自觉动作，如果销售员在客户抚摸下巴时频频打断，那就预示着销售的失败。

客户的坐姿里面蕴含巨大玄机

空城计在中国可谓人尽皆知，那司马懿为什么会被坐于城楼之上的诸葛亮吓跑呢？因为司马懿不会看坐姿！假使他能从诸葛亮的坐姿中看出他的心理状态，那胜负就未可知了。可惜，或许是距离太远看不清动作，或许是诸葛亮太会掩饰，结果生生骗过了司马懿。

其实，坐姿在销售工作中十分重要。不管是拜访客户还是商业谈判，都需要双方坐下来会谈，此时销售员就可以从客户的坐姿中发现许多被他刻意隐藏的秘密。

在李涛的盛情邀请下，客户终于答应来公司参观，并就合作事宜进行详谈。这天上午，客户很早就来到了李涛的公司。李涛带着客户进行了简单的参观，介绍产品详情，然后双方开始会谈。

由于产品质量优良，性能可靠，性价比又比较高，因此客户比较满意。客户以十分放松的姿势坐在会客厅的沙发上，与李涛交流。

此时，客户的手机突然响了，他便出去接听电话，原来是单位有急事需要他赶回去处理。本来这是件很好处理的事情，但这位客户恰好是个比较委婉的人，在李涛的盛情接待下，他不好意思直接说出来，便几次婉言暗示。

也不知道李涛是真的没听懂还是故意不想放客户走，反正就是不理会客户的暗示，还在说个不停。而客户变得坐立不安，一会儿抖抖腿，一会儿挠挠头，不承想李涛依然无动于衷。

最后，无奈的客户只好直说："抱歉，单位还有事，我要先走了！"

结果可想而知，客户回去后就被领导骂了一顿，后来不管李涛怎么联系他，他都一直拒绝，更别说达成合作了。

案例中的情况其实在生活和工作中经常出现，销售员要引以为戒。当销售员与客户进行面对面的交谈时，对细节问题的把握就更为重要了，而坐姿更是其中的重中之重。

（1）骑跨式坐姿就是骑跨在椅子上，希望借椅子获取支配与控制的地位，同时也体现了利用椅背保护自己的心理。习惯于骑跨椅子的人一般行为相当谨慎，希望寻求一种安全状态。

（2）弹弓式坐姿往往意味着冷酷、自信、无所不知，一般情况下，这种坐姿还伴随着把手放在后脑勺上的动作。客户试图用这种姿势给销售员施压，故意营造出一种轻松自如的假象，以此麻痹销售员。

（3）准备就绪的坐姿。如果客户在听完销售员的介绍后做出准备就绪的坐姿，那么这多半代表他已经在心理上赞同了销售员的话语。如果此时销售员乘胜追击，那么客户给予肯定回答的概率会超过一半。

（4）起跑者的姿势。身体前倾，双手分别放在两个膝盖上，或者身体前倾的同时两只手抓住椅子的侧面，就像赛跑中等待起跑的运动员一样。保持这种姿势的客户往往正在试图结束对话，预示着这可能是一场失败的会谈。

（5）正襟危坐，两脚并拢并微微向前，整个脚掌着地。保持这种姿势的人一般真挚诚恳，襟怀坦荡，做事有条不紊，但容易较真，力求周密而完美，有时甚至有洁癖倾向，也可能拘泥于形式而显得呆板，缺乏足够的创新与灵活性。

（6）跷二郎腿。这说明客户比较自信，也比较放松。如果跷着二郎腿的同时还一条腿勾着另一条腿，那就说明客户为人谨慎、矜持，没有足够的自信，做事有些犹豫不决。

（7）抖腿，而且还喜欢用脚或脚尖使整个腿部抖动。这种人最明显的表现是自私，凡事从利己角度出发，对别人很吝啬，对自己却很纵容。同时，这种姿势很可能给对方留下一个极为不雅的印象。如果销售员在会谈时抖腿，生意多半会因此终结。

由此可见，客户的坐姿里面蕴含着巨大玄机，客户怎么坐，腿怎么放，这都需要销售员识别其中的含义，并以此调整自己的反应，保证推销的顺利进行。

"点头""摇头"有深意

在大多数人的印象中，点头表示赞同或肯定，摇头则表示反对或否定。这两个动作的含义似乎是天经地义的。

想一想，小时候父母、老师的点头是不是让我们开心不已，摇头是不是让我们心生恐惧；长大后领导的点头是对我们的肯定与鼓励，而摇头则让我们担忧自己的前程……慢慢地，我们越来越将点头肯定、摇头否定的规则当作金科玉律，从不曾对它产生怀疑，但事实真是如此吗？

韩乐是某上市公司销售部门的工作人员，虽然他刚来公司不到两年，但已成为部门的佼佼者，每个月的销售业绩都名列前茅，受到了领导的鼓励和好评。

这天，韩乐像往常一样去拜访某客户。他拜访客户之前会将客户可能用到的资料都一并带上，这次也不例外。一见面，凭借着自己丰富的销售经验，没过多久客户便基本接受了韩乐的推荐。

于是，韩乐从包里拿出两份资料，分别是两种不同的合作方式。一种是将客户发展成地区独家代理商，但这需要巨大的资金投入；另一种是上货销售，这样虽然可能面临竞争，但投入相对也会小很多。对韩乐来说，当然是发展代理商收益更大，但客户一般在接触新产品时比较谨慎，很少有直接独家代理的。

将资料递给客户后，韩乐便悄悄观察着客户的反应，很快他便断定客户对第二种合作方式比较满意，因为客户在看第一份资料的时候轻轻摇了摇头，而看第二份资料的时候则点了点头。

当客户问及韩乐的想法时，韩乐毫不犹豫地说："我觉得第二种合作方式更好。"

客户稍微愣了一下，接着问他原因。

韩乐说："我觉得第二种方式投资额更低，可以先对市场进行尝试，及时发现并调整策略，等市场稳定后，再转为独家代理商。"

客户听后直接表示再考虑考虑，让韩乐回去等消息。韩乐虽然觉得有些不对劲儿，但也没多想什么。

后来过了很久，客户一直没有再联系韩乐，这时他才猛然醒悟自己犯了一个错误，急忙去拜访客户。在韩乐的再三恳求下，客户终于松口了，他说："我本来比较中意第一种代理商的模式，可你却极力推荐第二种模式，这让我心生疑虑，自然也就暂时放下了。"

听到客户的坦白，韩乐苦笑着说："那您为什么看第一种方案时摇头，看第二种方案时点头啊？"

客户无奈地说："我看第一份资料摇头，是因为我觉得这种方式这么好，竟然没人和我竞争，简直不应该啊；我看第二份资料时点头，是觉着这种方式的潜在风险一定很大，如果市场效果好，一定会有很多人竞争的，后期肯定没有利润了。"

最后，客户说了一句："我是相信你才去询问你的意见，没想到你只看我的意思，不去想哪个更适合。"韩乐听后，对客户深表歉意，然后惭愧地退出了客户的办公室。

从这个案例中我们可以看出，人在点头的时候并不一定代表肯定，在摇头的时候也不一定代表否定。所以销售员一定要先读懂对方的意思再下结论，否则就会像韩乐一样做出错误的判断。

在双方谈话时，如果客户每隔一段时间就向销售员做出三四下点头的动作，点头的速度比较慢，同时伴随着"嗯""对"等肯定的回答，那就说明他对谈话内容比较感兴趣；如果对方快速点头，并且用较快的语速说"对、对、对"，除了传达肯定的意思外，还有可能是在表达"不要再说了，我已经没有耐心了"，想要结束谈话；如果对方缓缓地摇头，一般表示否定的观点；如果对方小幅度地快速摇头，并伴有低头的动作，很可能是一种害羞的姿态。

　　如果销售员一直受缚于自己的固定思维，就会在现实中屡屡碰壁。因此，销售员一定要从现在起改变心态，根据时间、地点、双方态度等具体情况的不同理解对方的点头或摇头。明白了"点头不一定代表肯定，摇头不一定代表否定"的道理，销售员才能保证自己在会谈中不犯理解上的错误。

交际中的空间距离

美国人类学家爱德华·霍尔曾说："空间也会说话"。也就是说，通过人与人之间的空间距离，我们可以丈量出两者之间的心理距离。一般来说，彼此之间的空间距离与心理距离成正比，也就是说，身体离得越近，心理关系越近；身体离得越远，心理也将拉开距离。

人与人之间存在着一道看不见但实际存在的界限，这就是个人领域的意识。因此，根据远近的不同，我们可以将交际中的空间距离分为以下四种：亲密距离、个人距离、社交距离和公共距离。

（1）亲密距离是指彼此身体很容易接触到的一种距离，大概在15厘米至45厘米之间，甚至可以紧挨在一起。可想而知，这么亲密的距离只有最亲近的人之间才能保持。所以，这一般是情侣、夫妻、父母子女或很要好的朋友之间的距离。

（2）个人距离更远一些，大致在45厘米以上、1米以下。这个距离既可以保证双方拥有足够的互动，如握手，又不至于因太过亲近触碰到对方的身体。普通的熟人和朋友之间多采用这种距离，不过有时有些人为了向对方示好会故意采取这种距离。

（3）再远一点儿的话就是社交距离了，这种距离的范围比较大，一般在1米到3米之间。普通的会议、拜访、会谈常常采用这种距离，彼此之间有联系，却又没有必须沟通的压力。

（4）公共距离则是指人们在公共场合的空间需求，一般都在3米之外，如在图书馆看书、公园散步、马路上行走等。当然，公交车、电梯等特殊场合或拥挤的商场、排队等特殊情况除外。

根据以上观点，我们可以总结出，"身体距离"的变化可以暗示出谈话者心理距离的变化。这些不同的身体距离，不仅可以帮助我们判断双方的人际关系，还能对我们处理人际关系发挥重要作用。

双方谈话时，如果我们一靠近，对方马上采取逃避、防卫的姿态，那就代表我们侵犯了他的安全空间；相反，如果对方对我们的靠近没有反应，那就代表了一种认同，说明对方与我们的关系正在接近。

例如，当我们与对方之间的距离由社交距离变为对友人使用的个人距离时，就很容易把亲切与热忱传达给对方。要知道，一百封邮件也比不上一次促膝长谈，这就是距离带来的效果。

销售员要善于通过客户与自己保持的距离来透视客户的心理，还要善于用空间的转换来拉近双方的距离，增进彼此的感情，进而接受所推销的产品。

何亮被委派接待某位来公司参观的客户，结果他在安排会谈座位时发生了意外。本来两个单人沙发中间应该放有一个茶几，但最近那个茶几坏了，何亮便将其撤了，而新茶几暂时没有采购，于是两个沙发就那样面对面放着。

结果，坐在何亮对面的客户一直都尽可能地往后靠，身体也向后仰，显得十分不适和紧张。本来预计进行一个小时的会谈，还不到半个小时就被客户叫停，草草结束。

可以看出，在不同的情境和关系下，人们需要调整不同的人际距离。倘若距离和情境、关系不对应的话，就会使人们出现明显的心理不适。就像案例中与何亮交谈的客户一样，被面对面接触的不适赶跑。

人的性格与口味有关

吃饭这门学问在销售工作中可谓是十分重要。其实，吃饭不仅仅是双方拉近感情的一种方式，更是销售员看透客户，了解其性格特征的重要途径。美国行为心理学家最近通过大量的事实研究证明，人的性格与口味之间存在着密切的联系。

1. 口味

（1）喜欢吃大米的人比较自恋，喜欢自我陶醉，孤芳自赏；为人处世大方得体，比较通融，但缺乏助人为乐的品质，互助精神比较差。

（2）喜欢吃面食的人夸夸其谈，能说会道，做事鲁莽，不考虑后果；意志不坚定，对一份工作很难长久坚持做下去，容易中途丧失信心。

（3）喜欢吃甜味食品的人性格像糖一样甜，热情开朗、平易近人，但有时显得有些软弱和胆小，缺乏必要的冒险精神。

（4）喜欢吃酸味食品的人性格孤僻，剑走偏锋，人际交往能力较差，缺乏真心交往的朋友，而且遇事爱钻牛角尖，但这种人一般事业心比较强，喜欢争强好胜。

（5）喜欢吃辣味食品的人善于思考，有主见，能坚持自己的想法，吃软不吃硬，但有时爱挑剔别人身上的小毛病。

（6）喜欢吃咸味食品的人为人处世成熟稳重，懂礼貌，知进退，做事有计划，埋头苦干，但有时比较轻视人与人之间的感情，略显虚伪。

（7）喜欢吃油炸食品的人勇敢冒进，希望能干一番大事业，不过一旦遭遇挫折，就会变得灰心丧气、怨天尤人。

（8）喜欢吃清淡食品的人擅长社交，人际关系较好，注重交际和接近他人，希望多交朋友，不愿单枪匹马行事。

2. 习惯

除了食物口味外，吃饭的习惯也会暴露对方的性格秘密。

（1）细嚼慢咽型：这种人一般很懂得享受生活，对事情有恒心，有毅力，有耐心，喜欢将一切事物掌控在自己手中。但这种人也容易对某些事物过于偏执，显得比较自我和死板。

（2）狼吞虎咽型：这是一种讲求实际的人，他们一般都很有雄心，目标感较强，且乐于尝试新鲜事物，做事雷厉风行。这类人通常会以他人为先，但经常缺乏耐心，容易急躁，不太会享受生活，不懂得给自己留时间和空间。

（3）分类进食型：这种人喜欢一切都有条不紊地进行。他们可以把工作和生活打理得井井有条，但缺乏灵活性，一旦出现意外事故，很容易情绪崩溃。

（4）顺序进食型：按顺序进食的人，一般注重细节，行事小心谨慎，三思而后行。这种人同样死板守旧，不知变通，因此人际关系比较差。

（5）混合再吃型：喜欢将食物混在一起吃的人，一般性格开朗外向、坚强乐观，在社交活动中常常充当明星人物。俗话说，言多必失，这类人常常会让人觉得其爱说大话，口无遮拦，而且他们做事的专注力不够，不能坚持。

（6）发出声音型：这种人一般性格坦率、单纯，没有什么心计，敢于表露自己，不太在意别人的眼光，喜欢随着自己的内心前行。但这种随意的习惯也会被很多人认为是无礼和粗鲁。

（7）切碎再吃型：将食物切碎是为了更好地吃饭，这种人一般拥有超前的思维，他们努力进取，为远大理想详细规划。但不足的是，有时太过注重规划，容易忽略眼前的机遇或风险。

（8）冒险型：喜欢尝试稀奇古怪的食物的人，一般思想开放、勇敢、讨厌一成不变的生活。作为第一个吃"螃蟹"的人，他们往往能创造某个新兴行业，但也容易遭遇重大失败，就像鲁迅先生说的："既然像螃蟹这样的东西，人们都很爱吃，那么蜘蛛也一定有人吃过，只不过后来知道不好吃才不吃了。"

（9）挑剔型：对食物比较挑剔的人，一般都比较保守，习惯于在几种固定的事物中挑选，对陌生事物十分抗拒。与这种人相处时，销售员千万不要试图改变他们的习惯，否则很容易遭到他们的抵制和对抗。

赵淼是某保险公司的销售员，在这个大家都对保险销售员避之不及的社会中，她却保持着极高的销售业绩，让同事们非常羡慕，大家都向她请教一些销售秘诀。于是，赵淼就向大家讲了她前几天拿下一个大订单的故事。

客户是某科技公司经理，虽然有购买保险的意向，但是屡次拒绝赵淼的拜访请求。最后，在赵淼三番五次的请求下，客户才勉强答应在午饭时间与她进行短暂的会面。

赵淼在客户附近的那家餐厅落座没多久，客户就来了。映入眼帘的是一位衣着严谨的中年男士，尽管现在是夏天，但他的西裤与衬衣依然穿得十分整齐。互相寒暄后，客户直接点餐，没给赵淼做主的机会。

赵淼注意到客户吃饭时正襟危坐，像是担心将衣服弄脏，吃饭的动作中规中矩，既不太快也不太慢，而且他从不将食物混在一起吃，而是将一种食物夹到盘子里，吃完以后再去尝试别的食物。

根据客户的吃饭习惯，赵淼断定客户性格偏执，是一个完美主义者，与这种人打交道，最重要的是满足他的偏执性格，否则就很容易被他拒绝。于是，她在吃饭时也保持与客户类似的习惯，而且没有像平时一样过多地介绍保险，仅仅与客户说了很少的几句话。

　　等到客户吃完了，赵淼才将事先准备好的资料拿给客户，并着重强调其中的数字和事实，并且在语言中不断暗示缺乏保险的风险，让客户产生一种忧虑感。

　　果然，客户说："你的这个计划很完美，我很赞同，不像其他销售员一样总是拿着漏洞百出的计划来找我，自己都还没搞明白就想着销售给别人，那不是骗人吗？"顿了顿，客户继续说道，"这里不是谈话的地方，我们回办公室继续聊。"

　　从客户的吃相上发现他的性格密码，销售员便掌握了会谈的主动权。这要求销售员必须学会细心观察，有一双善于发现的眼睛，能从细节中发现有价值的东西。

· 第七章 ·

成交，从攻破客户的心理壁垒开始

　　推销能否成功，销售人员能否顺利拿到订单，很大程度上在于推销心理战术。推销心理战术运用得是否得当，是交易能否成功的关键，也是达成交易的基本方法。买卖双方在进行交易时，所有关于销售的事项都是影响交易的因素。能否攻破客户的心理壁垒，是对销售人员推销战术的最大考验。

　　所谓客户的心理壁垒，无非就是客户对陌生人的不信任感，也就是对销售人员筑起一道心理长城，直接阻碍成交。因此，攻破客户的心理防线对成交来说就显得尤其重要。

成为一个专业的销售员

一位销售大师曾说："成功的保险销售员与挣扎中的保险销售员的不同在于其所掌握的专业知识的程度不同。"良好的专业知识是销售成功的基础，也是衡量销售员是否优秀的重要指标。所有成功的销售员都很重视各方面的专业知识，这是树立一个专业销售员的形象的必要前提，也是销售员与客户之间沟通的桥梁。

不过在现实中，许多销售员更多地将自己的平平业绩归罪于"外"，在他们看来，产品知名度不高、广告投入少、价格高、产品竞争力不够……这一大堆原因造成了目前的销售困境。其实，他们这样想可能是想掩饰一个问题，那就是自身专业能力不够强。

某日，一位对汽车知识颇有了解的客户来到一家4S店。销售员段伟立刻上前打招呼，询问客户要看什么车。这时，客户走到了一辆样车前面。

在细心听了发动机的声音并对发动机舱内的各部件做了全面的审视后，客户回头问段伟："这款车是全铝车身吗?"

听到这个问题，段伟一脸茫然地看着客户："全铝车身?"说完这句话，他马上意识到了自己的失态，赶紧向客户道歉，"先生，对不起，这个问题我需要帮您查询一下。"

听到这个回答，客户皱起了眉头，二话没说，扬长而去。

段伟赶紧查了一下全铝车身的意思，可惜客户已经走远了。对此，他只能后悔自己的专业知识不够丰富。

"全铝车身"是汽车产品的专用术语，指的是全铝车身框架结构。这种结构主要应用在一些比较高端的汽车上，虽然目前仍存在很多问题，但也不乏拥趸。这本是汽车销售中最基本的常识，遗憾的是段伟连这个基本常识也不懂，这样怎么能够获得客户的认同呢？

销售员对产品的知识掌握得越多，就越有助于获得客户的信任，快速赢得订单。说服客户靠的不是话术和技巧，而是丰富的经验和广博的知识，俗话说的"一力降十会"大抵如此。

那么，销售员具体需要掌握哪些方面的知识才足以应对客户呢？

（1）产品知识：性能、安装、使用、技术等。

（2）公司知识：发展和成就、经营策略和运作程序、生产设施、服务设施等。

（3）竞争对手信息：竞争对手的产品价格、销售计划、产品性能等。

（4）客户信息：家庭、爱好、目标等。

（5）环境状况：政治、经济、文化、地理、气候等。

（6）行业知识：供应者和购买者、价格与服务、替代品与互补品、技术发展趋势、竞争情况等。

未来是属于知识的，未来是属于专业的。知识丰富、专业出色的销售员才能成为销售冠军。比起孤陋寡闻的销售员，见多识广的销售员往往更容易获得成功。这也验证了一句名言：知识就是力量。

"缺点式营销"的优点

我们总以为完美无缺才会人见人爱，然而断臂的维纳斯竟能成为女神。其实，由于本性使然，人们很难亲近或信任那些看似没有弱点、缺点或错误的人。相反，略有瑕疵的人反倒显得真实，令人感觉容易相处。

某研究机构曾做过这样一个试验：研究者虚构出两个求职者，A和B，两人拥有几乎完全相同的简历，只是一位承认自己有缺点而另一位认为自己没有缺点。最后是谁应聘成功了呢？答案是自曝缺点的A。

做人如此，做销售也是如此。面对价格、品质、性能等各方面相差无几的两种产品，一种产品自曝缺点，另一种则宣扬完美无缺，人们会对"完美者"抱有怀疑，对"坦露缺点者"宽容大方。

在被告知缺点的时候，客户心中也在抉择，他们的心中都有一架天平，左右两边分别是产品的优点和缺点，越反复比较的产品越容易得到客户的青睐，这就是"缺点式营销"（Flawsome）的优点。

曾平是一名房产销售人员。一次，他负责销售市区的一套房子，这套房子的面积适中，价格合理，周围交通便利，性价比不错，但是这套房子有一处不足，那就是房间的采光不是很好，显得有些阴暗。

这一天，曾平带着一位客户来看这套房子，并为客户详细介绍房子。看得出来，客户对房子很满意。但这时曾平对客户说："先生，看得出来您对这套房子很满意，但是我要告诉您，这套房子有间屋子的采光不是很好，如果您家有老人的话，最好还是不要选择这套房子。"

　　听完曾平的介绍，客户先是一怔，随即笑着说："我以前搞过建筑，一进门我便看出来这套房子的采光不是很好，小伙子，像你这样的销售员我可是头一回遇着，真不错啊。你就不怕我不买？告诉你吧，小伙子，这房子我买了，不过原来我买的是楼，现在我买的是你的信誉。"

　　为什么曾平主动说出房子采光差的缺点后，客户不仅没有离去，反而高兴地购买房子呢？首先，主动说出房子缺点，这就向客户表明了一种诚实的态度，取得了客户的信任；其次，房屋采光问题是十分明显的缺点，如果曾平一味地夸赞房子好，对采光的缺点却只字不提，得到的只会是客户的不信任。

　　"优点式"推销模式已经成为过时之物，商场里那些促销人员说得天花乱坠、完美无瑕的商品，很少有人问津。其实完美只是一种错觉，并且是有害的。一两个小缺点并不会毁掉产品，反而会增加客户对产品优点的信任度。

不要诋毁你的竞争对手

俗话说得好，"同行是冤家"，在竞争日益激烈的今天，各种排挤、贬低对手的事情可谓层出不穷，销售行业尤其如此。不过，这样真的能让自己踩着竞争对手踏上成功之路吗？其实聪明的销售员绝不会以贬低对手的方式来抬高自己的产品，因为这往往不仅得不到客户的青睐，还会引起客户的厌恶。一方面，这种行为容易在客户心中留下素质不高的印象；另一方面，既然对手的产品那么差，那么作为竞争对手的我们又该如何自处呢？

其实，对付竞争对手最高明、最有效的方法就是销售者的风度、产品、服务及专业知识。不论得意还是失意，都可以赞美一下自己的竞争对手，唯有如此，才能为自己成功的天平上加上一颗重量级的砝码。

杨栋就职于一家直销公司，几年下来业绩虽谈不上多顶尖，但也算优秀。不过，他最大的收获不是收入，而是明白了一个道理："不要诋毁你的竞争对手"，这不仅教会他做事的道理，还教会了他怎样做人。

有一次，一家同行公司和他们的产品同时进驻一个展会，双方的竞争非常激烈，这让杨栋感到压力特别大。对方产品功能多，价格还便宜；杨栋的产品功能少，价格却偏贵。因此，在向客户介绍产品时，对方的销售人员把杨栋的产品贬得一无是处，导致他郁闷不已，对打败对手也失去了信心。

展会快结束的时候，一位中年人走到杨栋面前问："你觉得我买哪家的产品比较好呢？"

杨栋对客户是否购买自己的产品没抱任何希望，于是随口回答：

"您觉得哪家的产品适合您，您就买哪家的。"

客户追问："那你觉得，哪家的产品适合我呢?"

然后杨栋把两家产品的优缺点都做了详细的介绍，最后说："产品不在于贵或者便宜，关键看适不适合自己，适合的就是好的。"

中年人听后点了点头。第二天中午，中年人再次出现在展会现场，并带来了一份大订单。这让杨栋惊讶不已，他好奇地问："我们的产品贵，功能不多，您为什么还要买啊? 另一家的产品功能多，价格还便宜，您为何不买呢?"

中年人笑了笑说："因为你自始至终没有说过他们半句坏话，而他们却把你们的产品贬得一文不值，在我看来贬低别人的人未必高尚。"

"不要诋毁你的竞争对手"，做事如此，做人亦如此。当销售员诋毁竞争对手的同时，在旁观者眼里，不管对方的产品如何、能力如何，也会显得其没有素质。因此，销售员千万不要诋毁竞争对手，诋毁别人就是毁灭自己。

给客户提出异议的机会

"褒贬是买主，喝彩是闲人"，那些对产品挑三拣四的客户才是对产品有真正购买意愿的人，而大加夸赞的往往都是看客。正因为有了兴趣，客户才会认真地思考并提出更多的异议，同时希望借此议价。

因此，当销售员遇到异议时，就算是摸到了成功的门槛；当销售员开始听到不同意见时，那就是一只脚跨进了成功的大门；当销售员得不到任何不同意见时，那一定是客户根本没有留门。

因此，挑三拣四的客户并不可怕，销售员千万不要将其拒之门外，而要给客户提出异议的机会，给他争论的机会，不怕客户嫌货差，就怕客户不说话。销售员在与客户的争论与让步中，才能与客户达成满意的合作。

石林是某房地产公司的销售人员，由于他刚刚入职，经验与技能都不熟练，因此迟迟没有业绩，非常着急。

这一天，经理正在办公室工作，石林喜滋滋地对他说："我有一个准客户，他对这套房子非常满意，既不嫌价格高，而且对格局和装潢也不挑剔，一直说不错，还说这么漂亮的房子会有很多人喜欢，一定可以卖个好价钱。我觉得这次一定能拿下这个客户，这个月就有业绩了。"

经理问："那客户有没有约你第二次看房子呢？"

石林说："没有啊，但客户说'再联络'，所以这一定是个准客户。"

其实"再联络"就是"不再联络"的意思，根据多年的销售经验，经理知道客户其实是不满意，这笔生意肯定要泡汤了。于是他对石林说："算了吧，这个客户希望不大，你换个目标吧。"

石林听到经理的话十分不平，对此不以为然。可是石林左等右等，都没有等到客户的电话，而自己给他打电话时，每次都是关机。

最后，当现实给了石林一巴掌时，他才明白经理的先见之明，同时对"嫌货才是买货人"这句话有了更清楚的认识。

对房子不停地批评，嫌东嫌西，又嫌位置偏，又嫌价格贵，意见一大堆时，这就说明客户对这套房子有兴趣。批评越多，成交的概率便越大，这些只不过是客户"以退为进"，借此议价，为自己多争取一点利益罢了！

永远不要和客户争辩

每个人都有七情六欲，难免有冲动的时候。当销售员遇到怒气冲冲、大发雷霆的客户时，是应该与他一较高低，让他领略自己的雄辩风采呢，还是保持冷静，宽容处理，尽力让客户消气呢？如果我们一味争强好胜，总想着压客户一头，分出个高低胜负，结果既伤了对方也害了自己，最后落一个"双输"的局面。

永远不要和客户争辩！这是成为优秀销售员的必备能力。和客户争辩，销售员输了是输了，赢了还是输了。无论争辩是输是赢，订单都是丢了。

中午下班，邓华照例来到公司附近的那家快餐店就餐，并像往常一样点了一份汉堡和一杯草莓奶茶。很快，汉堡与奶茶便准备好了。

邓华喝了一口奶茶后眉头一皱，自己点的是草莓奶茶，怎么成了香草奶茶？于是，邓华便带着奶茶来到柜台前，向服务员说明情况。服务员了解情况后，很爽快地帮他换了一杯。

就在邓华端着他新换的草莓奶茶准备离开时，点餐时接待他的那位服务员说："对不起，先生，您刚才点的确实是香草奶茶，我记得非常清楚……"

时间仿佛定格在了这一刻，三个人面面相觑，尴尬不已。

这时，旁边的店长很有礼貌地对邓华说："对不起，先生，是我们弄错了，祝您在本餐厅用餐愉快。"

就这样，邓华端着他的草莓奶茶回到了座位上。猛然间，他意识到自己刚才点的是香草奶茶，因为他点餐时想到好长时间没有喝香草奶茶了，有些怀念，于是便点了一份香草奶茶。结果自己依然按着以前的习惯，以为自己点的是草莓奶茶。

邓华在懊恼自己的同时更加感谢餐厅的服务，因为他们真正理解了服务之道：用包容避免不必要的争执。

认同别人才能肯定自己，当客户提出反对意见时，销售员可以先表达认同，再讲自己的观点。不管客户怎么指责，销售员都要微笑着说"是的""没错""有道理""一开始我也这么认为"，然后再进行解释，这样就会避免很多冲突。

客户："产品太贵了。"

销售员："是的，我发现您很有品位，我知道您是用高档产品的人。"

客户："产品的包装不太好。"

销售员："没错，我发现您的艺术修养真高，您能认真讲一些改进意见吗？我会将其反映给设计人员。"

客户："没在广告上听说过你们。"

销售员："确实，我们更加注重产品的质量，把做广告的钱都用在技术上了。"

客户："一看就是假冒伪劣产品。"

销售员："您真是一个幽默的人。"

暗盘优惠，抓住顾客心

暗盘是指大利市机以外的股份交易买卖。由于当中的买卖并不暴露于大众之前，不会经联交所披露其中内容，所以这些买卖被称为暗盘。而暗盘优惠则是借用这个词汇来创造的销售方法，指的是买卖双方在市场外秘密议定的优惠。

每个客户都希望受到重视，都希望自己是独一无二、与众不同的。当销售员采用暗盘优惠的方式给予客户照顾时，他们会产生特殊的优越感，认为自己在销售员这里拿到了独一无二的条件，获得极大的心理满足。

客户在意的不仅仅是产品的价格，还有与其他客户价格的比较，这种比较比产品价格本身更令他们兴奋。销售员的暗盘优惠实际上就是给客户创造满足这种比较心理的机会，让他们感觉受到了特殊待遇和照顾，这样他们自然就会喜欢上所推销的产品了。

自从附近开了一家超市后，很多便利店的生意就越来越差了，一天都没有几个人光顾。不过，小区门口的这家便利店却并不受此影响，生意一直很好，而秘诀就是暗盘优惠。

这家便利店的商品价格没有比超市便宜，品种也没超市齐全。可是便利店在找零的时候，如应该找给顾客 14 元，它就会找 15 元；如果买 51 元的物品，就只收 50 元；有时候一些积压商品或新品，还会免费赠送。

正是这种暗盘优惠牢牢抓住了顾客的心，使得大家喜欢光顾这家便利店。

无论是销售者的让价还是赠送，暗盘优惠所能起到的作用远远大于它本身的价值。回想一下，自己在生活中常去的饭店或商店，抑或是其他消费场所，是否都曾实行过销售者的暗盘优惠呢？

　　销售员与客户非亲非故，为什么会对其高看一眼，给予特殊优惠呢？很简单，这是一种销售策略，不过它的高明之处在于你明知道它是销售策略，你却依然选择消费。可见，这种暗盘优惠可使多少一般客户变成永久而忠实的"散财童子"呢？

善用对比，赢得竞争胜利

如何使我们的产品显得更有价值？如何使我们的产品更有竞争力？如何使我们的产品显得性价比更高？最好的办法就是善用对比，为客户描绘出一个性价比极高的产品形象。

其实，所有购物行为的产生都是基于对比的结果，既要和其他产品对比，更要跟自己对比，在对比中我们才能更好地向客户展示产品的优势，赢得竞争的胜利。

无论是宣传推广还是谈判推销，只有制造与善用"对比"，才能呈现价值的相对优势，给予消费者购买的理由。为什么说是相对优势？因为消费者能感知到的只有对比中的价值，而无法判断绝对价值。没有对比，客户就缺少了衡量产品价值的尺度。

范强是某 4S 店的销售人员。这一天，一位中年男士来到店里选购汽车，范强热情地接待了客户。经过简单的沟通后范强得知，客户最近刚刚升职为部门主管，打算购置一辆 SUV 汽车，于是他向客户推荐了一款性能不错的汽车，并让客户试驾。

试驾结束后，范强说："先生，您感觉刚才试驾的这辆车怎么样？"

客户说："还不错，就是感觉车身小了些，不够气派。发动机也不行，起步太慢。"

范强微笑着点了点头说："可以看出您是一个追求完美的人，也许这辆车还有一些小问题，但我个人觉得很适合您。"

客户问："为什么这么说呢？"

范强回答："您说车身太短，不够气派，我想知道您在试驾的时候是否有压迫感，觉得空间小呢？"

客户摇摇头说："这倒没有，试驾时我觉得车身里面蛮宽敞的。"

范强一边询问，一边拿出纸笔将这款车的性能对比情况展示给客户看。

购买理由：内部设计人性化，空间大，操作简单；油耗低，节约能源；性价比在同档次车中是最好的。

不购买的理由：外观不够气派；动力不够大；价格偏高。

看了范强的比较和分析后，客户思考了一会儿，最终决定购买这款车。

在平时的销售工作中，销售员可以随身携带纸笔，一边向客户讲解，一边将产品的对比写在本子上。销售员可以在纸上分出左右两列，左边列出购买理由，右边写上不购买的理由或客户的顾虑。这就使产品的优点和不足一目了然，显得更有说服力，可以帮助客户更快地做决定。

用数据来量化产品优势

"销售永远是一个有关数字的游戏。"无论销售员是多么口若悬河、滔滔不绝，都抵不上几个简单的"数字"。很多时候，销售员费尽口舌，客户却无动于衷，一两个精确数据反倒能事半功倍！用各种数据来量化产品的优势，不仅能让客户更加信赖产品，而且还帮助他们更快地做出决定，这是一名优秀销售员的必备能力。

客户："这个产品的功能基本上符合我的要求，不过我还是有些担心质量。"

销售员："这个您可以放心，我们做过质量检测，我们公司的产品可以连续使用六万个小时而无质量问题。"

客户："哦，是吗？"

销售员："是的，我们的产品共有九道生产工序，每道工序都有专门的检查小组进行质量检验。正是由于质量有保证，我们的产品已经在30多个国家销售了近300万台，还没有发生一起退货事件。"

客户："不过，你们的价格……"

销售员："先生，这款产品才1800元，假设您用10年，一天才花五毛钱，您有什么好担心的呢？"

客户听后，沉思了一会儿便同意了。

销售员之所以能说服这位客户，就是因为他在介绍产品时，结合了大量符合实际利益的数字来加以说明，这让他的话更专业、更具说服力。可见，在销售过程中，如果销售员能适时地列举一些详细、精准、恰当的数字，帮助客户做出最有利的选择，那么客户就会看到销售员的专业性和权威性，从而对销售员产生信任和依赖。

和很多其他销售方式一样，数据的使用虽然具有积极的作用，但如果使用不当，同样会造成极为不利的后果。因此，在运用精确数据说明问题时，销售员需要注意以下几点。

1．使用最新数据

销售员应该养成及时掌握产品数据变化的习惯，力求每次向客户提供最新的信息。缺乏时效性的数据根本起不到任何作用，还有可能让客户认为销售员是在欺骗他们。

2．避免罗列数据

单纯的数据罗列会使销售员的讲述极其乏味。这样不仅无法收到预期的效果，还会令客户感到眼花缭乱。因此，给数据加上一点点调料，能让它的味道更加鲜美。修饰要适度，恰如其分的修饰语可以使数据更加形象生动，但如果辞藻过于华丽，就会给客户留下华而不实的印象。

3．选择合适时机

如果销售员一开始就用一大堆数据来表达，那就很容易将客户绕晕。因此，最好选择一个合适的时机来使用数据，比如当客户就某方面问题提出异议时，销售员可以使用准确的数据来向其证明产品的优势，以消除客户的疑虑。

总之，数据是销售员手中的魔法棒，只要在销售过程中使用得当，它就能发挥出神奇的力量，帮助销售员赢得更多的客户和订单。

· 第八章 ·

锁定最终消费者

锁定效应是指行为主体当前的决策选择受制于前期的决策行为，从而导致行为主体的利益受到相应的影响。在行为心理学中，人们把一旦形成行为规划就很难改变这种规则的现象，称为锁定效应。

企业或个人一旦选择进入某一路径，无论"好"或"坏"都难改弦易辙，即使存在其他潜在的更优的路径，也会因这种对路径的依赖，使事物在其演进中进入到一种锁定状态而难以改变。

让客户心甘情愿付费

经济人又称"经济人假设"，即假定人的思考和行为都是目标理性的，唯一试图获得的经济好处就是物质性补偿的最大化。

用"贪图便宜"来形容消费者或许不太礼貌，但寻求性价比总是大多数人的目标。一到"双11"就"剁手"，一遇到打折就头脑发热，一看见清仓就心痒。但头一热、手一抖，结果就是买回来一大堆没用的东西，最后只能放在角落里任其落满灰尘。

为什么"经济人假设"在实际购买活动中屡战屡败？为什么自我感觉良好的消费者一遇到优惠就失去了理智呢？原因很简单，销售者用"心理账户"勾住了我们。

人们心中有两种计算方式，一种是"账面损益"，一种是"实际损益"，换言之，你工作得来一百万，也没有你买彩票得来一万让你更开心、更满足。在你心里，前者是应得的，而后者却是意外之喜。这就是聪明的销售员用来诱导消费者，让他们心甘情愿花钱的心理策略。

其实，在现代社会中有很多类似的销售案例。例如，消费者在视频网站观看一部电影，过了前5分钟的免费时间，突然弹出一个付费提示，正看得心痒的消费者是选择继续看呢还是不看呢？再如，一张某某俱乐部的免费入场券，等去了以后才发现还有各种名目的其他消费，可这种技巧总是能骗到消费者。

早在19世纪末，民用刀片就已经出现，但价格昂贵，使用不便。人们在理发店剃须只需10美分，可一把刮胡刀要5美元。于是，吉列剃须刀创始人金·吉列推出了一个史无前例的销售方案——免费赠送剃须刀组。

　　这种方式轻易地让无数消费者接受了吉列剃须刀组。不过，虽然吉列免费提供剃须刀组，但消费者最终还要再购买剃须刀片，来更换日益磨损的刀片。

　　这种"放长线钓大鱼"式的创新销售方式，成为当时的"破坏式创新"。而吉列剃须刀片正是通过这样的免费营销模式，成功地打开市场，开启自己的成功之路。同时，它也开启了免费营销的先河，成为免费营销的鼻祖。

　　一把小小的刀片造就了一个价值数百亿美元的庞大帝国，这正说明了一句话，"免费的才是最贵的！"现实中的很多案例也印证了这句话，例如，可免费下载使用的解压缩软件，使用期限往往只有一个月；某些免费下载的背单词软件，用户只能享受部分词汇的浏览记忆……

　　销售者提供免费产品，既可以扩大产品的知名度，让消费者有先入为主的感觉，又利用这种形式为产品做宣传。其实大多数销售者提供免费产品的目的是最终锁定消费者，使消费者对产品或服务产生依赖感。当这种锁定实现后，消费者自然也就会被轻易地拿下了。

采用差别定价策略获取较大利润

　　差别定价又称"弹性定价"，是一种"依赖顾客支付意愿"而制定不同价格的定价法，其目的在于建立基本需求、缓和需求的波动和刺激消费。当某种产品对不同的消费者，或在不同的市场上的定价与它的成本不成比例时，就产生差别定价，例如，工业用水和生活用水的价格不同、火车票的多种票价、航空公司的差别定价等。

　　与统一价格相比，差别定价不仅更接近每个客户愿意支付的最高价格，还可以保证服务于无法按统一价格购买的客户，或诱使他们消费更多，进而获取较大的利润。

　　著名的时装品牌蒙玛在意大利以"无积压商品"而闻名，其秘诀之一就是对时装分多段定价。

　　蒙玛公司规定新时装上市后，以三天为一轮，所有时装以定价卖出，每隔一轮按原价削减10%，以此类推。等到10轮（一个月）之后，蒙玛公司的时装价格就削减到了只剩定价35%左右的成本价了。此时，时装就以成本价出售。

　　试想一下，上市仅一个月的时装价格已跌到原价的三分之一，谁不想去捡个便宜呢？所以一卖即空。等到蒙玛公司最后结算的时候，它赚的钱比其他时装公司还要多，而且又没有积货的损失。

　　如同视频网站的"会员抢先看"一样，付更多的钱免除等待的痛苦，获得更多的享受；花更少的钱得到同样的产品，但要忍耐一段时间。这样一来，销售者既能获得更高的收益，又能保证销量。

　　但是，并不是所有产品都能使用差别化定价策略，这需要一定的前提：企业对价格有一定的控制能力；不同市场的价格弹性不同；产品的市场必须是能够分割的。那么，差别定价的依据主要有哪几种呢?

1. 按客户分类

很多销售者会将同一种商品或服务按照不同的价格卖给不同的消费者。例如，公园、旅游景点、博物馆将消费者分为学生、儿童、老人和一般成人，对学生、儿童和老人收取较低的费用;铁路运营公司会为学生、军人提供低于一般乘客的票价;银行 POS 机的刷卡手续费会因商户的经营类别而有所不同。

2. 按产品形式分类

销售者根据产品的不同型号、样式制定不同的价格，但不同型号或样式的产品价格之间的差额和成本之间的差额有很大差距。例如，256G 的 iPhone X 比 64G 的价格高出一大截，可其成本差额远没有这么大;高配版与低配版的汽车，成本差额与售价差额更是相差甚远。

3. 按形象分类

销售者还可以根据形象差别对同一产品制定不同的价格。例如，可以对同一产品采取不同的包装或商标，塑造不同的形象。如同样的一杯可乐，摆在超市货架上的与肯德基柜台上的售价相差几倍;礼品装的香水比普通装的价格要高很多;同样的一份菜，在豪华饭店与路边小摊就有很大的差别。

4. 按地点分类

销售者对处于不同位置或不同地点的产品和服务制定不同的价格，即使每个地点的产品或服务的成本是相同的。例如，电影院、剧场的座位的成本都是一样的，但不同位置的座位的票价不同;顶楼的房子比其他楼层的更便宜，而且还附带露台。

5. 按时间差别分类

价格随着季节、日期甚至钟点的变化而变化。例如，航空公司或旅游公司在淡季的票价便宜，而旺季则价格更高；一天不同时段的电影票价会有所不同，午夜场可能更便宜；电信运营商的流量或通话费用会分为正常与闲时（23 点到次日 7 点）。这样可以调节消费者的密集程度，避免资源的闲置或超负荷运转。

背景音乐直接影响消费者情感

从杂货商店的流行音乐到购物中心的舒缓旋律；从圣诞节的《铃儿响叮当》到春节的《新年好》；从促销活动中的欢快节奏到销售淡季的轻音乐，这些都让我们看到了背景音乐在销售活动中起到的重要作用。

店铺的背景音乐直接影响着消费者积极或消极的消费情感，利用购物环境中背景音乐对消费者生理和心理乃至行为的效能去满足消费者的情感，是提高实体零售的有效途径，可以促进购买行为的产生与完成。

虽然背景音乐对消费者有着暗示作用，但是否使用得当十分重要，如果背景音乐与店铺不符，那不仅起不到应有的作用，可能还会给顾客的购物行为带来负面效应。

那么，作为一名销售者，应该选择什么样的背景音乐最为合适呢？

1. 与店铺的定位匹配

购买百货的顾客比较喜欢节奏舒缓的音乐，这能让家庭主妇们从容选择商品；打折店里往往选择快节奏的音乐，这样消费者就没有耐心去仔细检查商品质量；快餐店常常播放一些节奏明快的轻音乐，督促顾客们快吃快走；时装店、酒吧里的音乐总能吸引更多的时尚潮人；而到了高端传统的西装店，耳熟能详的怀旧老歌才会让成熟的成功男士感到舒适自在。

2. 适应店铺的氛围和节奏

淡季或客流量较少时，销售者可以选择播放节奏舒缓的轻音乐，以此放慢顾客的脚步，增加其逗留时间，这样既可以提高成交率，也能避免因店铺冷清而影响其他顾客的感觉。

促销活动时期或客流高峰期，可以选择节奏欢快的流行音乐，提高顾客的行动速度，达到快速成交的目的，缩短顾客的停留时间。

3. 与店铺的整体音场相协调

大音量的轻快音乐可以提升销售气氛，而轻音量则适合顾客与销售人员的沟通。

看到很多商场或店铺经常放一些背景音乐，孙军也计划在自己的店铺内试播歌曲吸引顾客。然而，试播了一段时间后，他发现众口难调，年轻的顾客喜欢热情奔放的流行歌曲，老年顾客喜欢经典老歌或红歌，而孩子们则喜欢动画片里的主题歌曲。无奈之下，孙军放弃了在店内播放歌曲的想法。

后来，有人建议他播放轻音乐，效果也许会比播放歌曲好得多。于是，孙军开始在店内播放轻音乐。

慢慢地，孙军在播放音乐的过程中发现了一些规律，比如：快节奏的音乐会使人心情紧张，节奏感加强，不但老年人受不了，年轻人和孩子也会情绪兴奋，使他们在店里的停留时间缩短；慢节奏音乐会使顾客精神放松，充分享受商家所营造的轻松愉悦的购物氛围，顾客能较长时间地停留在店里，从而产生较高的营业额。

于是，孙军开始在店内播放《蓝色多瑙河》《二泉映月》《雨的印记》《home》《安妮的仙境》等轻音乐，在舒缓柔和的音乐环境中，顾客们一边欣赏着天籁之音，一边随着音乐的节奏缓步前行、有条不紊地购物。结果，自从店内播放轻音乐后，顾客在店内逗留的时间比以往有所增加，月销售额也增长了15%。

其实，背景音乐不仅仅可以影响客户的购物心理和行为，还能起到一种传递信息的神奇作用。例如，上海某商场有一首"防贼歌"，只要一播这首歌，各楼层的营业员就会警惕起来，因为这是保安部门在提醒大家有小偷来了。另一家商场有一首"消防歌"，如果商场播放这首歌，所有的员工就知道消防系统出问题了，会马上采取应急措施。

"色彩设计营销"成为品牌迈向成功的利器

"色彩设计营销"是现代十分流行的一种营销方式，就是色彩和营销活动的结合，它是基于分析消费者的色彩偏好，将各种色彩组合策略运用于产品的从生产到销售的各个阶段，以达到利用色彩影响消费者的购物心理和行为的目的。

在产品丰富多彩、琳琅满目的今天，"色彩设计营销"已经成为一些品牌迈向成功的重要利器。据调查，在不改变产品结构、不增加产品成本的基础上，通过改变色彩的设计与营销，可以给产品带来15%~30%的附加值，可见"色彩设计营销"有多么重要。

据调查结果表明，消费者在看到商品的七秒内就已经决定了是否购买，在这短暂而关键的七秒内，色彩的作用高达67%，成为决定人们购买行为的重要因素。

具体来说，哪些方面可以使用"色彩设计营销"呢？

1. 企业形象策划

销售者对品牌定位时，首先考虑的是 MI（统一的企业理念）、BI（规范的企业行为）与 VI（一致的企业视觉形象）。其中，最重要的就是 VI，而 VI 中的颜色则是销售者特别注重的。很多知名企业的产品颜色都成为企业品牌的一部分，如"可口可乐"的大红色、"百事可乐"的蓝色、"鳄鱼"的绿色、"麦当劳"的红黄搭配等，这些色彩都成为企业产品和形象最鲜明、最重要、最具识别性的外部特征之一。

2. 产品包装

产品包装是产品外观的重要组成部分，它不仅起到保护产品、方便运输的作用，还代表着产品和企业的形象。而色彩作为产品包装设计中的重要元素，更是在产品营销的过程中起着不可忽视的作用。例如，"海飞丝"的海蓝色，让人联想到蔚蓝的大海，产生清新、凉爽的视觉感受；"飘柔"的草绿色给人以青春的感受；"潘婷"的杏黄色则让人产生营养丰富的感觉。可以说，适当的颜色可以给消费者带来奇妙的心理感觉。

3. 活动推广

以前客户在选择商品时很少考虑颜色，他们更多的是将关注点放在了质量、价格等其他方面。但是在产品性能接近、造型趋同的如今，颜色已经成为影响客户判断的重要因素，能够凸显用户个性的商品必然会得到更多的关注。因此，通过颜色方面的创新来对产品进行宣传与推广，能够吸引更多的关注，得到更多的认同，甚至改变整个市场环境。

4. 卖场店铺

任何事物的存在都是与其环境密不可分的，销售环境的布置不仅会影响消费者的心情，还会影响商品带给人的感觉。一个人在感受周围的环境时，首先感受到色彩，然后才会注意物体的形状等其他要素。可以说，色彩对于营造商业环境氛围、促进销售有着非常重要的作用。

巧妙利用色彩，既可以刺激顾客的视觉，提升店面的层次，还可以影响商品的观感，创造不一样的视觉效果。为了塑造一种良好的购物环境，销售者需要综合运用色彩、照明等各种道具，抓住顾客短暂的停留时间，用正确的沟通方式激起其购买欲望，达成销售的目标。

随着家用电器的发展和普及，越来越多的品牌进入市场，大大加剧了家电市场的竞争，价格战、渠道战、技术战、概念战等各种各样的竞争方式让参战企业精疲力竭。

在空调行业日益激烈的竞争下，怎样才能让自己的产品和品牌脱颖而出呢？

　　研究者认为，颜色作为品牌文化的组成部分，在设计开发、生产制造、营销等各个环节都起着十分重要的作用，如果能抓住这个机会，将会为产品创造别致的特性。

　　格兰仕空调研发中心的色彩设计室收集了大量的市场情报，聘请了几十位设计专家、美工大师对流行色进行广泛的市场调研，以了解中国人对颜色的偏好，最后将设计完成的产品方案提供给生产部门。

　　当时，国内大都是千篇一律、呆滞苍白的白色空调，格兰仕在这种情况下捷足先登，占领先机，成为色彩空调的领导者。自其"为你而变，颜色革命"的新理念推出之后，很快便引发中国空调业新一轮的洗牌，尽管有很多品牌对格兰仕的做法和色彩空调持保留态度，但在大势所趋的情况下，也都或多或少地推出了色彩空调。

　　总之，把握好色彩变化趋势，是利用好"色彩设计营销"的关键。随着人们物质生活的丰富和审美水平的提升，人们对色彩的要求必将越来越高，色彩的发挥空间也将越来越大。

商品陈列是一门科学

商品陈列不仅是一门艺术，更是一门科学。好的陈列可以吸引客户的眼球，推动销售。货架上的产品只有进行规范的、精心的、有创意的陈列，才能保证顾客在最短的时间内找到所需商品，并将商品的各种信息及时传递给顾客。

商品的陈列绝不是简单的堆砌，而是对其科学处理。销售者不是把商品放在店里卖就行了，而要考虑各种因素，在有限的空间里把商品陈列做到最好，这样才能吸引更多的顾客。

沃尔玛超市管理人员在分析销售数据时，发现了一个令人难以理解的商业现象："啤酒"与"尿布"这两件看上去风马牛不相及的商品，经常会出现在消费者的同一个购物篮中。这个独特的销售现象引起了沃尔玛管理人员的关注。

经过一系列的调查后发现，这种"啤酒+尿布"的现象往往发生在年轻的父亲身上，而这个现象正源于美国独特的文化。在有婴儿的美国家庭中，通常是母亲在家中照看婴儿，父亲去超市购买尿布。而年轻的父亲在购买尿布的同时，往往会顺便为自己购买一些啤酒。年轻父亲的这种消费心理导致了啤酒、尿布这两件看上去毫不相干的商品经常被顾客同时购买。

沃尔玛的管理人员发现这个现象后，立即着手把啤酒与尿布摆放在相同的区域，让年轻的美国父亲可以方便快捷地找到尿布和啤酒这两件商品，并让其较快地完成购物。就是这样一个小小的陈列细节，让沃尔玛获得了满意的商品销售收入。

那么，除了以上案例中的陈列方式外，还有哪些值得借鉴或思考的原则呢？

1. 容易选购

销售者在进行商品陈列设计时，必须从消费者的角度考虑问题，把容易选购作为根本出发点。首先，要保证商品一目了然，排列简单明了，便于顾客了解，缩短顾客寻找商品的时间。其次，要做到同类商品相邻摆放，方便顾客比较和购买。再次，同类商品的花样、颜色、尺寸应尽量齐全，便于顾客选购。最后，一些季节性、活动日、新商品的推销区和特价区的陈列更要引人注目，越有艺术感，越能在最短的时间内吸引顾客。

2. 愉快购物

愉快的心情能让顾客更有兴趣挑选商品，因此，销售者应该通过商品的陈列营造出温馨、舒适的氛围，使顾客对商店产生好感。首先，要保证货架的整齐清洁，杜绝破损、污物或其他影响观感的情况出现。其次，销售者还可以在不影响整体效果的前提下，随时调整商品的陈列，给顾客以新鲜感。最后，导购人员要及时向顾客介绍新产品、新活动等，激发顾客的购买兴趣。

3. 易见易取

商品陈列就是一种最直接的销售手段，陈列在货架上的商品本身就向顾客充分地展示、促销自己。为了最大限度地发挥商品的展示功能，商品陈列要让顾客易见易取。易见就是要使商品容易让顾客看见；易取就是要使商品容易让顾客触摸、拿取和挑选。这两点就对陈列商品的货架的高度提出了要求，既不能太高超过顾客的拿取范围，也不能太低超出顾客的视野。

4. 丰富多样

一个满满当当的货架可以给顾客一种商品丰富、品种齐全的直观印象，也可以提高货架的销售能力和储存功能，还相应地减少了超市的库存量，加快商品周转速度。

5. 关联性

关联性是商品陈列中特别需要强调的一个重点问题。关联性是指把分类不同但有互补作用的商品陈列在一起，如把火锅底料与羊肉陈列在一起，其目的是使顾客能够在购买了 A 商品后，也顺便购买陈列在旁边的 B 商品或 C 商品。关联陈列法可以使整体陈列更加灵活，同时也能增加商品的销售量。

抓住时机主动要求客户签单

金牌销售之所以能拿下更多的订单，取得更好的业绩，其中的一个重要原因就是他们总能在成交阶段大胆假设，抓住时机主动要求客户签单。他们不会慢慢地等着客户下决心，而是在恰当的时间，假定客户已经同意，不再提是否成交的问题，而是直接进入签单环节，拿出合同引导客户填写。

"您的单位名称怎么写？""您的家庭住址是哪里？"……如果这些问题没有被客户拒绝，那就是他选择了默认，也就意味着销售员的假定成交法取得了成功。

那么什么是假定成交法呢？假定成交法是指销售人员在假定客户已经接受销售建议、同意购买的基础上，通过提出一些具体的成交问题，直接要求客户购买产品的一种方法。

虽然假定成交法在销售中很有效果，不过并不是在任何场合、面对任何客户都适用。对于老客户、中间商、决策能力层次较低的客户或主动购买的客户，销售员可以使用假定成交法来促成交易，但是对于那些不熟悉的客户，假设成交法要慎重使用。

一般情况下，面对销售人员的假定成交法，客户通常会有两种反应：一种是默认双方达成交易，这就代表销售员取得了成功；另一种是提出某些异议，表示自己尚有不同意见和疑问，需要销售员说明解答。遇到后一种情况时，销售员要保持镇定，重新进行说服，千万不要过于急躁、紧逼不舍，也不要失去信心，就此放弃。

巧妙地使用假定成交法，可以将客户的成交意向变为行动，而且这种暗示成交比直接"逼单"更温和，避免给客户带来太大的心理压力。另外，最重要的是假定成交法大大缩短了从会谈到签单的过程，既节省了推销时间，又提高了成交概率。

因天气状况不佳，飞机晚点，张亮只好在机场的购物广场闲逛，逛着逛着就逛到了一家服装店，于是走到这个店里随便看看。导购看到他走进来之后，直接问："先生您喜欢休闲款式的，还是正式的西服款式？"

张亮说："随便看看。"

"先生随便看，"停顿一下后，导购接着说，"我看您都在看西服，您喜欢黑色、蓝色，还是灰色？"

张亮说："我先看看。"

导购说："先生随便看。我看您都在看蓝色的西服，请问一下您喜欢双排扣还是单排扣，我替您拿一款试穿一下。"

张亮没有被导购的假定成交法拿下，而是说："再看看。"

导购说："先生您是做什么行业的？"

张亮回答："律师。"

导购马上赞美："难怪您一直在看蓝色的西服，像您这样的权威人士、专业人士最适合穿蓝色西服。先生，我们有一套特别适合您，是两粒扣子的，但不知道有没有，我去找一下。"

张亮心想：反正只是试穿，又不是真买，没事的。于是，他就默认了导购的行为。

导购在去拿衣服的时候回头问了一句："先生，我忘了问您，您穿几码的？"

张亮随口回答："48。"

"好的。"

其实，说完"48"的张亮就愣了，自己本来只是随便看看，怎么开口告诉她尺码了？

这时，导购回来了，"48找到了，来，您在里面试穿一下，裁缝师来了，等一下我们给裁缝师去裁缝一下。"

"先生，试好了没有？出来看看合不合身。"

张亮穿着西服出来以后，导购马上蹲到地上说："先生，站好我帮您量一下裤长。到鞋跟，这样可以吗？"

"哦。"张亮随口应了一句。

接下来，导购给张亮测量了全部尺码。这时，张亮看着自己穿着的这套用自己的尺码画了一身粉笔灰标记的新西服，心想：现在自己要再说不买，是不是就太不合适了？

正当张亮纠结的时候，导购说："先生，快去那边换下来吧，裁缝师等着您呢。"

"多少钱？"这时候的张亮彻底屈服了。

当张亮付完钱拿着衣服往外走的时候，心里一直在纳闷：我就是随便转转，怎么花了这么多钱买了一套西服？

上述案例中的销售方法就是假定成交法。从刚开始的颜色，到后来的尺码，在导购小姐的引导和暗示下，张亮不知不觉间便卸下了全部防备。本来只是闲逛的他，就这样买了一套价格不菲的西装。

适当"胁迫"有效果

没人喜欢被逼迫，也没人喜欢被威胁。不过在销售工作中，有时适当的"威胁"和"逼迫"不仅不会赶走客户，还能收到意想不到的效果。如果销售员能把握好"威胁"和"逼迫"的度，适当地给客户制造压力，让其产生紧迫感，就能加快客户的签单速度，提高工作效率。

在"客户主导"的销售时代，销售员在与之谈判的时候常常处于被动地位，不管产品多么优质，不管服务多么优秀，客户依然不为所动。即使客户有了购买的想法，还是要把销售员拖向讨价还价、反反复复的陷阱，这让销售员头疼不已。

心理专家分析客户购买产品或服务，一方面是从中获得某种实惠或给自己带来方便快捷，另一方面则是获得一定的安全感。当销售员发现客户对产品或服务比较关注时，便可以巧妙地提醒客户，如果不及时购买此类产品或服务将会失去某些安全保障。当然，进行所谓的"威胁"暗示的前提是，销售员已经清楚客户最关注的产品优势是什么，只有正确地做出定位，才能使"威胁"起到应有的作用。

一天，某收藏家听说一位富商家里有三个一模一样的花瓶，这三个花瓶造型独特、纹饰精美，算得上瓷器中少有的精品。于是，收藏家便去拜访富商，希望能买下这三个花瓶。

收藏家："我很喜欢你的这三个花瓶，你开个价，三个一共多少钱?"

富商："我们不谈价，谈缘分，你如果真心想买，那就500万全部拿走。"

收藏家："能不能便宜一点儿？"于是两人陷入了讨价还价的僵局。

就在双方争执不下的时候，富商拿起其中的一个花瓶直接摔在了地上，看得收藏家心疼不已，忙说："500万就500万，剩下的这两个我都要了。"

富商："800万，少一分都不行。"

收藏家："怎么两个反倒更贵了？你应该便宜点儿啊！"

收藏家话音未落，富商啪的一下又摔了一个。

收藏家还未说话，富商便道："最后一个，1000万，不还价！"

听完这话，收藏家一脸伤痛相，无奈之下只好花了1000万买了一只花瓶。

"威胁""逼迫"客户的招数可谓神乎其神，但并不是任何时候都适用的，只有当产品让客户十分喜爱或满意的时候，才能用"不买就后悔"的方式来"威胁"他。如果产品普普通通，没有任何特别之处，客户为什么还会被"威胁"呢？

营造最好的购买气氛

"桃李不言，下自成蹊。"销售好比一场大戏，除了演员的努力外，舞台的搭建与设计对表演的精彩程度也起到了至关重要的作用。环境可以促进客户的购买欲望，促使客户多次消费，不管客户最先是打算买什么，最后都会让他"满载而归"。那什么是最好的购买气氛呢？

最好的购买气氛可以让客户达到一种忘我的购物境界，不知不觉间接受销售者的心理暗示，并产生共鸣。从进入店铺的那一刻，客户就进入了一种"寻找"的状态：四处张望的眼睛、警觉异常的耳朵、紧张出汗的拳头、怦怦跳的心脏，最后达到疯狂购物的状态。要想营造出最好的购买气氛，就要创造一种感觉，那就是让客户沉浸在购物的快乐中。具体来说，销售者可以从以下几个方面出发营造购买气氛。

1. 光线

据研究发现，视觉对人的情绪刺激占 80%。处在不同的光线环境中的人们，会有着不同的情绪，而这种影响也将延伸到人们的购物行为。可以说，光线对购物的影响是排在第一位的。

2. 声音

声音是最具侵略性的一种刺激。对于不喜欢的图像，我们可以选择转头或闭眼不看，但我们无法漠视声音的存在，哪怕自己再讨厌它。可以说，声音直接与我们的情绪对话，影响着情绪状态，也影响着购物行为。

音乐可以引起客户的听觉共鸣，而这种共鸣则进一步引发情绪共振，最后，客户的情绪可能决定他是否购买、购买多少，甚至影响到客户是否会再次选购。

3. 空间

一个好的空间设计对客户的购物行为起着十分重要的作用，它可以开口说话，自己推销自己。通过装饰风格、店内布局等，展示出一种生活状态，唤起目标客户群的某种情绪，让客户在这里产生心理上的共鸣。

某银行网点一直以来业绩平平，尽管大家想了很多办法，但都很难吸引客户。某一天，银行经理卢波正在上班，看着不远处学校门口聚集的等候放学的学生家长，他突然想到了一个主意。

通过市场调研，卢波了解到，附近小学内有95%的学生居住在周边的社区，于是他针对儿童客群打造特色服务。他将网点从内至外布置得充满了童趣，临街的玻璃橱窗摆放了五彩缤纷的气球，每天放学的高峰期，还有员工走进橱窗与孩子们表演互动，路过的小朋友纷纷驻足观看。

大厅的"儿童体验区"还摆放着醒目的宣传展板，邀请孩子们加入"玩具图书馆"、招募"小小银行家"等活动，只要是本行的客户，都可以享受相应活动，其他银行的客户也可以试玩。

通过特色营销氛围的打造，此银行网点不仅达到了树立品牌、提升口碑的目的，还吸引了大量客户，让客户不再是被动地去银行，而是主动地"逛"银行。这样一来，银行的业绩日渐增长。

用户体验越来越重要，如同上述案例中的银行一样，墨守成规者只能等着被淘汰，只有那些敢于突破、能为客户创造更好气氛的销售者才能获得最后的胜利。

创造舒适的消费体验

拥挤、排队……这些词汇常常让我们"等待的心"难以平静。据调查，多数人宁愿放弃购物或者稍微走远一点儿去购物，也不愿意在拥挤中排队等待。

在商品质量和价格相差无几的情况下，服务质量成为销售者超越竞争对手的关键。而等待时间的长短则是被客户诟病最多的服务问题，想想我们被堵在路上的焦急、无奈的心态，我们就可以知道等待有多么煎熬。

其实，对于任何一个商品或服务的提供者来说，等待都是不可避免的，当商品或服务的需求超过供应能力时，必然会出现等待的现象，而等待中的客户必然会降低对产品和销售者的评价。那么，销售者怎么样才能节省客户的等待时间，创造更舒适的消费体验呢？

客户的等待时间可以分为两种，一种是真实的时间，另一种是感受上的时间。销售者可以从这两方面来入手，一是缩短客户的等待时间，二是降低客户在等待过程中的空虚感。

舒缓的音乐、舒适的休息场所、展现在客户面前的高效率的工作以及时刻提醒着的处理进程，这些都能让客户减轻等待的痛苦。不过，心理感觉毕竟只是一种缓解方式，最重要的还是缩短客户的等待时间。销售者可以简化购物程序，比如，增加服务人员（这往往意味着更大的投入）；提高工作效率，通过引入更多的电子设备来代替人工工作，如银行的 ATM 机或其他场所的自助服务设施；加强人员培训，用更专业、更优质的服务来提高处理速度。

源自日本的 QB House 理发店不做发型设计、不染发、不剃须，连头都不肯洗。但就是这么一家要什么没什么的理发店，自小西国义在 1996 年创立至今，已经开设 500 多家分店，年收入 40 亿日元（约合 2.3 亿元人民币），拥有一群忠实的"QB 拥护者"。

QB House 的极简主义让理发只需 10 分钟，每次 1000 日元。对于那些除了想把头发剪短点儿，其他什么都不想做的顾客来说，这样的价格再贴心不过。更重要的是，这样的理发店再也不用大排长龙，更没有人絮絮叨叨让你办卡，发型师也不会为了跟你套近乎一直问你在哪儿上班。

在具体经营管理中，小西国义将顾客划分为儿童、老人、男士、女士四类，各自制定了两三种标准发型，这恰好迎合了消费者对"简单快捷"的追求。而且店内设备也统一了"极简"的标准，没有洗发台、吹风机、热水设备、洗发水、护发素、指甲剪和修胡工具这些传统理发店的必需设备，常用的工具只有剪刀、镜子和毛巾。同时，QB House 都非常迷你，一般 6~8 平方米，仅摆放三张理发椅。

另外，在客户的等待方面 QB House 也与众不同。传统理发店的等候区一般都摆放着几张宽大舒适的真皮沙发，QB House 却只有几把普通座椅。不过这并不是普通的座椅，只要有人坐下超过六秒，座椅就会自动记录，把等待时间的信息传送到店门外的三色灯，让路过的人了解店内的状况：绿灯亮，表示马上可以剪；黄灯亮，最多需要等五分钟；红灯亮，最多需要等十分钟，一目了然。

QB House 甚至连收银柜台都不设，而是在店门口摆放着一台不找零钱的排号机，只收 1000 日元面值的钞票，或者是刷卡付款。顾客确定要理发后，通过排号机获得票号。店内也没有叫号服务，顾客按照门口座椅顺序依次进入，把小票递给理发师，就能坐下剪发。

虽然 QB House 的创新仍有很多争议，"但我们赢得了顾客，我想这才是最重要的事情。"小西国义说。

在"快餐生活"时代，极简主义越来越盛行，"做减法"成为现代创业的新方向，在男性消费领域最为明显。

· 第九章 ·

把握谈话方向，引导客户消费

　　为了推销自己的产品或商品，必须在开始的几秒钟或几十秒钟之内将对方的注意力吸引到自己身上，使对方对自己、对商品感兴趣，可以用些普通的，对方听后比较愉快的话题，使对方消除对销售人员不接纳的情绪，产生好感，放下手中的事情，与你谈话或与你预约一定的时间来接待你。至此，你已成功了一半。

恰当提问是销售谈判的关键所在

销售是语言的艺术，它既是说的艺术，也是问的艺术。恰当的提问既可以引起客户注意、引导客户思考，又可以获取相关信息、争取谈判主动权，是销售谈判的关键所在。

探寻式提问是指销售员通过自己的判断，把希望获取的信息用提问的方式说出来。这类问题一般都会从客户那里得到明确的答复。如果销售员能巧妙地使用这种提问方式，就可以从客户身上获得大量的有用信息。

同时，探寻式提问比较容易引起客户的谈话兴趣，让谈话可以继续下去，避免因缺少对话而让双方陷入尴尬的沉默之中。在双方进行话语交流时，双方的感情交流也在不断加深，这就为最后的销售谈判提供了良好的基础和准备。

蒋倩是某房地产公司售楼部的置业顾问。这一天，售楼部来了一位看房者，她马上迎上去问："先生，您好！请问您想看什么样的房子呢？"

客户回答："今天刚好路过，随便看看。"

蒋倩又问："哦，欢迎，请随便看。我们这里有三室、四室这种100平方米以上的大户型，也有两室和单间配套的小户型，自住不错，投资也非常好。不知道您有什么想法？"

客户回答："有小户型呀！那就看看小户型吧。现在已经有房子住了，买个小户型的可以用来投资。"

区区几句话，销售员便已得到了自己想要的信息，引出新话题，同时以问句作为自己话语的结束，把问题留给客户，让他一直有话可说。

其实，提问的本质是思考的一种表现形式，好的问题不仅能促进沟通的继续，更表明了提问者的思考过程和思考模式。同时，恰当的提问可以在某种程度上引导客户思考，使其意识到他想要的答案。

为了了解客户的态度，确认他的需求，销售员可以向客户提出一些问题。比如"您是怎么想的?""您对××的看法?""您认为我们的产品怎么样?""您目前还有什么顾虑吗?"

使用这种方法向客户提问后，销售员要耐心等待，在客户回答前不要轻易插话，而要加以鼓励，使他大胆地说出心中所想。如果销售员操之过急，让客户感到焦虑和紧张，那他可能失去谈话的兴趣。

相对而言，探寻式提问是客户比较容易接受的一种提问方式。对于销售员提出的那些有价值的问题，客户会认真对待，可能会透露一些重要信息。同时，双方的沟通不仅仅是信息交流的过程，还是感情交流的过程，对取得客户信任和好感大有裨益。

欲擒故纵的提问方式

在销售工作中，很多销售人员常常摸不透客户的心理活动，只是一味地将推销技巧强加给客户，结果总是引起对方的反感。销售是人与人之间的互动，销售员必须了解对方的心理，这样才能有所收获。

要想迅速达成交易，销售员要善于迎合客户的心理，顺应他的思维，切忌长篇大论、自说自话，最后落个徒劳无功的下场。古希腊哲学家苏格拉底曾提出一种独特的问答法，这种欲擒故纵的提问方式在销售工作中有着很重要的作用。

与人论辩时，先不要讨论有分歧的观点，而是着重强调共同的观点，取得完全一致的观点后，再自然地转向自己的主张。具体的做法和特点是：开头提出一系列的问题让对方连连说"是"，与此同时，一定要避免让他说"不"。

一次，戈登到一家不久前才发展的新客户那里去，希望能再推销一批新型的电机。一到这家公司，客户就劈头盖脸地说："戈登，你还指望我们能再买你的电机？这几台你都得给我退了！"

了解情况后戈登才知晓，原来客户认为不久前从他这里购买的电机发热超过正常标准。强行争辩只能两败俱伤，于事无补，于是戈登决定采取苏格拉底问答法来说服对方。于是，他故意说："好吧，我和您的意见相同，假如电机发热过高，别说退货，就算是赔偿损失也是应该的，您说是吗？"

"是的！"客户一口确认，却不知这正掉进了戈登的谋划中。

"虽然电机发热总是难以避免的，但您当然不希望它的热度超过全国电工协会规定的标准，是吗？"

"那当然。"

"按规定，电机的温度可以比室温高 30 度，对吗？"

"对，"客户说，"可你们的产品比这高得多，简直叫人没法摸。"

戈登反问道："那你们车间的温度是多少？"

客户略为思索后说："大概 30 多度。"

戈登微笑着看着客户说："好，车间是 30 多度，加上应有的 30 度，一共是 60 多度。您把手放在 60 多度的铁家伙上，怎么会感觉不到烫呢？"

听了戈登的话，客户只得不情愿地点头称是。

戈登接着说："放心！电机的温度完全在正常范围内，您可以放心使用。"

结果，戈登不仅说服了对方，消除了对方的疑虑，还达成了自己来时的目的：再向客户推销一批电机。

戈登通过自己机智而巧妙的提问，让客户一直说"是"，使其在不知不觉中改变了自己的观点。这就是苏格拉底问答法的巧妙之处：让对方在不断肯定中被说服。

为什么这种方式能有这样的效果呢？因为在说话时，如果一开始就说"是"，就会使对方整个心理趋向于肯定的一面，无论是身体还是内心都呈现出一种放松的状态。相反，说"否"字对方就容易产生对立情绪，在生理和心理上都出现一种极度紧张的状态。当一个"不"字从客户口中说出时，他的人格尊严就需要他坚持到底。哪怕之后他觉得应该说"是"，他的尊严也不允许他改变，只能一味地坚持下去。

准确指引，避免顾客决策陷入瘫痪

人们喜欢在众多选择中做出决定，似乎选择越多意味着品质越高，聪明的销售员自然不会忽视这个。例如，人们单独消费时很难区分1000万像素照片和2000万像素照片的优劣，而销售员将两种照片摆放在一起宣传时，人们自然会在比较中得到一个更明确的结论。

不过有研究者发现，选择越多越好的观点似乎有待商榷。他们发现，随着选择的增加，消费者并没有获得更多的满足感。相反，这种变化让消费者产生恐慌，过多的选择让他们承担了更多的做出错误决定的风险，以致他们迟迟难以决定，反倒影响了产品的销售。试想，我们从两种商品中可以轻易地选出优劣，可当我们面前摆着十几种、几十种商品的时候，这个决定还有那么容易做出吗？

某研究团体曾做过一个有趣的试验，他们在一家超市里设置了两个小摊销售果酱，一个仅出售6种口味，另一个则有24种口味。结果显示有24种口味的摊位吸引了较多的顾客：242位经过的客人中，60%会停下试吃；而260个经过6种口味的摊位的客人中，则只有40%停下试吃。看起来，似乎销售24种口味的摊位更受欢迎，可销售结果却打了所有人的脸：在有6种口味的摊位前停下的顾客30%都购买了果酱，而在有24种口味的摊位前的试吃者中仅有3%的顾客选择购买。

其实，过多种类的商品在为消费者提供更多选择的同时，也降低了人们购买的满意度，消费者更加焦虑、更加难以从购买过程中获取快乐。虽然有所选择让人开心，但选择过多就只剩忧愁了。一般来说，每种类型的产品提供两种选择就已经足够了。要知道，在过多的选择面前，即使经验丰富的消费者也常常后悔他们当初的

"明智选择"。

国庆期间，董悦决定趁着各大品牌打折去街上扫荡一番。她约上自己的闺密"气势汹汹"地跑去各大品牌店。

看着一大堆价格优惠、样式新颖的衣服，董悦兴奋不已，可没过多久她就开始心烦，这是为什么呢？原来，这么多款式的衣服让她眼花缭乱无从选择了。刚遇到一个挺喜欢的，结果没走两步又看上一个更好的，最后却哪个也没买，因为后面还有一大堆自己喜欢的，这该怎么选呢？

两个人转了一晚上，结果什么都没买，还累得要死，董悦叹了叹气说道："唉，太多衣服了，都不知道买什么好了，整个人都蒙了。"

过了几天，假期快要结束了，董悦思前想后，还是决定再去看看。结果很多商家要么是促销活动结束了，要么是打折产品的款式或尺码不全了，能让董悦看上眼的仅剩下寥寥数件。

这些被别人挑剩下的董悦应该不会喜欢吧？恰恰相反，选择少了以后董悦反倒轻松了，她很快买了几件衣服。

其实，现在已经有越来越多的商家明白了这一点，甚至还被各行各业广泛运用。例如，商家的"店长推荐""优惠套餐"之类的内容，就是在给顾客提供更加准确的指引，避免其决策陷入瘫痪。

互惠原理的神奇之处

互惠原理认为，我们应该尽量以相同的方式回报他人为我们所做的一切，简单来说就是一种回报行为。互惠原理是一个很广泛的概念，应该如何付出对等的回报与很多方面有关，因此一个小小的人情造成的负债感甚至会导致人们回报一个大出很多倍的好处。

互惠原理的神奇之处在于，即使对方是一个陌生人，或者是一个不受欢迎的人，但只要他先施予一点恩惠再提出自己的要求，我们就会感到难以拒绝。

其实，这个使我们产生负债感的恩惠并不一定是我们主动要求的，很可能是对方强加到我们身上的。但即使这样，我们依然无法消除自身的负债感。接受恩惠势必会削弱我们的选择能力，把决定我们会对谁负债的控制权交到了对方的手里。很多时候，互惠原理会产生一种不对称，所有真正的选择都在主动施予恩惠的人手里：他选择了最初的恩惠，也选择了回报恩惠的方式。

如果销售员能够成功地利用互惠原理让客户产生负债感，就可以大大提高销售的成功率。每个人心中都有一种不愿亏欠他人的心理倾向，虽然这与经济学中的"经济人假设"相悖，但现实中的人们确实常常表现出这样的心理倾向，一旦受惠于人，便如同芒刺在背，浑身都不自在，希望尽快解脱出来。

某个主要以直销模式取胜的公司在销售中采用了一种特殊的促销手段，首先他们将公司经营的产品，诸如厨房清洁剂、除臭剂、抛光剂等日用品整理到一个精美的袋子或盒子中，然后销售员将这些试用套装送往各个社区。

销售员并不会直接上门推销，而是将这些试用品留在客户的家里供其试用几天的时间。试用期结束后，销售员会上门取走剩余的试用装，整个体验过程不收取任何费用，也不过问这期间究竟用掉多少。这种免费的试用套装自然很少有人拒绝，于是接受试用装者甚多。

当试用期结束，销售员上门取回试用产品时常常会大有收获，很多试用了产品的潜在客户变成了真正的客户。原因何在？

其实，那些接受产品试用的人在不知不觉中已经受到了互惠原理的影响，在免费试用的过程中产生了负债感。为了平衡这种心理，他们便选择以购买商品来向销售员弥补，而这一切正是销售员的目的。靠着这种销售策略，这家日用品公司在很短的时间内便取得了优秀的成绩。

免费试用除了可以引起消费者的兴趣和热情外，还能使他们在不知不觉间产生负债感，这就是互惠原理的应用。其实除了免费试用外，赠送礼品、热心接待等多种售前服务都有着这种作用。很多时候，正是这些小小的举动促成了一笔笔巨大的生意。

感动的力量是将销售持续下去的关键

客户太不"忠诚"了——打价格战客户立刻转移，只要有新品牌、新概念出现，他们就产生尝试、转变的心理，降低对原有品牌的信任程度。慢慢地，销售业务越来越难做，市场越来越混乱。同时，客户却抱怨销售员只做表面文章，购买前后两副"面孔"。难道这是客户的错吗？究其原因，是销售员没有感动客户，客户也没有信任销售员。

其实，一次感动足以让客户回味数载春秋，还能像涟漪一样影响周围的人。如果仅仅靠单一的利益驱动，总归要钱尽情散。由此可见，感动的力量可能是将销售业务持续下去的关键。

作为部门业绩最优秀的销售员，于飞的秘诀其实很简单，那就是每天去客户那里，帮客户扫地、拖地、擦桌子、购买杂物——做一个不要报酬的小时工。

久而久之，于飞便成为客户公司风雨无阻、不迟到、不早退的最忠诚"员工"。时间长了，客户自然会感动，而且于飞销售的产品也确实不错，客户有什么理由再去拒绝呢？

有一次，于飞赶到客户那里时已经是午休时间。没想到因为线路改造，那天竟然停电了，而那时候正值盛夏，客户在"火炉"中汗流浃背地沉睡着。于飞不禁拿起扇子边送凉边驱蝇边等待，这个客户舒服地睡了两个小时，醒来时感动不已。

虽说这是个不起眼的小事，但就是这件小事改变了客户想代理其他品牌的决定。此后，这个客户的销量一直呈直线上升，同时，在他的极力宣传下，于飞还得到了很多新客户。

事实上，很多感动客户的事并不需要销售员付出多少额外成本，更不需要花费多少时间或资金。很多事情对销售员来说不过是举手之劳，就像案例中的那些小事一样，当销售员一点一滴地去做时，感动就开始悄然生长。就像"润物细无声"的春雨一样，感动也是这样慢慢滋润出来的。

在市场竞争越来越激烈，产品品质越来越接近的情况下，销售已经从让"客户满意"变为让"客户感动"。以往的有明确标准的行动已经无法满足客户，客户的主观感受越来越成为决定销售成败的重要因素。

在几十年前的美国，曾经有一家很不起眼的小型家电零售店。一天，有位顾客因发现购买的洗衣机有质量问题，去维修点修理。这时令顾客惊讶的一幕发生了——在维修员收下问题产品的同时，竟然搬来了一台比顾客原有的更佳的洗衣机作为顾客的备用品。这可能不算什么大事，但它足够给顾客带来惊喜与感动。

这个案例似乎并没有太高超的销售技巧，但它决定了这个家电零售企业的未来，决定了 GE 电器在全球的地位。

销售员只有不断创造感动故事、营造感动氛围，才能攀登顶峰，成为市场的领跑者。做销售就是感动客户的过程，舍此无他，销售员在销售工作中一定要时刻铭记这一点。

注重体验感，激发高昂的消费热情

随着物质生活的丰富，人们对精神生活的追求也在不断升级，以往的消费活动更多地强调实用性，而现在则更注重体验感。激烈的市场竞争使技术传播的速度加快，同类商品和服务的差别越来越小，传统的商品和服务已经很难满足人们的个性化需求，体验式营销的出现正好解决了这个问题。

体验式营销可以给消费者带来更加刺激和深刻的感受，让他们充分了解一款产品的优势并选择购买，这就是体验营销的独特之处。越来越"挑剔"的消费者不断推进着消费市场的变化，体验式消费已进入人们的生活中，并且开始占有较大的比重，体验式消费时代已经来临。

ING Direct 是一家没有实体营业网点的零售银行，它所有的业务都是通过互联网、电话和电子邮件等完成的。为了向潜在的新客户推销业务，ING Direct 在纽约市的黄金地段开设一家咖啡店。

这家咖啡店环境优雅，设有舒适的休息室，客户可以在这里阅读财经报纸，通过电子屏幕了解市场动向，利用免费网络了解投资组合情况，和朋友聊天，甚至坐着发呆。而令人惊讶的是，这个 ING Direct 开设的咖啡店里竟然无法办理任何金融业务。

结果，仅这一个不能办理任何业务的"网点"，在一年内就给公司带来两亿美元以上的新增业务。ING Direct 意识到金融服务的大众化程度非常高，而要想让潜在客户接受银行的金融产品，向他们提供有吸引力的体验或许是最好的手段。

同时，ING Direct 的咖啡店并不是提供免费服务的，它出售的饮品和糕点的价格与星巴克相差无几。在舒适的消费体验中，客户很乐意掏腰包。虽然 ING Direct 没有披露咖啡店的财务运营状况，但通过观察和分析，我们有理由相信，这个营销体验项目不仅能带来业务，而且自身还能盈利。

由于纽约的咖啡店很成功，ING Direct 后来又在费城和洛杉矶开设了咖啡店。就这样，它靠着一个不能办理金融业务的银行"网点"，获得了相当于普通网点数倍甚至数十倍的利益。

如同伯德·施密特博士在《体验式营销》一书中所言，体验式营销是站在消费者的感官、情感、思考、行动、关联五个方面，重新定义、设计营销的思考方式。这种方式突破了传统上"理性消费者"的假设，提出了一个理性与感性兼具的理论，消费者在消费前、消费时、消费后的体验，才是研究消费者行为与销售者营销的关键。

真诚对待客户，建立沟通桥梁

布莱恩·迈克纳玛拉曾说过："只要我们时刻把消费者放在心中，我们就会始终处在我们应该在的位置上。"

人与人之间是相对的，销售员怎么样对待客户，客户就会怎么样对待销售员。如果销售者想成为客户信任的合作伙伴，就要真诚地对待客户。客户都是久经沙场的老将，销售套路他们都一清二楚，容不得半点虚情假意。如果客户觉得销售员只顾个人利益，不顾他人的利益，那他将毫不犹豫地抛弃销售员。因此，要想与客户保持长久的合作关系，销售员就必须真诚地对待客户。

细节决定成败，销售员要让客户感受到他们的一言一行都是真诚的，用真诚、真心、真情建立与客户沟通的桥梁，让客户放心，最后达成销售目的。

潘昭到王总公司的时候，王总刚好不在，于是他便与前台接待聊了起来。凭着自己的三寸不烂之舌和一袋进口零食，潘昭了解到王总今年 30 多岁，有一个 4 岁的女儿。王总做事雷厉风行，不过他一般上午不来上班，而是在下午和晚上上班，有时甚至工作到深夜。

等到下午 1 点钟左右，潘昭终于见到了王总。因为双方了解不深，所以只进行了简单的交谈。最后王总态度一般，没有做出什么表示，看起来对产品兴趣不大的样子。

临走之前，潘昭加了王总的微信说先发几张产品资料图，顺便聊了聊养生话题，主要是关于熬夜的。后来，潘昭每周固定在微信上发周末愉快和熬夜应该怎么食补的内容，以此来加深王总对他的印象。

没过多久，潘昭买了一个果篮，里面有龙眼、葡萄、苹果等各种水果，寄到了王总公司前台那里，然后给王总发信息："王总，今天朋友水果店开业，特为其捧场，与您一同分享，咱们同喜同喜。每天吃水果，医生远离我。小潘"。

晚上的时候，王总回复了潘昭一条短信："谢谢！"

很快，潘昭再次拜访了王总。这次王总的态度好了很多，不过双方在价格问题上还是存在很大分歧，一时难以谈妥。结束会面后，潘昭帮客户做了一份4岁孩子的增值服务，亲自送到了客户家里。

过了大概一个星期，王总打来电话："小潘啊，明天你把合同带过来吧，我觉得你挺用心的。"

潘昭连忙答应，他这次真的是对真诚待人有些理解了。

一声满含温情的问候，一句工作之余的祝福，一个真心诚意的帮助，一些销售员平时经常忽略的细节，就可以打动无数客户的心。如果销售员能用自己的真诚打动客户，那便如同和煦的春风，暖入人心。

在谈话中多说"我们",少说"我"

每个人对自己的关心都要远远超出他人,这既是理性,也是天性。因此,很多人在谈话中总是过于强调自我,忽略对方的感受和意见,这对销售员来说却不是什么好习惯。

我们在人际交往中可以发现,那些经验丰富、左右逢源的社交高手,一般很少直接跟别人说"我……",而是说"我们……"。虽然这种行为略有拉关系之嫌,但效果十分明显。

"我"与"我们"之间仅一字之差,为什么会存在如此大的区别呢?"我们"表明说话者关注对方,站在双方共同的立场上看问题,而不是仅仅局限于自己的视野。"我"则相反,一开口就容易引起人们的敌视与对立。面对形形色色的客户,销售员很难准确把握每个人的心理,但只要站在对方的立场上为他着想,自然会取得对方的信任。

"我们"一出口,便能让客户感到被重视,而这种重视本身就具有很大的价值。而且,说"我们"还意味着销售员有和客户继续交往的欲望。对客户来说,销售员是否与他站在同一阵线上,是否愿意为他解决问题,是否给予他足够的尊重,这些都是十分重要的。

"我"和"我们"不仅仅是一个称谓问题,更是一个心理问题。事实上,当销售员在客户面前频繁地说"我"的时候,就已经失去了客户。

张康是某收藏品销售公司的销售员,虽然他刚刚入职,但性格高傲,在部门里的人缘非常一般,而他也不在乎。这天,公司对内部员工进行销售方面的培训,不过张康整场培训都在玩手机,根本没有关注培训。"自信、话多、胆子大"，张康觉得凭借这三板斧就足以征服客户。

这天，张康给一位对收藏有兴趣的潜在客户打电话，他说："您好，请问是××先生吗？我是××收藏中心的张康，您还记得吗？"

客户："嗯。"

张康："我今天给您来电话是想和您分享一个好消息，目前人民银行发行了一款新的纪念币，不知道您关注没有，现在各大报纸都在跟踪报道，非常值得收藏，方便的话我给您介绍一下。"

客户："什么样的？"

张康："我跟您说……我认为这款纪念币很有收藏价值……我觉得您应该……"

客户："我考虑一下吧。"

张康："我跟您说，这款藏品是由中国人民银行权威发行的，我觉得这种大题材的纪念币收藏升值空间是相当可观的。就像您上次在我公司购买的第四套人民币长城小四联，发行的时候不到5000元，结果不到两年的时间它都已经涨到10000元出头了。我觉得现在是最值得收藏和投资的，您还有什么犹豫的呢？"

客户："不过……"

张康："您不必犹豫了，我跟您说，现在可是最佳的购买机会。您要是有兴趣，我可以给您多发一些资料。我觉得吧……我公司……"

客户："不好意思，我有点儿事，咱们改天再联系吧。"

张康："我……"张康的最后一个"我"还没说完，客户就挂掉了电话。

张康的一个个"我"对客户来说简直是一种折磨，这种令人难以忍受的推销方式怎么会有人喜欢呢？事实证明，人们都很在乎别人对自己是否重视，是否关注自己。如果发现销售员只顾着"我"，客户自然也就没有谈下去的兴趣了。

人人都喜欢戴高帽，人人都喜欢被重视。因此，销售员要学会把握客户的这种微妙的心理，在谈话中多说"我们"，少说"我"，让客户感觉到销售员是与他们站在同一立场上的。